Fiedler • Herpertz: Persönlichkeitsstörungen, 7. Aufl.
Mit dem untenstehenden Download-Code erhalten Sie die
PDF-Version dieses Buches.

So laden Sie Ihr E-Book inside herunter:

1. Öffnen Sie die Website: http://www.beltz.de/ebookinside
2. Geben Sie den untenstehenden Download-Code ein und
   füllen Sie das Formular aus
3. Mit dem Klick auf den Button am Ende des Formulars
   erhalten Sie Ihren persönlichen Download-Link.
   [Für den Einsatz des E-Books in einer Institution fragen Sie
   bitte nach einem individuellen Angebot unseres Vertriebs:
   vertrieb@beltz.de. Nennen Sie uns dazu die Zahl der Nutzer,
   für die das E-Book zur Verfügung gestellt werden soll.]
4. Beachten Sie bitte, dass der Code nur einmal gültig ist.
   Bitte speichern Sie die Datei auf Ihrem Computer

Download-Code

T98FX-KWL4P-YWGPZ

Fiedler • Herpertz

Persönlichkeitsstörungen

Peter Fiedler • Sabine C. Herpertz

Persönlichkeitsstörungen

Mit E-Book inside
7., vollständig überarbeitete Auflage

Anschriften der Autoren:

Prof. Dr. Peter Fiedler
Psychologisches Institut
Universität Heidelberg
Hauptstr. 47–51
69117 Heidelberg
E-Mail: peter.fiedler@psychologie.uni-heidelberg.de

Prof. Dr. med. Sabine C. Herpertz
Klinik für Allgemeine Psychiatrie
Universität Heidelberg
Voßstr. 2
69115 Heidelberg
E-Mail: sabine.herpertz@uni-heidelberg.de

7., vollständig überarbeitete Auflage

1. Auflage 1994, Psychologie Verlags Union, Weinheim
2., überarbeitete und erweiterte Auflage 1995, Psychologie Verlags Union, Weinheim
3., aktualisierte Auflage 1997, Psychologie Verlags Union, Weinheim
4. Auflage 1998, Psychologie Verlags Union, Weinheim
5., vollständig überarbeitete und erweiterte Auflage 2001, Psychologie Verlags Union, Weinheim
6., vollständig überarbeitete Auflage 2007, Beltz Verlag, Weinheim, Basel, Programm PVU Psychologie Verlags Union

© Beltz Verlag, Weinheim, Basel 2016
Werderstraße 10, 69469 Weinheim
Programm PVU Psychologie Verlags Union
http://www.beltz.de

Lektorat: Karin Ohms
Herstellung: Sonja Frank, Lelia Rehm
Umschlagbild: getty images / Simon Barnes / EyeEm
Satz und Bindung: Beltz Bad Langensalza GmbH, Bad Langensalza
Gesamtherstellung: Beltz Bad Langensalza GmbH, Bad Langensalza

Printed in Germany

ISBN 978-3-621-28013-6

Inhaltsübersicht

Vorwort zur 7. Auflage   17

I   Persönlichkeitsstile und Persönlichkeitsstörungen   21

1   Die Person-Perspektivierung eines zwischenmenschlichen Problems   22
2   Persönlichkeit und Persönlichkeitsstörung: zwei Seiten einer Medaille   34

II   Historische Perspektive und Stand der Konzeptentwicklung   53

3   Psychiatrische Systematiken der Persönlichkeitsstörungen   54
4   Psychoanalytische Konzeptentwicklungen: Charakterstörungen,
    Narzissmus, neurotische Stile   79
5   Interpersonelle Perspektiven: von der Psychodynamik zur Soziodynamik
    der Persönlichkeitsstörungen   100
6   Psychologische Erklärungsmodelle: Persönlichkeit und Entwicklung   131
7   Neurobiologie und Genetik: Korrelate und Erkenntnisse   166
8   Differenzialdiagnostik und Komorbidität   183
9   Allgemeine Epidemiologie   208

III   Behandlung   225

10   Allgemeine Überlegungen zur Behandlung von Persönlichkeitsstörungen   226
11   Psychotherapie im Wandel: aktuelle Entwicklungen und integrative
     Perspektiven   251
12   Perspektiven für die Auflösung therapeutischer Krisen   263

IV   Störungsspezifische Ätiologie und Behandlung   289

13   Persönlichkeitsstörungen: Extremvarianten menschlicher Besonderheit
     und Vielfalt   290
14   Dissoziale und Antisoziale Persönlichkeitsstörungen   299
15   Ängstlich-vermeidende und Selbstunsichere Persönlichkeitsstörungen   329
16   Emotional instabile und Borderline-Persönlichkeitsstörungen   348
17   Zwanghafte (anankastische) Persönlichkeitsstörung   377
18   Narzisstische Persönlichkeitsstörung   390
19   Schizotype Persönlichkeitsstörung   403
20   Paranoide Persönlichkeitsstörung   419
21   Schizoide Persönlichkeitsstörung   431

22 Histrionische Persönlichkeitsstörung 442

23 Dependente Persönlichkeitsstörung 456

V Epilog 469

24 Die schwierig bestimmbaren Grenzen der Normalität 470

Literatur 485

Personenverzeichnis 534

Sachwortverzeichnis 541

Inhalt

Vorwort zur 7. Auflage   17

I   Persönlichkeitsstile und Persönlichkeitsstörungen   21

1   Die Person-Perspektivierung eines zwischenmenschlichen Problems   22

1.1   Die Stigmatisierungshypothese   22
1.1.1   Diagnose   22
1.1.2   Persönliche Stile   24
1.1.3   Stigmatisierung   25
1.2   Einschränkung der Stigmatisierungshypothese   26
1.2.1   Briefe   26
1.2.2   Persönlichkeitsprofil   29
1.2.3   Therapeutische Konsequenzen   31

2   Persönlichkeit und Persönlichkeitsstörung: zwei Seiten einer Medaille   34

2.1   Persönlichkeit   35
2.1.1   Salutogenese und Pathogenese   35
2.1.2   Nochmals: Stigmatisierung   37
2.2   Persönlichkeitsstörungen   37
2.2.1   Klassifikation: Störungen oder Stile?   38
2.2.2   Diagnostik: Voraussetzungen und Perspektiven   40
2.3   Persönlichkeitsstile und Persönlichkeitsstörungen: Funktionsbeschreibungen in der Übersicht   43
2.3.1   Misstrauisch-scharfsinnige Persönlichkeit: *Paranoide Persönlichkeitsstörung*   43
2.3.2   Zurückhaltend-einzelgängerische Persönlichkeit: *Schizoide Persönlichkeitsstörung*   44
2.3.3   Ahnungsvoll-sensible Persönlichkeit: *Schizotypische Persönlichkeitsstörung*   45
2.3.4   Abenteuerlich-risikofreudige Persönlichkeit: *Dissoziale Persönlichkeitsstörung*   46
2.3.5   Spontan-sprunghafte Persönlichkeit: *Borderline-Persönlichkeitsstörung*   47
2.3.6   Expressive und selbstdarstellende Persönlichkeit: *Histrionische Persönlichkeitsstörung*   48

2.3.7	Ehrgeizige und sich selbst bewusste Persönlichkeit: *Narzisstische Persönlichkeitsstörung*	48
2.3.8	Selbstkritisch-vorsichtige Persönlichkeit: *Ängstlich-vermeidende Persönlichkeitsstörung*	49
2.3.9	Anhänglich-loyale Persönlichkeit: *Dependente Persönlichkeitsstörung*	50
2.3.10	Sorgfältig-gewissenhafte Persönlichkeit: *Zwanghafte Persönlichkeitsstörung*	51

II Historische Perspektive und Stand der Konzeptentwicklung

		53
3	**Psychiatrische Systematiken der Persönlichkeitsstörungen**	54
3.1	Historische Perspektive	54
3.1.1	Frankreich	54
3.1.2	Deutschland	56
3.1.3	England	62
3.1.4	Nordamerika	63
3.2	Internationale Bemühungen um eine Vereinheitlichung	64
3.2.1	Die ICD-6 und das erste DSM	64
3.2.2	Nationale Entwicklungen	66
3.2.3	Wendepunkt: die Einführung des DSM-III	67
3.3	Die Persönlichkeitsstörungen in der ICD und im DSM	68
3.3.1	ICD-Diagnostik	69
3.3.2	DSM-Diagnostik	71
3.4	Das Alternativ-Modell der Persönlichkeitsstörungen im DSM-5	73
3.4.1	Allgemeine Kriterien für Persönlichkeitsstörungen im DSM-5-Alternativ-Modell	73
3.4.2	Funktionsniveau: Selbst und Beziehung	74
3.4.2	Das Hybridmodell	76
3.4.3	Spezifische Persönlichkeitsstörungen	76
3.5	Bewertung	77
4	**Psychoanalytische Konzeptentwicklungen: Charakterstörungen, Narzissmus, neurotische Stile**	79
4.1	Der Charakter bei Freud	80
4.1.1	Die topografische Perspektive	80
4.1.2	Die strukturtheoretische Perspektive	81
4.2	Charakterstörungen als Störungen der frühen Ich-Entwicklung	86
4.3	Symptomneurosen versus Charakterneurosen	87
4.3.1	Abwehr	88
4.3.2	Charakterneurose	88

4.3.3	Abwehrmechanismen	89
4.3.4	Ich-Syntonie	90
4.4	Narzissmus	90
4.4.1	Objekt-Beziehungen	91
4.4.2	Persönlichkeitsstörungen als Narzissmus-Störungen	94
4.4.3	Persönlichkeitsstörungen als Objekt-Beziehungsstörungen	96
4.5	Neurotische Stile	97
4.6	Zusammenfassende Bewertung	98

5 Interpersonelle Perspektiven: von der Psychodynamik zur Soziodynamik der Persönlichkeitsstörungen — 100

5.1	Minderwertigkeitsgefühle und Machtstreben	101
5.2	Extraversion und Introversion	103
5.3	Selbstaufgabe und Selbstentfremdung	105
5.4	Gehemmte Intentionalität	106
5.4.1	Intentionalität und ihre Störungen	107
5.4.2	Phasenmodell	108
5.5	Krisen der Persönlichkeit und menschliches Wachstum	108
5.6	Die Angst vor der Freiheit: Unterwerfung oder Auflehnung	111
5.7	Zwischenmenschliche Unsicherheit und soziale Angst	113
5.7.1	Persönlichkeitsstörungen	113
5.7.2	Interpersonelle Theorie	114
5.8	Die persönliche Lösung interpersonell-gesellschaftlicher Konflikte	117
5.9	Wege zu einer interpersonellen Theorie der Persönlichkeitsstörungen	119
5.9.1	Circumplex-Modelle	120
5.9.2	Der Interpersonelle Zirkel (IPC) von Kiesler	122
5.9.3	Das Inventar zur Erfassung interpersoneller Probleme (IIP-C / -D) von Horowitz	123
5.9.4	Die Strukturanalyse sozialer Beziehungen (SASB) von Benjamin	125
5.10	Zusammenfassende Bewertung	130

6 Psychologische Erklärungsmodelle: Persönlichkeit und Entwicklung — 131

6.1	Deutsche Charakterkunde	131
6.1.1	Schichten-Modelle	132
6.1.2	Begründung dimensionaler Systematiken	133
6.2	Introversion, Neurotizismus und Psychotizismus	136
6.3	Das Fünf-Faktoren-Modell der Persönlichkeit	138
6.3.1	Die Geschichte der Großen Fünf	139
6.3.2	Aktueller Stand der Entwicklung	140

6.3.3	Persönlichkeitsstörungen	141
6.4	Weitere Versuche der Dimensionierung	145
6.4.1	Freiburger Persönlichkeitsinventar (FPI-R)	145
6.4.2	Tridimensional Personality Questionnaire (TPQ)	146
6.4.3	Trierer Persönlichkeitsfragebogen (TPF)	147
6.4.4	Circumplex-Modelle interpersoneller Persönlichkeitsmerkmale	148
6.5	Ein entwicklungspsychologisch begründetes Polaritäten-Modell der Persönlichkeit	148
6.5.1	Struktur: Selbstkontrolle versus Selbstaktualisierung	151
6.5.2	Beziehung: Bindung versus Autonomie	155
6.5.3	Existenzielle Orientierung: Wohlbefinden versus Schmerz	158
6.5.4	Temperament: Aktivität versus Passivität	159
6.5.5	Gesunde Persönlichkeit und funktionaler Persönlichkeitsstil	160
6.6	Zusammenfassende Bewertung	163

7 Neurobiologie und Genetik: Korrelate und Erkenntnisse — 166

7.1	Neurobiologische Korrelate von Persönlichkeitsfunktionen und pathologischen Persönlichkeitsmerkmalen	166
7.1.1	Affektregulation – negative Affektivität, emotionale Labilität, Angst	168
7.1.2	Bindung – soziale Ängstlichkeit, soziale Vermeidung	169
7.1.3	Soziale Verträglichkeit – Aggressivität, Impulsivität	171
7.1.4	Exploration – Schizotypie, Neigung zur Dissoziation	171
7.2	Neurobiologische Korrelate bei Persönlichkeitsstörungen	172
7.2.1	Borderline-Persönlichkeitsstörung	172
7.2.2	Antisoziale Persönlichkeitsstörung	178
7.3	Genetik bei Persönlichkeitsstörungen	179
7.4	Zusammenfassende Bewertung: Bringen uns die Neurowissenschaften einen Erkenntnisgewinn?	181

8 Differenzialdiagnostik und Komorbidität — 183

8.1	Diagnostik	184
8.1.1	Strukturierte Interviewverfahren	184
8.1.2	Interviews zur Beurteilung des Funktionsniveaus	185
8.1.3	Fragebögen zur Selbstbeurteilung	186
8.1.4	Weitere Screeningfragebögen	188
8.1.5	Diagnostik spezifischer Persönlichkeitsstörungen	189
8.2	Fragebögen versus Interviews: Kritik und offene Fragen	191
8.2.1	Interview oder Fragebogen?	192
8.2.2	Geschlechtsbias	193
8.2.3	Validierung der Statusdiagnostik	194
8.3	Empirische Komorbidität	195
8.3.1	Komorbidität mit psychischen Störungen	195

8.3.2	Komorbidität der Persönlichkeitsstörungen untereinander	197
8.4	Konzeptuelle Komorbidität	201
8.4.1	Strukturmodell	201
8.4.2	Polaritäten-Modell	202
8.5	Bedürfnistheoretische Komorbiditätsanalyse	205
8.5.1	Ambivalenz und Konflikt	205
8.5.2	Beziehung und Struktur	206
8.6	Zusammenfassende Bewertung	207

9   Allgemeine Epidemiologie   208

9.1	Häufigkeit und Verbreitung	208
9.1.1	Prävalenz	209
9.1.2	Prävalenz in klinischen Studien	211
9.2	Verlauf und Prognose: Mythos Stabilität	215
9.2.1	Frühere Studien	215
9.2.2	Aktuelle Studien: Abschied von der Stabilitätsannahme	216
9.2.3	Persönlichkeitsstörungen im höheren Alter	221
9.3	Zusammenfassende Bewertung	222

III   Behandlung   225

10   Allgemeine Überlegungen zur Behandlung von Persönlichkeitsstörungen   226

10.1	Allgemeine Indikationsüberlegungen: Was soll behandelt werden?	226
10.1.1	Selektive Indikation	227
10.1.2	Allgemeine Therapieziele	229
10.2	Von der Problemanalyse zur Therapieplanung	231
10.2.1	Motiv / Handlung / Kontext versus Diagnose	231
10.2.2	Fokusbildung I: Die Auswahl therapeutischer Ansatzpunkte (Konfliktepisoden)	234
10.2.3	Fokusbildung II: Die Beachtung kontextueller Bedingungen	234
10.3	Verfahrensspezifische Indikation: Grundkonzepte der Psychotherapie	236
10.3.1	Psychodynamische Behandlungsansätze	237
10.3.2	Interpersonelle Psychotherapie	239
10.3.3	Kognitiv orientierte Verhaltenstherapie	241
10.3.4	Gesprächspsychotherapie	242
10.4	Allgemeine Behandlungsplanung	244
10.4.1	Selbst- bzw. Fremdgefährdung	244
10.4.2	Selbst- vs. Fremdbehandlung?	246
10.4.3	Eine Vision für die Zukunft: Integration!	247

10.5   Psychopharmakologische Behandlung   249

11   Psychotherapie im Wandel: aktuelle Entwicklungen und integrative Perspektiven   251

11.1   Persönlichkeitsstörungen: integrative Erklärungsmodelle   252
11.2   Therapeutische Beziehung: integrativer Schlüssel zur Behandlung   253
11.3   Mentalisierungsgestützte Psychotherapie   255
13.3.1   Therapieziele   255
13.3.2   Mentalisierungsthemen   255
11.4   Strukturbezogene Psychotherapie   256
11.4.1   Behandlungskonzept   256
11.4.2   Beziehungsgestaltung   257
11.5   Schematherapie   258
11.5.1   Frühe maladaptive Schemata   258
11.5.2   Therapeutisches Vorgehen   259
11.5.3   Reparenting, Fürsorge und Akzeptanz   261
11.6   Fazit   261

12   Perspektiven für die Auflösung therapeutischer Krisen   263

12.1   Ich-Syntonie, Rollenverfangenheit und Selbstentfremdung   263
12.1.1   Die Tücken alltäglicher Beziehungen   264
12.1.2   Das Fehlen sozial-bezogener Autonomie   266
12.1.3   Soziale Rollen und Rollenverfangenheit   268
12.2   Wege aus der Ich-Syntonie: Sinnfindung und Transparenz   270
12.3   Therapeutisches Basisverhalten   272
12.3.1   Zieltransparenz   272
12.3.2   Das Ermöglichen von Widerspruch   273
12.3.3   Verbindlichkeit   274
12.4   Die mentalisierungsgestützte Auflösung therapeutischer Krisen   275
12.4.1   Personzentrierte Verantwortungszuweisung   275
12.4.2   Der therapeutische Dreisatz   276
12.5   Unmittelbare Wirkungen therapeutischer Transparenz   282
12.6   Kontraindikationen   285
12.7   Zusammenfassende Bewertung   287

IV   Störungsspezifische Ätiologie und Behandlung   289

13   Persönlichkeitsstörungen: Extremvarianten menschlicher Besonderheit und Vielfalt   290

13.1   Probleme der aktuellen Klassifikationsgepflogenheiten   290
13.2   Klassifikation im Alternativ-Modell des DSM-5 Sektion III   292

13.3	Von der Ätiologie zur Behandlung	295
13.4	Ressourcenorientierte Behandlung	296

14 Dissoziale und Antisoziale Persönlichkeitsstörungen — 299

14.1	Konzeptentwicklung	300
14.2	Diagnostik	301
14.2.1	Antisoziale Persönlichkeitsstörung im DSM-IV-TR bis DSM-5 Sektion II	301
14.2.2	Das Alternativ-Modell der Antisozialen Persönlichkeitsstörung im DSM-5 Sektion III	304
14.2.3	Dissoziale Persönlichkeitsstörung in der ICD-10	306
14.3	Differenzialdiagnostik	308
14.3.1	Gleichzeitigkeitsdiagnosen (Komorbidität)	308
14.3.2	Dissoziale Persönlichkeit versus Kriminalität	309
14.4	Erklärungsansätze	310
14.4.1	Stand der ätiologischen Forschung	310
14.4.2	Erklärungsmodelle	314
14.5	Behandlungsansätze	316
14.5.1	Prädiktoren für Behandlungserfolge und Prognose	317
14.5.2	Psychodynamische Therapie	318
14.5.3	Verhaltenstherapeutische Ansätze	319
14.5.4	Deliktspezifische Psychotherapie der dissozialen Persönlichkeit: Straftäterbehandlung	320
14.6	Zusammenfassende Bewertung	327

15 Ängstlich-vermeidende und Selbstunsichere Persönlichkeitsstörungen — 329

15.1	Diagnostik	329
15.1.1	Vermeidend-selbstunsichere Persönlichkeitsstörung im DSM-IV-TR bis DSM-5 Sektion II	330
15.1.2	Ängstlich-vermeidende Persönlichkeitsstörung in der ICD-10	331
15.1.3	Vermeidend-selbstunsichere Persönlichkeitsstörungen im Alternativ-Modell des DSM-5 Sektion III	331
15.2	Differenzialdiagnostik	333
15.2.1	Abgrenzung gegenüber Sozialer Phobie	333
15.2.2	Abgrenzung zur Schizoiden Persönlichkeitsstörung	334
15.3	Erklärungsansätze	335
15.4	Behandlung	338
15.4.1	Training sozialer Kompetenzen	339
15.4.2	Empirie	345
15.5	Zusammenfassende Bewertung	346

16 Emotional instabile und Borderline-Persönlichkeitsstörungen 348

16.1 Konzeptentwicklung 348
16.2 Diagnostik 350
16.2.1 Borderline-Persönlichkeitsstörung im DSM-IV-TR
bis zum DSM-5 Sektion II 350
16.2.2 Borderline-Persönlichkeitsstörung im Alternativ-Modell
des DSM-5 Sektion III 351
16.2.3 Besonderheiten in der ICD-10 353
16.3 Differenzialdiagnostik 356
16.4 Erklärungsansätze 357
16.4.1 Psychoanalyse 357
11.4.2 Kognitive Verhaltenstherapie 359
16.5 Aktuelle Perspektiven im Lichte der Forschung 361
16.5.1 Entwicklungspsychologische Studien 362
16.5.2 Borderline-Persönlichkeit oder Traumastörungen? 363
16.6 Behandlung 364
16.6.1 Psychoanalyse und psychodynamische Therapie 364
16.6.2 Verhaltenstherapie und Kognitive Therapie 368
16.6.3 Integrative Aspekte bei Selbstverletzung, Suizidalität und
schwankender Compliance 371
16.7 Zusammenfassende Bewertung 373

17 Zwanghafte (anankastische) Persönlichkeitsstörung 377

17.1 Konzeptentwicklung 377
17.2 Diagnostik 378
17.2.1 Zwanghafte Persönlichkeitsstörung im DSM-IV-TR
bis zum DSM-5 Sektion II 378
17.2.2 Alternativ-Modell der Zwanghaften Persönlichkeitsstörung
im DSM-5 Sektion III 379
17.2.3 Zwanghafte Persönlichkeitsstörung in der ICD-10 381
17.3 Differenzialdiagnostik 381
17.4 Erklärungsansätze 383
17.5 Behandlung 385
17.6 Zusammenfassende Bewertung 388

18 Narzisstische Persönlichkeitsstörung 390

18.1 Diagnostik 390
18.1.1 Narzisstische Persönlichkeitsstörung im DSM-IV-TR
bis zum DSM-5 Sektion II 390
18.1.2 Alternativ-Modell der Narzisstischen Persönlichkeitsstörung
im DSM-5 Sektion III 392
18.1.3 Narzisstische Persönlichkeitsstörung in der ICD-10 394
18.2 Fehldiagnosen vermeiden! 395

18.3   Differenzialdiagnostik   396
18.4   Erklärungsansätze   397
18.5   Behandlung   399
18.6   Zusammenfassende Bewertung   402

19   Schizotype Persönlichkeitsstörung   403

19.1   Konzeptentwicklung   403
19.1.1 Schizotypische Organisation   403
19.1.2 Schizotypisch versus emotional instabil   405
19.2   Diagnostik   406
19.2.1 Schizotype Persönlichkeitsstörung im DSM-IV-TR
       bis DSM-5 Sektion II   406
19.2.2 Schizotype Persönlichkeitsstörung im Alternativ-Modell
       des DSM-5 Sektion III   408
19.2.3 Schizotype Störung in der ICD-10   409
19.3   Differenzialdiagnostik   411
19.4   Erklärungsansätze   413
19.5   Behandlung   415
19.6   Zusammenfassende Bewertung   418

20   Paranoide Persönlichkeitsstörung   419

20.1   Diagnostik   420
20.2   Prävalenz   422
20.3   Differenzialdiagnostik   423
20.4   Erklärungsansätze   425
20.5   Behandlung   427
20.6   Zusammenfassende Bewertung   429

21   Schizoide Persönlichkeitsstörung   431

21.1   Konzeptentwicklung   431
21.2   Diagnostik   433
21.2.1 Schizoide Persönlichkeitsstörung im DSM-IV-TR
       bis DSM-5 Sektion II   433
21.2.2 Schizoide Persönlichkeitsstörung in der ICD-10   434
21.3   Differenzialdiagnostik   435
21.4   Erklärungsansätze   437
21.5   Behandlung   438
21.6   Zusammenfassende Bewertung   440

22   Histrionische Persönlichkeitsstörung   442

22.1   Konzeptentwicklung   442
22.2   Diagnostik   443

22.2.1 Histrionische Persönlichkeitsstörung im DSM-IV-TR
bis DSM-5 Sektion II 443
22.2.2 Histrionische Persönlichkeitsstörung in der ICD-10 444
22.2.3 Prävalenz 445
22.3 Differenzialdiagnostik 445
22.4 Erklärungsansätze 448
22.5 Behandlung 451
22.5.1 Ansätze der Therapieschulen 451
22.5.2 Integrative Perspektiven 452
22.6 Zusammenfassende Bewertung 455

23 Dependente Persönlichkeitsstörung 456
23.1 Konzeptentwicklung 456
23.2 Diagnostik 457
23.2.1 Dependente Persönlichkeitsstörung im DSM-IV-TR
bis DSM-5 Sektion II 457
23.2.2 Abhängige Persönlichkeitsstörung in der ICD-10 458
23.2.3 Prävalenz 459
23.3 Differenzialdiagnose 460
23.4 Erklärungsansätze 463
23.5 Behandlung 465
23.6 Zusammenfassende Bewertung 466

V Epilog 469

24 Die schwierig bestimmbaren Grenzen der Normalität 470
24.1 Vom DSM-5 bis zur ICD-11 471
24.1.1 DSM-5: noch keine Einigung in Sicht 472
24.1.2 ICD-11: radikal vereinfacht 473
24.1.3 Die Alternativen in DSM-5 und ICD-11 dienen der Praxis 475
24.2 Was »stört« eigentlich an einer Persönlichkeitsstörung? 476
24.3 Zwischenmenschliche Funktion und Sinnhaftigkeit 478
24.3.1 Kompetenz und Tolerierbarkeit 478
24.3.2 Zur Kompetenzepidemiologie der Persönlichkeitsstörungen 479
24.4 Kann sich »Persönlichkeit« überhaupt ändern? 480
24.5 Nach wie vor fehlt eine Entwicklungspsychologie der
Persönlichkeitsstörungen 482
24.6 Schluss 484

Literatur 485
Personenverzeichnis 534
Sachwortverzeichnis 541

Vorwort zur 7. Auflage

… so gilt doch dies auf Erden:
Wer mal so ist, muss auch so werden.
Wilhelm Busch

Eine umfassende Darstellung des gegenwärtigen Wissens über Persönlichkeitsstörungen ist ein Unterfangen, das die Fähigkeiten eines einzelnen Forschers in höchstem Maße herausfordert und das ihn gelegentlich an die Grenzen seiner Möglichkeiten führt. Eine allseits akzeptable Zusammenfassung setzt nämlich ein Gebiet voraus, über das mehr oder weniger Einigkeit herrscht. Genau dies ist im Bereich der Persönlichkeitsstörungen nach wie vor nicht der Fall. Beobachtbar ist diese Uneinigkeit insbesondere am aktuellen Diagnosemanual DSM-5 der American Psychiatric Association (APA, 2013), in dem der geneigte Leser nämlich zwei völlig unterschiedliche Kapitel über Persönlichkeitsstörungen vorfindet: ein vermeintlich offizielles Kapitel in Sektion II (das eine wortgleiche Wiedergabe des Kapitels über Persönlichkeitsstörungen des Vorläufer-DSM-IV-TR aus dem Jahr 2000 darstellt) und ein neues Alternativ-Modell dazu in Sektion III, das von der seitens der APA eingesetzten Task-Force ausgearbeitet wurde. Sinnigerweise wird es dem Leser freigestellt, an welchem der beiden Kapitel er sich denn nun orientieren möchte. Hintergrund ist ein Streit der Experten, die sich – wie angedeutet – eben nach wie vor nicht darauf einigen können, was denn nun Persönlichkeitsstörungen sind und wie diese zu behandeln seien (ausführlich nachzulesen sind die Hintergründe dieses Konflikts in den → Kapiteln 4, 8, 9 und 13).

Kein Wunder. Die Persönlichkeitsstörungen stellen für klinisch-therapeutisch orientierte Forscher und Praktiker eine enorme Herausforderung dar, die sich insbesondere an der nach wie vor wachsenden Zahl von Forschungsarbeiten und Publikationen ablesen lässt – eine Anzahl, die je nach Störungsbild zum Teil weit über die Forschungs- und Publikationsaktivitäten zu anderen psychischen Störungen hinausgehen dürfte. Dies ist mit Sicherheit bei Borderline-Persönlichkeitsstörungen der Fall, die inhaltlich jährlich etwa ein Drittel der Publikationen über Persönlichkeitsstörungen belegen dürften. Selbst jene, die wie wir Autoren dieses Bandes – von zwanghafter Sammelleidenschaft angetrieben – möglichst viele Publikationen selbst besitzen wollen, können mit der Entwicklung kaum mithalten. Auch die eigens zum Themenfeld gegründeten Zeitschriften (wie das *Journal of Personality Disorders* oder *Personality Disorders: Theory, Research, and Treatment* oder *Borderline Personality Disorder and Emotion Dysregulation* oder die deutschsprachige *Persönlichkeitsstörungen – Theorie und Therapie*) erfreuen sich zwar zunehmender Beliebtheit, geben aber immer nur einen bescheidenen Eindruck von den Entwicklungen wieder, wie sich diese weltweit in anderen Fachjournalen, Herausgeberwerken und Monografien ständig vollziehen.

So war es nur konsequent, dass der bisherige Alleinautor der »Persönlichkeitsstörungen« (Peter Fiedler) die ebenfalls von Sammelleidenschaft und Kenntnisanreicherungen angetriebene Zweitautorin (Sabine C. Herpertz) um Mithilfe bat, die jetzt angesichts der Entwicklungen notwendige 7. Neuauflage gemeinsam zu gestalten. Dazu beigetragen hat auch die örtliche, fachliche und persönliche Nähe, mit der beide seit vielen Jahren immer wieder bei Vortrags- und Fortbildungsveranstaltungen gemeinsam aktiv werden. Wir haben erfahren, dass wir beide voneinander und miteinander unendlich viel lernen können. Und genau dieses inzwischen vorhandene differenzielle Wissen möchten wir in dieser Auflage zusammenführen und mit unseren Lesern teilen.

Die Leser dieser 7. Auflage kommen also unzweifelhaft in den Genuss, an den Entwicklungen im Bereich der enormen, eben von nur einer Person kaum zu überschauenden Entwicklung von Forschungs- und Behandlungskonzepten bei Persönlichkeitsstörungen zu partizipieren. Bis auf die historischen Kapitel liegt hiermit ein völlig neu gegliedertes und gegenüber der 6. Auflage inhaltlich deutlich angereichertes Buch vor. Dennoch sind wir davon überzeugt, dass ein Leser, der sich bisher noch nicht allzu vertiefend mit Persönlichkeitsstörungen befasst hat, die Monografie – so er Zeit und Muße findet – am sinnvollsten mit den historischen Kapiteln in Teil II beginnt.

Dennoch ist gegenüber den früheren Auflagen einiges neu, was hier kurz in seinen wichtigsten Aspekten erwähnt werden soll. Erstens wurden die Kapitel ausdrücklicher als bisher um Erkenntnisse angereichert, die der modernen genetischen, biologischen und neurologischen Forschung zu den Persönlichkeitsstörungen entstammen. Für den in dieser Hinsicht interessierten Leser dürfte das → Kapitel 7 ein erster wichtiger Zugang zu dieser Thematik sein, bevor wir diese Aspekte in den störungsspezifischen Kapiteln vertiefen. Und gleich sei ein weiterer Unterschied zu den früheren Auflagen deutlich gemacht: In diesem Buch werden in Teil IV die Diagnostik, Ätiologie und Behandlung der einzelnen Persönlichkeitsstörungen jetzt in störungsspezifischen Kapiteln zusammen genommen und nicht mehr getrennt abgehandelt.

Und noch etwas sollte die Leser unbedingt zur Kenntnis nehmen: Wenn wir uns nicht täuschen, bewegen sich die aktuell entwickelten Behandlungskonzepte der Persönlichkeitsstörungen zunehmend aufeinander zu. Wie das konkret aussieht, kann in dem völlig neuen → Kapitel 11 über aktuelle Entwicklungen und integrative Psychotherapieperspektiven nachvollzogen werden.

Dass in diesem Buch fast durchgängig (und wohl nur von einigen Zitaten abgesehen) die »männliche« Variante der Personbeschreibung und Persontypisierung benutzt wurde, liegt ausschließlich an der bei uns beiden Autoren grundlegend vorhandenen persönlichkeitsbedingten Neigung zur Sparsamkeit. Angesichts der erreichten Seitenzahl schien uns das kleine Vergehen gegenüber dem Anspruch emanzipierter AutorInnen durchaus vertretbar, nicht durchgängig von »DiagnostikerInnen«, »PatientInnen« oder »TherapeutInnen« oder gar – weil richtiger – von »Diagnostiker/inne/n«, »Patient/inn/en« oder »Therapeut/inn/en« zu schreiben.

Wenn also von männlichen Personen die Rede ist, so schließt dies – wo dies nicht ausdrücklich anders vermerkt wurde – immer zugleich ein, dass mit dem Gesagten ebenso Frauen gemeint sind. Außerdem war es nur so möglich, gelegentlich deutlicher herauszuarbeiten, dass viele Persönlichkeitsstörungsdiagnosen mit einem unschönen Geschlechtsbias behaftet sind. Der uns weniger geneigte Leser darf uns natürlich dennoch eine antiemanzipative Persönlichkeitsstruktur unterstellen, auch wenn uns diese – so hoffen wir jedenfalls – ausgesprochen fremd ist.

Viele neue Ideen und Ansichten, die in diesem Buch ihren Niederschlag gefunden haben, stammen nicht selten aus gelegentlich viele Stunden während Diskussionen in den letzten Jahren, an die wir gern zurückdenken. Wir hoffen sehr, dass Sie alle, die an diesen Diskussionen beteiligt waren, dies an dieser 7. Auflage leicht bemerken werden, dass und wie wir auf Ihre Vorschläge eingegangen sind. Schlaflose Nächte haben uns diese teilweise auch über Internet und E-Mail-Kontakte stattfindenden Diskussionen nicht bereitet. Denn sie waren sämtlich sehr wohlwollend und stimulierend, was uns angesichts der von uns investierten Arbeit sehr ermutigt hat, den jetzt gemeinsam begonnenen Weg auch gemeinsam weiterzugehen. Herzlichen Dank!

Heidelberg, im Januar 2016   *Peter Fiedler* und *Sabine C. Herpertz*

I Persönlichkeitsstile und Persönlichkeitsstörungen

1 Die Person-Perspektivierung eines zwischenmenschlichen Problems

2 Persönlichkeit und Persönlichkeitsstörung: zwei Seiten einer Medaille

1 Die Person-Perspektivierung eines zwischenmenschlichen Problems

Menschlich aber bedeutet die klassifikatorische
Feststellung des Wesens eines Menschen
eine Erledigung, die bei näherer Besinnung
beleidigend ist und die Kommunikation abbricht.
Karl Jaspers, 1913

> **Persönlichkeit**
> Jeder Mensch hat seine ganz eigene und unverwechselbare Art und Weise zu denken, zu fühlen, wahrzunehmen und auf die Außenwelt zu reagieren. Die individuellen menschlichen Eigenarten stellen eine einzigartige Konstellation von Gefühlen, Gedanken und Verhaltensweisen dar, die man als Persönlichkeit bezeichnet.

Jene spezifischen Eigenarten, die eine Person unverkennbar typisieren und die sie zugleich von anderen unterscheiden, sind wegen ihrer individuellen Besonderheiten immer zugleich von sozialen Regeln und Erwartungen mehr oder weniger abweichende Handlungsmuster. Gewöhnlich werden die eine Person typisierenden Abweichungen innerhalb der Vielfalt gesellschaftlich-kultureller Ausdrucks- und Umgangsformen toleriert, ja sie sind – wie etwa im Falle kreativer Abweichung – sogar mit einer hohen sozialen Wertigkeit belegbar. Deshalb erscheint es uns wichtig, sich mit dem Kerngedanken der oben eingefügten Botschaft von Karl Jaspers genauestens auseinanderzusetzen.

1.1 Die Stigmatisierungshypothese

Mehr noch als die diagnostische Feststellung bei anderen psychischen Störungen (wie bei einer Phobie, Depression oder Schizophrenie) werden durch die Diagnose einer Persönlichkeitsstörung nicht nur einzelne Verhaltens- und Erlebensepisoden als »störend« bezeichnet. Eine diagnostizierte Persönlichkeitsabweichung bezieht sich immer auf die Person als Ganzes – eben als eine Verallgemeinerung über konkretes Handeln hinaus.

1.1.1 Diagnose

Die diagnostische Feststellung einer Persönlichkeitsstörung markiert einige für die betreffende Person und für ihre sozialen Beziehungen entscheidenden Veränderungen:

Bis zu diesem Zeitpunkt vollzogen sich Fremdzuschreibungen von Persönlichkeits-eigenschaften im Rahmen sozialer Erwartungen. Sie begründeten damit wesentlich die Berechenbarkeit und Beständigkeit einer Person (»zuverlässiger Mensch«, »kreative Person«, »linker Typ«). In dem Perspektivenwechsel solcher oder ähnlicher Persön-lichkeits*eigenschaften* in Richtung Persönlichkeits*störung* drückt sich nun einerseits eine zunehmende Beunruhigung des sozialen Systems aus (»zwanghafte Person«, »dissozialer Mensch«, »paranoider Typ«). Die Person-Handlungen haben offensicht-lich wiederholt ein tolerierbares Maß überschritten. Und die Bezugspersonen antizi-pieren einen möglichen Verlust kollektiver Kontrolle über das erreichte Ausmaß sozialer Devianz.

Erklärung

Das Stigmatisierungsproblem setzt nun genau dort ein, wo sich ein Konsens über die Notwendigkeit der Korrektur oder Beendigung wiederholt gezeigter Verhaltensdevi-anz mit den Betroffenen nicht mehr herstellen lässt. »Persönlichkeitsstörung« ist nämlich auf eine eigenwillige Weise nicht nur Diagnose. Die Feststellung, dass die »Person« gestört ist, beinhaltet zugleich *eine Erklärung*. Es ist offensichtlich ab Diagnose nicht mehr so sehr die soziale Systemik oder die Interaktion, die gestört ist. Es ist *die Person*: Persönlichkeitsstörung. Die Person ist gestört. Folglich und plötzlich ist die Person »Ursache« für Schwierigkeiten, die man mit ihr hat; sie ist – etwas überspitzt gesagt – »Täter«. Eine solche Sicht kann zunächst beruhigen, hat der Diagnostizierende selbst offensichtlich mit den Problemen, die er sieht, weniger oder gar nichts mehr zu tun.

»Person« ist gestört. Und genau da setzt Jaspers Kritik an: Dasjenige, was den Bezugspersonen wie den professionellen Helfern für die bis dahin bestehenden eigenen Schwierigkeiten wegen der »anderen Person als Störungsursache« *Erklärung*, damit Entlastung und Beruhigung eröffnet, birgt für den Betroffenen selbst die Gefahr einer überdauernd fixierenden Merkmals-, Person- und Identitätszuschreibung in sich. Das genau meint Stigmatisierung.

Persönlichkeit
    ↳ **Persönlichkeitsstil**
        ↳ **Persönlichkeitsabweichung**
            ↳ **Persönlichkeitsstörung**

Es ist hochbedeutsam, was die Diagnose einer Person-Störung interaktionell bewirken kann. Mit der Diagnose »Person-Störung« wird eventuell zugleich auch noch die Möglichkeit zur Konsensfindung mit den Betroffenen über die ihnen zugeschriebenen Persönlichkeitsstörungen eingeschränkt.

Das ist eine interessante Entwicklung. Die meisten von uns »basteln« nämlich immer aktiv und in bester Absicht an ihrer Persönlichkeit, wollen wir doch anderen und uns selbst gegenüber in einem bestimmten Licht erscheinen. Wir dokumentieren, untermalen oder stilisieren unsere Person nach außen hin deutlich sichtbar. Und in dem Maße, wie wir dies vermeintlich erfolgreich tun, ist mit uns nur noch schwer über Stilfragen und damit auch nicht so schnell über unsere Eigenarten zu diskutieren. Und je mehr wir persönlich »gestylt« sind, umso seltener denken wir selbstkritisch über unseren Stil nach. Wir handeln zunehmend »automatisiert«, denn das andauernde Nachdenken über unser eigenes Handeln würde uns jeder Freiheit und Kreativität berauben.

Genau das – dieser Automatismus – jedoch ist bereits das, was derjenige in aller Regel bereits erwartet, der eine andere Person als »gestört« bezeichnet. Die Negativkennzeichnung einer anderen Person impliziert, dass weiteres Nachdenken mit dieser Person über deren Stil möglicherweise erfolglos enden könnte. Die Diagnose Persönlichkeitsstörung wird häufig gestellt, wenn Metakommunikation mit einer Person wenig erfolgreich war oder sogar gescheitert ist. Und in der Konsequenz bedeutet genau dies, dass die Diagnose einer »Persönlichkeitsstörung« zumeist die »persönlichkeitsbedingte« Unfähigkeit oder Beschränktheit der Betroffenen zur Einsicht in die eigenen charakterlichen Bruchstellen impliziert. Sie stellt damit die Kompetenz der Betroffenen zur Mitgestaltung der aktuellen Situation eher in Frage.

1.1.2 Persönliche Stile

Persönlichkeitseigenarten und damit auch die Persönlichkeitsstörungen gehören als persönliche Stile zur Person dazu. Deshalb dürfte zunächst auch *nicht* zu erwarten sein, dass ein Mensch – im Bereich des Übergangs von der sozial akzeptierten zur nicht mehr akzeptierten sozialen Abweichung – *sich selbst* die Diagnose einer »gestörten Persönlichkeit« gäbe (etwa: ich bin paranoid, schizoid, histrionisch oder zwanghaft).

Dies dürfte schon deshalb nicht zu erwarten sein, als im Grenzbereich zwischen Persönlichkeitseigenart und Persönlichkeitsstörung intendierte Devianz selten unterstellt werden kann. Selbst wenn die Betroffenen extrem unter den Folgen der von ihnen mitverursachten Interaktionsschwierigkeiten leiden sollten, erlaubt häufig *nur die Außenperspektive* der Bezugspersonen oder die eines professionellen Diagnostikers die Schlussfolgerung einer »gestörten Persönlichkeit«.

Ich-Syntonie

Das Phänomen, dass die den Persönlichkeitsstörungen zugeschriebenen Devianzmuster aus der Eigenperspektive zunächst eher selten als störend, abweichend oder normverletzend erlebt werden und dass sie deshalb als solche bei sich selbst nur schwer als Persönlichkeitsstörungen diagnostizierbar sind, bezeichnet man als »Ich-Syntonie« der Persönlichkeitsstörungen (z. B. Vaillant & Perry, 1988). Ganz im Unterschied dazu werden die meisten anderen psychischen Störungen und Syndrome (wie beispielsweise die phobischen oder affektiv-depressiven Störungen) als »ich-dyston« erlebt, eben als nicht zu sich zugehörig, weshalb sich die Betroffenen von diesen Störungen gern wieder frei machen würden.

Die mögliche Ich-Syntonie der Persönlichkeitsstörungen verdeutlicht in prägnanter Weise, dass die Störungsdiagnose zumeist auf »Verhaltensabweichungen aus der

Außenperspektive« beruht. Wenn überhaupt, dann erwächst ein Gefühl der Gestört-heit der eigenen Person in der Folge zunehmender Interaktionsprobleme und dem damit verbundenen Leiden zumeist eher diffus und unbestimmt. Persönlichkeits-bedingte Interaktionsprobleme werden den Betroffenen selbst also vielfach erst durch Kritik und Rückmeldung anderer transparent. Nicht in jedem Fall werden die Betroffenen akzeptieren, dass die kritisierten Verhaltensmuster unangemessen sind, Regelverstöße darstellen oder Änderungswert besitzen.

Paradoxerweise wird nun die Möglichkeit, kritische Rückmeldungen zu akzeptie-ren, in dem Maße eingeschränkt, wie sich Rückmeldung und Kritik nicht mehr nur auf das Handeln, sondern zunehmend auf kontextübergreifende Persönlichkeitseigen-schaften oder schließlich gar auf Persönlichkeitsstörungen beziehen (z.B. die Part-nerkritik: »Ich habe es mir schon immer gedacht, du wirst zunehmend wie dein Vater, faul und bequem!«). Und damit sind wir wieder bei Karl Jaspers.

1.1.3 Stigmatisierung

Stigmatisierung ist der soziale Prozess einer eigentümlichen Wandlung von Inter-aktionsproblemen zu Persönlichkeitsstörungen – also konkret: die Person-Perspekti-vierung eines interaktionellen Problems.

Interaktion
    ↳ **Interaktionsstörung**
        ↳ **Ursachensuche**
            ↳ **Person-Perspektivierung**
                ↳ **Persönlichkeitsstörung**

Das zentrale Problem dieser Diagnosestellung liegt nämlich darin, dass zwar der aktuelle Prozess dieser Art »Entstehung« von Persönlichkeitsstörung ausgesprochen interpersoneller Natur ist. Im Ergebnis jedoch verschiebt sich der Blick einseitig auf die lebensgeschichtliche, möglicherweise biologisch begründbare Gewordenheit der Per-son (»Du wirst immer mehr wie dein Vater!«).

Für die Interaktionspartner, Diagnostiker wie für den Psychotherapeuten ist dies – wie gesagt – insofern eine beruhigende Situation, als bei ihnen »der Gedanke an ihrer etwaigen Mitschuld an dieser Störung oder gar am Scheitern der Beziehung ›ver-nünftigerweise‹ kaum mehr oder gar nicht mehr aufkommen wird« (Glatzel, 1977, S. 127 – und dies, obwohl sie gerade eben noch selbst (und zwar: entscheidend) zu ihrer Entstehung – *qua Diagnose* – beigetragen haben.

Diagnostiker und Therapeuten werden es vielleicht gar nicht bemerken, haben sie sich doch bei der Personbeurteilung etwa im Sinne der offiziellen Diagnose-Manuale »nur an die Diagnosekriterien« gehalten.

Doch genau das – so Karl Jaspers – ist beleidigend.

1.2 Einschränkung der Stigmatisierungshypothese

Soweit die Begründung der Stigmatisierungsgefahren der Persönlichkeitsdiagnostik. Andererseits gibt es inzwischen hinreichend Gründe, diese Sicht in ihrer Radikalität etwas anzuzweifeln. Sie stimmt nämlich nur teilweise. Was an dieser Sicht zunehmend Zweifel hat aufkommen lassen, sind unter anderem zwei Dinge:

▶ einerseits zahlreiche Briefe, die der Erstautor dieser Neuauflage (Peter Fiedler) inzwischen von Personen erhalten hat, die eine der inzwischen ja bereits sechs Vorläuferauflagen der »Persönlichkeitsstörungen« (seit 1994) aus privatem Interesse gelesen haben, vorrangig mit dem Ziel, etwas mehr über sich selbst in Erfahrung zu bringen;

▶ andererseits das Buch eines Psychiaters, der mit einer Journalistin zusammen eine populärwissenschaftliche Abhandlung mit dem Titel »Ihr Persönlichkeitsprofil« verfasst hat, mit der jeder Leser selbst in der Lage ist, sich die Diagnose einer Persönlichkeitsstörung zu geben (Oldham & Morris, 1995).

1.2.1 Briefe

Zunächst zu den überraschend vielen persönlichen Briefen von Menschen, die sich eine der vorausgehenden Auflagen der »Persönlichkeitsstörungen« aus persönlichen Gründen gekauft haben. Inzwischen beläuft sich die Zahl dieser Zusendungen auf weit über zweihundert! Und in den vergangenen Jahren kommen diese Zuschriften fast ausschließlich per E-Mail, was die Kommunikation mit den Betreffenden erheblich erleichtert.

Fremd-Diagnosen

Nur ein kleiner Anteil der Briefe (etwa 5 Prozent) beinhaltet die Beschreibung und Diagnose anderer Personen, zumeist der Ehepartner bzw. Ehepartnerinnen. Zwölf dieser Briefe stammen von Frauen, die sich bedanken, dass sie jetzt, nach Lesen des Buches, in der Lage seien, ihre Ehepartner besser zu verstehen. Die meisten der beschriebenen Männer bekamen übrigens die Diagnose einer »dissozialen Persönlichkeit«, einige die einer »Borderline-Störung« – beides häufig verbunden mit dem Wunsch nach Hilfe. Ein Brief stammt von einem achtzigjährigen Mann mit Schilderungen über seine zwanzig Jahre jüngere Frau, die ihm mit Verweis auf die im Buch beschriebenen »Persönlichkeitsstörungen« inzwischen das Leben zur Hölle mache. Ein sehr gewissenhafter Mann möchte die fachkundige Bestätigung, dass auf ihn die Diagnose einer zwanghaften Persönlichkeitsstörung *nicht* zutreffe (im Unterschied zu Rückmeldungen, die er von Personen aus seinem Umfeld erhalte). Ein Psychotherapeut, der sich bei einer anderen Psychotherapeutin in Behandlung befindet, vermutet sehr, dass ihm diese, seine Therapeutin wegen Kritik an ihrem Verhalten wohl die Diagnose »narzisstische Persönlichkeitsstörung« gegeben habe, ohne dies jedoch zuzugeben. Ein weiterer männlicher Schreiber, dessen Brief sich dieser kleineren Gruppe von »Versuchen der Fremd-Diagnosen« zuordnen lässt, beschwerte sich sehr heftig über das Buch: Seit seine Frau darin lese, werde er jeden Tag »in eine andere Ecke« gestellt.

Keiner der fremd-diagnostizierten Partner erhielt bisher übrigens die Diagnose »narzisstisch«, was etwas verwunderlich ist angesichts der Tatsache, dass die meisten Therapeuten über besondere Schwierigkeiten gerade mit vermeintlich »narzisstischen« Patienten klagen. Auf die Gründe dieser Diskrepanz, die aus der Unterschiedlichkeit therapeutischer *versus* partnerschaftlicher Beziehungen resultiert, wird noch ausführlich einzugehen sein. Jedoch – wie gesagt – die Zahl der Briefe mit Fremd-Diagnosen macht insgesamt nur den kleineren Anteil aus. Wichtiger sind die übrigen Zusendungen. Die überwiegende Zahl der Zuschriften stammt nämlich von Menschen, die endlich wissen wollen, was mit ihnen selbst los ist.

Selbst-Diagnosen

Es sind interessanterweise etwa gleichviel Männer wie Frauen, die auf der Grundlage der im Buch vorhandenen Störungsbeschreibungen sich selbst die Diagnose einer Persönlichkeitsstörung gegeben haben. Und mit ihren Briefen fragen sie nun jeweils an, ob die Selbst-Diagnose zutreffen könne. Das übrigens ist fast immer der einzige Grund für den Brief- bzw. E-Mail-Kontakt: »Bitte schreiben Sie doch zurück, ob meine mir selbst gegebene Diagnose stimmt?!«

Nur etwa zehn der weit über 200 Anfragen, sich die Selbst-Diagnose aus fachlicher Sicht validieren zu lassen, schließen eine zusätzliche Bitte um persönliche Beratung oder Hinweise auf Therapeuten ein. Nur zehn! Alle anderen bitten lediglich um fachkundige Bestätigung der Selbst-Diagnose. Diese Briefe sind fünf, zehn oder noch mehr Seiten lang, auf denen zumeist die ausführliche Geschichte eines bewegten Lebens erzählt wird. Noch etwas ist erstaunlich: Einige Briefeschreiber haben das Buch gemeinsam mit dem Partner gelesen und die Diagnose für den dann zumeist schreibenden Partner gemeinsam gestellt.

Die Selbst-Diagnosen streuen. Die allermeisten sind »Borderline-Persönlichkeitsstörungen«, die sehr gelegentlich besser als »schizotypisch« zu bezeichnen gewesen wären, wenn sich nicht gar (aber nur ganz selten) eine »Schizophrenie« hätte vermuten lassen. Sehr häufig kommen auch »Selbstunsichere« bzw. »Ängstlich-vermeidende« und weniger häufig »Dependente« Persönlichkeitsstörungen vor. In einem Brief offenbart ein Schreiber seine nach Lektüre selbst erkannte »Dissozialität«. Als Selbst-Diagnose fehlt eigentlich nur noch (vielleicht erwartungsgemäß): »paranoid«. Die meisten Selbst-Diagnosen treffen u. E. übrigens ziemlich genau zu, jedenfalls soweit man das den Briefen entnehmen kann. Die ersten Briefe stürzten den Autor der »Persönlichkeitsstörungen« – eingedenk des Stigmatisierungsproblems – in gewisse Ratlosigkeit. Was sollte er antworten? Sollte er überhaupt antworten?

Dann erhielt er den Hinweis auf das unten beschriebene Buch von Oldham und Morris (1995). Dieses Buch machte ihm Mut, und er setzte sich hin, schrieb zurück, antwortete sachlich, informativ, dies insbesondere dann, wenn ein Leiden der Betreffenden unter ihrer selbst diagnostizierten »Persönlichkeitsstörung« unverkennbar war: Diagnose bestätigend *oder* Diagnose anzweifelnd, wie dies eben anhand der Briefe möglich war – und wann immer sinnvoll: weitere Literatur zum Thema empfehlend. Und seitdem mittels E-Mail kommuniziert werden kann, ist es ein Leichtes, entsprechende Kapitel und Abschnitte aus Büchern als pdf-Dateien im E-Mail-Anhang gleich mitzuschicken. Immerhin hatten die Betreffenden ja die »Persönlichkeitsstörungen« gelesen, also war und ist ihnen weitere Lektüre auch zuzumuten.

Jetzt weiß ich endlich wieder, wer ich bin!

Auf die (zumeist) bestätigenden Diagnose-Hinweise schrieben fast alle anschließend zurück. Auch diese Antworten waren zunächst überraschend. Denn fast ausnahmslos schrieben die Betroffenen nämlich zurück, dass sie jetzt, nachdem sie wüssten, was für Personen sie seien, sie plötzlich erneut viel besser in ihren zwischenmenschlichen Bezügen zurechtkämen. Einige bedankten sich sogar überschwänglich, denn es gehe ihnen persönlich erheblich besser als noch Wochen zuvor. Überraschend ist vor allem der einheitliche Grundton in den Antworten. Dieser lautet zusammengefasst: »Herzlichen Dank für Ihre Antwort. Jetzt weiß ich endlich wieder, wer ich bin!«

Um ehrlich zu sein, das war so nicht zu erwarten gewesen. Obwohl das Stigmatisierungsproblem in den »Persönlichkeitsstörungen« immer wieder angesprochen wird, wäre ja eher zu befürchten gewesen, mit dem Buch selbst zum Stigmatisierungsproblem beizutragen. (Dies ist möglicherweise bei jenen oben genannten Personen der Fall, die von Bezugspersonen als »persönlichkeitsgestört« eingestuft worden waren.) Andererseits jetzt das: Die verzweifelte Suche von Betroffenen nach einer Störungs-Diagnose für eigene persönliche Schwierigkeiten. Und dann auch noch der wiederkehrende Wunsch, die Selbst-Diagnose einer Persönlichkeitsstörung durch einen Fachmann bestätigt zu bekommen. Und schließlich sogar Erleichterung und wieder erstarkende Selbstsicherheit, wenn die Selbst-Diagnose einer Persönlichkeitsstörung bestätigt wurde. Kaum zu glauben?!

Erklärung. Wenn man einen Moment innehält und über diese überraschenden Reaktionen und Erklärungen dazu in den Antwortbriefen nachdenkt, wird schnell klar, was geschehen war. Wie schon angedeutet, sind Persönlichkeitsstörungsdiagnosen *Erklärungen*. Sie erklären nicht nur anderen, sondern auch mir selbst sich eventuell wiederholenden Schwierigkeiten in zwischenmenschlichen Beziehungen. Gleichzeitig stehen Ätiologie-Hypothesen im Buch, und ich bin in der Lage, diese mit meinem Leben abzugleichen. Wichtig vor allem aber: Habe ich wieder Begrifflichkeiten und eine Vorstellung davon, wie ich bisher als Person gelebt habe, wie ich persönlichkeitsbedingt und damit eher »automatisiert« handle, denke und fühle. Aber wohl noch wichtiger ist: Wenn ich wieder weiß, »wer oder was ich bin«, dann bin ich auf eigenwillige Weise plötzlich *verantwortlich* für mein Handeln und damit eventuell sogar *mitverantwortlich* für Probleme in der Beziehung zu anderen. Ich komme zwangsläufig in die Situation, mich neu entscheiden zu können oder zu müssen: Will ich so weiter leben wie bisher oder will ich mich ändern?

Diagnose-Kritik. Trotzdem gab es nicht ausschließlich Zustimmung in den Antwortbriefen. Denn einige (wenige) fragten jetzt sogar mutig und kritisch mit Blick auf die im Buch stehenden Kriterien der Persönlichkeitsstörungen an, ob oder warum es denn schlimm sei, Konflikte zu vermeiden – oder: Einsamkeit zu lieben – oder: gern im Mittelpunkt zu stehen – oder auch: nicht allein sein zu können und ständig die Gesellschaft anderer zu suchen.

Einmal abgesehen davon, dass es inzwischen viele gute Gründe gibt, auf die Diagnose-Kriterien bei Persönlichkeitsstörungen zu verzichten (→ Kap. 2 und 8), galten sie bis in die Gegenwart hinein für viele Diagnostiker quasi als Standard. Danach entscheidet gelegentlich ein Kriterium mehr oder weniger, ob eine Persönlichkeitsstörung als Diagnose vergeben werden kann oder nicht. Bereits in den 1990er-Jahren gab es eine Kriterien-Kritik. Mitentscheidend für diese Position war zum Beispiel eine Perspektiv-Weiterung, die vor allem durch die Monografie »Ihr Persönlichkeitsprofil« von Oldham und Morris gut begründet wurde (1995). Untertitel: »Warum Sie genau so denken, lieben und sich verhalten, wie Sie es tun«.

1.2.2 Persönlichkeitsprofil

Mithilfe des Buches »Ihr Persönlichkeitsprofil« ergaben sich viele Möglichkeiten, auf die angesprochenen kritischen Nachfragen zur Berechtigung von Störungskriterien in den Diagnosemanualen sachlich und fundiert zu antworten. Die Monografie stammt von einer Journalistin (Lois B. Morris) und einem Psychiater (John M. Oldham). Morris hatte bereits ein vielbeachtetes populärwissenschaftliches Buch über die Depression geschrieben. Oldham ist bis in die Gegenwart durch wichtige Forschungsarbeiten und mit Büchern zur Validität und Reliabilität der Persönlichkeitsstörungen bekannt geworden (→ Literatur). Das zunächst in New York erschienene »Personality Self-Portrait« wurde in den USA in wenigen Wochen ein Renner und blieb es nach Überarbeitung als »New Personality Self-Portrait« bis heute (Oldham & Morris, 1995). Letzteres war kurz darauf (1995) als Hardcover im Kabel-Verlag auch in deutscher Sprache erhältlich. Das zeitgleich erschienene Knaur-Taschenbuch war bereits nach wenigen Wochen vergriffen.

»Ihr Persönlichkeitsportrait« enthält u. a. einen Fragebogen, mit dem jeder sich selbst die Diagnose einer Persönlichkeitsstörung oder mehrerer Störungen geben kann. Die Autoren beschreiben und unterscheiden zunächst persönliche Stile, die sich im Extrem als Persönlichkeitsstörungen darstellen – letztere noch streng angelehnt an die Störungs-Diagnostik des DSM-III-R (APA, 1987). Das Faszinierende an diesem Buch ist die insgesamt annähernd 500 Seiten umfassende Beschreibung von *persönlichen Stilen*, die von jeder Negativ-Konnotation oder Nosologie-Hypothese weitgehend befreit wurden (→ Tab. 1.1).

Jede Persönlichkeitsstörung wird also zunächst positiv bewertet und damit, wenn man so will, »normalisiert«. Menschen unterscheiden sich nur auf einem Kontinuum vom Durchschnitt. Und im Extrem jeder Persönlichkeitsdimension ist die Diagnose einer »Persönlichkeitsstörung« möglich, bei der sinnvollerweise psychotherapeutische Hilfe gesucht und gegeben werden könnte. Wie beispielhaft der → Tabelle 1.1 zu

Tabelle 1.1 Persönlichkeitsstörungen und einige persönliche Stile im dimensionalen Modell der Persönlichkeitsstörungen von Oldham und Morris (1995)

Persönlicher Stil	→	Persönlichkeitsstörung
gewissenhaft, sorgfältig	→	zwanghaft
ehrgeizig, selbstbewusst	→	narzisstisch
expressiv, emotional	→	histrionisch
wachsam, misstrauisch	→	paranoid
sprunghaft, spontan	→	Borderline
anhänglich, loyal	→	dependent
zurückhaltend, einsam	→	schizoid
kritisch, zögerlich	→	passiv-aggressiv
selbstkritisch, vorsichtig	→	selbstunsicher
ahnungsvoll, sensibel	→	schizotypisch
abenteuerlich, risikofreudig	→	antisozial, dissozial

entnehmen ist, kann auf diese Weise eine »antisoziale Persönlichkeit« aus einem »abenteuerlich-risikofreudigen« Persönlichkeitsstil hervorgehen, »zwanghafte Persönlichkeiten« sind im Kern »gewissenhaft-sorgsam«, »narzisstische Menschen« (man sollte es sich merken:) »selbstbewusst-ehrgeizig«, Borderline-Personen »sprunghaft-spontan« und paranoide Personen sind »wachsame Typen«. Und damit zurück zur Stigmatisierung.

Metakommunikation

Die Diagnose ist ganz offensichtlich *nicht* das Problem. Die Frage ist vielmehr, wie Metakommunikation und Konsens mit den Betroffenen erreicht werden kann. Die von Karl Jaspers beschworenen Stigmatisierungsgefahren liegen offensichtlich in der *Negativ*-Konnotation der Begriffe, die wir kurz und knapp für Persönlichkeitsstörungen benutzen – konkret: in unseren vorschnell und unbedacht verwendeten Kürzeln wie z. B. »paranoid«, »schizoid« oder »zwanghaft«, mit denen ohne Respekt vor dem persönlichem Stil eines Menschen aus dessen Personeigenarten auf eine vielleicht beleidigend erlebte Weise diagnostizierbare Störungen gemacht werden.

Es leuchtet ein, dass zwischen den persönlichen und mit positiver Intention stilisierten Handlungswelten der Betroffenen und der kurzsichtigen Negativklassifikation von Bezugspersonen, Diagnostikern und Therapeuten häufig eine Verständigung nur schwer möglich ist oder gar unmöglich wird. Dies gilt zumindest solange, wie der persönliche Sinn und die subjektive Bedeutsamkeit persönlicher Interaktionsmerkmale nicht erkannt werden und ausdrückliche Berücksichtigung finden (Lieb, 1998).

Begriffe wie »paranoid« und »zwanghaft« setzen nun einmal gleichzeitig Sinn und Bedeutung, sind Erklärung und signalisieren vermeintliche »Unbeeinflussbarkeit«. Sie verleiten dazu, Menschen mit höchst befremdlichen und bizarren Persönlichkeitseigenarten mit Unverständnis, Ablehnung und ausgrenzender Intoleranz zu begegnen. Wiederum ist es nur zu verständlich, wenn sich aus diesem zwischenmenschlichen »Missverstehen« Konflikte und Probleme einstellen und eskalieren: wechselseitiger Zorn, Gefühle der Gereiztheit und Bedrohung bis hin zu Handgreiflichkeiten.

Das wird unmittelbar anders, wenn man eine Person statt »paranoid« als wachsam-misstrauisch, statt »zwanghaft« als gewissenhaft-sorgfältig, statt »narzisstisch« als selbstbewusst-ehrgeizig oder statt »dissozial« als abenteuerlich-furchtlos bezeichnet (»dissozial« wären in letzterem Fall lediglich einzelne Handlungen / Delikte, jedoch nicht zwangsläufig die Person als Ganzes).

Diagnose ist kein Selbstzweck

Diagnose beinhaltet Erklärung, Sinn und Bedeutsamkeit. Die inzwischen vorliegenden Briefe und das Buch »Persönlichkeitsportrait« verdeutlichen, dass Diagnose – begrifflich behutsam abgefasst – von den Betroffenen *akzeptiert* wird. Es ist ganz offenkundig so, dass positiv konnotierende und damit akzeptierbar bedeutungssetzende Diagnostik zur unmittelbaren Beruhigung der bis in ihre Grundfesten erschütterten zwischenmenschlichen Beziehungen führen kann – wie gesagt: wenn man sich nur der richtigen Sprache (besser: Wertschätzung) befleißigte. Dies ist zusätzlich deshalb zu erwarten, weil professionelle Diagnose immer bedeuten kann, dass die Betroffenen mit ihren Problemen nicht allein sind, weil sich nämlich die Wissenschaft vom Menschen mit ähnlichen Problemen anderer Menschen befasst hat, weil vielleicht psychotherapeutische Behandlungsmöglichkeiten bestehen. Und: Wenn ich weiß, wer ich bin, kann ich entscheiden, ob ich so bleiben will, wie ich bin, oder ob mich ändern möchte …

Leider gehen auch heute noch langwierige Leidensphasen dem Begreifen voraus. Und es muss hier kritisch angemahnt werden, dass dies möglicherweise auch an einer unzureichenden Sprache der professionellen Diagnostiker liegt. Ärzte, Psychotherapeuten und Psychologen scheuen sich gelegentlich mangels Sprache (und zwar offensichtlich völlig zu Unrecht!), die Betroffenen *klar*, *sachlich* und *unmissverständlich* über Persönlichkeitseigenarten aufzuklären und zu informieren – und bei vorhandenem Leiden der Betroffenen bis hin zu Persönlichkeitsstörungen über deren mögliche Ursachen und über die inzwischen vorhandenen Möglichkeiten ihrer Behandlung.

1.2.3 Therapeutische Konsequenzen

Um die grob angedeuteten Perspektiven und Vorschläge noch etwas weitergehend zu konkretisieren, möchten wir jetzt einige erste Konsequenzen ziehen und bereits einige Vorschläge für die praktische Therapiearbeit unterbreiten.

Transparenz

Der wichtigste Vorschlag zur Überwindung und Vermeidung negativ konnotierter Stigmatisierung (bzw. zur Überwindung der angedeuteten Compliance-Probleme) zielt auf die Notwendigkeit einer möglichst weitgehenden *Transparenz* – einer Transparenz, die sich zuvorderst um Verständnis für den Patienten bemüht. Und dazu bietet eine richtig erläuterte Diagnose eine wesentliche Voraussetzung. Therapeuten kommen nicht umhin, die Persönlichkeitsdiagnose zu übersetzen, und zwar in eine Sprache, die aus dem persönlichen Störungs-Problem des Patienten eine Perspektive für die therapeutische Interaktion werden lässt.

Transparenz und Metakommunikation sind gemeint – und zwar, um sich mit dem Patienten über die Notwendigkeit und Möglichkeiten der weiteren Therapie möglichst eindeutig zu verständigen. Gemeint ist weiter die metakommunikative Begründung einer wechselseitigen Unabhängigkeit, und zwar durch Offenlegung der gemeinsamen wie – was noch wichtiger ist – der unterschiedlichen Verantwortlichkeiten von Patient und Therapeut in der Therapie. Das ist leichter gesagt als getan. Dazu muss nämlich die zumeist negativ-gegensozial formulierte Diagnose »paranoid« oder »zwanghaft« in eine für den Patienten akzeptierbare interaktionelle Sprache übersetzt werden – und zwar so, dass der Patient sich selbst in der Diagnose wiederfindet (vgl. Schmitz, 1999).

Positivierung

Eine solche Positivierung gelingt nach aller Erfahrung dann am besten, wenn man versucht, sich den *positiven Sinn* der persönlichkeitsbedingten Widerständigkeit, Andersartigkeit oder Nicht-Compliance zu erschließen, weil sich im positiven Sinn von Widerständigkeit vielleicht ein akzeptierbares Motiv wiederfindet. Das wachsame Misstrauen vermeintlich »paranoider« Patienten oder das selbstkritisch-zurückhaltende Vermeiden ängstlicher Persönlichkeiten ist möglicherweise durchaus einsichtig. Wertschätzendes Verstehen von Gründen und Ursachen für Andersartigkeit, Widerständigkeit und Nicht-Compliance der Patienten durch die Therapeuten werden hier vorgeschlagen.

Nicht gemeint ist, dass die Therapeuten diese Gründe selbst in jedem Fall teilen bzw. akzeptieren müssen. *Gemeint ist*, dass die Gründe als sinnvoll aus der Sicht von Patienten verstehbar und nachvollziehbar sind. Genau dies ist der Schlüssel zur Metakommunikation, in welcher der Therapeut durchaus eigene Ansichten, eigene Ziele, eigene Vorstellungen über seine Probleme und deren Behandlung entwickeln und vertreten kann (→ Kap. 10 bis 13).

Wichtiges Element dieser Art Metakommunikation ist die erlebbare Toleranz. Toleranz beinhaltet Akzeptanz der Problemsicht und Zielperspektive der Patienten. Weiter schließt sie ein, dass es gewichtige persönliche Gründe für Patienten geben könnte, sich *nicht* auf die Therapie und *nicht* auf Veränderungen im Leben einzulassen. Es gehört zu den verbrieften Grundrechten des Menschen, ihre Persönlichkeit frei entfalten zu können. Dies gilt jedenfalls so lange, wie die Betreffenden nicht mit Recht und Gesetz in Konflikt geraten (→ Kap. 2).

Patienten handeln durchaus verantwortlich (nicht immer verantwortungsvoll, jedoch: verantwortlich), wenn sie sich bewusst *nicht* ändern wollen. Voraussetzung für verantwortliches (mitverantwortliches) Handeln ist jedoch, dass es gelingt, dem Handeln von Patienten Sinn und Bedeutung zurückzugeben. Das wäre vorrangiges Ziel der Therapie. Und dabei könnte eine aufklärende Diagnose und Ätiologie-Erklärung wichtige Voraussetzung wie Hilfe sein. »Jetzt weiß ich endlich wieder, wer ich bin!« Selbst in der eigenen Persönlichkeit wiedergefundener Sinn für eigenes Handeln ist als therapeutisches Ziel gelegentlich hinreichend.

2 Persönlichkeit und Persönlichkeitsstörung: zwei Seiten einer Medaille

*Für seine Handlungen sich allein verantwortlich fühlen
und allein ihre Folgen, auch die schwersten, tragen,
das macht Persönlichkeit aus.*
Ricarda Huch

> **Definition**
>
> **Persönlichkeit** und Persönlichkeitseigenschaften eines Menschen sind Ausdruck der für ihn charakteristischen Verhaltensweisen und Interaktionsmuster, mit denen er gesellschaftlich-kulturellen Anforderungen und Erwartungen zu entsprechen und seine zwischenmenschlichen Beziehungen auf der Suche nach einer persönlichen Identität mit Sinn zu füllen versucht.

Die Persönlichkeit gestattet es, zu funktionieren, zu wachsen und sich an das Leben anzupassen. Die Persönlichkeit mancher Menschen wird jedoch starr und unflexibel. Statt ihnen die Möglichkeit zu eröffnen, kreativ und unabhängig auf Herausforderungen zu reagieren, bedingen es die charakteristischen Persönlichkeitsstile geradezu, dass die Betreffenden unglücklich, unerfüllt oder außerstande sind, ihr Leben aus eigener Kraft befriedigend zu gestalten. Statt anpassungsförderliche Persönlichkeitsstile herauszubilden, entstehen bei diesen Menschen Persönlichkeitsstörungen.

Persönlichkeitsstörung

Unter Persönlichkeitsstörungen werden vor allem sozial unflexible, wenig angepasste und im Extrem normabweichende Verhaltensauffälligkeiten verstanden. Im Sinne der modernen psychiatrischen Diagnosesysteme dürfen Persönlichkeitsstörungen nur dann als psychische Störung diagnostiziert werden,

► wenn bei den betreffenden Menschen ein überdauerndes Muster des Denkens, Verhaltens, Wahrnehmens und Fühlens vorliegt, das sich als durchgängig unflexibel und wenig angepasst darstellt; und

► wenn Persönlichkeitsmerkmale wesentliche Beeinträchtigungen der Funktionsfähigkeit verursachen, sei es im privaten oder beruflichen Bereich; und / oder

► wenn die Betreffenden unter ihren Persönlichkeitseigenarten leiden, und das heißt: wenn die eigene Persönlichkeit zu gravierenden subjektiven Beschwerden führt.

Die Unterscheidung zwischen Persönlichkeitsstil und Persönlichkeitsstörung ist in der Regel eine Frage des Ausprägungsgrades. Bestimmte Persönlichkeitsstile können gewisse Merkmale mit Persönlichkeitsstörungen gemeinsam haben. Persönliche Stile erscheinen jedoch gewöhnlich weniger extrem ausgeprägt.

2.1 Persönlichkeit

Für die Durchführung empirischer Studien und experimenteller Untersuchungen zur Persönlichkeit und Persönlichkeitsentwicklung ist es erforderlich, die Realität in hohem Maße auf Einzelaspekte zu reduzieren. Dies gilt nicht nur für die komplexen Wechselbeziehungen zwischen Person und Umwelt, es gilt gleichermaßen für ebenfalls hochkomplexe Wechselwirkungen zwischen biologischen und psychologischen Prozessen innerhalb einer Person. Schließlich gehören Ganzheitlichkeit, Dynamik und Verlauf intra- und interpersonaler Prozesse im ontologischen Verstehen der Persönlichkeitsentwicklung unverbrüchlich zusammen (Asendorpf, 2004).

Auch gibt es keine unidirektionalen Wirkungen in der Entwicklung. Vielmehr wechseln Kontinuitäten mit Diskontinuitäten, Zufälligkeiten mit Notwendigkeiten. Semantisch, statistisch oder metaphorisch sind diese wiederum ebenfalls sehr unvollkommen beschreibbar. Jede noch so plausible Theorie der Persönlichkeit ist immer nur Orientierungshilfe, die Entwicklungen in einem Menschenleben nachzuzeichnen und zu verstehen. Letztlich legt uns der Zwang zur selektiven Aufmerksamkeit und Fokusbildung in Theorie, Forschung und Praxis einen tiefen Respekt vor der Einzigartigkeit nahe, mit der uns jeder Mensch in seiner historisch wie kulturell ebenfalls einzigartigen Umwelt begegnet (Amelang et al., 2006).

Persönlichkeitsentwicklung. Für die Persönlichkeitsentwicklung spielt bei allen Menschen die genetische und biologische Prädisposition eine herausragende Rolle. Sie ist wesentliche Grundlage für eine mehr oder weniger stabile und dauerhafte Organisation des Charakters, des Temperaments, des Intellekts und des Körperbaus eines Menschen, die ihm immer eine *einzigartige* Anpassung an die Umwelt abverlangt und ermöglicht. Ob sich diese Voraussetzungen im Einzelfall in Richtung sozial angepasster persönlicher Stile oder in Richtung Persönlichkeitsstörung entwickeln, ist von vielen unterschiedlichen entwicklungspsychologischen, sozialen und gesellschaftlichen Faktoren abhängig.

2.1.1 Salutogenese und Pathogenese

Klinische Psychologen, Psychiater und Psychotherapeuten sind viele Jahre davon ausgegangen, dass Persönlichkeit und die spätere Entwicklung von Persönlichkeitsstörungen in der Kindheit geprägt oder angelegt werden und danach weitgehend unveränderlich erhalten bleiben. Neuerliche Erkenntnisse sprechen jedoch gegen diese Annahme in ihrer Ausschließlichkeit (Fiedler, 1999; Schneider & Lindenberger, 2012). Heute geht man weitgehend übereinstimmend davon aus, dass sich Persönlichkeitsentwicklung fortsetzt und dass die Persönlichkeitsreifung ein kontinuierlicher Prozess ist, der das ganze Leben weitergeht. Dies betrifft auch die Möglichkeit positiver

Veränderungen oder die Beeinflussbarkeit von Persönlichkeitsstörungen. Genau diese Perspektive der Salutogenese der Persönlichkeitsentwicklung und damit einhergehend eine immer gegebene günstige positive Beeinflussbarkeit auch gravierender Persönlichkeitsstörungen ist es letztlich, die es hoffnungsvoll und sinnvoll werden lässt, Persönlichkeitsstörungen psychotherapeutisch zu behandeln (vgl. hierzu die erfreulich positiven Entwicklungen vormals persönlichkeitsgestörter Menschen in aktuellen Langzeitstudien in → Abschn. 9.2).

Entwicklung

Der eingangs des Kapitels gegebene Definitionsversuch von Persönlichkeit betont einen unverbrüchlich angelegten Zusammenhang von »Person im Entwicklungsprozess« und von »Person als Struktur« (Thomae, 1970). Dieser wurde und wird in der Psychologie nicht selten durch die bestehenden Fachperspektiven Entwicklungspsychologie und Differenzielle Psychologie künstlich getrennt. Letztere, die *differenzielle Persönlichkeitspsychologie* betont interindividuelle Unterschiede weitgehend stabiler Merkmale zwischen Personen zu gegebenen Zeitpunkten. Die *Entwicklungspsychologie* beschäftigt sich primär mit intraindividuellen Veränderungen über die Zeit, also wie sich Personen zu unterschiedlichen Zeitpunkten in ihrer Entwicklung »von sich selbst« unterscheiden.

Erst in jüngster Zeit mehren sich Bemühungen, beide Perspektiven stärker zusammenzuführen. Zwingend notwendig ist dies dort, wo Entstehungs- und Verlaufsbedingungen psychischer Störungen oder wo Faktoren der Salutogenese und Pathogenese in der Persönlichkeitsentwicklung untersucht werden sollen (z. B. im Rahmen einer klinischen Entwicklungspsychologie; vgl. Oerter et al., 1999; Resch, 1999, 2012).

Umwelt

Ein zweiter Aspekt der einleitend gegebenen Definition betrifft die Einbindung der Person in zwischenmenschliche und gesellschaftliche Kontexte als ein ebenfalls unverbrüchlich gegebener Zusammenhang von »Individuum und seiner Welt« (Thomae, 1968). Auch gegenüber dieser Perspektive bestehen in der differenziellen Persönlichkeitsforschung viele konzeptuelle Barrieren, die ebenfalls durch die Existenz zweier Fachperspektiven mitgetragen werden, in diesem Fall gegenüber der Sozialpsychologie.

Die Bedeutung physikalischer und sozialer Umwelten für die Persönlichkeit und Persönlichkeitsentwicklung (Schichtzugehörigkeit, schulische oder berufliche Lebenswelten, informelle Kontaktnetze) – also soziale Umwelt als Typisierung unterschiedlicher Situationen, denen Individuen im Lebensverlauf ausgesetzt sind – wird erst in jüngster Zeit ausdrücklicher hervorgehoben. Weit vorangekommen sind diese Bemühungen jedoch noch nicht, als sich nämlich Studien zur bio-psycho-sozial bedingten Persönlichkeitsentwicklung üblicherweise auf die Einführung und Vorhersagekraft einzelner Persönlichkeitsvariablen beschränken.

Zukunft

Die Berücksichtigung kontextueller Bedingungen konfrontiert die Persönlichkeits-psychologie noch mit einer dritten Kritik herkömmlicher Erkenntnisansprüche. Diese Kritik ist ebenfalls in der einleitend gegebenen Definition vorgezeichnet, in der eine Klärung der historischen wie aktuellen Wechselwirkungen zwischen Persönlichkeit und Kontextbedingungen als nicht hinreichend betrachtet wird. Impliziert ist vielmehr *Perspektive und zukünftige Entwicklung*: Persönlichkeit ist auch zukünftig Voraussetzung *und* Variable im Prozess einer sinnhaften oder notwendigen Bewältigung externer (kontextueller) wie interner (psychischer) Anforderungen.

2.1.2 Nochmals: Stigmatisierung

Viertens lassen gebräuchliche Persönlichkeitskonstrukte wie Neurotizismus, Introversion, Psychotizismus usw. wegen ihrer sprachlich-begrifflichen *Semantik* wie *Trait*-konzeptuell (wegen ihrer *Pragmatik*) wenig Spielraum für die Aufklärung interaktionell-systemischer Wechselwirkungen. Sie dienen zugleich als an Personen gebundene Erklärung und implizieren, allerdings ungewollt, eine *Ursachenzuschreibung* (→ Kap. 1).

Die Person ist »neurotisch« oder anderweitig »persönlichkeitsgestört«. Und vor dem Hintergrund dieses Bias der person-perspektivierenden Diagnostik verschwinden nicht selten gravierende »Störungen des sozialen Systems« (Lieb, 1998). Im günstigsten Fall lassen sich neurotische, introvertierte oder zum Psychotizismus (usw.) neigende Personen als »Opfer« einer ungünstigen Diathese oder lebensgeschichtlichen Gewordenheit auffassen – obwohl ihnen damit wegen der an die jeweilige »Person« gebundenen Persönlichkeits-Diagnose nicht die Zuständigkeit für persönliche Eigenart oder zwischenmenschliche Verwicklung abgesprochen wird.

Beachtenswerte Konsequenz. Innerhalb der nachfolgenden Ausführungen bleibt also zu beachten, dass sie dort, wo sie sich auf bisherige Forschungsbefunde beziehen, in ihrer Aussagekraft durch die vier historisch bedingten Verengungen und Einseitigkeiten der bisherigen Persönlichkeitsforschung beschränkt sind. Gegenwärtig ist es z. B. kaum möglich, aus den bisher beforschten intraindividuellen »Persönlichkeits«-Eigenarten und interpersonellen »Persönlichkeits«-Wirkungen das beschriebene Person-Bias angemessen heraus zu analysieren. Dies stellt insbesondere für eine Bewertung des Forschungsstandes zu den Persönlichkeitsstörungen, also zur Pathogenese und Pathopsychologie in der Persönlichkeitsentwicklung, ein nach wie vor offenes Problem dar.

2.2 Persönlichkeitsstörungen

Viele Klinische Psychologen und Psychotherapeuten haben sich (wegen der beschriebenen Probleme) mit einer Diagnose und Behandlung von Persönlichkeitsstörungen bis in die 1980er-Jahre hinein sehr zurückgehalten. Dies hatte neben der bereits beschriebenen Stigmatisierungsproblematik verschiedene weitere Gründe (Schulte & Wittchen, 1988): Zum einen hatten Psychotherapeuten gegenüber der kategorialen Diagnostik in der Psychiatrie lange Zeit Vorbehalte: Die Orientierung an einer nosologischen Klassifikation erschien ihnen zu grob. In ihrer therapeutischen Arbeit bevorzugten sie eher den ideografischen Prozess der konkreten Definition und Analyse eng umschriebener Verhaltensprobleme. Und sie wollten sich möglichst vorurteilsfrei an eine Behandlung der persönlichen Lebensprobleme ihrer Patienten annähern.

Diese Ablehnung der psychiatrischen Klassifikation wurde nun in den vergangenen Jahren zunehmend aufgegeben. Dies geschah in dem Maße, wie die Klassifikations-systeme differenzierter wurden und von Theorien belastete Begriffe wie »Psycho-pathie«, »Hysterie« und »Neurose« ausdrücklich gestrichen wurden. Das »Diagnosti-sche und statistische Manual psychischer Störungen« (DSM) der American Psychiatric Association (APA) wie auch die aktuell international gültige Klassifikation psychischer Störungen ICD der Weltgesundheitsorganisation (WHO) verzichten inzwischen all-gemein – und so auch bei den Persönlichkeitsstörungen – auf intuitive Erfahrungen der Diagnostiker (DSM-IV bis DSM-5; APA, seit 1994; ICD-10; WHO, seit 1993). Beide Systeme fordern seither die Beurteilung des Problemverhaltens anhand kon-kreter Verhaltens- und Kontextindikatoren. Weiter verwenden DSM und ICD den Störungsbegriff, und zwar ohne weitergehende Implikationen in Richtung »Erkran-kung«.

2.2.1 Klassifikation: Störungen oder Stile?

Mit den Persönlichkeitstaxonomien der aktuell gebräuchlichen psychiatrischen Diagnosemanuale sind typologische Klassifikationen eingeführt worden, die sich im Unterschied zu den gängigen psychologischen Persönlichkeitstests nicht in erster Linie an psychometrischen Kriterien wie z. B. Kovarianz von Merkmalen, faktorielle Ho-mogenität usw., sondern an klassischen klinischen Kategorien orientieren. Obwohl nun die erwähnten Manuale kategoriale bzw. typologische Abgrenzungen anstreben, werden die beschriebenen »Typen« zunehmend auch *dimensional* interpretiert. Dies ist insbesondere an Neuerungen zu erkennen, die u. a. mit dem DSM-5 zugleich auch einige konfliktträchtige Diskussionen ausgelöst haben (auf die wir ausführlich in den → Kapiteln 3 und 13 sowie erneut im → Epilog, der einen Ausblick auf zu erwartende Neuerungen in der ICD-11 enthält, eingehen werden).

Als eines der bereits früh publizierten Beispiele mit Forderung nach einer Dimen-sionierung zwischen Persönlichkeitsstil und Persönlichkeitsstörung haben wir in → Kapitel 1 bereits auf das Buch von Oldham und Morris (1995) hingewiesen. Oldham und Morris haben ihren Lesern zur Selbstbeurteilung ihrer persönlichen Stile und Persönlichkeitsstörungen das im englischsprachigen Raum verbreitete *Personality Diagnostic Questionnaire* beigefügt (PDQ[-R]; ausführlich nochmals im → Diagnostik-Kapitel 8); Hyler et al., 1983 / 1987).

Persönlichkeitsstile

Inzwischen liegt ein ähnlich wie das PDQ aufgebauter Fragebogen im deutschsprachigen Raum vor: das sog. *Persönlichkeits-Stil- und Störungs-Inventar* (PSSI; Kuhl & Kazén, 1997). PDQ, PSSI und verwandte Selbstbeurteilungsinventare beruhen auf der Annahme, dass es zu jeder der klinisch auffälligen Persönlichkeitsstörungen einen analogen Persönlichkeitsstil gibt. Zur Messung jedes Persönlichkeitsstils bietet die entsprechende Persönlichkeitsstörung eine interessante heuristische Ausgangsbasis: Sie hilft den Konstrukt-Kern der entsprechenden nicht-pathologischen Persönlichkeitsdimension zu identifizieren (vgl. Kuhl & Kazén, 1997).

Diese Ausgangsbasis für die Entwicklung von Selbstbeurteilungsinstrumenten gründet auf der Annahme, dass pathologische Übersteigerungen die wesentlichen Bestimmungsmerkmale eines Phänomens (in diesem Fall die Persönlichkeitsmerkmale) besonders hervortreten lassen. Zahlreiche andere bisher entwickelte Selbstbeurteilungsinstrumente, die sich vor allem an den Klassifikationskriterien in ICD-10 und DSM-IV orientieren, sind dazu bis heute noch nicht in der Lage. Gleiches gilt für die in der Praxis und Forschung eingesetzten standardisierten klinischen Interviews – wie z. B. das *Strukturierte Klinische Interview für DSM-IV, Achse II: Persönlichkeitsstörungen* [SKID-II; Fydrich et al., 1997] sowie für die *International Personality Disorder Examination* (IPDE; Loranger, 1988, 1999; deutschsprachige Version: Mombour et al., 1996). Auch auf die Bewertung dieser Erhebungsinstrumente werden wir ausführlicher im → Diagnostik-Kapitel 8 eingehen.

Persönlichkeitsprofil: Neugier und Interesse bei Patienten

Es wurde bereits in → Kapitel 1 dargestellt, dass die Möglichkeit einer Persönlichkeitsbeurteilung mit Hilfe der Bestimmung eines *Persönlichkeitsprofils* bei Personen, seien sie nun Patienten oder nicht, Neugier und Interesse auslöst und in aller Regel große Akzeptanz findet, was nicht überraschend ist. PSSI oder PDQ finden deshalb große Zustimmung, weil sie nicht zwingend nur zu deutlich abweichenden »Störungen« der eigenen Person führen und damit auch nicht zwingend zur Diagnose einer Persönlichkeitsstörung. Die Fragebögen differenzieren auch im Bereich normaler, nicht-pathologischer persönlicher Stile.

Die Anwendung des Fragebogens kann zwar im Ergebnis zur Markierung von deutlich von der Norm abweichenden Persönlichkeitseigenarten führen. Dies muss jedoch nicht unbedingt das primäre Ziel der Untersuchung darstellen. Denn das ermittelte Persönlichkeitsprofil signalisiert zugleich, wo trotz möglicher Normabweichung in einem Bereich zugleich besondere Vorteile oder Stärken der Person in anderen Bereichen des Persönlichkeitsprofils zu finden oder zu vermuten sind. Selbst wenn deutliche Hinweise auf eine Persönlichkeitsstörung vorliegen, kann das Eingehen auf die bei einem Menschen vorherrschende persönliche Darstellungs- oder Verarbeitungsweise mit Hilfe der Inventare in einer völlig neuen Art geschehen. Es werden nämlich nicht nur die (unseligen) Kürzel der Störungskategorien wie »dissozial«, »narzisstisch« oder »paranoid« verwendet.

Es macht schon einen erheblichen Unterschied aus, ob eine Person auf ihre ICD-diagnostizierten »dissozialen« Persönlichkeitszüge hingewiesen wird oder ob sie gefragt wird, ob Schwierigkeiten, die andere mit ihr haben, möglicherweise auf die im Persönlichkeitsprofil erkennbaren Eigenarten beruhen, wie z. B. »Abenteuer und Risiko lieben«, »sich gegenüber anderen stark fühlen«, »sich zumeist durchsetzen« oder »sich gern überlegen fühlen« usw. Und alles das sind durchaus akzeptierbare persönliche Stile (!) – auch wenn sie eben nicht kontinuierlich und situationsübergreifend eingesetzt werden sollten.

Nutzen für die Behandlung

Findet sich »mittels geeigneter Sprache« ein Konsens über persönliche Stile und persönliche Schwierigkeiten, kann dies entscheidend den Zugang zu den Betreffenden erleichtern (→ Kap. 1): Beispiele sind die Herstellung eines tragfähigen Therapiebündnisses, die Optimierung der Therapie- und Lernmotivation, die Auswahl und Gestaltung der Ziele für Beratung, Therapie oder andere Interventionen. Für jeden Persönlichkeitsstil ergibt sich in den »Persönlichkeitsprofilen« der o. g. Fragebögen (PDQ und PSSI) nicht nur eine »Exzess«-Beurteilung. Auch »Defizite« sind bestimmbar. Und aus den »Defiziten« lassen sich häufig interessantere Behandlungsperspektiven generieren. Auffällig »exzessive« Abweichungen verleiten möglicherweise viel zu häufig und zu leichtfertig dazu, ausschließlich nur an eine Behandlung / Veränderung der vordergründig sichtbaren Auffälligkeiten zu denken.

In welche Richtung soll im Bereich der Persönlichkeitsstörungen eigentlich verändert werden? Ein Zuviel an autonomer Verschlossenheit (schizoid) korrespondiert häufig mit einem zu geringen Vertrauen in zwischenmenschliche Beziehungen; eine Vorliebe für Bindung und Nähe (dependent) kann mit mangelnder Bereitschaft zusammenhängen, Aktivitäten und Unternehmungen allein durchzuführen. Bei genauer Auseinandersetzung mit Persönlichkeitsprofilen erweist sich nicht selten das, was eine Person zu wenig besitzt, als hilfreiche Perspektive in der Behandlung dessen, was als Zuviel vorhanden ist. Dabei handelt es sich um simples Kalkül der Wahrscheinlichkeitsrechnung: Nimmt ein »Defizit« innerhalb einer Zeitspanne ab, weil konstruktives Verhalten an die Stelle tritt, verbleibt zugleich weniger Spielraum für den »Exzess«!

2.2.2 Diagnostik: Voraussetzungen und Perspektiven

Eine dimensionale Beurteilung von Persönlichkeitsmerkmalen war zunächst auch im DSM-5 (APA, 2013) vorgesehen. Über die dort von der Task-Force vorgesehenen Persönlichkeitsdimensionen und die deutliche Reduktion auf nur mehr fünf diagnostizierbare Persönlichkeitsstörungen ist jedoch ein heftiger Streit entbrannt. Wir selbst sind ebenfalls nur teilweise mit den dort vorgesehenen Innovationen einverstanden, auch wenn sie in der Tat einen entscheidenden Schritt nach vorne gebracht hätten. Wegen der aufbrandenden Kontroversen hat die Task-Force zum DSM-5 entschieden, es einerseits »offiziell« bei der bisherigen Störungsdiagnostik zu belassen und die

DSM-IV-TR-Klassifikation der Persönlichkeitsstörungen weitgehend unverändert ins DSM-5 zu übernehmen. Andererseits wurden die Vorstellungen der Task-Force-Gruppe zu Persönlichkeitsstörungen zur Dimensionierung und Kürzung der Störungsanzahl in ein weiteres eigenes Kapitel übernommen und als sog. *Alternative DSM-5 Model for Personality Disorders* ebenfalls publiziert. Momentan überlässt man es den Diagnostikern, ob sie sich an der herkömmlichen Diagnostik weiter orientieren oder ob sie die Dimensionierungsvorschläge der Task-Force-Gruppe übernehmen. In jedem Fall wird derzeit das Alternativ-Modell weiter beforscht, v. a. in Hinblick auf seine Praktikabilität im klinischen Alltag. Auf die Unterschiede zu beiden Vorgehensweisen und die Kontroversen werden wir in den → Kapiteln 3, 13 und 24 ausführlich eingehen. Und später in diesem Buch werden wir eigene Vorschläge zur Lösung dieses Problems unterbreiten. Hier an dieser Stelle jedoch möchten wir bereits Folgendes gern vorschlagen:

Keine vorschnelle Störungsdiagnose bei markanten persönlichen Stilen!

Persönlichkeitsstörung ist nicht gleich Persönlichkeitsstörung. Und selbst innerhalb prototypischer Stile wie Störungen gibt es gravierende Unterschiede. In der aktuellen Persönlichkeits(er)forschung normaler, d. h. *klinisch unauffälliger* Probandengruppen fällt zum Beispiel auf, dass die in den Diagnosesystemen findbaren Kriterien der Persönlichkeitsstörungen sehr häufig auf Personen zutreffen, die man selbst kaum als persönlichkeitsgestört bezeichnen würde oder dürfte. Nicht gerade wenige Menschen erfüllen sogar die Mindestzahl von Kriterien einer oder mehrerer Persönlichkeitsstörungen, kommen jedoch in ihren sozialen Bezügen ohne große Probleme zurecht, gehören gelegentlich sogar zu hoch angesehenen Personen unserer Gesellschaft.

Gern zitiertes Beispiel sind histrionische Schauspieler, ein anderes weniger bekanntes sind Politiker. Auf *einige* Politiker beispielsweise treffen die ICD-Kriterien der Dissozialen Persönlichkeitsstörung vermutlich in hinreichender Zahl zu, und zwar als deren öffentlich präsentierte *Kompetenzen*, die sie benötigen, um sich gegenüber ihren – wir zitieren die ICD-Kriterien – ebenfalls »dickfelligen«, »vordergründig rationalisierenden«, »andauernd reizbaren« und »wenig empathischen« Kollegen mit »geringer Frustrationstoleranz« angemessen »aggressiv« durchsetzen zu können. Und bei Offenbarwerden einer »Missachtung sozialer Normen, Regeln und Verpflichtungen« ist im Politikermilieu auch die »Unfähigkeit zum Erleben von Schuldbewusstsein« nicht gerade selten. Gemäß ICD-10 braucht man nur drei (!) der genannten sechs Kriterien für die Diagnose einer Dissozialen Persönlichkeitsstörung erfüllen.

Diagnose-Voraussetzungen

Natürlich dürften diese Politiker nur in Ausnahmefällen als persönlichkeitsgestört eingestuft werden. Beide Diagnosesysteme (ICD wie DSM) verlangen nämlich in den jeweiligen *übergeordneten Leitkriterien* die Erfüllung von mindestens vier wichtigen Voraussetzungen zur Diagnosevergabe, die von vielen Diagnostikern und Therapeuten allzu leichtfertig übersehen werden (→ nachfolgender Kasten).

Sind diese vier Voraussetzungen nicht erfüllt, dürfen *keine* Persönlichkeitsstörungsdiagnosen vergeben werden! Diese Voraussetzungen leiten sich aus wichtigen *Grund-*

rechten der Menschen her, durch die der individuellen Ausgestaltung der Persönlichkeit großzügige Freiheiten eingeräumt werden (z. B. Artikel 1 bis 5, Grundgesetz der Bundesrepublik Deutschland). Eingeschränkt wird das Recht auf Freiheit der Entfaltung der Persönlichkeit lediglich durch weitere gesetzliche Bestimmungen, mit denen gem. Artikel 104 des Grundgesetzes zumeist Ethik- und Rechtsverletzungen unterbunden oder gesundheitliche Risiken (z. B. Seuchengefahr) eingeschränkt werden sollen.

Bei Beachtung der genannten Voraussetzungen darf und kann übrigens *nur selten* von Persönlichkeitsstörungen gesprochen werden. Schon gar nicht darf die stigmatisierende Diagnose »Persönlichkeitsstörung« vergeben werden, wenn nur die Kriterien, nicht jedoch die genannten weiteren Voraussetzungen erfüllt sind.

Zwingend zu beachtende Voraussetzungen zur Vergabe einer Diagnose »Persönlichkeitsstörung«

(a) Praktische Gefährdung
▶ wenn die Persönlichkeit(sstörung) des Patienten einen Risikofaktor für die Entwicklung / Exazerbation einer ernsthaften anderweitigen psychischen Störung (z. B. affektive Störung, Suizidalität, Dissoziationsgefahr) darstellt (und / oder)
▶ wenn sie ihrerseits als Folge einer noch nicht diagnostizierten ernsthaften psychischen Erkrankung anzusehen ist (in beiden Fällen besteht Aufklärungspflicht seitens der Diagnostikers) (und / oder)

(b) Latente Gefährdung
▶ wenn die Fähigkeiten zur ausreichenden Befriedigung existenzieller Bedürfnisse des Betreffenden oder von ihr abhängiger Personen nachhaltig nicht mehr ausreichen (und / oder)
▶ wenn die Freiheitsgrade des seelischen Funktionierens der Person durch ihre Persönlichkeitseigenarten nachhaltig so weit begrenzt sind, dass die allgemeingültigen Regeln des menschlichen Zusammenlebens mit anderen nicht mehr befolgt werden können

In den ersten drei Fällen lässt sich übrigens mit Patienten zumeist ein Einvernehmen über die Diagnose einer Persönlichkeitsstörung herstellen. Und nur wenn Moral und Recht verletzt wurden und unrechtmäßiges Handeln bzw. Delikte mit einer Persönlichkeitsstörung in gesichertem Zusammenhang stehen, braucht mit den Betreffenden kein Konsens über die diagnostische Einschätzung hergestellt zu werden.

Weiter gilt: Im Sinne der aktuellen Diagnosesysteme darf die Diagnose »Persönlichkeitsstörung« *nicht* vergeben werden, wenn zum Beispiel andere Menschen unter einem Patienten leiden, mit der Ausnahme, dass das Leiden anderer Personen auf unmoralische oder strafbare Handlungen infolge der Persönlichkeitseigenarten zurückgeführt werden kann, wie dies unter Punkt 4 vorausgesetzt wurde. Schon gar nicht darf sie vergeben werden, wenn ein Patient der Rollenerwartung eines Psychotherapeuten an einen *Fully Functioning Patient* nicht entspricht. Konkret: Erweist sich ein Patient in seiner Therapie als »nicht compliant« oder anderweitig widerständig, dann entspricht das seinem Recht auf freier Entfaltung der Persönlichkeit – es sei denn, er verletzt Moral oder Recht, was im Kern impliziert, dass man ihn wegen seiner Handlungen ethisch zurechtweisen oder juristisch belangen könnte.

Und wenn keine der oben genannten Voraussetzungen erfüllt sind, handelt es sich bei auffälligen Personeigenarten lediglich um *markante persönliche Stile* – mit möglicherweise hohem Anpassungswert. Als solche sind und bleiben sie durchaus beachtenswert, u. a. weil sie dem Therapeuten wichtige Hilfestellungen bieten, in der Therapie zu einer komplementären Beziehungsgestaltung zu gelangen – wie wir diese noch in unseren Therapiekapitel begründen werden.

Der jetzt bereits mehrfach benannte Aspekt einer möglichen *adaptiven Kompetenz* auffälliger persönlicher Stile bleibt in der Behandlung von Patienten auch noch aus einem anderen Grund zu beachten. In privaten oder beruflichen Situationen können es sich Menschen nicht unbedacht erlauben, eigene Bedürfnisse auszudrücken, weil sie wissen, dass diese Bedürfnisse zensiert werden – oft verknüpft mit erheblichen Konsequenzen für das weitere eigene Leben. Menschen könnten durch andere Menschen oder durch ihre existenzielle Situation gezwungen sein, eigene Bedürfnisse zu entstellen und zu maskieren – und zwar genau so, wie sie dies *persönlichkeitsbedingt* tun. Warum sollten sie diese alltäglich notwendige Schutzfunktion etwa zu Beginn einer Psychotherapie bedenkenlos aufgeben?

2.3 Persönlichkeitsstile und Persönlichkeitsstörungen: Funktionsbeschreibungen in der Übersicht

Nachfolgend sind die wichtigsten prototypischen Merkmale (a) der Normalvarianten markanter persönlicher Stile sowie (b) der Persönlichkeitsstörungen gem. DSM-IV-R und ICD-10 dargestellt. Die Darstellung erfolgt hier in teilweiser Anlehnung an Saß et al. (1999) hinsichtlich der Persönlichkeitsstörungen, an Kuhl und Kazén (1997) in Bezug auf persönliche Stile und Funktionsbeschreibungen, und an Fiedler (2009a) hinsichtlich beider Aspekte. In diesen drei Publikationen werden weitere wichtige Eigenarten beschrieben und begründet, auf die wir ausführlicher in den → störungsspezifischen Kapiteln eingehen werden.

2.3.1 Misstrauisch-scharfsinnige Persönlichkeit: *Paranoide Persönlichkeitsstörung*

Störungsbild: fanatisch, querulatorisch und rechthaberisch
Es finden sich eine Überempfindlichkeit gegenüber Kritik sowie ein tiefgreifendes Misstrauen und Argwohn gegenüber anderen. Paranoide Persönlichkeiten fühlen sich von anderen extrem ausgenutzt oder benachteiligt. Einige neigen zum Querulanten-

tum und zum Fanatismus und sie liegen häufig im (Rechts-)Streit mit anderen Menschen. In beruflich superiorer oder gleichrangiger Position kommt hinzu, dass die Loyalität anderer in Zweifel gezogen wird.

Persönlichkeitsstil: misstrauisch und scharfsinnig
Auch für Übergänge zur Normalität ist noch eine Neigung kennzeichnend, die Absichten anderer zu verzerren und sich abzugrenzen. Eigene Absichten hingegen werden deutlich erlebt und dargestellt, die Intentionen anderer werden ausgiebig zu ergründen versucht, um sich bei Nichtpassung mit eigenen Vorstellungen gegen sie abzugrenzen. Berufe, die gewählt werden, erfordern scharfsinniges Denken und Begeisterung (z. B. Jurisprudenz, Kriminalistik oder Engagement für die Ideologie in Parteien und Vereinen).

Funktion und Dynamik
Auffälligkeiten dieses persönlichen Stils werden aus einer übermäßigen Selbstrepräsentation und aus einem kognitiven Verarbeitungsstil erklärt, der durch analytisches Denken, Planen und Rechtfertigen bestimmt ist: Wer aufgrund der deutlichen Selbstrepräsentationen ständig seine vermeintlich guten Intentionen spürt oder sich ihnen auf der Ebene des sprachnahen Denkens sehr bewusst ist, sich mit vielen dieser Absichten bei anderen jedoch schwer durchsetzen kann, macht auf kurz oder lang andere für Missgeschicke verantwortlich oder er versucht, ihnen die Schuld an Interaktionsstörungen zuzuweisen. Es entsteht ein durchaus realer Teufelskreis selbsterfüllender Prophezeiungen, denn das anhaltende Misstrauen führt leicht dazu, dass den Betroffenen tatsächlich Informationen von anderen vorenthalten werden oder dass sie tatsächlich abgelehnt werden, was ihren Argwohn nur noch bestätigt und verstärkt.

2.3.2 Zurückhaltend-einzelgängerische Persönlichkeit: *Schizoide Persönlichkeitsstörung*

Störungsbild: soziale Isolation und Einsamkeit
Zentral ist eine Distanziertheit in sozialen Beziehungen und eine eingeschränkte Bandbreite des Gefühlsausdrucks im zwischenmenschlichen Erleben. Die Betroffenen haben keine engen Freunde und Bekannte, erscheinen scheu und verschlossen und persönliches Feedback durch andere ist ihnen egal. Werden sie in ihrer Neigung zur Zurückgezogenheit heftig kritisiert oder angegriffen, kann es gelegentlich zu Zornesausbrüchen und Gegenangriffen kommen.

Persönlichkeitsstil: zurückhaltend und einzelgängerisch
Im Übergang zur Normalität findet sich nüchterne Sachlichkeit, Gleichgültigkeit gegenüber Lob und Kritik sowie eine Vorliebe für Unternehmungen, die sie allein ausführen können. Viele leben als Single und haben Berufe, die sie, zum Teil sehr erfolgreich, selbstständig und allein ausüben können (Schichtarbeit, Taxifahrer,

Computerarbeiten). Weil sie wegen nicht vorhandener Bindungen beruflich flexibel einsetzbar sind, genießen viele ein hohes Ansehen. Außerdem lohnt sich ein Blick in die Statistik: Annähernd die Hälfte aller Haushalte heute sind Single-Haushalte.

Funktion und Dynamik
Die Hauptmerkmale dieses Stils (Sachlichkeit, geringe Äußerung positiver Emotionalität und soziale Zurückhaltung) werden aus einem verminderten Ansprechen auf positive Gefühle, Anerkennung und Zustimmung erklärlich. Spontaneität und von Erfahrung unabhängiges intuitives Erleben und Verhalten sind entsprechend verlangsamt; und Offenheit gegenüber neuen Erfahrungen wird nur selten beobachtet.

2.3.3 Ahnungsvoll-sensible Persönlichkeit: *Schizotypische Persönlichkeitsstörung*

Störungsbild: soziales Unbehagen, Verzerrungen im Wahrnehmen und Denken
Im Vordergrund stehen soziale Defizite, die durch akutes Unbehagen in und durch mangelnde Fähigkeit zu engen Beziehungen gekennzeichnet sind. Es treten Verzerrungen der Wahrnehmung und des Denkens sowie eigentümliches Verhalten auf. Familienuntersuchungen haben die genetische Verwandtschaft zur sog. Kernschizophrenie aufgezeigt. Jedoch nur bei einigen (wenigen) Betroffenen besteht das Risiko, unter extremer Belastung eine manifeste Schizophrenie zu entwickeln. Wenn schizotypische Persönlichkeiten sich in Behandlung begeben, dann zumeist wegen sozialer Angst oder wegen depressiver Verstimmung. Unter emotionaler Belastung sind gar nicht selten Konversionsstörungen beobachtbar.

Persönlichkeitsstil: ahnungsvoll und sensibel
Auch wenn zumeist kein Schizophrenie-Risiko besteht, finden sich den schizophrenen Grundstörungen entsprechende Wahrnehmungs- und Denkveränderungen. Auch im Normalbereich des Persönlichkeitsstils erhalten viele Ereignisse, Gegenstände und Personen eine emotionale Bedeutung, die gelegentlich über ihren rational begründbaren Gehalt hinausgeht. Schizotypische Personen reagieren insbesondere in zwischenmenschlichen Beziehungen hochgradig empfindsam. Entsprechend häufig sind sie einzelgängerisch und fühlen sich in Gesellschaft anderer eher unwohl. Vielfach finden sich künstlerische Begabungen und Berufe (vor allem im Bereich der Malerei oder Schriftstellerei).

Funktion und Dynamik
Eine erhöhte Aktivierung von positiven wie negativen Affekten stört den Zugriff auf sachliches Nachdenken und Planen. Vielmehr werden ungewöhnliche oder gar irrational anmutende kognitiv-affektive Schemaverbindungen entwickelt und später (unbewusst) aktiviert. Die hohe Bereitschaft, positive und negative Emotionen zu erleben, erklärt die Neigung, auch solche Wahrnehmungs- und Denkinhalte als

bedeutungsvoll zu erleben, auch wenn diese für Außenstehende keine emotionale Bedeutung haben.

2.3.4 Abenteuerlich-risikofreudige Persönlichkeit: *Dissoziale Persönlichkeitsstörung*

Störungsbild: fehlende Schuldgefühle, Störungen der Impulskontrolle
Hauptaspekte sind rücksichtsloses Durchsetzen eigener Ziele, Mitgerissenwerden von momentanen Eindrücken sowie spontanes Verhalten, durch das andere sich verletzt und erniedrigt fühlen. Mangel an Introspektionsfähigkeit führt zu fehlenden Schuldgefühlen und Normverletzungen gehen im Extrem so weit, dass die Betroffenen nicht in der Lage scheinen, vorausschauend zu planen und zu handeln. Eine hohe Risikobereitschaft korrespondiert mit einem Mangel an Angst. Ferner finden sich Unzuverlässigkeit, Bindungsschwäche und ein Mangel an Empathie. Häufig sind zusätzliche gesundheitliche und soziale Probleme durch Missbrauch von Alkohol und Drogen vorhanden. Es kann zu schweren Gewaltdelikten und Rechtsverletzungen kommen. Auch depressive Störungen können auftreten, zumeist weil innere Leere und Langeweile schwer ertragen werden. Das Suizidrisiko ist deutlich erhöht.

Persönlichkeitsstil: abenteuerlich und risikofreudig
Hauptmerkmale im Übergangsbereich zur Normalität liegen in einem selbstbestimmten Verhalten. In Interaktionen wirken sie gelegentlich sehr kompetent, und zwar anscheinend dort, wo ganz allgemein schnelles Handeln und Sprechen oder Fähigkeiten nützlich sein können, die beim Verfolgen unmittelbarer, egozentrischer Interessen vonnöten sind. Im beruflichen Bereich können viele sehr erfolgreich sein, und zwar überall dort, wo Risikobereitschaft und Angstfreiheit erforderlich sind (Sportler, Artisten, Tätigkeiten im Hochbau). Dabei handelt es sich um Tätigkeiten, die zu unmittelbarer Bekräftigung und hoher Anerkennung führen können.

Funktion und Dynamik
Die Temperamentsausstattung der Betroffenen wird gelegentlich und recht treffend beschrieben als ein »Stoff, aus dem die Helden und dissozialen Persönlichkeiten sind« (z. B. Saß, 1988). Viele persönliche Eigenarten lassen sich auf eine Dämpfung bis hin zur chronischen Unterfunktion einer negativen Emotionalität (Mangel an Angst) zurückführen. Auch die gesteigerte Selbstbewusstheit bzw. Selbstbezogenheit kann durch die gedämpfte Emotionalität erklärt werden. Dadurch wird die verhaltenshemmende Funktion konditionierter Furchtreaktionen reduziert, was empirisch gut untersucht ist (Eysenck, 1980b). Rücksichtslosigkeit und Gewalttätigkeit können die Folge sein, die hohe Risikobereitschaft andererseits durchaus zur Wahl gefahrvoller Berufe führen, die im Ergebnis eine soziale Integration sichern.

2.3.5 Spontan-sprunghafte Persönlichkeit: *Borderline-Persönlichkeitsstörung*

Störungsbild: im Vordergrund stehen Störungen der Affektkontrolle

Besonders auffällig sind eine tiefgreifende Instabilität in zwischenmenschlichen Beziehungen, im Selbstbild und in den Affekten sowie deutliche Impulsivität. Dominant ist häufig eine grundlegende Störung in der Modulation des Affekterlebens. Viele Betroffene sind sehr sensibel gegenüber Zurückweisungen und zeigen zugleich ein verzweifeltes Bemühen, tatsächliches oder vermutetes Verlassenwerden zu vermeiden. An typischen Verhaltensmerkmalen sind neben unangemessener Wut und aggressiven Durchbrüchen unter emotionaler Belastung auch autoaggressive Impulse und Handlungen bis hin zu teils drastischen Selbstverletzungen oder parasuizidale Gesten zu nennen. Auch das Suizidrisiko ist deutlich erhöht. Im extremen Störungsbild können affektive Störungen koexistieren und unter psychischer Belastung werden hin und wieder dissoziative Störungen beobachtet.

Persönlichkeitsstil: spontan, sprunghaft und emotional

Noch im Übergang zur Normalität findet sich eine relativ intensive Emotionalität, die sich äußert in einer spontanen Begeisterungsfähigkeit für positive Wahrnehmungen sowie in einer damit wechselnden impulsiven Ablehnung von Dingen und Personen, die negative Eigenschaften zeigen. Menschen mit spontanem Persönlichkeitsstil sind üblicherweise wenig nachtragend: Selbst starke negative Reaktionen gegenüber anderen Menschen können nach kurzer Zeit bei veränderter Stimmungslage vergessen sein. Im Normalbereich zeigt die spontan-sprunghafte Person gelegentlich ein hohes Maß an Flexibilität, sich – vor allem gefühlsmäßig geleitet – gut an unterschiedliche Situationen anpassen zu können, weshalb sie sich selbst in Krisenzeiten erfolgreich »durchzuschlagen« vermag. In engen Beziehungen allerdings sind sie anfällig für Konflikte und Krisen.

Funktion und Dynamik

Die meisten Eigenarten und Störungen lassen sich auf eine Unterfunktion einer Kohärenz stiftenden Gefühlsmodulation zurückführen. Als ursächlich für diese Störungen der Gefühlsregulation können bei einem Teil der Borderline-Patienten traumatische und Missbrauchserfahrungen in Kindheit und Jugend angesehen werden. Später fehlen vor allem die Integration und das ganzheitliche Erleben widersprüchlicher Affekte, gelegentlich ist eine Dissoziation / Separation körperlicher Erfahrungen von kognitiver Verarbeitung beobachtbar. Es kann zu spontanen Gefühlsveränderungen in Primäraffektzustände mit zumeist positiver oder negativer Valenz kommen. Die damit zusammenhängenden Identitätsstörungen (z.B. Schwarzweißdenken; fehlende Lebensziele; Affekte werden qualitativ diffus erlebt und lassen sich vor allem Scham-, Angst- und Wutaffekten zuordnen); auftretende Impulskontrollstörungen können sich auf die unterschiedlichsten Lebensbereiche beziehen, wie z.B. auf die sexuelle Orientierung, auf langfristige Planungen, Berufswünsche oder persönliche Wertvorstellungen. Gefühlsschwankungen führen in extremen Fällen zu Wut- (manchmal auch Gewalt-)ausbrüchen oder Suizidversuchen.

2.3.6 Expressive und selbstdarstellende Persönlichkeit: *Histrionische Persönlichkeitsstörung*

Störungsbild: oberflächlich und emotionalisierend
Sehr häufig finden sich eine übertriebene Emotionalität und ein übermäßiges Verlangen nach Aufmerksamkeit. Personen mit dieser Persönlichkeitsstörung fordern ständig Bestätigung, Anerkennung und Lob. Die Betroffenen fühlen sich unwohl, wenn sie nicht im Mittelpunkt der Aufmerksamkeit stehen, erscheinen als übertrieben attraktiv oder verführerisch und drücken sich sprachlich vage aus.

Persönlichkeitsstil: expressive Selbstdarstellung
Die Normalvariante hingegen besitzt auch einen liebenswürdigen Stil, der eher durch intuitiv-spontanes Handeln und weniger durch analytisch zielorientiertes Planen bestimmt ist. In solchen Fällen kann eine impressionistische Seite dominieren. Gelegentlich wirken sie liebevoll und warmherzig, zumal sie durch andere Personen oder Umstände leicht beeinflussbar sind. Gleichzeitig haben viele ein gutes Gespür für Atmosphäre, bevorzugen Gefühl und Intuition als Orientierungshilfen für eigenes Handeln, jedoch mit dem Risiko von Unbeständigkeit. Dass manche Schauspieler einen zur ihrer Persönlichkeit passenden Beruf gewählt haben, ist ebenfalls plausibel (*histrio*, lat. = Schauspieler).

Funktion und Dynamik
Die gelegentlich vertretene Ansicht, dass histrionische Merkmale im Durchschnitt bei Frauen stärker ausgeprägt sind als bei Männern, lässt sich empirisch nicht bestätigen (vgl. Herpertz & Saß, 2000). Es bleibt z.B. zu beachten, dass bei einigen Betroffenen eine genetische Verwandtschaft zur dissozialen Persönlichkeit besteht und dass dissoziale Männer häufig ebenfalls über histrionische Züge verfügen (Cloninger et al., 1975). Hier ergibt sich ein möglicher geschlechtsabhängiger Diagnosebias. Die positive Emotionalität beider Persönlichkeitstypen kann mit einem Mangel an negativer Emotionalität einhergehen, wie z.B. geringe Sensibilität gegenüber Strafreizen, wodurch sich die auch bei histrionischen Personen beobachtbare Neigung zu Risikohandlungen und Impulskontrollstörungen erklärt.

2.3.7 Ehrgeizige und sich selbst bewusste Persönlichkeit: *Narzisstische Persönlichkeitsstörung*

Störungsbild: Mangel an Empathie und überempfindlich bei Kritik
Die Persönlichkeitsstörung ist gekennzeichnet durch ein Muster von Großartigkeit in der Fantasie oder im Verhalten, einem Mangel an Einfühlungsvermögen und eine

Überempfindlichkeit gegenüber Kritik und Einschätzung durch andere. Narzisstische Persönlichkeiten sind in übertriebenem Maße von ihrer Bedeutung überzeugt. Sie übertreiben eigene Fähigkeiten, auch wenn keine besonderen Leistungen beobachtbar sind. Häufig stehen diese Störungseigenarten mit einem brüchigen Selbstwertgefühl in einem engen Zusammenhang. Eine ausgeprägte Kränkbarkeit trägt zu einem erhöhten Suizidrisiko bei (das höchste unten Menschen mit Persönlichkeitsstörungen) und kann zu depressiven Krisen führen, die das Ausmaß einer Episode mit Major Depression erreichen können.

Persönlichkeitsstil: ehrgeizig und seiner selbst bewusst
Im Normalbereich findet sich ein Persönlichkeitsstil, der wesentlich gekennzeichnet ist durch einen Sinn für das Besondere, wie z. B. durch besondere Leistungsorientierung, Bevorzugung ausgefallener Kleidung, elitäres Kunstempfinden, besonders gepflegte Umgangsformen, statusbewusstes Auftreten, besondere Leistungen in der Schule, im Beruf, im Sport, bei Hobbytätigkeiten. Entsprechend häufig ergibt sich eine hohe Anspruchshaltung, die mit Kränkungs- und Neidgefühlen einhergehen kann.

Funktion und Dynamik
Bemerkenswert ist eine starke Sensibilität für negative Affekte, woraus eine depressive Grundstimmung erwachsen kann. Belastungssituationen und depressiogene Selbstunsicherheit können andererseits durch eine Aktivierung positiv getönter Selbstrepräsentanzen bewältigt werden. Dies führt möglicherweise zu einer spiralförmigen Entwicklung der narzisstischen Neigungen, in der eine übertriebene Selbstdarstellung zwischenmenschlich wenig Akzeptanz findet und genau dadurch bei den Betroffenen zum Behalt der eigenen Selbstsicherheit erneute Übersteigerung und Selbstdarstellung herausfordert. Im Normalbereich finden sich erhöhte Leistungen und ehrgeizige Anstrengungen im Bereich einseitiger Fähigkeiten und Kompetenzen.

2.3.8 Selbstkritisch-vorsichtige Persönlichkeit: Ängstlich-vermeidende Persönlichkeitsstörung

Störungsbild: Schüchternheit und fehlende soziale Kompetenz
Die Ängstlich-vermeidende Persönlichkeitsstörung ist durch grundlegende Ängste vor negativer Beurteilung, durch Schüchternheit und ein durchgängiges soziales Unbehagen bestimmt, was sich in Verlegenheit, leichtem Erröten, Vermeiden sozialer und beruflicher Herausforderungen zeigt. Ausgeprägte Minderwertigkeitsgefühle und Vermeidung im sozialen Kontakt führen über längere Zeit zu gravierenden Einschränkungen der sozialen Kompetenz. Diagnostisch bestehen Schwierigkeiten in der Abgrenzung zur sozialen Phobie, die zumeist Folge sozialer Versagenssituationen ist, während die persönlichkeitsbedingte soziale Angst bereits seit der Kindheit als Schüchternheit auffällig ist. Diese differenzialdiagnostische Schwierigkeit ist mit Blick auf die Behandlung nicht sehr bedeutsam, da sich das therapeutische Vorgehen in beiden Fällen kaum unterscheidet.

Persönlichkeitsstil: selbstkritisch und zurückhaltend-vorsichtig

Die Sensibilität vor Kritik und Zurückweisung findet sich auch beim selbstkritischen Persönlichkeitsstil, was sehr häufig dazu führt, dass die Betroffenen eigene Erwartungen und Vorstellungen über ihre Umwelt infrage stellen und revidieren, sobald widersprüchliche Informationen auftauchen. Der persönliche Stil kann genau deshalb durchaus positive Beachtung finden, zumal sich selbstkritisch-sensible Personen dadurch auszeichnen, dass sie sich nicht in den Vordergrund drängen, anderen gern den Vortritt lassen und eher um Ausgleich bei Konflikten bemüht sind. Die Bezugspersonen wissen zumeist, dass man sich auf die Betreffenden gut verlassen kann.

Funktion und Dynamik

Eine hohe Angst vor negativer Beurteilung und Bestrafung erklärt einerseits die Verletzlichkeit und die Vermeidung sozial-autonomer Handlungen und Aktivitäten. Die Betroffenen werden häufig von sozial hochgradig akzeptierbaren Werthaltungen geleitet, die andererseits für eine Stabilisierung des Vermeidungsverhaltens verantwortlich zeichnen: Sie möchten keine unbedachten oder gar autonomen Handlungen ausführen, die andere verletzen könnten. Weiter vermeiden sie enge Bindungen oder risikoreiche Aktivitäten aus Angst vor Zurückweisung und Misserfolgen, durch die der subjektiv erlebte »Rest an Selbstsicherheit« grundlegend erschüttert oder gar »zerstört« werden könnte. Eine tief sitzende Schüchternheit und Scham vor Versagen in sozialen Situationen schließlich kann die Vermeidende Persönlichkeitsstörung aufrechterhalten.

2.3.9 Anhänglich-loyale Persönlichkeit: *Dependente Persönlichkeitsstörung*

Störungsbild: unterwürfig und entscheidungsunfähig

In der Persönlichkeitsstörung mündet eine anhänglich-loyale und zumeist aufopfernde Haltung nicht selten in ein extrem unterwürfiges Verhalten ein. Im Bereich der Störung findet sich schließlich die völlige Unfähigkeit, eigene Entscheidungen zu treffen und umzusetzen. Kennzeichnend sind unterschiedliche Ängste, die mit dem Verlust von Einbindung, Angst vor Versagen in Leistungssituationen und der Möglichkeit negativer Bewertung und schließlich der Angst vor völliger Hilflosigkeit zusammenhängen. Sind die Betreffenden ökonomisch oder sozial von anderen abhängig, findet sich häufig eine geringe Selbstsicherheit, die dazu führt, dass sie schamlos ausgenutzt werden können. Das Risiko für die Entwicklung einer Depression oder einer somatoformen Störung ist beachtenswert. Abhängige Personen – das kennzeichnet den Übergang zur Persönlichkeitsstörung – haben häufig und zunehmend Angst, verlassen zu werden.

Persönlichkeitsstil: anhänglich und loyal

Im Normalbereich dominiert ein loyales Verhalten gegenüber anderen Menschen bis hin zur Hintanstellung eigener Wünsche, wenn diese mit den Interessen relevanter

Bezugspersonen kollidieren. Loyale Persönlichkeiten haben häufig einen großen Freundes- und Bekanntenkreis, der sich bei Menschen mit Dependenter Persönlichkeitsstörung seltener findet. Anhänglich-loyale Personen verfügen über eine hohe Empathie- und Kooperationsfähigkeit, die mit hoher Akzeptanz und Belohnung verbunden sind. Aus einem positiv gelebten Persönlichkeitsstil können dauerhaft supportive Freundschaften und Partnerschaften hervorgehen. Nicht selten haben die Betroffenen hochgradig anerkannte Berufe, die Altruismus und Selbstlosigkeit als Positivmerkmale besitzen (z. B. Helfer, Pfleger, Therapeuten).

Funktion und Dynamik
Ein wichtiges Unterscheidungsmerkmal der dependenten zur selbstunsicher-vermeidenden Persönlichkeit besteht in einer weniger aktiven, sondern eher motiviert passiven Alternative, nämlich der Schutzsuche, Behütung und Anforderungsvermeidung zum Erhalt bestehender Bindungen. Auch passive Vermeidung und Willfährigkeit führt auf längere Sicht in einen Entwicklungsrückstand hinsichtlich der Ausformung und Erweiterung sozialer Kompetenzen. Dieser Entwicklungsrückstand verstärkt seinerseits im Sinne eines Circulus vitiosus zunehmende Angst und damit die Notwendigkeit der passiv-eingefügten Schutzsuche und Abhängigkeit.

2.3.10 Sorgfältig-gewissenhafte Persönlichkeit: *Zwanghafte Persönlichkeitsstörung*

Störungsbild: Rigidität und starrer Perfektionismus
Die dieser Persönlichkeitsstruktur zugrunde liegende Sorgfalt ist durch Gründlichkeit und Genauigkeit in der Ausführung aller Tätigkeiten gekennzeichnet. Ein solcher Stil wäre erst im Übergang zum rigiden Bemühen um Perfektionismus bis zur Erstarrung als Persönlichkeitsstörung zu kennzeichnen, wenn beides dazu führt, dass z. B. berufliche Vorhaben nicht mehr realisiert werden. Arbeit wird dann zwanghaft jedem Vergnügen bzw. zwischenmenschlichen Kontakten übergeordnet, sodass persönliche Beziehungen häufig darunter leiden. Die eigenen starren, moralisch anspruchsvollen und prinzipientreuen Verhaltensmuster werden eigensinnig vertreten und vor allem untergebenen Personen aufgenötigt. In Abhängigkeitsbeziehungen findet sich eher ein Aspekt übergründlicher Pflichterfüllung.

Persönlichkeitsstil: sorgfältig und gewissenhaft
Ein markanter Unterschied des persönlichen Stils liegt darin, dass das Leben und die Welt durchaus positiv gesehen und beurteilt werden, auch wenn der Sinn des Daseins mit Mühe, Anstrengung und Pflichterfüllung angefüllt ist. Der gewissenhafte Stil entspricht einer Beschreibung des sog. »Typus melancholicus« durch Tellenbach (1961), wie er sich bei ca. 50 Prozent depressiver Patienten finden lässt (beachtenswertes Risiko unauffälliger Persönlichkeitsstile). Beide Stile, der gewissenhafte wie der Typus melancholicus, werden charakterisiert durch Pflichtbewusstsein, Normentreue und Streben nach Vollkommenheit. Beim Typus melancholicus zeichnen sich die

zwischenmenschlichen Beziehungen zudem durch Harmoniestreben und Sich-Ein-ordnen aus und zeigen gelegentlich dependente Züge.

Funktion und Dynamik

In diesem Fall bleibt also zu beachten: Beide Persönlichkeitseigenarten (Störung und Stil) sind mit dem Risiko der Entwicklung einer Depression verbunden, die u. a. aus einem Scheitern in der Erfüllung hoch gesetzter Ansprüche und aus einer Armut an Lebensfreude resultieren mag. Das gewissenhafte Streben nach Perfektion und Sorgfalt hängt nämlich häufig mit einer großen Unentschlossenheit der Betroffenen, ihrem inneren Zweifel und einer übermäßigen Vorsicht als Ausdruck einer tiefgreifenden persönlichen Unsicherheit zusammen. Die Betroffenen reagieren äußerst sensibel auf Kritik, insbesondere wenn sie von höher gestellten Personen oder Autoritäten geäußert wird. Den zwanghaft-gewissenhaften Persönlichkeitsmerkmalen liegt im Kern eine »Intentionsstörung« zugrunde: Sämtliche Bestrebungen der Betroffen zur Aufrecht-erhaltung subjektiver Autonomie stehen selektiv hochgradig eingeengt unter dem Regime moralischer, logischer oder sozialer Regeln und Maximen.

II Historische Perspektive und Stand der Konzeptentwicklung

3   Psychiatrische Systematiken der Persönlichkeits-
    störungen

4   Psychoanalytische Konzeptentwicklungen:
    Charakterstörungen, Narzissmus, neurotische
    Stile

5   Interpersonelle Perspektiven: von der Psycho-
    dynamik zur Soziodynamik der Persönlichkeits-
    störungen

6   Psychologische Erklärungsmodelle: Persönlichkeit
    und Entwicklung

7   Neurobiologie und Genetik: Korrelate und
    Erkenntnisse

8   Differenzialdiagnostik und Komorbidität

9   Allgemeine Epidemiologie

3 Psychiatrische Systematiken der Persönlichkeitsstörungen

... um nach Menschlichkeit, Vernunft und Recht
den Schuldigen vom Kranken zu trennen.
Giovanni Jervis

Die Konzepte der Diagnostik und Klassifikation von Persönlichkeitsstörungen stehen in der Psychiatrietradition der Entwicklung einer psychopathologisch begründeten Nosologie psychischer Störungen, insbesondere derjenigen in Frankreich, Deutschland, England und in den USA. Diese wiederum ist eng verbunden mit der Geschichte der Psychiatrie als medizinischer Wissenschaft überhaupt. Wir folgen im Abriss der historischen Perspektive teilweise einer Darstellung bei Saß (1987), Berrios (1993) und Oldham (2005).

3.1 Historische Perspektive

Im 18. Jahrhundert sahen sich die Staatsverwaltungen angesichts einer Überfüllung der Zuchthäuser und infolge der Kritik einiger Mediziner mit dem Problem konfrontiert, einige schwer unterscheidbare Personengruppen zu verwalten, die offensichtlich nicht als Verbrecher eingestuft werden konnten. Es ergab sich ein Abgrenzungsproblem: Neben den eindeutig geisteskranken »Irren« (für die damals die ersten »Irrenhäuser« eingerichtet wurden) gab es auch einige Personen, die sich zwar sozial deviant und abnormal verhielten, bei denen jedoch nicht eindeutig bestimmbar war, ob ihnen karitative Fürsorge zuteilwerden sollte oder ob sie für ihre teils als kriminell einzustufende Dissozialität einer gerechten Strafe zuzuführen seien. Der starke Ausbau des Systems der Irrenanstalten gehorchte sozialpolitischen Erfordernissen. Er entsprach zugleich einer Aufgabe, die für die ersten engagierten Psychiater schwieriger war als je zuvor: nämlich »nach Menschlichkeit, Vernunft und Recht den Schuldigen vom Kranken zu trennen« (Jervis, 1978, S. 47).

3.1.1 Frankreich

Der Franzose Philippe Pinel legte mit der Beschreibung einer »manie sans délire« (1809) erstmals in der neuzeitlichen Psychiatrie eine nosologische Einordnung gestörter Persönlichkeiten vor. Als entscheidendes Merkmal gilt nach Pinel eine »Beeinträchtigung der affektiven Funktionen bei ungestörten Verstandeskräften«. Pinel erlangte nicht zuletzt dadurch Berühmtheit, dass er als ärztlicher Direktor zweier psychiatrischer Krankenhäuser die Patienten von ihren Ketten befreite und humane

Behandlungsmethoden einführte. Er legte den Grundstein für eine Beschreibung und Klassifikation psychiatrischer Störungen und entwickelte eine differenzierte ätiologische Theorie, indem er u.a. zwischen Umweltbedingungen und einer individuellen Prädisposition zur Geisteskrankheit unterschied (vor allem der Gefühle und Leidenschaften einer Person). Emotionen waren für ihn das Bindeglied zwischen Körper und Seele.

Monomanie. Wenige Jahre später ergänzte Esquirol (1839) die Typisierung der »manie sans délire« in einer Lehre von den Monomanien, in der er dissoziale Verhaltensweisen und einige Delikttypen in den Bereich psychiatrischer Beurteilung und Behandlung einzubeziehen versuchte (z.B. Kleptomanie, Pyromanie, Erotomanie). Wirkungen dieser nosologischen Festlegungen finden sich noch in den heutigen Klassifikationssystemen, in denen einige eng umschriebene Symptombilder wie z.B. Pyromanie und Kleptomanie den »Störungen der Impulskontrolle« zugewiesen sind.

Degenerationslehre. Die Übernahme von Delikttypen in die psychiatrische Nosologie führte fast zwangsläufig zur Problematik der terminologischen Verquickung der Persönlichkeitsabweichungen mit sozialgesellschaftlichen Wertungen. Befördert wurde dies weiter durch die Einführung der Degenerationslehren in die französische Psychiatrie (durch Morel, 1857). Morel war der Auffassung, dass gewohnheitsmäßige Dissozialität und Kriminalität durch schädliche Umwelteinflüsse entstehen könnten. Sie würden nach erfolgter Gewohnheitsbildung jedoch durch Vererbung weitergegeben. Der Schweregrad der Störung sollte schließlich gar von Generation zu Generation bis zum Aussterben zunehmen. Das in der Folge von den Sozialdarwinisten vertretene Konzept vom »geborenen Kriminellen« (Begriffssetzung »delinquente nato« durch den italienischen Psychiater Lombroso, 1876) blieb in Europa und Amerika lange Zeit wirksam und dürfte wesentlich zu den weit verbreiteten Negativurteilen gegenüber psychischen Störungen und Persönlichkeitsstörungen beigetragen haben (vgl. Pick, 1989).

Konstitution. Um die Wende zum 20. Jahrhundert fügten Magnan und Legrain (1895) den Vererbungshypothesen erstmals eine neurophysiologische Erklärung hinzu. Sie postulierten ein Ungleichgewicht der zerebrospinalen Zentren, wodurch das Equilibrium der degenerierten Personen gestört sei und eine besondere Fragilität verursacht werde. Ihre Arbeit entstand im Kontext der beginnenden Kritik und allmählichen Überwindung des Degenerationsgedankens. Zunehmend rückte die differenzialdiagnostisch bedeutsamere Frage in den Vordergrund, ob und unter welchen Umständen deutlich abweichenden Persönlichkeitseigenarten organisch-krankhafte Ursachen (wie die »Nervenkrankheiten«) zugeschrieben werden könnten bzw. wann vielmehr hereditär bedingte, biologisch-konstitutionelle Faktoren lediglich Voraussetzungen bereitstellten für eine ansonsten vornehmlich psychosozial überformte charakterliche Devianz. Letztere Verstehensperspektive versuchte in Frankreich Dupré (1925) – etwa zeitgleich zu ähnlichen Entwicklungen in Deutschland – in seiner »doctrine des constitutions« zu untermauern. Diese Änderung der Ätiologieperspektive in Richtung hereditär-konstitutioneller Verursachung der Persönlichkeitsstörungen sollte fürderhin eine zentrale Rolle einnehmen.

3.1.2 Deutschland

Die Bezeichnung »Psychopathie« war schon recht früh in der Psychiatrie gebräuchlich und bezog sich zunächst auf das Gesamt psychischer Störungen (z. B. v. Feuchtersleben, 1845). Sie avancierte dann jedoch mit der Monografie von Koch über die »Psychopathischen Minderwertigkeiten« (1891–1893) innerhalb weniger Jahre weltweit zum psychiatrischen Oberbegriff für Persönlichkeitsstörungen. Koch, der im deutschen Sprachraum als Erster die Persönlichkeitsstörungen zu systematisieren versuchte, hatte seine Abhandlung noch unter dem Eindruck der französischen Degenerationslehren geschrieben. Von den »angeborenen psychopathischen Degenerationen« (gemeint waren intellektuelle und moralische Schwächezustände einer organpathologisch veränderten Gehirnkonstitution) unterschied er zwei weitere Formen der erworbenen psychopathischen Verfassungen mit jeweils spezifischer hereditärer Voraussetzung: Die erste betraf schwächliche, empfindsame und leicht verletzbare Menschen (»zart besaitete Seelen«). Die zweite Form umfasste eine heterogene Vielfalt unterschiedlicher Persönlichkeitsstörungen.

Psychopathische Persönlichkeiten. Einige Beispiele, die Koch aufführt, sind »die weinerlichen Gemütsmenschen, die Träumer und Phantasten, die Menschenscheuen, die Mühseligen, die Gewissensmenschen, die Empfindlichen und Übelnehmerischen, die Launenhaften, die Exaltierten und die Exzentrischen, die Gerechtigkeitsmenschen, die Stadt- und Weltverbesserer, die Hochmütigen, die Taktlosen, die Spöttischen, die Eitlen und die Gecken, die Bummler und die Neuigkeitskrämer, die Unruhigen, die Bösewichter, die Sonderlinge, die Sammler und Erfinder, die missratenen und die nicht missratenen Genies« (zit. n. Schneider, 1928, S. 16). Kurt Schneider merkte zu dieser Auflistung zwar etwas spöttisch an, dass Koch seine Studien weniger in der Anstalt als im Leben gemacht haben dürfe. Andererseits betonte er aber auch, dass das Wesentliche dieser Typologisierungsvielfalt darin liege, deutlich zu machen, dass es wohl bei jedem Systematisierungsversuch von Persönlichkeitsstörungen schwerlich gelingen werde, sie trotz aller Buntheit vollständig zu bekommen oder sie bei einer deutlichen Typenbegrenzung problemlos auf den Einzelfall anzuwenden.

Kochs (durch Morel beeinflusste) ätiologische Konstruktion eines Systems der »degenerativen Entartung« sollte bereits wenige Jahrzehnte nach seiner Publikation nur mehr historischen Wert besitzen. Dennoch hat seine Begriffssetzung der »psychopathischen Minderwertigkeiten« nicht nur in Deutschland erheblich zur Negativkonnotation von Persönlichkeitsstörungen bis hin zur moralischen Verurteilung Betroffener beigetragen – und schließlich gar zur Legitimierung politischer Verfolgung im Rahmen einer groß angelegten »Säuberungsaktion« im Dritten Reich, in der es galt, Kultur und Politik von »degenerativ-psychopathischer Gesinnung« und »Gesellschaftsfeindlichkeit« freizubekommen.

Emil Kraepelin

In den verschiedenen Auflagen des Lehrbuches der Psychiatrie von Emil Kraepelin lässt sich um die Wende zum 20. Jahrhundert der angesprochene Wandel von der Degenerationslehre hin zu konstitutionellen Verursachungshypothesen der Psychopathie gut nachzeichnen. Gab es bei Kraepelin zunächst noch eine Kategorie des »geborenen Verbrechers« (die im Sinne der Degenerationshypothese im Bereich des Schwachsinns abgehandelt wurde), so erschien in der 5. Auflage (1896) eine erste Ausdifferenzierung sog. »psychopathischer Zustände«, die neben Zwangszuständen, impulsivem Irresein und konträren Sexualempfindungen eine Kategorie mit sog. »konstitutionellen Verstimmungen« beinhaltete. In der 7. Auflage (1903–1904) finden sich in dem neu eingerichteten Kapitel »Die psychopathischen Persönlichkeiten« die »geborenen Kriminellen« jetzt subsumiert neben weiteren Psychopathien (als »originäre Krankheitszustände«) wie die »Haltlosen«, die »Lügner und Schwindler« und die »Pseudoquerulanten«. In der 8. Auflage seines Lehrbuches (1909–1915) tritt schließlich das Dissoziale als Unterform in eine deutlich ausgeweitete Gruppe der psychopathischen Persönlichkeiten zurück.

Konstitution. Es kommt eine zunehmende Unsicherheit Kraepelins zum Ausdruck, persönlichkeitsspezifische Auffälligkeiten eindeutig zu ordnen. Das liegt an seinem noch suchenden Bemühen, eine in praxi brauchbare, beschreibende Klassifikation nosologischer Entitäten zu entwickeln. Immer häufiger werden jetzt spezifische Konstitutionen als Krankheitsursachen postuliert (sie heißen »depressive«, »manische«, »reizbare« oder »cyklothyme« Veranlagung). Für Kraepelin kann – je nach Konstitution – jede einzelne Persönlichkeitstypik mehr oder weniger prägnant im Vordergrund stehen. Ihre Gesamtzahl jedoch scheint nicht mehr abschätzbar.

Im Bereich der solitär auftretenden psychopathischen Persönlichkeiten beschränkt Kraepelin seine Nosologie unter dem Gesichtspunkt der Wahrscheinlichkeit ihres Auftretens in der Klinik. Er unterscheidet schließlich sieben Haupttypen: die »Erregbaren«, die »Haltlosen«, die »Triebmenschen«, die »Verschrobenen«, die »Lügner und Schwindler«, die »Gesellschaftsfeinde« sowie die »Streitsüchtigen«. Auch in dieser Nomenklatur bleibt die sozial wertende und moralisierende Verbindung von Psychopathie mit Minderwertigkeit und Gesellschaftsfeindlichkeit erhalten.

Ernst Kretschmer

Kraepelins Konstitutionsätiologie hat bis in die Gegenwart hinein ihre Wirkungen entfaltet. Seinen Durchbruch verdankt dieser Verstehensansatz jedoch Ernst Kretschmer, der seine Persönlichkeitslehre im Rückgriff auf Kant (1798) konsequent konstitutionstheoretisch begründete. Kretschmers Persönlichkeitspsychologie (1921) erreichte schnell weltweite Bekanntheit – nicht zuletzt wegen ihrer Rezeption und immensen Forschungsstimulation in der Psychiatrie wie in der Psychologie.

Kretschmer und Kant

Kretschmer greift u. a. auf die durch Galen im 2. Jahrhundert n. Chr. von Hippokrates überlieferte Lehre von den vier Temperamenten (cholerisch, sanguinisch, phlegmatisch und melancholisch) zurück. Diese Wiederentdeckung war etwas mehr als 100 Jahre zuvor entscheidend durch Immanuel Kant stimuliert worden, der auf der Grundlage dieser klassischen Einteilung in seiner »Anthropologie in pragmatischer Absicht« (1798) eine Temperamentenlehre mit folgenden vier Typen entwickelte.

Sanguinisches Temperament. Mit dem sanguinischen Temperament des Leichtblütigen erweise sich eine Person als guter Gesellschafter, die u. a. stets scherzhaft aufgelegt sei. Andererseits messe diese Person den meisten Dingen keine allzu große Wichtigkeit bei, sei vielmehr jemand, die alle Menschen zu Freunden habe.

Melancholisches Temperament. Das melancholische Temperament des Schwermütigen sehe allüberall Ursache zur Besorgnis und richte seine Aufmerksamkeit entsprechend vorrangig auf Schwierigkeiten und Beschwernisse im Leben.

Cholerisches Temperament. Das cholerische Temperament des Warmblütigen zeige sich in leidenschaftlichem Ehrgeiz und in einer Vorliebe für Formalitäten. Die Person sei deshalb schicksalhaft zum Unglück verdammt, weil sie die meisten Widerstände bei anderen provoziere.

Phlegmatisches Temperament. Das phlegmatische Temperament des Kaltblütigen sei als weitgehend affektlos charakterisierbar. Die Person neige durchgängig zur Untätigkeit, besitze in ihrer Langsamkeit jedoch durchaus die Fähigkeit zu zwischenmenschlicher Wärme.

Körperbau, Temperament, Erkrankung. Kretschmer (1921) postulierte nun im Rückgriff auf die Temperamentenlehre von Kant und mit eigenen Untersuchungen zum Körperbau schizophrener und manisch-depressiver (zyklothymer) Patienten u. a. Zusammenhänge zwischen Konstitution, Temperament und Erkrankung. Nach seiner Auffassung entsprechen sich

- ▶ leptosomer Körperbau, schizothymes Temperament und schizoide Erkrankung,
- ▶ pyknischer Körperbau, zyklothymes Temperament und zykloide Erkrankung,
- ▶ athletischer Körperbau, visköses Temperament und epileptoide Erkrankung.

Im Unterschied zur letztgenannten Typisierung, die sich schon bald als nicht haltbar erwies, hatten Kretschmers Beschreibungen der zyklothymen und schizothymen Temperamente beträchtlichen Einfluss auf die psychiatrische Systematisierung von Persönlichkeitsstörungen.

Zyklothym-zykloide Persönlichkeit. Zyklothym-zykloide Personen wurden als gesellig, gutherzig, freundlich, gemütlich, als zugleich heiter, humorvoll, lebhaft, hitzig wie auch still, ruhig, schwermütig, weich beschrieben. In kritischen Lebenslagen verändere sich dieses Bild einseitig in Richtung Depressivität mit Schwankungen zwischen Heiter und Traurig.

Schizothym-schizoide Persönlichkeit. Als Merkmale schizothym-schizoider Personen galten Ungeselligkeit und soziale Absonderung. Diese Menschen seien still, zurückhaltend, ernsthaft, humorlos, einerseits schüchtern, scheu, feinfühlig, empfindlich, nervös, andererseits gutmütig, brav, gleichmütig, stumpf, dumm. In schwierigen Lebenslagen schwankten sie zwischen den Extrempolen reizbar und stumpf, seien gelegentlich empfindsam und kühl.

Kretschmer (1921) verließ die Sichtweise kategorialer Zuordnungen, indem er eine (weitere) Dimensionierung postulierte. Diese reichte von einem Pol schizophrener Erkrankungen (mit den weniger betroffenen schizoiden Temperamenten im Vorfeld) bis zu einem Pol manisch-depressiver Erkrankungen (mit zykloiden Temperamenten als weniger extreme Variante). Im Mittelbereich ließen sich die normalen Charaktere einordnen, die in Richtung zykloider Vereinseitigung syntone Eigenarten zeigten. Gemeint war damit – in Anlehnung an Bleuler (1922) – eine besondere Affektivität, die den gefühlsmäßigen Beziehungen zu den Mitmenschen entsprach. In Richtung schizoider Vereinseitigung lagen interaktionell eher weniger erträgliche, dystone Eigenarten (Unruhe, Unstetigkeit usw.) im Normalitätsbereich.

Körperbau und Charakter. Kretschmer vermutete Zusammenhänge zwischen den körperlich sichtbaren (der Konstitution entsprechenden) Eigenarten und psychischen Erkrankungen. Schließlich postulierte er Zusammenhänge zwischen Körperbau und den Charaktereigenarten des Durchschnittsmenschen bis hin zu jenen »genialen Personen« in Kunst, Wissenschaft und Politik. Das übrigens waren Annahmen, mit denen sich zugleich Forschungsfelder ungeahnten Ausmaßes eröffneten. Es gibt wohl keinen Bereich der Persönlichkeitsforschung, in dem in Permanenz und über Jahrzehnte hinweg solch bestechend »eindeutige« Zusammenhänge gefunden wurden wie in der selbst heute noch nicht vollständig überschaubaren Forschungsliteratur über »Körperbau und Charakter«.

Die Forschungsaktivitäten gingen erst zurück, als die zunächst recht eindeutigen Bestätigungen von Kretschmers Hypothesen zunehmend empirischen Widerspruch fanden und teilweise als Artefakte erklärbar wurden, z. B. bedingt durch die verschiedenen Altersstufen, in denen schizophrene versus manisch-depressive Störungen auftreten (vgl. Eysenck, 1980a; eine ausführliche Darstellung und Bewertung des Ertrags der Forschung zur Persönlichkeitstypologie Kretschmers findet sich bei Rohracher, 1965).

Typologien. In den Folgejahren entstanden in der deutschsprachigen Psychiatrie eine ganze Reihe weiterer Typologien, in denen Störungen der Persönlichkeitsentwicklung neben dem Bemühen um ihre beschreibende Einordnung bzw. konstitutionstheoretische Begründung schließlich auch unter dem Gesichtspunkt der »charakterlichen Besonderheiten« systematisiert und persönlichkeitspsychologisch erklärt wurden. Dies geschah vor allem unter Bezugnahme auf die sog. »Deutsche Charakterkunde«, die zu dieser Zeit in der Psychologie eine erste Blütezeit erlebte (z. B. Birnbaum, 1909; Kahn, 1928; Schultz, 1928; Homburger, 1929; Gruhle, 1922, 1956; ausführlicher in → Abschn. 6.1).

Kurt Schneider

Abgesehen von Kretschmers Ausarbeitung über »Körperbau und Charakter« (die bis 1967 allein in Deutschland 25 Auflagen erreichte) haben all diese Systematiken keine allzu weite Verbreitung gefunden und zunehmend an Bedeutung verloren – dies wohl vor allem auch wegen der wegweisenden Monografie »Die psychopathischen Persönlichkeiten« von Kurt Schneider (1923).

Kurt Schneider schließt an Kraepelins Systematisierung an, gibt jedoch dessen soziologisch-wertende Begriffssetzungen auf. Er versucht, Persönlichkeitsstörungen phänomenologisch präziser zu fassen, dies nicht zuletzt, um seinen Typologisierungsversuch »gegenüber den ständig wechselnden psychologischen und physiologischen Konstruktionen und Theorien neutral« zu halten (Schneider, 1928, S. 29). Sein Konzept umfasst einerseits Patienten, die deutlich an sich selbst leiden, wenngleich dieses Leiden für sie selbst zumeist diffus und unbestimmt bleibt, und andererseits solche, die agieren, kein Leidensgefühl haben und die durch ihre Aktionen eher andere Menschen stark beeinträchtigen können.

Übersicht

Wegweisende Typologie
Kurt Schneiders Einteilung aus den 1920er-Jahren hat wohl alle späteren deskriptiven Typologien wie schließlich auch die Klassifikationssysteme ICD und DSM maßgeblich beeinflusst. Schneider kam es zwar darauf an, die Spannbreite vorfindbarer Persönlichkeitsbesonderheiten möglichst weit zu umfassen; andererseits legte er Wert auf die Feststellung, dass die von ihm gewählten Typenbezeichnungen auch aus einem Bemühen um Begrenzung und Straffung resultierten. 1928 unterscheidet er zehn Formen psychopathischer Persönlichkeiten.
- ▶ **Die Hyperthymen:** heiter, betriebsam, zugleich unkritisch, unvorsichtig, selbstsicher bis haltlos, streitsüchtig; gelegentlich lässt sich eine Neigung zu Übertreibung und pathologischem Lügen diagnostizieren.
- ▶ **Die Depressiven:** pessimistisch, skeptisch, depressiv verstimmt, unglücklich, zugleich schwermütig; die Vergangenheit erscheint wertlos, die Zukunft drohend.
- ▶ **Die Selbstunsicheren:** mit den beiden Unterformen der Ängstlich-Sensitiven und der Zwanghaft-Anankastischen.
- ▶ **Die Fanatischen:** einerseits expansive, aktive Personen, die streng persönliche Überwertigkeiten verfechten; andererseits das querulatorische Verfechten und Zurschautragen allgemeiner Ideen und Normvorstellungen; schließlich fest überzeugte Sektierer.

- **Die Geltungsbedürftigen:** übertrieben, aufdringlich, theatralisch, fantasiereich, exzentrisch, Neigung zu Pseudologia phantastica; den Begriff »hysterisch« lehnt Schneider wegen seiner weit reichenden theoretischen Implikationen ab.
- **Die Stimmungslabilen:** leicht auslösbare, extreme Stimmungsschwankungen zwischen grob, brutal, Jähzorn, Affektkrisen, spontanen Rauschzuständen einerseits und plump, vertraulich, süßlich, bigott, egozentrisch andererseits; Unstetigkeit, Fortlaufen, Fortbleiben, Veränderungssucht.
- **Die Explosiblen:** allgemein zwar angepasst und ruhig, jedoch leicht erregbar und zur spontanen Gewalttätigkeit neigend; »Kurzschlussreaktionen« im weitesten Sinne; »die Beziehungen zu den anderen Psychopathen sind so zahlreich, dass man fragen kann, ob die Explosiblen nicht alle in ihnen aufgehen« (Schneider, 1928, S. 68).
- **Die Gemütlosen:** umfasst die Gruppe der bis dahin als »antisozial« und »gesell-schaftsfeindlich« bezeichneten Persönlichkeiten; fehlendes Gefühl für Moral und Normen; unverbesserlich; Neigung zu Kriminalität auf der einen, erstaun-liche Leistungen »stahlharter Naturen« in Führungspositionen auf der anderen Seite.
- **Die Willenlosen:** abhängige Menschen ohne Widerstand, zumeist verständig, gutartig, anspruchslos, jedoch leicht auch ins Dissoziale verführbar und un-zuverlässig, gelegentlich schwankend »wie ein Rohr im Winde«.
- **Die Asthenischen:** überempfindlich, überstark auf körperliche Symptome rea-gierend, körperlich leicht versagend, sich selbst seelisch unzulänglich fühlend.

Wesentlich war für Kurt Schneider der Versuch einer möglichst prägnanten Typolo-gisierung – mit der praktischen Konsequenz, dass die Systematik nicht als schlichtes Diagnostikum benutzt werden dürfe. Sie könne lediglich als Orientierungsmöglichkeit dienen, um betroffene Personen mehr oder weniger eindeutig zuzuordnen oder aber auch um die Kombination von Persönlichkeitsmerkmalen unterschiedlicher Typen in Erwägung zu ziehen. Er schrieb: »Fast nie sehen wir *reine* Bilder«, und: »Man solle sich hüten, da der Wirklichkeit Gewalt anzutun, und vor allem nicht meinen, eine Benennung ersetze das Verständnis einer konkreten Persönlichkeit. Typen sind erste und im Hinblick auf das Individuelle stets grobe Orientierungspunkte von grund-sätzlicher Einseitigkeit« (Schneider, 1928, S. 29).

Schließlich wandte sich Kurt Schneider scharf gegen die bis dahin vorherrschende Gepflogenheit, Persönlichkeitsstörungen als (Nerven-)Krankheiten zu betrachten oder gar von »krankhaften Persönlichkeiten« zu sprechen. Nur in Ausnahmefällen seien Übergänge oder Grenzfälle beobachtbar, etwa bei den Persönlichkeitsverände-rungen in der Folge organischer oder toxischer Psychosen oder in schizophrenen und zyklothymen Phasen. Selbst diese Grenzfälle, in denen konstitutionelle Zustände in Krankheitsprozesse übergingen (oder möglicherweise auch umgekehrt), waren für ihn kein hinreichender Grund, psychopathische Persönlichkeitseigenarten als »krankhaft« zu bezeichnen. In letzter Konsequenz und mit Blick auf die forensische Beurteilung von Persönlichkeitsstörungen folgte für ihn, »dass von der Auffassung aus, dass psychopathische Persönlichkeiten keine kranken Menschen, sondern charakterologische Spielarten sind, eine *Exkulpierung grundsätzlich nicht* stattfinden kann, es sei denn, dass eine Kombination mit höheren Schwachsinnsgraden oder Bewusstseinstrübungen vorliegt« (Schneider, 1928, S. 15; Kursivsetzung im Original).

3.1.3 England

Beträchtlichen Einfluss auf die Konzeptualisierung der Persönlichkeitsstörungen in Europa wie in Amerika hatte die Arbeit des Engländers Prichard (1835) über »moral insanity«, die unter dem Einfluss von Pinel und Esquirol verfasst wurde. Für Prichard ergab sich die Möglichkeit einer Abgrenzung nicht persönlichkeitsbedingter Dissozialität und Kriminalität gegenüber der persönlichkeitsbedingten Devianz über die Beantwortung der Frage, ob die antisozialen Handlungen unter Kontrolle des Willens intendiert ausgeführt wurden oder nicht. Nur – diese Frage ließ sich nicht so einfach beantworten.

Schuldfähigkeit. Obwohl das von Prichard angestoßene Bemühen um eine Definition von »nicht intendiert« auch heute noch in den Diagnosekriterien der »Antisozialen Persönlichkeitsstörung« aufspürbar ist, geriet es zugleich unmittelbar in das Spannungsfeld, das sich bei dem Bemühen der Ärzte aufbaute, Verhaltensweisen, die mit rechtlichen Ordnungsvorstellungen in Konflikt stehen, in die psychiatrische Nosologie zu integrieren. Durch die damalige Diskussion entfacht, spielte fürderhin die Klärung der Verantwortlichkeit bei gewohnheitsmäßiger sozialer Devianz und Delinquenz eine zentrale Rolle (seit Maudsley, 1874).

Moral insanity. Es war insbesondere Prichards Begriffssetzung der »moral insanity«, die seinerzeit in Europa und Amerika gleichermaßen schnelle Verbreitung fand, wie sie zu zahlreichen Missverständnissen führte. Wie Saß (1987) dazu ausführt, fand in den meisten Rezeptionsversuchen eine folgenreiche Einengung in Richtung »moralisch-sittlich« statt. Dabei war der Begriff »moral« von Prichard in einem viel umfassenderen Sinne von »gemüthaft« oder »emotional-affektiv« gemeint und betraf – wie schon bei Pinel – Veränderungen des Gefühls und des Willens im Unterschied zu denen des Intellekts. Diese Akzentverschiebung wurde durch die Degenerationslehren Morels weiter begünstigt und legte den Grundstein für die in England und Amerika bis heute nachwirkende Tendenz, den Psychopathie-Begriff auf eine Typisierung gewohnheitsmäßiger sozialer Devianz und Delinquenz zu beschränken.

Psychopathie. So benutzt das britische »Mental Health Act« (von 1959) bis in die Gegenwart hinein den Begriff der »psychopathic disorder« im Sinne eines abnorm aggressiven und verantwortungslosen Verhaltens. Diese Diagnostikgepflogenheit geht auf die einflussreiche Arbeit von Henderson (1939) zurück. Henderson unterschied

▶ überwiegend »unangepasste« und
▶ überwiegend »aggressive« sowie
▶ überwiegend »kreative« Psychopathen.

Letztere Bezeichnung fand jedoch nur wenig Verwendung. Da in der englischen Psychiatrie der »Psychopathy«-Begriff neben der Kennzeichnung persönlichkeitsbedingter Dissozialität zugleich als allgemeiner Oberbegriff auch für die *nicht* als antisozial klassifizierbaren Persönlichkeitsstörungen Verwendung fand, blieb eine Psychopathiediagnose vielfach doppeldeutig. Dies scheint sich – trotz einer über viele Jahrzehnte hinweg geäußerten Kritik (vgl. Lewis, 1974) – erst in den letzten Jahrzehnten zu ändern, nachdem in den neueren Klassifikationssystematiken (ab DSM-III und ICD-10) der Begriff »Psychopathie« selbst keine Verwendung mehr findet.

3.1.4 Nordamerika

Wenige Jahre nach Pinel hatte der Amerikaner Rush (1812) das Konzept der »manie sans délire« aufgegriffen. In seinem Lehrbuch der Psychiatrie, das weit über 100 Jahre lang als Standardtext diente, beschrieb er Verwahrlosung, Aggressivität und mangelnde Rücksicht bei Personen, deren Vernunft und Intellekt nicht gestört seien. Mit seiner Betonung einer »perversion of moral faculties« und einer »moral alienation of mind« hatte er zudem die starke Vereinseitigung der angloamerikanischen Psychopathieauffassungen in Richtung »soziale Devianz« vorbereitet.

Soziopathie. Es erschien nur konsequent, als 100 Jahre später Patridge (1930) zur Überwindung der bis dahin geführten Kontroversen vorschlug, zur genaueren Kennzeichnung der persönlichkeitsbedingten Dissozialität und Kriminalität – bei einer breiten Auffassung der psychopathischen Persönlichkeiten – die Bezeichnung »sociopathy« vorzusehen. Patridge definiert Soziopathie als andauernde Fehlanpassung, die durch die bekannten Methoden der Erziehung und Bestrafung nicht korrigiert und nicht in normale Verhaltensweisen überführt werden könnte.

Mask of Sanity. Gegen eine zu weit gefasste Gruppe unterschiedlicher Persönlichkeitsstörungen argumentierte daraufhin Cleckley (1941) in seiner einflussreichen Monografie »The Mask of Sanity«. Darin vertritt er eine Beschränkung des Psychopathiebegriffs auf Personen mit antisozialen Verhaltensweisen, die keine adäquate Motivation erkennen lassen und deren soziale Devianz nicht durch eine Psychose, Neurose oder geistige Behinderung bedingt ist.

Cleckley konnte sich mit seiner Konzeption letztlich nicht mehr durchsetzen. Die Psychiater, die sich zur Entwicklung des ersten DSM (APA, 1952) in einer Task Force der *American Psychiatric Association* zusammengeschlossen hatten, bevorzugten die Ansicht, dass ein lebenslanges Muster maladaptiven Verhaltens ein gemeinsames Charakteristikum der psychopathischen Störungen darstelle, deren Untergruppen – ganz in Entsprechung der Typologie von Kurt Schneider – zusammengenommen eine Hauptkategorie *unterschiedlichster* Persönlichkeitsstörungen rechtfertige, von denen *nur eine* die Kennzeichnung »antisocial« erhalten sollte.

3.2 Internationale Bemühungen um eine Vereinheitlichung

Die Bemühungen der Psychiatrie um Anerkennung als medizinische Wissenschaft im ausgehenden 19. Jahrhundert waren von dem Anspruch geleitet, auch für die psychiatrischen Störungsbilder eine weithin akzeptierbare Systematik seelischer Krankheiten zu entwickeln. Bereits 1882 hatte ein Statistikausschuss der britischen *Royal Medico-Psychological Association* ein Klassifikationsschema erstellt, das jedoch trotz mehrfacher Umarbeitungen nie angenommen wurde. Wenige Jahre später (1889) einigten sich Psychiater während eines internationalen Kongresses erstmals auf ein einheitliches Klassifikationsschema, das jedoch in der Praxis weitgehend unberücksichtigt blieb – zu sehr divergierten zu dieser Zeit die Begrifflichkeiten und Verstehensansätze. Der bedeutsamste Einfluss dieser Zeit ging ganz fraglos von Kraepelin aus. Erste Bemühungen in den Vereinigten Staaten durch die *Association of Medical Superintendents of American Institutions for the Insane* (eine Vorläuferin der *American Psychiatric Association*) wurden maßgeblich durch Überlegungen Kraepelins bestimmt. Das von dieser Gesellschaft 1913 ausgearbeitete Schema fand jedoch in den USA ebenfalls noch keine ungeteilte Zustimmung und wurde in einigen Staaten sogar strikt abgelehnt (z. B. von der New York State Commission).

3.2.1 Die ICD-6 und das erste DSM

Bis zum Ende des Zweiten Weltkriegs blieben fast alle nationalen wie internationalen Versuche, zu einer einheitlichen Klassifikation psychischer Störungen zu gelangen, weitgehend erfolglos – einmal abgesehen davon, dass die in der übrigen Medizin weltweit bereits gebräuchliche *International List of Causes of Death* 1939 erstmals um eine Reihe psychiatrischer Krankheiten erweitert wurde. Dieses Verzeichnis wurde 1948 in seiner 6. Auflage unter der Schirmherrschaft der gerade gegründeten Weltgesundheitsorganisation (WHO) zur *International Classification of Diseases, Injuries, and Causes of Death* (ICD) erweitert, einschließlich einer Sektion V mit dem Titel »Mental, Psychoneurotic and Personality Disorders«. Die von europäischen und amerikanischen Psychiatern dominierte Konferenz hatte sich zwar einstimmig für diese Nomenklatur ausgesprochen, die weltweite Anerkennung der ICD-6-Systematik für psychiatrische Störungen blieb jedoch aus – und dies, obwohl sie von der WHO ihren Mitgliedsländern zur Vereinheitlichung der Diagnosegepflogenheiten dringend empfohlen worden war (vgl. Kendell, 1990).

Geringe Akzeptanz. Die Sektion V wurde schließlich nur in fünf Ländern (England, Finnland, Neuseeland, Peru und Thailand) als Klassifikationssystem durch die Gesundheitsministerien offiziell eingesetzt. Und selbst dort, in England beispielsweise, nahmen die Psychiater die Sektion V der ICD-6 kaum zur Kenntnis. Ganz im Unterschied zur übrigen Medizin bevorzugten sie auch weiterhin ihre traditionellen Begriffssetzungen und nationalen Eigenarten. Ein besonders krasses Beispiel stellte das nur kurze Zeit später (1952) veröffentlichte *Diagnostic and Statistical Manual of Mental*

Disorders (DSM) durch die *American Psychiatric Association* dar, deren Psychiater zuvor noch entscheidenden Anteil auch an der Entwicklung der ICD genommen hatten.

Integrationsversuche. Die WHO beauftragte wenige Jahre später den aus Wien stammenden und während des Krieges nach England emigrierten Psychiater Erwin Stengel, die Gründe für diese Zurückhaltung gegenüber einer Vereinheitlichung zu untersuchen.

Stengel (1959) fand als Resümee seiner Erhebung die Neigung zur Schulbildung und Konkurrenz durch eine persönliche Bindung der meisten Psychiater an unterschiedliche Traditionen in der Psychiatrie schon auf nationaler Ebene. Diese führe bereits bei der Begriffssetzung zu Unterschiedlichkeiten, die durch das jeweils bevorzugte ätiologische psychopathologische Verständnis psychischer Störungen bestimmt seien. Immer dort, wo die Störungskennzeichnung eine ätiologische Perspektive beinhalte, impliziere der Versuch der Vereinheitlichung zugleich die Bevorzugung eines bestimmten Störungsverständnisses, dem sich Psychiater mit konkurrierender Auffassung natürlich widersetzten. Er schlug deshalb vor, zukünftig möglichst Begriffe zur Störungskennzeichnung festzulegen, die keine Ätiologie-Perspektive beinhalteten und die damit eher als »operationale Definitionen« Akzeptanz finden könnten.

Da man sich jedoch zur Entwicklung theoriefreier Störungsbezeichnungen noch nicht durchringen konnte, unterbreitete die Expertenkommission der WHO im Vorfeld der ICD-8-Ausgabe zu Beginn der 1960er-Jahre den Vorschlag, die Entwicklung psychiatrischer Klassifikationen zunächst auch parallel auf nationaler Ebene voranzutreiben und jeweils eigene Ergänzungen zur ICD-8-Ausarbeitung vorzulegen.

Exkurs

Klassifikationskritik

Diese Empfehlung fiel nun in die Zeit weltweit zunehmender Kritik am sog. »medizinischen Modell« psychischer Störungen. Diese Klassifikationskritik beinhaltete die nachfolgend aufgeführten wesentlichen Gesichtspunkte (vgl. Klerman, 1986).

Antipsychiatrie. Die wohl fundamentalste Kritik wurde von Szasz (1960, 1961) vorgetragen, der der Psychiatrie das Recht absprach, als Teildisziplin der Medizin aufzutreten. Diese sog. »antipsychiatrische Position« wendete sich gegen die Auffassung, psychische Störungen (Psychosen, Neurosen und Persönlichkeitsstörungen) angesichts fehlender Hinweise auf anatomisch-organische Grundlagen und Ursachen als »Krankheiten« zu betrachten (vgl. Keupp, 1972).

Geringe Reliabilität. Eine zweite Kritik richtete sich gegen die in Forschungsarbeiten sichtbar werdende geringe Zuverlässigkeit psychiatrischer Diagnosen sowie die bereits durch Stengel herausgearbeitete Vermischung ätiologischer und deskriptiver Setzungen in der Benennung psychischer Störungen, die sich an einer inflationären Begrifflichkeit festmachen ließ (vgl. Bastine, 1990).

Stigmatisierungsproblem. Eine dritte Kritik fokussierte die erheblichen negativen sozialen und psychologischen Folgen, die mit der diagnostischen Feststellung und psychiatrischen Behandlung psychischer Störungen verknüpft schienen. Es ging dabei einerseits um die unmenschlichen, teils freiheitsberaubenden Bedingungen, unter denen die Psychiatrie bis dahin Diagnostik und Behandlung in Ausübung sozialgesellschaftlicher Macht und Kontrolle als öffentliche Institution einsetzte, nicht selten missbrauchte. Höhepunkte waren Goffmans Analysen der sozialen Situation psychiatrischer Patienten (1959, 1961) sowie Rosenhans Dokumentation »Gesund in kranken Institutionen« (1973). Andererseits kam die im Einleitungskapitel angedeutete Diskussion um die Stigmatisierungswirkung psychiatrischer Diagnosen in Gang, die bis heute nachhaltige Bedeutung für den Bereich der Persönlichkeitsstörungen behalten hat (→ Abschn. 1.1; vgl. Keupp, 1979).

Kategoriale Klassifikation. Die vierte Kritikvariante dieser Zeit wendete sich gegen die kategoriale Klassifikation psychischer Störungen. Diese Kritik wurde von Seiten der (Klinischen) Psychologie vorgetragen, wo als Alternativen typologische und dimensionale Systematiken vorgeschlagen wurden (→ Abschn. 6.2 bis → Abschn. 6.4).

Kulturelle Unterschiede. Ein letzter Kritikpunkt dieser Zeit wurde von Psychiatern der Entwicklungsländer und in der Dritten Welt artikuliert. Er betrifft das Problem, dass die bisherigen Entwicklungen der Diagnosesystematiken (insbesondere der ICD der WHO) kulturabhängig zu einseitig den Konventionen westeuropäischer und amerikanischer Diagnosevorstellungen entsprachen und damit nicht bruchlos in Länder außerhalb dieser Kulturzonen übertragbar waren (vgl. Sartorius, 1990).

3.2.2 Nationale Entwicklungen

Die Rückgabe der Entwicklung psychiatrischer Systematiken durch die WHO an die Psychiatriegesellschaften der Mitgliedsländer hatte zeitweilig ein noch stärkeres Auseinanderdriften der weltweiten Diagnosegepflogenheiten in der Psychiatrie zur Folge. Andererseits zeigten sich aber auch günstige Auswirkungen insofern, als man in den nationalen Entwicklungen der oben genannten Kritik zu entsprechen versuchte, die begrifflichen Setzungen in der psychiatrischen Diagnostik deskriptiver zu halten und sie von ätiologischen und theoretischen Implikationen freizubekommen.

USA. In den USA entwickelte seit Mitte der 1960er-Jahre eine Arbeitsgruppe um Joseph Zubin an der Biometrics Research Unit in New York die *Mental Status Schedule* sowie als deren Nachfolgeinstrument die *Psychiatric Status Schedule*, in der präzise und wörtlich vorgeschrieben wurde, wie und was die Patienten durch Interviewer genau gefragt werden sollten (vgl. Spitzer et al., 1970).

Frankreich. Ganz im Unterschied dazu besteht die 1968 in Frankreich vom *Institut National de la Santé et de la Recherche Médicale* veröffentlichte Klassifikation in dem Versuch, zwar wenig theoriehaltige, zugleich aber eine Vielzahl unterschiedlicher

Bezeichnungen für psychische Symptome und Syndrome anzubieten. Da sie keine weiteren Ausführungen zur operationalen Definition enthält, sich also auf Intuition und Gesamteindruck des Diagnostikers verlässt, gilt sie als weitgehend unreliabel (Pichot, 1990).

England. Weltweite Anwendung in einer Reihe epidemiologischer Studien fand die in England von Wing, Cooper und Sartorius (seit 1974) entwickelte *Present State Examination* (PSE), in der versucht wurde, eine Balance zwischen gewissen Festlegungen und Flexibilität bei der Durchführung der Interviews zu erreichen.

Deutschland, Österreich, Schweiz. In den deutschsprachigen Ländern schlossen sich namhafte Psychiater und Psychologen zur *Arbeitsgemeinschaft für Methodik und Dokumentation in der Psychiatrie* (AMDP; zunächst AMP) zur Erstellung eines Dokumentationssystems psychiatrischer Befunde zusammen, das seither in vielen Kliniken zur Eingangserhebung Verwendung findet (sog. AMDP-System; 4. Aufl., 1981). Das AMDP-System unterscheidet sich von den drei anderen Verfahren dadurch, dass es über die Erhebung zentraler Symptome und Syndrome hinaus eine Reihe anamnestisch bedeutsamer Daten der lebensgeschichtlichen Entwicklung, kritische Lebensereignisse im Vorfeld der Erkrankung sowie die aktuellen psychosozialen Lebensbedingungen von Patienten mit zu erfassen versucht.

Persönlichkeitsstörungen. Was die Persönlichkeitsstörungen angeht, so wurden sie in diesen verbesserten Diagnosemanualen nicht oder nur sehr am Rande mit berücksichtigt. Dies lag begründet in der zeitgleich erneut angefachten Diskussion um die Frage, ob und welche psychischen Störungen »Krankheiten« seien oder nicht. Vor allem die damit zusammenhängende Frage nach den Unterschieden »neurotischer« und »psychotischer« Störungen sollte mithilfe deskriptiver Systematiken einer objektiveren Forschung zugänglich gemacht werden. Entsprechend ging in dieser Zeit die Zahl substanzieller Theorie- und Forschungsarbeiten über Persönlichkeitsstörungen in der Psychiatrie deutlich zurück – mit Ausnahme der Arbeiten zur »Psychopathie« und »Soziopathie«.

3.2.3 Wendepunkt: die Einführung des DSM-III

Noch bis einschließlich der ICD-9 (WHO, 1980) zeigten die nationalen Entwicklungen recht wenig Wirkung auf die Versuche, eine weltweit akzeptierbare Systematik zu entwickeln. So waren von den WHO-Psychiatern Neuerungen zwar kontinuierlich diskutiert worden – z. B. auch Überlegungen dazu, die kategoriale Diagnostik in der ICD-8 durch eine multiaxiale Klassifikation zu ersetzen, wie sie viel später erst im DSM-III realisiert werden sollte. Die ICD-9 blieb jedoch eine kategoriale Klassifikation, die (durch den Einfluss psychoanalytisch orientierter Psychiater) nach wie vor stark mit dem Problem ätiologie- und theoriehaltiger Bezeichnungen behaftet war.

Das DSM-III. Eine grundlegende Neuorientierung sollte erst von der mutigen Initiative einer unvoreingenommeneren und jüngeren Generation von Psychiatern auf nationaler Ebene ausgehen, die zugleich erneut und außerordentlich kritisch auf die

WHO-Systematik ICD-9 reagierte. Diese Psychiater (und einige Psychologen) gehörten zur Task Force der *American Psychiatric Association*, die Mitte der 1970er-Jahre mit der Entwicklung der dritten Version des US-amerikanischen *Diagnostic and Statistical Manual of Mental Disorders* (DSM-III) betraut worden war (vgl. APA, 1980).

Man kann heute zusammenfassend sagen: Im Rückblick hat insbesondere die Zuspitzung der kritischen Auseinandersetzungen um die Probleme der Stigmatisierungswirkung und des medizinischen Modells der psychiatrischen Diagnostik durch die Antipsychiatriebewegung und durch die Labeling-Kritik in den 1960er- und 1970er-Jahren sowie ihre Rezeption und methodische Vertiefung in der Klinischen Psychologie und Psychiatrie eine wichtige innovative Wende eingeleitet. Die Veränderungen im US-amerikanischen DSM-III waren so gravierend, dass sie weltweit zunächst Zurückhaltung und (eher »unter der Hand«) Kritik auslösten, offiziell jedoch zunehmend Respekt und Beachtung fanden. Die Wirkungen des DSM-III waren schließlich so bedeutsam, dass sie wenige Jahre später von Klerman (1986) bereits als »Paradigma-Wechsel« der Psychiatrie bezeichnet wurden. Diese »kleine Revolution« zeigte in der Tat weltweite Wirkungen und hat in vielerlei Hinsicht schließlich auch in die ICD-10 Eingang gefunden (WHO, 1991).

Störungsperspektive. Als konstruktive Reaktion auf die Labeling-Kritik wurden schließlich in beiden Diagnosesystemen ab der ICD-10 (WHO, 1991/1993) und ab dem DSM-III (APA, 1980) u. a. die kritisierten Kategorialfestlegungen »Psychopathie« und »Soziopathie« (wie auch die der »Psychose«, »Neurose«, »Hysterie«) wegen ihrer theoretischen Mehrdeutigkeit und Stigmatisierungsneigung aufgegeben. Der Psychopathiebegriff wurde durch den bislang weniger vorbelasteten Begriff der »Persönlichkeitsstörungen« ersetzt. Die Akzeptanz des Begriffs »Persönlichkeitsstörungen« als allgemeiner Oberbegriff für behandlungsbedürftige Abweichungen der Persönlichkeitsentwicklung erfolgte schnell weltweit und innerhalb der unterschiedlichen Denktraditionen.

Objektive Beurteilungsvorgaben. Beide Klassifikationssysteme verwenden den Störungsbegriff ohne weitergehende Implikationen in Richtung »Erkrankung«. Und in den Kriterien-Inhalten für die einzelnen Störungen tritt an die Stelle der Gestörtheit oder des Leidens der Gesellschaft unter persönlichkeitsbedingten Verhaltensauffälligkeiten einer Person das Leiden der betroffenen Person selbst sowie die sich daraus ergebenden Einschränkungen ihrer sozialen Kompetenz. DSM wie ICD verzichten weitgehend auf Gesamteindrücke und intuitive Erfahrungen des Diagnostikers als Beurteilungsgrundlage. Sie fordern vielmehr eine Beurteilung des Problemverhaltens anhand konkreter Verhaltensindikatoren oder Verhaltensmuster, die für spezifische Persönlichkeitsstörungen als prototypisch betrachtet werden.

3.3 Die Persönlichkeitsstörungen in der ICD und im DSM

In diesen teils radikalen Veränderungen sind auch die Gründe zu finden, die in den vergangenen Jahren viele klinische Psychologen und Psychiater, Verhaltenstherapeuten wie Psychoanalytiker bewogen haben, ihre früher bestandenen Vorbehalte gegenüber der psychiatrischen Klassifikation von Persönlichkeitsstörungen weitgehend aufzugeben und vielmehr aktiv an ihrer Verbesserung mitzuarbeiten. Dieser veränderten Einstellung folgend ist auch die in diesem Buch gewählte Darstellung der Persönlichkeitsstörungen an den aktuell gültigen Klassifikationssystematiken (DSM-5 und ICD-10) orientiert.

3.3.1 ICD-Diagnostik

Die ICD-10 (WHO, 1991 / 1993) führt die klinischen Syndrombereiche psychischer Störungen in Kapitel V (F) nacheinander in zehn separaten Kategorien auf (→ Abb. 3.1: in der linken Spalte). Den klinisch-diagnostischen Leitlinien der ICD-10 entsprechend

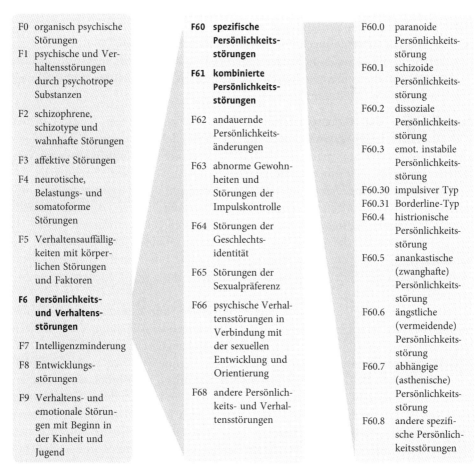

F0	organisch psychische Störungen
F1	psychische und Verhaltensstörungen durch psychotrope Substanzen
F2	schizophrene, schizotype und wahnhafte Störungen
F3	affektive Störungen
F4	neurotische, Belastungs- und somatoforme Störungen
F5	Verhaltensauffälligkeiten mit körperlichen Störungen und Faktoren
F6	**Persönlichkeits- und Verhaltensstörungen**
F7	Intelligenzminderung
F8	Entwicklungsstörungen
F9	Verhaltens- und emotionale Störungen mit Beginn in der Kinheit und Jugend

F60	**spezifische Persönlichkeitsstörungen**
F61	**kombinierte Persönlichkeitsstörungen**
F62	andauernde Persönlichkeitsänderungen
F63	abnorme Gewohnheiten und Störungen der Impulskontrolle
F64	Störungen der Geschlechtsidentität
F65	Störungen der Sexualpräferenz
F66	psychische Verhaltensstörungen in Verbindung mit der sexuellen Entwicklung und Orientierung
F68	andere Persönlichkeits- und Verhaltensstörungen

F60.0	paranoide Persönlichkeitsstörung
F60.1	schizoide Persönlichkeitsstörung
F60.2	dissoziale Persönlichkeitsstörung
F60.3	emot. instabile Persönlichkeitsstörung
F60.30	impulsiver Typ
F60.31	Borderline-Typ
F60.4	histrionische Persönlichkeitsstörung
F60.5	anankastische (zwanghafte) Persönlichkeitsstörung
F60.6	ängstliche (vermeidende) Persönlichkeitsstörung
F60.7	abhängige (asthenische) Persönlichkeitsstörung
F60.8	andere spezifische Persönlichkeitsstörungen

Abbildung 3.1 Ausfaltungsstruktur der psychischen Syndrome und Persönlichkeitsstörungen in der ICD-10

sollen so viele Diagnosen vergeben werden, wie zur Beschreibung des Zustandsbildes erforderlich scheinen (Komorbiditätsprinzip). Hauptdiagnose ist die Diagnose, der aktuell die größte Bedeutung zukommt. Unter Berücksichtigung der gesamten Vorgeschichte kann dies auch eine Lebenszeitdiagnose oder die einer Persönlichkeitsstörung sein.

Körperliche Störungen. In der ICD-10 gilt allgemein das *Prinzip der Komorbidität* – auch über den Bereich F der »psychischen Störungen« hinaus in den Bereich der »körperlichen Ursachen« hinein. Als ICD-Beispielbereiche für körperliche Störungen, die im Zusammenhang mit psychischen Auffälligkeiten bedeutsam sein könnten, sind vor allem die folgenden relevant:

(A) Infektionserkrankungen,
(C) Neubildungen / Tumore,
(E) endokrine, Ernährungs- und Stoffwechselerkrankungen,
(G) Erkrankungen des Nervensystems,
(I) Erkrankungen des Kreislaufsystems,
(K) Erkrankungen des Verdauungssystems,
(Q) angeborene Missbildungen und Chromosomenaberrationen,
(Z) Faktoren, die den Gesundheitszustand beeinflussen und zur Inanspruchnahme von Gesundheitsdiensten führen (in den Bereichen Erziehung / Entwicklung / psychosoziale Einbindung).

Persönlichkeits- und Verhaltensstörungen. Eine interessante Eigenwilligkeit in der ICD-10 besteht in der Zusammenfassung der Persönlichkeitsstörungen und einiger anderer psychischer Störungen zur Hauptgruppe F6 der »Persönlichkeits- und Verhaltensstörungen«. Die dort zusammengenommenen Störungen (Persönlichkeitsänderungen, abnorme Gewohnheiten und Störungen der Impulskontrolle sowie unterschiedliche Störungen, die eng im Zusammenhang mit der sexuellen Entwicklung und Orientierung stehen) können – wie die Persönlichkeitsstörungen selbst – als ein gemeinsames Merkmal die sog. »Ich-Syntonie« haben. Das heißt, dass die Betroffenen die diagnostizierten Störungen (zeitweilig oder gar durchgängig) nicht zwingend selbst als »Störungen« oder »Gestörtheit« ihrer selbst erleben und wahrnehmen.

Teilweise zeigt sich im Gesamt dieser Störungen eine Kulturspezifität, da das Ausmaß der Ich-Syntonie eindeutig mit der Akzeptanz oder Ablehnung der jeweiligen Störungen deutlich schwanken kann (z.B. den Störungen der Sexualpräferenz und jenen im Bereich der sexuellen Entwicklung / Orientierung; vgl. Fiedler, 2004a; zu den kulturspezifischen Besonderheiten psychischer Störungen ausführlich auch: Fiedler, 2008, 2013). Auch gibt es Diskussionen, ob bestimmte Störungen dieser Gruppierung nicht besser als spezifische Symptome oder Eigenarten einzelner oder mehrerer Persönlichkeitsstörungen diesen zugeordnet werden sollen, wie dies z.B. mit einzelnen Störungen der Impulskontrolle bereits im Bereich der Borderline-Störungen geschehen ist.

3.3.2 DSM-Diagnostik

Die oben beschriebenen, z. T. einschneidenden Veränderungen und Innovationen im DSM-III (APA, 1980) haben nicht nur maßgeblich zu Veränderungen in der ICD-Diagnostik beigetragen, sie haben weltweit eine kaum voraussehbare Bereitschaft stimuliert, sich vor allem auch in der Forschung ausgiebiger als je zuvor mit Persönlichkeitsstörungen auseinanderzusetzen. Die inzwischen vorhandene Vielfalt seither publizierter Forschungsarbeiten ist kaum mehr vollständig zu überblicken und zu rezipieren – nochmals entscheidend weiter stimuliert, als mit Einführung des DSM-IV (APA, 1994) zugleich mit dem *Strukturierten Klinischen Interview für DSM-IV, Achse II: Persönlichkeitsstörungen* (SKID-II; deutschsprachige Version: Fydrich et al., 1997) ein für die Forschung hinreichend reliables Erhebungsinstrument publiziert wurde.

Offiziell: DSM-5 = DSM-IV-TR. Mit den zunehmenden Erkenntnissen und Wissensbeständen hat erwartungsgemäß eine Dauerdiskussion über sinnvolle und notwendige Veränderungen der Diagnosemanuale eingesetzt – zwangsläufig begleitet von heftigen Kontroversen. Alles war einerseits Anlass für erste Korrekturen (vgl. hierzu → Abb. 3.2, in der die wesentlichen Neuerungen seit dem DSM-III in der Übersicht dargestellt wurden). Andererseits ergaben sich bei der Frage, wie mit den Persönlichkeitsstörun-

DSM-III (1980) DSM-III-R (1987)	DSM-IV (1994) DSM-IV-TR (2000)	DSM-5 (2013)	DSM-5 (2013) (Alternativ-Modell)
Cluster A Paranoid schizoid schizotypisch	**Cluster A** paranoid schizoid schizotypisch	**Cluster A** paranoid ——| schizoid ——| schizotypisch	schizotypisch
Cluster B histrionisch antisozial Borderline narzisstisch	**Cluster B** histrionisch antisozial Borderline narzisstisch	**Cluster B** histrionisch ——| antisozial Borderline narzisstisch	antisozial Borderline narzisstisch
Cluster C zwanghaft ängstlich-vermeidend dependent passiv-aggressiv ——┐	**Cluster C** zwanghaft ängstlich-vermeidend dependent	**Cluster C** zwanghaft ängstlich-vermeidend dependent ——|	zwanghaft ängstlich-vermeidend
Forschungsanhang masochistisch ——| sadistisch ——|	**Forschungsanhang** passiv-aggressiv ——| depressiv ——|	——| = im Folgesystem nicht mehr vorhanden	

Abbildung 3.2 Veränderungen in der Anwendung und Anzahl der Persönlichkeitsstörungen vom DSM-III bis zum aktuell gültigen DSM-5 (Erläuterungen im Text)

gen im inzwischen publizierten DSM-5 (APA, 2013) zukünftig verfahren werden sollte, derart gravierende Konflikte innerhalb und von außerhalb her in und mit der für Persönlichkeitsstörungen zuständigen APA-Task-Force, dass man sich entschlossen hat, es im DSM-5 »offiziell« zunächst einmal bei der Manual-Version des DSM-IV-TR zu belassen (dort in der Sektion II).

Inoffiziell: Das DSM-5-Alternativ-Modell – auch erlaubt! Zusätzlich jedoch hat man dem DSM-5 in Sektion III ein weiteres Kapitel über die Diagnostik der Persönlichkeitsstörungen hinzugefügt (als sog. *Alternative Model of Personality Disorders*), in dem die von der Task-Force geplanten Innovationen zu finden sind. Zudem hat man es den klinischen Forschern und Praktikern frei gestellt, ob sie sich zukünftig bei der Vergabe von Persönlichkeitsstörungsdiagnosen entweder an der herkömmlichen vom DSM-IV-TR ins DSM-5 übernommene Klassifikationsmöglichkeit oder am DSM-5-Alternativ-Modell orientieren wollen. Auf das Alternativ-Modell der Persönlichkeitsstörungsdiagnostik wird nachfolgend ausführlicher eingegangen. Zunächst gilt es jedoch bei Anwendung der DSM-5-Diagnostik gegenüber dem DSM-IV-TR insgesamt auch noch einige weitere Änderungen zu beachten.

Verzicht auf das Achsen-System. Gegenüber dem DSM-IV-TR (APA, 2000) wurde im DSM-5 (APA, 2013) übergreifend jedoch die dort noch zu findende Achsen-Struktur aufgegeben. Danach waren die Persönlichkeitsstörungen zusammen mit den geistigen Behinderungen zusammen auf einer eigenen, der *Achse II* zugeordnet worden, insofern also von den übrigen psychischen Störungen getrennt, die in ihrer Gesamtheit auf einer *Achse I* angesiedelt waren. In der Konsequenz bedeutet dies für die Zukunft, dass Persönlichkeitsstörungen (wie auch die geistigen Behinderungen) formal-diagnostisch gleichwertig wie alle anderen psychischen Störungen (Ängste, Phobien, Depressionen, Somatoforme Störungen etc.) zu behandeln sind. Angesichts der sowieso möglichen Gleichzeitigkeits- bzw. Komorbiditätsdiagnostik über unterschiedliche Störungen hinweg macht diese Veränderung durchaus Sinn.

Überhaupt hat man mit Aufgeben des Achsen-Systems im DSM-5 weitgehend die bisherige Diagnosepraxis der ICD-10 übernommen. Danach beinhaltete beispielsweise die bisherige *Achse III* im DSM-IV-TR immer schon sämtliche körperlichen und allgemeinen medizinischen Störungen und zwar genau so, wie diese in der *International Classification of Diseases* (ICD) außerhalb der ICD-Sektion V (F: psychische Störungen) aufgelistet sind.

Ähnliches gilt auch für den Verzicht auf *Achse IV*. Dort befand sich im DSM-IV-TR eine Aufstellung prototypischer kritischer Lebensereignisse, allgemeiner Lebensschwierigkeiten, familiärer und zwischenmenschlicher Stress- und Konfliktsituationen, unangemessener sozialer Unterstützungsbedingungen, fehlender persönlicher Ressourcen und anderer ökologisch-ökonomischer Belastungen. Ein dem entsprechender Klassifikationsbereich befindet sich in der ICD-10 bei den Z-Diagnosen (s. o.). Auch in dieser Hinsicht wurde das DSM-5-System der ICD-10 angeglichen und ermöglicht auch weiterhin die singuläre oder multiple Feststellung psychosozialer und kontextueller Bedingungen, die möglicherweise mit psychischen Störungen in einem Zusammenhang stehen.

Die *Achse V* erlaubte eine Globalbeurteilung (Dimensionierung) des psychosozialen Funktionsniveaus der Patienten zur Zeit der Diagnostik sowie hinsichtlich des höchsten Niveaus (psychischer Gesundheit) im zurückliegenden Jahr. Sie wurde nur äußerst selten in Forschungsarbeiten eingesetzt und hatte sich zudem als nicht reliabel und als nicht valide erwiesen und wurde deshalb ersatzlos gestrichen. Andererseits wurde die Bestimmung des Funktionsniveaus in die Beurteilung der Persönlichkeit(sstörungen) von Patienten mit völlig neuen Beurteilungskriterien in das DSM-5-Alternativ-Modell übernommen, wo es u. E. sinnvollerweise auch hingehört (s. u.).

Mehrfachdiagnosen. Wie bei den meisten Syndromdiagnosen sind im Bereich der Persönlichkeitsstörungen Mehrfachdiagnosen möglich, wenn die Betroffenen die Kriterien für mehr als eine Störung erfüllen. Nach wie vor wird nahegelegt, auch im Zusammenhang mit einer spezifischen Störung (z. B. einer Phobie oder Depression) die Diagnose einer Persönlichkeitsstörung in Betracht zu ziehen. Andererseits kann die Persönlichkeitsstörung begründet zur Hauptdiagnose avancieren, wenn sich keine weitere diagnostische Klassifikation vornehmen lässt.

3.4 Das Alternativ-Modell der Persönlichkeitsstörungen im DSM-5

Die Kontroversen im Kontext der Arbeiten am Kapitel über Persönlichkeitsstörungen im DSM-5 drehten sich vorrangig um die Frage, ob zukünftig eine dimensionale oder weiterhin eine kategoriale Diagnostik bevorzugt werden sollte. Dabei wurden viele Aspekte diskutiert, die wir bereits in → Kapitel 2 angedeutet haben, vor allem zur Frage, wo denn nun die Grenzen von einer »normalen« hin zu einer »gestörten« Person festzulegen seien. Sollte weiter mit einem Kriterien-System gearbeitet werden, in dem ein Kriterium mehr oder weniger darüber entscheidet, ob jemand als persönlichkeitsgestört gelten kann oder nicht?

3.4.1 Allgemeine Kriterien für Persönlichkeitsstörungen im DSM-5-Alternativ-Modell

Klärende Kompromisse deuteten sich erst an, als sich die Diskussion langsam weg von dem *entweder* kategorial *oder* dimensional in Richtung auf ein mögliches *sowohl* kategorial *als auch* dimensional bewegte. So werden im DSM-5-Alternativ-Modell sowohl dimensionale Persönlichkeitsbeurteilungen vorgeschlagen wie zudem eine kategoriale Beurteilung spezifischer Persönlichkeitsstörungen möglich ist, wenngleich die Zahl der Persönlichkeitsstörungen deutlich reduziert wurde (→ Abb. 3.2; vgl. hierzu auch die Diskussion zu dieser Frage im Epilog in → Kap. 24).

3.4.2 Funktionsniveau: Selbst und Beziehung

Eine entscheidende Rolle im Alternativ-Model kommt der Funktionsbeeinträchtigung zu (Skodol et al. 2002), die als vorgeordnetes *A-Kriterium* formuliert sowohl (a) das Strukturniveau des Selbst als auch (b) das interpersonelle Funktionsniveau, die Beziehungsfähigkeit, einbezieht. Selbst und Beziehungsfähigkeit werden jeweils eindimensional hinsichtlich des Funktionsniveaus mittels einer fünfstufigen Skalierung beurteilt. Diese reicht von Stufe 0 (gesundes, adaptives Funktionsniveau) über Stufe 1 (etwas), Stufe 2 (mittelgradig) und Stufe 3 (schwer) bis zu Stufe 4 (extrem beeinträchtigt). Auf diese Art der Dimensionierung kommen wir ausführlich in → Kapitel 13 zurück. Der wesentliche Vorteil der hinsichtlich von vier Merkmalsbereichen vorzunehmenden Einschätzung liegt darin, dass sich bei beurteilbaren Beeinträchtigungen mit Blick auf Stufe 0 (gesundes, adaptives Funktionsniveau) mögliche anzustrebende Behandlungsziele andeuten und anhand der darunter liegenden Stufen bei wiederholten Einschätzungen während einer Behandlung ein eventueller Therapieerfolg in Richtung auf ein als gesund zu bezeichnendes Funktionsniveau ablesbar ist.

Funktionsniveau

Im alternativen DSM-5-Modell wird das Funktionsniveau anhand der *Level of Personality Functioning Scale* (LPFS) operationalisiert (Bender et al., 2011). Aus der LPFS wurden neben den Kriterien der übrigen Funktionsniveau-Stufen folgende vier Merkmalsbereiche eines gesunden und gut angepassten und deshalb positiv konnotierten Funktionsniveaus in das DSM-5-Alternativ-Modell übernommen (APA, 2013).

Selbst:

▶ Identität: Erleben der eigenen Person als einzigartig, mit klaren Grenzen zwischen sich und anderen; Stabilität des Selbstwerts und Akkuratheit der Selbsteinschätzung; Fähigkeit, eine Reihe von Emotionen zu erleben und zu regulieren.

▶ Selbststeuerung: Verfolgen von kohärenten und sinnhaften kurz- und langfristigen Zielen; Orientierung an konstruktiven und prosozialen Maßstäben des Verhaltens; Fähigkeit zur produktiven Selbstreflexion.

Interpersonelle Beziehungen:

▶ Empathie: Verständnis und Anerkennung des Erlebens und der Motive anderer; Toleranz bezüglich unterschiedlicher Sichtweisen; Verstehen der Wirkungen des eigenen Verhaltens auf andere.

▶ Nähe: Tiefe und Dauer von positiven Beziehungen mit anderen; Wunsch und Fähigkeit, anderen Menschen nahe zu sein; gegenseitiger Respekt, der sich im interpersonalen Verhalten zeigt.

Es ist unschwer zu erkennen, dass hinsichtlich der Begründung dieser Dimensionen vor allem die Erkenntnisse und Ergebnisse der Bindungs- und der Theory-of-Mind-Forschung Pate gestanden haben (vgl. Fiedler, 2014). Für dieses Beurteilungsmodell waren weiter Langzeitstudien entscheidend (→ Abschn. 9.2), die zwar eine Remission bei an die 90 Prozent aller Patienten mit Persönlichkeitsstörungen über 10 bzw. 16 Jahre finden, gleichzeitig aber auch ein anhaltend deutlich beeinträchtigtes Funktionsniveau bei strukturell schwerer gestörten Personen belegen (Gunderson et al., 2011; Zanarini et al., 2007). Die Langzeitprognose hing zudem stärker mit Persönlichkeitszügen als dem spezifischen Störungstyp zusammen (Morey et al., 2011).

Im DSM-5-Alternativ-Modell wird unter das Konzept des Selbst sowohl die Selbstidentität als auch die Selbstlenkungsfähigkeit subsummiert. Danach stellen sich Individuen mit schwerwiegender Beeinträchtigung des Selbstfunktionsniveaus als mit brüchigen Ich-Grenzen und durch andere bedroht erlebtem Selbstbild dar. Sie zeigen eine mangelnde Differenzierung zwischen Gedanken und Handlungen, haben eine eingeschränkte Fähigkeit, sich kohärente Ziele zu setzen und ihre Motive und ihr Handeln ausreichend zu reflektieren. Individuen mit schlechtem interpersonellem Funktionsniveau zeichnen sich durch mangelnde Empathie aus, d. h., sie können sich nicht in andere hineinversetzen, nicht ihre Erfahrungen und Motive verstehen mit der Folge, dass sie soziale Interaktionen als verwirrend erleben und sich mit häufigen Missverständnissen, Konflikten und abrupten Beziehungsabbrüchen konfrontiert sehen. Zudem zeigen sie große Probleme, nahe Beziehungen befriedigend und stabil zu gestalten.

3.4.2 Das Hybridmodell

Verwirklicht wurde in der DSM-5-Alternative bei Persönlichkeitsstörungen weiter ein sog. Hybridmodell (Morey & Zanarini, 2000) mit fünf übergeordneten Merkmals-domänen:

▶ Negative Affektivität
▶ Verschlossenheit
▶ Antagonismus
▶ Enthemmtheit
▶ Psychotizismus

Diese differenzieren sich in eine empirisch fundierte Struktur von 25 umschriebenen Persönlichkeitsmerkmalen (sog. *Trait Facets*), die das als zweitwichtigstes B-Kriterium der Persönlichkeitsdiagnostik bilden (ausführlich in → Kap. 13). Dass sehr viel mehr als in Vorversionen die empirische Datenlage in die Konzeptualisierung des neuen Persönlichkeitsstörungsmodells einging, wird insbesondere bei der Formulierung des B-Kriteriums der unterschiedlichen Persönlichkeitsstörungen, auf die wir in den Störungskapiteln ausführlich eingehen werden.

3.4.3 Spezifische Persönlichkeitsstörungen

Die kategorial zu vergebenden spezifischen Persönlichkeitsstörungen sind u. a. auch mit Blick auf das Hybridmodell deutlich auf sechs reduziert worden. Übrig geblieben sind

▶ Antisoziale Persönlichkeitsstörung
▶ Borderline-Persönlichkeitsstörung
▶ Vermeidend-Selbstunsichere Persönlichkeitsstörung
▶ Zwanghafte Persönlichkeitsstörung
▶ Schizotypische Persönlichkeitsstörung
▶ Narzisstische Persönlichkeitsstörung

Kriterien für den Einschluss waren, ob eine hinreichende klinische Bedeutung anhand von epidemiologischen Zahlen und dem durchschnittlichen Grad an Funktionsbeein-trächtigung aufgezeigt werden konnte. Außerdem musste die Konstruktvalidität hinreichend belegt werden (hierzu ausführlich im → Diagnostik-Kapitel 8). Schließlich sollte eine hinreichende empirische Evidenz vorliegen, dass die jeweilige Persönlichkeitsstörung Bedeutung für andere psychische Störungen hat. Einfluss auf die Entscheidungen nahmen schließlich auch Daten aus der Therapieforschung, die v. a. für die vermeidende, antisoziale und Borderline-Persönlichkeitsstörung vorliegen.

Die anderen im DSM-IV aufgeführten Persönlichkeitsstörungen sowie die heutige besonders häufig verwandte Restkategorie der »Persönlichkeitsstörungen nicht anderweitig spezifiziert« können nur noch dimensional als sog. »Persönlichkeitsstörungen spezifiziert anhand von Merkmalen« im Sinne der Funktionsniveau-Dimensionierung sowie der Merkmalsdomänen und Trait-Facetten des Hybridmodells diagnostiziert werden, entfallen also als Möglichkeiten einer kategorialen Festlegung (→ Kap. 13).

3.5 Bewertung

Das DSM-5-Alternativ-Modell der Persönlichkeitsstörungen wurde in Hinblick auf seinen Komplexitätsgrad wegen seiner offenkundig mangelnden Praktikabilität kritisiert, aber auch wegen einer nicht genügend herausgearbeiteten konsistenten Theorie von Dimensionen und Kategorien (vgl. Livesley, 2013). Inzwischen wurden viele Forschungsprojekte auf den Weg gebracht, die eine hinreichend begründete Entscheidung zur zukünftigen Klassifikation der Persönlichkeitsstörungen ermöglichen sollen. Interessanterweise will die ICD-11-Arbeitsgruppe, die von der WHO für eine Innovation der Persönlichkeitsstörungen eingesetzt wurde (so jedenfalls erste Verlautbarungen) einen »radikalen« nur-noch-dimensionalen Ansatz wählen (ausführlich im → Epilog-Kapitel 24): Sie möchte die Persönlichkeitsbeurteilung auf die Formulierung eine Schweregradbeurteilung der *strukturellen Funktionsbeeinträchtigung* (= Persönlichkeitsstörung) beschränken will, in etwa so, wie sie im DSM-5-Alternativ-Modell als Struktur-Problem bereits vorgesehen ist (Tyrer et al., 2011; Tyrer, 2013). Eine konkrete Klassifikation von spezifischen Persönlichkeitsstörungen (z. B. Borderline, ängstlich-vermeidend, dependent, zwanghaft etc. pp.) soll es in diesem Modell-Vorschlag gar nicht mehr geben. Die bereits jetzt entbrannte heftige Kritik an diesem Vorgehen zeigt, dass auch in diesem Fall eine endgültige Lösung noch nicht zu Ende diskutiert ist und man deshalb gespannt sein darf, wie sich die Arbeitsgruppen zur Weiterentwicklung der ICD-11 endgültig entscheiden werden.

Die in diesem Kapitel mehrfach angedeuteten Ambivalenzen und Probleme, die mit der diagnostischen Feststellung von Persönlichkeitsstörungen verknüpft sind, offenbaren in besonderer Weise ein Dilemma des Übergangs, in dem sich die psychiatrische Diagnostik und Klassifikation jeweils befindet. So bedarf es klassifikatorischer wie zugleich dimensionaler Festlegungen, in jedem Fall aber *Festlegungen* (!), da nur sie eine vergleichbare Erforschung und Beurteilung sozial abweichender Verhaltensweisen und Persönlichkeitsstörungen ermöglichen. Letztlich ist auch erst mit der Diagnose die ihr unterstellte negative Stigmatisierungswirkung angemessen einschätzbar. Eine wichtige Konsequenz lässt sich nämlich bereits heute aus den langfristigen Wirkungen der Stigmatisierungsdebatte ziehen, die der kritische Leser noch mehrfach in den Kapiteln dieses Buches wiederfinden wird: Paradoxerweise schafft zunächst einmal nur eine objektivierbare Diagnostik und reliable Klassifikation der Persönlichkeitsstörungen selbst die Voraussetzung für Kritik und Veränderung.

4 Psychoanalytische Konzeptentwicklungen: Charakterstörungen, Narzissmus, neurotische Stile

Unsere Beobachtung zeigt uns, dass die einzelnen menschlichen Personen das allgemeine Bild des Menschen in einer kaum übersehbaren Mannigfaltigkeit verwirklichen.
Sigmund Freud

Bei der Rezeption der nachfolgend und in späteren Kapiteln dargestellten psychoanalytischen Verstehensansätze bleibt zu bedenken, dass sie aus einer für die Psychoanalyse typischen Form der Erkenntnisgenerierung hervorgegangen sind.

Tiefenhermeneutik. Die konkrete therapeutische Arbeit und Beziehung mit dem Patienten ist das wichtigste Erkenntnisverfahren des Psychoanalytikers. So sind die meisten Theorien und praktisch-methodischen Konzepte der Psychoanalyse intuitiv innerhalb der Therapiesituation entwickelt und fortgeschrieben worden. Dies geschieht, indem in der psychoanalytischen Therapiebeziehung für jeden einzelnen Patienten jeweils neu ein lebensgeschichtlicher Bedeutungs- und Erklärungszusammenhang seiner nur ihm eigenen Störungsentwicklung gefunden werden muss. Psychoanalytische Therapie ist insofern angewandte Forschung mit einer eigenen Methodologie, die allgemein als »Tiefenhermeneutik« bezeichnet wird. Es handelt sich um ein Vorgehen, in dem kooperative Erkenntnisgewinnung mit den Möglichkeiten der therapeutischen Änderung zusammenfällt.

Metatheorie. Andererseits schreiben jene psychoanalytischen Forscher, die ihre in psychoanalytischen Therapien gewonnenen Erkenntnisse in Vorträgen, Zeitschriften und Büchern publizieren, eine generelle Theorie (»Metatheorie«) der Psychoanalyse fort, die der allgemeinen Einordnung und Bewertung einzelner Fälle wie auch der allgemeinen Konzeptualisierung psychischer Störungen und Persönlichkeitsstörungen zugrundegelegt wird. Zur Illustration der metatheoretischen Fortentwicklungen dienen also ebenfalls Fallschilderungen und Beispiele, die den gemeinsamen Therapieerfahrungen von Psychoanalytikern und Analysanden entstammen.

Wegen dieser über individuelle und persönliche Erfahrungen der beiden Forschungssubjekte »Analysand« und »Analytiker« fortschreitenden Erkenntnisfindung ist gegen die Psychoanalyse immer wieder der Einwand der Nichtwissenschaftlichkeit erhoben worden. Vor allem aus der Sicht objektivierender Wissenschaftsauffassungen wurde der Psychoanalyse vorgehalten, dass ihre Begriffe nicht eindeutig operationalisiert seien und dass ihre Hypothesen sich der wissenschaftlichen (empirischen oder gar experimentellen) Überprüfung entzögen (z. B. Perrez, 1979).

Von den Psychoanalytikern wird dieser Kritik entgegengehalten, dass die ihr zugrundeliegende positivistische Wissenschaftsauffassung den Funktionszusammenhang von Forschungsprozess, Methodik und Ergebnissen verkenne. Andererseits ist bei Psychoanalytikern die Bereitschaft zur empirisch-experimentellen Überprüfung psychoanalytischer Theorien gewachsen. Dies ist insbesondere bei jenen Forschern unverkennbar, die in Kliniken Zugang zu größeren Patientengruppen haben.

Trotz der Ambivalenz, mit der viele naturwissenschaftlich orientierte Forscher der Erkenntnisfortschreibung in der Psychoanalyse gegenüberstehen, wurden von Psychoanalytikern wesentliche Konzepte für ein Verständnis von Persönlichkeitsstörungen ausgearbeitet, welche die empirisch orientierten Kritiker der psychoanalytischen Methodologie heute selbst anwenden und erforschen.

4.1 Der Charakter bei Freud

Im Rahmen seiner Bemühungen, die Psychoanalyse als Verstehens- und Behandlungskonzept psychischer Störungen auszuarbeiten, war Sigmund Freud zu Beginn seiner psychoanalytischen Forschungstätigkeit vor allem daran interessiert, eine psychologisch orientierte Alternative zu der in der Medizin bis dahin vorherrschenden biosomatischen Auffassung über die Ursachen psychischer Störungen zu begründen. **Symptombildung.** In dem Bestreben der Psychiatrie um Anerkennung als Wissenschaft wurde seinerzeit die Entwicklung einer wissenschaftlich vertretbaren Systematik psychischer Krankheiten als vorrangige Aufgabe betrachtet. Die Entwicklung eines Ordnungssystems implizierte, dass die Symptome psychischer Störungen selbst nur sekundäre Bedeutung hatten. Sie dienten vor allem der Kriterienfestlegung bei der Klassifikationsfortentwicklung.

Freud hingegen legte sein Augenmerk primär auf die Symptome psychischer Störungen, indem er über die individuellen Eigenarten der Symptombildung ihre lebensgeschichtliche Bedeutung und ihre Beziehung zur psychischen Entwicklung seiner Patienten zu entschlüsseln versuchte. Er entdeckte, dass Symptome nicht nur schlichte Merkmale einer Diagnosestellung sind. Sie stellten besondere Möglichkeiten für die Patienten dar, ihre unbewussten Wünsche und nicht befriedigten (für Freud: psychosexuellen) Bedürfnisse in symbolisierter Form auszudrücken.

4.1.1 Die topografische Perspektive

Obwohl es Freud um die Aufklärung lebenslanger Entwicklungen hin zur Symptombildung ging, war er zunächst überraschend wenig an der möglichen Bedeutsamkeit des Charakters bzw. der Charakterentwicklung für die Entstehung neurotischer Symptome interessiert. Seine grundlegende Arbeit über »Charakter und Analerotik« (1908), deren Titel ein solches Interesse nahelegen könnte, wird häufig missverstanden. Er beschrieb darin, dass die zwanghaften Tugenden Ordnungsliebe, Sparsamkeit und Eigensinn bei vielen Menschen gemeinsam auftreten. Bei einigen Menschen könnten diese – wie er sie bezeichnete – »libidinösen Tendenzen« im späteren Leben in eine Zwangsneurose münden, jedoch nicht auf der Grundlage jener charakterlichen Eigenarten als möglicher Ursache. Freud vermutete, dass die Eigenarten Ordnungsliebe, Sparsamkeit und Eigensinn – wie die Zwangsstörung – selbst Ausdruck der Abwehr (psychosexueller) Bedürfnisse infolge einer streng normierten Sauberkeitserziehung in den ersten Lebensjahren seien. Dieser »Abschied des Kindes von den Windeln« und dessen »Gewöhnung an den Topf« erfolgte für Freud in der von ihm so bezeichneten »analen« Phase der Kleinkindentwicklung. Nach seiner entwicklungspsychologischen Auffassung folgt die anale Phase einer zeitlich davor liegenden »oralen« Phase und mündet in die später folgende »phallische« Phase.

Fixierung. Freud interessierte zunächst, ob und wie die neurotischen Symptome der Zwanghaftigkeit mit einer gemeinsamen biologischen Prädisposition zusammenhängen. Er wollte wissen, ob die Symptome der Zwanghaftigkeit durch abgewehrte Libidotendenzen aus der von ihm vermuteten »ausgesprochen mächtigen Erogenität der analen Zone« bestimmt waren. Freud war bestrebt, die psychologische Dynamik des kindlichen Umgangs (des kindlichen »Ichs«) mit dieser »Analerotik« (aus dem Triebsystem des »Es«) zu entschlüsseln. So deutete er die den charakterlichen Eigenarten Ordnungsliebe, Sparsamkeit und Eigensinn zugrundeliegenden Verhaltensweisen des erwachsenen Menschen (einschließlich der neurotischen Zwangssymptomatik) als Festhalten (oder Fixierung) an einer frühkindlich gelernten spezifischen Abwehr jener psychosexuellen Triebregungen, die vom Anus ausgehen.

Erst später spricht Freud (1913) mögliche Unterschiede zwischen »analem Charakter« und »Zwangsstörungen« explizit an. Auch diese Arbeit wird häufig dahingehend missverstanden, als werde in ihr dem ordnungsliebenden Charakter eine prädispositionelle Funktion für Zwangsneurosen unterstellt (Auchincloss & Michels, 1983). Für Freud jedoch sind »analer Charakter« und »Zwangsneurose« lediglich zwei unterschiedliche Möglichkeiten der ichgesteuerten Fixierung (oder Regression) auf die frühkindlichen Konfliktlösungen im Umgang mit der analerotischen Triebstruktur.

Andererseits rückte mit dieser Arbeit für die Kollegen Freuds die Bedeutsamkeit der Charakterentwicklung für psychische Störungen in den Vordergrund ihres Interesses. Der Schritt zur »offiziellen« Beschäftigung der Psychoanalytiker mit Charakterstörungen war nur mehr eine Frage der Zeit. Er sollte jedoch stärker durch Freuds psychoanalytische Mitstreiter vollzogen werden als durch ihn selbst. Wegbereitend dafür war zunächst eine wichtige konzeptuelle Änderung, die Freud mit einer Erweiterung des dargestellten sog. »topografischen« Ansatzes in Richtung auf die sog. »strukturtheoretische« Verstehensperspektive der Psychoanalyse vornahm.

4.1.2 Die strukturtheoretische Perspektive

In den Diskussionen von Freud und seinen Kollegen über die seinerzeit in praxi erprobte neue analytische Therapietechnik wurde zunehmend über Erfahrungen berichtet, dass nicht alle Patienten im Sinne der Erwartungen profitierten (vgl. Gay, 1987). Auch Freud erlebte seine ersten Misserfolge. Diese hatten sich eingestellt, obwohl es in den Therapien vordergründig gelungen schien, den Patienten eine Einsicht in die ihren Störungen zugrundeliegende Triebdynamik zu vermitteln. Es wurde immer klarer, dass die Ursachen für diese Misserfolge möglicherweise in Besonderheiten des therapeutischen Prozesses zu suchen seien.

Widerstand. Einerseits wurde das Phänomen des »Widerstands« der Patienten gegenüber therapeutischer Deutung und Einsicht entdeckt. Andererseits war selbst bei gegebener Einsicht offenkundig nicht immer zu erwarten, dass sich in der Folge das Symptombild änderte. Es schien so, als gebe es auch noch über die Widerständigkeit gegenüber der Einsicht hinausreichende »interpersonelle Widerstände« der Betroffenen gegenüber Veränderung (also Widerstände gegenüber den Therapeuten).

Es war naheliegend und konsequent, den engen Blickwinkel der Psychoanalyse auf Symptombildungsprozesse zu erweitern. Unter den Psychoanalytikern jener Zeit wurde zunehmend diskutiert, ob die Widerständigkeit der Patienten nicht auch mit spezifischen, »interpersonell« sichtbar werdenden Charaktereigenarten zusammenhängen könnten (hierzu äußerte sich Freud beispielsweise 1916). Letztere – die Charaktereigenarten als Interaktionsmuster – ließen sich jedoch sinnvoll nur aus einer interpersonellen Gewordenheit der Person heraus begreifen. Und dafür sollte der theoretischen Konstruktion des »Über-Ich«, das dem »Es« und dem »Ich« nun hinzugefügt wurde, eine wichtige Erklärungsfunktion zuwachsen.

Konflikt. Kerninhalt der strukturtheoretisch begründeten Neurosendynamik blieb nach wie vor der Konflikt zwischen dem »Ich« und dem von ihm abgespaltenen verdrängten Triebgeschehen (aus dem »Es«). Angemessen verstanden werden konnte dieser Konflikt jedoch erst, wenn in Rechnung gestellt wurde, dass der Umgang der Person (des Kindes, des Erwachsenen) mit der eigenen Bedürftigkeit immer interpersonell mitorganisiert ist. Da die Bedürfnisse und Interessen des Kindes und die seiner Bezugspersonen (Eltern) zwangsläufig irgendwann in der Erziehung kollidieren, musste das »Ich« ganz offenkundig (neben der innerpsychischen Regulation des Triebgeschehens) auch noch andere Funktionen erfüllen. Unter anderem musste es eine Balance herstellen zu den Anforderungen aus dem sozialerzieherischen Umfeld. Unter sehr ungünstigen interpersonellen Umständen war das Kind sogar gezwungen, eigene Bedürfnisse angesichts sozialer Normierung zurückzustellen, abzuwehren oder zu unterdrücken, um sich Angst, Strafe und Enttäuschung zu ersparen.

Die Instanz, die fortan als intrapsychischer, normorientierter Gegenpol zur eigenen Bedürftigkeit auftritt, ist das Gewissen (»Über-Ich«). Als solches tritt es zumeist bereits prophylaktisch in Aktion. Dem »Ich« kommt innerhalb des Strukturmodells die besondere Funktion zu, zwischen Triebregungen (Bedürftigkeit) und Vernunft (das sind die Forderungen und normierten Einschränkungen der Realität) zu vermitteln. Wird nun die kontinuierlich geforderte Kompetenz für diesen vielfach großes Geschick voraussetzenden Balanceakt zwischen Bedürftigkeit (»Es«) und sozialer Bedürftigkeitsbeschränkung (»Über-Ich«) nicht von Kindesbeinen an erworben (etwa weil dies eine unglückliche Erziehungssituation nicht ermöglicht), bleibt das Verhältnis zur eigenen Bedürftigkeit wie auch die Möglichkeit, diese in der Interaktion mit anderen Menschen angemessen auszuleben, gestört.

Regression. Die für Freud zentralen Mechanismen der Symptombildung erklären sich jetzt also aus einer zwar sozial beeinflussten, letztlich jedoch immer noch durch die

Person selbst (d. h. autoplastisch) angestauten Bedürfnisspannung, aus der schließlich Ängste, Phobien, Zwänge, hysterische Störungen usw. hervorgehen (→ Abb. 4.1). Die angestauten Triebregungen werden und bleiben in der Symptombildung nachhaltig sichtbar. Sind Symptome nicht sichtbar, bleibt die unausgelebte Bedürfnisspannung dennoch virulent. Diese wird – weil vom »Ich« abgewehrt oder verdrängt – jedoch nicht mehr deutlich und bewusst erlebt. Die (libidinösen) Bedürfnisse wirken vielmehr unbewusst und mit regressiver Wirkung weiter, und zwar, weil sie nicht weiter erprobt und ausdifferenziert werden. Die regressiven Tendenzen und Auswirkungen im

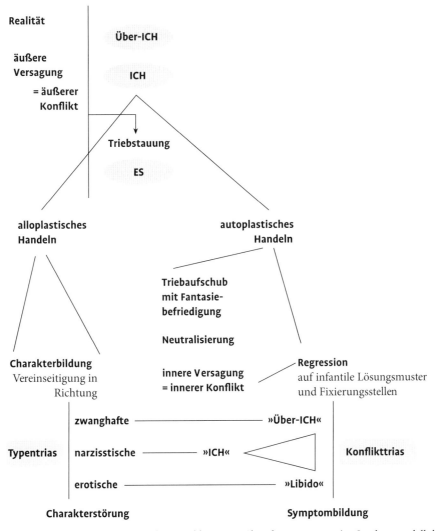

Abbildung 4.1 Symptombildung und Entwicklung von Charakterstörungen im Strukturmodell der klassischen Psychoanalyse (hier als Erweiterung einer Darstellungsidee bei Mertens, 1992, S. 137)

Verhalten bleiben dabei annähernd ähnlich ihrer ursprünglichen und damit unreifen Form.

Andererseits gibt es für das Individuum einige zeitweilig angemessene Verarbeitungsformen der Triebregungen, die man landläufig als »Sublimierung« bezeichnet. Es kann sich dabei um neutralisierende innerpsychische Regulationen mit zumeist »aufschiebender Wirkung« handeln, indem Triebregungen in der Fantasie oder im Traum ausgelebt oder verarbeitet werden. Freud hat diese Prozesse anschaulich u. a. in seiner Vorlesung über »die Zerlegung der psychischen Persönlichkeit« (1933) beschrieben.

Der strukturtheoretischen Konzeption entsprechend bleiben unausgelebte Bedürfnisse (gebunden an den frühen Zeitpunkt ihrer ersten Abwehr oder Verdrängung) altersabhängig fixiert. Es kommt also, was die Möglichkeiten und Fähigkeiten einer befriedigenden Bedürfnisauslebung betrifft, zunehmend zu einem Entwicklungsrückstand. Die in unbewusster Form weiterwirkenden Bedürftigkeiten gelten in ihrer so fixierten Form den ursprünglich für die Bedürfniseinschränkung mitverantwortlichen Bezugspersonen, zumeist den Eltern. Dem zentralen Dreieckskonflikt zwischen Kind und Eltern (als Ort vielfältiger Fixierungen) wird deshalb in der Psychoanalyse eine besondere Bedeutung beigemessen.

Ödipuskomplex. Nach Freuds Auffassung gestalten sich die frühkindlichen Beziehungen (zwischen dem dritten und vierten Lebensjahr) in Analogie zur antiken Ödipussage, indem es zu Liebe (und im Extrem: zu Inzestwünschen) gegenüber dem gegengeschlechtlichen Elternteil kommt, während sich dem gleichgeschlechtlichen Elternteil gegenüber Hass- und Eifersuchtsgefühle entwickeln. Dieser »positiven« Form der Entwicklung steht eine »negative« gegenüber. Dies ist der »Ödipuskomplex«. Gekennzeichnet ist dieser durch Liebesgefühle dem gleichgeschlechtlichen und durch Hassgefühle dem gegengeschlechtlichen Elternteil gegenüber. Häufig mischen sich beide Formen. Normalerweise gelingen in der Identifikation mit dem gleichgeschlechtlichen Elternteil bei zunehmender Zuneigung für den gegengeschlechtlichen Elternteil die Überwindung der Wünsche und damit eine Beendigung der ödipalen Situation. Bei ungünstiger Entwicklung kann es nach einer vermuteten »Latenzzeit« spätestens in der Pubertät zu einer Wiederbelebung kommen, die in der Entwicklung neurotischer Symptome ihren Niederschlag findet.

Neurose. Späterhin drängen sich also die abgewehrten Bedürfnisregungen dem Jugendlichen oder Erwachsenen (im Extrem in Form von Symptombildungen) vor allem in Lebenssituationen auf, die jenen (zumeist familiären) Erfahrungskontexten, in denen er ursprünglich sozial eingeschränkt oder bestraft wurde, sehr ähnlich sind. Die Präsentation neurotischer Symptome stellt jeweils eine Regression auf die ursprüngliche Situation der Bedürfnisversagung dar. Zumeist handelt es sich um Konflikte, die sich für das Ich aus nicht überwundenen »ödipalen« Widersprüchen zwischen dem »Über-Ich« und dem »Es« ergeben.

Besonders dramatisch verdeutlichten sich für Freud die späteren Nachwirkungen der ödipalen Problematik in der Hysterie, die durch die unterschiedlichsten Symptombilder gekennzeichnet sein konnte. Zu diesem Störungsbild wurden Konversionsstörungen (Seh-, Hör-, Gleichgewichts-, Sprechstörungen), dissoziative Störungen (Erinnerungslücken, Bewusstseinsstörungen, Pseudohalluzinationen usw.) sowie charakterliche Eigenarten (wie die Tendenz zur Dramatisierung, übertriebene Koketterie, Theatralik und Ähnliches) gerechnet. Die hysterischen Phänomene hatten nicht zuletzt wegen ihrer Vielfalt und der damit gegebenen faszinierenden Möglichkeit ihrer psychoanalytischen Ausdeutung von Beginn an das besondere Interesse Freuds auf sich gezogen.

Übertragung. Diese Tendenz der Betroffenen, ihre an früheren Bezugspersonen erworbenen Gefühlseinstellungen gegenüber anderen Menschen, vor allem auch in der Therapie dem Therapeuten gegenüber, zu erleben und auszuleben, gab diesen Phänomenen u. a. die Bezeichnungen

- ▶ »Objektbesetzungen« für die Ausrichtung unbewusster Bedürftigkeiten auf andere Personen und
- ▶ »Übertragungsneurose«, bezogen auf das Phänomen neurotischer Übertragungen in die therapeutische Beziehung.

Die Fähigkeit, Bedürfnisse und Gefühle auf andere Menschen zu übertragen, z. B. einem Therapeuten gegenüber eine Übertragungsneurose entwickeln zu können, galt und gilt seither in der Psychoanalyse als differenzialdiagnostisches und prognostisches (günstiges) Merkmal. Dem Therapeuten gegenüber eine Übertragungsneurose entwickeln zu können stellt nämlich in der psychoanalytischen Therapie eine der wichtigsten Einflussmöglichkeiten für den Therapeuten bereit, da über sie Möglichkeiten und Wege für den Patienten gesucht werden können, bisher unterdrückte, abgewehrte und unbewusste Bedürftigkeiten und Wünsche in der direkten Interaktion mit dem Therapeuten zunächst regressiv wieder zu erleben, dann zu bearbeiten und schließlich außerhalb der Therapie neu zu entfalten.

Libidinöse Typen

Der Charakter schließlich umfasst innerhalb des strukturtheoretischen Verstehenskontextes vielfältige zwischenmenschliche Aufgaben, Haltungen und damit vor allem interpersonell-alloplastische Reaktionsmöglichkeiten des »Ichs« (Freud, 1924; → Abb. 4.1). Dies sind Verhaltensbesonderheiten und Verhaltenstechniken, die für das lebenslange Bemühen des Menschen stehen, psychosoziale Anforderungen, erlebtes Leid und seine neurotisch-libidinösen Behinderungen sinnvoll in sein Leben so zu integrieren, dass ein gewisses Maß an Wohlbefinden, Befriedigung und sozialer Einordnung erreicht werden kann. Angesichts der Aufmerksamkeit, die die Charakterstörungen bei seinen Psychoanalytikerkollegen zwischenzeitlich gefunden hatten (→ Abschn. 4.2), unterbreitete Freud (1931) selbst einen Vorschlag, die Strukturtheorie für die Entwicklung einer möglichen Charaktertypologie zu nutzen.

Freud beschrieb in dieser Arbeit drei grundlegende psychologische (»libidinöse«) Typen, die sich jeweils unter dem vorrangigen Einfluss aus einer der drei psychischen Strukturen entwickeln könnten (→ Abb. 4.1). In Entsprechung zu der Instanzenlehre bezeichnete er diese wie folgt:

- ▶ Erotischer Typus: Dieser Charaktertypus sei aus einer vorrangigen Orientierung der Person am psychosexuellen Triebgeschehen des »Es« hervorgegangen.
- ▶ Zwanghafter Typus: Für diesen Charaktertypus sei eine Norm- und »Über-Ich«-Orientierung handlungs- und wesensbestimmend.
- ▶ Narzisstischer Typus: Bei diesem Charakter sei die eigene Person (das »Ich«) stark und verzerrt in den Mittelpunkt gerückt.

Eine jeweils vorliegende Reinform könne sich – so Freud – in Richtung einer Charakterstörung entwickeln. Mischformen aus zwei Typen (erotisch-zwanghaft, erotisch-narzisstisch, narzisstisch-zwanghaft) seien am häufigsten zu finden und kämen als charakterliche Basis für die Entwicklung von Neurosen in Betracht. Die gelungene Integration aller drei Eigenarten würde die Charakterstruktur einer psychisch gesunden Person ausmachen.

Soweit im Falle der Typen-Extremisierung überhaupt von Charakterstörungen gesprochen werden könne, müsse – so Freud – in jedem Fall sichergestellt sein, dass sie nicht mit psychischen Störungen und Krankheiten zusammenfallen. Wohl könnten sie sich diesen im Erscheinungsbild annähern und »solcherart die Kluft zwischen dem Normalen und dem Pathologischen ausfüllen helfen« (Freud, 1931, S. 313). Schließlich wies Freud darauf hin, dass die von ihm beschriebenen libidinösen Typen und Typenmischungen nicht die einzigen Charakter-Extremisierungen darstellen und dass es möglich sein müsste, von anderen Person-Eigenschaften ausgehend, eine ganze Reihe anderer psychologischer Typen aufzustellen.

4.2 Charakterstörungen als Störungen der frühen Ich-Entwicklung

Schon Anfang der 1920er-Jahre hatte Karl Abraham (1925) versucht, die Libidotheorie für die Begründung einer psychoanalytischen Charakterologie zu nutzen. Er fügte in Entsprechung zu den postulierten Phasenabläufen der psychosexuellen Ich-Entwicklung dem von Freud bereits ausgearbeiteten »anal-zwanghaften Charakter« Beschreibungen einerseits eines zeitlich früher ausgeformten »oralen Charaktertypus«, andererseits die eines zeitlich später angesiedelten »genitalen Charakters« hinzu.

Entwicklung. Für Abraham durchläuft die »orale Entwicklung« einer Person zwei unterscheidbare Phasen mit je eigenen Fixierungsmöglichkeiten, die dann als »Spielarten der Entwicklung« auf die charakterliche Entwicklung entscheidenden Einfluss behalten könnten (Abraham, 1982, S. 130): Die frühere Form einer »oral-festhalten-den« (d. h. dependenten) Fixierung betreffe Personen, die noch als Erwachsene durch die Erwartung beherrscht werden, von anderen Personen jede erdenkliche Hilfe bei der Bewältigung von Lebensanforderungen zu erhalten – ein »Schicksalsglaube«, der sie möglicherweise durchgängig zur Untätigkeit verurteile. Dieser Einfluss mache sich im gesamten sozialen Verhalten der Betroffenen bemerkbar und spiele – als Verzicht auf jede Möglichkeit der persönlichen Expansion – bis in die Wahl des Berufes, der Neigungen und Liebhabereien hinein (»oral-dependente Persönlichkeit«; → Kap. 23).

Im Vorfeld und Übergang zur analen Entwicklungsphase könne dann zeitweilig noch die Form einer »oral-sadistischen Charaktereigenart« grundgelegt werden, in der die zunächst inaktive Erwartungshaltung durch eine Art ständigen Verlangens, Forderns und beharrlichen Insistierens abgelöst werde und in der Neid, Missgunst und Eifersucht als extreme Formen der späteren charakterlich bedingten Regression hinzutreten können.

Charakter. Die »genitale Entwicklungsphase« bedeutete für Abraham das Erreichen einer Stufe der Objekt-Beziehungen, in der die zuvor durch ihre Ambivalenz getrennt bedeutsamen »oralen« versus »analen« Bestrebungen zusammenfallen können. In günstiger Charakterentwicklung besteht diese Stufe aus der Integration der positiven Anteile der zuvor abgeschlossenen Phasen: »Aus der frühen oralen Stufe entlehnt sie die vorwärts strebende Energie, aus der analen Quelle Ausdauer, Beharrlichkeit und andere … zum Lebenskampf nötige Energien« (Abraham, 1982, S. 143). Zeitlich folgend wird die weitere Person-Entfaltung entscheidend davon abhängig gesehen, wie es dem Einzelnen gelingt, das Problem des »Ödipuskomplexes« zu bewältigen, insbesondere »von der erreichten Fähigkeit zu profitieren, Sympathiegefühle auf andere Personen oder auf die Gesamtheit zu übertragen« (Abraham, 1982, S. 139). Ungünstige Charakterentwicklungen aus dieser Phase heraus wurden später als »hysterische Persönlichkeit« bezeichnet (seit Fenichel, 1945; → Kap. 22).

> Zusammengenommen beinhaltet Charakter für Abraham die mögliche »Gesamtheit der triebhaften Reaktionen des Einzelnen auf das Gemeinschaftsleben« (Abraham, 1982, S. 137). Von ihm wird »letztlich als normal im sozialen Sinne« eine Person betrachtet, die nicht durch eine besonders extreme Ausprägung bestimmter Charakterzüge daran gehindert werde, sich den Interessen der Gesamtheit anzupassen.

Obwohl das frühe Phasenmodell der Ich-Entwicklung (mit Ausnahme der »Ödipus«-Konfiguration) seine Bedeutung in der Psychoanalyse inzwischen weitgehend eingebüßt hat, haben die frühen Beschreibungen Abrahams eine beträchtliche Anzahl konzeptueller, später auch empirischer Arbeiten stimuliert. Auf diese Weise wirken sie bis in die gegenwärtigen psychiatrischen Konzeptualisierungsversuche der Persönlichkeitsstörungen hinein.

4.3 Symptomneurosen versus Charakterneurosen

Unter dem Einfluss des topografischen Denkmodells (der Triebabwehr durch das Ich) entstand die Publikation von Franz Alexander (1928) über den »neurotischen Charakter«. Alexander versuchte einen neurotischen Charakter als »symptomlose Neurose« von den »Symptomneurosen« abzugrenzen. Für ihn war das alloplastische Ausleben sozial auffälligen Verhaltens, das sich in seiner Auswirkung vor allem für andere

Menschen unangenehm bemerkbar mache, eines der wichtigsten Unterscheidungs-
merkmale zur autoplastischen Präsentation neurotischer Symptome.

4.3.1 Abwehr

Alexander schlug eine Differenzierung psychopathologischer Erscheinungen unter
dem Aspekt des mehr oder weniger erfolgreichen Gelingens der Abwehr unbewusster
Triebe und Tendenzen vor (Alexander, 1928, S. 41). Seine Typologie beinhaltete vier
Erscheinungsweisen:

▶ Symptomneurose: Neurotische Symptome seien wegen der symptomatisch (d. h.
  zeitweilig) hervortretenden Abwehr unbewusster Tendenzen immer regressiv,
  autoplastisch und würden vom Ich abgelehnt.
▶ Neurotischer Charakter: Im Unterschied dazu führe die Konfliktabwehr bei Vorliegen eines neurotischen Charakters zum regressiv-alloplastischen, die Umwelt
  beeinflussenden Agieren, das zugleich die Möglichkeit von Schuldgefühlsreaktio-
  nen impliziere (»expansive Kraft ich-fremder Tendenzen«; Alexander, 1928, S. 40).
▶ Antisozialer Charakter: Fehlen Schuld- und Schamreaktionen sowie eine auto-
  plastische Konfliktabwehr, extremisiere das alloplastische Handeln in Richtung
  antisozialer und krimineller Handlungen bei ansonsten erhaltenen Ich-Funktionen.
▶ Psychose: Misslinge die Abwehr, weil die Ich-Organisation zusammenbreche, finde
  sich das psychopathologische Bild der Psychose, in dem ein ich-synton-autoplas-
  tisches Verarbeiten von Es-Tendenzen beobachtbar sei.

Für Alexander war die Unterscheidung zwischen Symptomneurosen und neurotischem Charakter recht eindeutig über das alloplastische Bemühen um die Herstellung
einer zur Person passenden Realität gegeben. Damit setzte er sich pointiert von der
kurz zuvor vertretenen Auffassung Wilhelm Reichs (1925) ab, der einen prinzipiellen
Unterschied zwischen Symptomneurosen und neurotischem Charakter bestritt. Reich
versuchte damals (und erneut in seiner weithin bekannten »Charakteranalyse«; 1933),
das psychoanalytische Verständnis der Symptombildung in kritischer Auseinandersetzung mit dem Strukturmodell erneut auf die topografische (als hinreichende)
Erklärungsperspektive zurückzubinden, indem er die Charakterbildung als Ausdruck
langwieriger und kontinuierlicher Triebabwehr durch das Ich beschrieb.

4.3.2 Charakterneurose

Nach Reichs Auffassung sind die (sich als Ausdruck charakterlicher Eigenarten
präsentierenden) interaktionellen Symptome von der Person lediglich erheblich besser
(eben als Interaktionsgewohnheiten) integriert worden. Prinzipiell seien sie dennoch
gleichen Ursprungs wie neurotische Symptome. Charakterstörungen werden von ihm
entsprechend aufgefasst: nämlich als Extremisierung einer Symptomneurose in Richtung einer sog. »Charakterneurose« bzw. als deren charakterliche Assimilation, die für

Reich bis ins Körperliche hineinreichte (»Charakterpanzer«). Hat sich der Charakter erst einmal verhärtet, erfüllt er fast ausschließlich Abwehr- und Schutzfunktionen. Der neurotische Anteil an den Charakterstörungen könne von ihren Trägern (wegen ihrer möglicherweise gelungenen Integration und Schutzfunktion für das eigene »Ich«) nur weniger gut rationalisiert werden (Ich-Syntonie). Wenn schließlich Personen mit bis ins Charakterliche reichenden Verhaltensauffälligkeiten weniger »Krankheitseinsicht« zeigten, spreche dies insgesamt lediglich für einen erheblich komplexeren Aufbau der Neurose (»Charakter als Gesamtbild«; Reich, 1933, S. 165).

Für Reich übernahm und erfüllte Charakter eine eigenständige eingeübte Abwehr-funktion gegenüber dem Triebgeschehen. Der Charakter sei in dieser Eigenständigkeit zugleich zunehmend vom Ich »dissoziiert« (vgl. Reich, 1971, S. 404 ff.) und arbeite damit wesentlich ökonomischer als die Abwehr durch das Ich. Charakter binde Impulse in durchgängigen Verhaltens- und Reaktionsmustern, reduziere damit die Flexibilität einer Person und forme einen »Panzer« gegen die Innenwelt mit einer für die Außenwelt deutlich sichtbaren Einengung des Handlungsspielraums. Da die Charakterentwicklung lediglich eine ich-syntone – oder, wie Reich sich ausdrückte: »ich-dissoziierte« – Chronifizierung von Abwehrleistungen darstelle, blieben die Charakterstörungen prinzipiell einer psychoanalytischen Behandlung zugänglich.

4.3.3 Abwehrmechanismen

Mit dieser (topografischen) Auffassung jedoch konnte sich Reich seinerzeit gegenüber der strukturtheoretischen Innovation seiner psychoanalytischen Kollegen nicht durch-setzen (vgl. Büntig, 1982). Später wird innerhalb der Psychoanalyse vor allem Abra-hams Position erneut aufgegriffen. Es sind Anna Freud (1936) und Otto Fenichel (1945), die Abrahams Auffassung im Rahmen der inzwischen etablierten Struktur-theorie fortschreiben. Im Zentrum ihrer Überlegungen steht das Konzept der Abwehr-mechanismen, das heute als einer der ausgereiftesten Anteile der psychoanalytischen Theoriebildung gilt.

Unter Abwehrmechanismen werden automatisch verlaufende psychische Prozesse verstanden, die – vor allem aus neurotischen Konflikten hervorgehende – unange-nehme und bedrohliche Gefühle (wie Scham, Schuld, Wut und Angst) fernhalten sollen. Da diese Abwehrleistungen zugleich immer interpersoneller Natur sind, war es naheliegend, sie auch mit den Charakterstörungen in einen Zusammenhang zu stellen. Theoretisch schließt diese Auffassung an Freuds (1924) Überlegungen an, dass bestimmte Formen der Abwehr eindeutig bestimmten Formen psychischer Störungen und Charakterbildungen entsprächen. So gehörten z. B. für Fenichel (1945)

▶ die »Verdrängung« als Abwehrform zum *hysterischen Charakter*, der seinen Ur-sprung vor allem in Störungen der Ich-Entwicklung der ödipalen Phase nimmt,

▶ die Abwehrmechanismen »Reaktionsbildung«, »Isolierung«, »Intellektualisierung« zum *Zwangscharakter* der analen Phase, weiter – den Störungen noch früher gelegener Phasen der Ich-Entwicklung zugeordnet –

- ► die »Introjektion« zum *depressiven Charakter* und schließlich
- ► die »Projektion« als eine der frühesten Störungen zum *paranoiden Charakter.*

Das von Alexander und Reich aufgeworfene Problem jedoch, wie die spezifischen Beziehungen zwischen den Symptomen (einer Neurose) und dem neurotischen Charakter (als Charakterstörung) aussehen, hat bis heute viele Diskussionen beflügelt und kaum etwas von seiner Bedeutung eingebüßt. Auch die von beiden angestoßene Frage, inwieweit und ob überhaupt das ich-syntone Erleben und die häufig daran festgemachte Widerständigkeit von Patienten gegenüber Veränderung ein mögliches bzw. brauchbares Merkmal zur Abgrenzung der Charakterstörungen gegenüber den von Betroffenen zumeist ich-dyston dargebotenen neurotischen (spezifischen psychischen) Störungen und Symptomen abgibt, hat weit über die Psychoanalyse hinaus an Bedeutsamkeit gewonnen.

4.3.4 Ich-Syntonie

Diese Unterscheidung von ich-syntonen alloplastischen Charakterstörungen (die zunächst vorwiegend die Umgebung stören) und von ich-dystonen autoplastischen neurotischen Störungen (unter denen vornehmlich die Betroffenen leiden) dient seit den 1930er-Jahren in der Psychoanalyse und in der Psychiatrie als ein zentrales Differenzierungsmerkmal. Schwere Charakterstörungen, zu denen auch die antisozialen Persönlichkeitsstörungen (Psychopathien und Soziopathien) zählten, gelten wegen der ihnen unterstellten »Alloplastik« und »Ich-Syntonie« als schwer oder gar nicht zu behandeln. Mit ihnen haben sich deshalb vor allem die Psychiater, Psychologen und Soziologen beschäftigt, während sich das Augenmerk der Psychoanalytiker lange Zeit stärker auf den Bereich der Symptomneurosen und leichteren Persönlichkeitsstörungen konzentrierte.

Der Grundstein für diese Vereinseitigung des psychoanalytischen Forschungsinteresses war von Freud selbst (nämlich durch sein Diktum von der möglicherweise prinzipiellen Unbehandelbarkeit schwerer Charakterstörungen) vorbereitet worden. Seine Überlegungen, die er am Beispiel narzisstischer Störungen darlegte, bereiteten auf längere Sicht zugleich eine weitere konzeptuelle Änderung in der Psychoanalyse vor.

4.4 Narzissmus

Im Sinne der von Freud strukturtheoretisch begründeten Charaktertypologie (1931) konnte von Charakterstörung dann gesprochen werden, wenn die Person ihre innerpsychische Regulation lebenslang in Richtung auf die Bevorzugung einer der drei psychischen Instanzen (»Es«, »Ich«, »Über-Ich«) vereinseitigte. In der Konsequenz bedeutete eine solche Vereinseitigung in Richtung »erotischer« bzw. »zwanghafter« bzw.»narzisstischer« Charakterstruktur, dass es die in eine solche Struktur integrierten

Erlebens- und Interaktionsgewohnheiten dem Patienten erschweren konnten oder es gar verhinderten, andere Personen (Objekte) »libidinös« zu besetzen bzw. einem Therapeuten gegenüber eine Übertragungsneurose auszubilden.

Narzisstische Neurosen

Dieses Problem hatte Freud bereits mehrfach zuvor am Beispiel der narzisstischen Neurosen verdeutlicht, für die von ihm u. a. die Dementia praecox (Schizophrenie) wie auch die Psychopathie (gewohnheitsmäßige Kriminalität) als Prototypen angesehen wurden. Narzisstisch gestörte Patienten könnten (so Freud, z. B. 1916/1917) – wegen der dem Narzissmus inhärenten, einseitigen Libidobesetzung der eigenen Person (des »Ichs«) und der daraus folgenden »Über-Ich-Isolierung« oder »Gewissenlosigkeit« – einer psychoanalytischen Behandlung *nicht* zugänglich sein, weil ja das Prinzip der psychoanalytischen Therapie in der Bearbeitung von Übertragung und Widerstand bestehe. Dieses Prinzip sei jedoch dort nicht anwendbar, wo es mangels libidinöser Energie Objektbesetzung nicht gäbe, folglich Übertragung und Widerstand vermindert seien, wenn nicht gar fehlten.

> »Die narzisstischen Neurosen sind für die Technik, welche uns bei den Übertragungs-
> neurosen gedient hat, kaum angreifbar … Bei narzisstischen Neurosen ist der Wider-
> stand unüberwindbar; wir dürfen höchstens einen neugierigen Blick über die Höhe der
> Mauer werfen, um zu erspähen, was jenseits derselben vor sich geht« (Freud, 1969,
> S. 407 f.). »Die Beobachtung lässt erkennen, dass die an narzisstischen Neurosen
> Erkrankten keine Übertragungsfähigkeit haben oder nur ungenügende Reste davon.
> Sie lehnen den Arzt ab, nicht in Feindseligkeit, sondern in Gleichgültigkeit … Sie
> bleiben, wie sie sind … Sie zeigen keine Übertragung und darum sind sie auch für unsere
> Bemühungen unzugänglich, durch uns nicht heilbar« (Freud, 1969, S. 430).

Nach Freud wurde lange Zeit und vielfach noch heute die Unfähigkeit eines Patienten, eine (therapeutische) Übertragungsfähigkeit auszubilden, einer bereits früh im Leben grundgelegten Charakterstörung zugeschrieben und zumeist – im Sinne der gerade dargestellten Argumentationsfigur – als »narzisstische Neurose« oder als »narzisstische (Charakter-)Störung« bezeichnet. Vielleicht liegt es am Freudschen Diktum der für eine psychoanalytische Behandlung scheinbar unzugänglichen narzisstischen Störungen, dass sich die Psychoanalytiker lange Zeit nur nebenher mit dem Narzissmus-Phänomen und damit kaum noch mit den »schweren« Persönlichkeitsstörungen befassten. Erst in den 1950er-Jahren wurde das Thema erneut aufgegriffen. Und in der Folge hat sich die Narzissmus-Theorie zu einem der wichtigsten Eckpfeiler zur Erklärung bestimmter Persönlichkeitsstörungen entwickelt (vgl. Mertens, 1992; Rudolf, 1999).

4.4.1 Objekt-Beziehungen

Seit Einführung der Strukturtheorie hatte sich das Interesse in der zweiten Generation der Psychoanalytiker voll auf eine genauere Erforschung der sog. »Ich-Funktionen« ausgerichtet. Damit stand die Regulation innerpsychischer Konflikte durch Wahrnehmung, Denken, Motorik-Kontrolle, Vorstellung und Gedächtnisleistung im Zentrum der Aufmerksamkeit. Heute gelten insbesondere die Arbeiten von Heinz Hartmann zu dieser Frage als Meilenstein auf dem Weg zur Modernisierung der Psychoanalyse (1939, 1950).

Autonomie. Hartmann sprach von einer primären und sekundären Autonomie des Ichs. Nach seiner Auffassung sind die Wahrnehmung, Motorik-Kontrolle, die Funktionen des Gedächtnisses und des Denkens nicht aus dem Bemühen um die Abwehr libidinöser Impulse hervorgegangen. Sie folgen vielmehr (als primär autonome Funktionen) ihrer eigenen Gesetzmäßigkeit. Erst wenn diese Funktionen in den Dienst der Triebregulation gestellt werden, werden sie (sekundär) um die Abwehr organisiert. Daraus kann sich – und dies ist die *sekundäre Autonomie* – eine eigendynamisch regulierte Funktionseinheit bilden, die ihrerseits eigenen Regulationsprinzipien gehorcht. Diese stellen eine Möglichkeit der Charakterausformung – auch der positiven – dar, da die ursprünglich zur Triebabwehr eingesetzten Ich-Funktionen (z. B. Ordnungsliebe zur Abwehr analer Triebe) durch die Person weiterentwickelt und mit Lustgewinn ausdifferenziert werden können (positive Entwicklungen im Falle der Ordnungsliebe wären z. B.: besonders genau und scharf denken, ordnen und abstrahieren lernen).

Der Charakterentwicklung ist also prinzipiell auch eine besondere Möglichkeit ihrer Entpathologisierung inhärent. Neben der Untersuchung der autoplastischen Lösungsmuster innerer Konflikte verschob sich genau aus diesem Grund das Forschungsinteresse der Psychoanalytiker erneut auf das alloplastische, nach außen gerichtete Handlungsrepertoire des Ichs – und damit zunehmend mehr auf die durch das Individuum selbst aktiv mit- und umzugestaltenden Umweltbeziehungen.

Selbstrepräsentanzen. Wesentlich für diese Konzepterweiterung war die Einführung des Begriffes des »Selbst« in den Ausarbeitungen Hartmanns (1950). Zunehmend wurde auch unter Psychoanalytikern die Notwendigkeit gesehen, einen Begriff für das »Gesamt des Menschen« zu finden, genauer: für das Gesamt seiner Persönlichkeit (vgl. Rudolf, 1999). Der Begriff des »Selbst« war naheliegend, da er bereits zuvor in ähnlichen Zusammenhängen mit Prozessen der Persönlichkeitsreifung und Selbstwerdung (als Individuation; Jung, 1935), der Begründung eines menschlichen Grundbedürfnisses nach Selbstsicherheit (Sullivan, 1953) bis hin zur Möglichkeit einer Selbstanalyse (Horney, 1942) von jenen eingesetzt und benutzt worden war, die der Psychoanalyse schon früh und unter Zwang den Rücken gekehrt hatten (→ Kap. 5).

Objektrepräsentanzen. Mit Einführung und Akzeptanz eines »Selbst« ergab sich nun die Möglichkeit, die kognitiv-affektiven Beziehungen, die eine Person zu anderen aufbaut, unabhängig von triebtheoretischen Vorgaben neu zu fassen und zu verstehen. Vor allem unter zwei Perspektiven wird seit den 1960er-Jahren versucht, im Gesamt intrapsychischer Selbststrukturierung zu differenzieren.

▶ Selbstrepräsentanz: Mit der Analyse sog. »Selbstrepräsentanzen« wurde es möglich, die innere Welt einer Person danach zu untersuchen, wie sie zwischenmenschliche Beziehungen auf sich selbst hin erlebt, aufbaut und ausgestaltet, welche Bilder und

Fantasien sie von sich selbst hat und welches Selbstverständnis sie dabei von sich entwickelt.

▶ Objektrepräsentanz: Die Analyse sog. »Objektrepräsentanzen« erlaubt eine Einsicht in die Art, wie die Person ihre innere Welt auf andere Personen hin erlebt, aufbaut und ausgestaltet, d. h., welche Fantasien und Bilder sie von ihren Bezugspersonen entwickelt und mit welchen Vorannahmen sie diesen begegnet.

Selbst- bzw. Objektrepräsentanzen bilden den affektiv-kognitiven Repräsentationsraum der Objekt-Beziehungen, die eine Person eingeht, ohne dass die Selbst- und Objektrepräsentanzen den tatsächlich ablaufenden Interaktionen entsprechen müssen. Gerade die Besonderheiten der Abweichung intrapsychischer Selbst- und Objektrepräsentanzen von tatsächlich vorhandenen oder auch fehlenden Objekt-Beziehungen erfüllen wesentliche Funktionen – insbesondere die zur Erlangung oder zum Behalt einer grundlegenden Selbstsicherheit in interpersonellen Krisen. Sie können aber auch den Boden bereiten für Fehlwahrnehmungen, Verzerrungen und damit für die Grundlegung zwischenmenschlicher Konflikte.

Entwicklung

Innerhalb des klassischen psychoanalytischen Theorieverständnisses war unter der Bezeichnung »Objekt-Beziehung« die einseitig in eine Richtung gehende innerpsychische »Besetzung eines Objektes« mit libidinöser (oder aggressiver) Energie gemeint. Inzwischen wird akzeptiert, dass sich eine Objekt-Beziehung nicht ausschließlich über eine triebenergetische Besetzung beschreiben lässt. Hartmann selbst unterscheidet bereits drei globale Phasen der Objekt-Beziehungsfähigkeit (1964).

▶ Primärer Narzissmus: Eine sehr frühe Entwicklungsphase des Narzissmus, in der Selbst- und Objektrepräsentanzen noch nicht voneinander getrennt werden.

▶ Objektdifferenzierung: Die nachfolgende Phase der bedürfnisbefriedigenden Objekte, die die Möglichkeiten einer vom Selbst zunehmend besser trennbaren Differenzierung im Bereich der Objektrepräsentanzen eröffnet.

▶ Objektkonstanz: Die Phase einer Objektkonstanz im Übergang zur ödipalen Phase, in der sich das Kind in zunehmender Unabhängigkeit von seinen momentanen (narzisstischen) Bedürfnissen und Affekten ein Bild von seinem Gegenüber machen und sich im Weiteren zunehmend mit dessen Perspektive identifizieren kann.

Störungen der Objekt-Beziehungen. Diese Versuche, Entwicklungsphasen objektbeziehungstheoretisch zu begründen, stellen Möglichkeiten bereit, die Art und Weise der persönlichen Bezogenheit auf andere Menschen wie zugleich deren Besonderheiten und Störungen neu zu verstehen. Persönlichkeitsstörungen werden jetzt ausdrücklicher, als dies im Kontext der Triebtheorie möglich war, als persönliche Umgangsweisen mit komplexen Störungen des zwischenmenschlichen Beziehungsverhaltens ausdeutbar. Sie lassen sich ätiologisch auf traumatisierende oder konflikthaltige Beziehungsstörungen in der kindlichen Entwicklung zurückführen, die sich aus einem ungünstigen Zusammenspiel von Eltern und Kind in Bezug auf Symbiose und Autonomie herleiten lassen.

Wichtig für diese Verstehensperspektive ist, dass die frühen Beziehungsstörungen und möglichen Traumatisierungen in einer Zeit erfolgen, in der der Mensch der Sprache noch nicht so mächtig ist, dass er diesen ungünstigen Beziehungserfahrungen selbst eine selbstversichernde kognitive Struktur zu geben vermag. Selbst- und Objektrepräsentanzen sind in solchen Fällen zumeist durch gefühlsmäßige Erinnerungen und Fantasien überformt, die – wenn sie später angesprochen und aktiviert werden – bei den Betroffenen selbst ein Erstaunen über das eigene Erleben, vorhandene Beziehungsgefühle und Ambivalenzen auslösen können.

4.4.2 Persönlichkeitsstörungen als Narzissmus-Störungen

Das Wort »narzisstisch« wurde im Verlauf seiner Konzeptentwicklung mit derart vielen Bedeutungsaspekten belegt, dass man damit alle möglichen Personeneigenschaften bezeichnen könnte, die sich zwischen wünschenswertem Verhalten und interaktioneller Devianz einordnen lassen. In seiner ersten systematischen Darstellung benutzt Freud das Attribut »narzisstisch« bereits in vier Bedeutungsfacetten (Freud, 1914):

► zur Charakterisierung einer Person, die durch eine *pathologische Selbstverliebtheit* gekennzeichnet ist,
► zur Kennzeichnung einer *spezifischen* »Objektwahl«, also der interpersonellen Bevorzugung einer Person (ein Mensch liebt an einem anderen, was er selbst ist, war oder sein möchte),
► zur libidotheoretischen Beschreibung einer narzisstisch-neurotischen Entwicklung in Richtung *Psychosen* (der Patient zieht seine libidinösen Besetzungen vom gewählten Objekt zurück und wendet sie in Richtung auf die eigene Person), schließlich noch
► in der Beschreibung eines *gesunden Narzissmus*, der im Sinne eines gesunden Selbstwertgefühls verstehbar war.

Narzissmus. Erst die seit Hartmann einsetzende Konzeptualisierung eines intrapsychischen »Selbst-Objekt-Systems« eröffnete neue Möglichkeiten, auch die Narzissmus-Theorie fortzuschreiben. Fürderhin wurde versucht, Narzissmus im Sinne eines umfassenden Selbstwertgefühls zu konzeptualisieren (Joffe & Sandler, 1967; Blanck & Blanck, 1974; vgl. Mertens, 1992). Die Regulierung des Selbstwertgefühls ist für das psychische Wohlbefinden von Bedeutung. Und eine grundlegende und überdauernde Störung des Selbstwertgefühls wird in der Psychoanalyse seither als narzisstische Persönlichkeitsstörung bezeichnet.

Bedeutsame Einflüsse auf die heutigen Versuche, Persönlichkeitsstörungen als Selbstwert- und Narzissmus-Störungen zu beschreiben, gehen von Kohut (1971, 1977) aus. Kohut schreibt dem Narzissmus eine wichtige Rolle als eigene (primäre, angeborene) Triebkraft zu. Während die libidinösen Tendenzen eines Menschen nach außen (auf die Eltern und Mitmenschen) gerichtet, also objektbezogen sind, ist der Narzissmus jene psychische Energie, die der Mensch auf sich selbst zu richten vermag. In diesem Zusammenhang nun spielt (neben den bisherigen Instanzen »Ich«, »Es« und »Über-Ich«) das »Selbst« in seiner Auseinandersetzung mit der äußeren Umgebung eine eigene, spezifische Rolle. Nach Kohuts Auffassung differenziert sich der primäre Narzissmus in der frühen Entwicklung des Kleinkindes in zweierlei Weise (vgl. auch Rudolf, 1987):

▶ Einmal geht er in Richtung auf die Entwicklung eines vorübergehend *narzisstisch idealisierten Selbst*. Diese innerpsychische Selbstidealisierung manifestiert sich zeitweilig durch Größenfantasien und durch einen Anspruch auf Bewunderung als notwendiges Durchgangsstadium im Rahmen der Entwicklung eines gesunden Ehrgeizes und Selbstwertgefühls.

▶ Zum anderen wird der primäre Narzissmus abgelöst durch eine vorübergehende *Idealisierung der Eltern* und anderer relevanter Bezugspersonen. Auch diese inneren Abbilder idealisierter Eltern (»Elternimagines«) werden im Verlauf einer gesunden psychischen Entwicklung realitätsangemessen auf ein subjektiv handhabbares Idealkonzept der Eltern zurückgenommen.

Misslingt nun die altersentsprechende Auflösung der frühen Narzissmus-Abkömmlinge (Selbstüberidealisierung und Elternüberidealisierung), so bleiben die grandiosen Selbst- bzw. Objektrepräsentanzen in unbewusster Form wirksam. Sie prägen das Erleben und Handeln narzisstisch gestörter Menschen als nicht zu befriedigende Größenansprüche an sich selbst und/oder an andere. Die narzisstischen Persönlichkeitsstörungen werden im Sinne dieses Modells als das Ergebnis einer Entwicklungsstörung durch konflikthaltige bzw. traumatisierende Beziehungserfahrungen in den ersten Lebensjahren verstanden.

Persönlichkeit. Aus ihnen resultieren etwa in der Folge einer wirksam bleibenden Fixierung an das archaische Größenselbst arrogant und selbstgefällig wirkende (Schutz-)Haltungen bei zugleich tiefgehenden Minderwertigkeitsgefühlen. Da das erhöhte Selbsterleben in der Auseinandersetzung mit den Bezugspersonen nicht verändert und ausdifferenziert wurde und wird, sind wegen des sich verschärfenden Entwicklungsrückstandes zunehmende (narzisstische) Störungen des Selbstwerterlebens wie Selbstunsicherheiten, Schamanfälligkeit, Schüchternheit und hypochondrische Befürchtungen bis hin zu depressiven Verstimmungen zu erwarten.

Andererseits können Beziehungsfrustrationen in der frühen Kindheit zu einer Unterbrechung der Entidealisierung der Elternbilder beitragen und damit zu einer Fixierung an die archaisch idealisierten Elternimagines. Dadurch wird eine schrittweise Verinnerlichung elterlicher Funktionen im Selbstwertbereich verhindert. Bereits durch geringfügige Anlässe können die Betroffenen Enttäuschung und Kränkung erleben, und oft folgt unerklärliche Wut ob der nicht erfüllbaren Sehnsucht idealisierter Objekt-Beziehungen. Die Betroffenen können bei der Befolgung eigener Wertvorstellungen und Ideale keine Befriedigung erfahren und befinden sich immer auf der Suche nach Zuwendung und Führung durch Autoritäts- und Idealpersonen.

4.4.3 Persönlichkeitsstörungen als Objekt-Beziehungsstörungen

Wesentliche Impulse für ein objektbeziehungstheoretisches Verständnis von Persönlichkeitsstörungen gehen auch von Kernberg (1975, 1976) aus. Nach seiner Auffassung bleiben insbesondere bei den sog. »Narzissmus«- und »Borderline-Störungen« frühe (traumatische) Objekt-Beziehungen für das spätere Beziehungsverhalten in der Weise bestimmend, dass verschiedenste, affektiv diffuse oder konflikthafte Selbstrepräsentanzen und Objektrepräsentanzen erhalten geblieben sind. Für ihren Umgang mit Beziehungsambivalenzen (insbesondere in der frühen Eltern-Kind-Beziehung) entwickeln die betroffenen Personen alsbald eine besondere Form des Selbstschutzes (oder auch eines Vulnerabilitätsschutzes), der für das weitere Leben bestimmend bleibt.

Spaltung. Kernberg bezeichnet diese besondere Form der Abwehr als Spaltung. Er meint damit vereinfacht ausgedrückt: Von den Betroffenen werden die Selbst- und Objektrepräsentanzen – weil ihre Differenzierung und Integration im Selbst nicht gelernt wurde – zum Schutz vor interpersoneller Verletzung von den Betroffenen nur jeweils einseitig entweder zur Idealisierung oder zur Abwertung weiter gegen die eigene oder gegen andere Personen in Anwendung gebracht. Kernberg erklärt damit die insbesondere in der Borderline-Störung persistierenden affektiven Instabilitäten, die fluktuierenden Symptombildungen, die abrupten Einstellungsverschiebungen und den episodischen Verlust der Impulskontrolle, die so als Selbstschutzmöglichkeit vor potenziell verletzenden Beziehungserfahrungen aufgefasst werden können (→ Kap. 16).

Behandelbarkeit. Spätestens mit der Theorieerweiterung zur Analyse intrapsychischer Objekt-Beziehungen und der Narzissmus-Entwicklung wird in der Psychoanalyse auch das Freudsche Diktum von der Unbehandelbarkeit schwerer narzisstischer Charakterstörungen (mittels Psychoanalyse) zunehmend aufgegeben. Anders als bei neurotischen Konflikten, wo es dem Analytiker darum geht, unbewusste Triebregungen, Affekte, Über-Ich-Restriktionen und Abwehrmechanismen anhand von Beziehungserfahrungen in der Therapie und mittels Einsicht vermittelnder und Sinn setzender Deutungen zugänglich zu machen, kommt es im Kontext der Behandlung von Persönlichkeitsstörungen, die sich auf ein objektbeziehungstheoretisches Verständnis beziehen, darauf an, Entwicklungsdefizite im Bereich der realen Objekt-Beziehungen zu beheben.

Diese therapeutischen Versuche der Nachentwicklung und Nachreifung im Bereich schwer reflektierbarer (ich-syntoner) Beziehungsstörungen setzen jedoch zugleich andere Ansprüche und Ziele als die herkömmliche psychoanalytische Therapie. Diese Neuorientierung hat deshalb dort, wo die objektbeziehungstheoretische Ätiologie-Perspektive konsequent in Therapieüberlegungen übertragen wurde, zu einer erheblichen Veränderung und Innovation gegenüber den klassisch-psychoanalytischen Setting-Vorschriften geführt. Zugleich wurde eine Entwicklung phänomen- und störungsspezifischer Differenzierungen in der psychoanalytischen Behandlung eingeleitet, deren langfristige Wirkungen gegenwärtig kaum einschätzbar sind.

4.5 Neurotische Stile

Erwähnenswert sind hier schließlich noch die besonderen Verdienste von Rapaport (1958, 1960) und seinen Schülern um das Bemühen, die Psychoanalyse in einer eher engen Beziehung zur akademischen (klinischen) Psychologie fortzuentwickeln. Nach Rapaports Auffassung wird das Verhalten eines Menschen durch relativ zeitstabile, sich nur langsam verändernde innere Konfigurationen beeinflusst, die im Wesentlichen über seinen kognitiven Stil, über seine Kognitionen rekonstruierbar seien. Kognitive Stile bestimmen die Art und Weise, wie die Person auf die Umwelt reagiert. Sie begrenzen einerseits die allgemeinen Verhaltensmöglichkeiten des Menschen und geben andererseits dem Einzelnen einen umrissenen, zeitlich stabilen und deshalb wiedererkennbaren persönlichen Stil. Auch diese – wenn man so will – kognitiv-psychoanalytische Theorieextension entwickelte sich historisch in der Folge der Bemühungen der Psychoanalytiker der zweiten Generation, die Kenntnisse um die Funktionen des Ichs als zentrale Instanz in der Vermittlung von Bedürfnissen und sozialen Anforderungen zu erweitern.

David Rapaport (1958, 1960) und kurze Zeit später David Shapiro (1965, 1981) machten nun darauf aufmerksam, dass sich Charaktereigenarten und Charakterstörungen nicht nur auf der Grundlage eines wiederholten (fixierten) neurotischen Verhaltens entwickeln könnten oder gar aus diesem hervorgingen. Formen der Abwehr und Symptombildung ließen sich viel besser verstehen, wenn sie nicht isoliert und unabhängig vom allgemeinen Funktionieren und Handeln einer Person aufgefasst würden. Abwehr und Symptombildung gingen vielmehr aus den durchgängigen und ichtypischen Grundmustern der Welt- und Lebensverarbeitung von Menschen hervor.

Persönliche Stile

Mit »persönlichem Stil« meinen Rapaport und Shapiro eine ganz allgemeine Art des innerseelischen und v. a. zwischenmenschlichen Funktionierens, das jeweils als durchgängig vorhanden identifiziert werden könne. Und mit »neurotischen Stilen« bezeichnen sie Person-Eigenarten, die zwar eine gewisse Affinität zu den neurotischen Störungen hätten, keinesfalls aber »als Manifestationen bestimmter Abwehrmechanismen oder als Abkömmlinge spezieller Triebinhalte« erklärt werden sollten – dafür seien diese Person-Eigenarten zu weitreichend und zu umfassend (Shapiro, 1965 / 1991, S. 11).

Das Wichtige an dieser Theorieperspektive ist, dass sie zur Erklärung von Persönlichkeitsstörungen einen Bezug zur Triebtheorie nicht mehr zwingend erfordert. Zugleich benötigt sie für ihre Begründung charakterlicher Entwicklung auch nicht die Vorstellung eines »Selbst« als innerpsychische Repräsentanz interaktionell hervortretender Person-Eigenarten – ist also sparsamer ausgelegt als die Objekt-Beziehungs-Theorie. Dies hat insbesondere David Shapiro herauszuarbeiten versucht, indem er beispielsweise Abwehr und Symptombildung lediglich als Spezialfall der Wirkungsweise des allgemeinen persönlichen Funktionsstils eines Menschen betrachtet: nämlich

»als Funktionieren dieses Stils unter den speziellen Bedingungen eines Spannungszustandes« (Shapiro 1965/1991, S. 193).

Persönliche Kompetenzen

Genau unter einer solchen Perspektive gewinnen neurotische Stile zugleich das Merkmal von spezifischen Kompetenzen, etwa im Umgang mit persönlichen und zwischenmenschlichen Krisen. Und im Falle einer charakterlichen Vereinseitigung in Richtung des Besondersseins der Person finden sich eben nicht lediglich kritisierenswerte Abweichungsmuster von einer gedachten Norm.

> »Zugleich sind immer bestimmte Fähigkeiten mit bestimmten adaptiven Vorteilen überentwickelt. Der impulsive Mensch verfügt so vielleicht über exzellentes praktisches Know-how, der Psychopath wird etwa als überaus charmant und liebenswert auftreten, der Paranoide hat möglicherweise eine außergewöhnliche Beobachtungsgabe, der Zwanghafte kann ausgesprochen ausdauernd arbeiten usw.« (Shapiro, 1965/1991, S. 197).

Shapiro ist weiter der Auffassung, dass die charakterlichen Eigenarten eines Menschen eng mit seinen (Denk-)Gewohnheiten zusammenhängen, etwa, wie er Erfahrungen ich-integrierend verarbeitet und kognitiv strukturiert. Aus seinem Denkstil würde sich schlüssig eine Matrix ableiten lassen, in der Eigenschaften, Symptome und Abwehrmechanismen als besondere Kristallisationskerne wirken.

> »Wenn, was häufig vorkommt, geringfügige Variationen desselben Denkstils andere, manchmal adaptive Eigenschaften und Charakterzüge deutlich werden lassen, dann ist dieser generelle Stil vielleicht als Matrix zu betrachten, aus der sich unterschiedliche Symptome, Charakterzüge und Abwehrmechanismen im Einzelnen herauskristallisieren. Mit anderen Worten: Es scheint plausibel, dass die Art und Weise des Denkens als einer der Faktoren angesehen werden kann, die die *Form* oder die Gestalt des Symptoms, des Abwehrmechanismus und auch der Anpassungsleistung prägen« (Shapiro, 1965/1991, S. 10; Hervorhebung im Original).

Er ist sich natürlich darüber im Klaren, dass diese Art der Betrachtung (charakterliches und symptomatisches Verhalten als Ausdruck der besonderen Eigenart, wie eine Person über Dinge nachdenkt oder wie sie diese kognitiv verarbeitet) sich nicht nur erheblich von der klassisch-psychoanalytischen Auffassung entfernt hat, sondern ihr »möglicherweise gar konträr zuwider läuft« (Shapiro, 1981, S. 3 f.). Nicht von ungefähr rückt damit Shapiro – wie bereits Rapaport – mit seinen Konzeptualisierungsversuchen in große Nähe zu den Verstehensansätzen der Klinischen Psychologen und Kognitiven (Verhaltens-)Therapeuten, die sich im Übrigen in ihren aktuellen Ausarbeitungen zu Persönlichkeitsstörungen teilweise ausdrücklich auf beide Autoren beziehen (→ Kap. 6).

4.6 Zusammenfassende Bewertung

Der auf Reich (1925, 1933) zurückgehende Vorschlag, keinen prinzipiellen Unterschied, sondern fließende Übergänge zwischen Symptomneurosen und Charakterneurosen anzunehmen, hat sich nicht so recht durchsetzen können. Auch unter Psychoanalytikern ist das Bedürfnis weit verbreitet, klar konzeptualisierbare Entitäten zu finden und von ihnen aus differenzielle Unterschiede zu suchen. Immer wurde zugleich – trotz aller Vorbehalte – eine Nähe zur psychiatrischen Klassifikation gesucht, was das Bemühen um Herausarbeitung von Abgrenzungskriterien eher beförderte als die Begründung einer Dimensionierung. Interessanterweise wurden dennoch die differenzierenden Begriffssetzungen einer Charakterneurose (bei der ich-dystone Symptombildungen vorliegen können) und eines ich-syntoneren neurotischen Charakters (bei dem charakternahe Symptombildungen fehlen) eher selten im Sinne dieser Unterscheidungsmöglichkeit genutzt. Beide Bezeichnungen werden von den meisten Autoren synonym gebraucht (vgl. Hoffmann, 1986).

Zusammenfassend soll kurz angedeutet werden, wie sich für psychoanalytische Autoren dieses Verhältnis aus heutiger Sicht darstellt. Dabei scheint auf allgemeiner Ebene eine Differenzierung, wie sie von Hoffmann (1986, 1990) vorgelegt wurde, die vorhandenen unterschiedlichen Sichtweisen am besten zusammenzufassen und zu integrieren (vgl. auch Mentzos, 1982).

Charakter. Nach Hoffmanns Auffassung kann das Verhältnis von Charakter und Neurose heute von drei Gesichtspunkten her bestimmt werden (z. B. 1990, S. 18 f.):

► Charakter als Basis der Neurose: Charakter wird als »Charakterstruktur«, »Grundstruktur« oder »charakterliche Basis« bezeichnet, die als Voraussetzung für das Auftreten und prinzipiell auch für die Entstehung neurotischer Symptome angesehen werden kann.

► Charakter als Alternative zur Neurose: Es bestehen nur wenige Beziehungen zwischen Symptomentwicklung und Charakter. Für die Symptombildungen können charakterunabhängige Erklärungen gesucht werden. Im Unterschied zum nachfolgenden Punkt liegen also per definitionem neurotische Symptome und Störungen, jedoch keine Charakterstörungen vor.

► Charakter als Parallele zur Neurose: Im Sinne dieser Auffassung werden frühkindliche Konflikte ich-synton verarbeitet. Auch später mögliche Symptombildungen werden kontinuierlich charakterlich integriert, sodass sie ich-synton bleiben.

Inzwischen scheint die Bereitschaft der Psychoanalytiker zuzunehmen, auch den etwas altmodischen Begriff »Charakter« zu streichen und ihn durch »Persönlichkeit« zu ersetzen. Dies geschieht unter dem Einfluss der aktuellen Veränderungen in den psychiatrischen Klassifikationssystemen (→ Abschn. 3.3), in denen – neben der Streichung anderer konzept- und theorielastiger Bezeichnungen wie Psychose, Neurose, Hysterie usw. – eben auch die psychiatrische Bezeichnung »Psychopathie« durch »Persönlichkeitsstörung« ersetzt und deskriptiver gefasst wurde.

5 Interpersonelle Perspektiven: von der Psychodynamik zur Soziodynamik der Persönlichkeitsstörungen

Persönlichkeit ist das überdauernde Muster
wiederkehrender interpersoneller Situationen,
die ein menschliches Leben charakterisieren.
Harry Stack Sullivan

In der Rückschau liegt wohl eine der wichtigsten Entwicklungen im Bereich der Erklärung von Persönlichkeitsstörungen darin begründet, dass sich aus einer kritischen Auseinandersetzung mit der Psychoanalyse Freuds verschiedene Alternativen, ja zum Teil gegensätzliche Auffassungen herausgebildet haben. Diese Entwicklung wurde dadurch befördert, dass Psychoanalytiker, die mit der Psychoanalyse in einen Konflikt gerieten, im ersten halben Jahrhundert psychoanalytischer Geschichtsschreibung von ihren Kollegen konsequent ignoriert und – falls sie sich öffentlich zu deutlich artikulierten – aus den bestehenden psychoanalytischen Vereinigungen ausgeschlossen wurden. Es handelte sich um Personen, die den kulturellen und sozialen Einflüssen auf die Persönlichkeitsentwicklung eine größere Bedeutung beimaßen als Sigmund Freud.

Sie erfuhren Kritik und Ausgrenzung immer dann, wenn sie einen oder gar mehrere der von Freud vertretenen Grundpfeiler einer Erklärung psychischer Störungen nicht mehr als verbindlich betrachten konnten und wollten: den Sexualtrieb, das Unbewusste und die frühe Phasenkonzeption der Ich-Entwicklung. Eine ausführliche Dokumentation der Ausgrenzungsgeschichte in der Psychoanalyse findet sich u. a. bei Peter Gay (1987), der jedoch wie die meisten Biografen Sigmund Freuds die besonders unrühmlichen und bedrückenden Vorgänge um den Ausschluss von Wilhelm Reich völlig ignoriert. Dass dies bis in die Gegenwart hinein immer noch passiert, ist unglaublich (dazu ergänzend: Büntig, 1982).

Neoanalyse. Der Prozess der aktiven Ausgrenzung vollzog sich vor allem zu Lebzeiten Freuds. Einer der Theoretiker, die eigene Wege beschritten – Erik Erikson –, wird von den meisten Psychoanalytikern immer noch sehr geschätzt. Die bereits in den ersten Jahrzehnten des letzten Jahrhunderts Ausgeschlossenen – Alfred Adler und Carl Gustav Jung – wurden und werden von den Freudianern nicht weiter beachtet. Beide begründeten eigene Psychotherapieschulen. Einige der erst später – nach Freuds Tod – in den 1940er- und 1950er-Jahren Ausgegrenzten (Harald Schultz-Hencke, Erich Fromm, Karen Horney und Harry Stack Sullivan) betonten weiterhin ihre Herkunft und Nähe zur Psychoanalyse, obwohl sie selbst mit ihren Ansichten in deutlicher Konkurrenz zur klassischen Triebpsychologie auftraten. Sie firmieren nicht zuletzt deshalb unter den Bezeichnungen »Neoanalytiker« oder »Neo-Freudianer«.

Interpersonelle Psychotherapie. Die nachfolgenden Generationen der Neoanalytiker – die ihre Auffassungen gelegentlich programmatisch unter der Bezeichnung »Interpersonelle Psychotherapie« verbreiten (vgl. Anchin & Kiesler, 1982) – waren zunehmend bestrebt, eine Nähe zur akademischen Psychologie und Psychiatrie zu betonen oder aktiv zu suchen (z. B. in der *Society of Psychotherapy Research*, SPR). Dieses Bemühen fand und findet seinen Niederschlag in einer teilweise ausgesprochen empirischen Ausrichtung ihrer Art »psychoanalytischer Forschung«. Von dieser Gruppierung sind in den letzten Jahrzehnten vielfältige beachtenswerte Impulse zur Konzeptfortentwicklung der Persönlichkeitsstörungen ausgegangen, weshalb ihnen und ihren Vordenkern im Folgenden viel Platz eingeräumt werden soll.

5.1 Minderwertigkeitsgefühle und Machtstreben

Schon früh begann Alfred Adler als höchst aktives Mitglied der Wiener psychoanalytischen Gruppe um Freud, eigene Vorstellungen zu entwickeln und auf die Bedeutung sozialer Faktoren für die charakterliche und neurotische Entwicklung des Menschen hinzuweisen. Er verließ den Kreis um Freud, nachdem die Anfeindungen heftiger und für ihn unerträglich wurden, denen er nach einer öffentlichen Auseinandersetzung mit Freud im Jahr 1910 und nach einer kritischen Publikation zur Rolle der Sexualität bei der Neuroseentwicklung (1911) ausgesetzt war.

Individualpsychologie. Adler gründete mit der Individualpsychologie seine eigene Therapieschule. Er war übrigens nie Freuds Schüler, insofern nie Abtrünniger, wie Freud und seine Kollegen es später gern hinstellten (hierzu: Metzger, 1982). Adlers These war folgende: Die psychischen Störungen eines Menschen sind *nicht* das Ergebnis von Triebabwehrprozessen. Sie entstehen vielmehr *sekundär* in der Folge zwischenmenschlicher Konflikte, und zwar als Störungen der sozialen Einordnung, die als *primär* im eigentlichen Sinne angesehen werden sollten.

Die von den Psychoanalytikern triebtheoretisch erklärten Abartigkeiten des (sexuellen) Real- und Fantasielebens von Patienten – so Adler – seien eine Art Bildersprache, durch die Sachverhalte zum Ausdruck kämen, die ihrem Ursprung nach gar nicht geschlechtlich seien. Das Steckenbleiben in frühkindlichen Arten des Lustgewinns (das orale Fingerlutschen, das anale Stuhlverhalten, das genitale Bettnässen) hatte nach Adlers Auffassung die Bedeutung eines Machtmittels auf dem Weg zu mehr Selbstsicherheit in der Auseinandersetzung mit den Erwachsenen. Die Erwachsenen hätten das Kind lediglich aus erzieherischer Ahnungslosigkeit und Ungeschicklichkeit in eine interpersonelle Kampfstellung gedrängt.

Minderwertigkeitsgefühle. Adler rückte in seinen Überlegungen zur Person- und Neuroseentwicklung die konstitutionell-organischen Unterschiede zwischen den Menschen in den Mittelpunkt. Er bezeichnete das jeweils gegebene Weniger der organischen Konstitution von ihrem kaum erreichbaren Ideal als »Organminderwertigkeit«. Seiner Ansicht nach sieht sich jeder Mensch in seinem Bemühen um eine sozial akzeptierbare Leistungsfähigkeit gezwungen, eine jeweils mehr oder weniger vorhandene konstitutionell-organische Unterlegenheit zu kompensieren. Diese Kompensationsleistung sei notwendig, um nicht in einem Gefühl der kontinuierlichen Unterlegenheit gefangen zu bleiben. Solche neurotischen Unterlegenheits- oder Minderwertigkeitsgefühle könnten durch verschiedene Möglichkeiten der Kompensierung maskiert oder reduziert werden. Adler glaubte, dass die besondere Art, wie das Kind mit seinen Minderwertigkeitsgefühlen umzugehen versuche, zu einem Teil einer Lebensleitlinie bzw. zur Besonderheit eines *typischen Lebensstils* werde. Dieser Lebensstil erfülle fürderhin eine höchst eigenständige Funktion innerhalb der Persönlichkeit.

Nach Adlers Auffassung entwickelt sich ein neurotischer Charakter bzw. Lebensstil bereits in den ersten Lebensjahren und ist in den ersten vier bis fünf Jahren weitgehend ausgeformt. Die Bedingungen für ihre Herausbildung sind für Adler ausschließlich zwischenmenschlicher Natur. In der gesunden Persönlichkeitsentwicklung liegt die Kompensationsleistung gegenüber der eigenen »Organminderwertigkeit« in dem Erwerb von Kenntnissen, Fähigkeiten und Kompetenzen im Umgang mit sozialen Erfahrungen, und dies führt in aller Regel zu einem sozial integrierten und sozial verantwortlichen Verhalten und zu einem gesunden Gemeinschaftsgefühl.

Fehlendes Gemeinschaftsgefühl. Hingegen handele es sich bei der neurotischen Entwicklung um eine Verschiebung des Kompensationsvorgangs in einen für die Person und das Gemeinschaftsgefühl irrelevanten Bereich, nämlich in den des sozialen Vergleichs und der sozialen Konkurrenz mit anderen Personen (und das bedeutet: Verlust an Gemeinschaftsgefühl). Statt der »sinnvollen Kompensation« der eigenen konstitutionellen Schwächen und Eigenarten durch ein sachbezogenes, aufgeschlossenes und verantwortungsvolles soziales Engagement wird fürderhin ein Mangel der Stellung des Betroffenen zwischen anderen Mitmenschen zum »wunden Punkt«. Diese Bedeutungsverschiebung führt letztlich zur Mobilisierung persönlicher Energien für eine dem Gemeinschaftsgefühl abträgliche zwischenmenschliche Abgrenzung und Konkurrenz. Deren langfristige Folgen könnten schließlich in eine charakterliche Ambivalenz oder Vereinseitigung in Richtung der (von Adler vorrangig untersuchten) Minderwertigkeitsgefühle und/oder Geltungsbedürfnisse einmünden.

Einflüsse frühen Kindheitserlebens. Ungünstige Wirkungen auf die Person-Entwicklung gehen von den Rückwirkungen und Einflüssen der frühen Erziehungssituation aus (Adler, 1912). Die weitere Entwicklung hängt u.a. davon ab, ob bereits das Kleinkind einerseits gedemütigt und ausgegrenzt wird oder ob es bevorzugt, verzogen oder verwöhnt wird. Als späte Folgen zeigt das Charakterbild psychisch gestörter Erwachsener deshalb entweder aktive Überlegenheits- und Herrschaftstendenzen (wie Trotz, Rechthaberei, Hass, Neid, Geiz, Eifersucht, Stolz, Entwertungsneigungen, Unduldsamkeit, Sadismus) *oder* Unterwürfigkeitseigenarten (wie Masochismus, Bequemlichkeit, Müdigkeit, Schwäche, Ängstlichkeit, Minderwertigkeitsgefühle und Leidensgebärden). Der Charakter erscheint im Licht der vollbrachten individuellen Kompensationsleistungen als eine Schöpfung der psychischen Kräfte des Kindes. Das Kind ist gezwungen, mit von außen auferlegten Lebensaufgaben fertig zu werden. Denken, Fühlen, Wollen, Gedächtnis, Aufmerksamkeit geraten zunehmend in den

Einfluss der Charakterstruktur und werden von dieser für den Lebensplan und den Lebensstil sinngemäß vereinseitigt.

Sozialtheorie. Adlers Persönlichkeitstheorie war von Anfang an eine Sozialtheorie. In der neurotischen Lebensstilentwicklung verliert die betroffene Person ein Gefühl für die sinnhafte Fortentwicklung der zwar konstitutionell beschränkten, für sie ursprünglich dennoch gegebenen Möglichkeiten einer unbeschwerten persönlichen Entfaltung. Sie verliert diese Möglichkeiten durch die zunehmende Orientierung der eigenen Person-Entwicklung an einen Vergleich mit den Eigenarten anderer Menschen. Schließlich gehen den Betroffenen mehr und mehr die sozial akzeptierbare zwischenmenschliche Bezugnahme und ein Gemeinschaftsgefühl verloren.

5.2 Extraversion und Introversion

Nur wenige Jahre nach Adler wurde Carl Gustav Jung aus der *Psychoanalytischen Gesellschaft* ausgeschlossen (1913). Auch er entwickelte in den Folgejahren eine eigene Schulrichtung, die unter der Bezeichnung »Analytische Psychologie« weltweite Verbreitung finden sollte. Wie Adler hatte Jung Schwierigkeiten mit der Überbetonung der Sexualität in der Libidotheorie. Er betrachtete die Libido in einem viel weiter gefassten Sinn, nämlich als generalisierte Lebensenergie.

Archetypen. Jung (1913) akzeptierte zwar Freuds Betonung des Unbewussten, fügte dieser Vorstellung jedoch das Konzept des kollektiven Unbewussten hinzu. Das kollektive Unbewusste enthält die gesammelten, kollektiv gemeinsam geteilten Erfahrungen vergangener Generationen im Unterschied zum individuellen Unbewussten. In den wichtigsten Bestandteilen des kollektiven Unbewussten, den sog. »Archetypen«, ist das archaisch Mögliche der menschlichen Charakterausformung festgehalten. Archetypen umfassen mythologische Motive (wie Held, Erlöser, Ungeheuer, Höhlenfantasien usw.), die entscheidend die Entwicklung eines Menschen beeinflussen könnten. Archetypen werden zumeist in Fantasien und inneren Bildern lebendig.

Jung nahm natürlich nicht an, dass diese Fantasien und Bilder angeboren seien. Es ging ihm mit der Archetypenmetapher eher um die Konzeptualisierung grundsätzlicher Strukturierungsprinzipien, die die psychischen Prozesse, wenn sie ins Bewusstsein gelangen, in Form einer Kerngrammatik der Person-Entfaltung ordnen helfen können (von Jung besonders anschaulich dargelegt in den »Tavistock-Lectures«, 1935). In diesem Sinn erhielt die Libido als innere Lebensenergie eine neue Bedeutung, als sie unter dem Aspekt kollektiver Präformierung über den engen Blickwinkel der Sexualität hinaus alles beinhalten konnte, was im weitesten Sinne als »Liebe« und »positive Lebenskraft« ausdeutbar war.

Selbst und soziale Bezogenheit. Für die Persönlichkeitsentwicklung eines Menschen spielen laut Jung die Prozesse der »Individuation« und der Entwicklung eines »Selbst« eine besondere Rolle. Er betont die Möglichkeit jedes Menschen zur Gewahrwerdung und Ausgestaltung seiner Einzigartigkeit. Der Individuationsprozess ist ein zielgerichteter Vorgang der persönlichen Selbst-Verwirklichung (Jung, 1928).

In diesem Spannungsverhältnis von Selbst- und sozialer Bezogenheit können jedoch Einseitigkeiten auftreten, die neurotische und charakterliche Fehlentwicklungen beinhalten. Diese hatte Jung bereits zuvor in seiner Typenlehre zu beschreiben versucht (Jung, 1921). Die darin niedergelegten Vorstellungen von einer Persönlichkeitsentwicklung waren von ihm schon mehrfach in den Jahren zuvor angedeutet worden (1913) und fußen im Kern auf Freuds Überlegungen zu den Unterschieden, mit denen narzisstisch gestörte (für Freud: »schizophrene«) Menschen bzw. hysterisch-neurotische Personen zwischenmenschliche Beziehungen aufnehmen konnten (→ Abschn. 4.4).

Extraversion und Introversion. Die Hysterie hatte demnach eine über die Norm hinausreichende Intensität der Beziehungen zum Objekt (und damit eine gute Übertragungsfähigkeit), während der Schizophrenie eine grundlegende Störung in der zwischenmenschlichen Beziehungsfähigkeit unterstellt wurde. Die Hysterie sei – so Jung – gekennzeichnet durch eine zentrifugale Bewegung der Libido, während bei der Dementia praecox (Schizophrenie) die Bewegung mehr eine zentripetale sei – ein Versinken in sich selbst und Verschließen nach außen hin. Er postulierte zwei grundsätzliche Bestrebungsmöglichkeiten der Libido, die »Extraversion« und die »Introversion«.

In seiner Schrift »Psychologische Typen« (1921) entfaltete Jung die Idee, dass sich schon das Kind von Anfang an mit dieser natürlich gegebenen Ambivalenz zwischen Außen- und Innengerichtetheit libidinöser Tendenzen auseinandersetzen müsse und dass es sich dabei möglicherweise in Richtung Extraversion oder Introversion vereinseitigen könne.

Typenlehre. In einem langen Überblick von fast zwei Dritteln seiner 700 Seiten umfassenden Typenlehre versucht Jung (1921) aus den Werken von Theologen, Philosophen, Psychologen und Dichtern seine These zu belegen, dass es ein höchst extravertiertes und ein höchst introvertiertes Bild von der Welt und damit eine grundlegende Vereinseitigung der charakterlichen Entwicklung von Menschen gibt, so z. B. an den Streitigkeiten zwischen Tertullian und Origenes, Augustinus und Pelagius, den mittelalterlichen Realisten und Nominalisten und den Divergenzen zwischen Luther und Zwingli.

Die Konzepte »Introversion« und »Extraversion« sind längst in die testdiagnostische Bewertung von Persönlichkeitsstörungen eingegangen, ohne dass von vielen ihrer Nutznießer jeweils nachvollzogen wird, wo eine der wohl wichtigsten Wurzeln der psychologischen Ausarbeitung dieser Konstrukte zu suchen ist. Für Jung dienten sie zur Beschreibung der Dynamik von Selbst- und Objekt-Beziehung. Er betrachtete es als kontinuierliche Lebensaufgabe eines Menschen, diese gegensätzlichen Kräfte balanciert auszugleichen und sie zu integrieren.

5.3 Selbstaufgabe und Selbstentfremdung

Der stark expandierenden Gruppierung der Psychoanalytiker, die sich in den Vereinigten Staaten um den Aufbau einer psychoanalytischen Vereinigung und um die Integration des psychoanalytischen Gedankenguts an den Universitäten bemühten, waren in den 1930er-Jahren eine Reihe von Emigranten aus den deutschsprachigen Ländern beigetreten, wie z. B. Erich Fromm und Karen Horney. Doch auch sie mussten schon bald – Anfang der 1940er-Jahre – mit zahlreichen anderen wegen ihrer recht eindeutigen Kritik an der Triebtheorie eigene Wege gehen.

Neoanalyse. Eine dieser ausgegrenzten Gruppen (der u. a. Harry Stack Sullivan und Erich Fromm angehörten) gründete 1943 die sog. Washingtoner Schule für Psychiatrie. Einer anderen Gruppierung (um Karen Horney) gelang 1944 erstmals die Angliederung eines psychoanalytischen Instituts an eine medizinische Ausbildungsstätte. Diese Gruppierungen nutzten im Unterschied zu Adler und Jung ihren Ausschluss nicht dazu, eigene Therapieschulen zu gründen. Vielmehr betrachteten und vertraten sie ihre Ideen als zeitgemäße Fortentwicklung der ursprünglichen Psychoanalyse. Und ihre neopsychoanalytischen Nachfolger tun dies bis heute, weshalb es in den USA bisweilen schwer fällt, die Nachfolger Freuds von den Nachfolgern der Neoanalytiker zu unterscheiden.

Karen Horney. Karen Horneys Überlegungen reflektieren vor allem soziale und kulturelle Strömungen in den USA der 1930er- und 1940er-Jahre. Angesichts einer von ihr als potenziell feindselig beschriebenen Umwelt richtet sie ihr Hauptinteresse auf die Frage, wie ein Individuum versucht, mit einer aus Erziehung und Sozialisation hervorgehenden *Grundangst* umzugehen. In ihrer Konzeption der Person-Entwicklung gibt es dazu grundsätzlich zwei Wege (Horney, 1937, 1945). In dem einen Fall ist dem Kind eine Erziehungssituation beschert, die eine befriedigende Selbstverwirklichung ermöglicht. Im ungünstigen Fall jedoch wird die Grundangst zum existenziellen Faktor, gegen den sich das Kind (später der Erwachsene) mit bestimmten Abwehrhaltungen zu schützen versucht. Den unterschiedlichen Formen der Abwehr ist gemeinsam, dass sie eine Konfrontation mit der Grundangst vermeiden helfen, wodurch die ursprünglichen Anlässe und Eigenarten der Angst immer geheimnisvollere und idiosynkratischere Qualitäten entfalten.

Soziale Angst und Selbstentfremdung. Horney beschreibt vier Formen der Fehlentwicklung, die Vereinseitigungen der Persönlichkeitsentwicklung darstellen und damit zu einer »Verarmung der Persönlichkeit« beitragen können (1945; dt. 1984, S. 133 ff.):

▶ Neurotizismus: Es handelt sich um die Dominanz einer neurotischen Tendenz zur Abwehr, Unterdrückung und Leugnung negativer Gefühle, die in paradoxer Weise in einer dependenten, versöhnlichen und ausgleichenden Grundhaltung ihren Niederschlag finden kann.

▶ Zwanghaftigkeit: Das zwanghafte Bedürfnis steht für eine emotionale und räumliche Distanz zur Umwelt, die von anderen und schließlich von sich selbst entfremdet und zu zunehmender (selbst verursachter) Frustration führen kann.

- ► Idealisierung des Selbst: Die innere Ausrichtung auf eine »Idealisierung des Selbst« verhindert eine der Wirklichkeit entsprechende Erfahrungsausweitung.
- ► Projektion: Eine Neigung zur Projektion ermöglicht eine Externalisierung, durch die Gründe für eigene Schuld und eigenes Versagen als von außen verursacht erfahren und konzeptualisiert werden.

Selbstunsicherheit. Das Fehlen von Verantwortungsgefühl, Spontaneität, Selbstvertrauen und Aufrichtigkeit (als die zentralen Merkmale einer gesunden Persönlichkeitsentwicklung) ist verantwortlich für den beschriebenen Circulus vitiosus. Die Vermeidung einer konstruktiven Auflösung zwischenmenschlicher Angsterfahrungen konfrontiert die Betroffenen umso stärker mit einer unklaren Grundangst und macht umso dringlicher einen erneuten Rückzug auf die einmal erworbenen Grundmuster der Angstabwehr erforderlich. Karen Horney hat unverkennbar Einflüsse auf die spätere Konzeptbildung der Persönlichkeitsstörungen ausgeübt, wobei sich wesentliche Aspekte ihrer Überlegungen in den Ausarbeitungen einer ängstlich-vermeidenden bzw. selbstunsicheren Persönlichkeit wiederfinden (→ Kap. 15).

5.4 Gehemmte Intentionalität

Dass Harald Schultz-Hencke gegenüber der psychoanalytischen Triebtheorie eine kritische Stellung einnahm, ist ihm vielfach und fälschlicherweise als wissenschaftlicher Opportunismus zur Zeit seiner Tätigkeit am *Deutschen Institut für psychologische Forschung und Psychotherapie* während des Dritten Reiches vorgeworfen worden. Sicherlich war der Zwang, freudianische Begrifflichkeiten bei damaliger Publikationstätigkeit tunlichst zu vermeiden, objektiv gegeben. Dass in dieser Zeit einige deutsche Psychoanalytiker versuchten, die erlangten Stellungen und Positionen auf ihre Art durchzuhalten, ist vielfach zu Unrecht kritisiert worden. Denn die Kritiker vergaßen und vergessen gelegentlich, dass es Freud selber war, der diese Haltung nicht nur tolerierte, sondern den Betroffenen ausdrücklich zu ihr geraten hatte (vgl. Gay, 1987; Zander & Zander, 1982).

Integrative Psychotherapie. In Gesamtwürdigung der Arbeiten von Schultz-Hencke muss man zugestehen, dass er unabhängig von gegebenen gesellschaftlich-politischen Zwängen – und zwar bereits von Anbeginn seiner wissenschaftlichen Auseinandersetzung mit der Psychoanalyse an (z.B. 1927, 1931) – eine eigene, in sich stimmige Theorieperspektive zu erarbeiten versuchte. Sie war zudem durch ein spezifisches wissenschaftspolitisches Interesse bestimmt, nämlich die inzwischen sehr über persönliche Divergenzen erfolgte Aufsplitterung in verschiedene tiefenpsychologische Schulen zu überwinden. Schultz-Hencke wollte die inhaltlichen Unterschiede zwischen der Psychoanalyse, der Individualpsychologie Adlers und der analytischen Psychologie Jungs theoretisch zum »Amalgam« eines gesicherten psychoanalytischen Grundwissens neu zusammenfügen. Deshalb ist von den neoanalytischen Richtungen die Konzeption von Schultz-Hencke und seinen Nachfolgern der Psychoanalyse

Freud'scher Prägung zweifellos am nächsten geblieben (vgl. Dührssen, 1973; Riemann, 1961; Rudolf, 1987).

5.4.1 Intentionalität und ihre Störungen

Die Eigenständigkeit des theoretischen Systems von Schultz-Hencke zeigt sich beispielhaft in seinem Bemühen, das triebpsychologische Konzept der Abwehr durch das der *Hemmung* und *Gehemmtheit* zu ersetzen (1940/1946). Diese terminologische Neusetzung ist mehr als nur der schlichte Versuch, psychoanalytische Begrifflichkeiten auszutauschen. Sie beinhaltet eine ausdrücklich alternative Auffassung von der Bedeutsamkeit, die erzieherischen und soziokulturellen Faktoren bei der Persönlichkeitsentwicklung und bei der Entstehung neurotischer Störungen zugesprochen werden sollte.

Intentionalität. Eine zunächst weitgehend ungebrochene Intentionalität stellte für Schultz-Hencke die primäre Wurzel des kindlichen Antriebserlebens dar. Und die in der Psychoanalyse als Triebkraft betonte Sexualität betrachtete er selbst nur als einen, wenn auch wichtigen Anteil im Ensemble möglicher Ausformungen, die das Antriebserleben des Kindes insgesamt ausmachen konnten. Weiter sind es insbesondere die erzieherischen Mittel und Bedingungen der Härte und/oder Verwöhnung, die für spätere neurotische Fehlentwicklungen verantwortlich zeichnen, als sie in der Lage sind, das intentionale Antriebserleben grundlegend zu stören.

Persönlichkeitsstörungen. Besonders krass fallen die Hemmungswirkungen aus, wenn das Antriebserleben und die Intentionalität des Kindes bereits auf seiner frühesten Entwicklungsstufe behindert werden. Die Spätwirkungen dieser frühen, primären Störungen können sich für Schultz-Hencke zu einer sog. »schizoiden Struktur« ausformen (1927). Diese sei durch eine tiefgehende Kontaktstörung gekennzeichnet. Die Beziehung der Betroffenen zu den Mitmenschen und zur Welt bleibe vage, diffus, unklar, zwiespältig und unverbindlich. Der Umgang mit der Welt werde zunehmend vermieden. Die Verursachung dieser tiefgreifend gestörten Beziehungsfähigkeit liege nun genau in einer unmittelbar nach Geburt einsetzenden Behinderung des ursprünglichen »intentionalen Antriebserlebens«.

Für Schultz-Hencke führen die Behinderungen des Kindes, eine emotionale Zuwendung zur Welt ungestört zu vollziehen, zwangsläufig zu einem zunehmenden »Objektverlust«, weil Erkenntnisse über die Objekte (Bezugspersonen) ausbleiben. Diese Erkenntnislücken selbst verhindern, dass es sich weiteren Objekterfahrungen aussetzt. Letztlich schützen die Merkmale der Distanzbedürftigkeit und des Misstrauens in der schizoiden Struktur nicht nur vor angstvoll-unvertrauter emotionaler Nähe, sondern vor einem Offenbarwerden nicht vorhandener Interaktionsfähigkeit.

5.4.2 Phasenmodell

Das weitere Neurosenmodell Schultz-Henckes folgt grob dem Phasenmodell kindlicher Entwicklungsstufen der klassischen Psychoanalyse, wenngleich es sehr differenziert unter der Perspektive psychosozialer Hemmungsprozesse angereichert und ausgearbeitet wird. Danach können die jeweils erreichten Entwicklungsstufen des Antriebserlebens altersabhängig ungünstig beeinflusst und gestört werden – mit entsprechenden Konsequenzen für die spätere Lebensentwicklung. Diese betreffen (jeweils zeitlich aufeinanderfolgend) folgende Strukturen:

▶ Schizoide Struktur: Sie ist Ausdruck einer Intentionshemmung gegenüber engen zwischenmenschlichen Beziehungserfahrungen in der ersten frühkindlichen Entwicklungsphase.

▶ Depressive Struktur: Sie folgt Erfahrungen erzieherischer Härte und / oder Verwöhnung im ersten Lebensjahr, durch die orale oder oral-aggressive Impulse gedrosselt werden.

▶ Zwangsneurotische Struktur: Hier wird ein Antriebsbedürfnis mit bereits ausgeprägter motorischer Handlungsbereitschaft gehemmt, vor allem das Bedürfnis, Besitz zu ergreifen oder sich die Umwelt aktiv zu erschließen.

▶ Hysterische Struktur: Sie geht aus Bedürfnishemmungen im vierten und fünften Lebensjahr (vor allem aus denen eines sexuellen Antriebserlebens) hervor.

▶ Neurasthenische Struktur: Schließlich wollte Schultz-Hencke den vorherrschenden spekulativen, organisch begründeten Hypothesen über die Neurasthenie entgegenwirken. Nach seiner Auffassung handele es sich bei der zwischenmenschlichen Präsentation körperlicher Schwäche und hypochondrischer Symptombilder um ein psychodynamisch erklärbares Syndrom, das sich möglicherweise aus einer Überlappung oder Mischung der übrigen Strukturen und damit aus unterschiedlichen Hemmungserfahrungen der ersten fünf Lebensjahre zusammenfüge.

Schultz-Hencke betont – wie die übrigen Neoanalytiker – vor allem erzieherische und sozialpsychologische Faktoren bei der Persönlichkeitsentwicklung. Auch setzte er sich mit philosophischen und ethologischen Fragen auseinander und postulierte sozialökologische Wirkungen auf die psychische Entwicklung. Nach seiner Auffassung »baut« der Mensch im Verlauf seiner Persönlichkeitsentwicklung beständig an einer Welt, die seinem Antriebserleben keine absoluten Freiheiten lässt, etwa »Interessen geistiger Art … in ihr *beliebig* zu verwirklichen. Infolgedessen ist das Ökonomische in erheblichem Maße unabhängige Variable und das Geistige abhängige Variable« (Schultz-Hencke, 1951, S. 130 f.).

5.5 Krisen der Persönlichkeit und menschliches Wachstum

Von den Neoanalytikern ist Erik Homburger Erikson jener Autor, der auch innerhalb der klassischen Psychoanalyse größeres Ansehen genießt und entsprechend häufig zitiert wird. Dies liegt u. a. daran, dass er in seiner Konzeption die Bedeutsamkeit der frühen Ich-Entwicklung nicht ausdrücklich infrage gestellt hat. Seine kritische (neo-analytische) Position begründet sich damit, dass er die Entwicklungspsychologie der Psychoanalyse zu sehr auf diese frühen Entwicklungsphasen beschränkt sah und dass der Zeit bis zur Neurosenentstehung zu wenig Beachtung geschenkt wurde. Leider sei diese Zeit von Freud programmatisch, wenngleich fälschlicherweise mit dem Begriff »Latenzzeit« belegt worden, weil nach dessen Auffassung die psychosexuelle Entwicklung keine weiteren Fortschritte mache (Freud, 1905b).

Lebenslange Entwicklungen. Erikson kritisierte die starre Begrenztheit dieser Auffassung und war der Ansicht, dass Theorie und Wissen über die Problematik der Erwachsenenneurose dringend weiterer Einsichten und Ordnungselemente für lebenslange Entwicklungen bedürfe (Erikson, 1946). So war er selbst um die Fortschreibung des Phasenmodells über die frühe Ich-Entwicklung hinaus bemüht (Erikson, 1950). Zu Störungen im Entwicklungsverlauf des Menschen könne es durch innere und äußere Konflikte kommen, die je nach erreichtem Lebensalter eine unterschiedliche Bedeutung und Wertigkeit haben, weil die Bezugsgruppen und die gesellschaftlichen Bedingungen wechseln.

> **Lebenskrisen.** In Eriksons Arbeiten nimmt das Konzept der Lebenskrisen einen besonderen Stellenwert ein, mit dem er die altersabhängigen Auswirkungen äußerer und innerer Konflikte zu fassen versucht. Das Durchlaufen einer altersabhängigen Lebenskrise bedingt nicht nur eine Störung oder Bedrohung der weiteren Persönlichkeitsentwicklung, sondern Krisen in der Persönlichkeitsentwicklung bieten zugleich immer besondere Chancen für die Bewährung sowie für die Festigung und Weiterentwicklung persönlicher Möglichkeiten und der seelischen Gesundheit. Für die Persönlichkeitsentwicklung ist bedeutsam, wie Lebenskrisen innerhalb bestimmter Lebenszyklen gelöst werden, um den ihnen zugeschriebenen gesunden Anteil zu erreichen.

Erikson setzt nun die Entwicklungszyklen, wie sie der Reihe nach von Menschen durchlaufen werden, zu allen bisherigen in Beziehung und nutzt sie so als Matrix für ein Verständnis des ganzen bisherigen Lebens. Er unterscheidet von der Geburt bis ins hohe Alter insgesamt acht Lebensphasen.

Urvertrauen gegen Urmisstrauen. Diese Periode entspricht der oralen Phase der Ich-Entwicklung in der Psychoanalyse und beinhaltet den Erwerb eines Grundvertrauens oder aber eines grundlegenden Misstrauens in die zwischenmenschliche Beziehungsfähigkeit.

Autonomie gegen Scham und Zweifel. Diese Entsprechung der analen Phase im zweiten und dritten Lebensjahr verlangt vom Kind bei Reifung der Muskulatur den Grunderwerb einer lokomotorischen Kontrolle in einem interpersonellen Gefüge. Im ungünstigen Fall können bei Misserfolgen und Niederlagen des Kindes durch Kritik und Abwertung erste Beschämungen und Zweifel ausgelöst werden. Erfolgreich überwunden wird diese Periode, wenn dem Kind Selbstbeherrschung ohne Verlust des Selbstgefühls zuwächst.

Initiative gegen Schuldgefühle. Diese Periode entspricht der »ödipalen Phase«, und das mögliche Krisenerleben wird von Erikson in Entsprechung zum psychoanalytischen Verständnis dem konflikthaltigen Dreiecksverhältnis zwischen Eltern und Kind zugeschrieben. Gelingt dem Kind nicht der Schritt hin zur selbstsicheren Eigeninitiative, können schuldgefühlsbehaftete Passivität, sexuelle Identitätsstörungen und dissozial-psychopathisches Ausagieren resultieren.

Werksinn gegen Minderwertigkeitsgefühle. Dies ist die Zeit, in der in fast allen Kulturen irgendeine systematische Unterweisung und Unterrichtung des Kindes stattfindet. Im Übergang vom spielerischen Handeln zum Erleben sinnerfüllter Tätigkeit kann das Gefühl, anderen nützlich sein zu können, grundgelegt werden (das meint »Werksinn«). Die Gefahr ungünstig überfordernder oder einseitiger Erziehung – auch in der schulischen Umgebung – liegt in der Vermittlung persönlicher Unzulänglichkeit und Minderwertigkeit.

Identität gegen Identitätsdiffusion. Mit etwa zwölf Jahren tritt der Jugendliche in die Adoleszenz-Phase ein, in der Erikson eine »innerpsychische Revolution« als bedeutsamen Entwicklungsschritt beschreibt: das Suchen und Erleben erster Intimität mit familienfremden Personen, die beginnende Teilnahme am gesellschaftlichen Wettbewerb sowie die Notwendigkeit, im Übergang zum Erwachsensein eine psychosoziale Selbstdefinition zu finden. Ungünstige Entwicklungen können zu schweren Identitätskrisen führen, die gelegentlich lebenslang bestehen bleiben, und in kriminelle oder sexuelle Fehlentwicklungen einmünden.

Intimität gegen Isolation. Mit dem Eintritt ins Erwachsenenalter streben Menschen langfristige Bindungen und die Gründung einer Familie an. Ausgrenzung aus Beziehungen und das eigene Vermeiden sozialer Kontakte kann zu zunehmenden Unsicherheiten und sozialen Ängsten führen, die das Risiko der Isolation erhöhen. Bei extremer Isolation besteht die Gefahr einer Psychopathischen Persönlichkeitsstörung, die durch Gefühlskälte und Ausbeutung anderer oder durch ein Unvermögen zu vertrauensvollen und dauerhaften Beziehungen gekennzeichnet ist.

Generativität gegen Stagnation. Die Lebensphase zwischen 25 und 65 steht für die meisten Menschen im Zeichen der Erziehung der nächsten Generation(en) sowie der eigenen Produktivität. Generativität beinhaltet ein über die engen familiären Bande hinausreichendes persönliches Engagement für günstigere Lebensbedingungen der kommenden Generation(en). Wer nicht zur Generativität in der Lage ist, steht in der Gefahr, zu stagnieren, egozentrisch zu werden und damit in der Persönlichkeitsentwicklung zu verarmen.

Ich-Integrität gegen Verzweiflung und Ekel. Das hohe Lebensalter erfordert eine Bilanz des Lebens. In einem positiven Sinne kann diese Lebenskrise durch eine Bejahung des individuellen Schicksals und in einer Akzeptanz der eigenen Endlichkeit überwunden werden. Im ungünstigen Fall tut sich Verzweiflung über das eigene Schicksal auf, die nach außen hin sichtbar werden kann durch Ekel, Lebensüberdruss, Bitterkeit, Todesangst und eine chronische Verächtlichmachung bestimmter Institutionen und Personen.

Eriksons Plädoyer, bei der Persönlichkeitsbeurteilung und bei der Bewertung psychischer Störungen über die Analyse frühkindlicher Erziehungsbedingungen hinauszublicken und die Lebensspanne insgesamt zu berücksichtigen, hat in der psychoanalytischen Bewegung zunächst gleichermaßen Zustimmung wie Ablehnung erfahren. Inzwischen wird jedoch allgemein akzeptiert, dass in dieser Perspektiverweiterung wesentliche Möglichkeiten und Notwendigkeiten liegen, auch in einem Verständnis der Persönlichkeitsstörungen voranzukommen.

5.6 Die Angst vor der Freiheit: Unterwerfung oder Auflehnung

Erich Pinchas Fromm war fest davon überzeugt, dass der Mensch, sobald er aufhört, das Leben zu bejahen, ein Opfer von Neurosen und psychischen Störungen werde. Sein erstes Buch (»Escape from Freedom«, 1941; dt.: »Die Furcht vor der Freiheit«, 1983), das angesichts der bedrohlichen Entwicklungen im Dritten Reich verfasst worden war, gilt als Klassiker seiner Auffassungen. Er begründet darin auch seine kritische Haltung gegenüber den metatheoretischen Grundlagen der Psychoanalyse Freud'scher Prägung – eine Haltung, die schließlich Grund dafür war, zusammen mit Horney, Sullivan und anderen eigene Wege zur Fortentwicklung der Psychoanalyse zu suchen.

Die Furcht vor der Freiheit. Fromm warnt in diesem Buch vor der verführerischen Pseudosicherheit totalitärer Staaten, aber auch vor der Scheinsicherheit merkantilistisch-kapitalistischer Gesellschaftsformen. Letztere suggeriere eine immer größer werdende Freiheit, die den Menschen letztlich jedoch zunehmend von der ihm innewohnenden Natürlichkeit isoliere.

> Im Spannungsfeld zwischen der Pseudosicherheit totalitärer Gesellschaftsstrukturen und der Scheinfreiheit kapitalistischer Expansionsmöglichkeiten bleiben dem Menschen nur zwei Möglichkeiten: Er kann kreativ und produktiv werden und in gesellschaftlich verantwortlicher Weise und unter Behalt seiner Selbstachtung seine eigenen Bedürfnisse im Sinne kollektiv-solidarischer Anforderungen fortentwickeln. Oder er kann sich der gesellschaftlichen Autorität und ihren Ansprüchen beugen und zu einem gut funktionierenden Werkzeug im Dienste totalitärer Forderung oder merkantilistischer Produktion werden.

In seinen theoretischen Ausarbeitungen hat Fromm die Möglichkeit des Menschen zur Menschlichkeit in Freiheit betont. Psychische Störungen und charakterliche Fehlentwicklung werden als Ergebnis eines angstvollen Verzichts auf den Mut zur Freiheit dargestellt. Folglich lägen die Wurzeln psychischer Fehlentwicklungen nicht in einer misslungenen oder fehlerhaften Sublimierung menschlicher Triebe, wie dies die Freudianer vermuteten. Charakterliche und psychische Störungen entstünden vielmehr aus einem Mangel an Individuation und aus einem Konformismus, einer Anpassung und entmenschlichten Unterwerfung unter gesellschaftliche Zwänge.

Freiheit und Wahl. Das ständig wiederkehrende Thema in Fromms Arbeiten zur Person-Entwicklung ist die Betonung eines existenziellen Dilemmas. Der Mensch ist einerseits ständig bemüht, die drohende Einsamkeit durch eine Suche nach Bezogenheit und Individuation zu überwinden. Andererseits sieht er sich in seinem Streben nach kreativer Produktivität in wachsendem Maße von den gesellschaftlich aufgezwungenen Produktionsmethoden behindert. Anders als bei Freud hat der Mensch in Fromms Konzeption die Möglichkeit der Wahl und Entscheidung. Der Mensch ist in der Lage, sich von den Ketten der Pseudofreiheit totalitärer Systeme wie von der Scheinfreiheit in kapitalistischen Gesellschaftsformen zu befreien. Er kann sogar heroische Haltungen einnehmen, wenn er Ja zum Leben, zur Liebe und Vernunft sagt und sich dem Tod aktiv widersetzt.

Persönlichkeitsstörungen

Fromm war also der Meinung, dass Umweltbedingungen oder gesellschaftliche Umstände die Entwicklung des Individualcharakters fördern oder behindern oder dass sie die Preisgabe des Individuellen im Gesellschaftscharakter erzwingen, je nach Liberalität oder Stringenz der Gesellschaftsanforderungen. Entsprechend hat er eine Reihe von Charaktertypen ausgearbeitet, die er nach produktiven und nichtproduktiven Merkmalen unterscheidet (1941). Zur produktiven Kategorie gehören Liebe, Kreativität, die Suche nach der Wahrheit, geistige Eigenschaften, Individuation, Vernunft und Lebensbejahung. Zu den nichtproduktiven Charakterkategorien mit gegebenem Risiko der Entwicklung von Persönlichkeitsstörungen gehören:

- ▶ Rezeptive Charaktere: Sie sind charakterisiert durch ein tiefes Bedürfnis nach externaler Unterstützung durch Eltern, Freunde und Autoritäten. Häufig findet sich eine bis ins Masochistische reichende Unterwürfigkeit.
- ▶ Ausbeuterische Charaktere: Bei diesen dominiert die Neigung zur Ausbeutung und Ausnutzung anderer Menschen. Sie versuchen, anderen abzupressen, was sie nur immer erreichen können. Es zählt das Haben und nicht das Sein.
- ▶ Hortende Charaktere: Es handelt sich um zwanghaft um Ordnung und Sicherheit bemühte Menschen, die um sich selbst eine Schutzmauer aufbauen und nichts von Dingen, die zur eigenen Person gehören, nach außen dringen lassen.
- ▶ Merkantile Charaktere: Diese Menschen sind extrem bemüht, den Erwartungen anderer voll und ohne Anlass zur Kritik zu entsprechen. Dieses (geschäftstüchtige) Gebaren ermöglicht ein hohes Maß an Stabilität, wenn es denn gelingt, sich geflissentlich anzupassen und sich gut zu »verkaufen«.
- ▶ Nekrophile Charaktere. Bei ihnen ist das Element der ausbeuterischen Destruktivität dominant. Eine tiefe Angst vor dem Leben erfüllt sie, weil es ungeordnet und unkontrollierbar erscheint. In der Konsequenz bedeutet »Gerechtigkeit« korrekte und geordnete Teilung; sie sind im Extrem bereit, für das, was sie »Recht und Ordnung« nennen, zu töten und zu sterben.

Fromm hat zeitlebens versucht, psychoanalytische Konzepte und die Grundsätze des humanen Marxismus miteinander in Einklang zu bringen, womit er über Freud und Marx hinauszugehen versuchte (beiden hat er kritische Biografien gewidmet; 1959, 1961). Seine Ausarbeitungen waren von der Hoffnung getragen, die psychoanalytische »Metatheorie« unter Einbezug humanphilosophischer, soziologischer und historischer Gesichtspunkte fortzuschreiben. Im Gesamtwerk bleiben die psychischen Störungen und Charakterstörungen weitgehend sekundär, verglichen mit der Ausführlichkeit, mit der Fromm sich Fragen der Individuation, Freiheit, Liebe und Vernunft widmet.

5.7 Zwischenmenschliche Unsicherheit und soziale Angst

Von den Neoanalytikern, die in diesem Kapitel vorgestellt werden, ist Harry Stack Sullivan der Einzige, der in den USA geboren und ausgebildet wurde und der niemals direkten Kontakt mit Freud hatte. Rückblickend kann uneingeschränkt festgestellt werden, dass von Sullivan – im Vergleich zu anderen neoanalytischen Konzeptionen – die bedeutsamsten Wirkungen auf Entwicklungen in der klinisch-psychologischen und psychiatrischen Erforschung psychischer Störungen ausgegangen sind.

5.7.1 Persönlichkeitsstörungen

Obwohl Sullivan in seiner Buchpublikation über die Grundkonzepte der Psychiatrie seiner Zeit (1940) einen Vorschlag zur Systematisierung von Persönlichkeitsstörungen vorlegte, nahm er darauf in späteren Arbeiten zur interpersonellen Theorie der Psychiatrie nicht erneut Bezug. Die von ihm vorgeschlagene Typologie ähnelt in ihrem Anspruch sehr der etliche Jahre zuvor von Kurt Schneider vorgelegten Systematik (→ Abschn. 3.1). Beide sind ausgesprochen beschreibend und atheoretisch gehalten und wurden auf Persönlichkeitsauffälligkeiten beschränkt, die in der psychiatrischen Praxis am häufigsten vorkommen.

Übersicht

Wegweisende Typologie
In der Systematik von Sullivan (1940) hatten die folgenden Persönlichkeitsbeschreibungen beträchtlichen Einfluss auch auf die spätere Ausarbeitung und Fortentwicklung im DSM.
Nicht integrierte Persönlichkeiten. Wechselhafte zwischenmenschliche Beziehungen; Schwierigkeit, aus Erfahrungen zu lernen; Nichtbeachtung der interpersonellen Konsequenzen des eigenen Verhaltens; Oberflächlichkeit und wechselnde Neigungen; Verwunderung über Unzufriedenheit und abweisende Reaktionen anderer Personen.

Selbstversunkene Persönlichkeiten. Selbstbezogenes Fantasieren; die Welt um sie herum besteht nur aus »guten« und »bösen« Anteilen; sie betrachten zwischenmenschliche Beziehungen entweder als wunderbar oder abscheulich; vielfältige intime Beziehungen, die jeweils jäh schmerzhaft in die Brüche gehen, ohne dass nachträglich bedeutsame Konsequenzen aus Erfahrungen gezogen werden.

Unverbesserliche Persönlichkeiten. Unterschwellige Feindseligkeit gegenüber anderen Menschen; unfreundliche, mürrische und einschüchternde Interaktionsmuster; Autoritäten werden als feindselig betrachtet; Neigung, sich über Menschen in superioren Positionen heftigst zu beklagen.

Negativistische Persönlichkeiten. Tiefsitzende innere Unsicherheit; einerseits werden die Ansichten anderer Personen unterstützt, gleichzeitig kommt es zu passiven bis heftigen Widerständen gegenüber Anforderungen; Konfliktlösung und Aussöhnung mit anderen ist nur in einer zynisch-pessimistischen Weise möglich.

Ehrgeizbesessene Persönlichkeiten. Sie sind charakterisiert durch eine besondere Tendenz zur Ausbeutung anderer und durch ein besonders auffälliges skrupelloses und konkurrierendes Verhalten.

Dissoziale Persönlichkeiten. Sie leben sozial distanziert und allein; grundlegende Unfähigkeit zur Aufnahme warmer, herzlicher und persönlich befriedigender Beziehungen; sie können und wollen nicht akzeptieren, dass es Menschen gibt, die ihnen gegenüber wohlgesonnen sind; einige Dissoziale seien hoch sensitiv, andere wirkten extrem abgestumpft und ließen sich ohne Intimbeziehung durchs Leben treiben.

Inadäquate Persönlichkeiten. Bedürfnis nach Führung und Anleitung durch strenge Personen, die zugleich besonders hohe Ansprüche an alltägliche Entscheidungen stellen; die Betroffenen haben gelernt, dass eine anklammernde Hilflosigkeit die besten Möglichkeiten zur Lebensbewältigung bietet.

Chronisch adoleszente Persönlichkeiten. Kontinuierlich auf der Suche nach Idealen, sehen sie ihre Wunschträume jedoch nie in Erfüllung gehen – dies insbesondere dort nicht, wo sie die Idealvorstellungen auf einen Liebespartner ausrichten. Tiefe Frustration, Zynismus, neue Begierden oder völliger Rückzug usw. seien die Folge.

Einige der von Sullivan ausgearbeiteten Typen (nicht integriert; inadäquat) fanden Eingang in die ersten beiden Ausgaben des *Diagnostic and Statistical Manual of Mental Disorders* (DSM-I / -II; APA, 1952, 1968). Die von Sullivan beschriebenen Charaktereigenarten einer dissozialen Persönlichkeit zählen in den aktuellen Versionen des DSM-IV-TR = DSM-5 und der ICD-10 zu den zentralen Kriterien (→ Kap. 14).

5.7.2 Interpersonelle Theorie

Mit seinem Austritt aus der amerikanischen Psychoanalyse-Vereinigung (Anfang der 1940er-Jahre) verlagert Sullivan sein wissenschaftliches Interesse fast ausschließlich auf die Ausarbeitung seiner »Interpersonellen Theorie der Psychiatrie« (1953). Im Kreis der US-amerikanischen Neoanalytiker wird er alsbald derjenige, der gemeinsam mit Erich Fromm die Rolle der sozialen und interpersonellen Faktoren für die menschliche Entwicklung konsequent herausarbeitet. So betont bereits seine Definition von Persönlichkeit ihre zwischenmenschlichen Eigenarten.

> **Definition**
>
> »Persönlichkeit ist das überdauernde Muster wiederkehrender interpersoneller Situationen, die ein menschliches Leben charakterisieren« (Sullivan, 1953; dt. 1980, S. 137).

Personifizierung und Selbst-System. Das zentrale Konzept zur Beschreibung der Persönlichkeitsentwicklung ist das der Personifizierung eines eigenen Selbst (oder Selbst-Systems). Das Selbst-System besteht aus zwei Grundmustern: einerseits aus Erfahrungen und der Umsetzung dieser Erfahrungen in eine An-Sicht der eigenen Person (ihrer selbst) und andererseits aus jenen Erfahrungen und den daraus folgenden An-Sichten anderer Personen (der Objekte). Es handelt sich beim Selbst-System um eine Struktur von Glaubenssätzen, Generalisierungen und Annahmen über interaktionelle Erfahrungen und Wahrnehmungen, die der Mensch im Laufe des Lebens macht. Wichtig jedoch: Die Personifizierung des Selbst ist die *fortwährende* Integration interpersoneller Situationen und damit *immer* ein reziproker Prozess, der ausgesprochen gefühlsmäßig organisiert ist.

Das, was die Person als »Selbst-Konstruktionen« über sich selbst und über die anderen entwickelt, ist ein affektiv gesteuertes Netz erklärender, kognitiv-theoretischer Konstruktionen. Sie werden entscheidend beeinflusst durch eine reziproke Gefühlsstruktur in für sie prägenden Interaktionen. Auf diese Weise setzte sich Sullivan deutlich von Überlegungen ab, die innerhalb der Psychoanalyse zu Prozessen der »Introjektion« oder »Inkorporation« angestellt worden waren. Er vertritt zwar auch die Meinung, dass die Bezugspersonen an der Ausbildung und Entwicklung des Selbst-Systems beteiligt sind. Für ihn sind die introjektiven Wirkungen jedoch und vor allem durch die Qualität der Interaktionssituation selbst bestimmt (besser: verfremdet). Das, was man »Introjektionen« nennen könne, entspreche nur mehr höchst selten den Normen und Ansprüchen, die von den Bezugspersonen vermittelt würden. Entscheidendes Transfermittel sei vielmehr die jeweilige emotionale Qualität der interpersonellen Sequenz, in der sich Normierungen und Ansprüche vermittelten.

Bedürfnisse gegen Angst. Am Prozess der Selbst-System-Entwicklung und Wirklichkeitsentfremdung ist der Betreffende also selbst maßgeblich beteiligt, und zwar durch zwei interpersonell bedeutsame Bedürfnistendenzen, die sich immer wechselseitig beeinflussen:

▶ Einerseits handelt es sich dabei um eine *Tendenz zur interpersonellen Bedürfnisbefriedigung*, die jeweils zugleich von Interessen geleitet oder erkenntnisanreichernd sein kann.

▶ Andererseits handelt es sich um eine gegenläufige *Tendenz zur Angstminimierung*, die sich aus einem dem Selbst-System inhärenten Bedürfnis nach Selbstsicherheit ergibt. Diese Funktion entspricht jeweils zugleich einem grundlegenden Bedürfnis des Menschen nach zwischenmenschlicher Sicherheit.

Die Tendenz zur Angstminimierung ist der Tendenz zur Bedürfnisbefriedigung immer entgegengerichtet. *Interpersonelle Angst* lässt sich durch die betreffende Person selbst nur sehr bedingt beeinflussen und steuern. Sie wird fast immer durch Interaktion und Beziehung ausgelöst, schon weil sich deren Ergebnis selten genau voraussagen lässt. Interpersonelle Angst ist folglich immer mehr oder weniger gegenwärtig, wenn Menschen miteinander interagieren: jeweils mehr durch bedrohliche und aversive Vergangenheitserfahrungen und Zukunftserwartungen der Beteiligten, jeweils weniger vorrangig dann, wenn neue, unerwartete, d. h. im jeweiligen Selbst-System noch nicht repräsentierte Interaktionserfahrungen gemacht werden. Angesichts angstvoller Interaktionserfahrungen oder Bedrohungserwartungen steigt die Tendenz zur Angstminimierung und beschränkt die bis dahin interaktionsbestimmende Tendenz zur Bedürfnisbefriedigung.

Sicherheitsoperationen. Für Sullivan ist das Selbst-System ein »Anti-Angst-System«. Prozesse, die Angst minimieren, bezeichnet Sullivan als Sicherheitsoperationen. Mit diesem Begriff ersetzt er den der Abwehr, der in der Psychoanalyse zumeist eine Negativbedeutung besitzt. Sicherheitsoperationen können nach seiner Auffassung sowohl ungünstige (neurotische) Entwicklungen als auch günstige Persönlichkeitsentwicklungen einleiten und befördern. Als ungünstige Sicherheitsoperationen zur Verminderung interpersoneller Angst gelten z. B. Apathie, Lethargie, irrationale Wut, steriler Zorn, Verweigerung, Projektion sowie eine ganze Reihe weiterer Interaktionsmuster im Bereich zwischenmenschlicher Kommunikation und Beziehungen (Sullivan, 1953).

Für Sullivan ist insbesondere die Fähigkeit zur »selektiven Unaufmerksamkeit« gegenüber Angsterfahrungen von herausragender Bedeutung für zugleich ungünstige wie günstige Entwicklungen. Die Befähigung zur selektiven Unaufmerksamkeit gegenüber sozialer Angst ist für ihn der Schlüssel ganz allgemein zur Person-Entfaltung und damit zur Herausbildung persönlicher Stärken und Schwächen, die eine Person ausmachen.

Späte Kindheit und Jugend. Ähnlich wie Erikson kritisiert Sullivan die »konzeptuelle Unaufmerksamkeit« der Psychoanalytiker gegenüber der »Latenzzeit« jenseits des »Ödipuskomplexes«. Für ihn stellen gerade die Phasen der Präadoleszenz und des Jugendlichseins wichtige Besonderheiten für die Persönlichkeitsentwicklung bereit. Wo diese Wirkungen in Schule und Freundschaft und bei zunehmender interpersoneller Konkurrenz auf die Prozesse der Selbst-System-Entfaltung keine Beachtung fänden, könnten auch die Person-Eigenarten des Erwachsenen und die daraus resultierenden interpersonellen Vereinseitigungen nur unvollkommen erklärt werden.

Sullivan selbst befasste sich nur am Rande mit den Persönlichkeitsstörungen. Sein Interesse galt primär dem interpersonellen Verständnis neurotischen und noch mehr dem schizophrenen Verhaltens. So sollte die Bedeutung der interpersonellen Theorie für eine Beschreibung, Erklärung und Erforschung von Persönlichkeitsstörungen erst durch Sullivans Schüler und Nachfolger herausgearbeitet und fortgeschrieben werden.

5.8 Die persönliche Lösung interpersonell-gesellschaftlicher Konflikte

Was die Fortentwicklung von Verstehens- und Behandlungsansätzen im engeren Bereich der Persönlichkeitsstörungen angeht, so war dieses Thema in allen bisher dargestellten tiefenpsychologischen »Schulen« über viele Jahre hinweg nur sehr peripher bedeutsam. Auch die unmittelbaren Nachfolger von Sullivan beschäftigten sich zunächst vorrangig mit der Erklärung und Behandlung neurotischer Störungen. Wie bei den Freudianern verlagerte sich erst Mitte der 1960er-Jahre das Interesse erneut auf die Persönlichkeitsstörungen zurück – übrigens ganz ähnlich wie in der Psychiatrie und Klinischen Psychologie ganz allgemein.

Soziale Rollen und Rollenkonflikte

Die dabei einsetzenden Ausdifferenzierungen lassen sich jetzt nicht mehr so ganz eindeutig innerhalb der einzelnen neoanalytischen Denkrichtungen weiterverfolgen. Vielmehr vermischen sich die Perspektiven zunehmend und werden unter der Bezeichnung »Interpersonelle Psychotherapie« gemeinsam vertreten (vgl. Anchin & Kiesler, 1982). Als eine Gemeinsamkeit gilt jedoch, dass sie im Unterschied zu den Freudianern stets bemüht waren, ihre Hypothesen in empirischer Forschung zu überprüfen. Sie gründeten u. a. die international vernetzte *Society for Psychotherapy Research*, in der bis heute Psychotherapieforscher unterschiedlicher Psychotherapieschulen intensiv zusammenarbeiten.

Eine weitere Gemeinsamkeit besteht darin, dass innerhalb der Nachfolgegeneration der Neoanalytiker die Besonderheit psychischer Störungen und abweichenden Verhaltens nicht mehr nur als inneres Leiden der Menschen gesehen wird, sondern als soziale Rolle oder als Ergebnis von Rollenkonflikten. Das Rollenverhalten und vorhandene Rollenkonflikte können nur in Begriffen der Kommunikation und Interaktion gefasst werden. Diese existieren nicht an sich, sondern sind immer Teil einer Struktur zwischenmenschlicher Beziehungen. Damit hatte sich eine ausdrücklich sozialpsychologische und soziologische Sichtweise psychischer Störungen etabliert.

Soziale Konflikte und Konfliktangst

Der Gedanke, dass die objektive Lage, in der sich ein Individuum befindet, Ursache und nicht Folge seiner subjektiven Seins- und Denkweise ist, wird in den 1960er- und 1970er-Jahren am klarsten in der neoanalytisch geprägten Antipsychiatriebewegung aufgegriffen (Jervis, 1975; → Abschn. 2.2). Psychische Störungen ließen sich danach als Ausdruck oder Widerspiegelungen von gesellschaftlichen Widersprüchen begreifen, die vor allem in zwischenmenschlicher Angst ihren Niederschlag finden. Der Unterschied zwischen normaler Angst und einer Angst als Leitsymptom psychischer Störungen wird darin gesehen, dass sich Letztere aus einem ungelösten und nicht klar wahrgenommenen Konflikt zwischen widersprüchlichen Ansprüchen ergibt – und zwar vorrangig durch den Konflikt zwischen Anpassungs- und Freiheitsanspruch, zwischen Unsicherheit in Bezug auf ein Akzeptieren gesellschaftlicher Anforderungen und Zwänge bei gleichzeitig vorhandener Tendenz zur Verweigerung.

Im Sinne dieses Denkansatzes wären bei zwei Konstellationen neurotische Störungen eher nicht, aber sehr wohl möglicherweise Persönlichkeitsstörungen zu erwarten: einerseits bei vollkommenem Konformismus und bei völliger Anerkennung der Unterdrückung sowie andererseits, wenn die persönliche Freiheit ständig und engstirnig vorangestellt wird, ohne volles Bewusstsein der Unterdrückung, die dazu bestimmt wäre, sie zu verhindern. Neurosen sind bestimmt durch Konfliktangst (ich-dyston), Persönlichkeitsstörungen durch eine vermeintliche Überwindung derselben (ich-synton).

Leiden am eigenen Unbehagen. Beides – Neurose und Persönlichkeitsstörung – wiederum stellt weder eine klar begrenzbare noch homogene Realität dar. Diese wird bei Entwicklung einer Persönlichkeitsstörung wegen der Ich-Syntonie nur noch unklarer und diffuser. Die verantwortlichen Entstehungsbedingungen andererseits wirken in beiden Fällen auf das gesamte Leben des Individuums ein, womit sie existenzielle Bedeutung erlangen. Neurotische wie persönlichkeitsbedingte Auffälligkeiten sind mithin Ausdruck einer weitergehenden Situation allgemeinen Unbehagens, an dem Menschen leiden: Da sie von der gesamten Lebensgeschichte des Einzelnen nicht zu trennen sind, sind sie auch Teil der kollektiven Probleme, in denen sich der Einzelne verstrickt findet.

Zwischenmenschliche Bedürfnisse. In den Mittelpunkt seiner Ausarbeitungen rückt zum Beispiel Jervis (1975) das besondere Spannungsverhältnis zwischen zwei komplexen zwischenmenschlichen Bedürfnisaspekten (und in dieser Hinsicht schreibt er quasi die interpersonelle Theorie Sullivans fort):

▶ einerseits dem Bedürfnis nach sozialer Geborgenheit, sozialer Einbindung, Nähe und Intimität und

▶ andererseits jenem nach Autonomie, Freiheit und sozialer Unabhängigkeit.

Beide Bedürfnisaspekte sind nun in ihrer scheinbaren Gegensätzlichkeit sowohl gefühlsmäßig bedeutsam als auch zugleich interpersonell ambivalent und damit beängstigend. Ambivalent unter anderem deshalb, weil sie unmittelbar in ein Spannungsverhältnis gegeneinander geraten können. Je mehr das Bemühen einer Person in Richtung auf die Erfüllung der einen Bedürfnisseite gelangt, umso mehr kann konflikthaft der damit möglicherweise verbundene Verlust oder Verzicht der anderen Bedürfnisseite erlebt und wahrgenommen werden.

Der Wunsch beispielsweise nach Autonomie und Unabhängigkeit wird im Prozess seiner Durchsetzung (interpersonell) die Gefahr entstehen lassen, dass die Interaktionspartner sich zurückziehen, weil sie ein Zuviel an autonomer Einflussnahme als sozial unerwünschten Egoismus ablehnen. Der Wunsch andererseits nach Geborgenheit, Nähe und Intimität wird (interpersonell) vielfach mit einer Aufgabe von Autonomie und Unabhängigkeit verknüpft. Und in ähnlicher Weise wie auf der gegenüberliegenden Seite können sich zwischenmenschlich unerwünschte soziale Konsequenzen andeuten, zum Beispiel dann, wenn ein Zuviel an sozialer Anpassung als sozial unerwünschter Konformismus ausgelegt wird.

Der Kreis beginnt sich zu schließen. Mit dieser den Ausarbeitungen von Jervis zugrunde liegenden Denkfigur schließt sich der Bogen zu den etwa zeitgleich in der Psychoanalyse stattfindenden Innovationen (→ Kap. 4). Auch dort wird zunehmend das Spannungsverhältnis zwischen Geborgenheit (Wunsch nach Symbiose) und Autonomie (Individuation) in den Vordergrund gestellt. Genau diese Annahme lässt sich – ebenfalls etwa zeitgleich – auch bei vielen anderen Nachfolgern der Neoanalytiker finden.

In Deutschland etwa hatte bereits etliche Jahre zuvor Riemann (1961) die von Schultz-Hencke ausgearbeiteten Persönlichkeitsmerkmale mithilfe der »besonderen Antinomien des Lebens«, wie er sie bezeichnete, neu zu fassen versucht. In seiner populärwissenschaftlich gehaltenen Abhandlung spielt ebenfalls der besondere Konflikt zwischen einer Angst vor Abhängigkeit und Ich-Verlust versus einer Angst vor Selbstwerdung und Ungeborgenheit eine zentrale Rolle. Auch in den Ansätzen US-amerikanischer Forscher, die Sullivan nahe geblieben sind und deren Konzepte in den nachfolgenden Abschnitten dargestellt werden, ist das besondere Spannungsverhältnis zwischen interaktioneller Dominanz versus Unterwürfigkeit von herausragender Bedeutung.

5.9 Wege zu einer interpersonellen Theorie der Persönlichkeitsstörungen

Es waren die Nachfolger von Harry Sullivan, die sich in den USA schon bald nach seinem Tod um eine Verankerung der Psychoanalyse an den Universitätskliniken und psychologischen Instituten bemühten. Gleichzeitig hatten sie damit begonnen, ihre Art Psychoanalyse einer empirisch orientierten wissenschaftlichen Erforschung zu unterziehen. Und immer wieder haben sich in den Jahrzehnten nach Sullivans Tod durch die Arbeiten aus dem Kreis der empirisch forschenden Psychoanalytiker auch die Forscher anderer Grundorientierung (vor allem der Verhaltenstherapie, der Kognitiven Therapie und der psychiatrischen Grundlagenforschung) durch seine interpersonelle Theorie anregen lassen (vgl. Safran, 1984). So ist u.a. aus einer Integration psychiatrischer Forschungsergebnisse und der interpersonellen Theorie Sullivans die Entwicklung der »Interpersonellen Therapie der Depression« (IPT) hervorgegangen (Klerman et al., 1984).

5.9.1 Circumplex-Modelle

Angeregt durch die Arbeiten von Fromm und Sullivan versuchte als einer der Ersten Timothy Leary (1957) ein Strukturmodell für die Diagnostik interpersoneller Probleme zu begründen und dieses empirisch zu untermauern (→ Abb. 5.1).

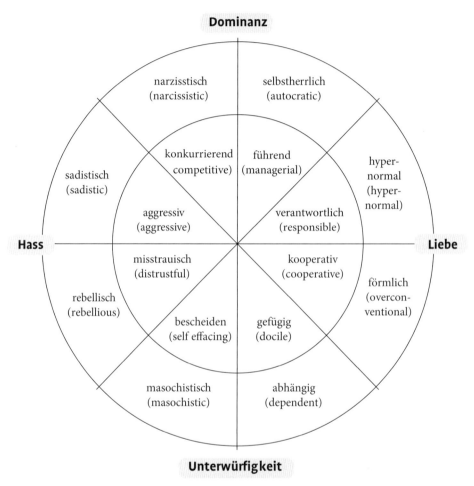

Abbildung 5.1 Auf seine Haupttypisierungen hin vereinfachtes Kreismodell persönlichkeitsbedingter interpersoneller Verhaltensmuster nach Leary (1957)

In diesem von Leary entworfenen Interpersonal Circle werden zwischenmenschlich bedeutsame Persönlichkeitseigenarten auf einer Ebene kreisförmig angeordnet und dabei von zwei Achsen (Dimensionen) abhängig betrachtet: auf einer vertikalen Statusachse können die Person-Eigenarten zwischen Dominanz und Unterwürfigkeit dimensioniert werden, auf einer horizontalen Achse zwischen Hass und Liebe. Je weiter die einzelnen Eigenarten in Richtung auf den Außenkreis hin extremisieren, umso mehr nehmen sie die Qualität einer Charakter- bzw. Persönlichkeitsstörung an.

Persönlichkeitstypen und Persönlichkeitsstörungen

Learys Ordnungsversuch führt zu acht Persönlichkeitstypen, die im Originalkreismodell hinsichtlich einer milderen bzw. extremeren Ausprägungsform differenziert werden. Leary wählt jeweils zwei Begriffe zur Typenbezeichnung, wobei der erstere für die mildere und adaptivere Persönlichkeitseigenart eingesetzt wurde. Seine Persönlichkeitstypen lassen sich folgendermaßen charakterisieren:

▶ Rebellisch-misstrauische Persönlichkeit: wird beherrscht von Gefühlen des Ressentiments und der Deprivation; Angst und Frustrationserfahrungen werden durch aktive Distanzierung von anderen bewältigt; neigt zu Zynismus, Bitterkeit und passivem Widerstand.

▶ Bescheiden-masochistische Persönlichkeit: zeichnet sich durch eine mäßigende und unprätentiöse Zurückhaltung aus, mit einer Tendenz, nicht greifbar und vertrauenswürdig erscheinen zu wollen.

▶ Gefügig-abhängige Persönlichkeit: ist primär submissiv und zeigt in ihrem Verhalten Freundlichkeit und Zuneigung.

▶ Kooperativ-förmliche Persönlichkeit: sehnt sich danach, von anderen geliebt und akzeptiert zu werden; dem entspricht eine extravertiert-histrionische Neigung zur Freundlichkeit und Geselligkeit.

▶ Verantwortlich-hypernormale Persönlichkeit: scheint ständig bemüht, ihre persönliche Integrität sowie selbstaufopferndes Verhalten und ständige Besorgtheit um andere beweisen zu müssen; strebt danach, einem inneren Ideal zu entsprechen oder vermeintlichen sozialen Ansprüchen Genüge zu tun.

▶ Führend-selbstherrliche Persönlichkeit: ist erkennbar an einem »Flair« von Strenge und Selbstvertrauen, mit dem sie sich umgibt; in Gruppen betont sie ihren Anspruch auf Führerschaft und verlangt Respekt und Gehorsam.

▶ Konkurrierend-narzisstische Persönlichkeit: wird als stolz, unabhängig und sich selbst überhöhend beschrieben; Menschen ihrer Umgebung werden herablassend behandelt und in submissive Positionen gedrängt.

▶ Aggressiv-sadistische Persönlichkeit: bezeichnet einen Menschen, der mit kalter Härte und vorrangig strafend auftritt – immer bereit, andere zu verspotten; diese Art provoziert nicht selten Angst bei anderen Menschen, wenn die eigene, jedoch nur scheinbare Macht ausgespielt wird.

In der zirkulären Anordnung korrelieren benachbarte Kategorien hoch positiv miteinander, während zwischen im Kreis entgegengesetzten Kategorien hohe negative Korrelationen bestehen. Diese Zusammenhangsbeziehungen hat Leary selbst bereits empirisch zu untermauern versucht (1957). Kritisch eingewandt wurde, dass das Modell die gegebene Komplexität interaktioneller und charakterlicher Eigenarten zu sehr vereinfache, indem diese auf (nur) zwei oder drei Grunddimensionen hin in eine Anordnung gebracht würden.

Nachfolgestudien. Insgesamt haben jedoch alle Nachfolgeuntersuchungen, die sich zumeist faktorenanalytischer Designs bedienten, ausnahmslos die semantische Struktur von Learys Modell rekonstruiert (z.B. Schaefer, 1959; Becker & Krug, 1964;

Horowitz, 1979; Wiggins, 1979; Conte & Plutchik, 1981; Kiesler, 1983; Benjamin, 1986; Paddock & Novicki, 1986; zusammenfassend Wiggins & Broughton, 1985). Immer wieder fand sich bestätigt, dass jene zwei Dimensionen des Status (»Dominanz« versus »Unterwürfigkeit«) und der Zuneigung (»Liebe« versus »Hass«) die größten Anteile der Varianz der Beurteilung von interpersonellen Persönlichkeitsmerkmalen aufklären konnten.

Nachfolgend sollen diese Fortentwicklungen anhand dreier ausgewählter Beispiele kurz beschrieben und illustriert werden. Es handelt sich um den sog. *Interpersonellen Zirkel* von Kiesler (z. B. 1983), um das *Inventory of Interpersonal Problems* von Horowitz et al. (z. B. 1988 / 1994) und schließlich um die *Structural Analysis of Social Behavior* von Benjamin (z. B. 1995) – drei Verfahren, deren Konzept und Methodik zwischenzeitlich weltweite Verbreitung und Anerkennung gefunden haben.

5.9.2 Der Interpersonelle Zirkel (IPC) von Kiesler

Das Circumplex-Modell von Kiesler (1983, 1986) schließt unmittelbar an die Vorgaben von Leary an (→ Abb. 5.2). Wie Sullivan (1953) geht Kiesler davon aus, dass die Entwicklung von Persönlichkeitseinseitigkeiten und Persönlichkeitsstörungen auf einer interpersonellen Dynamik aufbaut, die Menschen dazu führt, maladaptive Beziehungen zu wiederholen. Obwohl diese maladaptiven Beziehungsmuster häufig als schmerzhaft erlebt werden, bleiben sie bestehen, weil Alternativen nicht oder nur unzureichend gelernt wurden und damit prinzipiell eine Bedrohung des Selbst(bildes/-konzeptes) darstellen.

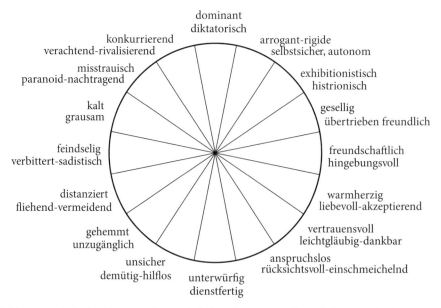

Abbildung 5.2 Auf seine Hauptaspekte vereinfachter interpersoneller Zirkel von Kiesler (1983, 1986)

Kiesler geht bei seinen Überlegungen von zwei Postulaten aus, die sich zwischenzeitlich in der Forschung bestätigt haben:

▶ Postulat 1 besagt, dass alle interpersonellen Verhaltensweisen entlang der beiden Hauptachsen eines zweidimensionalen Raumes beschreibbar sind: Die eine Dimension (der Zuneigung und Fürsorge) reicht von feindseligem bis zu freundlichem oder liebevollem Verhalten, die zweite (Macht, Kontrolle, Dominanz) reicht von unterwürfigem bis zu dominantem Verhalten.

▶ Postulat 2 besagt, dass zwei miteinander interagierende Personen ihr Verhalten gegenseitig beeinflussen. Dieses Prinzip trägt dazu bei, dass die im Circumplex einzuordnenden Handlungen spezifische Reaktionen bei anderen Personen herausfordern oder hervorrufen.

Komplementarität. Gewöhnlich besteht eine Komplementarität. Damit ist gemeint, dass sich die Handlungsmuster ähnlich sind im Hinblick auf die Zuneigungsdimension (freundlich–feindselig) und reziprok im Hinblick auf die Kontrolldimension (dominant–unterwürfig) des interpersonellen Zirkels. Konkret in das Modell übertragen führt dominant-feindseliges Verhalten (z. B. »konkurrierend, verachtend-rivalisierend«) zu submissiv-feindseligen Reaktionen (»unsicher, demütig-hilflos«); und dominant-freundliches Verhalten (z. B. »gesellig«) führt zu eher submissiv-freundlichen Reaktionen (»warmherzig-akzeptierend«). Komplementarität scheint die zwischenmenschlichen Bedürfnisse der Interaktionsteilnehmer am ehesten zu befriedigen. Andererseits bestehen unflexible Komplementaritätsverschränkungen, die in einen hilflos machenden Circulus vitiosus entgleiten können.

5.9.3 Das Inventar zur Erfassung interpersoneller Probleme (IIP-C / -D) von Horowitz

Entsprechend der Modellvorgaben des interpersonellen Zirkels von Leary bzw. Kiesler aufgebaut ist auch das Circumplex-Modell von Leonard Horowitz, der seit Anfang der 1980er-Jahre an der Fortentwicklung eines Fragebogeninventars zur Erfassung interpersoneller Probleme arbeitet (vgl. z. B. Horowitz et al., 1988). Inzwischen gilt dieses *Inventory of Interpersonal Problems* (IIP-C / -D) u. a. wegen seiner Akzeptanz durch Patienten als eines der brauchbarsten Selbstbeurteilungsverfahren zur Diagnostik und Bewertung interaktioneller Probleme und Persönlichkeitseigenarten (Horowitz et al., 1993; → Abb. 5.3).

Das Circumplex-Modell von Horowitz unterscheidet interaktionelle Persönlichkeitszüge und deren extremisierte Eigenarten (als Persönlichkeitsstörungen). Das Fragebogeninventar interpersoneller Probleme ermöglicht es, spezifische Beziehungsmuster wie deren Problemaspekte zu identifizieren. Da es recht sensitiv auf persönliche Änderungen anspricht, erlaubt es weiter, deren Verlaufseigenarten zu überprüfen, weshalb dieser Fragebogen für eine Therapieverlaufskontrolle eingesetzt werden kann (vgl. Grawe & Braun, 1994). In den testtheoretischen Prüfungen dieses Verfahrens fand sich wiederholt bestätigt, dass sich die interaktionellen Eigenarten von Probanden bzw.

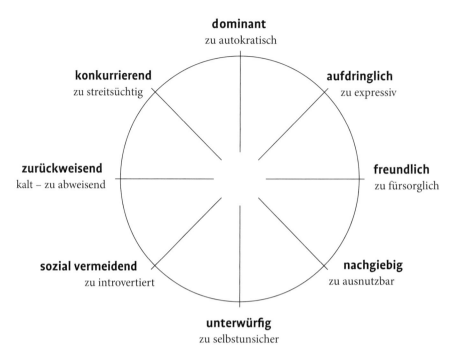

dominant
zu autokratisch

konkurrierend
zu streitsüchtig

aufdringlich
zu expressiv

zurückweisend
kalt – zu abweisend

freundlich
zu fürsorglich

sozial vermeidend
zu introvertiert

nachgiebig
zu ausnutzbar

unterwürfig
zu selbstunsicher

Abbildung 5.3 Hauptdimensionen des interpersonellen Zirkels von Horowitz (et al., 1988, 1994)

Patienten (u. a. faktorenanalytisch mit einer Gesamtvarianzklärung von jeweils mehr als 75 Prozent) den zwei zentralen Faktoren zuordnen lassen (Horowitz et al., 1988, 1993).

Persönlichkeitsstörungen. Es sind inzwischen einige Versuche unternommen worden, die prototypischen Interaktionseigenarten der DSM-Persönlichkeitsstörungen innerhalb des zweidimensionalen IIP-Modells zu verorten (vgl. Widiger & Frances, 1985; McLemore & Brokaw, 1987; Soldz et al., 1993; Pilkonis et al., 1996). Relativ gut gelingt dies beispielsweise für die Passiv-aggressive Persönlichkeitsstörung, deren feindselig-unterwürfige Verhaltensmuster in den Kategorien des linken unteren Circumplex-Bereiches einzuordnen wären (sozial-vermeidend und zurückweisend). Eindeutig zuordnen lassen sich weiter die Schizoide (sozial-vermeidend und zurückweisend), die Paranoide (konkurrierend, zu streitsüchtig), die Narzisstische (arrogant-rigide-selbstsicher), die Dependente (nachgiebig-ausnutzbar) und die Histrionische Persönlichkeitsstörung (aufdringlich-expressiv).

Andere Persönlichkeitsstörungen jedoch lassen sich nicht ganz so direkt innerhalb des Circumplexes verorten (vgl. Livesley & Jackson, 1986; Romney & Brynner, 1989; Soldz et al., 1993). Beispielsweise gelingt dies nicht sehr gut für die Schizotypische Persönlichkeitsstörung, deren interpersonelle Eigenarten möglicherweise aus verschiedenen Dimensionsaspekten zusammengesetzt sind (sozial-vermeidend und aufdringlich). Ähnliche Schwierigkeiten ergeben sich für die Dissoziale Persönlichkeitsstörung, die offensichtlich eine Mischung unterschiedlicher Interaktionskategorien impliziert (kalt-abweisend, zu streitsüchtig und aufdringlich-expressiv).

Gewisse Probleme mit einer eindeutigen Zuordnung finden sich auch bei der Ängstlich-vermeidenden Persönlichkeitsstörung (vordergründig dem Bereich »sozial-vermeidend, introvertiert« zuzuordnen), zu der Alden und Capreol (1993) jedoch zwei differenzierbare Untergruppen der »zu introvertierten, sozial-vermeidenden« versus »zu ausnutzbaren, nachgiebigen« (selbstunsicheren) Persönlichkeitsstörung identifizieren konnten (vgl. → Kap. 15).

Screeningverfahren. Schließlich wurde der Versuch unternommen, das Horowitz-IIP als mögliches Screeningverfahren zur Identifikation von Persönlichkeitsstörungen zu validieren (Pilkonis et al., 1996). Als Ergebnis wurden drei Subskalen aus dem Itempool des Verfahrens extrahiert, mit denen sich das Risiko des Vorhandenseins von Persönlichkeitsstörungen im Sinne eines Screenings recht gut voraussagen lässt. Besonders sensitive Einzelitems des IIP wurden in einer späteren Publikation mitgeteilt (Yookyung & Pilkonis, 1999).

5.9.4 Die Strukturanalyse sozialer Beziehungen (SASB) von Benjamin

Ein Nachteil der zweidimensionalen Anordnung liegt darin, dass innerpsychische Aspekte und Prozesse (wie Interessen, Selbstkonzept, Identität, Reziprozität der Beziehung) keine weitere Beachtung finden. Sie gehören jedoch ebenfalls zur genauen Diagnosestellung bei Persönlichkeitsstörungen zwingend dazu. Diese Nachteile der zweidimensionalen Circumplex-Modelle versuchte Lorna Benjamin (1974) mit ihrem Modell der *Structural Analysis of Social Behavior* (SASB) aufzuheben.

Benjamin hatte früh erkannt, dass sich die innerpsychische und interpersonelle Regulation von Beziehung dadurch bestimmt, wie die Betroffenen ihre interpersonelle Aufmerksamkeit verteilen. Die »Kontrolle« (der Statusdimension) kann sich nämlich entweder auf den anderen oder auf sich selbst oder auf beide Aspekte beziehen. Das Gleiche gilt für »Liebe« und »Hass« (der Zuneigungsdimension), die eine Person jeweils gegenüber anderen und/oder gegenüber sich selbst zeigen und entwickeln kann. Benjamin differenziert innerhalb ihres Ansatzes also zusätzlich nach dem *interpersonellen* Aufmerksamkeitsfokus (Selbst- versus Objektbezogenheit). Zugleich erweitert sie ihr Beurteilungssystem noch um den Aspekt der *innerpsychischen* Regulation (→ Abb. 5.4).

Fokus, Dimension, Cluster. Interaktionsmuster lassen sich mit der SASB nach drei Perspektiven des interpersonellen Verhaltens beurteilen, die als »Fokus« bezeichnet werden: jeweils dimensional auf einer *Zuneigungsdimension* (jeweils horizontale Achse) und auf einer *Statusdimension* (jeweils vertikale Achse). Ihre Einordnung im Circumplex-Raum ergibt die entsprechende Zuordnung zu einem der Cluster. So führt beispielsweise die gleiche positive Ausprägung auf der Zuneigungs- und auf der Statusdimension im Fokusbereich »1« (Andere) zum Cluster »1/2«: bestätigen, verstehen.

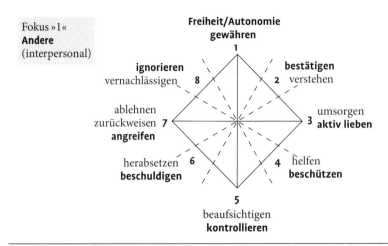

Fokus »1«
Andere
(interpersonal)

Freiheit/Autonomie
gewähren
1

ignorieren
vernachlässigen 8

bestätigen
verstehen 2

ablehnen
zurückweisen 7
angreifen

umsorgen
3 **aktiv lieben**

herabsetzen 6
beschuldigen

4 helfen
beschützen

5
beaufsichtigen
kontrollieren

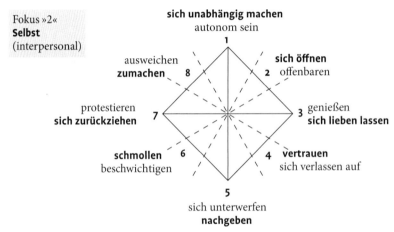

Fokus »2«
Selbst
(interpersonal)

sich unabhängig machen
autonom sein
1

ausweichen
zumachen 8

sich öffnen
offenbaren 2

protestieren
sich zurückziehen 7

3 genießen
sich lieben lassen

schmollen 6
beschwichtigen

4 vertrauen
sich verlassen auf

5
sich unterwerfen
nachgeben

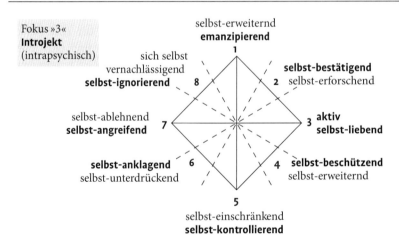

Fokus »3«
Introjekt
(intrapsychisch)

selbst-erweiternd
emanzipierend
1

sich selbst
vernachlässigend
selbst-ignorierend 8

selbst-bestätigend
selbst-erforschend 2

selbst-ablehnend
selbst-angreifend 7

3 **aktiv**
selbst-liebend

selbst-anklagend 6
selbst-unterdrückend

4 **selbst-beschützend**
selbst-erweiternd

5
selbst-einschränkend
selbst-kontrollierend

Abbildung 5.4 Strukturanalyse sozialer Beziehungen von L. S. Benjamin (1974); hier die sog. »Clusterversion«

- ▶ Fokus 1 (Andere): Hier ist die interaktionelle Aufmerksamkeitsrichtung in der Interaktion auf den Interaktionspartner bezogen, die Haltung ist transitiv. Auf der Zuneigungsdimension kann sie zwischen »feindselig« (extrem: »angreifen«) versus »freundlich-zugeneigt« (extrem: »aktiv lieben«), auf der Statusdimension zwischen »Autonomie gewährend« (»emancipate«) und »Kontrolle ausübend« (»control«) beurteilt werden.
- ▶ Fokus 2 (Selbst): Die dem Verhalten der zu beurteilenden Person zugrunde liegende Aufmerksamkeit ist selbstbezogen und intransitiv. Die Selbstbezogenheit ist ebenfalls interpersonell gedacht und kann sich dabei (auf der Zuneigungsdimension) »feindselig-zurückgezogen« oder »hingebungsvoll-genießend« darstellen sowie auf der Statusdimension »autonom-unabhängig« versus »nachgiebig-unterwürfig« geben.
- ▶ Fokus 3 (Introjekt): Introjekt ermöglicht zusätzlich zur Beziehungsanalyse eine Beurteilung der innerpsychischen Regulation und Normierung (Inhaltsaspekt der Beziehung). Registriert werden zeit- und situationsstabile Grundhaltungen der Betroffenen sich selbst gegenüber (in der Regel handelt es sich dabei um lebensgeschichtlich vermittelte Normen des Umgangs mit sich selbst). Introjekte werden ebenfalls auf einer Zuneigungsdimension (zwischen »Selbstablehnung« und »Selbstliebe«) und einer Statusdimension (zwischen »Spontaneität« und »selbstkontrollierender Einschränkung«) eingeschätzt.

Mithilfe der SASB-Beurteilung lassen sich nicht nur die persönlichkeitsbedingten Interaktionsauffälligkeiten beurteilen und einordnen, sondern selbst höchst komplexe und fluktuierende Interaktionsmuster werden einer genauen Erfassung und Rekonstruktion zugänglich. Inzwischen wurde von der Autorin dem SASB-Beobachtungsverfahren ein Fragebogeninventar zur Selbstbeurteilung hinzugefügt (Benjamin, 1983; Kurzform: 1987).

Persönlichkeitsstörungen
Benjamin hat nun in einer Buchpublikation (1995/2001) auf der Grundlage empirischer Befunde und konzeptueller Überlegungen den Versuch unternommen, die für Persönlichkeitsstörungen zentralen Interaktionstypiken in das SASB-Modell zu übersetzen und als hypothetische Vorgabe für die weitere Erforschung bereitzustellen. Nachfolgend sollen diese Rekonstruktionsversuche der Persönlichkeitsstörungen mittels SASB kurz dargestellt werden. Zwei von diesen – den Borderline- und Narzisstischen Persönlichkeitsstörungen – hat Benjamin eigene Forschungsarbeiten gewidmet (Benjamin, 1987, 1992). Die nachfolgenden Störungskennzeichnungen entsprechen den Zusammenfassungen der Autorin im Anhang ihres Buches über Persönlichkeitsstörungen (Benjamin, 1995, S. 393–416; eingefügt wurden von uns beispielhafte Rückübersetzungen in das SASB-Modell der → Abbildung 5.4, wobei die erste Zahl für den Fokus und die zweite Zahl für das gemeinte Cluster steht).

Borderline-Persönlichkeitsstörung. Beobachtbar ist eine fast krankhaft anmutende Angst vor dem Verlassenwerden und ein Bedürfnis nach protektiver Behütung, das vorzugsweise durch konstante physische Nähe befriedigt wird (zum Liebhaber oder zum Lebenspartner). Das interpersonelle Muster ist eine freundliche Abhängigkeit (2 / 4), die jedoch in beschuldigende Feindseligkeit umschlägt (1 / 6), wenn ihr nicht in ausreichendem Maße vom Liebhaber oder Lebenspartner entsprochen wird (und es kann ihr nie in ausreichendem Maße entsprochen werden). Die Betreffenden sind fest davon überzeugt, dass der (Lebens-)Partner diese Abhängigkeit und Bedürftigkeit mag – wenn nicht offen bekundet, dann doch wenigstens heimlich.

Narzisstische Persönlichkeitsstörung. Es liegt eine extreme Verletzlichkeit gegenüber Kritik und Zurückweisung vor, und zugleich besteht ein Wunsch nach Liebe, Unterstützung und bewundernder Rücksichtnahme durch andere. Dieses zwischenmenschliche Grundmuster beinhaltet uneingeschränkte Selbstliebe (3 / 3) wie zugleich die Kontrolle anderer Personen (1 / 5). Wenn andere die Unterstützung versagen oder wenn eigene Schwächen offenkundig werden, kippt das Selbstkonzept in Richtung massiver Selbstvorwürfe (3 / 6). Fehlt ihnen Empathie (ohne 1 / 2), dann strafen die Betroffenen andere mit Verachtung (1 / 8) und betrachten sich selbst als überlegen und ohne Fehl und Tadel.

Histrionische Persönlichkeitsstörung. Es liegt eine extreme Angst vor, nicht beachtet zu werden. Diese Angst ist gepaart mit dem interpersonellen Wunsch, von einer starken Person geliebt und umsorgt zu werden, die zugleich jedoch durch die eigenen charmanten und unterhaltsamen Eigenarten kontrollierbar bleibt. Das Grundmuster ist freundschaftliches Vertrauen (2 / 4), das eher versteckt von einem Verlangen nach strikter Einhaltung von Umsorgung und Liebe gesteuert wird. Unangemessenes verführerisches Verhalten (2 / 3) und parasuizidale Handlungen (3 / 7) sind Beispiele für die Zwanghaftigkeit solcher Interaktionsmuster.

Antisoziale Persönlichkeitsstörung. Es findet sich ein unangemessenes und nicht angepasstes Bedürfnis, andere zu kontrollieren (1 / 5), das in distanzierte Personeigenarten integriert ist (2 / 8). Es gibt ein Verlangen nach Unabhängigkeit (2 / 1) und einen Widerstand gegenüber Kontrolle durch andere, die gewöhnlich mit Verachtung gestraft werden (1 / 8). Es besteht eine Neigung zu ungezügelter Aggression (1 / 7), um das Kontrollbedürfnis oder die Unabhängigkeit zu sichern. Dennoch verfügt die antisoziale Persönlichkeit über ausgesprochen freundliche und sozial akzeptable Eigenarten, aber die Freundlichkeit wird ständig begleitet von einem Bemühen um Aufrechterhaltung zwischenmenschlicher Distanz (2 / 8). Die Betreffenden interessiert nicht, was mit ihnen oder anderen langfristig geschieht.

Dependente Persönlichkeitsstörung. Eine extreme Nachgiebigkeit (2 / 5) gegenüber dominierenden anderen Personen (diese zeigen 1 / 5) ist unverbrüchlich mit der Hoffnung auf nicht endende Umsorgung und Unterstützung verknüpft. Der Wunsch nach Aufrechterhaltung einer solchen Beziehung bleibt auch auf die Gefahr hin unverändert, Missbrauchserfahrungen tolerieren zu müssen. Menschen mit Dependenter Persönlichkeitsstörung halten sich selbst für unfähig und inkompetent (3 / 6) und sind deshalb der Auffassung, nicht allein und ohne eine dominierende Bezugsperson überleben zu können.

Zwanghafte Persönlichkeitsstörung. Die Betroffenen befürchten, etwas falsch zu machen oder wegen eigener Unzulänglichkeiten angeschuldigt zu werden. Die Orientierung an allgemeinen Ordnungsvorgaben führt zu einem Interaktionsmuster der Beschuldigung (1/6) und der rücksichtslosen Kontrolle anderer (1/5). Dieses Kontrollbedürfnis geht zumeist einher mit einem blinden Gehorsam gegenüber Autoritäten oder Prinzipien (2/5). So findet sich eine exzessive Selbstdisziplin bei gleichzeitiger Unterdrückung eigener Gefühle, strenge Selbstkritik und eine Vernachlässigung eigener Bedürfnisse (3/5 bis 3/6).

Ängstlich-vermeidende (selbstunsichere) Persönlichkeitsstörung. Die Betreffenden haben eine intensive Furcht vor Demütigung und Zurückweisung. Um eine befürchtete Verlegenheit zu vermeiden, zieht und hält sich die selbstunsichere Person grundsätzlich und überall zurück (2/6). Die Betreffenden haben ein großes Bedürfnis nach Liebe und Akzeptiertwerden, und sie gehen intimere Beziehungen mit nur wenigen Personen ein, die den strengen Maßstäben an eine erwartete Sicherheit entsprechen (2/4). Gelegentlich kommt es vor, dass selbstunsichere Personen die Kontrolle verlieren und in wütender Entrüstung explodieren können.

Paranoide Persönlichkeitsstörung. Die Betreffenden fürchten, von anderen angegriffen oder beschuldigt zu werden. Ihr interpersonelles Bedürfnis ist darauf ausgerichtet, bestätigt und verstanden zu werden. Wird diese Erwartung nicht erfüllt, hoffen die Betreffenden, dass die anderen sie entweder verlassen oder dass sie sich unterwerfen. Das vorrangige interpersonelle Muster besteht in einem Sichverschließen (2/8), einem Abseitsstehen und in sorgsamer Selbstkontrolle (2/1). Werden sie angegriffen, neigen paranoide Persönlichkeiten entweder dazu, in feindseliger Art zurückzuschrecken oder mit einer Art Gegenkontrolle anzugreifen oder aber auf Distanz zu gehen.

Schizoide Persönlichkeitsstörung. Die Betreffenden zeigen keinerlei Furcht oder Bedürfnisse gegenüber anderen Personen. Das Grundmuster besteht in aktiver oder passiver Unabhängigkeit (2/1; 2/8). Da die Betreffenden gewöhnlich einen beträchtlichen Entwicklungsrückstand in der sozialen Wahrnehmung und in sozialen Fertigkeiten haben, verfügen schizoide Personen kaum über hinreichende Kompetenzen, die den Erwartungen an formale soziale Rollenfertigkeiten entsprechen. Die Betreffenden können durchaus verheiratet sein, entwickeln jedoch keine Intimität.

Schizotypische Persönlichkeitsstörung. Die Betreffenden haben Angst vor verletzender, demütigender Kontrolle. Es besteht ein Bedürfnis, von anderen in Ruhe gelassen zu werden (3/4). Das interpersonelle Grundmuster schizotyper Persönlichkeiten besteht aus einem feindselig gestimmten sozialen Rückzug (2/7) und in einer Vernachlässigung ihrer selbst (3/8). Die schizotype Persönlichkeit glaubt, eine Fähigkeit zur magischen Einflussnahme zu besitzen, die sie entweder direkt einzusetzen vermag (z. B. durch telepathische Fähigkeiten) oder indirekt (z. B. durch rituelle Kontrolle). Gewöhnlich setzt die schizotype Persönlichkeit diese »Kräfte« aus sicherer Distanz ein. Die Betreffenden sind sich ihrer aggressiven Gefühle bewusst und können sie gewöhnlich gut beherrschen.

5.10 Zusammenfassende Bewertung

In diesem Kapitel wurden die Perspektiven jener Psychoanalytiker zusammengetragen, die sich seit Beginn des vorigen Jahrhunderts um eine sozialpsychologische bzw. soziodynamische Erklärung von Persönlichkeitsstilen und Persönlichkeitsstörungen bemühten. Ihre Vordenker, wie z. B. Adler, Schultz-Hencke, Erikson, Fromm, Horney und Sullivan, die sich von anderen gern als »Neoanalytiker« bezeichnen ließen, wurden seinerzeit von ihren psychoanalytischen Kollegen konsequent ignoriert und – falls sie sich öffentlich zu deutlich artikulierten – aus den bestehenden psychoanalytischen Vereinigungen ausgeschlossen. Es handelte sich um Personen, die den sozialen und kulturellen Einflüssen auf die Persönlichkeitsentwicklung eine größere Bedeutung beimaßen als Sigmund Freud.

Empirische Überprüfbarkeit. Die Nachfolger der ersten Generation bezeichneten und bezeichnen sich dementsprechend selbst gern als »Interpersonelle Psychotherapeuten«. Im weiteren Unterschied zu den Freudianern waren die Interpersonellen Psychotherapeuten von Anbeginn an bemüht, ihre theoretischen Überlegungen einer empirischen Überprüfung zu unterziehen. Sie gründeten die *Society of Psychotherapy Research*, der heute Psychotherapieforscher unterschiedlichster inhaltlicher Ausrichtung angehören. Einer der wichtigsten Beiträge dieser Gruppe liegt in der Ausarbeitung von testpsychologisch gut begründeten diagnostischen Verfahren, mit denen sich die zwischenmenschlichen Eigenarten und Hintergründe von Persönlichkeitsstilen und Persönlichkeitsstörungen exzellent untersuchen lassen. Im Mittelpunkt steht dabei die Fortentwicklung sog. dimensionaler Circumplex-Modelle, von denen in den vorhergehenden Abschnitten ausführlich die Rede war.

Circumplex-Modelle sind nicht nur in besonderer Weise geeignet, die in den meisten Theorien zur interaktionellen Entstehung und Aufrechterhaltung der Persönlichkeitsstörungen unterstellten Reziprozitätsbeziehungen zu untersuchen und zu bewerten. Sie gelten inzwischen als Meilensteine, in der Differenziellen Psychologie auch auf dem Weg zur Neubestimmung allgemeiner Persönlichkeitsmodelle voranzukommen (dazu das folgende → Kap. 6). Die Forschung in diesem Bereich dürfte in den nächsten Jahren sicherlich erheblich dazu beitragen, nachdrücklich der in diesem Buch vertretenen Auffassung weiteren Auftrieb zu geben, dass es sich bei den Persönlichkeitsstörungen vorrangig um komplexe Störungen des zwischenmenschlichen Beziehungsverhaltens handelt, die entsprechend konzeptualisiert, untersucht und auch als solche therapeutisch behandelt werden sollten.

6 Psychologische Erklärungsmodelle: Persönlichkeit und Entwicklung

Persönlichkeit ist die mehr oder weniger stabile und
dauerhafte Organisation des Charakters, Temperaments,
Intellekts und Körperbaus eines Menschen
die seine einzigartige Anpassung an die Umwelt bestimmt.
Hans Jürgen Eysenck

Wesentliche Wirkungen auf Versuche, psychische Störungen mithilfe von Persönlichkeitsmerkmalen der Patienten aufzuklären, gingen bis Mitte des letzten Jahrhunderts von der sog. »Deutschen Charakterkunde« aus. Bei der Deutschen Charakterkunde handelte es sich um einen hermeneutisch-verstehenden Zugang philosophischer Prägung. In ihr galt die besondere Befähigung und Unvoreingenommenheit des Persönlichkeitsforschers als Vorbedingung für eine Erkenntnisfindung. Für diese Herangehensweise war es typisch, dass Belege für die Ausarbeitung charakterologischer Systematiken der Alltagserfahrung, Gesprächen mit Probanden / Patienten, der Selbstbeobachtung, Charakterschilderungen in Biografien und Autobiografien bedeutender Persönlichkeiten oder den Charakterbeschreibungen in der schöngeistigen Literatur entnommen wurden (vgl. Angleitner & Borkenau, 1985).

Dies entsprach in vielem der etwa zeitgleich bevorzugten Vorgehensweise, die in der deutschsprachigen Psychiatrie zur Ausarbeitung psychopathologischer Systematiken gepflegt wurde – weshalb es hierzulande über viele Jahrzehnte hinweg zu einem fruchtbaren Austausch zwischen beiden Disziplinen kam (vgl. etwa die Dokumentation wichtiger Beiträge dieser Zeit aus Psychologie und Psychiatrie bei Petrilowitsch, 1967). Deshalb hatte die hermeneutisch begründete Charakterkunde zeitweilig beträchtliche Wirkungen auch auf die Systematisierungsversuche der Persönlichkeitsstörungen (Psychopathien) in der Psychiatrie.

6.1 Deutsche Charakterkunde

Die Deutsche Charakterkunde schließt an Vorarbeiten des Philosophen und Psychologen Ludwig Klages (1926) an. Dieser gliederte Charakter nach Eigenschaften und Fähigkeiten (wie Intelligenz, Gedächtnis, Wille), nach Strebungs- und Artungseigenarten (wie Güte, Mitleid, Ehrgeiz) und nach sog. Gefügeeigenschaften, in denen sich ein Mehr oder Weniger an Antrieb oder Hemmung manifestieren kann (wie Ablenkbarkeit, Wortkargheit, Temperament, Gehemmtheit). Zur theoretischen Begründung dienten in der Charakterkunde vor allem sog. »Schichtenmodelle« der Persönlichkeit, welche in der Psychologie (und zeitgleich in der Psychiatrie) noch bis in die 1960er-Jahre hinein entwickelt wurden, sich (in der Psychologie) u. a. mit Namen wie Rothacker (z. B. 1938 / 1969), Lersch (z. B. 1938) und Wellek (z. B. 1950) verbinden und (in der Psychiatrie) zu einer Vielzahl ausgearbeiteter Typologien von Charakterstörungen führten (u. a. von Homburger, 1929; Kahn, 1928; Schultz, 1928; → Abschn. 3.1).

6.1.1 Schichten-Modelle

Der (schon alte) Schichtenbegriff galt vor allem nach dem Ersten Weltkrieg in vielen Wissenschaftskontexten, insbesondere aber in den Wissenschaften über den Menschen als geeignetes Veranschaulichungsmittel für das Gefüge und die Abweichungen psychischen Geschehens. Freuds topografische wie strukturtheoretische Überlegungen (zum »Es«, »Ich«, »Über-Ich«; → Abschn. 4.1) sind ebenso »schichttheoretisch« inspiriert wie damalige Versuche einiger Neurologen, höhere bzw. tiefere Schichten des Gehirns mit höheren bzw. tieferen psychischen und psychologischen Funktionen in einen Zusammenhang zu stellen (vgl. Hehlmann, 1967).

Intensität versus Tiefe. Ein vielfältig benutztes Grundmuster war eine Zweischichten-annahme, in der die psychische Entwicklung als allmähliche Überschichtung einer emotional-primitiven Grundschicht durch eine rationale Schicht angesehen werden konnte. So spricht Rothacker (1938 / 1969) von einer Tiefenperson, die vegetative und emotionale Bestandteile enthalte und aus der heraus sich das Ich über Lernen, Gewohnheiten und Haltungen in eine höhere Personschicht hineinentwickle. Auch Lersch (1938) unterschied zwischen einem endothymen Grund und dem geistigen Oberbau. Wellek (1950 / 1966) postulierte schließlich sieben Vertikalschichtungen, die von der tiefsten, der Vitalität, über die Schichtungen Triebe, Empfindungen, Gefühle, Fantasie, Verstand bis zur höchsten, dem Willen, reichten. Später fügt er diesem (»vertikalen«) Funktionszusammenhang noch einen (»horizontalen«) Funktionskreis hinzu, bestehend aus den drei Polaritäten von

▶ Intensität versus Tiefe,
▶ Extraversion versus Introversion und
▶ Es-Haftigkeit versus Ich-Haftigkeit.

Charakterstörungen. In Entsprechung dieser Charaktermodelle wurden auch in der Psychiatrie verschiedene Typologien von Charakterstörungen entwickelt. Eine der komplexeren Schichtentypologien wurde von Schultz (1928) ausgearbeitet, der darin die gesamte Erscheinungsbreite psychischer und charakterlicher Störungen einzuord-nen versuchte. Die tiefste seiner vier Schichten enthält Merk- und Aufmerksamkeits-störungen, Begabungsstörungen, periodische Verstimmungen, paranoide Haltungen; die zweite umfasst vitale Erscheinungen wie die Depression, Zwangszustände und sexuelle Störungen, die dritte seelische Gefühlsprobleme wie Situationsreaktionen (reaktive Störungen) und Abulie (Willensschwäche). In der höchsten Schicht ergaben sich (rationalisierbare) Selbstwertprobleme, Schuldgefühle und Konfliktspannungen. Weitere Beispiele finden sich bei Petrilowitsch (1967).

Wandel

Die ausdrücklich geisteswissenschaftlich-hermeneutische Ausrichtung der Charakter-kunde, wohl nicht zuletzt aber auch einige ideologische und politische Verwicklungen ihrer Protagonisten während der Zeit des Nationalsozialismus sind der Grund dafür, weshalb die verstehende Charakterforschung nach dem Zweiten Weltkrieg durch die nachwachsende Generation junger Forscher zunehmend ad acta gelegt wurde (vgl. Métraux, 1985). Dies geschah in der Psychologie sicherlich radikaler als in der Psychiatrie.

Der Wechsel zur empirisch-experimentellen Persönlichkeitsforschung vollzog sich endgültig (für einige Zeitgenossen in recht markanter Erinnerung) nach einer heftigen Auseinandersetzung zwischen Wellek und Eysenck auf dem 14. Internationalen Kongress für Psychologie in Montreal 1954, wo Eysenck die Charaktertheorien als »Ausschmückungen persönlicher Erfahrung mit höchstens hypothesengenerierendem Charakter« abqualifizierte und für die weitere Ausarbeitung der Persönlichkeitspsychologie fürderhin Experimente und deren Repräsentativität, Reproduzierbarkeit und Vergleichbarkeit forderte (vgl. Wellek, 1959; Eysenck, 1959).

Methodologischer Wandel. Spätestens seit den 1960er-Jahren wurde die nachwachsende Generation der deutschsprachigen Persönlichkeitsforscher nachhaltig durch die empirisch-experimentelle Ausrichtung der Persönlichkeitspsychologie in England (vor allem durch Eysenck) und in den Vereinigten Staaten (vor allem durch Cattell) beeinflusst. Mit Hilfe psychometrischer Verfahren der Eigenschaftserfassung sowie mittels faktorenanalytischer Designs sollten zentrale Grunddimensionen der Persönlichkeit empirisch-objektivierend aufgefunden und begründet werden (vgl. Amelang et al., 2006; Asendorpf, 2004; Kuhl, 2001).

6.1.2 Begründung dimensionaler Systematiken

Nach wie vor ist es so, dass sich die Ordnungsversuche der Persönlichkeitsstörungen in der Psychiatrie und in der Psychologie deutlich voneinander unterscheiden. Das Klassifikationsinteresse in der Psychiatrie war und ist sehr stark darauf ausgerichtet, qualitative Unterschiede zwischen psychischen Störungen und dem normalen Verhaltensspektrum zu finden und zu begründen (sog. *Nosologiehypothese*). Die (klinisch-)psychologische Persönlichkeitsforschung ging und geht zumeist von der Annahme aus, dass sich psychisch und persönlichkeitsgestörte Menschen nur in quantitativer Weise vom Durchschnitt unterscheiden (sog. *Kontinuitätshypothese*). Beide Wissenschaftsdisziplinen benutzen zur Festlegung der Abweichung vielfach gleichzeitig den »Typus«-Begriff.

Persönlichkeitstypologien. In der *Psychiatrie* wird »Typus« als Ordnungsprinzip diskreter Grundmerkmale oder Eigenschaften benutzt, auf deren Grundlage die eindeutige diagnostische Feststellung einer psychiatrischen Erkrankung vorgenommen werden kann. In der *Psychologie* wird »Typus« ebenfalls über eine Gruppe zusammenhängender Eigenschaften definiert, mit dem Unterschied, dass man sie zu dimensionieren versucht. Und psychische Störungen wurden als das Extrem auf ansonsten kontinuierlich und (je nach untersuchter Population) normal verteilten Persönlichkeitsdimensionen betrachtet.

Spätestens seit Ende des Ersten Weltkriegs rückt aber auch in der psychiatrischen Forschung zunehmend die Frage der Übergänge zwischen Normalität und Abweichung in den Vordergrund. Ein recht frühes Beispiel für die Dimensionierung von Persönlichkeitsstörungen ist die bereits besprochene Typologie von Kretschmer (→ Abschn. 3.1.2). Auch das Typenkonzept der Extraversion versus Introversion bei Jung (1921), das zeitweilig erheblich auf die psychologische Theoriebildung in der Persönlichkeitspsychologie Einfluss gewann, ist eindeutig dimensional gedacht (→ Abschn. 5.2).

Persönlichkeitsdimensionen. Die Versuche qualitativ orientierter Typologisierung der Persönlichkeit waren in der Psychologie immer umstritten und wurden heftigst kritisiert. Die experimentell orientierten Typologieforscher in der Psychologie griffen deshalb gern auf die Überlegungen Kretschmers und Jungs zurück, weil von diesen ausdrücklich die Notwendigkeit zur Dimensionierung betont wurde. Eine solche Sichtweise war übrigens bereits um die Jahrhundertwende von Wilhelm Wundt (1903) vorgeschlagen worden (→ Abb. 6.1).

Wundt hatte seinerzeit die von Immanuel Kant (1798; → Abschn. 3.1.2) aktualisierten Beschreibungstypen der klassischen Temperamentenlehre durch ein dimensionales System zu ersetzen versucht. Wundt postulierte, dass zwei der vier Typen (Choleriker und Melancholiker) durch eine ausgeprägte »Emotionalität« und die zwei übrigen (Sanguiniker und Phlegmatiker) durch eine geringe »Emotionalität« gekennzeichnet seien. Von dieser Emotionalitätsdimension unterschied er eine zweite Dimension der »Wandelbarkeit« als unabhängig: Choleriker und Sanguiniker betrachtete Wundt als wandelbar, Melancholiker und Phlegmatiker als unwandelbar.

Circumplex-Modell. Eysenck (1980a) hatte diese Denkfigur grafisch in ein Circumplex-Modell übertragen, um zu verdeutlichen, wie es Wundt gelungen sei, durch diese Anordnung die Kategorialüberlegungen Kants aufzuheben (→ Abb. 6.1). Wilhelm Wundt (1903) hatte die dimensionale Einordnung der vier Temperamente mit folgender Beschreibung begründet:

> »Die Vierteilung lässt sich rechtfertigen, insofern wir in dem individuellen Verhalten der Affecte zweierlei Gegensätze unterscheiden können: einen ersten, der sich auf die *Stärke*, und einen zweiten, der sich auf die *Schnelligkeit des Wechsels* der Gemütsbewegungen bezieht. Zu starken Affecten neigt der Choleriker und Melankoliker, zu schwachen der Sanguiniker und Phlegmatiker. Zu raschem Wechsel ist der Sanguiniker und Choleriker, zu langsamem der Melankoliker und Phlegmatiker disponiert … Bekanntlich geben sich die starken Temperamente … mit Vorliebe den Unluststimmungen hin, während die Schwachen als eine glücklichere Begabung für die Genüsse des Lebens gelten … Die beiden raschen Temperamente … geben sich ferner mit Vorliebe den Eindrücken der Gegenwart hin; ihre schnelle Beweglichkeit macht sie bestimmbar durch jede neue Vorstellung« (Wundt, 1903, S. 637 f.; Hervorhebungen im Original).

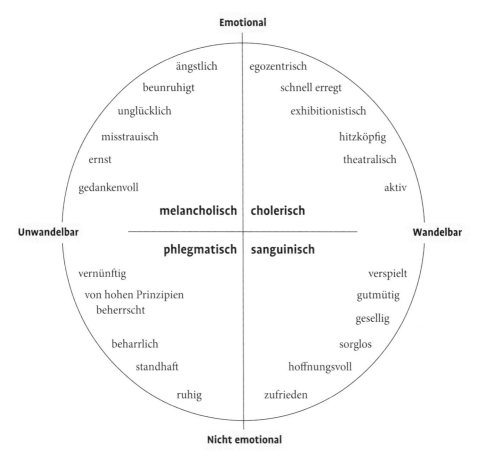

Abbildung 6.1 Schematische Darstellung der klassischen Viertemperamentslehre nach einer Dimensionierung der aktualisierten Beschreibung I. Kants durch W. Wundt (in Anlehnung an eine Grafik bei Eysenck & Eysenck, 1985 / 1987, S. 49)

Wundt ging es mit seiner Dimensionstypologie um die genaue Deskription. Das jedoch öffnete fast zwangsläufig alternativen Überlegungen Tür und Tor. In der Folgezeit wurden zahlreiche unterschiedliche dimensionale Typologien entwickelt und erforscht, ohne dass eine theoretische Grundlegung erkennbar wurde (vgl. Rohracher, 1965). Die häufigsten Bezugnahmen erfolgten auf Kretschmers Temperamentenlehre und auf Jungs Extraversions-Introversions-Konzept. Schließlich war fast jeder Autor fleißig bemüht, die Typologien der anderen auf seine eigene zu reduzieren.

Zwischenbilanz. Etwa zeitgleich wurden – insbesondere in Amerika – die ersten Fragebögen entwickelt, mit denen vor allem das Jung'sche Gegensatzpaar Extraversion versus Introversion erfasst werden sollte. Im Rückblick kann hierzu gesagt werden, dass die Versuche der frühen dimensionalen Typendiagnostik mittels Fragebogenerhebung (später zunehmend auch mittels Fremdratings) außerordentlich widersprüchliche Ergebnisse erbrachten, was nicht zuletzt auf der Uneinheitlichkeit der den Tests und Rating-Verfahren zugrunde liegenden Konstrukte und Operationalisierungen beruhte (im Überblick: Eysenck & Eysenck, 1985).

6.2 Introversion, Neurotizismus und Psychotizismus

Spätestens seit den 1960er-Jahren werden Persönlichkeitseigenarten in der Differenziellen Psychologie nach inhaltlichen und formalen Gesichtspunkten unterschieden. In formaler Hinsicht können Eigenschaften in ihrer Breite differenziert werden. Enge Eigenschaften (z. B. einzelne Intelligenzmerkmale wie das Rechnenkönnen) beziehen sich auf ein relativ schmales Spektrum homogener Verhaltensweisen in spezifischen Situationen, während weite Eigenschaften (z. B. die Intelligenz in ihrer Gesamtheit) ein eher heterogenes Muster von Verhaltensweisen umfassen, die in unterschiedlichsten Situationen wichtig sind.

Faktorenanalytische Konstruktbildung. Bei der Untersuchung »enger« und »weiter« Persönlichkeitseigenschaften spielt die Faktorenanalyse eine besondere Rolle. »Weite« Eigenschaften werden ermittelt, indem man ein breites Spektrum von Verhaltensweisen und Personeigenarten erfasst und nur den ersten, besonders varianzstarken Faktor extrahiert. »Enge« Eigenschaftsmuster lassen sich in einer größeren Anzahl enger, sog. »obliquer« Faktoren erster, zweiter oder noch höherer Ordnung bestimmen. In diesem Kontext hat insbesondere Eysenck (1970) mit der Entwicklung seines dimensionalen Persönlichkeitsmodells weite Beachtung gefunden. Er versuchte zentrale Persönlichkeitsmuster faktorenanalytisch durch die Rekonstruktion zweier bzw. dreier (also eher breiter) Hauptfaktoren (Dimensionen) zu begründen.

Auch Eysenck benutzt den Typusbegriff. Mit »Typus« werden von ihm Persönlichkeitseigenschaften als konkret beobachtbare und abfragbare Merkmale auf einem übergeordneten Faktor zusammengefasst. In diesem Sinne sind seine Typenbegriffe »Extraversion« (Gegenpol: »Introversion«) oder »Neurotizismus« (Gegenpol: »Stabilität«) ein Resultat der statistischen, d. h. faktorenanalytischen Behandlung von Interkorrelationen zwischen Merkmalen auf dem Eigenschaftsniveau (Eysenck & Eysenck, 1985).

Neurotizismus. Ein von der (emotionalen) Stabilität abweichender Neurotizismus wird theoretisch mit einer weitgehend vererbten Labilität des autonomen Nervensystems (vor allem des limbischen Systems) in Verbindung gebracht (emotionale Labilität). Personen mit erhöhtem Neurotizismus zeigen bereits bei geringer Stimulation ausgeprägtere, emotional getönte autonome Reaktionen.

Introversion. Die Extreme zwischen Extraversion und Introversion werden von Eysenck theoretisch mit Funktionseigentümlichkeiten der Retikulärformation erklärt: einer Verschiebung im Erregungs-Hemmungs-Gleichgewicht. Sie soll eine leichtere Konditionierbarkeit (Wandelbarkeit) der Introvertierten gegenüber den Extravertierten bewirken, die ihrerseits schnellere und stärkere Hemmungsprozesse ausbilden.

Psychotizismus. Mit dem Psychotizismus versus Impuls- oder Antriebskontrolle überprüfte Eysenck (1980b) schließlich eine (wesentlich über Vererbung bestimmte)

Persönlichkeitsdimension, die vor allem bei zur Psychose (Schizophrenie) neigenden Menschen, aber auch bei Personen mit Psychopathie (gemeint vor allem als gewohnheitsmäßige Kriminalität; dissoziale Persönlichkeit) stark ausgeprägt sein soll.

Diathese und Umgebungsfaktoren. Die Persönlichkeitstypen Eysencks sind auf der Ebene der Temperamente angesiedelt und sie kennzeichnen Grund- oder Basiseigenschaften eines Menschen, die relativ überdauernd die Art seines Handelns, Fühlens und Denkens beeinflussen. Entsprechend postuliert Eysenck, dass genetische Faktoren und die von ihnen abhängig betrachtete psychophysische Konstitution für die Persönlichkeitsentwicklung und für die Ätiologie psychischer Störungen eine wichtige Rolle spielen. Auch wenn er mit dieser Festlegung die Bedeutsamkeit der Diathese für die Persönlichkeit eines Menschen sehr in den Mittelpunkt stellt, wollte er damit keinesfalls die Relevanz psychosozialer Faktoren in Abrede stellen (vgl. Eysenck, & Eysenck, 1985). Im Gegenteil: Die Beachtung psychosozialer und interpersoneller Bedingungen sei zwingend erforderlich, wolle man sich die Schwankungen und Veränderungen im konkreten Handeln erklären.

Persönlichkeitsinventare. Für die Diagnostik von Persönlichkeitsabweichungen wurden von Eysenck und seinen Mitarbeitern verschiedene Fragebögen entwickelt.

▶ Mit dem *Maudsley Medical Questionnaire* (MPQ) lassen sich alle drei Hauptdimensionen des Eysenck'schen Persönlichkeitsmodells erfassen.

▶ Das *Maudsley Personality Inventory* (MPI) erfragt die beiden Dimensionen Extraversion und Neurotizismus.

▶ Das *Eysenck Personality Inventory* (EPI) enthält eine zusätzliche L-Skala zur Erfassung der Lügen- bzw. Dissimulationsneigung der Befragten.

▶ Im *Eysenck Personality Questionnaire* (EPQ) wurde dem EPI noch eine Psychotizismusskala hinzugefügt.

In allen Fragebögen werden die genannten Persönlichkeitsmerkmale erfragt. Der schließlich ermittelte Gesamtwert soll als »Disposition« oder »Vulnerabilität« der Person und nicht als Zeichen einer akuten psychopathologischen Gestörtheit interpretiert werden (Eysenck & Eysenck, 1985).

Empirie

Was die vielfältigen Versuche angeht, die Eysenck'schen Persönlichkeitsdimensionen mit der psychiatrischen Klassifikation zu verbinden, so war diesen nur teilweise Erfolg beschieden. Im Bereich der Persönlichkeitsstörungen stammt der wichtigste Beitrag aus zahlreichen Untersuchungen, in denen ein Zusammenhang von Psychotizismus und gewohnheitsmäßiger Kriminalität hergestellt werden konnte (→ Kap. 14). Ansonsten finden sich zwischen psychiatrisch als »neurotisch« oder »persönlichkeitsgestört« klassifizierten Personen und normalen Kontrollprobanden eher selten signifikante Unterschiede in den mittels Fragebögen erhobenen Neurotizismuswerten. Das Gleiche gilt für psychotisch-schizophren Erkrankte und Normalpersonen mit Blick auf die Befunde zum Psychotizismus.

Eysenck äußerte sich – angesichts der unterschiedlichen Funktionen, die eine Persönlichkeitsdiagnostik und die psychiatrische Klassifikation zu erfüllen haben –

gegen Ende seines regen Forscherlebens denn auch selbst recht skeptisch gegenüber dem Erfolg solcher Integrationsbemühungen. Für ihn ermöglichen Extraversions-, Neurotizismus- und Psychotizismuswerte vor allem Hinweise auf eine bestimmte *Prädisposition* (Diathese; prämorbide Persönlichkeit). Prädisposition oder Vulnerabilität bestimmten nur mehr die spezifische Risikoneigung einer Person zur Entwicklung psychischer Störungen.

Diathese. Konkret ergäben sich aus erhöhten Psychotizismuswerten Hinweise für die prädispositionelle Neigung zur Entwicklung psychopathischer oder schizotypisch-schizophrener Persönlichkeitsmuster. Erhöhte Neurotizismuswerte seien Merkmale einer erhöhten Prädisposition zu emotionaler Labilität mit der Möglichkeit der Entwicklung neurotischer (für Eysenck vor allem »dysthymer«) Störungen – Letzteres übrigens mit dem »Leitsymptom« Angst oder Ängstlichkeit als grundlegender Persönlichkeitseigenart. Erhöhte Introversionswerte ergäben Hinweise auf die mögliche »Wandelbarkeit« (Konditionierbarkeit) einer Person mit einer nicht unbedeutenden Möglichkeit zur Prognoseabschätzung für Therapie- und Störungsverläufe.

Weiter ist bedeutsam, dass die drei Persönlichkeitsdimensionen ausgesprochen prägnante Wechselwirkungsbeziehungen eingehen könnten. So mag eine Einseitigkeit auf der Introversions-Extraversions-Dimension erheblich dafür mitverantwortlich sein, ob bei gleichzeitig erhöhten Psychotizismuswerten entweder eher psychopathische und sozial-deviante Persönlichkeitseigenarten dominieren (erhöhte Extraversion) oder ob eine Neigung zu schizophren-psychotischen Eigenarten hervortrete (erhöhte Introversion).

6.3 Das Fünf-Faktoren-Modell der Persönlichkeit

Eysencks Versuche, die Persönlichkeitsstruktur mittels faktorenanalytischer Forschung auf möglichst wenige (nur zwei oder drei) robuste Persönlichkeitsfaktoren (Dimensionen) zu beschränken, sind in der Differenziellen Psychologie umstritten. Es gibt eine Vielzahl alternativer Zugänge, die gänzlich unterschiedliche faktorielle Ordnungssysteme postulieren (z. B. Guilford, 1975; Cattell, 1965). Diese Vielfalt hat über die Jahre hinweg zu einer gewissen Stagnation geführt, weil sich die Forscher nicht darauf einigen konnten, wie viele »möglichst robuste« Faktoren der Persönlichkeit es gibt. Und noch viel uneiniger waren sie sich, wie man konvergent gefundene Faktoren interpretieren und bezeichnen sollte. Bereits Mitte der 1970er-Jahre wurde in der Persönlichkeitspsychologie allgemein eine »konfuse Situation« konstatiert (Guilford, 1975, S. 802).

Viele Hoffnungen richten sich seit Beginn der 1990er-Jahre auf das sog. »Fünf-Faktoren-Modell« der Persönlichkeit, das bereits eine sehr lange und eher im Stillen wirkende Tradition hat (vgl. McCrae & Costa, 1990; Ostendorf, 1990; Digman, 1993). Offensichtlich ergeben sich sogar vielversprechende Perspektiven, die faktorenanalytisch begründete (dimensionale) Persönlichkeitspsychologie erneut mit der psychi-

atrischen Klassifikation von psychischen und Persönlichkeitsstörungen in einen neuen
Zusammenhang zu stellen (vgl. Costa & Widiger, 1993).

6.3.1 Die Geschichte der Großen Fünf

Immer wieder hatten Forscher behauptet, dass es fünf grundlegende Faktoren der
Persönlichkeit geben müsse, da sich diese konvergent aus der Faktorisierung unter-
schiedlicher Variablensätze rekonstruieren ließen (vgl. Borkenau & Ostendorf, 1989).
Diese Forschungstradition geht auf Fiske (1949) zurück, der Selbst- und Peer- (also:
Bekannten-)Beurteilungen analysierte und dabei wiederholt einander ähnliche Fak-
torenstrukturen aufdeckte.

Auf der Suche nach Bezeichnungen. Diese fünf Faktoren bezeichnete Fiske mit »social
adaptability«, »emotional control«, »conformity«, »inquiring intellect« und »confident
self-expression«. Ebenfalls Peer-Beurteilungen benutzten Tupes und Christal (1961)
sowie Norman (1963), die eine von Cattell entwickelte Liste mit Persönlichkeitseigenarten von verschiedensten Personengruppen einschätzen ließen. Auch sie fanden fünf
Faktoren, für die sie die Bezeichnungen »surgency« (bzw. »extraversion«), »agreeableness«, »dependability« (bzw. »conscientiousness«), »emotional stability« und
»culture« einsetzten. In einer Reanalyse der Datensätze aus sechs einschlägigen Studien
kamen Digman und Takemoto-Chock (1981) ebenfalls zu fünf Faktoren. Sie inter-
pretierten diese jedoch etwas abweichend mit »extraversion«, »friendly compliance«,
»will to achieve«, »emotional stability« und »intellect«.

Amelang und Borkenau (1982) untersuchten eine Liste von 32 deutschsprachigen
Traitratings, die sich von denen der zuvor genannten Studien unterschieden. Zu dieser
Liste ließen sie Selbst- und Bekannteneinschätzungen vornehmen. Außerdem wurden
verschiedene Persönlichkeitsinventare einbezogen, u. a. das *Eysenck Personality Inventory* (EPI), das *Freiburger Persönlichkeitsinventar* (FPI-R) sowie einige Cattell- und
Guilford-Skalen. Auch sie konnten fünf Faktoren etablieren, die mit den oben
genannten vergleichbar waren. Amelang und Borkenau setzten folgende Bezeichnungen ein: »Soziabilität« (korrespondiert mit Normans »surgency«); »Neurotizismus«
(korrespondiert mit »emotional stability« als »lability«); »Unabhängigkeit der Mei-
nungsbildung« (korrespondiert mit »culture«); »Dominanz« (korrespondiert mit
»agreeableness«) und schließlich »Selbstkontrolle« (korrespondiert mit »conscientiousness«).

Lexikalischer Ansatz. Das Verbindende der fünffaktoriellen Zugänge besteht darin, dass
sich die Suche und Rekonstruktion von Persönlichkeitsdimensionen auf einen lexika-
lischen Ansatz stützt (Borkenau, 1990; Goldberg, 1993). Das Bemühen ist dabei
vorrangig auf eine Vereinheitlichung des Sprachgebrauchs ausgerichtet, also darauf,
wie Persönlichkeitseigenarten beschrieben werden. Als Fernziel wird die konsensuelle
Erarbeitung einer möglichst umfassenden und vollständigen Merkmalsliste zur Beurteilung und Klassifikation individueller Unterschiede angesehen, die in Fremd- und
Selbstbeurteilungen zu jeweils ähnlichen Dimensionierungen (Faktoren) führen (Os-

tendorf, 1990). Mit dem so generierten Fünf-Faktoren-Modell (das im angelsächsischen Raum griffig als »Big-Five«-Modell bezeichnet wird) scheint sich eine solche Möglichkeit der Vereinheitlichung anzudeuten.

6.3.2 Aktueller Stand der Entwicklung

Mitte der 1980er-Jahre legten Costa und McCrae (1985) einen Fragebogen vor, welcher direkt auf die Erfassung der »Big Five« abzielte (das sog. *NEO Personality Inventory*, NEO-PI). Die NEO-Bezeichnung geht auf frühere Versionen zurück, in denen zunächst noch drei Faktoren (*Neuroticism, Extraversion, Openness to experience*) angestrebt wurden. Im dann gefundenen Fünf-Faktoren-Modell wurden dem NEO-PI die beiden Dimensionen »Agreeableness« und »Conscientiousness« hinzugefügt. Inzwischen liegt eine Überarbeitung vor (als NEO-FFI; Costa & McCrae, 1989), zu der Borkenau und Ostendorf (1994) eine deutsche Übersetzung vorgelegt haben. Costas und McCraes Fragebogenveröffentlichung löste einen Boom von Nachfolgeuntersuchungen aus. Und seither wurden wiederholt in Faktorenanalysen umfangreicher Listen mit Persönlichkeitseigenschaften Konstrukte ermittelt, die den Big Five weitgehend entsprachen (vgl. Wiggins & Pincus, 1992; Goldberg, 1993).

Kritisch bleibt, dass es nach wie vor eine Uneinheitlichkeit und Unterschiede in der inhaltlichen Festlegung auf Merkmalsbeschreibungen, Faktoreninterpretationen und Dimensionsbenennungen gibt (→ Tab. 6.1).

Strukturiertes Interview zum Fünf-Faktoren-Modell. Nicht unerwähnt bleiben soll an dieser Stelle, dass es inzwischen ein 120 Items umfassendes, halbstandardisiertes Interview zum Fünf-Faktoren-Modell der Persönlichkeit gibt (Trull & Widiger, 1997). Beim *Structured Interview for the Five-Factor Model of Personality* handelt es sich um das weltweit erste Interviewverfahren zur Bestimmung von allgemeinen Persönlichkeitseigenarten. Im Unterschied zu aktuellen Fragebogenversionen (NEO-PI-R; Costa & McCrae, 1992) beinhaltet es einige zusätzliche Fragenbereiche, in denen maladaptive Persönlichkeitseigenarten abgefragt werden, wie sie typischerweise bei Persönlichkeitsstörungen zu finden sind.

Bezüge zu psychischen und Persönlichkeitsstörungen. Von Zerssen (1988, 1993; v. Zerssen et al., 1988) konnte in Untersuchungen zur prämorbiden Persönlichkeit depressiver Patienten faktorenanalytisch ebenfalls ein fünfdimensionales Persönlichkeitsmodell generieren (→ Abschn. 19.3). Die Dimensionierung basiert auf dem von ihm entwickelten *Münchener Persönlichkeitstest* (MPT), wobei drei der durch dieses Verfahren repräsentierten Dimensionen (»Neurotizismus«, »Extraversion« und »Rigidität«) recht genau drei der oben genannten Dimensionen des Fünf-Faktoren-Ansatzes entsprechen. Zwei weitere Faktoren des MPT (»Isolationstendenzen« und »esoterische Tendenzen«) sind jüngst als besser akzeptierbare Lösung aus ursprünglich einer sog. »Schizoidie«-Dimension hervorgegangen (v. Zerssen, 1988). Diese Neuaufteilung dürfte zugleich der DSM-Differenzierung von Persönlichkeitsmerkmalen der Schizoiden Persönlichkeitsstörung (»Isolationstendenzen«; → Kap. 21)

Tabelle 6.1 Überblick über die Bezeichnungen der sog. Big Five in unterschiedlichen Fünf-Faktoren-Modellen der Persönlichkeit

bisherige Benennungsversuche der fünf Faktoren*

Extraversion (E)	Verträglichkeit (V)	Gewissenhaftig-keit (G)	Neurotizismus (N)	Offenheit für Erfahrung (O)
Surgency	Agreeableness	Conscientious-ness	Neuroticism	Openess
Sociability	Friendly compliant	Will to achieve	Emotional labi-lity	Intellect
Ambition	Likability Dominanz (–)	Prudence Selbst-kontrolle	Adjustment	Culture Unabhängigkeit in der Meinungsbildung
confident self-expression	social adaptability	conformity	emotional control (–)	inquiring intellect

Person- und Verhaltensmerkmale (Dimensionierungsaspekte)**

gesprächig – schweigsam	gutmütig – reizbar	gewissenhaft – nachlässig	robust – verletzlich	kreativ – unkreativ
kontaktfreudig – zurückhaltend	nachsichtig – barsch	gründlich – unsorgfältig	entspannt – überempfindlich	fantasievoll – fantasielos
gesellig – zurückgezogen	friedfertig – streitsüchtig	ordentlich – unachtsam	ruhig – ängstlich	künstlerisch – unkünstlerisch
offen – zugeknöpft	weichherzig – rücksichtslos	übergenau – ungenau	selbstvertrauend – hilflos	originell – konventionell

*   vgl. die im Text genannten Studien
** nach Ostendorf (1990)

bzw. der Schizotypen Persönlichkeitsstörung (»esoterische Tendenzen«; → Kap. 19) entsprechen.

Von Zerssen vermutet nun strukturelle Ähnlichkeiten mit den zwei Big-Five-Dimensionen »Verträglichkeit« (als Positivaspekt der MPT-Dimension »Isolationstendenz«) und »Offenheit für Erfahrung« (»esoterische Tendenzen« im MPT). Von Zerssen gelingt es mit Hilfe seines Fünf-Faktoren-Modells, die Persönlichkeitsstörungen des DSM-III-R (bis auf die Paranoide und Narzisstische Persönlichkeitsstörung) hypothetisch zu beschreiben. In den Folgejahren hat der Autor dazu weitere empirische Belege publiziert (z. B. v. Zerssen, 2000), die u. a. in eine aktuelle Neuauflage des MPT Eingang gefunden haben (v. Zerssen & Petermann, 2012).

6.3.3 Persönlichkeitsstörungen

Inzwischen liegen Untersuchungen vor, in denen versucht wurde, die seit 1980 im DSM-III(-R) definierten Persönlichkeitsstörungen (→ Abschn. 3.4) mit dem Fünf-

Tabelle 6.2 Überblick über die mögliche Dimensionierung (+ / −) der DSM-III-R-Persönlichkeitsstörungen mit Hilfe des Fünf-Faktoren-Modells der Persönlichkeit (signifikante Zusammenhänge in drei Studien *)

Persönlichkeitsstörung	Extraversion					Verträglichkeit					Gewissenhaftigkeit					Neurotizismus					Offenheit für Erfahrung				
Studie*)	1	2	3	4	5	1	2	3	4	5	1	2	3	4	5	1	2	3	4	5	1	2	3	4	5
paranoid	–					–	–	–	–		–					+	+	+							
schizoid	–	–	–	–	–	–		–	–				+			+					–	–	–		
schizotypisch	–	–	–	–												+	+	+							
antisozial						–	–	–	–	–	–	–	–	–	–	+					+				
Borderline	+						–	–	–	–					–	+	+	+	+	+				+	
histrionisch	+	+	+	+							–						–	+	+		+	+			
narzisstisch	+	+									–	–	–	–			–	+	+		+				
selbstunsicher	–		–	–	–											+	+	+	+	+					
dependent	–						+	+					–	–	–	+	+	+	+						
zwanghaft	–	–		–			–	–	–	–		+	+	+	+	+	+	+	+	+	+				
passiv-aggressiv																+	+	+	+	+					

* 1 = Wiggins & Pincus (1989; MMPI-PD); 2 = Costa & McCrae (1990; MMPI-PD);
3 = Trull (1990; MMPI-PD); 4 = Trull (1990; PDQ-R); 5 = Trull (1990; SIDP-R)

Faktoren-Modell des NOE-FFI auf ihre Dimensionierung hin zu untersuchen (vgl. die Arbeiten in Costa & Widiger, 1993). In → Tabelle 6.2 sind die Befunde aus fünf uns vorliegenden Studien zusammengefasst worden.

Eine erste Studie führten Wiggins und Pincus (1989) mit einer Stichprobe von 581 nicht psychisch gestörten Probanden durch. Einerseits konnten sie mit den eingesetzten Persönlichkeitsfragebögen die Fünf-Faktoren-Struktur erneut bestätigen. Für die Bestimmung der Persönlichkeitsstörungen verwendeten sie Selbstratings mithilfe der DSM-III-adaptierten *Persönlichkeitsstörungs-Skalen des MMPI* (MMPI-PS; Morey et al., 1985; → Kap. 8) sowie mit einer von Strack (1987) entwickelten *Personality Adjective Checklist* (PACL).

Konvergente Ergebnisse. Die von den beiden Autoren gefundenen Ergebnisse wurden in einer weiteren Studie an ebenfalls nicht klinisch auffälligen Personen weitgehend repliziert (Costa & McCrae, 1990). In dieser Arbeit wurden die Zusammenhänge zwischen der NEO-FFI und den Persönlichkeitsstörungen mitgeteilt. Man hatte verschiedene Untersuchungsgruppen mit unterschiedlichen Verfahren zur Bestimmung der Persönlichkeitsstörungen untersucht: 274 Erwachsene mit dem MMPI-PD,

207 Erwachsene mit dem *Millon Clinical Multiaxial Inventory-I* (MCMI-I; Millon, 1983; → Kap. 21) und eine Gruppe von 62 Studenten mit dem *Millon Clinical Multiaxial Inventory-II* (MCMI-II; Millon, 1987; → Abschn. 21.1). Die Ergebnisse fielen, was die signifikanten Korrelationen betrifft, in allen drei Teilstudien konvergent aus, weshalb wir in die Tabellierung nur die MMPI-PD aufnehmen. Spätere Studien kommen zu ähnlichen Ergebnissen (z. B. Dyce & O'Connor, 1998).

Eine der aufgenommenen klinischen Studien wurde mit 54 psychiatrischen Patienten durchgeführt, die sich mit unterschiedlichen psychischen Störungen in ambulanter Betreuung befanden (Trull, 1990). Die Bestimmung von Persönlichkeitsstörungen wurde mit Selbst- und Fremdratings vorgenommen: als Selbstratings mit dem MMPI-PD sowie mit dem *Personality Disorders Questionnaire* (PDQ-R; Hyler et al., 1983) sowie als Fremdratings mit dem *Structured Interview for DSM-III(-R) Personality Disorders* (SIDP[-R]; Pfohl et al., 1982; Stangl et al., 1985). Eine weitere klinische Studie kommt zu ähnlichen Ergebnissen (vgl. Soldz et al., 1993).

Wichtige Befunde

Eines der bemerkenswerten Ergebnisse dieser Studien ist, dass ein Mensch, auf den die Diagnose »Persönlichkeitsstörung« zutrifft (d. h. wenn man über die Persönlichkeitsstörungen hinweg generalisiert), offensichtlich »neurotische« Eigenarten besitzt. Im Sinne der »Big-Five«-Konstruktionen meint dies, dass er sehr verletzbar ist, überempfindlich auf Anforderungen und Stress reagiert, in sozialen Kontexten Angst empfindet und sich schnell hilflos fühlt (→ Tab. 6.2). Ein weiterer beachtenswerter Befund ist, dass jeweils einer der beiden Pole der fünf Faktoren häufiger für eine Persönlichkeitsstörung zutrifft als für andere. Dies lässt sich recht plausibel mit den diagnostischen Kriterien dieser Persönlichkeitsstörungen in einen Zusammenhang bringen.

Danach erscheinen schizoide, selbstunsichere und zwanghafte Menschen eher introvertiert und histrionische Menschen eher extravertiert. Menschen mit antisozialer, paranoider, schizotypischer, zwanghafter und Borderline-Persönlichkeitsstörung scheinen für andere Menschen wenig erträglich zu sein. Als wenig gewissenhaft und eher nachlässig stellen sich die Dissozialen Persönlichkeitsstörungen dar, während sich das erwartbare Gegenteil (nämlich die übergenaue und sorgfältige Gewissenhaftigkeit bei Zwanghafter Persönlichkeitsstörung) bisher nur in einer Studie finden ließ. Etwas unerwartet erscheint auch die geringe Gewissenhaftigkeit Dependenter Persönlichkeitsstörungen. Dass es den Schizoiden Persönlichkeitsstörungen an Offenheit für Erfahrung mangelt, ist wiederum recht einleuchtend.

Offene Fragen. Weiter finden sich einige interessante Befunde, die Unterschiede zwischen gesunden Erwachsenen (Studien 1 und 2) und psychisch gestörten Personen (Studien 3 bis 5) betreffen. Es ergeben sich daraus einige Fragen, die für die weitere Forschung von großem Interesse sein könnten. Drei Beispiele hierzu:

▶ Könnte es sein, dass der »Neurotizismus« der Narzisstischen (und auch der Histrionischen) im Übergang von der »Normalität« in die »psychischen Störungen« von der einen Extremseite (robust, ruhig, selbstvertrauend, emotional stabil [negative Korrelation]) in die andere Extremseite (emotional instabil, verletzlich, überempfindlich [positive Korrelation]) »umkippt«? Oder:

▶ Könnte es sein, dass die histrionischen Menschen erst mit diesem Übergang ihre möglicherweise vorhandene adaptive Offenheit gegenüber Erfahrungen einbüßen?

▶ Verlieren schizoide Personen erst beim Wechsel in Richtung auf ein klinisch auffällig schizoides Verhaltensmuster ihre Offenheit gegenüber Erfahrungen – und: werden sie dabei möglicherweise zugleich selbstkontrollierender (keine Neurotizismuswerte mehr, die in Studie 2 beobachtet wurden)?

Wie sich andeutet, scheint das Fünf-Faktoren-Modell für eine Klinische Psychologie der Persönlichkeitsstörungen von außerordentlichem Wert zu sein. Mit seiner Hilfe lässt sich ein relativ umfassendes und globales Bild der Persönlichkeit entwerfen, das eine Referenzstruktur für differenzierte dimensionale Beurteilungen abgibt (vgl. ergänzend Wiggins & Pincus, 1993; Clark et al., 1993; Widiger et al., 1993; Schroeder et al., 1993).

Fazit

Bei allem Optimismus, der von den Vertretern des Big-Five-Konzepts verbreitet wird, bleiben einige kritische Probleme beachtenswert (vgl. Becker, 1996):

▶ Als wohl wesentlicher Aspekt bleibt zu bedenken, dass es sich beim Fünf-Faktoren-Modell um ein zwar faktorenanalytisch begründetes, damit dennoch bislang vorrangig deskriptives Modell handelt. Die Versuche der Entwicklung oder Bezugnahme zu einer integrierenden Theorie sind in den letzten Jahren jedoch deutlich vorangekommen (vgl. Ostendorf & Angleitner, 2004). So haben z. B. Wiggins und Pincus (1992, 1993) Vorschläge zu einer interaktionstheoretischen Begründung unterbreitet, zu der bereits erste empirische Stützungsversuche von Soldz (et al., 1993) durchgeführt wurden. Und in einer Ausarbeitung von Buss (1991) findet sich der Versuch einer evolutionstheoretischen Perspektive vorbereitet.

▶ Da sich weiter zeigt, dass die fünf Faktoren nicht voneinander unabhängig sind (Borkenau & Ostendorf, 1991), wurde gelegentlich die Vermutung geäußert, dass es möglicherweise übergeordnete Faktoren gäbe, z. B. dass bei entsprechender Negativausdeutung die Faktoren »Verträglichkeit« und »Gewissenhaftigkeit« den Faktor »Psychotizismus« bilden könnten, womit sich eine neue Verbindung zu Eysencks Drei-Faktoren-Modell auftun könnte (Baumann, 1993).

Dennoch kann man zweifelsohne festhalten, dass das NEO-Persönlichkeitsinventar den aktuellen Stand der faktorenanalytischen Grundlagenforschung in der differenziellen Psychologie widerspiegelt (vgl. Amelang & Schmidt-Atzert, 2006). Insbesondere die revidierte Fassung NEO-PI-R (seit Costa & McCrae, 1992) weist gegenüber dem Vorläufermodell NEO-FFI erhebliche Vorteile auf, die vor allem auf eine deutlich verbesserte testtheoretische Grundlegung zurückzuführen sind. Das Verfahren ist inzwischen mit Übersetzungen in mehr als 30 Sprachen international weit verbreitet und hat eine vielfältige Forschungsaktivität mit jetzt länderübergreifender Vergleichbarkeit von Studienergebnissen angeregt (Schmidt-Atzert & Amelang, 2012). Eine deutschsprachige Version des NEO-PI-R wurde von Ostendorf und Angleitner (2004) vorgelegt. Und das Verfahren liegt als Selbstbeurteilungs- und Fremdbeurteilungsversion vor.

6.4 Weitere Versuche der Dimensionierung

Neben den aktuellen Forschungsaktivitäten um eine Begründung des Fünf-Faktoren-Modells sind auch die Fortentwicklung anderer dimensionaler Persönlichkeitsmodelle und ihre empirische Bezugnahme zur psychiatrischen Typologie der Persönlichkeitsstörungen in Gang gekommen. Bemerkenswert ist, dass sich diese Neusetzungen in gewissen Grenzen von den Restriktionen einer primär faktorenanalytischen Verfahrensbegründung freimachen (ohne sie natürlich aufzugeben). Sie wählen hingegen den Weg der Vorordnung theoretischer Überlegungen bzw. inhaltlicher Leitorientierungen, die den späteren Anforderungen bei der praktischen Anwendung möglichst nahekommen sollen.

Zugleich ist beobachtbar, dass die Benennung von Persönlichkeitseigenarten nicht mehr nur in Richtung Persönlichkeitsabweichung, sondern immer häufiger in Richtung »Normalität« bzw. »psychischer Gesundheit« erfolgt (als Beschreibung und Begründung »günstiger«, »wünschenswerter« oder »normaler« Persönlichkeitsvarianten). Die klinisch orientierte Persönlichkeitspsychologie entspricht damit u.a. den Forderungen der Gesundheitspsychologie, die einseitige Pathopsychologisierung psychischer Störungen bzw. Persönlichkeitsstörungen stärker um gesundheitspsychologisch begründete Perspektiven (Becker, 1982) oder auch um eine ihr entsprechende sog. »Normatologie« (Offer & Sabshin, 1991) psychischer Störungen zu ergänzen (→ Epilog).

6.4.1 Freiburger Persönlichkeitsinventar (FPI-R)

Diese Entwicklungen sind u.a. sehr gut an der seit 1970 mehrfach revidierten Fassung des *Freiburger Persönlichkeitsinventars* (FPI; Fahrenberg et al., 2010) erkennbar, das von Anfang an nicht allein nach der faktorenanalytischen Methode erstellt wurde, sondern dessen Itemauswahl sehr stark von Anforderungen der Praxis mitbestimmt war. Mit der revidierten Fassung lassen sich folgende (z.T. »normatologisch« bezeichnete) Persönlichkeitsmerkmale beurteilen: (1) Lebenszufriedenheit, (2) soziale Orientierung, (3) Leistungsorientierung, (4) Gehemmtheit, (5) Erregbarkeit, (6) Aggressivität, (7) Beanspruchung, (8) körperliche Beschwerden, (9) Gesundheitssorgen, (10) Offenheit, (E) Extraversion, (N) Emotionalität.

Für diese zehn Grund- und zwei Erweiterungsskalen ließen sich in unterschiedlichen Studien faktorenanalytisch immer nur erheblich weniger Dimensionen finden (z.B. Borkenau & Ostendorf, 1994). Zugleich finden letztgenannte Autoren in einem simultanfaktoriellen Vergleich bei einigen Skalen interessante Beziehungen zum Fünf-Faktoren-Modell: So laden die FPI-Skalen Lebenszufriedenheit (−), Erregbarkeit (+)

und Beanspruchung (+) hoch auf der Big-Five-Dimension »Neurotizisimus«, die FPI-Skalen soziale Orientierung (+) und Aggressivität (–) hoch auf der Big-Five-Dimension »Verträglichkeit« Gehemmtheit (–), die Skala Leistungsorientierung (+) hoch auf der Dimension »Gewissenhaftigkeit«.

6.4.2 Tridimensional Personality Questionnaire (TPQ)

Als ein weiteres Beispiel für Alternativen zum Fünf-Faktoren-Modell sei hier das theoretisch begründete (zunächst dreidimensionale, später siebendimensionale) psychobiologische Modell der Persönlichkeit von Cloninger (1987a) vorgestellt. Cloninger postulierte zunächst drei wesentlich über Vererbung vorbestimmte zentrale Hirnfunktionssysteme, die er konzeptuell eng mit zentralen Monoamin-Neurotransmitterfunktionen in einen Zusammenhang bringt.

- ▶ Verhaltensaktivierung: Das erste System der Verhaltensaktivierung bezieht seine Wirkung aus dem Neurotransmitter Dopamin. Es moduliert Verhaltenstendenzen in Richtung Erregung / Aufhellung einschließlich eines aktiven Strebens nach Belohnung sowie einer Vermeidung von Bestrafung und Langeweile. Das mit diesem System eng verknüpfte Persönlichkeitstemperament bezeichnet Cloninger als »Offenheit für bzw. Suche nach neue(n) Erfahrungen« (»novelty seeking«).
- ▶ Verletzungsvermeidung: Die zweite Temperamentsdimension der Verletzungsvermeidung (»harm avoidance«) steht in enger Verbindung mit einem System der Verhaltenshemmung, gesteuert durch den Neurotranmitter Serotonin. Diese Hirnfunktion ist empfänglich für passive Lernprozesse und hemmt entsprechend Verhaltensweisen mit potenziell bestrafenden Konsequenzen, mit Neuigkeitswert bzw. ohne Belohnung.
- ▶ Belohnungsabhängigkeit: Das Hirnfunktionssystem der Verhaltensbeibehaltung wird vornehmlich durch den Neurotransmitter Norepinephrin gesteuert. Es fördert die Kontinuität von Verhaltenstendenzen, die auf unmittelbare Belohnung ausgerichtet sind, und wirkt so Tendenzen der Verhaltenslöschung entgegen. Cloninger vermutet in diesem System die Grundlagen für eine von ihm als »Belohnungsabhängigkeit« (»reward dependence«) bezeichnete Temperamentseigenart.

Cloninger und Mitarbeiter (1991) untersuchten mit dem auf der Grundlage dieses Modells entwickelten *Tridimensional Personality Questionnaire* (TPQ) in einer Feldstudie 1.019 Personen und fanden die interne Konsistenz und faktorenanalytisch die dreidimensionale Struktur weitgehend bestätigt. Lediglich die Dimension der »Belohnungsabhängigkeit« entsprach nicht ganz der theoretischen Erwartung. Inzwischen liegen verschiedene Anwendungsversuche dieses theoretischen Modells vor: bei Alkoholabhängigkeit (Cloninger, 1987b; Cannon et al., 1993) und bei Persönlichkeitsstörungen (Cloninger 1987c; Kilzieh & Cloninger, 1993; Starcevic et al., 1995).

Weil sich im Bereich der Persönlichkeitsstörungen (bzw. bei Personen mit einer geringen sozialen Anpassung) Schwierigkeiten bei deren Abgrenzung gegenüber Personen mit hoher sozialer Anpassung mit zugleich extremen Persönlichkeitsprofilen ergaben, schlägt Cloninger neuerlich eine Erweiterung seines Persönlichkeitsmodells vor (vgl. Cloninger et al., 1993). Dieses enthält nunmehr sieben Dimensionen, welche die Autoren in einer ersten Untersuchung an 300 Personen mittels Faktorenanalyse empirisch zu stützen versuchten. Es sind dies

▸ vier (»genetisch« prädisponierte) Temperamentsdimensionen (zusätzlich zur »Belohnungsabhängigkeit«, »Verletzungsvermeidung« und »Offenheit gegenüber neuen Erfahrungen« weiter eine Dimension der »Beharrlichkeit« [»persistence«]) sowie

▸ drei »epigenetische« (d.h. stärker entwicklungspsychologisch und sozial beeinflusste) Persönlichkeitsdimensionen: »Selbstbezogenheit« (»self directedness«) kennzeichnet die interpersonelle Autonomie einer Person; »Kooperativität« (»cooperativeness«) beschreibt die zwischenmenschliche Integriertheit einer Person; und »Selbsttranszendenz« (»self-transcendence«) gilt als Kennzeichen für eine gesellschaftlich universelle Personintegration.

Interessant an der TPQ-Entwicklung sind die theoretische Grundlegung des Verfahrens und seine »normatologische« Orientierung. Andererseits ist bis heute weder konzeptuell noch empirisch eindeutig genug geklärt, ob die jetzt postulierten drei Persönlichkeitsdimensionen von den vier Temperamentsdimensionen unabhängig sind oder ob und wie sie aus jenen hervorgehen (können).

6.4.3 Trierer Persönlichkeitsfragebogen (TPF)

Als drittes Beispiel soll hier eine deutschsprachige Entwicklung zur dimensionalen Erfassung von Persönlichkeitsmerkmalen Erwähnung finden, die der oben genannten Anspruchsetzung einer theoretischen Grundlegung sehr weit entgegenkommt: der *Trierer Persönlichkeitsfragebogen* (TPF; Becker, 1989). Beim TPF handelt es sich um ein Verfahren, das in eine elaborierte (gesundheitspsychologisch orientierte) Persönlichkeitstheorie eingebettet ist (Becker, 1982). Mit der Entwicklung seines Persönlichkeitsinventars verfolgte Becker zwei Ziele: Zum einen sollten zwei unabhängige (d.h. möglichst varianzstarke) »Superfaktoren« mit den Bezeichnungen »Verhaltenskontrolle« und »seelische Gesundheit« generierbar sein. Andererseits sollten, den theoretischen Vorgaben entsprechend, sieben das Konzept »seelische Gesundheit« konstituierende Komponenten faktorenanalytisch differenzierbar werden. Der TPF setzt sich aus folgenden Bereichen und Subskalen zusammen:

▸ Superfaktoren (Verhaltenskontrolle, seelische Gesundheit),
▸ seelisch-körperliches Wohlbefinden (Sinnerfülltheit versus Depressivität, Selbstvergessenheit versus Selbstzentrierung, Beschwerdefreiheit versus Nervosität),
▸ Selbstaktualisierung (Expansivität, Autonomie),
▸ selbst- und fremdbezogene Wertschätzung (Selbstwertgefühl, Liebesfähigkeit).

Das Verfahren weist eine hohe interne Konsistenz auf und es liegen erste Versuche der Konstruktvalidierung vor. Daraus wird u.a. deutlich, dass »seelische Gesundheit«

hoch negativ mit der FPI-Emotionalität (−0.66) wie auch mit dem E(ysenck)PQ-Neurotizismus (−0.56) korreliert ist. »Verhaltenskontrolle« hängt jeweils negativ mit der FPI-Extraversion (−0.38) und mit der EPQ-Extraversion (−0.63) zusammen. Deshalb wurde von einigen Autoren (z. B. Borkenau, 1992; Amelang & Zielinski, 1994) kritisch angemerkt, dass es sich bei den beiden Superfaktoren möglicherweise um eine Neuauflage der bereits in den dreidimensionalen Persönlichkeitsmodellen findbaren Faktoren »Neurotizismus« und »Extraversion« handeln könne, nunmehr lediglich mit neuer Kennzeichnung und Positivkonnotation.

Ungeachtet dieser Einwände kann festgehalten werden, dass der TPF interessante Möglichkeiten zur individuellen und differenzierten Erfassung zahlreicher persönlichkeitsspezifischer Aspekte von seelischer Gesundheit ermöglicht. Zugleich erweist sich das Verfahren offensichtlich als sensitiv für zeitliche Veränderungen, was seine Anwendung in therapeutischen Kontexten nahelegt.

6.4.4 Circumplex-Modelle interpersoneller Persönlichkeitsmerkmale

Schließlich gehören zu den neuerlichen Versuchen, dimensionale Konzepte zur Diagnostik und Beurteilung von Persönlichkeitsvarianten zu entwickeln, natürlich ausdrücklich auch die zahlreichen Entwicklungen sog. »interpersoneller Circumplex-Modelle« (ausführlich in → Abschn. 5.9). Sie werden hier nur kurz nochmals erwähnt, weil sich im letztgenannten *Trierer Persönlichkeitsfragebogen* (TPF) die beiden Orthogonalfaktoren der Circumplex-Modelle (»Status / Autonomie« sowie »Affiliation / Zuneigung«) ebenfalls wiederfinden. Sie sind dort durch die beiden Bereiche »Selbstaktualisierung« und »selbst- bzw. fremdbezogene Wertschätzung« repräsentiert. Es findet sich im TPF also eine interessante Perspektive angelegt, die bislang unabhängig voneinander fortentwickelten Bereiche der eher theoretisch orientierten interpersonellen Persönlichkeitsforschung und der eher methodisch orientierten Differenziellen Psychologie miteinander zu verbinden.

6.5 Ein entwicklungspsychologisch begründetes Polaritäten-Modell der Persönlichkeit

Eysencks Persönlichkeitsmodell hat sich in der Klinischen Psychologie nur sehr zögerlich durchsetzen können. Die theoretische Grundlegung jedoch – nämlich zur Erklärung psychischer Störungen eine Verbindung zwischen individueller Prädisposition und individueller Lerngeschichte herzustellen – erfuhr spätestens in den 1970er-Jahren eine wichtige Renaissance. Sie wurde angeregt durch Forschungsarbeiten über die Grundstörungen der Schizophrenie (z. B. Zubin & Spring, 1977) sowie durch Untersuchungen über die psychosozialen Ursachen der Depression (z. B. Brown & Harris, 1978). Seither gelten sog. »biopsychosoziale« Erklärungsmodelle (wie das Eysenck'sche Vulnerabilitätsmodell) in der klinisch-psychologischen Forschung als wichtigste Ansätze u. a. zur Erklärung schizophrener, affektiv-depressiver und psychosomatischer Erkrankungen sowie zur Grundlegung psychotherapeutischer Behandlungsmethoden für diese Störungen (vgl. Bastine, 1990).

Biopsychosoziale Erklärungsansätze. So sind inzwischen eine Reihe recht unterschiedlicher Erklärungsperspektiven ausgearbeitet worden, die als »Diathese-Stress-Modell«, »Vulnerabilitätsmodell«, »biosoziale Lerntheorien« oder ähnlich bezeichnet werden. Biopsychosoziale Erklärungsmodelle, die für mehrere oder gar für alle Persönlichkeitsstörungen Geltung beanspruchen, sind bis heute eher selten zu finden. Einer dieser Ansätze, der im Bereich der Klinischen Psychologie entwickelt wurden, soll nachfolgend vorgestellt werden. Einige weitere finden sich in den Kapiteln zu den einzelnen Persönlichkeitsstörungen sowie in → Abschnitt 8.4 zur konzeptuellen Komorbidität.

In den Kontext der biopsychosozialen Erklärungsmodelle gehört das entwicklungspsychologisch begründete Polaritäten-Modell der Persönlichkeit, Persönlichkeitsstile und Persönlichkeitsstörungen von Millon (1981, 1990, 1996a; Millon & Everly, 1985). Auf ihrer Grundlage hat Millon einige testtheoretisch geprüften Persönlichkeitsinventare entwickelt, die bereits in unterschiedlichsten Forschungskontexten eingesetzt wurden und werden und auf die ausführlicher im Diagnostik-Kapitel eingegangen wird (→ Kap. 8). Millon gehörte in den 1990er-Jahren zur Task-Force, die das Kapitel über Persönlichkeitsstörungen im DSM-IV ausgearbeitet hat. Bereits damals hatte er sich vehement für eine dimensionale Beurteilung in der Diagnostik von Persönlichkeitsstörungen eingesetzt, die Kommission dann jedoch unter Protest verlassen, weil er mit seinen Vorschlägen kein Gehör fand. Dass die Auseinandersetzung über diese Frage bis zum aktuellen DSM-5 (APA, 2012) noch nicht zu Ende geführt werden konnte, wurde bereits in → Abschnitt 3.4 kritisch dargestellt (ausführlich nochmals im → Epilog).

Ein lebenslanges Lernen zwischen Polaritäten

Dabei gilt Millons Entwicklungstheorie der Persönlichkeitsstörungen heute als eine jener Ätiologieperspektiven, die das vorhandene empirische Wissen selbst in Therapieschulen übergreifender Perspektivierung am reichhaltigsten repräsentiert. Besonders umfassend wurde dies von Millon (1996) in einer mehr als 800 Seiten umfassenden Monografie zusammengetragen. Das Wichtigste an Millons Theorie ist die Grundlegung eines bedürfnistheoretisch inspirierten Polaritäten-Modells. Grob vereinfacht beinhaltet dieses, dass sich der Mensch kontinuierlich zwischen einander vordergründig widersprechenden Bedürfnissen bewegen lernen muss und sich nicht vorschnell in diesem Bedürfnis-Karussell vereinseitigen sollte (→ Abb. 6.2).

Damit überwindet Millon die von vielen Persönlichkeitsstörungsforschern bevorzugten eindimensionalen Modelle, die zumeist nur Beurteilungen von »gesunden Persönlichkeitsstilen« hin zu »gestörten Persönlichkeitsstilen« vorsehen. In ihrer Diktion bewegt sich Millons Theorie streng im Rahmen einer empirisch orientierten *klinischen Entwicklungspsychologie* (vgl. Fiedler, 1999 b). Millons vorrangiges Ziel ist die Aufklärung von Bedingungen für die Entwicklung von Persönlichkeitsstörungen, im Kern jedoch beinhaltet sein Ansatz ein überzeugendes Konzept für die Salutogenese der Persönlichkeitsentwicklung (→ Abb. 6.2). Für eine gesunde wie gestörte Persönlichkeitsentwicklung werden zwei grundlegende biopsychologische Voraussetzungen als bedeutsam angesehen:

Grundlegende biologische Faktoren. Diese bestimmen sich als sog. Diathese einerseits aus den hereditären Voraussetzungen und andererseits aus Einflüssen der prä-, peri- und postnatalen Entwicklung. Obwohl die spezifischen und differenziellen Wirkungen beider Bereiche auf die Persönlichkeitsentwicklung noch relativ unklar sind, sprechen insbesondere einige High-Risk-Studien für die prädispositionelle Bedeutsamkeit biologischer Faktoren für die spätere Entwicklung einiger Persönlichkeitsstörungen (z. B. einer dissozialen oder schizotypischen Persönlichkeit; → Kap. 14, → Kap. 19).

Psychologische Entwicklungsfaktoren. Dieser Aspekt betont die frühkindlichen, vor allem zwischenmenschlichen Erfahrungen und Lernbedingungen auf die weitere psychologische Entwicklung. Millon unterscheidet grob vier – nachfolgend näher beschriebene – neuropsychologische und psychosoziale Entwicklungsstufen, die er einerseits mit Ergebnissen der Bindungsforschung zur Kleinkindentwicklung (z. B. Brown & Wallace, 1980) begründet, andererseits mit Bezug auf die entwicklungspsychologischen Ausarbeitungen von Piaget (1956), Erikson (1950) sowie Rapaport (1958). Eine ausführliche Zusammenfassung aktueller Erkenntnisse und Ergebnisse findet sich u. a. bei Resch (2012), und diese unterstreicht, wie zeitlos Millons Konzept – das vor annähernd 20 Jahren ausgearbeitet wurde – bereits damals angelegt war.

Dies zeigt sich weiter daran, dass zwischenzeitlich zwei seiner Dimensionen mit dem sog. Alternativ-Modell der Persönlichkeitsstörungen den Weg in das DSM-5 gefunden haben (APA, 2013; dort in Sektion III; → Abschn. 3.4). Dabei handelt es sich um die zwei in der → Abbildung 6.2 hervorgehobenen Hauptachsen (die horizontale sog. Struktur-Achse und die vertikale sog. Beziehungs-Achse). Dennoch gibt es zwischen der DSM-5-Dimensionierung und dem Polaritäten-Modell von Millon einen gravierenden Unterschied. Die Mitglieder der DSM-5-Task-Force haben sich wieder einmal auf die Vereinfachung mittels eindimensionaler Beurteilung beschränkt (von »gering strukturiert« bis »hoch strukturiert« bzw. »kaum bindungsfähig mit einem Mangel an Empathie und Intimität« bis »hoch bindungsfähig mit Empathie-Fähigkeit und Vertrauen in zwischenmenschliche Beziehungen«).

Persönlichkeit im Spannungsfeld menschlicher Bedürfnisse

In Millons Polaritäten-Modell befinden sich Menschen immer im Spannungsfeld zwischen zwei vermeintlich gegensätzlichen Grundbedürfnissen (→ Abb. 6.2). Die Pole jeder Dimension sind also jeweils *positiv* konnotiert. Innerhalb jeder Polarität können sich Menschen in ihrer Entwicklung vereinseitigen oder sich um eine persönliche Integration beider Bedürfnisaspekte bemühen. Wie dies nachfolgend begründet werden soll, können sich im Fall der Vereinseitigung und damit durch eine Vernachlässigung menschlicher Grundbedürfnisse psychische und Persönlichkeitsstörungen einstellen.

In der eindimensionalen Persönlichkeitsbeurteilung des DSM-5 ist die »gesunde« und therapeutisch anzustrebende Integrationsleistung beider Polaritäten zwar enthalten – wenn dort beispielsweise als »gesundes« Person-Merkmal ein (vernunft-orientiertes) »Bewusstsein eines einzigartigen Selbst mit der Fähigkeit zum Erleben einer Bandbreite der Emotionen« die Rede ist. Der besondere Vorteil des Polaritäten-Modells liegt jedoch darin, dass bei diagnostizierbarer Vereinseitigung von Patienten (z. B. vorrangig an der Vernunft orientiert oder vorrangig an Gefühlen orientiert) unmittelbar therapeutische Ziele sichtbar werden, welche jeweils in Richtung auf den gegenüberliegende und vom Betreffenden bisher eher vernachlässigten Bedürfnis-Pol ausgerichtet sein könnten.

Nachfolgend sollen zudem einige konzeptuelle Ergänzungen und Hintergründe hinzugefügt werden, die sich für ein vertieftes Verständnis des Polaritäten-Modells aus heutiger Sicht anbieten.

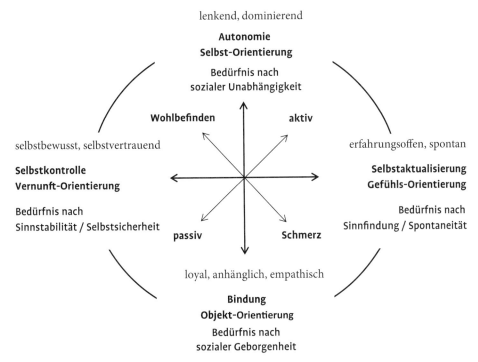

Abbildung 6.2 Ein bedürfnistheoretisch begründetes Polaritäten-Modell der Persönlichkeit und Persönlichkeitsstile in Anlehnung an das Entwicklungsmodell von Millon (1996)

6.5.1 Struktur: Selbstkontrolle versus Selbstaktualisierung

Die horizontale Hauptachse im Polaritäten-Raum wird als *Struktur-Dimension* bezeichnet. Sie spannt sich zwischen zwei subjektiv häufig als gegensätzlich oder widersprüchlich erlebten menschlichen Grundbedürfnissen auf – einerseits dem nach Sinnstabilität und Selbstsicherheit und andererseits dem nach Sinnfindung, Spontaneität und gefühlsmäßiger Orientierung. Millon (1996) verbindet mit dieser Polarität zwischen *Vernunft* und *Gefühl* vorrangig die Möglichkeit des Menschen zur Strukturbildung und Integration. Er bezeichnet die entsprechenden Pole:

Thinking: Intellective Reasoning – vs. – **Feeling:** Affective Resonance

Den Beginn der Entwicklungsphase, die Millon auch als *Intracortical-Integrative Stage* bezeichnet, sieht er auf der Grundlage bisheriger Forschungsergebnisse zeitlich etwa ab dem Alter von etwa vier Jahren verortet (Beginn der sprachgebundenen Dynamik innerhalb dieser Polarität durch ein Anwachsen der Vernunft-Aspekte menschlichen Handelns). Die Phase reicht jedoch in ihrer Entwicklung wie Störanfälligkeit deutlich weiter, mit wechselnden Höhepunkten bis zur späten Adoleszenz. Sie durchzieht in ihrer Ambivalenz das ganze Leben. Grundlegend vorbereitet oder irritiert werden kann sie andererseits durch hereditäre und konstitutionelle Voraussetzungen und durch prä-/peri-/postnatale Traumen.

Entwicklungsaufgaben. In der Kernphase zwischen vier Jahren und der Jugend liegt der enorme Zuwachs an höher gelegenen kortikalen Hirnfunktionen: die Verbesserung des abstrakten Denkens mit sich ausweitenden Möglichkeiten der Planung und Bewertung eigener und fremder Handlungen sowie der Lösung individueller und interindividueller Problemstellungen und Krisen. Evolutionäres Ziel dieser Entwicklungsphase liegt in der kompetenten Balancierung und gleichwertigen Nutzung von *Vernunft* und *Gefühl*.

Risikofaktoren. Unterforderungen und zu geringe Anregungen können die Entwicklung eigener Lebensziele verhindern und einen Mangel an Selbstdisziplin sowie eine Neigung zu impulsiven Handlungen begünstigen (dissozial, Borderline). Überforderungen oder übermäßiges Gewährenlassen können eine gesunde Entwicklung von Spontaneität, Flexibilität und Kreativität einschränken und ein eher rigides, selbstbeschränkendes und zwanghaftes Persönlichkeitsmuster bewirken.

Konzeptueller Hintergrund

Intrapersonale Perspektiven. Für die Strukturachse lassen sich inzwischen eine ganze Reihe konzeptueller Vorbilder und empirischer Belege anführen (vgl. Fiedler, 2003a). In ausgearbeiteten Theorien menschlicher Grundbedürfnisse steht die Dimension insgesamt für ein grundlegendes menschliches Bedürfnis nach Sinngebung (z. B. Gasiet, 1981). Obwohl es ontogenetisch allem Anschein nach später als andere menschliche Bedürfnisse auftritt, ist es eine notwendige Voraussetzung der Entstehung und Entwicklung der Intelligenz, des Denkens und des Wissens. Es ist, wie auch von Millon so gesehen, das Bedürfnis zur Überwindung innerer Ambivalenzen zwischen Vernunft und Gefühl, welche beide gegensätzliche und für sich genommen eigenständig wirkende Bedürfnisanteile darstellen können.

Das Bedürfnis nach Sinngebung wird keineswegs nur als Aspekt einer rationalen Sinnlogik oder nur als Aspekt eines unmittelbaren Empfindens für Sinnhaftigkeit sichtbar. Dieses Bedürfnis steht gleichermaßen für die kontinuierliche, nie abgeschlossene Notwendigkeit, Unstimmigkeiten und Widersprüche zwischen allen menschlichen Bedürfnissen und ihren Derivaten (Interessen, Zielen, Vorlieben, Trieben, auch den später dargestellten interaktionellen Bedürfnissen) zu integrieren, zu überbrücken und zu versöhnen.

Interpersonelle Perspektive. Weiter ist das menschliche Bedürfnis nach Selbstsicherheit und Sinnstabilität in Sullivans interpersoneller Theorie (1953; → Abschn. 5.7) von herausragender Wichtigkeit. Nach Sullivan ist für viele Menschen das *Bedürfnis nach Selbstsicherheit* dominierend, weil sich gegenüber emotionalen Erfahrungen grundlegende Befürchtungen bis hin zu manifester Angst entwickeln können. Andere Menschen wiederum lassen sich zu leichtfertig auf emotionale Erfahrungen ein, was nicht selten mit schwer kontrollierbarer Spontaneität und Kontrollverlusten verbunden ist.

Entsprechend dieser Persönlichkeitsunterschiede finden sich heterogene Ambivalenzen und unterschiedliche Abwehrhaltungen, die Sullivan selbst (1953) als *Sicherheitsoperationen* zum Erhalt und Schutz des Selbstsystems bezeichnet – ein Begriff, der auch von uns gelegentlich für Abwehrhaltungen und zugehörige Handlungen eingesetzt wird: Wichtige Sicherheitsoperationen sind nach Sullivan vor allem »selektive Unaufmerksamkeit« gegenüber neuen Erfahrungen bei eher auf Selbstsicherheit bedachten Menschen, »Neigung zur Projektion« bei Personen, die zu sehr auf gefühlsmäßige Erfahrungen bauen; »Verweigerung und Unsicherheit« bei Personen, die weder ihrem Selbst noch neuen Erfahrungen vertrauen (vgl. Safran, 1984).

Diagnostik-Beispiele. In der von einer Heidelberger Arbeitsgruppe um Gerd Rudolf entwickelten *Operationalisierten Psychodynamischen Diagnostik* beispielsweise gilt die Strukturbeurteilung als eine der wesentlichen Dimensionen (Arbeitskreis OPD, 1996, 2006; Rudolf, 2012). Eine weitgehende Entsprechung und zweites Beispiel findet die Strukturachse in der Persönlichkeitsdimension »*Verhaltenskontrolle*« im Persönlichkeitsmodell von Becker (1989, 1995), das dem *Trierer Persönlichkeitsfragebogen* (TPF) zu Grunde liegt.

Verhaltenskontrolle (Selbstkontrolle) wird von Becker (1995) als Polarität einer Dimension aufgefasst, für die der Autor mit hoher »Spontaneität« ihren Gegenpol (geringe Verhaltens- bzw. Selbstkontrolle) konzeptualisiert. Im Sinne dieser Typologisierung verfolgen kontrollierte Menschen eher Fernziele und beachten stärker als Spontane soziale Werte, Normen, Konventionen und Pflichten, während Spontane stärker (an Gefühlen orientiert) am Hier und Jetzt bzw. an kurzfristigen Annäherungszielen interessiert sind.

Kontrollierte haben ein stärkeres Bedürfnis nach Orientierung und Sicherheit. Spontane schenken ihren emotionalen und physiologischen Bedürfnissen sowie ihrem Explorationsbedürfnis mehr Beachtung. Bei Verhaltenskontrollierten dominieren Selbstkontrollprozesse mit dem Wunsch zu bewahren, was sich u. a. in einer Neigung zum Konservatismus äußert, während Spontane für akkomodative Prozesse besonders aufgeschlossen sind, d. h. eine Vorliebe für Neues und Veränderung haben. Was die Handlungs- und Impulskontrolle betrifft, neigen Spontane zu raschen Zielwechseln, während Kontrollierte über eine erhöhte Schwelle für Absichtswechsel verfügen (Becker, 1995; S. 223 f.).

Einseitigkeiten in den Therapieschulen. Mit Blick auf die interessante Frage, inwieweit in den Therapieschulen die beiden menschlichen Grundbedürfnisse *Selbstkontrolle* versus *Selbstaktualisierung* als solche Akzeptanz und Berücksichtigung finden, lassen sich übrigens einige beachtenswerte Einseitigkeiten ausmachen:

▶ In der *Verhaltenstherapie* gelten »Selbstkontrolle« und »Selbstsicherheit« von Beginn der Konzeptentwicklung an als zentrale Ziel-Konstrukte. Verhaltenstherapie wurde und wird gelegentlich sogar mit Selbstkontroll- bzw. Selbstmanagement-Therapie gleichgesetzt (Kanfer et al., 1991).

▶ In der *Gesprächspsychotherapie* hingegen gilt die »Selbstaktualisierung« als das zentrale Wirkprinzip des psychotherapeutischen Ansatzes, die durch eine gefühlszentrierte Therapiearbeit erreicht werden soll (Bommert, 1977; Eckert & Kriz, 2012).

Die berühmt gewordene Auseinandersetzung zwischen Skinner und Rogers in den 1950er-Jahren drehte sich grundlegend um die Frage, ob gesellschaftlich positive Entwicklungen eher durch eine effektive Verbesserung der Selbst- bzw. Verhaltenskontrolle des Menschen oder eher durch selbstregulative Prozesse der Selbstverwirklichung in Vertrauen auf das gefühlsmäßig Gute im Menschen anzuzielen seien (vgl. Bastine, 1990).

Die bedürfnistheoretische Polarisierung verweist nun darauf, dass *beide* Perspektiven gleichwertig bedeutsam Anteile eines menschlichen Grundbedürfnisses nach Sinngebung repräsentieren, die nicht gegeneinander ausgespielt werden sollten. Es könnte sein, dass die Grundkonzepte sowohl der Verhaltenstherapie wie der Gesprächspsychotherapie mit Blick auf eine Aktivierung menschlicher Bedürfnisse bzw. mit Blick auf die Behandlung der persönlichkeitsstörungsbedingten Neigung von Menschen, Aspekte beider Bedürfnisanteile zu vernachlässigen (also vorrangig »auf Kognition« *oder* vorrangig »auf Gefühl« zu setzen), einen nicht ganz unproblematischen Bias in sich tragen.

Emotionsorientierte Gesprächstherapien werden bei Menschen, die zur gefühlsmäßig bedingten Labilität oder Spontaneität neigen, möglicherweise nicht unbedingt den günstigen Effekt der Strukturbildung zeigen. Und die auf eine Maximierung von Selbstkontrolle setzende Verhaltenstherapie wird möglicherweise bei Personen, die über normorientierte Selbstsicherheit verfügen, nicht unbedingt zur Offenheit gegenüber neuen emotionalen Erfahrungen anregen.

Therapieziele. Schon an dieser Stelle kann ein erstes Mal verdeutlicht werden, dass und wie sich mit Hilfe des Polaritäten-Modells konkrete Therapieziele generieren lassen. Es ist nämlich eine durchaus berechtigte Frage, ob bei Menschen, die bereits über ein hohes Maß an Selbstkontrolle und Struktur verfügen, eine weitere Maximierung dieser persönlichen Neigung nach Selbstsicherheit überhaupt sinnvoll ist. Vielleicht wäre es angemessener, Überlegungen dahingehend anzustellen, diesen Menschen ein Mehr an Offenheit gegenüber neuen und gefühlsmäßigen Erfahrungen nahezulegen und dies entsprechend therapeutisch anzuregen.

Oder aus der Gegenperspektive betrachtet: Könnte jenen Menschen mit geringer Impulskontrolle und Problemen der Emotionsregulierung nicht besser eine Behandlung empfohlen werden, die im Ergebnis ein Mehr an Selbstkontrolle und Selbstsicherheit im Umgang mit den eigenen emotionalen Problemen verspricht?

6.5.2 Beziehung: Bindung versus Autonomie

Empirisch ebenfalls ausgiebig untersucht und validiert ist die vertikale, zwischenmenschliche Dimension oder interaktionelle Hauptachse des Polaritäten-Modells, die als einen Pol das menschliche Bindungsbedürfnis nach sozialer Geborgenheit (Bindung) und als gegenüberliegenden Pol das menschliche Autonomiebedürfnis nach sozialer Unabhängigkeit (Autonomie) repräsentiert.

Millon (1996) beschreibt diese Polarität vorrangig als interpersonelle Ausgestaltung zwischenmenschlicher Beziehungen zwischen *sozial bezogen* und *selbst-bezogen*. Sozial bezogene Menschen werden in diesem Sinne als fürsorglich-helfend charakterisiert, und bei selbst-bezogenen Personen dominiert die Bevorzugung eigener Ziele. Millon bezeichnet die entsprechenden Pole:

Other: Progeny Nurturance – versus – **Self:** Individual Propagation

Die Entwicklungsphase einer Selbst-Anderen-Polarisierung, die Millon als *Pubertal-Gender Identity Stage* bezeichnet, hat nach seiner Auffassung u. a. wegen grundlegender hormoneller Veränderungen ihren Höhepunkt während der Pubertät zwischen dem 11. und 15. Lebensjahr. Sie kann jedoch bereits in frühen Erfahrungen grundlegend vorbereitet sein, und reicht in ihrer Konflikthaltigkeit weit über die Adoleszenz hinaus. Millon begründet diese zeitliche Festlegung mit zahlreichen konzeptuellen Überlegungen und empirischen Ergebnissen, ähnlich wie sie bereits von Sullivan (1953) hinsichtlich der *Bedeutsamkeit der Pubertät* für die interaktionelle Persönlichkeitsentwicklung vorgebracht wurden. In der Adoleszenz kommt es zu bedeutsamen eigenen Reifungsschritten, deren zentrale Bedeutung in der Ausformung *einer geschlechtlichen Identität* zu sehen ist.

Entwicklungsaufgaben. Wesentlicher Entwicklungsschritt der Adoleszenz ist mit Millon (1996) jedenfalls eine fortschreitende Differenzierung von subjektiven Sichten oder Ansichten *über sich selbst* wie von subjektiven Sichten oder Ansichten *über andere Personen*, die gewisse intellektuelle Fähigkeiten voraussetzen. Und dieser Prozess wird gerade in der Pubertät, gegenüber der die psychoanalytische Theoriebildung nach wie vor »beachtenswert blinde Flecken« (Sullivan, 1953, S. 168) besitzt, durch Ansichten und Stereotypien der sozial-gesellschaftlichen Umwelt bedeutsam beeinflusst (Bartholomew & Horowitz, 1991).

Risikofaktoren. Ohne geeignete Erziehungsvorbilder kann diese Entwicklungsphase zahlreiche Unterforderungsaspekte oder Überforderungsaspekte beinhalten, wie z. B. fehlende geeignete Identifikationsmöglichkeiten oder Rollenvorbilder einerseits oder z. B. Gruppen- und Bandenbildung, Subkulturstereotype, provokative Demonstration sich sozial ausgrenzender Besonderheit andererseits. Orientierungslosigkeit angesichts heterogener Wertvorstellungen, fehlende Geschlechtsorientierung und schmerzliche erste sexuelle Erfahrungen können die emotionalen Reifungsprozesse dieser Phase erheblich beeinträchtigen. Eine grundlegende Diffusion der eigenen Geschlechtlichkeit oder auch die radikale Übernahme stereotyper maskuliner bzw. femininer Rollen kann die Folge sein (dissozial, narzisstisch, paranoid, histrionisch).

Konzeptueller Hintergrund

Für die weiteren Ausführungen bleibt beachtenswert, dass »Autonomie« hier *nicht* in seiner alltäglichen Bedeutung eingesetzt und benutzt wird, wo mit dem Begriff häufig Aspekte der Struktur-Achse mitgemeint sind. Ein Zuviel an Autonomie bedeutet im Sinne der hier gemeinten Bedürfnis-Polarität immer ein Zuwenig an Bindung. Diese operationale Definition bezieht sich sowohl auf persönlichkeitsbedingte überdauernde Neigungen wie auch aktuelle Handlungen einer Person. Wird einer Person also eine persönlichkeitsbedingte einseitige Neigung zur sozialen Geborgenheit unterstellt, impliziert dies zumeist, dass ihre persönliche Neigung zu sozialer Unabhängigkeit weniger stark ausgeprägt ist. Ausgeschlossen ist damit nicht, dass es Menschen gibt, die für beide Bedürfnisbereiche hinreichende Kompetenzen mitbringen und sich – je nach Situation – sozial einbinden bzw. sozial unabhängig verhalten können. Für diese positiv zu sehende Integrationsleistung hat sich inzwischen – zumindest im deutsch-sprachigen Raum – die Bezeichnung »sozial-bezogene Autonomie« durchgesetzt (vgl. Fiedler, 2003).

Diagnostik-Beispiele. Diese Polarisierung findet sich genauso in den meisten inter-personell orientierten Persönlichkeitstheorien mit zugehörigen Persönlichkeitstests – inzwischen gut untersucht mittels Fragebögen (wie z. B. im *Inventar zur Erfassung interpersoneller Probleme* [IIP] von Horowitz et al., 2000) oder mit Beobachtungs-inventaren zur Analyse zwischenmenschlicher Beziehungen (wie z. B. mit der *Struktur-Analyse sozialer Beziehungen* [SASB] von Benjamin, 1995; ausführlich → Abschn. 5.9). Diese Polarität entspricht zugleich recht gut Grundannahmen der psychoanalytischen Objektbeziehungstheorie, die eine entwicklungspsychologische Konfliktdimension zwischen »Symbioseverlangen« und »Individuation« postuliert (vgl. Rudolf, 1987, 1996). Entsprechend gilt die Beziehungsdimension auch in der *Operationalisierten Psychodynamischen Diagnostik* neben der Strukturdimension als eine der weiteren wesentlichen Dimensionen (Arbeitskreis OPD, 1996, 2006; Rudolf, 2012).

Einseitigkeiten in den Therapieschulen. Hier ergeben sich nun in der Tat einige Unterschiede gegenüber anderen Theorie-Modellen, insbesondere gegenüber der Objekt-Beziehungstheorie der Psychoanalyse, die wesentliche Grundlagen für Ent-wicklung bzw. für Störungen einer Selbst-Anderen-Polarität bereits in der frühen Kindheit, zum großen Teil bereits in den ersten drei Lebensjahren verortet. Da sowohl für Millons Position als auch für die objektbeziehungstheoretische inzwischen vielfäl-tige Reihe empirischer Befunde sprechen, sollten für Behandlungsperspektiven beide Sichtweisen beachtet, diskutiert und in ihren jeweiligen eigenen Möglichkeiten gegen-einander abgewogen werden.

Bei kritischer Betrachtung der tiefenpsychologischen und psychoanalytischen Behandlungskonzepte wird nun jedoch noch eine weitere Einseitigkeit deutlich: Nicht nur, dass in der psychoanalytischen Entwicklungspsychologie eine mit Blick auf die Bedeutsamkeit beider Bedürfnisaspekte einseitige Positiv-Entwicklung (nämlich von der »Symbiose« zur »Individuation« bzw. von der »Bindung« zur »Autonomie«) angenommen und untersucht wurde. Selbst die in den psychodynamischen Therapien vorhandene Ziel-Perspektive implizierte lange Zeit diese einseitige Entwicklung: Patienten sollten »idealerweise« in der tiefenpsychologischen Therapie von einem »Symbiose-Verlangen« zur »Autonomie« geführt werden – oder wie Freud dies prägnant auf den Punkt brachte: Die Analyse ist beendet, wenn der Analysand nicht mehr des Analytikers bedarf!

Das ist hier natürlich etwas pointiert formuliert, denn inzwischen scheint sich diese Sicht zu wandeln. In aktuellen psychoanalytischen Erklärungsansätzen spielt der bei Menschen mit Persönlichkeitsstörungen beobachtbare Mangel an Empathiefähigkeit und ein fehlendes Vertrauen in zwischenmenschliche Beziehungen eine zunehmend bedeutsamere Rolle – mit entsprechend markanten Änderungen im therapeutischen Vorgehen. Wichtige Einflüsse auf moderne Erklärungsansätze stammen aus der Attachment-Theoriewelt und Bindungsforschung in der Nachfolge von Bowlby.

Insbesondere zwei Fortentwicklungen psychodynamischer Konzepte haben in den letzten Jahren zunehmende Bekanntheit erlangt: einerseits die sog. Mentalisierungsgestützte Psychotherapie (entwickelt seit etwa 2000 von einer englischen Arbeitsgruppe um Peter Fonagy; in einer aktuelleren Übersicht: Allen et al., 2008), anderseits die *Strukturbezogene Psychotherapie* (die vor allem im deutschsprachigen Raum ihre Nachfolger gefunden hat; ebenfalls seit etwa 2000 entwickelt von einer Heidelberger Arbeitsgruppe um Gerd Rudolf; in der Übersicht: Rudolf, 2006, 2010). In beiden Ansätzen stehen die Entwicklung von Bindungskompetenzen und die damit verbundene Empathie-Fähigkeit sowie die Förderung von Vertrauen in zwischenmenschliche Beziehungen im Vordergrund (in einem späteren Kapitel wird ausführlich auf diese innovativen Behandlungskonzepte eingegangen; → Kap. 11; in der Übersicht auch: Fiedler, 2014). Hier kurz zusammengefasst:

Therapieziel Bindung. Bei Fehlen dieser Fähigkeiten werden die Störungsmuster interaktionell schwerer gestörter Menschen auf äußerst ungünstige Erfahrungen in Kindheit und Jugend zurückgeführt, in denen die Betreffenden ursprünglich versuchten, angesichts extremer Zurückweisung und Vernachlässigung, Missbrauchserfahrungen und Misshandlungen um das eigene Überleben zu kämpfen. Im Laufe der Entwicklung werden viele dieser Eigenarten zu automatisiert ablaufenden Erlebens- und Handlungsroutinen, gesteuert von impliziten (v. a. prozeduralen) Gedächtnisprozessen. Sie werden als solche insbesondere in konfliktträchtigen zwischenmenschlichen Situationen immer wieder ausgelöst, auch wenn sie sich im späteren (erwachsenen) Leben – offenkundig mangels Alternativen – als zunehmend dysfunktional erweisen.

Entsprechend wird in den zwei Ansätzen versucht, die bisher eher vernachlässigten und berechtigten Bedürfnisse einer Befriedigung zuzuführen. Um dies zu erreichen, wird den Patienten auf der Beziehungsebene mit hilfreich unterstützenden und förderlichen Interventionen begegnet: mit Akzeptanz, Verständnis, Wertschätzung und Empathie – mit einem Ansatz also, der im Sinne der Bindungsforschung einer hilfreich zugewandten und förderlichen Beelterung entspricht. Insbesondere in dieser Hinsicht einer wertschätzenden Nach-Beelterung unterscheidet sich das Vorgehen deutlich von Ansätzen, in denen etwa mittels Kontingenz-Management und insbesondere bei Suizidalität und agitierenden Verhaltensweisen häufig sogar mittels disziplinierend eingesetzten Strukturierungsversuchen ein Abbau störender Verhaltensmuster erreicht werden soll.

Therapieziel Autonomie. Vorteilhafter und komfortabler dürfte sich die Suche nach Therapiezielen bei Vereinseitigung von Menschen im Bindungsbereich ausnehmen, für die Unterwürfigkeit, Nachgiebigkeit und Dependenz als Persönlichkeitsmerkmale stehen. Für die Anregung und Entfaltung zwischenmenschlicher Autonomie liegen nämlich in allen Therapierichtungen jeweils von Anbeginn ihrer Konzeptentwicklung an vielfältige Überlegungen und Behandlungskonzepte vor. Da bei Persönlichkeitsstörungen dieser Art zumeist soziale Angst und Unsicherheit im Vordergrund stehen, dürfte insbesondere der Verhaltenstherapie-Zugang mittels Training sozialer Fertigkeiten als ein wichtiger Prototyp angesehen werden (ausführlich → Kap. 15).

6.5.3 Existenzielle Orientierung: Wohlbefinden versus Schmerz

Diese Dimension ist von Geburt an grundlegend bedeutsam und nimmt nach Millon einen entscheidenden Anteil auf das spätere Gesundheitserleben und Gesundheitsverhalten des Menschen. Entsprechend kennzeichnet er sie als »Existenzielle Dimension«, die im Polaritäten-Modell als Polarität zwischen *Wohlbefinden* und *Schmerz* aufgespannt ist. Diese von Millon auch als *Sensory Attachment Stage* bezeichnete Entwicklungsphase reicht von Geburt an vorrangig bis zum 18. Lebensmonat und darüber hinaus.

Pleasure: Life-Enhancement – versus – **Pain:** Life-Preservation
Diese Polarität kennzeichnet bei seelischer Gesundheit jene Personen, deren Leben durch Streben nach Bereicherung bestimmt ist. Ihnen stehen auf der anderen Seite der Polarität Menschen gegenüber, deren bisherige vorrangige Schmerzerfahrungen Anlass waren, Möglichkeiten der Bewahrung und Sicherung als wertvolles Lebensziel zu betrachten. In ihr wird die psychologische Entwicklung des Kleinkindes entscheidend von einer ungestörten Eltern-Kind-Beziehung abhängig gesehen.

Entwicklungsaufgaben des Kleinkindes bestehen darin, eine altersentsprechende Kompetenz zur Balancierung primärer Erfahrungen zwischen den zwei Polaritäten Schmerz-Erfahrungen bzw. Freude-Erfahrungen zu entwickeln und auszuformen.

Risikofaktoren für eine gestörte Persönlichkeitsentwicklung liegen in einer unterstimulierenden wie auch überstimulierenden Bindungserfahrung. Frühe Bindungserfahrungen können zu erheblichen, teilweise schmerzhaft erlebten Unsicherheiten hinsichtlich einer späteren Bindungsbereitschaft bzw. Bindungsverweigerung führen: übermäßiger Dependenz oder Anklammerungstendenzen bzw. schizoider Zurückgezogenheit, Angst vor Intimität und Nähe bis hin zur Verweigerung zwischenmenschlicher Erfahrungen.

Diagnostik-Beispiele. Die Polarität zwischen Wohlbefinden und Schmerz findet sich empirisch und testtheoretisch nicht nur bei Millon (1990, 1996) begründet. Ähnliche Persönlichkeitsaspekte finden sich in einer Reihe moderner Persönlichkeitsfragebögen, und zwar dort, wo diese ausdrücklich unter gesundheitspsychologischer Perspektive entwickelt wurden, z. B. im *Tridimensional Personality Questionaire* (TPQ; → Abschn. 6.4.2) von Cloniger, dort als Dimension der Schmerzvermeidung. Dies gilt weiter für den erwähnten *Trierer Persönlichkeitsfragebogen* von Becker (TPF; 1989, 1995; → Abschn. 6.4.3).

Im TPF wie in der zugehörigen Persönlichkeitstheorie stehen für eine hohe seelische Gesundheit und Wohlbefinden Persönlichkeitsmerkmale wie Flexibilität, Sinnerfülltheit, ein hohes Selbstwertgefühl, Autonomie und Liebesfähigkeit. Für eine geringe seelische Gesundheit stehen Persönlichkeitseigenarten wie geringe Bewältigungskompetenz, körperlich-seelisches Missbefinden, emotionale Labilität und Abhängigkeit (vgl. Becker, 1995).

6.5.4 Temperament: Aktivität versus Passivität

Millon (1996a) versucht mit dieser Polarität die vielfältig untersuchte Temperamentsausstattung des Menschen zu erfassen, die sich als Dimension zwischen Aktivität und Passivität aufspannen lässt. Passive Personen werden vorrangig als angepasst charakterisiert, mit geringer Bereitschaft, sich zu verändern – während bei aktiven Personen das Bemühen im Vordergrund steht, kontinuierlich auf Kontexte einzuwirken, um diese aktiv zu verändern. Millon bezeichnet die Pole:

Passive: Ecological Accommodating – versus – **Active:** Ecological Modifying

Diese Entwicklungsphase wird von Millon auch als *Sensorimotor Autonomy Stage* bezeichnet und ist in wesentlichen Anteilen zwischen dem zwölften Lebensmonat und dem sechsten Lebensjahr für die Entwicklung des Kleinkindes bestimmend – wie natürlich auch darüber hinaus. In ihr liegen u. a. Lernübergänge von der grobmotorischen zur feinmotorischen Handlungsregulation.

Entwicklungsaufgaben. Millon (1996a) postuliert evolutionäre Entwicklungsaufgaben des heranwachsenden Kindes im Umgang mit einer bedeutsamer werdenden Polarität zwischen Aktivität und Passivität, die zur innerpsychischen Akkommodation von Erfahrungen wie zur ökologischen Anpassung wichtig werden: Dinge für sich allein unternehmen, aktiv die Umwelt beeinflussen und verändern, sich von äußeren Vorgaben freimachen und Anforderungen von außen sowie Versuchungen widerstehen.

Risikofaktoren. Ein balanciertes Lernen zwischen diesen Polaritäten wird als grundlegend für eine spätere selbstsichere wie sozial bezogene Bewältigung alltäglicher Anforderungen und Belastungen angesehen. Erzieherische Unterforderungen und zu geringe Anregungen begünstigen Selbstunsicherheiten, Passivität, Widerständigkeiten oder Unterwürfigkeit. Wiederholte Überforderungen oder ein übermäßiges Gewähenlassen andererseits können übersteigerte Selbstdarstellung, soziale Unangepasstheit, narzisstische Neigungen oder auch negativistisch-pessimistische Grundhaltungen ausformen.

Konzeptueller Hintergrund

In Forschungsarbeiten zur Ätiologie von Persönlichkeitsstörungen bleibt der Unterschied zwischen Temperament und Persönlichkeitseigenschaften / Persönlichkeitsstilen (Traits) beachtenswert. So zeigt sich in Studien zur Temperamentsentwicklung, dass sich deren Eigenarten (wie z. B. das Erleben und Zeigen von Primäraffekten sowie die beobachtbare Aktivität oder Passivität eines Kindes) bereits in den ersten Lebensjahren deutlich in Richtung Persönlichkeitsstil verändern können. Bis zur Jugend blieb in einer dieser seltenen Prospektivstudien nur ein genereller Faktor weitgehend stabil, den die Autoren als »schwieriges Temperament« (*difficult temperament*) bezeichneten (Chess & Thomas, 1990) und der heute vermutlich als »Hyperaktivitätssyndrom« zu kennzeichnen wäre.

Diagnostik. Aktivität beschreibt die Intensität oder Häufigkeit, mit der Personen Handlungen ausführen oder Aufgaben in Angriff nehmen. Ein balanciertes Lernen zwischen diesen Polaritäten wird von Millon als grundlegend für eine selbstsichere wie sozial bezogene Bewältigung alltäglicher Anforderungen und Belastungen angesehen. In verschiedenen anderen Persönlichkeitsinventaren wird Aktivität häufig als Aspekt der Extraversion aufgefasst, so z. B. im Fünf-Faktoren-Modell der Persönlichkeit (und im zugehörigen NEO-PI-R; Ostendorf & Angleitner, 2004; → Abschn. 6.3).

6.5.5 Gesunde Persönlichkeit und funktionaler Persönlichkeitsstil

Es mag bereits deutlich geworden sein, dass insbesondere das Polaritäten-Modell von Millon erhebliche Vorteile gegenüber anderen in diesem Kapitel vorgestellten Persönlichkeitskonzepten aufweist. Die meisten anderen sind (wegen ihrer faktorenanalytisch generierten Dimensionen) vorrangig eindimensional angelegt. Zumeist reichen sie von »unauffällig« bis hin zu »erheblich gestört«. Und mit den zugrunde liegenden Fragebögen lässt sich bei Betreffenden immer nur ein Mehr oder Weniger finden – beispielsweise hinsichtlich eines zugrunde liegenden Neurotizismus oder Psychotizismus oder einer Introversion oder Rigidität, jeweils als »Störung der Person« gemeint. Selbst mit der Struktur- bzw. Beziehungsdimension im Alternativ-Modell der Persönlichkeitsstörungen des DSM-5 Sektion III, die ja eine gewisse Ähnlichkeit zur Struktur- bzw. Beziehungsdimension des Polaritäten-Modells aufweist (→ Abschn. 3.4), hat man sich nicht von einer eindimensionalen Persönlichkeitsbeurteilung freimachen können, wenngleich dort in der Tat der Blick weg von Negativ-Merkmalen hin auf Positiv-Merkmale einer dann »gesunden Person« ausgerichtet ist. Damit sind im Alternativ-Modell erstmals in einem Klassifikationssystem auch Ziele therapeutischer Einflussnahme angedeutet.

Dennoch bietet das bedürfnistheoretisch begründete Polaritäten-Modell von Millon entscheidende weitere Vorteile und erlaubt damit einen erheblichen Schritt über die DSM-5-Persönlichkeitsbeurteilung hinaus in Richtung auf die Entwicklung konkreter therapeutischer Ziele in der Behandlung von Persönlichkeitsstörungen. Da in den späteren Kapiteln häufiger auf diese Perspektiven Bezug genommen wird, sollen nachfolgend einige erste Überlegungen angestellt werden, wie sich eine *normale* oder (besser:) *psychisch gesunde* Persönlichkeit mit Hilfe des Polaritäten-Modells beschreiben lässt. Denn eine Behandlung ungünstiger Persönlichkeitseigenarten und Interaktionsgewohnheiten kann nur gelingen, wenn an deren Stelle wünschenswerte Alternativen eingesetzt werden. Die nachfolgenden Überlegungen stellen deshalb zugleich erste Perspektiven dar, in welche Richtung therapeutische Zielüberlegungen gehen könnten.

Lernen und Entwicklung zwischen Polaritäten. Die bisherigen Beschreibungen des Polaritäten-Modells betonten die Möglichkeit, dass sich Menschen hinsichtlich der hier dargestellten *strukturellen* und / oder *interaktionellen* Bedürfnisse in ihrer Entwicklung ungünstig vereinseitigen können. Als psychisch gesund mit positiver Persönlichkeitsentwicklung wäre eine Person zu bezeichnen, die sich – je nach Lebenskontext und Lebensanforderung – aller acht Bedürfnisaspekte bzw. Polaritäten situationsspezifisch und funktional bedienen wird. Wir werden uns dennoch zunächst auf die zwei Hauptachsen »Struktur« und »Beziehung« beschränken, weil für diese beiden Achsen in den unterschiedlichen Therapieschulen konzeptuelle Ausarbeitungen vorhanden sind. Letztlich war dies auch der Grund, weshalb die Struktur- und Beziehungsdimension in das DSM-5-Alternativ-Modell in Sektion III Eingang gefunden hat. Als zwei mögliche Zielkonstrukte der beiden nachfolgend wichtigen Hauptachsen sollen dazu die Bezeichnungen *sozial bezogene Autonomie* (dies mit Blick auf die Beziehungsdimension) und *erfahrungsoffene Selbstsicherheit* (dies mit Blick auf die Strukturdimension) eingeführt werden, dies nicht zuletzt deshalb, weil beide Bezeichnungen in den letzten Jahren zunehmend diskutiert und verwendet werden (vgl. Fiedler, 2003).

Sozial bezogene Autonomie

Eine psychisch gesunde Person wird mit Blick auf die Bindungsachse als Mensch mit sozial bezogener Autonomie bezeichnet. Diese Person wird dann, wenn es angemessen erscheint, mit großem Vertrauen in die *eigene* Bindungsfähigkeit und reflektiertem Vertrauen in die differenzielle Bindungsfähigkeit *anderer* Menschen mit Bedacht und klar bewusst zwischenmenschliche Beziehungen auswählen, eingehen und pflegen.

Unter bestimmten Bedingungen kann das Vertrauen in soziale Beziehungen so weit gehen, dass selbst Konformismus und Dependenz als Handlungsmuster *aktiv* gewählt werden, weil nur unter diesen Voraussetzungen die Durchsetzung von Zielen der sozialen Gruppierung, der man sein Vertrauen gibt, möglich wird.

Unter anderen kontextuellen Bedingungen und gegenüber anderen Menschen jedoch könnte die psychisch gesunde Person genau das Gegenteil – nämlich *Unabhängigkeit* und *zwischenmenschliche Distanz* – bevorzugen, wie zum Beispiel: völlig auf sich allein gestellt handeln, mit berechtigtem Misstrauen gegenüber anderen keinerlei enge Beziehungen eingehen, sich vielleicht sogar eher von Kontakten bestimmter Art grundsätzlich und unbeeinflussbar fernhalten.

Würde die Person diese kritische Distanz beispielsweise gegenüber ideologisch fehlgeleiteten sozialen Gruppierungen oder gegenüber ganzen Volksgruppen vertreten, könnte sie innerhalb dieser Gruppierungen als schizoid, paranoid oder gar dissozial erscheinen – Attribute, die ihr von außerhalb dieser ideologisch verführten Gemeinschaften nicht zugeschrieben würden. Dort würde sie, wenn man sie kennte, vermutlich eher als unabhängig und integer angesehen.

Erfahrungsoffene Selbstsicherheit

Eine psychisch gesunde Person wird mit Blick auf die Strukturachse als Mensch mit erfahrungsoffener Selbstsicherheit bezeichnet. Als eine solche ist diese Person dadurch charakterisierbar, dass sie zur Anreicherung und Differenzierung ihres Selbstsystems über eine Offenheit für zwischenmenschliche emotionale Erfahrungen verfügt.

Eine psychisch gesunde Person wird sich in Offenheit erfordernden Situationen gelegentlich als risikobereit erweisen, indem sie sich spontan auf ihre Gefühle verlässt und diesen intuitiv mehr vertraut als bestehenden Vorurteilen oder Regeln. Unter wieder anderen Anforderungen wird diese Person jedoch ganzheitlich einem Bedürfnis nach Selbstsicherheit folgen und Selbstkontrolle als persönlichen Stil wählen. Sie wird sich selbstbestimmt und normorientiert nicht von Gefühlen leiten lassen, dies vielleicht deshalb nicht, weil eigene grundlegende Wertvorstellungen tangiert sind. In solchen Situationen mag diese Person von außen betrachtet zeitweilig sogar, wenn sie etwa für eigene oder sozial berechtigte Grundwerte vehement eintritt, als normorientiert, engstirnig und hochgradig rigide erscheinen.

Schließlich wird diese Person gleichermaßen gern, wenn ihr danach ist, bewusst in *Passivität* verfallen, wie sie sich situationsabhängig nicht scheut, *aktiv* und *gestaltend* am alltäglichen Leben teilzuhaben. Und sie wird ihrem *Wohlbefinden* wie ihrem *Schmerzerleben* je nach spezifischer zwischenmenschlicher Konstellation den jeweils angemessenen Raum zu geben versuchen.

Flexibilität und Freiheitsgrade

Bezeichnend ist also, dass sich eine psychisch gesunde Person recht frei im Bedürfnisraum des Polaritäten-Modells situations- und anforderungsspezifisch hin und her bewegen kann.

▶ *Sozial bezogene Autonomie* bedeutet die Fähigkeit, klar zwischen sich selbst (und den eigenen Bedürfnissen) und anderen (und deren Bedürfnissen) zu unterscheiden.

▶ *Erfahrungsoffene Selbstsicherheit* bedeutet die gleichzeitig vorhandene Fähigkeit, auf elementare, intuitive Weise unterscheiden zu können, dass bestimmte Gedanken, Bedürfnisse, Lebensgrundsätze und Handlungsintentionen nur der Person selbst zu eigen sind und nicht von anderen stammen.

Und *beides* bedeutet zugleich, genau die Sicherheit anderer auch umgekehrt aus der Sicht der anderen Personen heraus verstehen zu können, als deren Gedanken, Bedürfnisse, Lebensperspektiven und Handlungsintentionen.

Wichtig ist natürlich, dass das Bedürfniskonzept über eine Person-Perspektive hinausreicht, da Bedürfnisse immer auch auf zwischenmenschliche und soziale wie gesellschaftliche Aspekte bezogen sind. Persönlichkeitsentwicklung ist immer sozial-gesellschaftlich ausgerichtet und determiniert. Persönlichkeitsentwicklung und Persönlichkeitsabweichungen geraten zunehmend unter den Einfluss zwischenmenschlicher wie auch gesellschaftlicher Konflikte und sind entsprechend immer zugleich als Widerspiegelungen von sozialen und gesellschaftlichen Widersprüchlichkeiten zu verstehen und zu konzeptualisieren.

Therapieziele

Für eine psychisch gesunde Person ist also eine gewisse Flexibilität im Umgang mit den angedeuteten Bedürfnisaspekten kennzeichnend. Typisch ist, dass sie fähig ist, sich persönliche Urteile über die Realität erfahrungsoffen zu erschließen (**Selbstaktualisierung**) und diese klar und unabhängig auszudrücken (**Autonomie**), dass sie weiter weiß, woran sie glauben soll, und dass sie klar mitteilen kann, welche Grundüberzeugungen ihrem Handeln zu Grunde liegen (**Selbstkontrolle**), und die entscheiden kann, welche Grundüberzeugungen zugunsten sozialer Geborgenheit und damit zugunsten anderer Grundüberzeugungen (z. B. solidarisch) zurückgestellt werden sollten (**Bindung**).

Die interpersonell bedeutsamen Bedürfnisaspekte stellen nicht nur für die gesunde Persönlichkeit grundlegende Orientierungsmöglichkeiten dar. Alle acht Polaritäten (Bindung, Autonomie, Selbstsicherheit, Selbstaktualisierung, Aktivität, Passivität, bewusste Beachtung von Schmerz und Wohlbefinden) bieten mit Blick auf die seelische Gesundheit in der Persönlichkeitsentfaltung und für die Behandlung persönlichkeitsgestörter Menschen interessante und bedenkenswerte therapeutische Ziele und Perspektiven – und als solche sind sie, wie jetzt bereits mehrfach erwähnt, in das Alternativ-Modell der Persönlichkeitsstörungen im DSM-5 Sektion III eingegangen.

6.6 Zusammenfassende Bewertung

Klinische und Persönlichkeitspsychologen sind viele Jahre lang davon ausgegangen, dass Persönlichkeit und die spätere Entwicklung von Persönlichkeitsstörungen in der Kindheit geprägt oder angelegt werden und danach weitgehend unveränderlich erhalten bleiben. Neuere Erkenntnisse sprechen jedoch gegen diese Annahme in ihrer Ausschließlichkeit. Heute geht man weitgehend übereinstimmend davon aus, dass sich Persönlichkeitsentwicklung fortsetzt und dass die Persönlichkeitsreifung ein kontinuierlicher Prozess ist, der das ganze Leben anhält (→ Epilog). Dies betrifft auch die Möglichkeit positiver Veränderungen oder die Beeinflussbarkeit von Persönlichkeitsstörungen. Genau diese Perspektive der Salutogenese der Persönlichkeitsentwicklung und damit einhergehend eine immer gegebene günstige positive Beeinflussbarkeit auch gravierender Persönlichkeitsstörungen ist es letztlich, die es hoffnungsvoll und sinnvoll werden lässt, Persönlichkeitsstörungen psychotherapeutisch zu behandeln.

Im 20. Jahrhundert dominierten zunächst einige Globalkonzeptionen die Theoriebildung zur Erklärung von Persönlichkeit und Persönlichkeitsstörungen. Diese wurden außer von psychoanalytisch orientierten Autoren vor allem von den Vertretern der sog. Deutschen Charakterkunde in der frühen Persönlichkeitspsychologie vertreten. Sie wurden jedoch spätestens seit den 1960er-Jahren seitens der psychologischen Persönlichkeitsforschung kritisiert, da es ihnen häufig an empirischer Absicherung mangelte. Gegenwärtig hat sich die Situation durch kontinuierliche Forschungsanstrengungen geändert, wenngleich sich immer noch große Probleme auftun, die wegen der Unterschiedlichkeit der Persönlichkeitsstörungen verständlicherweise recht disparaten empirischen Erkenntnisse in allgemeine Verstehensmodelle zu integrieren.

Entwicklungsvielfalt. In der Psychologie ist es für die Durchführung empirischer Studien und experimenteller Untersuchungen erforderlich, die Realität in hohem Maße auf Einzelaspekte zu reduzieren (→ Kap. 2). Dies gilt nicht nur für die hochkomplexen Wechselbeziehungen zwischen Person und Umwelt, sondern gleichermaßen auch für ebenfalls hochkomplexe Wechselwirkungen zwischen biologischen und psychologischen Prozessen innerhalb einer Person. Andererseits gehören Ganzheitlichkeit, Dynamik und Verlauf intra- und interpersonaler Prozesse im ontologischen Verstehen der Persönlichkeitsentwicklung unverbrüchlich zusammen. Auch gibt es keine unidirektionalen Wirkungen in der Entwicklung. Vielmehr wechseln Kontinuitäten mit Diskontinuitäten, Zufälligkeiten mit Notwendigkeiten ab. Semantisch, statistisch oder metaphorisch sind diese wiederum ebenfalls sehr unvollkommen beschreibbar.

Biopsychosoziale Perspektiven. Wie bei anderen psychischen Störungen hat es sich jedoch als fruchtbar erwiesen, die unterschiedlichen Forschungsperspektiven und das vorliegende Wissen unter einem biopsychosozialen Rahmenmodell zusammenzufassen: Genetische, biologische, psychische und soziale Bedingungen und Prozesse stehen in wechselseitigen Beziehungen zueinander und können somit einen Rahmen für die verschiedenen Perspektiven und Faktoren bilden. Theoretisch ist davon auszugehen, dass viele unterschiedliche ätiologische Faktoren für die Erklärung der Persönlichkeitsstörungen beachtet werden müssen, dass jedoch keine der einzelnen Entwicklungsbedingungen für sich selbst als hinreichend zur Erklärung angesehen werden kann.

Bedürfnistheoretische Perspektiven. In diesem Kapitel wurde das entwicklungspsychologische Persönlichkeitsmodell von Millon ausführlicher dargestellt, weil es sich in vielerlei Hinsicht positiv von den zuvor dargestellten Konzepten unterscheidet. Die anderen Konzepte wurden zumeist mithilfe einer faktorenanalytischen Suchstrategie entwickelt, die den Forscher zwangsläufig mit der Notwendigkeit konfrontiert, für die auf diese Weise generierten Dimensionen erst *post-ex-facto* nach einer plausiblen theoretischen Erklärung zu suchen. Im Unterschied dazu geht Millon den Weg der theoretischen (in seinem Fall: der bedürfnistheoretischen) Begründung vorab, die ihn zugleich von der Eindimensionalität der Faktorenkonzepte weg und hin zu einem (übrigens hochgradig plausiblen) Polaritäten-Modell führt. Zeitgleich zur Fortschreibung seiner Theorie hat Millon selbst in mehreren Entwicklungsschritten das *Millon Clinical Multiaxial Inventory* entwickelt, das in seiner inzwischen erreichten dritten Generation (MCMI-III; seit Millon et al., 1997; → Kap. 8) zu den bei Persönlichkeitsstörungen fraglos am häufigsten eingesetzten Fragebogeninstrumenten gehört.

Mit seinen vier Dimensionen erklärt das Polaritäten-Modell die Entwicklung von Persönlichkeitsstörungen aus einer möglichen hereditären und / oder neuropsychologischen Prädisposition, die im Verlauf sich wiederholender ungünstiger Lernprozesse in ein Muster relativ zeitstabiler, konsistenter und wenig flexibler Verhaltensauffälligkeiten und Verhaltensabweichungen übergeht. Genau in dieser Hinsicht jedoch ist das Konzept in gewisser Weise defizitär, was übrigens auch für die anderen in diesem Kapitel dargestellten Konzepte gilt. Als Millon sein Modell in den 1980er- und 1990er-Jahren entwickelte, stand nämlich die Erforschung genetischer und neurobiologischer Voraussetzungen und Korrelate noch sehr weit am Anfang. Insbesondere die Aussagen zur diathetischen Prädisposition bei Persönlichkeitsstörungen waren in vielerlei Hinsicht eher spekulativer Natur, als dass sie auf eine sichere empirische Basis gestellt werden konnten (vgl. z. B. Siever & Davis, 1991). Dies jedoch hat sich in den vergangenen Jahren entscheidend geändert. Auf den Stand der Entwicklung, der inzwischen erreicht wurde, werden wir im nachfolgenden Kapitel über die biopsychologischen Korrelate und Erkenntnisse bei Persönlichkeitsstörungen ausführlich eingehen.

7 Neurobiologie und Genetik: Korrelate und Erkenntnisse

> *Ich bin nach gründlicher Einarbeitung in die neurowissenschaftliche*
> *Forschung überzeugt davon, dass die Psychotherapie aus den*
> *Neurowissenschaften entscheidende innovative Impulse*
> *für eine beschleunigte Weiterentwicklung erhalten kann.*
> Klaus Grawe

Dieses Kapitel soll einen Eindruck in die rasch wachsende Zahl neurobiologischer Befunde bei Persönlichkeitsmerkmalen und Persönlichkeitsstörungen vermitteln. Auf das neurobiologische Geschehen wirken einerseits genetische, dispositionelle Faktoren ein mit Heritabilitätsangaben von 0.60 in einer der wenigen Zwillingsstudien (Torgersen et al., 2000). Ergebnisse aus der Stressforschung zeigen, dass auch Umwelteinflüsse auf die Neurobiologie Einfluss nehmen (vor allem interpersoneller Stress von traumatischem Ausmaß), dies in besonderem Ausmaß während der Gehirnentwicklung, die erst mit Ende der zweiten Lebensdekade als abgeschlossen angesehen werden kann. Grundsätzlich aber verfügt das Gehirn über Vorgänge der neuronalen Plastizität in Abhängigkeit von Beziehungs- und Lernerfahrungen über die gesamte Lebensstrecke.

7.1 Neurobiologische Korrelate von Persönlichkeitsfunktionen und pathologischen Persönlichkeitsmerkmalen

Einem dimensionalen Ansatz folgend sollen zunächst die neurobiologischen Grundlagen von persönlichkeitsimmanenten psychologischen Funktionen dargestellt werden, die typischen Verhaltensstilen zugrundeliegen und in experimentellen Forschungsdesigns in ihrer Wirkungsweise und Effektivität beobachtet werden können. Den Ausgangspunkt neurobiologischer Betrachtung bei den Persönlichkeitsfunktionen bzw. Persönlichkeitsdysfunktionen anzusetzen führt auf direktem Weg zur Therapieplanung und Auswahl notwendiger psychotherapeutischer Interventionen.

Exkurs

Exkurs: Für Persönlichkeitsmerkmale relevante neuroanatomische Strukturen (→ Abb. 7.1)
Die Amygdala ist eingebunden in ein Netzwerk, das der prompten Erkennung von Gefahr via direkter thalamo-amygdalarer Repräsentation dient und die automatische Aktivierung von Flucht- und Angriffsverhalten zur Folge hat. Zusammen mit lateralen Anteilen des orbitofrontalen Cortex ist sie an der Vorhersage von Bestrafung vor dem Hintergrund früherer Erfahrungen beteiligt (Coricelli et al.,

2005; Yacubian et al., 2006) und ermöglicht im Zusammenspiel mit der Inselregion Lernen aus Bestrafung (Paulus et al., 2003). Sie ist aber nicht nur – wie früher angenommen – an der Prozessierung bedrohlicher Umweltinformationen beteiligt, sondern repräsentiert breiter die Bewertung der Salienz von Reizen, d.h., wie bedeutsam ein Reiz in Hinblick auf seinen Neuigkeitscharakter und seine Intensität, aber auch hinsichtlich der Motivationslage des Betrachters ist. Zusammen mit medialen Abschnitten des orbitofrontalen Cortex und dem ventralem Striatum markiert die Aktivität der Amygdala in Entscheidungssituationen die Aussicht auf mögliche Belohnung und initiiert in Verknüpfung mit dem dorsalen Striatum auf Belohnung gerichtetes Verhalten (Knutson & Cooper, 2005). Mit der direkten Projektion auf den Nukleus accumbens im ventralen Striatum erhalten affektive Prozesse des limbischen Stirnhirns Anschluss an subcortical repräsentierte Areale des motorischen Systems (z.B. dorsales Striatum), die unter anderem zu Annäherungsverhalten und Vertrauensbildung führen (King-Casas et al., 2005).

Nach der initialen »reflexhaft auftretenden« emotionalen Reaktion im limbischen System finden Regulationsvorgänge statt, die Aufmerksamkeitsleistungen (d.h. Zuwendung und Abwendung von Aufmerksamkeit) und komplexe kognitive Leistungen wie die Neubewertung durch Perspektivenwechsel einschließen (Ochsner & Gross, 2005), an denen kaudale Abschnitte des anterioren Cingulums sowie dorsomediale und dorsolaterale präfrontale Areale beteiligt sind (Beauregard et al., 2001; Phan et al., 2005; Etkin et al., 2011). Diese Strukturen üben zusammen mit angrenzenden orbitofrontalen Arealen eine »top-down« Kontrolle über die Amygdala aus (Ochsner et al., 2004).

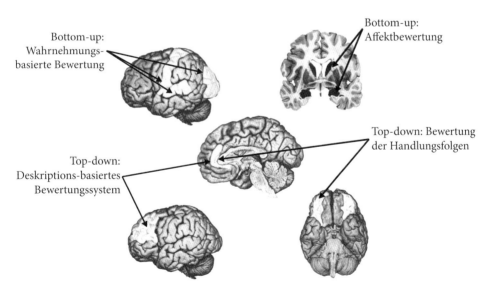

Abbildung 7.1 Für Persönlichkeitsmerkmale relevante neuroanatomische Strukturen

7.1.1 Affektregulation – negative Affektivität, emotionale Labilität, Angst

Affekt- und Emotionsregulation, zwei in den Neurowissenschaften synonym verwendete Begriffe, beschreiben die Gesamtheit der Vorgänge, die darüber entscheiden, welche Emotionen Individuen haben, wie sie sie erleben und wie sie sie ausdrücken. Sie umfassen nicht nur bewusste höhere kognitive Steuerungsprozesse auf Ebene des Neocortex, sondern auch unbewusste, automatische Prozesse auf limbischer Ebene, die die emotionale Ansprechbarkeit modulieren. Dabei lassen sich emotionale Sensibilität und emotionale Steuerungsvorgänge nicht voneinander trennen; vielmehr spielen diese Prozesse unaufhörlich ineinander.

Persönlichkeit. Die Persönlichkeit formt den affektiven Stil, die »Dünn- versus Dickhäutigkeit« gegenüber emotionalen Reizen, aber auch zu welchen typischen Bewertungen ein Individuum vor dem Hintergrund früherer Lernerfahrungen neigt. Die Persönlichkeit nimmt Einfluss auf Steuerungsvorgänge, inwieweit emotionale Reaktionen modifiziert und gedämpft werden können, z. B. in Hinblick auf die Fähigkeit, soziale Belohnung oder Bestrafung antizipieren zu können. Schließlich beeinflusst die Persönlichkeit die Kommunikation von Emotionen, wie mimisch und gestisch expressiv sie mitgeteilt oder aber gegenüber dem Beobachter verborgen werden. Interessanterweise nimmt das mimische Verhalten selbst wieder rückwirkenden Einfluss auf das emotionale Erleben (Gross, 2002).

Entwicklung. Die schnelle, unbewusste Prozessierung, die in der Amygdala repräsentiert ist, umfasst einfache Bewertungsvorgänge noch vor der Wahrnehmung von Details des Stimulus und initiiert einfache Verhaltensschablonen von Annäherung vs. Vermeidung. Sie wird als in hohem Maße genetisch fundiert betrachtet und dem Temperament zugewiesen (Rothbart & Bates, 1998; Herpertz et al., 2003). Dennoch gehen schon in diese frühen Regulationsvorgänge Lernerfahrungen ein, die in engem Zusammenhang mit sozialen Verstärkungsprozessen, beginnend in den Interaktionen mit den ersten Beziehungspersonen, stehen. Bereits in der dyadischen Affektregulation über Blickkontakt, mimische und vokale Emotionsäußerungen erhält der Säugling zugleich Informationen über seine Umwelt im Sinne der geteilten Aufmerksamkeit. Zugleich werden Emotionen evoziert und kontingent verstärkt bzw. gelöscht. Bindungsrepräsentationen der frühen Beziehungspersonen werden an den Säugling weitergegeben. So konnte z. B. gezeigt werden, dass ein mittleres Maß an »vocal matching« eine sichere Bindung des Kindes im Alter von 18 Monaten vorhersagt (Jaffe et al., 2001), während ein überhöhtes Maß eher bei unsicherem mütterlichen Bindungsstil zu finden ist, der häufig an das Kind weitergegeben wird (Reck & Mundt, 2002; Resch, 2012).

Affektregulation. Zur Detailverarbeitung emotionaler Informationen tragen komplexe präfrontale Areale bei. Interessanterweise gelingt diese präfrontale Kontrolle den Individuen besser, die sich durch einen stärkeren Abfall der Kortisolkonzentration über den Tag auszeichnen (Urry et al., 2006). Emotional labile Menschen, die ihrer Umwelt bevorzugt mit negativer Sicht und Bewertung begegnen und zu starken emotionalen Reaktionen und geringer Stresstoleranz neigen, zeigen eine erhöhte Amygdala-Aktivität und verminderte präfronto-limbische Konnektivität. Die Aktivität präfronto-limbischer Netzwerke wird durch genetische Disposition moduliert. So zeigen Individuen mit ein oder zwei s-Allelen in der Promotorregion des Serotonintransporter-Gens eine stärkere Aktivierung auf negative Gesichtsausdrücke als solche mit der sog. l/l-Variante. Zugleich lassen sich auch eine geringere funktionelle Kopplung zwischen rostralem anterioren Cingulum und Amygdala (Pezawas et al., 2005) und geringere Volumina in limbischen und paralimbischen Arealen beobachten (Meyer-Lindenberg et al., 2006). Neben genetischen Einflüssen scheinen auch traumatische zwischenmenschliche Erfahrungen auf das an der Affektregulation beteiligte zerebrale Netzwerk, genauer auf präfrontale regulatorische Areale einzuwirken, zumal es erst relativ spät, zu Beginn der dritten Lebensdekade ausreift.

Die Amygdala spielt auch eine zentrale Rolle beim Erlernen sowie bei der Löschung von Stimulus-Verstärker-Kontingenzen, vor allem im Zusammenhang mit dem Erlernen von Furchtreaktionen auf soziale Stimuli. So zeigen funktionelle Bildgebungsdaten konsistent eine Assoziation zwischen den Persönlichkeitsmerkmalen Ängstlichkeit bzw. der Neigung zu Bedrohungserleben und der Amygdala-Aktivität (Pessoa et al., 2002; Bishop et al., 2004). Wirksam werden hier auch Unterschiede in der Reizbewertung in Hinblick auf Sicherheitversus Gefahr und damit verbundenen typischen Verhaltensantworten. Protektiv für die psychische Gesundheit ist hier die Fähigkeit zur Diskrimination in Abgrenzung zur Generalisierung und hieran ist vor allem der ventromediale präfrontale Cortex beteiligt (Britton et al., 2011).

7.1.2 Bindung – soziale Ängstlichkeit, soziale Vermeidung

Unsichere Bindungsstile spielen eine wichtige Rolle in der Ätiologie eines breiten Spektrums psychischer Störungen und können durch entsprechende Interviews reliabel erhoben werden. Im Falle der Bindungsvermeidung nehmen Individuen andere als bedrohlich und Annäherung an andere als wenig belohnend war. Sie verzichten auf emotionale Nähe und Intimität, um befürchtete Zurückweisung zu vermeiden, und verleugnen positive Eigenschaften bei anderen. Diese zwischenmenschliche Distanzierung kann mit der Aufwertung des eigenen Selbst gepaart sein und bei starker Ausprägung eine narzisstische Komponente erhalten. Im Falle der Entwicklung eines ängstlichen Bindungsstils wird die Unterstützung durch andere als erstrebenswert angesehen und jede Möglichkeit hierzu erweckt bei Betroffenen große Aufmerksamkeit. Menschen mit ängstlichem Bindungsstil haben gewöhnlich ein negatives inneres Modell von sich selbst, geringes Selbstvertrauen und verfolgen das Verhalten anderer mit **Hypervigilanz** und erhöhter Sensitivität gegenüber möglicher Zurückweisung und Bedrohung. Schließlich gibt es den desorganisierten Bindungsstil mit einem Mangel an kohärenter Bindung sowie negativen Kognitionen über sich und andere.

Mentalisierung. Nach Vrticka und Vuilleumier (2012) wirkt sich der Bindungsstil auf zweierlei Weise aus. Zum einen hat er – im Sinne der reflexiven Mentalisierung – Auswirkungen auf die schnelle, automatisierte Bewertung von sozialen Hinweisreizen, die limbische und cortico-limbische Areale wie Amygdala, Striatum, Insel, Cingulum und Hippocampus einbezieht. Zum anderen – im Sinne der reflektiven Mentalisierung – moduliert der Bindungsstil ein System bewusster, kontrollierter Informationsverarbeitung, die die Übernahme der Perspektive anderer (*theory of mind* – Funktionen) und die bewusste Regulation eigener Affekte und Gedanken einbezieht. Dieses Netzwerk der reflektiven Mentalisierung bezieht v. a. frontotemporale corticale Areale wie den medialen präfrontalen Cortex, den **superioren temporalen Sulcus** sowie den **temporoparietalen Übergang** mit ein. Bei einem vermeidenden Bindungsstil werden soziale Reize weder als belohnend (Striatum) noch als akut bedrohlich (Amygdala) wahrgenommen.

Bindungsstile. Eine typische Emotionsregulationsstrategie von Individuen mit vermeidendem Bindungsstil ist die Neigung zur Affektunterdrückung (anstelle des bewussten Einsatzes von z. B. Strategien der Neubewertung). Individuen mit sicherem Bindungsstil weisen im Vergleich zu Menschen mit vermeidendem Bindungsstil ein höheres Volumen der grauen Substanz im Belohnungsnetzwerk sowie höhere neuronale Aktivität in diesem Bereich während positivem sozialem Feedback auf. So fanden Vrticka und Kollegen (2008) eine negative Korrelation zwischen Aktivierungen im ventralen Striatum und der Intensität eines vermeidenden Bindungsstils während positiver sozialer Kommunikation. Interessanterweise zeigten auch Mütter mit vermeidendem Bindungsstil verminderte Aktivierung im ventralen Striatum bei der Betrachtung ihres eigenen Kindes (Strathearn, 2011). Werden vermeidende Individuen mit negativer sozialer Interaktion, z. B. sozialem Ausschluss, konfrontiert, so zeigen sie verminderte Aktivitäten in der vorderen Insel sowie im dorsalen anterioren Cingulum und damit in Hirnstrukturen, die sich in vielen Studien zum psychischen Schmerz aktiviert zeigen (DeWall et al., 2011). Demgegenüber zeichnen sich ängstlich gebundene Individuen durch eine erhöhte Amygdala-Aktivierung in Reaktion auf negative soziale Reize, v. a. ärgerliche Gesichter (Vrticka et al., 2008), aber auch bindungsbezogene negative Begriffe aus (Lemche et al., 2006).

Experimente, die das Affektregulationssystem in Abhängigkeit vom Bindungsstil testeten, zeigten eine erhöhte Aktivität auf negative soziale Szenen im ventralen anterioren Cingulum vermeidend gebundener Menschen als Hinweis auf erniedrigte attentionale Verarbeitung oder auch erhöhte emotionale Unterdrückung (Vrticka et al., 2012). Menschen mit ängstlichem Bindungsstil dagegen zeigten im selben Experiment eine erhöhte Amygdala-Aktivität. Hinweise auf neuronale Korrelate eines vermeidenden Bindungsstils fanden sich auch bei adoptierten Jugendlichen, die auf Portraits ihrer Adoptivmütter im Vergleich zu fremden Frauen eine reduzierte differentielle Amygdala-Aktivität zeigten. Letztere korrelierte mit dem Verhaltensmaß »wahllose Freundlichkeit« als typisches Verhaltensmerkmal emotional deprivierter Menschen (Olsavsky et al., 2012).

7.1.3 Soziale Verträglichkeit – Aggressivität, Impulsivität

Menschen mit impulsiv-aggressivem Verhalten zeichnen sich durch eine besondere Empfindsamkeit gegenüber sozialer Bedrohung sowie durch eine verminderte Fähigkeit zur Emotionsregulation aus (→ Abschn. 7.2.1 und 7.2.2). So nehmen sie verstärkt Ärger bei der Betrachtung von Gesichtern wahr, deren Mimik – artifiziell durch Morphing-Programme – zweideutig ist, z.B. gleichzeitig Freude und Ärger ausdrückt (Domes et al., 2009). Auch zeigen sie ein erhöhtes Maß an reflexiven Augenbewegungen (sog. Sakkaden) zur Augenregion ärgerlicher Gesichter während der frühen Gesichtsverarbeitung (Bertsch et al., 2013). Bei hypersensitiven Menschen mit Neigung zur impulsiven Aggressivität finden sich auch eine erhöhte Herzratenreaktivität sowie erhöhte Hautleitwertreaktionen auf ärgerliche Gesichter (zur Übersicht: Mancke et al., 2015). Evozierte Potentiale, wie die P300, die die späte kognitive Verarbeitung von sozialen Signalen anzeigen, sind dagegen in ihrer Amplitude reduziert (Izurieta-Hidalgo et al., 2015). Ebenfalls betroffen sind Areale, die in reflektive, kognitive Mentalisierungsprozesse einbezogen sind wie der superiore temporale Gyrus.

Interessanterweise konnten Beyer und Kollegen (2013) kürzlich eine negative Korrelation zwischen der Furchtpotenzierung des Startle-Reflexes (ein reflexhafter Augenschluss auf Schreckreize als Maß für Ängstlichkeit) und der neuronalen Aktivität in verschiedenen Arealen des Mentalisierungsnetzwerkes wie medialer präfrontaler Cortex, Präcuneus und **temporoparietaler Übergang** nachweisen. In dieser Studie, die Probanden in eine aggressive Provokationssituation brachte, fand sich ein negativer Zusammenhang zwischen erhöhter emotionaler Reagibilität und der Rekrutierung reflektiver Mentalisierungsareale – vereinfachend gesagt: Affekte der Wut oder Angst verhinderten die kognitive Analyse schwieriger sozialer Situationen. Bezieht man in Bildgebungsstudien Untersuchungen mit **Positronen-Emissions-Tomografie (PET)** ein, so finden sich zudem Hinweise auf eine zentrale serotonerge Minderfunktion bei Individuen mit Neigung zu impulsiver Aggressivität, auch wenn diese in einer kürzlich publizierten Metaanalyse geringere Effekte zeigte als erwartet (Duke et al., 2013). Am deutlichsten waren die Effekte serotonerger Minderfunktion in pharmakologischen »Challenge-Studien«, wenn also Substanzen, sog. Serotonin-Agonisten, verabreicht werden, die die serotonerge Transmission erhöhen.

7.1.4 Exploration – Schizotypie, Neigung zur Dissoziation

Der Neuromodulator Dopamin spielt eine große Rolle in der Exploration der Umwelt und wie belohnend Neues, Ungewisses und Unsicheres erlebt wird. Eine hohe Aktivität des dopaminergen Systems wird mit Extraversion, Offenheit für neue Erfahrungen und Intellektualität assoziiert. Persönlichkeitsmerkmale, die die dopaminerge Aktivität widerspiegeln, vermitteln, wie belohnend ein Individuum neue, mit Ungewissheit einhergehende Umweltereignisse erlebt, wie stark es mit explorativem Verhalten reagiert bzw. wie wenig es diese Ereignisse als bedrohlich erlebt und mit Flucht-verhalten reagiert (Deyoung, 2013).

Schizotypie. Bei der Schizotypischen Persönlichkeitsstörung, die sich durch einen unrealistischen Denkstil, magisches Denken und bizarre Körpererfahrungen auszeichnet, findet sich auf der Verhaltensebene soziale Ängstlichkeit und bizarrer Rückzug. Das bei dieser Gruppe nachgewiesene reduzierte striatale Volumen könnte ein neuroanatomisches Korrelat einer reduzierten dopaminergen Aktivität darstellen (Levitt et al., 2002), wie auch eine Verkleinerung temporaler Strukturen, insbesondere des superioren temporalen Gyrus (Wright et al., 2000; Takahashi et al., 2010). Beide Befunde bestätigen, dass es sich bei der Schizotypischen Persönlichkeitsstörung zwar um eine schizophrene Spektrumerkrankung handeln kann, bei der sich – anders als bei Patienten mit schizophrenen Störungen – verkleinerte frontale Volumina nicht finden (zum Überblick: Siever & Davis, 2004). Interessanterweise wurde kürzlich berichtet, dass Kindheitstraumata mit erhöhten schizotypischen Merkmalen einhergehen, aber nicht mit schizophrenen Positivsymptomen (Roessler et al., 2014).

Dissoziation. Einen biologisch anderen Hintergrund haben dissoziative Erlebnisweisen. Es wird davon ausgegangen, dass Dissoziation Ausdruck einer emotionalen Überkompensation von Erfahrungen traumatischen Stresses darstellt (Lanius et al., 2010). Hierfür sprechen auch verminderte Startle-Reflex-Antworten bei Menschen mit hoher Dissoziationsneigung (Ebner-Priemere et al., 2005) sowie der Nachweis einer negativen Korrelation zwischen dem Ausprägungsgrad an Dissoziation und neuronaler Aktivität in Amygdala, Insula und anteriorem Cingulum während emotionaler Ablenkung bei der Verarbeitung kognitiver Aufgaben (Krause-Utz et al., 2012). Letzterer Befund legt nahe, dass eine erhöhte Dissoziationsneigung mit geringer limbischer Aktivität während emotionaler Stimulierung einhergeht, die aus hoher medialer präfrontaler Aktivität im Sinne einer überkompensatorischen regulatorischen Kontrolle resultiert.

7.2 Neurobiologische Korrelate bei Persönlichkeitsstörungen

Wir werden uns im Folgenden wesentlich mit der Borderline- und Antisozialen Persönlichkeitsstörung beschäftigen, weil zu beiden Bereichen die meisten Befunde vorliegen.

7.2.1 Borderline-Persönlichkeitsstörung

Bei der Borderline-Persönlichkeitsstörung beschäftigt sich die neurobiologische Forschung vorzugsweise mit dem Problem der Affekt-Dysregulation sowie mit eingeschränkten sozialkognitiven Fähigkeiten. Hinsichtlich hirnstruktureller Auffälligkeiten wurden bei vorliegender Affekt-Dysregulation reduzierte Volumina von Amygdala und Hippocampus sowie verminderte Volumina im orbitofrontalen Cortex sowie im anterioren Cingulum berichtet. Eine kürzlich veröffentliche Metaanalyse zu hirnstrukturellen Befunden bei der Borderline-Persönlichkeitsstörung, die elf Studien an 205 Borderline-Patienten einschloss, fand eine Volumenreduktion von 11 Prozent im Hippocampus sowie 13 Prozent in der Amygdala (Ruocco et al., 2012).

Strukturelle Veränderungen. Eine Studie von Niedtfeld et al. (2013) berichtete neben Volumenreduktionen in Hippocampus und Amygdala solche im anterioren Cingulum, und Bertsch und Kollegen (2013) fanden bei Borderline-Patientinnen neben einem geringerem Hippocampusvolumen erhöhte Volumina im Hypothalamus als einer Kernstruktur des stressverarbeitenden Systems. Letztere korrelierten mit der Schwere der kindlichen Traumatisierung. Die wichtige Frage der Spezifität lässt sich erst ansatzweise beantworten. So fanden sich Unterschiede zu Patienten mit Bipolaren Störungen (Rossi et al., 2013) sowie auch – bezogen auf eine Gefängnispopulation – zu Straftätern mit Psychopathie (Bertsch et al., 2013).

Diese strukturellen Hirnbefunde sind mit der Bedeutung der Affektregulationsstörung bei der Borderline-Persönlichkeitsstörung vereinbar, zeigen doch die Areale höchster Volumenreduktion eine wichtige Funktion in der Steuerung von Gefühlen. Moderne Bildgebung wie das »Diffusion Tensor Imaging (DTI)« konnte auf strukturelle Veränderungen der weißen Substanz im inferioren frontalen Cortex hinweisen, der bei der Hemmung emotionaler Reaktionen eine wichtige Bedeutung spielt (Rusch et al., 2007). Spektroskopische Untersuchungen (van Elst et al., 2001) wiesen auf verminderte N-Acetyl-Aspartat-Konzentrationen im dorsolateralen präfrontalen Cortex als Hinweis auf eine reduzierte Zelldichte hin, während Hoerst et al. (2010) erhöhte Glutamat-Konzentrationen im anterioren Cingulum berichteten, die sowohl mit Impulsivität als auch Dissoziation positiv korrelierten.

Amygdala-Aktivität. Mittels funktioneller Magnetresonanztomografie (fMRT) konnte von unabhängigen Arbeitsgruppen eine gesteigerte Amygdala-Aktivität auf standardisierte emotionale Reize nachgewiesen werden (Herpertz et al., 2001; Fonagy, 2003; Niedtfeld et al., 2010). Dass eine gesteigerte Amygdala-Aktivität auch auf neutrale Gesichtsausdrücke berichtet wurde (Herpertz et al., 2001; Donegan et al., 2003), verweist auf eine mögliche Störung der Selektivität aversiver Reaktionen auf soziale Reize. Eine gesteigerte Amygdala-Aktivität wurde auch auf projektives Material berichtet, wie es der Thematische-Apperzeptions-Test (TAT) darstellt, der an eigene aversive zwischenmenschliche Erfahrungen anknüpft (Schnell et al., 2007). Interessanterweise zeigte sich in dieser Untersuchung eine neuronale Hyperaktivität in einem Netzwerk von ventrolateralem und orbitofrontalem Cortex sowie anteriorem Cingulum, das bei der Verarbeitung autobiografischer Reize aktiviert wird. Der entscheidende Befund war, dass dieses Netzwerk sich bei Borderline-Patienten nicht nur auf biografisch relevante, sondern auch auf biografisch irrelevante Reize aktiviert zeigte. Diese Befunde sind gut vereinbar mit der klinischen Erfahrung, dass Borderline-Patientinnen häufig aus anscheinend neutralen Reizen Bezüge zu ihrem persönlichen Erfahrungsschatz ableiten. Auch die bei Borderline-Patientinnen kürzlich sich erhöht darstellende Aktivität spezifischer Endocannabinoide könnte zur Schlussfolgerung passen, dass Borderline-Patienten Schwierigkeiten haben, autobiografisches Material zu desaktualisieren bzw. zu löschen.

Netzwerkstörung. Eine ganze Anzahl von Befunden unterstützt die Hypothese einer präfronto-limbischen Netzwerkstörung bei der Borderline-Persönlichkeitsstörung. So zeigten betroffene Patientinnen während der imaginierten Erinnerung an Missbrauchserlebnisse Blutfluss-Steigerungen im anterioren Cingulum sowie in orbitofrontalen und dorsolateralen Abschnitten des präfrontalen Cortex und damit in für die Affektregulation wichtigen Strukturen (Schmahl et al., 2004). Ähnliches zeigte sich in einer Bildgebungsstudie von Bermpohl et al. (2006), die über erhöhte Aktivierungen in Amygdala und anteriorem Cingulum berichteten, wenn Borderline-Patienten aufgefordert wurden, sich an bisher unbewältigte Lebensereignisse zu erinnern. Die berichteten Befunde zeigten in mehreren Studien eine zusätzliche Verschärfung, wenn neben der Borderline-Persönlichkeitsstörung auch eine Posttraumatische Störung diagnostiziert wurde (Driessen et al., 2004).

Im Rahmen eines Netzwerkmodells ist herauszustellen, dass das Problem von Borderline-Patienten in einem mangelnden Zusammenspiel von präfrontalem Cortex und Amygdala liegt, d. h., auf eine sog. Konnektivitätsstörung zurückgeht. So berichteten New et al. (2007) über eine Untersuchung mit Positronen-Emissions-Tomografie, in der impulsive Borderline-Patientinnen eine verminderte Korrelation zwischen dem Ruhemetabolismus im orbitofrontalen Cortex und dem in der Amygdala zeigten. Interessanterweise gibt es erste Hinweise, dass die gestörte präfronto-limbische Konnektivität durch Psychotherapie, genauer durch die Dialektisch-Behaviorale Therapie kompensiert werden kann (Schnell & Herpertz, 2007).

Affektregulation. In anderen fMRT-Untersuchungen fanden Paradigmen Anwendung, die zur impliziten und expliziten Affektregulation auffordern. Gesunde können Emotionen implizit auf dem Wege der Beschäftigung mit kognitiven Aufgaben regulieren. Für Borderline-Patienten wurde dagegen berichtet, dass sie bei kognitiver Ablenkung von emotionalem Bildmaterial eine erhöhte linksseitige Amygdala-Aktivität im Vergleich zu Kontrollen zeigen (Prehn et al., 2013). Silbersweig et al. (2007) stellten aus ihrer Untersuchung mit einer emotionalen Go / Nogo-Aufgabe heraus, dass die Aktivierungen im anterioren Cingulum und im ventromedialen präfrontalen bzw. orbitofrontalen Cortex in der Inhibitionsbedingung vermindert waren. Dies ging mit einer verstärkten Aktivierung der Amygdala einher. Ähnliches berichteten Minzenberg et al. (2007), wenn sie während der Verarbeitung emotionaler Gesichtsausdrücke über eine verminderte Aktivität in vorderen Abschnitten des anterioren Cingulums bei gleichzeitig erhöhter Aktivität in der Amygdala beobachteten. Schließlich fanden Schulze et al. (2011) eine verminderte Aktivität im orbitofrontalen Cortex, wenn Borderline-Patienten explizit zur kognitiven Neubewertung aversiver emotionaler Stimuli aufgefordert wurden.

Bekanntlich setzen Patienten mit Borderline-Persönlichkeitsstörung Selbstverletzungsverhalten ein, um ihre quälend erlebten Emotionen zu dämpfen. Dieser Versuch einer Emotionsregulation geht tatsächlich mit einer stärkeren Verminderung der Amygdala-Aktivität bei Schmerzapplikation im Vergleich zu gesunden Kontrollen einher (Niedtfeld et al., 2010). Funktionelle Konnektivitätsanalysen wiesen auf eine Normalisierung der inhibitorischen Verbindung zwischen Amygdala und medialem präfrontalen Cortex bei der Betrachtung negativer Bilder hin, wenn eine schmerzhafte Stimulation experimentell vorgenommen wurde (Niedtfeld et al., 2012), bzw. berichteten über eine verstärkte Kopplung zwischen medialem präfrontalen Cortex und Amygdala nach einer experimentellen Hautinzision.

Hypocortisolismus. Neurochemische Untersuchungen zur Affektregulation bei der Borderline-Persönlichkeitsstörung beschäftigten sich mit der Hypothalamus-Hypophysen-Achse, mit dem serotonergen als auch mit dem oxytocinergen System. Hinsichtlich der Stressachse sind, wenn auch bei nicht ganz konsistenter Datenlage, erhöhte Cortisolspiegel im Speichel unter Alltagsbedingungen festzustellen (Lieb et al., 2004), während sich unter sozialen Stressbedingungen reduzierte Cortisolantworten fanden (Nater et al., 2010). Allerdings gingen reduzierte Cortisolantworten nicht mit einer reduzierten ACTH-Ausschüttung einher. Ähnliche Befunde einer verminderten Cortisolreaktion unter sozialen Stressbedingungen wurden auch bei Jugendlichen mit Selbstverletzungsverhalten, von denen ca. die Hälfte die Kriterien einer Borderline-Persönlichkeitsstörung erfüllten, gezeigt (Kaess et al., 2012). Untersuchungen zur zentralen serotonergen Funktion bei der Borderline-Persönlichkeitsstörung wiesen auf eine verminderte Reaktion hin (Coccaro et al., 1998; Herpertz et al., 1997).

Oxytocin. Das Neuropeptid Oxytocin war in den letzten Jahren zunehmend Gegenstand neurobiologischer Untersuchungen bei der Borderline-Persönlichkeitsstörung (zur Übersicht: Herpertz & Bertsch, 2015). Oxytocin spielt eine zentrale Bedeutung in prosozialem Verhalten und hat stressreduzierende Wirkungen. Von Bertsch et al. (2013) wurde eine verminderte Serumkonzentration von Oxytocin berichtet, wobei die Serumkonzentration negativ mit dem Schwergrad in der Kindheit erlebter Traumata korrelierte. Dies erinnert an Befunde zur Konzentration von Oxytocin im Liquor bei früh traumatisierten Menschen (Ball & Links, 2009). Kürzlich konnten Bertsch et al. (2013) zeigen, dass die erhöhte Amygdala-Aktivität auf ärgerliche Gesichter bei Borderline-Patientinnen durch die Gabe von intranasalem Oxytocin normalisiert werden konnte wie auch die initial verstärkten Blickbewegungen zur bedrohlichen Augenregion.

Opioide. Schließlich gibt es erste Hinweise auf eine potenzielle Dysfunktion des endogenen Opioid-Systems und dies scheint im Zusammenhang mit Selbstverletzungsverhalten zu stehen. Hierfür sprechen erste Befunde, die zeigen konnten, dass Borderline-Patienten mit Selbstverletzungsverhalten, nicht aber solche ohne, eine verminderte Liquorkonzentration von beta-Endorphin und Met-Enkephalin zeigen (Stanley et al., 2010). In einer Studie mit Positronen-Emissions-Tomografie bei Patienten mit Borderline-Persönlichkeitsstörung zeigten diese eine erhöhte regionale Verfügbarkeit von Opioidrezeptoren beidseits im orbitofrontalem Cortex, im Nucleus caudatus, im Nucleus accumbens sowie in der linken Amygdala (Prossin et al., 2010). In derselben Studie ging die Induktion von Traurigkeit bei dieser Patientengruppe mit einer erhöhten Aktivierung des endogenen Opioid-Systems im anterioren Cingulum, im linken orbitofrontalen Cortex sowie in der linken Amygdala einher.

Emotionserkennung. Beeinträchtigungen in sozial kognitiven Funktionen und die Erkennung von Emotionen anderer anhand von Mimik und Gestik ist eine entscheidende Kompetenz für eine erfolgreiche zwischenmenschliche Interaktion. Eine ganze Reihe von Untersuchungen hat sich deshalb mit der Erkennung emotionaler Mimik bei der Borderline-Persönlichkeitsstörung beschäftigt – mit insgesamt inkonsistenten Ergebnissen. Kürzlich allerdings haben Daros et al. (2013) ein interessantes Modell zur Gesichtsverarbeitung bei der Borderline-Persönlichkeitsstörung aufgestellt. Danach zeigt die Datenlage, dass Borderline-Patienten negative Emotionen schneller erkennen können und auch eine korrektere Leistung zeigen, wenn sie Emotionen in nur sehr kurz präsentierten Gesichtern erkennen müssen. Die mit sozialen Reizen verbundene erhöhte Erregung von Borderline-Patienten führt also unter den genannten Umständen zu einer verbesserten Leistung. Werden allerdings mimische Emotionen über lange Zeit oder in großer Intensität dargeboten, so kann dies zu einem Nachteil in der Performanz führen, da die Betroffenen nur schwer ihre Aufmerksamkeit von dem emotional-sozialen Reiz ablenken können und deshalb bei komplexeren Fragestellungen verzögert reagieren. Auch zeigen Borderline-Patienten in experimentellen Designs, die auf der Darstellung von mehrdeutigen Emotionen beruhen, einen Bias, soziale Signale des Ärgers und der Zurückweisung zu erkennen (Domes et al., 2009; Izurieta Hidalgo et al., 2016). Für eine erhöhte Aufmerksamkeit gegenüber Signalen der Zurückweisung und Bedrohung sprechen auch Befunde, die verstärkte reflexhafte Augenbewegungen zu den Augen ärgerlicher Gesichtsdarstellungen zeigen (Bertsch et al., 2013). Zudem konnten Vrticka et al. (2013) zeigen, dass Borderline-Patienten neutrale Gesichter als weniger vertrauenswürdig erachten und verlangsamte Reaktionszeiten auf Gesichter zeigen, die sich bezüglich der Vertrauenswürdigkeit als zweifelhaft darstellen.

Perspektivübernahme. Ein konsistenter Befund stellt eine verminderte Fähigkeit von Borderline-Patienten zur Perspektivübernahme und *Theory of Mind* dar. Dies bestätigen nicht nur Selbstbeurteilungsfragebögen, sondern auch experimentelle Studiendesigns (zur Übersicht Schmahl & Herpertz, 2014; Bertsch et al., 2013). Auch funktionelle Bildgebungsstudien, die Paradigmen zu Untersuchung kognitiver Empathie benutzten, zeigen verminderte Aktivierungen in wichtigen Arealen des sozialen Hirns wie superiorer temporaler Gyrus, superiorer temporaler Sulcus sowie Präcuneus (Dziobek et al., 2011; Mier et al., 2013; Frick et al., 2012). Prüfen allerdings experimentelle Paradigmen die Fähigkeit zur emotionalen Empathie, so finden sich erhöhte Aktivierungen in der Amygdala (Frick et al., 2012; Mier et al., 2013) oder in der Insula (Dziobek et al., 2011). Erhöhte Aktivierung im somatosensorischen Cortex (Mier et al., 2013) sowie verstärkte mimische Aktivität bei der Betrachtung negativer emotionaler Mimik legt eine erhöhte Tendenz von Borderline-Patienten zur Simulation des emotionalen Erlebens anderer in der sozialen Interaktion nahe (Matzke et al., 2014; Dziobek et al., 2011). Die erhöhte Neigung zur emotionalen Ansteckung wird in der Literatur zur Borderline-Persönlichkeitsstörung auch als Tendenz zur Hypermentalisierung beschrieben (Distel et al., 2011) und könnte zur Selbst- und Fremddiffusion dieser Patienten beitragen.

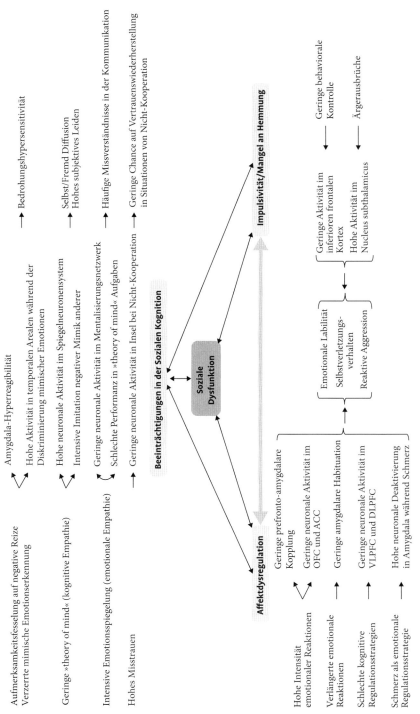

Abbildung 7.2 Affektregulation und sozial-kognitive Beeinträchtigungen in Verbindung zu Interaktionsproblemen bei der Borderline-Persönlichkeitsstörung

In → Abbildung 7.2 werden die neurobiologischen Befunde bei der Borderline Persönlichkeitsstörung zur Affektdysregulation sowie zu sozial-kognitiven Beeinträchtigungen zusammengefasst, die mit ihren Interaktionsproblemen assoziiert sind.

7.2.2 Antisoziale Persönlichkeitsstörung

Wie in einer Übersichtsarbeit von McCloskey et al. (2005) dargestellt wurden bei Erwachsenen mit Antisozialer Persönlichkeitsstörung morphologisch-strukturelle Veränderungen v. a. im Bereich des präfrontalen und limbischen Cortex beschrieben. Bertsch et al. (2013) fanden Volumenreduktionen in mittelliniennahen Strukturen, die an der Prozessierung selbstreflektiver Gedanken beteiligt sind. Eine Studie von Gregory (et al., 2012) verweist auf reduzierte Volumina vorzugsweise in rostral präfrontalen und opercularen Arealen, die mit dem emotionalen und kontextuellen Verstehen anderer zu tun haben. Ferner finden sich in Bildgebungsstudien verminderte Aktivitäten im ventromedialen präfrontalen Cortex, der in Entscheidungsfindung und hier v. a. der Integration emotionaler Informationen bei Entscheidungsprozessen involviert ist.

Übergänge zur Psychopathie. Eine verminderte Funktion des ventromedialen präfrontalen Cortex ist v. a. von solchen antisozialen Persönlichkeiten berichtet worden, die Merkmale der Psychopathie aufweisen (zur Übersicht: Königs, 2012; Blair, 2008; zum Psychopathie-Begriff im Sinne der *Psychopathy Checklist* vgl. → Abschn. 14.2). Der ventromediale präfrontale Cortex hat eine zentrale Bedeutung in der »Somatic marker« Hypothese von Damasio (1996), die ihm die Bedeutung zuweist, in Entscheidungssituationen den Abruf von Emotionen zu ermöglichen, die mit früheren Lernerfahrungen von Belohnung und Bestrafung verknüpft sind. Damit hat dieses Hirnareal eine zentrale Bedeutung in der Repräsentanz der Antizipation von Belohnung und Bestrafung auf Grund früherer Lernerfahrungen. Weiterhin von Bedeutung ist das anteriore Cingulum bei der Psychopathie in Zusammenhang mit dessen Funktion der kognitiven Kontrolle und des kontinuierlichen Monitorings eigenen Verhaltens, nicht zuletzt im Abgleich mit Normen und Regeln (Shackman et al., 2011). Passend zu diesen Befunden berichteten Motzkin et al. (2011) über eine reduzierte strukturelle wie auch funktionelle Konnektivität zwischen ventromedialem präfrontalen Cortex und Amygdala.

Weiterhin bedeutsam ist, dass Menschen mit psychopathischen Zügen eine Minderfunktion der Amygdala zeigen, wenn ihre Aufmerksamkeit von der Erreichung anderer Ziele gebunden ist. Sie zeigen gegenüber Kontrollen in solchen situativen Konstellationen eine erhöhte Aktivität in lateralen präfrontalen Arealen, die wichtig für die Prozessierung selektiver Aufmerksamkeitsprozesse sind. Werden sie allerdings instruiert, ihre Aufmerksamkeit auf drohende externe Bedrohung zu richten, so nimmt die amygdalare Aktivität zu. Entsprechend wird heute als ein zentrales Problem von Menschen mit psychopathischen Zügen angenommen, dass sie sich durch eine Hyperfokussierung auf Zielorientierung auszeichnen (Larson et al., 2013). Diese Befundlage passt sehr gut zu dem typischen Verhalten, dass diese Persönlichkeiten drohende Bestrafung in Situationen lockender (vermeintlicher) Belohnung nicht erwägen.

Entwicklung. Bezüglich sozialkognitiver Funktionen antisozialer Persönlichkeiten ist erwähnenswert, dass Jugendliche mit Störung des Sozialverhaltens, die bereits von dem zehnten Lebensjahr klinisch manifest wurde, bei der Verarbeitung trauriger Gesichter eine verminderte Aktivität von Amygdala und ventromedialem präfrontalen Cortex aufwiesen als möglicher Hinweis auf eine mangelnde Sensibilität gegenüber sozialen Signalen von Leiden oder Unterwerfung (Passamonti et al., 2010). Antisoziale Persönlichkeiten mit psychopathischen Zügen zeigen zudem verminderte neuronale Aktivität im ventromedialem präfrontalen und orbitofrontalem Cortex, wenn sie andere Menschen beobachten, denen Schmerzen zugefügt werden (Decety et al., 2013). Interessanterweise zeigte die primär bei der Schmerzbeobachtung reduzierte Aktivität eine Normalisierung, wenn die Probanden zur aktiven Einnahme einer empathischen Haltung instruiert wurden (Meffert et al., 2013).

Hinweise auf beeinträchtigtes Lernen aus Belohnung und Bestrafung bei dieser Population zeigte die Studie von Finger et al. (2011), die verminderte Aktivierungen von orbitofrontalem Cortex und Nucleus caudatus bei Jugendlichen mit Störung des Sozialverhaltens und psychopathischen Zügen fand. Ob dieses Ergebnis die Möglichkeit einer erfolgreichen therapeutischen Einflussnahme nahelegt, bleibt eine interessante Frage für die Zukunft.

7.3 Genetik bei Persönlichkeitsstörungen

Systematische genetische Studien bei Patienten mit Persönlichkeitsstörungen legen nahe, dass 40 bis 50 Prozent der Varianz durch genetische Faktoren zu erklären sind. In einer kürzlich erschienenen Übersichtsarbeit wurde die Erblichkeit bei der Borderline-Persönlichkeitsstörung auf ungefähr 40 Prozent geschätzt. Allerdings zeigte die durchgeführte Metaanalyse keine signifikanten Assoziationen mit dem Serotonin-Transporter-Gen, dem Tryptophan-Hydroxylase-1-Gen oder dem Serotonin-1B-Rezeptor-Gen. Diese Diskrepanz (negative Assoziationsstudien bei hoher Erblichkeit) legt nahe, dass es sich um Plastizitäts- in Abgrenzung zu Vulnerabilitäts-Genen handelt, die mit positiven und negativen Lebensereignissen bzw. Beziehungserfahrungen interagieren (Amad et al., 2014). Während genetische Studien in Stichproben von Menschen mit Persönlichkeitsstörungen sehr begrenzt sind, liefern solche zu Persönlichkeitsdimensionen bzw. -funktionen recht reliable Ergebnisse.

Genetik und Hirnnetzwerke. Genetische Dispositionen und Temperamentsmerkmale modulieren die Affektregulation und die Funktion der der Affektregulation zugrundeliegenden cerebralen Netzwerke. Hier sind vor allem die Polymorphismen des Serotonin-Transporter-Gens, der Monoamino-Oxidase-A (MAO-A) sowie der Catchol-O-Methyl-Transferase (COMT) als für die Affektregulation bedeutsam bekannt. Hariri et al. (2005) konnten zeigen, dass Individuen mit ein oder zwei s-Allelen in der

Promotorregion des Serotonin-Transporter-Gens eine stärkere Amygdalaaktivierung auf aversive Gesichtsausdrücke zeigen als solche mit der l/l-Variante. Auch die Kopplung innerhalb des präfronto-limbischen Netzwerkes variiert mit der genetischen Ausstattung, d. h., dass Individuen mit der s/s- oder s/l-Variante eine geringere Kopplung zwischen rostralem ACC und Amygdala und damit auf der Ebene primärer affektregulatorischer Prozesse zeigen (Pezawas et al., 2005). Umgekehrt nimmt die Kopplung zwischen Amygdala und höher gelegenen medialen präfrontalen Arealen zu (Heinz et al., 2005). Auch der x-chromosomal lokalisierte genetische Polymorphismus des Monoamino-Oxydase-A (MAOA)-Gens, eines Schlüsselenzyms im Katabolismus von Serotonin und anderen Monoaminen, zeigt eine Beziehung zu Aktivierungsmustern in Hirnarealen, die bedeutsam für die Affektregulation sind. So fand sich bei Trägern des L-Allels im Vergleich zu Trägern des H-Allels eine höhere Aktivität der Amygdala und eine geringere Aktivität in cingulären und orbitofrontalen Arealen, die auch mit strukturellen Unterschieden, nämlich geringeren limbischen und paralimbischen Volumina bei den Individuen mit der L-Variante einhergingen (Meyer-Lindenberg et al., 2006).

Diese Befunde könnten einen Beitrag zum Verständnis leisten, warum MAOA-L-Träger eine schlechtere Fähigkeit zur Emotionsregulation zeigen. Zudem wurde berichtet, dass sich Genträger mit der L-Variante durch eine interpersonelle Hypersensitivität auszeichnen, die mit einer verstärkten Aktivität des dorsalen anterioren Cingulums in einem Zurückweisungsparadigma einherging (Eisenberger et al., 2003). Ein verstärktes Zurückweisungsempfinden aber begünstigt impulsive, reaktive Aggressivität.

Soziale Angst. Bezüglich des Persönlichkeitsmerkmals Ängstlichkeit fand sich in einer Metaanalyse, beruhend auf 369 Assoziationsstudien, ein Zusammenhang mit dem Serotonin-Transporter-Gen SLC6A4 (Balestri et al., 2014). In derselben Metaanalyse fand sich eine Kopplung von Impulsivität und der Dopamin-D4-Rezeptor-Variante. Eine Valin-zu-Methionin-Substitution, die zu einer bedeutsamen Reduktion der Catechol-O-Methyltransferase (COMT) führt, hat eine wichtige Bedeutung für die interindividuell unterschiedlich ausgeprägte Fähigkeit, die Aufmerksamkeit relevanten Umweltinformationen zuwenden zu können. Das hochaktive Valin-Allel geht mit schlechterem Arbeitsgedächtnis und höherer präfrontaler Funktion einher. Das niedrigaktive Methionin-Allel moduliert die Aktivität des anterioren Cingulums während bewusster attentionaler Prozesse (Di Blasi et al., 2005) sowie die Hippocampus-Aktivität während der Prozessierung negativer Stimuli (Smolka et al., 2005). So zeigten Träger mit dem Methionin-Allel eine erhöhte Aktivität im Hippocampus und ventrolateralen präfrontalen Cortex und eine erhöhte funktionelle Kopplung zwischen diesen Arealen während der Verarbeitung negativer Gesichtsausdrücke.

Bindung. Von besonderer Bedeutung ist die Beobachtung von Gen-Umwelt-Interaktionen, dass nämlich die funktionellen Auswirkungen der genetischen Varianten von der Aufzucht bzw. frühen Beziehungserfahrungen abhängen. So konnte im Primatenmodell an Rhesusaffen gezeigt werden, dass die Liquorkonzentration an 5-Hydroxy-Indol-Essigsäure nur dann zwischen den unterschiedlichen Alleltypen des Serotonin-Transporters signifikant variierte, wenn die neu geborenen Affen nicht von der Mutter, sondern von Gleichaltrigen (also unter aversiven Aufzuchtbedingungen) versorgt worden waren (Bennett et al., 2002). Bei diesen Tieren scheint der präfrontale Cortex in der Modulierung der Amygdala-Aktivität zu versagen, die durch aversive Umweltreize hervorgerufen wird. Beim Menschen konnte gezeigt werden, dass männliche MAOA-L-Träger eine erhöhte Vulnerabilität zeigen, auf aversive Kindheitserfahrungen mit einer aggressiven Entwicklung bis hin zur Entwicklung einer Antisozialen Persönlichkeitsstörung zu reagieren (Caspi et al., 2002).

Neuere Untersuchungen verweisen auf einen möglichen Zusammenhang zwischen dem G-Allel des Oxytocin-Rezeptor-Gens rs53 576 und der Vulnerabilität gegenüber ungünstigen Kindheitserfahrungen. Hierbei scheint das G-Allel (im Vergleich zum AA-Typ) zu sozialer Hypersensitivität zu prädisponieren und damit die negativen Auswirkungen früher Erfahrungen von Vertrauensbruch und Zurückweisung auf die Persönlichkeitsentwicklung zu erhöhen (McQuaid et al., 2013). Umgekehrt zeigten sich A-Allel-Träger des OXTR rs53 576 resilient gegen die Auswirkungen früher Stresserfahrungen, indem sie höheren Schutz gegenüber der Entwicklung einer Emotionsregulationsstörung als auch einem desorganisierten Bindungstyp zeigten (Bradley et al., 2011).

7.4 Zusammenfassende Bewertung: Bringen uns die Neurowissenschaften einen Erkenntnisgewinn?

Eine dimensionale Betrachtung von Persönlichkeitsmerkmalen und Persönlichkeitsstörungen ist der Untersuchung neurobiologischer Grundlagen besser zugänglich als kategoriale Diagnosen, die sich durch hohe Heterogenität auszeichnen. Die Untersuchung von Hirnfunktionen und assoziierten Hirnnetzwerken, die Prozessen der Emotionssteuerung und der Art und Weise unterliegen, wie Menschen andere im sozialen Austausch mit ihnen selbst wahrnehmen, zeigen spezifische Schwierigkeiten auf, die vordringliche Ziele psychotherapeutischer Behandlung sein dürften. In der funktionellen Bildgebung stellen sich solche Persönlichkeitsdomänen – wie in diesem Kapitel ausgeführt – als Normabweichungen in neuronalen Aktivitätsmustern dar, die sich auf das präfronto-limbische Netzwerk (Emotionsregulation) und das Mentalisierungsnetzwerk (z.B. superiorer temporaler Cortex, Präcuneus) beziehen. Auf diese bedeutsamen Netzwerkfunktionen scheinen – durchaus in Wechselwirkung – sowohl (frühe) Interaktionserfahrungen als auch genetische Faktoren Einfluss zu nehmen. Antisoziales, nicht regelkonformes Verhalten geht mit Fehlfunktionen in mittellinienahen Netzwerken einher, die mit der Fähigkeit zur Selbstreflexion und des kontinuierlichen Überwachens eigenen Verhaltens im Abgleich mit gesellschaftlichen Normen und eigenen Erfahrungen und schließlich emotional basiertem Lernen zu tun haben.

Die Neurowissenschaften haben zu einem veränderten Verständnis von Menschen mit Persönlichkeitsstörungen geführt und ihre Stigmatisierung vermindert. Wenn man bedenkt, dass noch in den 1990er-Jahren die Diagnose einer Borderline-Persönlichkeitsstörung häufig als Restkategorie für schwierige, im zwischenmenschlichen Kontakt mit Aversion belegte und unbehandelbare Patienten betrachtet wurde, so hat die neurobiologische Forschung in hohem Maße zum besseren Verständnis dieser Störung und der von ihr betroffenen Patienten beigetragen und zur Entwicklung von störungsorientierten erfolgreichen Psychotherapiemethoden motiviert (→ Kap. 10 und 11).

▶ Menschen können komplexes subjektives emotionales Erleben nicht präzise verbalisieren und hier kann der Erkenntnisgewinn, den uns die neurowissenschaftliche Forschung beschert, helfen, die richtigen Fragen an Patienten zu stellen und die psychopathologische Symptomerhebung zu spezifizieren. Die funktionelle Bildgebung hat auf der Grundlage experimentell-psychopathologischer Forschung in besonderer Weise den Abstand zwischen subjektiver und objektiver Forschungsperspektive verringert. Indem uns neuronale Aktivierungsmuster zeigen, dass z. B. Menschen mit Borderline-Persönlichkeitsstörung verminderte neuronale Aktivität in Hirnnetzwerken zeigen, in denen Prozesse der Perspektivübernahme und kognitiven Empathie vermittelt werden, verstehen wir, wie schwer es betroffenen Patienten fällt, die Gefühle, Gedanken und Motive ihres Gegenübers zu verstehen. Entsprechend steigt die Gefahr von Missverständnissen und konflikthaften Interaktionen. Unser Wissen über neuronale Korrelate, die schwierigen Verhaltensmustern zugrundeliegen, weisen auch einen Weg zu notwendigen therapeutischen Interventionen, z. B. – um in diesem Beispiel zu bleiben – die Mentalisierung eigener Gefühle und die anderer zu verbessern (insbesondere → Kap. 11).

▶ Die Messung neuronaler Korrelate psychotherapeutischer Effekte kann das Verständnis vertiefen, wie Psychotherapie wirkt. Wenn auch die Neurowissenschaften nicht notwendig sind, um die Wirksamkeit von Psychotherapie aufzuzeigen, und hier eher Irrwege beschritten wurden, so verraten sie uns etwas über die Art und die Mechanismen, wie psychotherapeutische Wirkung sich entfaltet. Kommt es beispielsweise im Verlauf einer Therapie zu einem verbesserten Zusammenspiel (sog. funktionelle Konnektivität) von präfrontal an der Hirnbasis gelegenen Regulationsarealen und limbischer Aktivität, so dürfen wir schlussfolgern, dass diese Psychotherapie dazu beiträgt, nicht nur die bewusste Steuerung von Gefühlen zu verbessern, sondern – im Alltag sicherlich funktionstauglicher – auch die automatische, unbewusste Emotionssteuerung.

Allerdings bleibt zu beachten, dass neurobiologische Methodik sich zumindest heute noch auf die Messung von Gruppeneffekten beschränkt und damit nur das Wissen über typische Erlebensweisen von Patienten generieren kann, aber noch fern davon ist, zu verlässlichen Aussagen über subjektive Erlebnisweisen individueller Patienten zu kommen.

8 Differenzialdiagnostik und Komorbidität

Typen sind grobe Bilder der Persönlichkeit.
Was Wunder, dass sie so leicht zu zeichnen sind, sich ständig überlappen
und es so leicht ist, ein entsprechendes Schema von Wechselbeziehungen
aufzustellen, zugleich aber so schwer, es zu beweisen oder zu widerlegen;
denn nur das, was präzise formuliert ist, lässt sich prüfen.
D. W. MacKinnon

Trotz der erheblichen Anzahl von Veränderungen und Präzisierungen, die die Klassifikation von Persönlichkeitsstörungen in den vergangenen Jahren erfahren hat, gibt es nach wie vor erhebliche Probleme, die eng mit einer Abgrenzung der Persönlichkeitsstörungen untereinander und gegenüber anderen psychischen Störungen verknüpft sind. Weitgehend ungelöst sind bis heute die nachfolgend kurz andiskutierte Fragen (ausführlicher nochmals: → Epilog).

Abgrenzung zur Normalität. Lassen sich brauchbare Kriterien oder Abgrenzungsargumente finden, die es ermöglichen, Persönlichkeitsstörungen von Persönlichkeitsstilen zu unterscheiden, die noch innerhalb der Grenzen »normaler« Interaktionsbesonderheit tolerierbar wären? Diese Frage ist für die Begründung psychotherapeutischer oder auch juristischer Entscheidungen und Bewertungen von großem Belang und kann sich vor allem auf die Finanzierung von Psychotherapie durch die Krankenkassen auswirken. Die Grenzen zur Normalität sind von Bedeutung, weil im Zusammenhang mit einigen spezifischen psychischen Störungen (der Schizophrenie und der Depression beispielsweise) immer wieder betont wird, dass es bestimmte prämorbide Persönlichkeitseigenarten mit Risikorelevanz für die Entwicklung dieser Störungen gäbe (→ Abschn. 8.4).

Kriterienüberlappungen. Wieweit sind die zwischen unterschiedlichen Persönlichkeitsstörungen gegebenen Kriterienüberlappungen tolerierbar? Bestimmte Interaktionstypiken und Persönlichkeitsmerkmale gehören zum Bild unterschiedlicher Persönlichkeitsstörungen. Eine vorhandene Persönlichkeitsstörung erschließt sich dem Diagnostiker erst aus einem Muster unterschiedlicher Störungskriterien. Eine zu strikte Vermeidung der Kriterienüberlappung könnte die Diagnose spezifischer Persönlichkeitsstörungen möglicherweise erschweren.

Komorbidität. Mit der Kriterienüberlappung komplementär verknüpft ist das Problem der hohen Komorbidität der Persönlichkeitsstörungen untereinander: Soll die zukünftige Kriterienpräzisierung eher darauf ausgerichtet sein, die Anzahl der Komorbiditätsdiagnosen zu verringern oder nicht? Eng verbunden mit diesem Problem ist die Frage: *Wie viele Persönlichkeitsstörungen gibt es überhaupt?* Die bisherigen Konzeptualisierungsversuche sind erheblich durch die pragmatische Maßgabe der Beschränkung auf jene Persönlichkeitsstörungen erfolgt, dass diese Störungen innerhalb der psychiatrischen oder psychotherapeutischen Kontexte und Institutionen in größerer Anzahl auftreten. Letztlich war dies einer der Gründe, die Zahl der Persönlichkeitsstörungen im DSM-5-Alternativ-Modell auf der Grundlage epidemiologischer Daten auf nur mehr sechs zu begrenzen (→ Abschn. 3.4).

8.1 Diagnostik

In den vergangenen Jahren wurden erhebliche Anstrengungen unternommen, um die Diagnostik und Differenzialdiagnostik der Persönlichkeitsstörungen durch die Entwicklung objektiver Erhebungsinstrumente zu verbessern. Auf die wichtigsten dieser Verfahren und Inventare soll hier genauer eingegangen werden.

8.1.1 Strukturierte Interviewverfahren

Inzwischen gibt es eine Reihe von Untersuchungsinstrumenten, die es ermöglichen, das gesamte Spektrum der Persönlichkeitsstörungen im DSM bzw. in der ICD differenzialdiagnostisch zu erfassen. Auffällig ist, dass zwei wichtige störungsübergreifende Interviews zur Diagnostik psychischer Störungen keine Persönlichkeitsstörungen enthalten: das *Composite International Diagnostic Interview* (CIDI) und die *Schedules for Clinical Assessment in Neuropsychiatry* (SCAN). Persönlichkeitsstörungen müssen also mit separaten Verfahren erfasst werden. Die wichtigsten dieser übergreifend einsetzbaren Erhebungsverfahren sollen erwähnt werden (vgl. ergänzend die Darstellung und Bewertung einzelner Verfahren bei Reich, 1987; Bronisch, 1992; Zimmerman, 1994; Dittmann et al., 2001; McDermuth & Zimmerman, 2005; aktueller: Miller et al., 2012; Skodol, 2014).

Die bisher am häufigsten eingesetzten und am besten akzeptierten Verfahren sind strukturierte Interviews und beinhalten eine Diagnosestellung über Fremdratings. In enger Anlehnung an das DSM-III-(R)/DSM-IV konstruiert wurden die folgenden Verfahren.

Strukturiertes Klinisches Interview für die DSM-IV-Persönlichkeitsstörungen (SKID-II). Für die Persönlichkeitsstörungen der Achse II des DSM wurde seit dem DSM-III-R (APA, 1987) wie bereits zuvor für die Achse I ein eigenes strukturiertes Interview entwickelt, das für das DSM-IV aktualisiert wurde und sowohl in englischer Version als auch in deutschsprachiger Adaptation vorliegt: *Structured Clinical Interview for DSM-IV Disorders, Axis II* (SCID-II; First et al., 1995); deutsche Version als *Strukturiertes Klinisches Interview für DSM-IV, Achse II: Persönlichkeitsstörungen* (SKID-II; Fydrich et al., 1997). Der diagnostische Prozess im SKID-II vollzieht sich in zwei Schritten: Zunächst dient ein Screening dazu, jene Merkmale herauszufiltern, die auf das Vorliegen einer Persönlichkeitsstörung schließen lassen, um diese dann mittels Interviewteil genauer zu explorieren. Bisher vorliegende Studien weisen das SKID-II als hinreichend reliables Instrument aus. Da sich im DSM-IV-TR = DSM-5 Sektion II im Bereich der Persönlichkeitsstörungen keine Änderungen ergeben haben, ist es weiterhin gültig.

SIDP, DIPD und PDI. Zum SKID-II gibt es einige Vorläufer und Parallelentwicklungen, die vor allem in der (epidemiologischen) Forschung eingesetzt werden. Dazu gehören das

- *Structured Interview for DSM-IV Personality Disorders* (SIDP [SIDP-IV]), das in den Arbeitsgruppen um Pfohl und Zimmerman zur Anwendung kommt (Pfohl et al., 1997; Zimmerman et al., 2005).
- *Diagnostic Interview for DSM-IV Personality Disorders* (DIPD-IV), ursprünglich entwickelt von Zanarini et al. (1987). Die DSM-IV-aktualisierte Version (DIPD-IV) dieses Interviews findet in einer multizentrischen Longitudinaluntersuchung Anwendung (Gunderson et al., 2000).
- *Personality Disorder Interview-IV* (PDI-IV; Widiger et al., 1995) als aktuelle Version eines Vorläuferinterviews, das unter der Bezeichnung *The Personality Interview Questions* (Version I, II und III) verbreitet war. Eine Übersetzung wurde auch in China eingesetzt (Yang et al., 2000).

International Personality Disorder Examination (IPDE). Ein ursprünglich von Loranger (1988) für epidemiologische Untersuchungen entwickeltes, semistrukturiertes Interview (die *Personality Disorders Examination*, PDE) wurde im Sinne der DSM-Entwicklungen verbessert und auch noch um die Kriterien der ICD-10-Persönlichkeitsstörungen angereichert. Dabei handelt es sich um das *International Personality Disorder Examination* (IPDE; Loranger, 1999), das seither zumeist in (internationalen) Feldstudien eingesetzt wird. Das IPDE ist das offizielle Instrument der WHO mit dem ICD-10-Modul. Im Unterschied zum SKID-II werden im IPDE nicht nur einzelne Störungsgruppen abgeprüft, sondern alle in der ICD-10 aufgeführten Kriterien werden in sechs Bereichen zusammengefasst (Arbeit; Selbst / Selbsteinschätzung; zwischenmenschliche Beziehungen; Affekte; Realitätskontrolle; Impulskontrolle). Üblicherweise werden Patienten interviewt; es besteht die Möglichkeit, Informationen Dritter zu berücksichtigen. Der IPDE ist neben anderen Sprachen auch ins Deutsche übersetzt und besitzt eine gute bis sehr gute Reliabilität (Mombour et al., 1996).

Shedler-Westen Assessment Procedure (SWAP-200). Beim von Shedler und Westen (1998; Westen & Shedler, 1999) entwickelten SWAP-200 handelt es sich um ein Q-Sort-Verfahren, das der ansatzweisen dimensionalen Persönlichkeitsbeurteilung in Anlehnung an das DSM-IV dient, um die Nachteile einer ausschließlich klassifikatorischen Einordnung zu überwinden. 94 der insgesamt 200 Items sind an die DSM-IV-Kriterien angepasst. Zusätzlich lassen sich eine subaffektive Dysphorie-Einschätzung sowie eine Beurteilung von Abwehrstilen und adaptiven Verhaltensmustern vornehmen. Eine deutsche Version wurde von Höflich et al. (2007) publiziert.

8.1.2 Interviews zur Beurteilung des Funktionsniveaus

In den vergangenen Jahren wird zunehmend eine dimensionale Beurteilung der Persönlichkeit eingefordert und hat als solche auch in das Alternativ-Modell der Persönlichkeitsstörungen in das DSM-5 Sektion III Eingang gefunden. Zugleich befinden sich erste teilstandardisierte Interviews in der Entwicklung, mit deren Hilfe eine Beurteilung des Strukturniveaus vorgenommen werden kann.

Level of Personality Functioning (LPF). Zur Erhebung des Schweregrades der Funktionsbeeinträchtigung befindet sich derzeit ein Interview-basiertes Instrument zur Bestimmung des *Level of Personality Functioning* in Entwicklung (Bender et al., 2011; dt. Version: Zimmermann et al., 2014; Morey et al., 2012). Mit ihm werden die vier im DSM-5-Alternativ-Modell festgelegten strukturellen Funktionsaspekte bestimmt. Diese Skala basiert auf der Annahme, dass der gemeinsame Nenner aller Persönlichkeitsstörungen in der Beeinträchtigung basaler adaptiver Fähigkeiten liegt (Livesley, 1998). Von vier bewertbaren Fähigkeitsbereichen beziehen sich (a) Identität und (b) Selbststeuerung auf das eigene Selbst sowie (c) Empathie und (d) Nähe auf den Umgang mit anderen Menschen. Das Interview hat in noch nicht publizierte Feldstudien Eingang gefunden (→ Abschn. 3.4 und Kap. 9). So bleibt die Beurteilung dieses Instrumentes derzeit noch abzuwarten.

Operationale Psychodynamische Diagnostik (OPD). Die Beurteilung des Strukturniveaus der Persönlichkeit hat insbesondere in der Psychoanalyse eine längere Tradition. Mittels der im deutschsprachigen Raum entwickelten *Operationalen Psychodynamischen Diagnostik* (OPD) lassen sich ebenfalls die im Alternativ-Modell des DSM-5 vorausgesetzten Persönlichkeitsaspekte der Merkmalsbereiche »Selbst« und »Beziehung« mit Hilfe des als standardisierte Interview beurteilen (Arbeitskreis OPD, 2006).

Strukturiertes Interview zur Persönlichkeitsorganisation (STIPO). Eine weitere Erfassung des Funktionsniveaus der Persönlichkeit kann mittels dieses teilstandardisierten Interviews auf der Grundlage von Kernbergs Konzept der Persönlichkeitsorganisation vorgenommen werden (Clarkin et al., 2004; dt. Version STIPO-D: Doering/Universität Wien). Eine Untersuchung in einer klinischen Stichprobe ergab Interrater-Reliabilitäten zwischen .89 und 1.0 sowie Crohnbach's alpha zwischen 0.69 und 0.93.

8.1.3 Fragebögen zur Selbstbeurteilung

Seit Jahren befindet sich auch eine Reihe von Selbstbeurteilungsfragebögen in der Weiterentwicklung, von denen uns folgende, besser untersuchte Fragebögen beachtenswert erscheinen.

Personality Disorders Questionnaire-4 (PDQ-4). Dieses Verfahren wird seit dem DSM-III-R in den angelsächsischen Ländern recht häufig verwendet und wurde auch bereits in einigen Feldstudien eingesetzt, auf die wir im nächsten Kapitel eingehen. Inzwischen liegt eine überarbeitete Version mit Adaptation an das DSM-IV vor (PDQ-4; Hyler, 1994; Fossati et al., 1998). Wie bereits bei den Vorfassungen finden sich gute bis sehr gute Reliabilitätswerte (interne Konsistenz), andererseits eine nur mäßige konvergente Validität im Vergleich zu direkten SCID-II-Interviews. Dennoch gilt der PDQ wegen seiner guten testtheoretischen Absicherung als das gegenwärtig am besten evaluierte Selbstbeurteilungsverfahren, auch wenn mit ihm eindeutige Diagnosen der Persönlichkeitsstörungen im Sinne der Klassifikationssysteme nicht hinreichend valide möglich sind (→ weiter unten zu den Differenzen zwischen Selbst- und Fremdbeurteilung). Gleiches gilt auch für die nachfolgend aufgeführten Verfahren.

Persönlichkeits-Stil und Störungs-Inventar (PSSI). Dieses von Kuhl und Kazén (1997) entwickelte Verfahren orientiert sich in den Persönlichkeitsstörungsbezeichnungen wie der PDQ an den ICD- / DSM-Vorgaben (hinsichtlich seiner Funktionalität wurde es ausführlich bereits in → Kap. 1 beschrieben). In der zweiten überarbeiteten und neu normierten Auflage (2009) ist das Verfahren inzwischen sowohl testtheoretisch mit sehr guten Konsistenz- und Retest-Koeffizienten als auch konzeptuell persönlichkeitspsychologisch sehr gut begründet (zu den Grundlagen: Kuhl, 2001). Das Manual enthält alters- und geschlechtsspezifische Prozentrang- und T-Werte in vier Altersbereichen (18 bis 25; 26 bis 45; 46 bis 55; 56 bis 82 Jahre) sowie altersspezifische Normen für den Bereich 14 bis 17 Jahre. Andererseits weisen die Autoren darauf hin, dass selbst hohe Werte in den einzelnen Skalen nicht automatisch das Vorliegen einer Persönlichkeitsstörung bedeuten; jedoch ist es als Screeningverfahren sehr gut geeignet. Ähnliches gilt auch für die nachfolgenden Instrumente.

Fragebogen zu kognitiven Schemata (FKS). Dieses Selbstbeurteilungsinstrument für Persönlichkeitsstörungen beinhaltet eine Auflistung von störungstypischen kognitiven Schemata, die auf einer *Scale of Cognitive Schemas in Personality Disorders* im Anhang des Buches über die Kognitive Therapie bei Persönlichkeitsstörungen von Beck et al. (1990) beruht. Der FKS wurde von Fydrich et al. (1995) entwickelt und inzwischen in Studien im deutschsprachigen Raum validiert. Mit dem FKS lassen sich alle DSM-Persönlichkeitsstörungen erfassen – mit Ausnahme der Borderline-Persönlichkeitsstörung. Für Letztere wurden zwischenzeitlich jedoch zwei FKS-Ergänzungen vorgelegt: Die erste gibt es sowohl in englischsprachiger (als *Questionnaire of Thoughts and Feelings*, QTF) als auch deutschsprachiger Version (als *Fragebogen zu Gedanken und Gefühlen*, FGG) und wurde bei Borderline-Persönlichkeitsstörung untersucht und validiert (Renneberg et al., 2005a, b). Die zweite wurde als *Kognitives Inventar für die Borderline-Persönlichkeitsstörung* (KIB) ausgearbeitet und in ersten Studien eingesetzt (Beisel & Schweiger, 1998).

Millon Clinical Multiaxial Inventory-III (MCMI-III). Schließlich sollen die Fragebogeninventare des MCMI (Millon, 1983, 1987) erwähnt werden. Sie basieren auf Millons Theorie der Persönlichkeitsstörung, die über die Störungsbilder des DSM-IV hinaus auch noch eigene Störungstypologisierungen beinhaltet und theoretisch-konzeptuelle Zusammenhänge zwischen Störungen unterstellt und unterschiedliche Schweregrade postuliert. Mit seiner inzwischen erreichten dritten Generation (MCMI-III; Millon et al., 1997) gehört das Instrument zu den fraglos am häufigsten eingesetzten Fragebogeninstrumenten. Das MCMI weist zwar bei einer Reihe von Persönlichkeitsstörungen eher niedrige Übereinstimmungen mit den übrigen Störungsinventaren auf, die – wie etwa das SCID oder SIDP – in enger Übereinstimmung mit dem DSM entwickelt wurden (vgl. z. B. Reich, 1987; Renneberg et al., 1992). Andererseits werden testtheoretische Voraussetzungen (Retest-Reliabilitäten, interne Konsistenz, Stabilitätswerte) gut bis sehr gut erfüllt.

Persönlichkeitsinventar für DSM-5 (PID-5). Um die Ausprägung problematischer Persönlichkeitsmerkmale (im Sinne von Merkmalsdomänen und Merkmalsfacetten; → Kap. 3, 4 und 13) entsprechend des dimensionalen Ansatzes des DSM-5 Alternativen Modells der Persönlichkeitsstörungen messen zu können, wurde das Persönlichkeitsinventar für DSM-5 (PID-5) als ein Selbstbeurteilungsfragebogen entwickelt (Krueger et al., 2012). Dieser Fragebogen umfasst 220 Items zu 25 Merkmalsfacetten vor dem Hintergrund bestehender Persönlichkeitsmodelle, die einen iterativen Ansatz im Sinne der *Item Response Theory* (IRT) folgend zusammengestellt wurden. Verschiedene Studien zur Reliabilität und Validität wurden inzwischen veröffentlicht (Krueger & Markon, 2014) und die Fünf-Faktoren-Struktur des dimensionalen Ansatzes bestätigt (Thomas et al., 2013). In einer großen Stichprobe psychiatrischer Patienten als Teil der DSM-5-Feldstudie zeigten die PID-5-Domänen und -Facetten akzeptable Reliabilitätskoeffizienten (Quilty et al., 2013); zudem wurde der PID-5 mit verschiedensten anderen Persönlichkeitsfragebögen, wie sie oben genannt sind, im Sinne der Konstruktvalidität verglichen (Crego et al., 2015). Aufgrund des großen zeitlichen Aufwandes, der mit dem PID-5 verbunden ist, wurde inzwischen eine gekürzte Version mit 100 Items entwickelt und diese zeigt eine sehr hohe Übereinstimmung mit der Originalversion. Die gekürzte Version liegt inzwischen auch in deutscher Version vor (Zimmermann et al., 2013). Daneben gibt es auch eine Kurzversion mit nur 25 Items (PID-5-Brief Form; die allerdings auf die Erfassung der Merkmalsdomänen beschränkt ist, nicht aber Merkmalsfacetten einbezieht und sich ausschließlich für den klinischen Gebrauch anbietet).

8.1.4 Weitere Screeningfragebögen

Einige Fragebögen sollen hier noch Erwähnung finden, die jeweils mit besonderer Akzentsetzung entwickelt wurden und mehr als Ergänzung der bisher dargestellten Fragebögen in Betracht gezogen oder aber auch, wegen ihrer Besonderheiten, zur Konstruktvalidierung herangezogen werden könnten.

Inventar Klinischer Persönlichkeitsakzentuierungen (IKP). Dieses Selbstbeurteilungsverfahren dient schwerpunktmäßig einer dimensionalen Erfassung von Persönlichkeitsstilen in Anlehnung an die Kriterien des DSM-IV und der ICD-10 (Andresen, 2006). Das Grundinventar erfasst elf offizielle Diagnoseeinheiten, die durch jeweils zehn Items erfasst werden. Das Verfahren verspricht, eine Differenzierung zwischen DSM- und ICD-Besonderheiten vornehmen zu können. Ein Ergänzungsmodul dient der Einbeziehung aller Persönlichkeitsakzentuierungen nach Kurt Schneider (z.B. Asthenisch-nervöse; Maniforme / Hyperthyme; Willensschwache; Obsessiv-selbstunsichere; → Abschn. 3.1) Es werden sehr gute interne Konsistenzwerte mitgeteilt und es liegen konstruktvalidierende Vergleiche zu anderen Persönlichkeitsinventaren vor.

Wisconsin Personality Inventory (WISPI). Dieses von Klein et al. (1993a) publizierte Selbstbeurteilungsverfahren erlaubt neben einem Diagnosescreening eine Erfassung der interpersonellen Kriterienaspekte der Persönlichkeitsstörungen. Es orientiert sich an Vorgaben, wie sie von Benjamin (1995) in ihrer Monografie über die interpersonelle Diagnose und Behandlung der Persönlichkeitsstörungen ausgearbeitet wurden (→ Abschn. 5.9). Der Fragebogen bietet sich damit für eine (Konstrukt-)Validität der sonstigen, eher eng an Diagnosesysteme angelehnten Fragebögen und Interviewverfahren an.

Inventory of Interpersonal Problems: Personality Disorders Screening (IIP-PD). Dieses Fragebogeninstrument soll hier erwähnt werden, weil sich mit ihm – ähnlich wie bei den Screening-Interviews mittels Checklisten – die Möglichkeit des Vorhandenseins einer Persönlichkeitsstörung zeitökonomisch und grob voraussagen lässt. Das Verfahren enthält eine Reduktion des umfänglichen und weltweit häufig eingesetzten *Inventars zur Erfassung interpersoneller Probleme* (IIP-C/-D) von L. M. Horowitz (Horowitz et al., 1988; dt. Version 2000; → Abschn. 5.9.2). Als Ergebnis erster Studien wurden drei Subskalen aus dem Itempool des IIP extrahiert, mit denen sich das Risiko des Vorhandenseins von Persönlichkeitsstörungen im Sinne eines Screenings gut voraussagen lässt (Pilkonis et al., 1996). Inzwischen liegt eine weiter reduzierte Kurzform (die sog. IIP-C; Scarpa et al., 1999) einschließlich einer testtheoretischen Überprüfung vor, die das Screeningverfahren als reliabel und valide zur Risikobestimmung des möglichen Vorliegens einer Persönlichkeitsstörung ausweist.

Kurze Erwähnung finden sollen schließlich noch zwei Fragebögen, die bisher weniger häufig in der klinischen Forschung eingesetzt wurden.

Schedule for Normal and Abnormal Personality (SNAP). Mit der von Clark (1990) entwickelten SNAP können akzentuierte Persönlichkeitsstile und Persönlichkeitsstörungen differenziert werden. Die Bezüge zu Persönlichkeitsstörungen des DSM waren ursprünglich nicht stringent durchgehalten – teilweise finden sich Formulierungen, die eher an Symptome der affektiven und Angststörungen als an Persönlichkeitsstörungen denken lassen. Inzwischen liegt jedoch mit der SNAP-2 eine Überarbeitung vor, die insbesondere mit Blick auf das Alternativ-Modell der Persönlichkeitsstörungen im DSM-5 neu konstruiert wurde (Clark et al., 2014; über bisherige Forschungsarbeiten mit der Ursprungsversion berichten Ro et al., 2012).

Coolidge Axis II Inventory (CATI). Der 200 Items umfassende Fragebogen von Coolidge und Merwin (1992) ist streng an die DSM-III-R-Diagnostik der Persönlichkeitsstörungen angelehnt und enthält zusätzliche Skalen, mit denen sich neurologische, depressive und Angststörungen der DSM-Achse I von den Persönlichkeitsstörungen abgrenzen lassen.

8.1.5 Diagnostik spezifischer Persönlichkeitsstörungen

Eine weitere Reihe von Instrumenten wurde zur diagnostischen Feststellung spezifischer Störungsbilder entwickelt. Genannt werden sollen standardisierte Interviews und Fragebögen, die über akzeptable testtheoretisch begründete Voraussetzungen verfügen.

Diagnostisches Interview für Borderline-Patienten (DIB). Das *Diagnostic Interview for Borderlines* gilt als eines der bestuntersuchten halbstrukturierten Interviewverfahren zur Diagnose der Borderline-Störung (Gunderson et al., 1981; deutsch: Pütterich, 1985). Die mit Blick auf das DSM-III-R revidierte Fassung entspricht grob noch dem DSM-IV-TR-Konzept, auch wenn es nicht ganz identisch ist (DIB-R; Zanarini et al., 1989b).

Borderline-Persönlichkeits-Inventar (BPI). Dieser Fragebogen wurde in enger Anlehnung an das Borderline-Konzept von Kernberg entwickelt und ermöglicht die Risikoabgrenzung zu neurotischen und psychotischen Störungen (Leichsenring, 1997).

Zanarini Rating Scale for Borderline Personality Disorder (ZAN-BPD). Das auch im Deutschen vorliegende Inventar wurde aus dem Diagnostischen Interview für DSM-IV Persönlichkeitsstörungen (DIPD-IV) abgeleitet (Zanarini et al., 2003b). Jedes der neun BPS-Items wird auf einer 5-Punkte-Skala von 0 bis 4 bewertet, sodass ein maximaler Score von 36 erreicht werden kann. Das Instrument zeigt insgesamt sehr gute Reliabilitäts- und Validitätskennwerte und kommt wegen seines Beurteilungsrahmens von einer Woche in vielen psychotherapeutischen und pharmakologischen Studien derzeit zu Anwendung.

Borderline Symptom Liste (BSL). Weniger zeitlich aufwendig ist die BSL (Bohus et al., 2007), die auch als Kurzform mit 23 Items (Bohus et al., 2009) vorliegt und in vielen deutschen und europäischen Studien verwandt wurde. Sie zeigt hohe Interrater-Reliabilitäten als auch hohe Cronbach's alpha als Ausdruck von guter internaler Konsistenz.

Skala zur Erfassung der Impulsivität und emotionalen Dysregulation der Borderline-Persönlichkeitsstörung (IES-27). Dieses Selbstbeurteilungsinstrument mit 27 Items kann zu Screeningzwecken eingesetzt werden, um Patienten mit Verdacht auf Borderline-Persönlichkeitsstörung zu identifizieren. Bei Verwendung des empfohlenen Cutoff-Wertes liegt die Sensitivität bei 91,3 Prozent und die Spezifität bei 79,8 Prozent. Es werden gute bis sehr gute Reliabilitätswerte mitgeteilt (Kröger & Kosfelder, 2011).

Narzissmusinventare. Ende der 1980er-Jahre wurde von Gunderson (et al., 1990) das halbstandardisierte *Diagnostic Interview for Narcissistic Patients* publiziert, das 33 standardisierte Fragen zur persönlichkeitsbedingten Narzissmusneigung enthält, die deutlich weiter als das DSM-IV-TR-Konzept ausgelegt sind. Ganz ähnlich konzipiert ist der Fragebogen *Narcissistic Personality Inventory* (Raskin & Terry, 1988), der mit 40 Items recht zeitökonomisch eingesetzt werden kann. Ein deutschsprachiges *Narzissmusinventar* (Deneke & Hilgenstock, 1989) erfasst unterschiedliche Aspekte der Organisation und Regulation des narzisstischen Persönlichkeitssystems, soweit diese der Selbstbeobachtung zugänglich sind. Alle drei Instrumente dienen zuvorderst nicht der Störungsdiagnostik, sondern ermöglichen eine differenzielle Beurteilung, welche Narzissmusanteile beim Patienten dominieren: z. B. Aspekte der Grandiosität, Eigenarten der interpersonellen Beziehungen, der emotionalen Befindlichkeit und der moralischen Einstellungen. Kliniker und Forscher, die ein diagnostisches Interesse am Narzissmus haben, finden eine gute Übersicht über weitere Erhebungsinstrumente bei Hilsenroth et al. (1996); weitere jüngeren Datums auch noch in → Abschn. 18.1.

Hypochondrie-Hysterie-Inventar (HHI). Bei diesem Fragebogen handelt es sich um eine testtheoretisch gut begründete deutschsprachige Entwicklung von Süllwold (1990, 1994), die sich zur dimensionalen Bestimmung histrionischer Persönlichkeitsmerkmale eignet.

Hare Psychopathy Checklist – Revised (PCL-R). Wegen seiner psychologischen Grundlegung von Persönlichkeitsmerkmalen der Antisozialen Persönlichkeitsstörung, die eine Vermischung mit dissozialen Handlungen weitgehend vermeidet, ist es eines der weltweit am häufigsten verwendeten Erhebungsinstrumente für Dissoziale bzw. Antisoziale Persönlichkeitsstörungen (Hare, 1985; 1991). Untersuchungen zur Reliabilität (Interrater, interne Konsistenz) ergaben durchweg gute bis sehr gute Ergebnisse, Gleiches gilt auch für unterschiedliche Validitätsüberprüfungen (Cooke et al., 1999). Eine revidierte zweite Auflage ist seit 2005 im Einsatz.

Psychopathic Personality Inventory – Revised (PPI-R). Ebenfalls im Unterschied zur klassifikatorischen DSM-Diagnostik der Antisozialen Persönlichkeitsstörung wird mit diesem Erhebungsinstrument eine dimensional variierende Persönlichkeitseigenschaft beschrieben. Ursprünglich von Lilienfeld und Andrews (1996) eingesetzt wurde das Verfahren nach mehrjährigem Einsatz revidiert (Lilienfeld & Widows, 2005). Inzwischen liegt das PPI-R auch als deutschsprachige Version vor, das somit den Vergleich mit Daten aus internationalen Forschungsprojekten ermöglicht (Alpers & Eisenbarth, 2008; Eisenbarth & Alpers, 2015).

Schizotypie-Inventare. Sowohl das halbstandardisierte *Structured Interview for Schizotypy* (SIS; Kendler et al., 1989) als auch der Fragebogen *Schizotypal Personality Questionnaire* (SPQ; Raine, 1991) dienen der Diagnostik der Schizotypischen Persönlichkeitsstörung, orientiert an den Kriterien des DSM-III-R. Vom Fragebogen gibt es mit dem SPQ-B eine 22 Items umfassende Kurzversion, die als DSM-IV-TR-Screening einsetzbar ist (Raine & Benishay, 1995).

Interpersonal Dependency Inventory (IDI). Das von Hirschfeld et al. (1977) entwickelte Inventar wird seit mehr als 30 Jahren innerhalb und außerhalb klinischer Kontexte zur Einschätzung dependenter Persönlichkeitsmerkmale verwendet (vgl. Bornstein, 1994).

8.2 Fragebögen versus Interviews: Kritik und offene Fragen

Die meisten erwähnten störungsübergreifenden Fragebögen sind übersetzt und befinden sich im deutschen Sprachraum seit Beginn der 1990er-Jahre in Anwendung (vgl. Bronisch, 1992; Fydrich et al., 1996b; Wittchen et al., 1993). Objektivität, Zuverlässigkeit und interne Konsistenz der angegebenen Verfahren können als durchaus vergleichbar mit denen strukturierter Interviewdiagnosen für die spezifischen (symptomatischen) psychischen Störungen / Syndrome angesehen werden. Zwar schwanken die Kappa-Werte der Test-Retest-Reliabilitäten für die einzelnen Störungen beispielsweise für den PDQ-Fragebogen noch zwischen 0.17 und 0.85 (i. d. R. jedoch > 0.50); die Interrater-Reliabilitäten der strukturierten Interviews erreichen hingegen Kappa-Werte zwischen 0.60 und 0.96 (so im SCID, SIDP, PDE und IPDE); für einzelne

Persönlichkeitsstörungen werden in diesen störungsübergreifenden Instrumenten jedoch auch geringere Werte mitgeteilt (Bronisch & Mombour, 1998).

8.2.1 Interview oder Fragebogen?

Alle bisherigen Vergleiche zum Einsatz von Fragebögen versus Interviews weisen das Problem unzureichender Konstruktvalidierung und eher geringer Konkordanzen insbesondere bei einzelnen Störungsbildern auf (zusammenfassend: Clark et al., 1997; Dittmann et al., 2001; McDermuth & Zimmerman, 2005; Miller et al., 2012; Skodol, 2014). Wiederholt wurde bedauert, dass es für die Persönlichkeitsstörungen nach wie vor keinen »Standard« gibt, auf den sich die Forschergruppen hätten einigen können. Solange ein »Urmeter« fehlt, verbleibt trotz aller damit verbundenen Nachteile fast nur die Möglichkeit, die Kriterien der Klassifikationssysteme als Vergleichsstandard zu nehmen.

> Da die Fragebogenerhebungen in aller Regel keine hohen Konkordanzen mit denen von SCID-II oder IPDE aufweisen, gilt die Regel, dass Persönlichkeitsstörungsdiagnosen nicht auf der Grundlage von Selbstratings mittels Fragebögen vergeben werden sollten.

Verschiedene Studien zum Vergleich von Fragebögen und Interviews weisen jedoch auf die sehr gute Screeningfunktion der Selbstratings hin (Ottoson et al., 1998). Probleme in dieser Hinsicht finden sich gelegentlich bei Patienten mit schweren psychischen Störungen mit eventuell komplexen Komorbiditätsbeziehungen (vgl. Ruiter & Greeven, 2000). Untersuchungen, in denen beide Diagnostikstrategien gleichzeitig eingesetzt wurden, zeigen – alle Persönlichkeitsstörungen als eine Gruppe betrachtet – überraschend gute Übereinstimmungen zwischen den Selbsteinschätzungen mittels Fragebogen und Fremdratings mittels Interviews (z. B. Reich et al., 1989; Zimmerman & Coryell, 1990; Clark et al., 1997; Miller et al. 2012).

Problem: dependent, zwanghaft. Wenn sich in Vergleichsstudien zwischen Interviews und Selbstratings bei einzelnen Persönlichkeitsstörungen größere Diskrepanzen finden, lassen sich diese im Übrigen plausibel erklären. So wird die Dependenz in den Fragebogenstudien von Patienten selbst zumeist höher eingeschätzt, als sie im Fremdrating feststellbar ist. Dies mag auf ein interessantes Beurteilerbias verweisen. Möglicherweise stellen sich dependente Personen im Interview kompetenter dar (eher nicht abhängig, sondern compliant und empathisch zugewandt), als sie sich selbst beschreiben würden. Fast gleichsinnig lässt sich dies am Beispiel der Zwanghaften Persönlichkeitsstörung zeigen. Auch hier erscheinen die zwanghaften Personen in Interviews eher »akzeptierbar gewissenhaft mitarbeitend«, während die Selbsteinschätzung ein Mehr an Ich-Dystonie (Störungseinsicht) signalisieren könnte.

Beide Abweichungen machen darauf aufmerksam, dass es zukünftig bedeutsam sein könnte, genau herauszuarbeiten, bei welchen Störungen das Selbstrating eine sinnvolle wichtige Ergänzung zum Interview darstellt. Bei »dependent« und »zwanghaft« kann dies bereits heute empfohlen werden. Insgesamt kann aus klinischer Erfahrung auch davon ausgegangen werden, dass die Unterschiede zwischen Selbst- und Fremdratings umso höher ausfallen, je ich-syntoner die von außen vermutete Persönlichkeitsstörung subjektiv als funktionaler Stil erlebt wird.

8.2.2 Geschlechtsbias

Eine schon längere Zeit ausgetragene Kontroverse betrifft die Frage, ob einige (Kriterien der) Persönlichkeitsstörungen einige verdeckte geschlechtstypische Abweichungen repräsentieren. Diese Kontroverse begann mit einer grundlegenden Kritik durch Kaplan (1983) am DSM-Konzept der Dependenten Persönlichkeitsstörung. Die dazu inzwischen vorliegenden Forschungsarbeiten haben denn auch eine Reihe von Mängeln in der Kriterienbildung nachweisen können, wie wir diese in den Störungskapiteln gelegentlich andeuten werden: So werden die Histrionische sowie Borderline-Persönlichkeitsstörung eher bei Frauen und die Narzisstische sowie Dissoziale Persönlichkeitsstörung eher bei Männern diagnostiziert (Lindsay et al., 2000).

Während einige Autoren die Ansicht vertreten, dass es durchaus geschlechtstypische Persönlichkeitsstörungen geben könnte, sind andere der Meinung, dass eine Vermischung von persönlichkeitsbedingten Dysfunktionen und Geschlechtsrollenmustern grundsätzlich vermieden werden sollte (Ross et al., 1995; Widiger, 1998).

Geschlechtsspezifische Stereotype. Das Geschlechtsbiasproblem als Beurteilerfehler wurde zunächst in Interviewstudien nachgewiesen, lässt sich aber auch in Fragebogenstudien finden (Lindsay et al., 2000; Herpertz & Saß, 2000). So konnten in mit drei der oben genannten Fragebögen (PDQ, MCMI und MMPI-PD) durchgeführten Erhebungen deutliche Vereinseitigungen nachgewiesen werden. In einem anderen typischen Studiendesign wurden Diagnostikern unterschiedliche Persönlichkeitsstörungstypen in Fallvignetten wiederholt zur Beurteilung vorgelegt, wobei der Patient einmal weiblichen und einmal männlichen Geschlechts war (Warner, 1978; Hamilton et al., 1986; Ford & Widiger, 1989). Die viel diskutierten Studien von Warner (1978) zeigten, dass bei Vorgabe des männlichen Geschlechtes zu 41 Prozent eine Antisoziale Persönlichkeitsstörung, bei Vorgabe des weiblichen Geschlechtes zu 76 Prozent eine Hysterische Persönlichkeitsstörung diagnostiziert wurde. Vergleichbare Ergebnisse finden sich in Studiendesigns, in denen umgekehrt schriftlich vorgelegten Fallbeschreibungen ein Geschlecht zugeordnet werden soll (z. B. Rienzi & Scrams, 1991). Offenkundig stehen die histrionischen Merkmale mehr mit Frauenrollenstereotypen als mit dysfunktionalen persönlichen Stilen in Verbindung. Ein weiteres Problem betraf Männerrollenstereotype der Narzisstischen Persönlichkeitsstörung (vgl. hierzu die kritischen Anmerkungen zur Diagnosepraxis bei Narzisstischer und Histrionischer Persönlichkeitsstörung in den Kapiteln → 18 und 22). Insgesamt waren diese Vereinseitigungen im DSM-nah konzipierten PDQ weniger ausgeprägt als in anderen Instrumenten.

8.2.3 Validierung der Statusdiagnostik

Ein weiteres Problem stellt das weitgehende Fehlen einer Validierung der Verfahren an externen Kriterien als »Standard« dar. Vorschläge gehen insbesondere dahin, zur externen Validierung u.a. direkte Interaktionsbeobachtungen durchzuführen. Die Praktikabilität dieser Möglichkeit wurde bisher erst ansatzweise am Beispiel einzelner Störungsbilder erprobt (McLemore & Brokaw, 1987; Benjamin, 1987, 1992). Als Ergebnis bleibt für die praktische Anwendung der Fragebogen- oder Interviewverfahren zwingend zu beachten, dass sich die Diagnostiker nicht auf eine einmalige Statusdiagnostik verlassen sollten.

Offensichtlich gestaltet sich die Diagnosesicherheit bei Persönlichkeitsstörungen schwieriger als bei anderen psychischen Störungen, da die genannten Diagnoseverfahren lediglich die Umsetzungen von in den Klassifikationssystemen festgelegten Kriterien darstellen. Vor allem die annähernd 120 DSM-IV-R-Kriterien für Persönlichkeitsstörungen bewegen sich nach wie vor auf sehr unterschiedlichem Abstraktionsniveau (Dittmann et al., 2001). Außer diesen gibt es bisher jedoch keine Standardvorgabe, da kein allgemein akzeptiertes Instrument existiert, an dem eine Validierung vorgenommen werden könnte. Ob sich in dieser Hinsicht Verbesserungen mit Blick auf das Alternativ-Modell der Persönlichkeitsstörungen im DSM-5 ergeben, wird sich erst in Zukunft erweisen.

Auch Vorschläge zur Absicherung der externen Validität der Verfahren sind nur sehr vorläufig brauchbar. Sie zielen aktuell in drei Richtungen, die kurz angedeutet werden sollen.

Individuelle Entwicklungshypothesen. In der Praxis sollte über die Statusdiagnostik hinaus eine ausführliche Ätiologieanalyse erfolgen, die der Ausarbeitung individueller Entwicklungshypothesen zur jeweils diagnostizierten Persönlichkeitsstörung dient. Diese ätiologischen Entwicklungshypothesen werden dann mit den vorliegenden (konzeptuellen oder empirisch generierten) Ätiologiemodellen der diagnostizierten Störung verglichen. Ergeben sich gravierende Unstimmigkeiten zwischen individueller und allgemeiner Ätiologieperspektive der diagnostizierten Persönlichkeitsstörung, so ist die Notwendigkeit zum Überdenken der Statusdiagnostik gegeben!

Wiederholtes Expertenrating. Der zweite Vorschlag stammt von Spitzer (1983), der zur Validierung der Statusdiagnostik eine unabhängige Longitudinalbeobachtung durch wiederholte Expertenratings unter Einschluss aller Kriterien aller Persönlichkeitsstörungen (z.B. im Verlauf der Gesamtbehandlung oder während des gesamten Klinikaufenthaltes) empfiehlt (von ihm so bezeichnete *Longitudinal Expert Evaluation Using All Data*, LEAD). Eine systematische Überprüfung dieses Vorgehens wurde von Skodol et al. (1988) sowie von Pilkonis et al. (1991) vorgenommen, wobei sich insgesamt die Notwendigkeit dieses Vorgehens herausstellte.

Die Eingangsdiagnostik der Persönlichkeitsstörungen führte in der erstgenannten Studie übrigens bei der Narzisstischen Persönlichkeitsstörung (!) mit den niedrigsten Prognosewerten zu ganz offenkundigen Fehlbeurteilungen und dann ansteigend jeweils geringfügig verbessert bei der Ängstlich-vermeidenden, Paranoiden und Histrionischen Persönlichkeitsstörung. Hingegen erlaubt die einmalige Diagnostik mit den DSM-Kriterien eine recht gute Prognose auf die Dissoziale (höchste Prognosewerte, dann absteigend) auf die Schizotypische, Schizoide, Borderline- und Dependente Persönlichkeitsstörung mittels LEAD.

Befragung von Angehörigen. Diese Untersuchungen zur konvergenten Validität mittels Angehörigeninterviews wurden mithilfe des SCID-II durchgeführt (zusammengefasst: Dreessen et al., 1998). In allen Studien zeigten sich immer nur mäßige bis kaum nennenswerte Übereinstimmungen mit der SCID-Diagnostik bei Patienten. Die höchsten Übereinstimmungen zwischen Patienteninterview und Angehörigeninterview fanden sich bei den Borderline- und Dissozialen Persönlichkeitsstörungen, obgleich selbst diese keine akzeptable Güte erreichten. Kurz: Die direkte Untersuchung von Patienten durch geschulte Interviewer führt nach wie vor zu den validesten Ergebnissen in der Diagnostik von Persönlichkeitsstörungen.

8.3 Empirische Komorbidität

Eine der wichtigsten Eigenarten der Persönlichkeitsstörungen betrifft die Tatsache, dass es sich bei ihnen nicht um eindeutig voneinander abgrenzbare Entitäten handelt. In Studien zu dieser Frage lassen sich bei bis zu 80 Prozent der Personen mit Persönlichkeitsstörungen immer ein oder mehrere weitere Persönlichkeitsstörungen finden, wenngleich zumeist bei hervorstechender Dominanz eines Störungsbereichs (sog. Komorbidität der Persönlichkeitsstörungen untereinander). Und es ist auch weiter nicht ungewöhnlich, dass Personen, die an einer anderen psychischen Störung erkranken (z. B. an einer Depression, Schizophrenie oder Angststörung), zusätzlich die Merkmale einer oder mehrerer Persönlichkeitsstörungen erfüllen (sog. Komorbidität der Persönlichkeitsstörungen gegenüber spezifischen psychischen Störungen und Syndromen).

Das zeitgleiche Vorliegen mehrerer Diagnosen ist von beträchtlicher Bedeutung für das jeweilige Verständnis, die Behandlung und den Verlauf der psychischen Gestörtheit eines Menschen. So wurde in den vergangenen Jahren eine Vielzahl von Studien zum Komorbiditätsproblem der Persönlichkeitsstörungen durchgeführt. Nachfolgend soll die Substanz der bisherigen Komorbiditätsforschung an einigen Ergebnissen zusammengefasst werden.

8.3.1 Komorbidität mit psychischen Störungen

Persönlichkeitsstörungen treten sehr häufig im Zusammenhang mit spezifischen (symptomatischen) psychischen Störungen auf (→ Tab. 8.1). Seit dem DSM-III ist diesem Phänomen insofern Rechnung getragen worden, als der Diagnostiker angehalten ist, bei Vorliegen mehrerer psychischer Störungen diese insgesamt auch zu vergeben, einschließlich des Vorliegens einzelner oder mehrerer Persönlichkeitsstö-

Tabelle 8.1 Übersicht über einige Gleichzeitigkeitsdiagnosen von Persönlichkeitsstörungen mit spezifischen psychischen Störungen, grob zusammengefasst nach vorliegenden Übersichtsarbeiten (vor allem orientiert an Übersichten bei Tyrer et al., 1997; Pfohl et al., 1991; Links et al., 2012; Silverman et al., 2012)

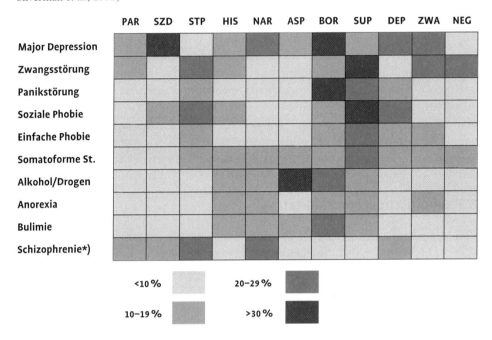

*) nur in einigen Studien, da bei vorliegender Schizophrenie wegen bestehender Restriktionen in den Diagnosesystemen nur selten Komorbiditätsdiagnosen vergeben werden

PAR = paranoid; SZP = schizoid; STP = schizotypisch; ASP = antisozial; BOR = Borderline; HIS = histrionisch; NAR = narzisstisch; SUP = selbstunsicher; DEP = dependent; ZWA = zwanghaft; NEG = negativistisch (in den Studien noch gem. DSM-III bis DSM-IV als passiv-aggressiv)

rungen. In der ICD-Klassifikation gilt seit der ICD-10 (1991) ebenfalls das Komorbiditätsprinzip einer multiplen Störungsdiagnostik.

So finden sich in den erwähnten Übersichtsstudien über Patienten, die in Kliniken behandelt werden, nur als einige Beispiele folgende Komorbiditätsraten (→ Tab. 8.1): Bei schizophrenen Patienten lassen sich in mehr als der Hälfte der Fälle Mehrfachdiagnosen finden, vorrangig Schizotypische, Narzisstische oder Dependente Persönlichkeitsstörungen; oder bei depressiven Patienten ebenfalls in etwa 50 Prozent der Fälle vorrangig Dependente, Histrionische, Zwanghafte, Vermeidend-selbstunsichere oder Borderline-Persönlichkeitsstörungen. Nicht weniger häufig finden sich Persönlichkeitsstörungen im Bereich der Ängste, Phobien oder Zwangsstörungen. Dort weisen Betroffene vorrangig selbstunsicher-vermeidende und dependente Persönlichkeitszüge auf.

Risiko für psychische Störungen. Aus diesen Ergebnissen lässt sich die Hypothese ableiten, dass eine Reihe von Persönlichkeitsstörungen als Risikomerkmale für die später mögliche Entwicklung spezifischer psychischer Störungen gelten könnte. Dieser Prospektivstudien erfordernde Bereich ist jedoch erst in Ansätzen erforscht. Bisherige Befunde lassen indes folgende Risikoverbindungen erkennen: So kann z. B. eine Schizotypische Persönlichkeitsstörung unter bestimmten, wenngleich eher seltenen Umständen in eine manifeste Schizophrenie übergehen (→ Kap. 19). Gleichhäufig findet sich nämlich ein möglicherweise erhöhtes Risiko für schizotypisch-empfindsame Personen mit Blick auf die Entwicklung einer Zwangserkrankung oder die von Phobien. Die Zwanghafte, die Narzisstische wie die Dependente Persönlichkeitsstörung sind offensichtlich ein unterschwelliger Nährboden für die Entwicklung affektiver Störungen, insbesondere der Majoren Depression (→ Kap. 17, 18, 23). Weiter gehören dependente und selbstunsichere Interaktionseigenarten zu den Störungsbeschreibungen von Angst- und Panikstörungen. Die Borderline-Persönlichkeitsstörung scheint eine risikoreiche Voraussetzung dafür zu sein, dass sich im späteren Leben die unterschiedlichsten psychischen Störungen entwickeln können (→ Kap. 16). Und das sich im Zusammenhang mit der Zwangsstörung findbare Spektrum unterschiedlicher Persönlichkeitsstörungen ist aus der Schwere und Symptomvielgestaltigkeit, die diese Störung einnehmen kann, ebenfalls durchaus verständlich.

8.3.2 Komorbidität der Persönlichkeitsstörungen untereinander

Wenn man bedenkt, dass in Einzelfallberichten bei Patienten zumeist nur eine einzige Persönlichkeitsstörungsdiagnose diagnostiziert wird, erscheinen die nachfolgend dargestellten Befunde überraschend. Denn konvergent werden, seitdem das Komorbiditätsprinzip in den Diagnosesystemen gilt, in den dazu vorliegenden Studien ausgesprochen hohe Komorbiditäten der Persönlichkeitsstörungen untereinander mitgeteilt (in der Übersicht: Trull et al., 2012). Unschwer lässt sich heute Folgendes konstatieren: Bekommt ein Patient die Diagnose einer Persönlichkeitsstörung, ist die Wahrscheinlichkeit annähernd oder höher als 80 Prozent, dass auch noch eine zweite Persönlichkeitsstörungsdiagnose vergeben werden kann. Zur Illustration dieses Sachverhaltes wurden in → Tabelle 8.2 neben den Prävalenzraten anteilig die immer nur sehr geringfügigen Prozentangaben zu Personen eingefügt, bei denen jeweils nur eine einzige Persönlichkeitsstörung diagnostiziert wurde. Dann wurden zum Vergleich eine ältere Studie und eine Studie jüngeren Datums einander gegenübergestellt: In → Tabelle 8.2 findet sich eine Zusammenfassung mit Prozentangaben zu Gleichzeitigkeitsdiagnosen aus vier DSM-III-R-Studien über insgesamt 1.116 Psychiatrie-Patienten mit Persönlichkeitsstörungen, die in den 1990er-Jahren durchgeführt wurden (Stuart et al., 1998). Und zum Vergleich in → Tabelle 8.3 eine Zusammenfassung mit Prozentangaben zu Gleichzeitigkeitsdiagnosen aus einer Studie neueren Datums – durchgeführt mit DSM-IV-TR – über insgesamt 859 Patienten mit Persönlichkeitsstörungen (Zimmerman et al., 2005).

Diese in unterschiedlichen Untersuchungen konvergenten Forschungsbefunde zur hohen Zahl von Gleichzeitigkeitsdiagnosen bei Persönlichkeitsstörungen erscheinen

Tabelle 8.2 Prävalenz-Raten und Odds Ratios zu den Gleichzeitigkeitsdiagnosen von DSM-III-R Persönlichkeitsstörungen bei 1.116 Psychiatriepatienten (Stuart et al., 1998)

	PAR	SZD	STP	ASP	BOR	HIS	NAR	SUP	DEP	ZWA	
Prävalenz	13,9	3,9	3,0	4,2	15,3	21,3	8,3	24,8	18,0	16,4	%
davon **solitär**	11,0	12,5	9,1	4,2	17,0	21,3	1,1	17,0	6,5	15,8	%
paranoid											
schizoid	3,4*										
schizotyp	14,3*	14,1*									
antisozial	2,6	1,5	3,3								
Borderline	12,3*	1,9	5,6*	6,5*							
histrionisch	3,3*	1,2	9,4	2,1	5,4*						
narzisstisch	4,8*	2,1	3,7*	13,7*	4,2*	13,6*					
selbstunsicher	3,4*	5,4*	8,8*	1,9	3,1*	1,7*	2,1				
dependent	2,4*	1,8	4,6*	1,2	6,8*	4,2*	4,9*	7,0*			
zwanghaft	4,5*	4,2*	3,1	1,4	2,0*	1,4	2,7*	4,7*	2,9*		

* $p < 0,005$ (korrigiert für multiple Vergleiche mit Bonferroni-Korrektur bei $p < 0.05$)

solitär = Zeile enthält Prozentangaben zu Patienten, die nur eine einzige Störungsdiagnose erhalten haben

Erläuterung der Bedeutung von Odds Ratios im Text

völlig konträr zu den bisher in praxi üblichen Diagnosegepflogenheiten. Besonders in Fallausarbeitungen finden sich nämlich üblicherweise nur Angaben zu einem Störungsbild. Angesichts der geringen Anzahl von Solitär-Diagnosen und jener hohen Zahl von Gleichzeitigkeitsdiagnosen ist es nicht weiter erstaunlich, dass – je nach Persönlichkeitsstörung – bestimmte Formen der Komorbiditäten überwiegen und andere eher seltener beobachtbar sind. Erstaunlich ist dennoch, dass prinzipiell jede Kombination der Persönlichkeitsstörungen untereinander möglich ist, sodass es immer Personen gibt, die auf den ersten Blick scheinbar völlig »untypische« Kombinationen prototypischer Persönlichkeitsmuster besitzen.

Risiko

Prozentangaben sind nur begrenzt dazu geeignet, Aussagen über die Wahrscheinlichkeit des Zusammentreffens zweier oder mehrerer Persönlichkeitsstörungen bei ein und derselben Person zu machen. Je nach Studie schwanken die Komorbiditätsraten beträchtlich. Und es hängt entscheidend von den Institutionen ab, in denen Gleichzeitigkeitsdiagnosen ermittelt wurden, weil Angaben aus psychiatrischen Kliniken sich erheblich von Angaben aus psychosomatischen Kliniken unterscheiden (hierzu ausführlich Trull et al., 2012).

Tabelle 8.3 Prävalenz-Raten und Odds Ratios zu den Gleichzeitigkeitsdiagnosen von DSM-IV-TR Persönlichkeitsstörungen bei 859 Psychiatriepatienten (Zimmerman et al., 2005)

	PAR	SZD	STP	ASP	BOR	HIS	NAR	SUP	DEP	ZWA
paranoid	4,2%									
schiziod	2,1	1,4%								
schizotyp	37,3*	19,2	0,6%							
antisozial	2,6	1,1	2,7	3,6%						
Borderline	12,3*	2,0	15,2*	9,5*	9,3%					
histrionisch	0,9	3,9	9,4	8,1*	2,9	1,0%				
narzisstisch	8,7*	1,7	11,0	14,0*	7,1*	13,2*	2,3%			
selbstunsicher	4,0*	12,3*	3,9	0,9	2,5*	0,3	0,3	14,7%		
dependent	0,9	2,9	7,0	5,6	7,3*	9,5	4,0	2,0	1,4%	
zwanghaft	5,2*	5,5*	7,1	0,2	2,0	1,3	3,7*	2,7	0,9	8,7%

* p < 0,005 (korrigiert für multiple Vergleiche mit Bonferroni-Korrektur bei p < 0.05)
Erläuterung der Bedeutung von Odds Ratios im Text

Odds Ratios. In den letzten Jahren wurde entsprechend (zur statistischen Korrektur dieser Diskrepanzen) nicht nur die Zusammenfassung von Daten unterschiedlicher Untersuchungen als eine Lösung dieses Problems angestrebt. Eine weitere Möglichkeit zur Präzisierung von Komorbiditätsangaben besteht darin, eine Balancierung bzw. eine Gewichtung zwischen folgenden Aspekten vorzunehmen:

▶ Wahrscheinlichkeiten, mit denen sich Gleichzeitigkeitsdiagnosen finden, versus
▶ Wahrscheinlichkeiten, mit denen Gleichzeitigkeitsdiagnosen eher nicht zu erwarten sind.

Eine solche Möglichkeit der statistischen Gewichtung bietet die Berechnung sog. »Odds Ratios«. In die Odds Ratios gehen einerseits die Wahrscheinlichkeiten ein, mit denen Komorbiditäten eher zu erwarten bzw. eher nicht zu erwarten sind. Und die Angaben berücksichtigen weiter die studienabhängige Unterschiedlichkeit, mit der Persönlichkeitsstörungen in den zugrunde liegenden Stichproben überhaupt auftreten. Odds Ratios gelten entsprechend als erheblich differenzierter als schlichte Prozentangaben, weil sie unterschiedliche Dateninformationen integrieren.

In den → Tabelle 8.2 und 8.3 finden sich die Odds Ratios zu den zwei einander gegenübergestellten Studien. Die Wahrscheinlichkeitsangaben kennzeichnen das empirisch gegebene Risiko, dass bei gegebener Hauptdiagnose eine oder mehrere weitere Persönlichkeitsstörungsdiagnosen vergeben werden. Odds Ratios mit Werten größer als 4 gelten üblicherweise als klinisch relevante Zusammenhänge und Werte größer als 8 als hoch bedeutsam. Dennoch sind für konzeptuelle Überlegungen im Bereich möglicher Persönlichkeitsstile insbesondere Odds Ratios von Interesse, deren Werte von der Zufallswahrscheinlichkeit signifikant abweichen (in den Tabellen jeweils mit * gekennzeichnet).

Die Odds Ratios machen eindrücklich auf mögliche Problemfelder aufmerksam. Drei Aspekte, die für die zukünftige Fortschreibung von Persönlichkeitsstörungen von Bedeutung sind, sollen kurz angesprochen werden.

Kriterienüberlappung. Erstens führt es zu erhöhten Zusammenhängen, weil einige Persönlichkeitsstörungen gleichlautende oder ähnliche Kriterien haben, wie z. B. »hat keine engen Freunde oder Bekannte« – ein Kriterium, das die Schizoide, Schizotypische und Vermeidend-selbstunsichere Persönlichkeitsstörung in der DSM-Diagnostik (mit der die dargestellten Untersuchungen durchgeführt wurden) gemeinsam haben. Andererseits verbinden die den Störungen zugrundeliegenden Konstrukte mit diesen Kriterien unterschiedliche Perspektiven: Schizoide Personen vermeiden enge Freundschaften, weil sie kein Interesse an Beziehungen haben. Schizotypische und selbstunsicher-vermeidende Menschen gehen wegen ihrer zwischenmenschlichen Unsicherheiten und Ängste keine engen Beziehungen ein. Die Komorbiditätsforschung könnte also aufzeigen, wo Kriterien verändert oder präzisiert werden sollten, um konzeptuell voneinander unterschiedliche Störungsbilder deutlicher zu trennen.

Diagnosebias. Zweitens könnte es sein, dass höhere solitäre Störungsraten und geringe Komorbiditäten eine Unabhängigkeit der Störungsbilder suggerieren, die konzeptuell nicht in dieser Weise zu erwarten wäre. Dies betrifft in den dargestellten Studien möglicherweise die geringeren Gleichzeitigkeitsdiagnosen von Histrionischer und Antisozialer Persönlichkeitsstörung. Hier könnte ein nach wie vor gegebener Diagnosebias offensichtlich werden, für den es in anderen Studien bereits Belege gibt: Zum Beispiel werden bei inhaltlich gleicher Fallbeschreibung Frauen häufiger als histrionisch und Männer häufiger als dissozial diagnostiziert (in den Fallbeschreibungen wurden lediglich Namen und Geschlecht der Patienten verändert; Lindsay et al., 2000). Auch hier könnte langfristig eine Verbesserung der Kriterienausarbeitungen weiterhelfen.

Komorbiditätsplausibilität. Drittens kann es sein, dass die prototypischen Störungskategorien scheinbar diskrete Persönlichkeitsstörungen vorgeben, während die den Störungen zugrundeliegenden Konstrukte keine distinkten Einheiten repräsentieren. Dies trifft möglicherweise auf die Schizotypische und Vermeidend-selbstunsichere Persönlichkeitsstörung zu, bei der konzeptuell Ähnlichkeiten vermutet werden. Erhöhte Komorbiditätsraten könnten als »face-valide« Hinweise dafür angesehen werden, dass sich die konzeptuell vermuteten Zusammenhänge auch in der Realität widerspiegeln.

Insgesamt dürfen die empirischen Befunde zur Komorbidität als Hinweis genommen werden, die Persönlichkeitsstörungen nicht als distinkte Größen zu betrachten – mit durchaus herausfordernden Implikationen für die zukünftige ätiologische und therapeutische Forschung. Das gemeinsame Auftreten kann beispielsweise auf Gemeinsamkeiten in der Entwicklung der diagnostizierten Störungen verweisen (Ätiologie; konzeptuelle Komorbidität: → Abschn. 8.4). Und die üblicherweise angestrebte

Behandlung einer spezifischen Störung (einer Phobie beispielsweise) müsste bei Vorliegen einer bestimmten Persönlichkeitsstörung möglicherweise erheblich abgewandelt werden.

8.4 Konzeptuelle Komorbidität

Nachdem in beiden Diagnosesystemen das Prinzip der Gleichzeitigkeitsdiagnostik eingeführt wurde, hat sich die Komorbiditätsforschung zu einer der stark expandierenden Forschungsdomänen entwickelt. Dabei ist es nicht weiter erstaunlich, dass – je nach Persönlichkeitsstörung – bestimmte Formen der Komorbiditäten überwiegen, andere jeweils kaum beobachtbar sind. Andererseits bleibt zu beachten, dass in epidemiologischen Studien, die das Komorbiditätsprinzip anwenden, eindeutige Aussagen zur Prävalenz einzelner Persönlichkeitsstörungen kaum mehr sicher möglich sind, da Komorbiditäten zu Doppel- und Dreifachzählungen führen.

Dennoch dürfte die Komorbiditäts- oder Prospektiverforschung die Risikowirkung prämorbider Persönlichkeitseigenarten und Persönlichkeitsstörungen deutlich aufklären helfen (sog. *Ätiologieaspekt* der Komorbiditätsforschung) und andererseits die Konzepte der störungsspezifischen oder differenziellen Therapieindikationen maßgeblich beeinflussen (*Behandlungs- und Prognoseaspekt* der Komorbiditätsforschung). Nachfolgend werden zwei Beispiele mit Schlussfolgerungen dieser Art vorgestellt.

8.4.1 Strukturmodell

Überlegungen zur impliziten Struktur und Vernetzung der Persönlichkeitsstörungen untereinander sowie zu möglichen Beziehungen zwischen Persönlichkeitsstörungen und einigen spezifischen psychischen Störungen wurden beispielsweise von Gunderson vorgelegt (1992; → Abb. 8.1). Er hatte versucht, Übergänge und Überlappungen relevanter Persönlichkeitsstörungen zu nutzen, um hierarchische Beziehungen zwischen den psychotischen Störungen (Schizophrenie und Affektive Störungen) und den normalen, unauffälligeren Persönlichkeitseigenarten zu bestimmen.

Gundersons Schematik beinhaltet jene Persönlichkeitsstörungen, deren Komorbiditätsbeziehungen unter- und zueinander gut untersucht sind. Sie sieht einerseits die konzeptuelle Verbindung der affektiv-depressiven Persönlichkeitsausprägungen (zyklothym, depressiv) zu den Affektiven Störungen und andererseits Übergänge zu den Paranoid-schizotypischen Persönlichkeitsstörungen vor. Letztere stehen in engerer Verbindung zu den schizophrenen Psychosen. Schizoide, Narzisstische, Dissoziale und Borderline-Persönlichkeitsstörungen sind auf einer mittleren Ebene der Selbst- bzw. Identitätsstörungen verortet. Sie können als Extremvarianten der weniger schweren Persönlichkeitsstörungen verstanden werden (zwanghaft, selbstunsicher versus histrionisch, impulsiv, dependent [Gewohnheitsstörungen; Traits]).

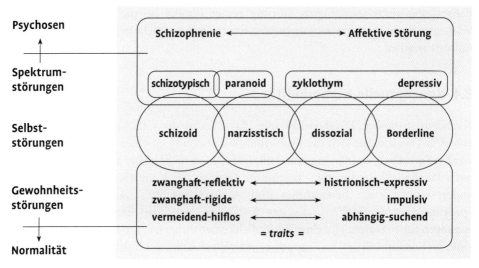

Abbildung 8.1 Hierarchische Anordnung der Persönlichkeitsstörungen zwischen normalen Persönlichkeitseigenarten und den psychotischen (schizophrenen und affektiven) Störungen; in Anlehnung an zwei Vorschläge zur konzeptuellen Komorbidität von Gunderson (1992, S. 20; auch Gunderson et al., 1991a, S. 65)

8.4.2 Polaritäten-Modell

Eine weitere Bezugnahme zur Komorbiditätsforschung der Persönlichkeitsstörungen untereinander findet sich in einem Konzeptvorschlag bei Fiedler (2003a). Dieses Modell versucht eine Störungseinordnung mit Bezugnahme zur dimensionalen Persönlichkeitspsychologie. Es wurde unter Zuhilfenahme des Polaritäten-Modells von Millon (1996a) entwickelt, das von uns ausführlich bereits in → Abschn. 6.5 dargestellt wurde. Die zwei dort beschriebenen Hauptachsen (Struktur und Beziehung) dienen als Orientierungsmöglichkeit, zumal es sich dabei um bisher in der Differenziellen Psychologie gut untersuchte Persönlichkeitsdimensionen handelt (→ Abb. 8.2). Schließlich finden diese Achsen eine Entsprechung auch im Alternativ-Modell der Persönlichkeitsstörungen des DSM-5 (APA, 2013).

Struktur
Die Strukturdimension entspricht einerseits der Vernunft-Gefühl-Polarität im Persönlichkeitsmodell von Millon (1996a; → Abschn. 6.5). Eine weitere Entsprechung findet sich in der Persönlichkeitsdimension »Verhaltenskontrolle« im Persönlichkeitsmodell von Becker (1989, 1996), das dem *Trierer Persönlichkeitsfragebogen* (TPF) zugrunde liegt (→ Abschn. 6.4). Sie entspricht der Selbst-Dimension im Alternativ-Modell des DSM-5 und liegt als Strukturbeurteilung auch in der von einer deutschsprachigen Arbeitsgruppe entwickelten *Operationalisierten Psychodynamischen Diagnostik* zugrunde (Arbeitskreis OPD, 1996, 2006).

Die Strukturdimension spannt sich zwischen zwei subjektiv häufig als gegensätzlich oder widersprüchlich erlebten menschlichen Grundbedürfnissen auf – einerseits dem nach Sinnstabilität und Selbstsicherheit und andererseits dem nach Sinnfindung, Spontaneität und gefühlsmäßiger Orientierung. Als solche findet sich so auch noch eine vielfach in den Therapieschulen vorgedachte Polarität repräsentiert, nämlich z. B. als eine Dimension zwischen Selbstkontrolle (z. B. Verhaltenstherapie, Interpersonelle Psychotherapie) und Selbstaktualisierung (z. B. Gesprächspsychotherapie), zwischen »Über-Ich-Normierung« und teils biologisch organisierter »Triebhaftigkeit« (Psychoanalyse).

Abbildung 8.2 Verortung markanter Persönlichkeitsstile und Persönlichkeitsstörungen als sog. »Komorbiditätschart« im Polaritätenraum zwischen »Struktur« und »Beziehung« (Erläuterungen im Text)

Beziehung

Die Beziehungsdimension entspricht der Bindung-Autonomie-Polarität im Persönlichkeitsmodell von Millon (1996a; → Abschn. 6.5). In der Forschung wurde diese vertikale Dimension in der → Abbildung 8.2 ausgiebig empirisch untersucht und validiert. Die angegebene Polarisierung findet sich genauso in den meisten interpersonell orientierten Persönlichkeitstheorien – inzwischen gut untersucht auch mittels Fragebögen, wie z. B. im *Inventar zur Erfassung interpersoneller Probleme* (IIP-D) von Horowitz et al. (1988/1994; → Abschn. 5.9) oder mit Beobachtungsinventaren zur Analyse zwischenmenschlicher Beziehungen, wie z. B. mit der *Struktur-Analyse sozialer Beziehungen* (SASB) von Benjamin (1995; → Abschn. 5.9). Diese Polarität entspricht zugleich den Grundannahmen der psychoanalytischen Objekt-Beziehungs-Theorie, die eine entwicklungspsychologische Konfliktdimension zwischen »Symbioseverlangen« und »Individuation« postuliert (vgl. Rudolf, 1987, 1996; → Kap. 4) und liegt als Beurteilung der Beziehungsfähigkeit auch in der *Operationalisierten Psychodynamischen Diagnostik* zugrunde (Arbeitskreis OPD, 1996, 2006).

Bindung versus Autonomie. Diese zwischenmenschliche bzw. interaktionelle Dimension des Modells repräsentiert als einen Pol das menschliche Bedürfnis nach sozialer Geborgenheit (Bindung) und als gegenüberliegenden Pol das menschliche Bedürfnis nach sozialer Unabhängigkeit (Autonomie). Im Sinne der genannten Vorbilder bleibt beachtenswert, dass »Autonomie« hier nicht in ihrer alltäglichen Bedeutung eingesetzt und benutzt wird. Ein Zuviel an Autonomie bedeutet im hier gemeinten Sinne immer ein Zuwenig an Bindung. Wird einer Person also eine persönlichkeitsbedingte einseitige Neigung zur sozialen Geborgenheit unterstellt, impliziert dies zumeist, dass ihre persönliche Neigung zu sozialer Unabhängigkeit weniger stark ausgeprägt ist.

Ausgeschlossen ist damit nicht, dass es Menschen gibt, die für beide Bedürfnisbereiche hinreichende Kompetenzen mitbringen und sich – je nach Situation – sozial einbinden bzw. sozial unabhängig verhalten können. Gleiches gilt für die Bedürfnisbereiche Selbstkontrolle und Selbstaktualisierung.

Komorbiditätsmodell

Die in → Abbildung 8.2 vorgenommene Einordnung wurde zwar zunächst anhand von Plausibilitätserwägungen auf der Grundlage der Konzepte und der vorliegenden Beschreibung einzelner Störungsbilder vorgenommen. Gleichzeitig wurden zu jeder Persönlichkeitsstörung markante Persönlichkeitsstile im Übergang zur Normalität eingefügt (→ Kap. 2). Es scheint wohl mehr als ein Zufallsergebnis, dass diese Einordnung der Persönlichkeitsstörungen inzwischen in der zuvor dargestellten empirischen Komorbiditätsforschung eine eindrückliche Bestätigung findet (und damit eine erste Face-Validierung; vgl. Fiedler, 2003a).

Legt man nämlich die Daten der in den → Tabellen 8.2 und 8.3 aufgeführten Prozentangaben bzw. Odds Ratios zu den Gleichzeitigkeitsdiagnosen der Persönlichkeitsstörungen untereinander zugrunde, kann man – bis auf wenige Ausnahmen – in der vorgenommenen Störungseinordnung unschwer einen sog. »Komorbiditätschart« erkennen, der folgende Aussagen erlaubt:

▶ *Je näher* die einzelnen Persönlichkeitsstörungen im Bedürfnisraum beieinander liegen, umso größer ist die Wahrscheinlichkeit, dass sie bei ein und derselben Person gleichzeitig diagnostiziert werden können.
▶ *Je weiter* sie auseinander liegen, umso seltener sind Gleichzeitigkeitsdiagnosen zu erwarten.
▶ Empirisch ist jedoch jede Kombination von zwei oder sogar mehr Persönlichkeitsstörungen bei ein und derselben Person möglich.

Der letzte Punkt macht darauf aufmerksam, dass unser Modell wie das zuvor dargestellte von Gunderson eine konzeptuelle Reduktion der Wirklichkeit zugunsten von Übersichtlichkeit und Praktikabilität beinhaltet.

Empirisch auffindbare Ausnahmen

Die wenigen möglichen Ausnahmen von den ersten beiden Aussagen betreffen eigentlich nur zwei Diagnosekombinationen: (a) die Komorbidität von Schizotypischer und Schizoider Persönlichkeitsstörung sowie (b) die Komorbidität von Schizotypischer und Paranoider Persönlichkeitsstörung. Beide Kombinationen kommen in der bisherigen Komorbiditätsforschung häufiger als Gleichzeitigkeitsdiagnosen vor, als dies durch die → Abbildung 8.2 nahegelegt wird.

Wir haben aber bereits in → Abschnitt 8.2 und im Zusammenhang mit → Tabellen 8.2 und 8.3 darauf hingewiesen, dass es sich in beiden Fällen möglicherweise um einen *Diagnosebias* handelt, der durch eine bislang noch ungünstige Kriterienüberlappung und durch das frühere Konzept einer Nähe aller drei Persönlichkeitsmuster mit der Schizophrenie begünstigt wird. Die zu den drei Diagnosen (schizotypisch, paranoid, schizoid) findbaren sonstigen Komorbiditätsraten mit anderen Persönlichkeitsstörungen bestätigen nämlich bereits heute die hier erfolgte und damit sinnvollere Einordnung der drei Störungen im zweidimensionalen Raum.

Wir können also bei der vorgenommenen Einordnung gegenwärtig davon ausgehen, dass die postulierten Komorbiditätsannahmen konzeptuell wie empirisch als weitgehend gesichert angesehen werden können. Genau das führt jedoch dazu, dass sich Diagnostiker wie Therapeuten eingehend mit den möglichen Komorbiditäten auseinandersetzen müssen. Denn wie weiter oben unter → Abschnitt 8.3.2 dargestellt, sind in Einzelfällen Kombinationen der unterschiedlichsten Art möglich.

8.5 Bedürfnistheoretische Komorbiditätsanalyse

Im Folgenden sollen einige Vorteile sorgsamer Komorbiditätsanalysen diskutiert werden, die sich insbesondere auf der Grundlage des gerade vorgestellten Polaritäten-Modells anbieten. Denn die Persönlichkeitsstörungen bzw. die markanten Persönlichkeitsstile würden innerhalb von zwei bedürfnistheoretisch begründeten Dimensionen verortet. Nachfolgend werden jetzt einige Hypothesen diskutiert, wie eine sorgsame bedürfnistheoretische Komorbiditätsanalyse zur weiteren Erklärung der Entstehung und Aufrechterhaltung von Persönlichkeitsstörungen beitragen kann.

Nur ein erstes Beispiel. Es könnte sein, dass eine Gleichzeitigkeitsdiagnose von Borderline und schizoid darauf verweist, dass die betreffende Person von sich aus bereits eine mögliche Lösung im Umgang mit ihrer Borderline-Problematik erprobt. In der Tat kann für Borderline-Patienten die Bevorzugung eines einzelgängerischen Stils ein Mehr an Struktur und Sicherheit bedeuten. Würde man in der Behandlung auf eine Veränderung des eventuellen Single-Daseins abzielen, könnte es sein, dass die Borderline-Problematik erneut an Überwicht gewinnt.

8.5.1 Ambivalenz und Konflikt

Was nun das bedürfnistheoretisches Verständnis der Persönlichkeitsstörungen angeht, so gehen die klinisch orientierten Bedürfnistheoretiker (wie beispielsweise Sullivan,

1953; Becker, 1995; Millon, 1996a) weitgehend übereinstimmend davon aus, dass es sich bei Persönlichkeitsstörungen um prototypisch *einseitige Lösungen* im Umgang mit den dargestellten menschlichen Grundbedürfnissen handelt – und zwar mit deren natürlich gegebenen Ambivalenzen oder Konflikten.

Alle Bedürfnispole sind insbesondere in ihrer Gegensätzlichkeit *gefühlsmäßig bedeutsam* wie zugleich *konflikthaltig* und *ambivalent* (→ Abb. 8.2). Konflikthaltig und ambivalent sind sie unter anderem deshalb, weil sie unmittelbar in ein Spannungsverhältnis gegeneinander geraten können. Diese Spannungen werden durch wiederholte Erfahrungen eines persönlichen wie zwischenmenschlich erlebten Unbehagens ausgelöst – ein Unbehagen, das teils diathetisch-biologisch bedingt ist, teils gesellschaftliche oder zwischenmenschliche Ursachen hat. Dieses Unbehagen ergibt sich u. a. aus schwer lösbaren oder nicht klar wahrnehmbaren interaktionell-sozialen Konflikten und Ambivalenzen, als deren wesentliche Aspekte folgende Bereiche gelten:

▶ ein Konflikt zwischen einem Anspruch der Person nach zwischenmenschlicher Einbindung versus Unabhängigkeit und / oder
▶ eine Ambivalenz zwischen dem Selbstsicherheit versprechenden Akzeptieren sozialer Anforderungen und Zwänge versus dem Wunsch nach Offenheit für gefühlsmäßige neue Erfahrungen.

Persönlichkeitsgestörte Menschen stehen offensichtlich in mehrerlei Hinsicht außerhalb der Möglichkeiten, die Grundbedürfnisse in der Unterschiedlichkeit ihrer Funktionalität für persönliches und zwischenmenschliches Handeln zu aktivieren und zu nutzen.

8.5.2 Beziehung und Struktur

Entweder brauchen persönlichkeitsgestörte Menschen andere, weil sie von deren Zuneigung, Zustimmung oder Unterstützung abhängig sind (Beispiele finden sich als Dependente, Selbstunsichere und Schizotypische Persönlichkeitsstörung). Oder es mangelt ihnen an sozialer Bezogenheit, weil sie engstirnig und egoistisch eigene oder allgemeine Interessen und Ziele voranstellen und durchzusetzen versuchen oder weil sie sich von der sozialen Gemeinschaft isolieren (Beispiele finden sich als Schizoide, Paranoide oder Dissoziale Persönlichkeitsstörung).

Viele andere Probleme anderer Menschen sind häufig durch extreme Unsicherheiten oder Widerständigkeiten in Bezug auf eine Offenheit gegenüber Erfahrungen und durch übermäßiges Bemühen um Selbstkontrolle und Selbstsicherheit bestimmt (z. B. bei der Dependenten, Zwanghaften, Negativistischen oder Schizoiden Persönlichkeitsstörung).

Noch andere wiederum sind charakterisierbar durch ein extremes stimmungsabhängiges Schwanken, wie z. B. die Borderline-Persönlichkeitsstörung, deren Beziehungskonflikte zwischen Bindungsverlangen und Dominanz wesentlich durch Störungen der Emotionsregulierung bestimmt werden. Oder es finden sich Ambivalenzen und Ängste in Bezug auf Normorientierung bzw. Offenheit für Erfahrungen, wie z. B.

bei der Vermeidend-selbstunsicheren Persönlichkeitsstörung, die sowohl enge Bindungen wie persönliche Risiken meidet, um den noch vorhandenen Rest an Selbstsicherheit nicht auch noch zu verlieren.

Oder es ist beides beobachtbar, nämlich Beziehungskonflikte und strukturelle Unsicherheiten, wie z. B. bei der Narzisstischen Persönlichkeitsstörung. Auch im Falle einer den Mittelpunkt suchenden, fluktuierenden Rollenpräsentation expressiv-histrionischer Persönlichkeiten dürfte nur schwerlich von sozialer Bezogenheit und struktureller Selbstsicherheit gesprochen werden können – eher von *scheinbarer* Unabhängigkeit und von *scheinbarer* Erfahrungsoffenheit.

8.6 Zusammenfassende Bewertung

Zusammenfassend hat die bisherige Komorbiditätsforschung erheblich zu neuen Einsichten und Fragen im Bereich der Zusammenhänge, Gemeinsamkeiten und Unterschiede zwischen den einzelnen Persönlichkeitsstörungen geführt. Deshalb hat sie erkennbar zur Verbesserung der Differenzialdiagnose zwischen Persönlichkeitsstörungen untereinander und gegenüber psychischen Störungen beigetragen. Bei sorgsamer Analyse der in diesem Kapitel vorgetragenen Ergebnisse finden sich unschwer vielfältige Antworten auf Fragen, die für die zukünftige Ätiologie- und Behandlungsforschung von herausragender Bedeutung sind. Bereits heute lassen sich auf der Grundlage der bisherigen Komorbiditätsforschung ansatzweise folgende Aspekte gut beurteilen, nämlich

▶ welche Personenmerkmale zur Differenzialdiagnose als besonders kennzeichnend und prototypisch für die jeweilige Persönlichkeitsstörung angesehen werden;
▶ zwischen welchen Persönlichkeitsstörungen (interaktionelle) Ähnlichkeiten und Kriterienüberlappungen vorliegen, die Gleichzeitigkeitsdiagnosen (empirisch und konzeptuell) eher wahrscheinlich machen;
▶ bei welchen spezifischen psychischen Störungen aufgrund vorliegender Studien Komorbiditäten mit Persönlichkeitsstörungen erwartet werden können;
▶ welche Persönlichkeitsstörungsdiagnosen differenzialdiagnostisch auszuschließen sind, wenn sie lediglich in Episoden symptomatischer psychischer Störungen als Symptome oder störungsbedingte Persönlichkeitsänderungen auftreten.

Eine der vordringlichen Aufgaben der klinischen Forschung der nächsten Jahre dürfte darin liegen, die Ursachen und Mechanismen, aber auch die ätiologischen und behandlungsrelevanten Implikationen zu erforschen, die aus Komorbiditätsbeziehungen der Persönlichkeitsstörungen untereinander und gegenüber den übrigen psychischen Störungen entstehen. Im alternativen Modell der Persönlichkeitsstörungen im DSM-5 Sektion III wird die dimensionale Klassifikation von Persönlichkeitsdomänen und Persönlichkeitsfacetten nicht zuletzt als ein Lösungsweg des Komorbiditätsproblems aufgefasst (→ Abschn. 3.4 und Kap. 13).

9 Allgemeine Epidemiologie

Science provides only interim knowledge.
Toksoz Byram Karasu

Epidemiologische Studien, in denen die unterschiedlichen Persönlichkeitsstörungen differenziell erfasst werden, gibt es erst mit dem DSM-III (seit 1980). Da beginnend mit dem DSM-III-R (APA, 1987) Gleichzeitigkeitsdiagnosen zugelassen wurden, hat sich – was die Häufigkeit einzelner Persönlichkeitsstörungen in der Bevölkerung und in Kliniken angeht – die Situation nochmals verändert. Weiter hängt es seit Einführung der ICD-10 (WHO, 1991) auch noch davon ab, mit welchem Diagnosesystem Untersuchungen durchgeführt werden, da sich die Anzahl und Kriterien der Persönlichkeitsstörungen in der ICD und im DSM unterscheiden. Im DSM-IV (APA, 1994) schließlich wurden zwei (die Sadistischen und Masochistischen) Persönlichkeitsstörungen des DSM-III(-R) gestrichen. Die Depressive und Passiv-aggressive Persönlichkeitsstörung befand sich im DSM-IV im Forschungsanhang und wurden nicht in allen Studien berücksichtigt, wie beide Störungen sowieso aus dem DSM-5 gänzlich gestrichen wurden. Was die Beurteilung der Häufigkeit und Verbreitung von Persönlichkeitsstörungen angeht, hängt es also davon ab, in welchem Jahr und mit welchen Diagnosesystemen epidemiologische Studien durchgeführt wurden.

9.1 Häufigkeit und Verbreitung

Vor Einführung des DSM-III (1980) wurden die Persönlichkeitsstörungen zumeist als eine Gruppe untersucht (vgl. Merikangas & Weissman, 1986). Nur wenige Erhebungen waren einzelnen Störungsbereichen gewidmet, vor allem der »Psychopathie«, also der Antisozialen Persönlichkeitsstörung – wobei zu beachten bleibt, dass unter dem Begriff »Psychopathie« früher gelegentlich die Gesamtheit der Persönlichkeitsstörungen zusammengefasst wurde. Störungsübergreifende Studien kommen vor 1980 recht über einstimmend zu Prävalenzraten zwischen 5 und 10 Prozent für das Vorhandensein von Persönlichkeitsstörungen in unterschiedlichen Bevölkerungsgruppen und Kulturkreisen: Bremer (1951) fand in Norwegen 9,4 Prozent; Essen-Möller (1956) in Schweden 6,4 Prozent; Langner und Michael (1963) in den USA 9,8 Prozent.

Eine Ausnahme findet sich in der Erhebung von Nielsen und Nielsen (1977), die in einer repräsentativen Erhebung in Dänemark 2,4 Prozent Persönlichkeitsstörungen finden. Erwähnenswert ist auch eine ältere deutsche Studie: Unter Orientierung an die bis Ende der 1970er-Jahre gültige ICD-8 fanden Schepank et al. (1984) für die Großstadtbevölkerung von Mannheim eine Prävalenz für Persönlichkeitsstörungen von 5,5 Prozent. Alle genannten Erhebungen wurden jeweils an mehr als 1.000 Personen durchgeführt.

9.1.1 Prävalenz

Inzwischen liegen eine Reihe von Studien vor, die auf der Grundlage der aktuellen Diagnosesysteme eine bessere Schätzung der Prävalenz von Persönlichkeitsstörungen in der Bevölkerung ermöglichen, auch wenn diese insgesamt jeweils als nur mehr oder weniger repräsentativ angesehen werden können. In der → Tabelle 9.1 sind in Anlehnung an zwei Zusammenstellungen bei Torgersen (2012, 2014) beispielhaft einige Studien in der Übersicht dargestellt. Wenngleich die Stichprobengrößen einiger Studien relativ gering ausfallen, werden interessanterweise dennoch recht übereinstimmende Befunde mitgeteilt. Andererseits bleiben einige Unterschiede zwischen den Forschungsarbeiten zu beachten.

Die meisten Erhebungen sind auf Städte oder ihre nähere Umgebung beschränkt. In den meisten Studien kamen semistrukturierte Interviews zu Einsatz mit Ausnahme jener von Lindal und Stefansson (2009), die mit einer Fragebogen-Erhebung gearbeitet haben. Eine frühe Studie basiert auf dem DSM-III (Zimmerman & Coryell, 1989), drei weitere auf dem DSM-III-R (Maier et al., 1992; Klein et al., 1995; Torgersen et al., 2001) sowie die restlichen fünf auf dem DSM-IV (Samuels et al., 2002; Coid et al., 2006; Lenzenweger et al., 2007; Johnson et al., 2008; Lindal & Stefansson, 2009; Barnow et al., 2010). In den Studien mit DSM-III-R und DSM-IV wurde zumeist das zugehörige SCID-II-Interview angewendet. Die Ergebnisse der meisten Studien stammen aus den USA, die restlichen aus Nordwest-Europa. Vielleicht ist es ein wenig überraschend, dass sich die Ergebnisse dieser doch recht unterschiedlichen Studien ausgesprochen ähneln. Mit Ausnahme der Erhebung in England (vermutlich weil diese an depressiven Patienten, wenngleich in großer Zahl durchgeführt wurde) werden recht übereinstimmende Prävalenzraten zwischen 10 und 15 Prozent berichtet, mit Durchschnittswerten von 11 oder 12 Prozent – jeweils abhängig davon, ob man Mediane oder Mittelwerte zugrunde legt.

Spezifische Persönlichkeitsstörungen. Betrachtet man die Befunde zu den einzelnen Persönlichkeitsstörungen, so findet sich eine vergleichsweise größere Varianz zwischen den Studien. Das ist nicht weiter erstaunlich, da die Prozentangaben teils sehr niedrig ausfallen, wodurch sich die relativen Standardfehler vergrößern. Insgesamt lässt sich jedoch Folgendes festhalten (vgl. auch Torgersen, 2014): Die Ängstlich-vermeidenden und die Zwanghaften Persönlichkeitsstörungen kommen mit durchschnittlich 2,5 Prozent am häufigsten vor. Sie werden mit jeweils ungefähr 1,5 Prozent gefolgt von Paranoiden, Borderline-, Antisozialen und Passiv-aggressiven Persönlichkeitsstörungen (wenn Letztere eingeschlossen wurde). Bei ungefähr 1 Prozent der untersuchten Personen ließen sich Schizoide, Dependente, Schizotypische und Histrionische Persönlichkeitsstörungen diagnostizieren. Wenn die Narzisstische Persönlichkeitsstörung überhaupt diagnostiziert wurde (immerhin kommt sie in vier der vorgestellten Studien gar nicht vor), dann liegt sie zumeist deutlich unter 1 Prozent.

Grob betrachtet gibt es keine sehr auffälligen Unterschiede in der Entwicklung vom DSM-III über das DSM-III-R hin zum DSM-IV, wenngleich man angesichts der geringen Fallzahlen pro Kategorie in dieser Hinsicht sowieso keine allzu gewagten

Tabelle 9.1 Prävalenz von Persönlichkeitsstörungen in unterschiedlichen epidemiologischen Studien. Die Tabellierung erfolgte in Anlehnung an zwei Übersichten bei Torgerson (2012, 2014) sowie an eine eigene Aufstellung (Fiedler, 2007)

	Zimmerman & Coryell, 1989	Maier et al., 1992	Klein et al., 1995	Torgersen et al., 2001	Samuels et al., 2002	Cold et al., 2006	Lenzenweger et al., 2007	Johnson et al., 2008	Lindal & Stefansson, 2009	Barnow et al., 2010	Median	Mittelwert
N	797	452	229	2000	742	656	214	568	420	745		
System	DSM-III	DSM-III-R	DSM-III-R	DSM-III-R	DSM-IV	DSM-IV	DSM-IV	DSM-IV	DSM-IV	DSM-IV		
Methode	SIDP	SCID-II	PDE	SIDP-R	IPDE	SCID-II	IPDE	SCID-II	DIP-Q	SCID-II		
Ort	Iowa	Mainz	New York	Oslo	Baltimore	England	USA	New York	Reykjavik, Island	Mecklenburg-Vorpommern		
PAR	0.9	1.8	1.8	2.2	0.7	0.7	2.3	2.4	4.8	3.2	1.8	1.7
SZD	0.9	0.4	0.9	1.6	0.7	0.8	4.9	1.3	3.1	1.6	0.8	1.3
STP	2.9	0.4	0.0	0.6	1.8	0.1	3.3	0.9	4.5	0.6	0.7	1.3
ASP	3.3	0.2	2.6	0.6	4.5	0.6	1.0	2.2	1.4	0.6	1.0	1.8
BOR	1.7	1.1	1.8	0.7	1.2	0.7	1.6	2.2	4.5	0.7	1.7	1.6
HIS	3.0	1.3	1.8	1.9	0.4	0.0	0.0	1.5	0.7	1.9	0.7	1.2
NAR	0.0	0.0	4.4	0.8	0.1	0.0	0.0	1.1	1.2	0.8	0.7	0.8
AVP	1.3	1.1	5.7	5.0	1.4	0.8	5.2	3.7	5.2	5.0	2.3	2.7
DEP	1.8	1.6	0.4	1.5	0.3	0.1	0.6	1.4	1.7	1.5	1.0	1.0
ZWA	2.0	2.2	2.6	1.9	1.2	1.9	2.4	1.5	7.1	1.9	2.0	2.5
PAG*)	3.3	1.8	1.8	1.6				1.7		1.6	2.1	1.7
Summe	14.3	10.0	14.8	13.1	10.0	4.4	11.9	13.3	11.1	13.1	11.9	11.0

Persönlichkeitsstörungen: ASP = antisoziale PSt; BOR = Borderline PSt; DEP = dependente PSt; HIS = histrionische PSt; NAR = narzisstische PSt; PAG = passiv-aggressive PSt; PAR = paranoide PSt; STP = schizotypische PSt; AVP = ängstlich-vermeidende, selbstunsichere PSt; SZD = schizoide PSt; ZWA = zwanghafte PSt

Methodik (ausführlich in →Kap. 8): DIP-Q = DSM-IV/ICD-10 Personality Questionaire; IPDE = International Personality Disorder Examination; PDE = Personality Disorder Examimation; SCID-II = Strukturiertes Klinisches Interview für DSM-IV Achse II Persönlichkeitsstörungen; SIDP(-R) = Structured Interview for DSM-III-R Personality (-Revised)

*) Passive-aggressive Persönlichkeitsstörung; im DSM-IV im Forschungsanhang; nicht mehr im DSM-5

Schlussfolgerungen ziehen darf. Vergleicht man die US-amerikanischen Studien mit denen aus Nordwest-Europa, so kommen zwanghafte und paranoide Personen deutlich häufiger in Europa vor, aber auch noch leicht überlegen ängstlich-vermeidende, schizoide und dependente Persönlichkeiten – wohingegen sich Antisoziale und Schizotypische und möglicherweise auch noch Histrionische und Narzisstische Persönlichkeitsstörungen eher in den Vereinigten Staaten diagnostizieren lassen. Für Torgersen (2014) spiegelt sich in diesem Ergebnis (etwas augenzwinkernd) wider, dass sich der Persönlichkeitsstil des Durchschnitts-Nordwest-Europäers wohl eher leicht gefühlsgehemmt, skeptisch und zurückgezogen ausnehme, während ein expressiver, impulsiver, flamboyanter, vielleicht sogar exzentrischer Persönlichkeitsstil wohl eher in den USA zu finden sei.

9.1.2 Prävalenz in klinischen Studien

Die bisher vorgestellten Studien waren an den Störungskonzepten des DSM orientiert. Nach den ICD-Kriterien wurde bereits kurze Zeit nach Erscheinen der ICD-10 (WHO, 1991) eine Pilotstudie von Loranger et al. (1994) vorgelegt, die zugleich eine erste Einschätzung der sog. »administrativen« bzw. »behandelten« Prävalenz der Persönlichkeitsstörungen ermöglichte (vgl. auch Girolamo & Reich, 1993).

Diese Pilotstudie wurde im Auftrag der WHO weltweit in elf Ländern in psychiatrischen Kliniken durchgeführt. Es handelt sich dabei um Stichproben mit insgesamt 716 Patienten (364 Männern und 352 Frauen), die sich wegen unterschiedlicher psychischer Störungen (67,2 %) oder ausschließlich wegen Persönlichkeitsstörungen (32,8 %) in ambulanter oder stationärer Behandlung befanden. An der Erhebung beteiligten sich Forscher aus Indien (47 Patienten), Holland (65), Großbritannien (102), Luxemburg (52), Deutschland (113), Kenia (50), Norwegen (48), Japan (57), Österreich (50), den USA (100) und der Schweiz (32). Die Erhebung wurde mit der *International Personality Disorder Examination* (IPDE; → Abschn. 8.1) durchgeführt. Dieses semistrukturierte Interviewverfahren enthält die Kriterien beider Klassifikationssysteme und erlaubt damit neben der ICD-Diagnostik eine Störungsdiagnostik gemäß DSM. Mithilfe dieses Instruments sind also Vergleiche zwischen beiden Diagnosesystemen möglich.

Insgesamt liegt die Prävalenzrate für Persönlichkeitsstörungen unter den psychiatrischen Patienten zwischen 39,5 Prozent (nach den ICD-10-Kriterien) und 51,1 Prozent (nach DSM-III-R-Kriterien). Die Unterschiede kommen unter anderem dadurch zustande, dass gemäß DSM-III-R gegenüber der ICD-10 fünf Persönlichkeitsstörungen mehr diagnostizierbar sind: schizotypisch, narzisstisch und passiv-aggressiv sowie seinerzeit noch die Anhangdiagnosen selbstschädigend und sadistisch. Diese fünf zusätzlichen DSM-III-R-Diagnosen konnten in immerhin 11,2 Prozent der Fälle vergeben werden. In dieser Studie zum Vorkommen der Persönlichkeitsstörungen bei psychiatrischen Patienten zeigen folgende Störungsbilder die höchsten Prävalenzraten (in absteigender Reihenfolge): Borderline (14,5–14,9 %), selbstunsicher-vermeidend (11–15,2 %), histrionisch (4,3–7,1 %) und dependent (4,5–4,6 %).

Insgesamt gibt es in der WHO-Studie zwar kulturelle Unterschiede. Dennoch wurde die überwiegende Zahl der Persönlichkeitsstörungen in allen teilnehmenden Ländern diagnostiziert. Nur aus Indien wurden weder die Borderline- noch die Vermeidend-selbstunsichere Persönlichkeitsstörung mitgeteilt, die in anderen Ländern fast durchgängig die höchsten Prävalenzraten aufweisen.

DSM versus ICD. Interessanterweise finden sich in den Vergleichen der beiden Systeme keine statistisch bedeutsamen Unterschiede zwischen den ICD- und DSM-Diagnosen, wenn diese nebeneinander möglich sind (jeweils $p > 0.05$; vgl. Loranger et al., 1994). Im Allgemeinen scheinen beide Systeme also weitgehend vergleichbar. Einige dennoch deutliche Unterschiedstrends in den Prävalenzangaben zu dissozial (DSM: 2,8 %; ICD: 1,8 %), paranoid (DSM: 5,9 %; ICD: 2,4 %) und histrionisch (DSM: 7,1 %; ICD: 4,3 %), die das Signifikanzniveau zwar nicht erreichen, sollten allerdings in der weiteren Forschung Beachtung finden – schon wegen der bei der hohen Zahl teilnehmender Länder insgesamt niedrigen Probandenzahl pro Land. Dies gilt insbesondere für die Beurteilung der Dissozialen Persönlichkeitsstörung, der in beiden Systemen zurzeit noch völlig unterschiedliche Kriterien zugrundeliegen (→ Kap. 14).

Aktuelle Studien. Natürlich ist es nicht weiter verwunderlich, dass die Prävalenz-Angaben über Persönlichkeitsstörungen in klinischen Populationen (wie gerade am Beispiel der WHO-Studie gezeigt) deutlich höher als in Bevölkerungsstudien ausfallen. Inzwischen liegen eine ganze Reihe substanzieller Forschungsarbeiten zur sog. »administrativen« bzw. »behandelten« Prävalenz vor. Die Ergebnisse der methodisch anspruchsvoll ausgeführten Untersuchungen mit größeren Patientenzahlen wurden von Torgersen (2012) zusammengefasst. Deutlich im Unterschied zu Bevölkerungsstudien (→ Tab. 9.1) kommen in klinischen Populationen (nachfolgend mit Durchschnittswerten) am häufigsten die Borderline-Persönlichkeitsstörungen (mit 28,5 %), die Ängstlich-vermeidenden (mit 22 bis 25 %) und die Dependenten (mit 13 bis 15 %) Persönlichkeitsstörungen vor. In absteigender Rangreihe finden sich dann (z. T. zugleich relativ höher gegenüber Befunden in Bevölkerungsstudien) folgende Persönlichkeitsstörungen: histrionisch (8 bis 10 %), zwanghaft (6 bis 11 %), paranoid (6 bis 10 %), schizotypisch (um die 6 %), narzisstisch (5 bis 10 %), und nur ganz selten wird schizoid (mit 1 bis 2 %) diagnostiziert.

Natürlich bleibt zu beachten, dass die Angaben von Studie zu Studie variieren. Dennoch lässt sich aus den Ergebnissen ablesen, dass es offenkundig vorrangig die dependent-abhängigen, die ängstlich-vermeidenden und die emotional-instabilen Personen sind, die um therapeutische Hilfe in klinischen Einrichtungen nachsuchen, während die eher introvertierten Personen mit höherem Selbstbezug ganz offenkundig versuchen, mit ihren Problemen allein zurechtzukommen.

Lebenszeitprävalenz

In beiden Diagnosesystemen galt bisher als ein wichtiges Kriterium dessen, was Persönlichkeitsstörungen sind, die Spekulation, dass diese früh in Kindheit und

Jugend beginnen und sich im Erwachsenenalter auf Dauer manifestieren. Sollte diese Annahme stimmen, müsste sich die Punkt- bzw. Kurzzeitperiodenprävalenz nicht erheblich von der Lebenszeitprävalenz unterscheiden. Auch wenn wir darauf im nachfolgenden Abschnitt über Verlauf und Prognose nochmals genauer eingehen werden, kann an dieser Stelle bereits festgehalten werden, dass die Stabilitätsannahme nicht stimmt. Unterschiedlichste Follow-up-Studien lassen unzweifelhaft den Schluss zu, dass eine Vielzahl von Patienten mit eingangs diagnostizierten Persönlichkeitsstörungen wohl auch in der Folge offenkundig erfolgreicher Therapien symptomfrei sind und – was zwingend beachtenswert ist – dass bei ihnen auch späterhin die Persönlichkeitsstörungen nicht erneut diagnostiziert werden können (z. B. Shea et al., 2002; Grilo et al., 2004; Skodol et al., 2005; Zanarini et al., 2006).

In der Konsequenz müssten also die Angaben zur Lebenszeitprävalenz deutlich höher als jene zur Punktprävalenz ausfallen. Und genau dies findet sich in entsprechenden Untersuchungen zu dieser Frage (in der Übersicht: Torgersen, 2012). Wie aus Tabelle 9.1 ersichtlich ist, liegen die Angaben zur Punktprävalenz aller Persönlichkeitsstörungen zwischen 11 und 13 Prozent; mitgeteilte Zahlen zur Lebenszeitprävalenz fallen üblicherweise dreimal so hoch aus und schwanken zwischen 28 und 32 Prozent. Und ein ähnlicher Befund der dreifach höheren Lebenszeitprävalenz findet sich auch bei den einzelnen Persönlichkeitsstörungen, wo sich die Punktprävalenzen (mit durchschnittlich 1,5 %) von den Lebenszeitprävalenzen (mit Durchschnittswerten zwischen 3 und 4 %) deutlich unterscheiden.

Angesichts der Unterschiede zwischen Punkt- und Lebenszeitprävalenz kann von »Manifestation auf Dauer« also nicht die Rede sein. Bei einem Drittel der Menschen lassen sich irgendwann und nur für eine gewisse Zeitspanne im Leben Persönlichkeitsstörungen diagnostizieren. In der übrigen mehr oder weniger lang währenden Lebenszeit bleiben die Auffälligkeiten unterhalb einer diagnostizierbaren Störungsschwelle oder sind nicht mehr vorhanden. Nur in eher seltenen Fällen kann von einer Entwicklung in Richtung Chronifizierung die Rede sein, womit sich die Persönlichkeitsstörungen nicht mehr von anderen psychischen Störungen unterscheiden. Auf die empirische Basis dieser Aussagen soll in → Abschnitt 9.2 über Verlauf und Prognose ausführlich eingegangen werden.

Störungsspezifische Aspekte

Beim Vergleich von persönlichkeitsgestörten mit nicht persönlichkeitsgestörten Patienten zeigt sich in bisher vorliegenden Prospektivstudien inzwischen recht konvergent (vgl. Torgersen, 2005): Menschen mit Persönlichkeitsstörungen

► unterziehen sich deutlich häufiger erneut einer psychotherapeutischen oder psychiatrischen Behandlung (auffällig insbesondere: Borderline, ängstlich-vermeidend, schizotypisch),

► weisen erheblich größere Anpassungsschwierigkeiten in Familie und Beruf auf (vorrangig bei dissozial, Borderline),

► blicken häufiger auf Ehescheidungen oder längere Zeiten ohne feste Partnerschaft zurück (histrionisch, Borderline, dissozial),

► hatten deutlich häufiger wegen unterschiedlicher körperlicher Krankheiten ärztliche Hilfe in Anspruch genommen (ängstlich-vermeidend, dependent, schizotypisch).

Eine geringe Schulbildung findet sich überzufällig häufig bei Menschen mit ängstlich-vermeidender Persönlichkeitsstruktur, deutlich über dem Durchschnitt liegen die schulischen Erfolge bei Zwanghafter Persönlichkeitsstörung. Insgesamt bleibt zu beachten, dass aus diesen korrelativen Befunden keine vorschnellen Kausalitätsschlüsse gezogen werden dürfen: Es könnten auch die Lebensbedingungen sein, die für eine zeitweilige Veränderung akzentuierter Persönlichkeitsstile in Richtung Persönlichkeitsstörungen in Betracht kommen. Dazu nur ein Beispiel.

Beispiel

Vorsicht bei der Ausdeutung epidemiologischer Befunde

Beispielsweise wird die Bedeutung mangelnder sozialer Integration und fehlender Ressourcen außerhalb von Familien für die Entstehung psychischer und Persönlichkeitsstörungen seit längerer Zeit diskutiert. Die Belastungsfaktoren einer mangelnden sozialen Integration von Menschen werden unter verschiedenen Perspektiven untersucht, z.B. als Einbrüche in der familiären Entwicklung, fehlende sozialgesellschaftliche Einbindung, Migration, Säkularisierung und rapider gesellschaftlicher Wandel (vgl. Millon & Grossman, 2005, mit einer Zusammenfassung epidemiologischer Daten).

So ließen sich bei deutschstämmigen Migranten aus der ehemaligen Sowjetunion, die in Deutschland leben, bei über 15 Prozent Persönlichkeitsstörungen diagnostizieren, die in dieser Häufigkeit deutlich über dem Bevölkerungsdurchschnitt liegen (Ross et al., 2004). Zugleich wiesen die untersuchten Migranten generell eine *höhere Stressbelastung* auf als vergleichbare Personengruppen, die in der ehemaligen Sowjetunion geblieben waren. Dabei hatten insbesondere Personen mit mangelnden deutschen Sprachkenntnissen eine höhere Stressbelastung als jene, die gut deutsch sprachen. Auch die Zahl diagnostizierter Persönlichkeitsstörungen fiel in der Gruppe mit Sprachschwierigkeiten deutlich höher aus, wobei insbesondere die Dissoziale und Borderline-Persönlichkeitsstörung überwogen.

Natürlich könnte man mit Blick auf diese Befunde kritisch vermuten, dass nicht Mängel in der sozialen Integration für erhöhte Stressbelastung und das Auftreten von Persönlichkeitsstörungen verantwortlich zeichnen. Es könnte sein, dass Personen mit bereits vorbestehender hoher Stressbelastung eher ihr Heimatland verlassen. Zur Untersuchung dieser Frage wären wiederum Längsschnittstudien erforderlich. In solchen Untersuchungen könnte sich auch ein additives Modell überprüfen lassen, nach dem hohe Stressbelastung vor der Migration durch den Migrationsprozess selbst und bei vorhandenen Sprachschwierigkeiten eine ungünstige Entwicklung in Richtung Persönlichkeitsstörungen weiter befördert.

9.2 Verlauf und Prognose: Mythos Stabilität

Prospektive Langzeitstudien, die genaue Angaben über Verläufe ermöglichen könnten, liegen in früheren Studien nur in globaler Beurteilung einer zusammengefassten Gruppe der »Persönlichkeitsstörungen« vor. Diese frühen Studien sind jedoch in erheblichem Maß dafür verantwortlich, dass die *Stabilität* als eines der zentralen Merkmale für Persönlichkeitsstörungen in die Diagnosesysteme übernommen wurde. So lautet das Kriterium seit dem DSM-III (APA, 1980) unverändert bis hin zum DSM-IV-TR (APA, 2000): »Das Störungsmuster ist stabil und langandauernd und sein Beginn kann zumindest bis zur Adoleszenz oder bis zum frühen Erwachsenenalter zurückverfolgt werden.« Und ein gleichartiges Kriterium findet sich in der ICD-10 (WHO, 1993), wonach die Persönlichkeitsstörungen immer in der Kindheit und Jugend beginnen und sich auf Dauer im Erwachsenenalter manifestieren.

Wie bereits angedeutet, ist die Stabilitätsannahme heute auf der Grundlage inzwischen vorliegender Langzeituntersuchungen nicht mehr haltbar (in der Übersicht: Morey & Meyer, 2012; Grilo et al., 2014). Bevor auf die drei in diesem Zusammenhang wichtigsten Longitudinalstudien näher eingegangen wird, sollen einige Ergebnisse früherer Untersuchungen dennoch kurz dargestellt werden. Für diese älteren Studien bleibt jedoch zu beachten, dass vor dem DSM-III keine klar definierten Kriterien für Persönlichkeitsstörungen vorlagen. Die damals generierten Befunde sind also nur sehr beschränkt zu verallgemeinern – und dies vor allem, was den mit ihnen begründeten Stabilitäts-Mythos angeht.

9.2.1 Frühere Studien

Als Beispiele mögen hier drei Katamnesestudien dienen, die im deutschsprachigen Raum und in Norwegen durchgeführt wurden:
- ▶ zu Krankheits- und Lebensverläufen psychiatrischer Patienten (Tölle, 1966); die Nachuntersuchung erfolgte durchschnittlich 28 Jahre nach Erstuntersuchung;
- ▶ zu Krankheits- und Lebensverläufen von persönlichkeitsgestörten Patienten mit Medikamenten- / Alkoholabhängigkeit bzw. mit forensisch-psychiatrischer Problematik (Müller, 1981); die Nachuntersuchung erfolgte durchschnittlich 30 Jahre nach Erstuntersuchung; und
- ▶ in Norwegen führte Sund (1973) eine Nachuntersuchung an 203 Männern durch, die während ihrer Militärzeit wegen unterschiedlicher psychischer Störungen psychiatrisch behandelt worden waren, und verglich die Ergebnisse mit 101 Kontrollpersonen.

Alle drei Studien führen zu weitgehend übereinstimmenden Befunden: Die untersuchten Persönlichkeitsstörungen blieben in ihren jeweiligen Stilmerkmalen relativ stabil und unverändert, jedoch waren die damit zusammenhängenden Verhaltensauffälligkeiten im Verlauf der Zeit in ihrer Schwere deutlich rückläufig und im hohen Alter nur sehr abgeschwächt zu finden. Es fanden sich sehr unterschiedliche Verlaufseigenarten. Suizide kamen bei Patienten mit Persönlichkeitsstörungen auffallend häufig vor. Ungünstige Einflüsse der Persönlichkeitseigenarten auf die Lebensführung zeigten sich insbesondere in Wechselwirkung mit extremen Lebensanforderungen und Lebenskrisen. Dieses Ergebnis lässt sich jedoch auch gegenteilig ausdeuten: Ungünstige Lebensbedingungen könnten für die Permanenz ungünstiger Persönlichkeitsmuster verantwortlich zeichnen.

Die norwegische Studie wirft zudem ein besonderes Licht auf die weitere psychosoziale Anpassung derjenigen, die zu Kriegszeiten die Diagnose einer Persönlichkeitsstörung erhalten hatten. In jeweils signifikantem Unterschied zur Kontrollgruppe zeigten die persönlichkeitsgestörten Personen eine sehr unbeständige Berufsentwicklung (häufiger Stellenwechsel; wiederholte Phasen der Arbeitslosigkeit). Bei zwischenzeitlich Verheirateten fanden sich Hinweise auf eine als wenig befriedigend und problembehaftete Ehebeziehung. Jeweils mehr als die Hälfte hatte Probleme mit dem Alkohol und geriet im Laufe der Jahre mit dem Gesetz in Konflikt.

9.2.2 Aktuelle Studien: Abschied von der Stabilitätsannahme

Nachfolgend werden die Befunde von drei Longitudinalstudien vorgestellt, die in den letzten Jahren erheblich zum Verständnis dessen beigetragen haben, was Persönlichkeitsstörungen sind, wie sie möglicherweise entstehen und wie sich im Verlaufe der Zeit mit und ohne Behandlung entwickeln. Dabei handelt es sich (a) um die sog. »Children in the Community Study« (CIC; Crawford et al., 2005; Cohen et al., 2005; Johnson et al., 2008), (b) um die »McLean Study of Adult Development« (MSAD; Zanarini et al., 2005) sowie (c) um die inzwischen wohl am häufigsten diskutierte »Collaborative Longitudinal Personality Disorders Study« (CLPS; Skodol et al., 2005).

Wenn Jugendliche mit Persönlichkeitsstörungen erwachsen werden …
Das Besondere an der »Children in the Community« Studie liegt darin, dass es sich einerseits um eine repräsentative Erhebung beginnend mit 800 Kindern aus zehn Wohnbezirken in und um New York handelt, die anderseits in Abständen bis ins Erwachsenenalter nachuntersucht wurden. Die jüngsten Teilnehmer waren zwar neun Jahre alt, mit der Erhebung von Persönlichkeitsstörungen wurde jedoch erst im Alter von 14 Jahren (in früher Jugend) begonnen. Weitere Erhebungszeiten lagen im Durchschnittsalter von 16 (mittlere Jugend), 22 (frühes Erwachsenenalter) und 33 Jahren (als Erwachsene). Die frühen Erhebungen wurden mittels Fragebogen (Personality Disorder Questionnaire; Hyler et al., 1982; → Abschn. 8.1) und Befragung der Eltern, ab dem 16. Lebensjahr mittels Strukturiertem Klinischen Interview mit den Jugendlichen (SKID-II; → Abschn. 8.1).

Wohl zum ersten Mal liegen jetzt Daten zur Frage vor, wann sich Merkmale von Persönlichkeitsstörungen bei Kindern und Jugendlichen erstmals beobachten lassen. Es zeigt sich, dass sich bei den 16-jährigen Jugendlichen in der Rückschau die höchste Prävalenz kriterienerfüllender Persönlichkeitsstörungen beobachten lässt, bei den Jungen wohl im Alter von zwölf und bei den Mädchen im Alter von 13 Jahren. So erfüllen z. T. deutlich über 20 Prozent der Jugendlichen die für eine Diagnose hinreichenden Kriterien mindestens einer Persönlichkeitsstörung, wobei die ängstlich-vermeidenden Persönlichkeiten am häufigsten vorkommen. In den Nachfolgeuntersuchungen sinkt die Zahl der Betroffenen mit Persönlichkeitsstörungen kontinuierlich bis hinunter auf ein Niveau von durchschnittlich 11 bis 14 Prozent und nähert sich damit Prävalenzwerten an, die denen in den bereits erwähnten Bevölkerungsstudien entspricht (→ Tab. 9.1; vgl. auch Cohen & Crawford, 2005).

Die Ergebnisse dieser Studie zeigen weiter, dass sich bei einem Teil der Untersuchten die bereits früh beobachtbaren Störungen stabilisieren können. Und lässt sich diese Art der Chronifizierung bis ins Erwachsenenalter hinein weiter verfolgen, dann fallen die Störungsmerkmale bei den Erwachsenen in aller Regel deutlich gravierender aus als in der Jugend. Zusammengefasst gibt es in dieser Studie durchaus Hinweise, dass im Erwachsenenalter diagnostizierbare Persönlichkeitsstörungen ihre Wurzeln durchaus in der Kindheit und Jugend haben können, wenngleich nicht bei allen Betroffenen. Dennoch finden sich in der CIC-Studie deutliche Hinweise, dass bereits in der Jugend diagnostizierbare Persönlichkeitsstörungen einen beachtenswert ungünstigen Einfluss auf die Entwicklung von Betroffenen haben (Chen et al., 2006; Skodol et al., 2007).

Das Beispiel Borderline-Persönlichkeitsstörung

Das Besondere an der zweiten hier dargestellten Longitudinalstudie – der »McLean Study of Adult Development« (MSAD; Zanarini et al., 2003, 2005) – besteht darin, dass sie vorrangig den Langzeitverläufen der Borderline-Persönlichkeitsstörung gewidmet ist. Auch wenn im Kapitel zum Störungsbild (→ Kap. 15) auf Ergebnisse dieser Studie Bezug genommen wird, soll sie bereits hier kurz hinsichtlich der Frage der Stabilität von Persönlichkeitsstörungen erwähnt werden. Denn von Stabilität kann mit Blick auf diese Studie keine Rede mehr sein.

Im Mittelpunkt der MSAD stehen 290 hospitalisierte Teilnehmer mit der Borderline-Diagnose (verglichen mit 72 Patienten, bei denen – eben mit Ausnahme der Borderline-Diagnose – mindestens eine der anderen Persönlichkeitsstörungen diagnostiziert worden war). Beginnend mit dem Jahr 1992 wurden die Patienten alle zwei Jahre nachuntersucht. Inzwischen liegen Ergebnisse zu den Entwicklungen über einen Zeitraum von 16 Jahren vor (Zanarini et al., 2012). Bereits in den ersten Publikationen wurden beachtenswerte Remissionswerte mitgeteilt: Schon zwei Jahre nach Studienbeginn lag die Remissionsrate bei 34,6 Prozent, d. h., die Betreffenden erfüllten nicht mehr die Kriterien der ursprünglich vergebenen Borderline-Diagnose. Vier Jahre nach Erstuntersuchung konnte bereits bei der Hälfte (49,5 %) der Studienteilnehmer keine Borderline-Störung mehr diagnostiziert werden. Nach sechs Jahren lag die Remissionsrate bei 68,6 Prozent. Nach zehn Jahren waren bereits 93 Prozent der Betroffenen über zwei Jahre hinweg symptomfrei und nach jetzt 16 Jahren tendiert die Remissionsrate sogar in Richtung 100 Prozent.

Diese in der Tat erstaunliche Remissionsrate ergibt sich mit Blick auf Kriterien-Entscheidung der DSM-Diagnose: Borderline-Persönlichkeitsstörung »noch vorhanden« oder »nicht mehr vorhanden«. Eingeschränkt werden muss jedoch, dass bei vielen

Betroffenen vom zeitgleichen Erreichen eines als gesund zu bezeichnenden sozialen und beruflichen Funktionsniveaus nicht gesprochen werden kann. Die Autoren schätzen, dass 16 Jahre nach erstmaliger Vergabe der Borderline-Diagnose nur etwa 40 bis 60 Prozent der Betreffenden ein hinreichend als gesund zu bezeichnenden Funktionsniveau erreichen. Übrigens wurden auch bei den Kontroll-Probanden mit anderen Persönlichkeitsstörungen in den nachuntersuchten16 Jahren Remissionsraten von weit über 90 Prozent beobachtet; zugleich wurden positive Veränderungen in Richtung eines gesunden sozialen und beruflichen Funktionsniveaus bei diesen Personen von 75 bis 85 Prozent geschätzt. Und wenn sich im Untersuchungszeitraum Rückfälle beobachten ließen, traten diese in der Gruppe der Borderline-Patienten schneller und häufiger auf als in der Gruppe mit anderen Persönlichkeitsstörungen.

Suizidrisiko. Angesichts der vorhandenen Neigung zu Selbstverletzungen und der nicht gerade selten durch Patienten mitgeteilten Suizidneigung wurde das Suizidrisiko vor allem bei Borderline-Patienten untersucht. Der Synopse von Perry (1993) zufolge nahmen sich in Studien bis Anfang der 1990er-Jahre durchschnittlich 6,1 Prozent (Range 3–9 Prozent) der Borderline-Patienten nach Behandlungsabschluss in Beobachtungszeiträumen von durchschnittlich 7;3 Jahren (Range 2–16 Jahre) das Leben. Durchschnittlich 4 Prozent suizidierten sich bereits in den ersten beiden Jahren, die der ersten Klinikbehandlung folgten. Die höchsten Suizidraten, nämlich 10 Prozent, wurden in einer 27-jährigen Follow-up-Studie mit ursprünglich hospitalisierten Borderline-Patienten von Paris und Zweig-Frank (2001) mitgeteilt. Die Zahlen schienen beträchtlich, lagen sie doch deutlich über der Suizidrate, die aus Prospektivstudien über Patienten mit unterschiedlichen psychiatrischen Diagnosen und ähnlich langen Beobachtungszeiträumen nach Klinikaustritt beobachtbar ist: Letztere schwankt zwischen 0,5 und 2 Prozent, wenngleich ebenfalls mit der höchsten Risikozeit im ersten Jahr nach Klinikentlassung (Finzen, 1988; Bronisch, 1996a, b). Eine Ausnahme stellte jedoch die Depression dar, bei der in unterschiedlichen Prospektivstudien ebenfalls Suizidraten bis zu 10 Prozent nach Diagnosestellung zu finden sind.

Aber das Risiko eines Suizides hat sich in den vergangenen Jahren offenkundig deutlich vermindert. Die Vermutung liegt nahe, dass dies vor allem auf deutlich verbesserte Konzepte in der Behandlung von Borderline-Persönlichkeitsstörungen zurückzuführen ist. In der zuvor dargestellten MSAD-Studie mit 16-jährigem Follow-up lag die Rate der Suizidversuche mit tödlichem Ausgang bei nur noch 4 Prozent. Von Patienten mit Borderline-Diagnose, die sich im Austin Riggs Center auch auf eigenem Wunsch einer wiederholten Behandlung in einem Zeitraum von sieben Jahren unterziehen durften, ließen sich in dieser Zeit keine Suizide finden (Perry et al., 2009). Links et al. (2013) berichten über einen Behandlungsansatz, in dem Patienten die Möglichkeit zur einjährigen ambulanten Therapie eingeräumt worden war. In dem bis zur Publikation überschaubaren 2-Jahres-Follow-up-Zeitraum fand sich ebenfalls kein Suizid mit tödlichem Ausgang. Offensichtlich lässt sich mit angemessener Behandlung das Suizidrisiko also deutlich vermindern, wenngleich es natürlich nicht auszuschließen ist.

Persönlichkeitsstörungen ändern sich langsam, aber stetig

Auch in der dritten hier vorzustellenden Studie, der »Collaborative Longitudinal Personality Disorder Study« (CLPS), war die empirische Überprüfung der vermeintlichen Stabilität der Persönlichkeitsstörungen eines der wichtigsten Ziele (Gunderson et al., 2000; Skodol et al., 2005; Morey & Meyer, 2012; Grilo et al., 2014). Die beteiligten Forscher legten in den bis 2014 zugänglichen Publikationen Ergebnisse einer zehn Jahre währenden prospektiven Follow-up-Untersuchung möglicher Chronifizierungsbedingungen der Persönlichkeitspsychopathologie vor, einschließlich der Langzeitzusammenhänge mit weiteren sozial-psychologisch relevanten Problemen (wie z. B. kriminelles Verhalten, Substanzmissbrauch und -abhängigkeit, Suizidalität, Bezüge zu Missbrauch und Misshandlungen in der Kindheit, extreme Probleme in Familie und Beruf).

Die Untersuchung wurde vor allem auf jene vier spezifischen Persönlichkeitsstörungen beschränkt, die bis dato in klinischen Einrichtungen am häufigsten vorkommen und zu denen bisher auch die meisten substanziellen Forschungsarbeiten vorliegen. Zu Beginn der Studie mit hospitalisierten und damit sich in Behandlung befindenden Patienten waren dies (a) die Schizotypische Persönlichkeitsstörung (STP; $N = 86$; oder 13 % der Stichprobe), (b) die Ängstlich-vermeidende Persönlichkeitsstörung (AVP; $N = 158$; 26 %), (c) die Zwanghafte Persönlichkeitsstörung (ZWA; $N = 154$ (23 %) und (d) die Borderline-Persönlichkeitsstörung (BOR; $N = 175$; 26 %). Verglichen wurden die persönlichkeitsgestörten Teilnehmer mit 95 Patienten, die sich wegen einer Majoren Depression (ohne Hinweis auf eine Persönlichkeitsstörung) ebenfalls in stationärer Behandlung befanden (14 % der insgesamt 668 teilnehmenden Patienten). Zum Zeitpunkt des 10-jährigen Follow-up‹s nahmen immerhin noch 431 Patienten (65 Prozent) an einer erneuten Untersuchung teil. Die davorliegenden konsekutiven Untersuchungen wurden zu Beginn nach einem halben Jahr, weiter nach einem Jahr und danach mit jeweils einjährigem Abstand durchgeführt. Aus der Vielfalt der zwischenzeitlich von den teilnehmenden Forschergruppen vorgelegten Publikationen sollen nachfolgend einige aus unserer Sicht wichtige Ergebnisse referiert werden (vgl. die Übersichten bei Morey & Meyer, 2012; Grilo et al., 2014).

Der Stabilitätsmythos gerät ins Wanken. Bereits die ersten Publikationen aus der CLPS mit Daten aus der Ein-Jahres-Katamnese verdeutlichten, dass die Stabilitätsannahme der Persönlichkeitsstörungen nicht zu halten ist. Denn nur etwas weniger als die Hälfte der ursprünglich persönlichkeitsgestörten Personen (d. h. 44 %) erfüllte die für eine Diagnose hinreichende Anzahl der Kriterien ihrer Störung (Shea et al., 2002). Es gab zwar eine gewisse Variabilität hinsichtlich der Remissionsraten der einzelnen Störungen, aber selbst die dabei findbare Rangreihung entsprach kaum den Erwartungen der Forschergruppe. Von den ängstlich-vermeidenden Patienten erfüllte die meisten (nämlich 56 %) hinreichend viele Kriterien ihrer eingangs diagnostizierten Störung, in absteigender Rangreihe gefolgt von zwanghaft (42 %), Borderline (41 %) und mit den höchsten Remissionsraten von schizotypisch: bei nur 34 Prozent der Betroffenen ließ sich die Ursprungsdiagnose erneut stellen. Was sich hier widerspiegelt und nicht übersehen werden darf: Es handelt sich zum großen Teil nicht nur um Entwicklungsbedingungen, sondern zugleich um Einflüsse aus therapeutischer Behandlung.

Dabei handelte es sich um Durchschnittswerte, die als solche jedoch heftigste Diskussionen in der Fachwelt auslösten. Und um die Nicht-Haltbarkeit der in den Diagnosesystemen festgeschriebenen Stabilitätsannahme noch weiter zu unterstützen, publizierten bereits kurze Zeit darauf Gunderson et al. (2003) die Entwicklungen von 18 Patienten mit der Ursprungsdiagnose Borderline-Persönlichkeitsstörung, bei denen eine »dramatische Remission« der Störung beobachtbar war: Sie erfüllten nach Jahresfrist jeweils nur noch höchstens zwei der zuvor diagnostizierten Borderline-Kriterien. Bei nochmals genauer Nachuntersuchung entstand bei zwei dieser 18 Personen der Eindruck einer möglichen fehlerhaften Diagnose zu Beginn. Viel wichtiger war die Feststellung, dass sich bei den Patienten mit »dramatischer Remission« zeitgleich erhebliche Verbesserungen bei ursprünglich komorbid diagnostizierten (Achse-1-) psychischen Störungen eingestellt hatten – zugleich mit erheblicher Bedeutung für Verbesserungen im allgemeinen psychosozialen Funktionieren. In der Konsequenz heißt dieser Befund, dass zumindest eine Untergruppe von Patienten mit Borderline-Diagnose erheblich sensitiv in positive Richtung auf therapeutische Einflussnahme oder sonstige Veränderungen in ihrem Umfeld reagiert.

Mit günstiger Prognose und hoffnungsvollem Blick in die Zukunft. Auch in dieser dritten hier dargestellten Longitudinalstudie wird zunehmend klarer, dass sich ein therapeutischer Pessimismus im Bereich der Persönlichkeitsstörungen zwingend verbietet – nicht zuletzt, weil er erhebliche ungünstige Wirkungen auf eine therapeutische Behandlung der Patienten entfalten kann. Alle jährlich stattfindenden Nachuntersuchungen der CLPS wurden mit nicht vorinformierten (»blinden«) Diagnostikern durchgeführt. Wie bereits in der MSAD-Studie gab es bis zum 10-jährigen Follow-up einen kontinuierlichen Rückgang in der Zahl der Patienten, bei denen sich die Ursprungsdiagnose erneut validieren ließ. Kurz: Die Remissionsrate lag bei den persönlichkeitsgestörten Patienten bei ungefähr 85 Prozent – im Vergleich zur Kontrollgruppe mit depressiven Patienten etwas niedriger, in der eine Remissionsrate von 95 Prozent feststellbar war. Weiter gab es substanzielle Unterschiede zwischen beiden Gruppen in der Rückfallhäufigkeit. Zwei Drittel der depressiven Patienten (67 %) erlebten einen oder mehrere Rückfälle in den zurückliegenden zehn Jahren, während sich in den unterschiedlichen Persönlichkeitsstörungsgruppen nur bei 11 bis 25 Prozent der Patienten Rückfälle beobachten ließen (Gunderson et al., 2011).

Insgesamt bleibt jedoch zu beachten, dass bei einer weiteren Untergruppe ungünstige Persönlichkeitsstile unterschwellig erhalten blieben – und – dass nicht bei allen von einer deutlichen Verbesserung im psychosozialen Funktionsniveau gesprochen werden kann. So zeigten die ursprünglich persönlichkeitsgestörten Personen gelegentlich eine sehr unbeständige Berufsentwicklung (häufiger Stellenwechsel; wiederholte Phasen der Arbeitslosigkeit). Bei zwischenzeitlich Verheirateten fanden sich wiederholt Hinweise auf eine unbefriedigende, konfliktreiche Ehebeziehung. Diese Beobachtungen wiederum decken sich mit den Befunden der älteren Studien vor Einführung des DSM-III (Tölle, 1966; Müller, 1981; Sund, 1973), auf die wir eingangs kurz hingewiesen hatten.

9.2.3 Persönlichkeitsstörungen im höheren Alter

Untersuchungen zur Häufigkeit von Persönlichkeitsstörungen im höheren Lebensalter sind eher selten. Frühere Schätzungen auf Grundlage von Daten in klinischen Einrichtungen gingen fast immer davon aus, dass die Häufigkeit jenseits des 50. Lebensjahres deutlich geringer ausfällt als in der Zeit davor. Inzwischen liegen Daten vor, die genauere Angaben ermöglichen – und die zugleich die früheren Schätzungen weitgehend bestätigen (vgl. Zetsche, 2015).

Eine Metaanalyse über Forschungsarbeiten aus der Zeit nach Einführung des DSM-III (APA, 1980) von 1980 bis 1994 wurde dazu von Abrams und Horowitz (1996) vorgelegt. Die Autoren bezogen in ihre Untersuchung nur Forschungsarbeiten ein, die folgende strenge Kriterien erfüllten:

▶ Sie mussten das gesamte Spektrum der DSM-III-(R-)Kriterien einschließen.
▶ Es mussten Originaldaten enthalten sein.
▶ Die Informationen mussten hinreichend genaue Angaben zur Datenbasis enthalten.
▶ Die Untersuchungen mussten ausdrücklich mit dem Ziel der Prävalenzschätzung von Persönlichkeitsstörungen im höheren Lebensalter durchgeführt worden sein.

Insgesamt finden Abrams und Horowitz (1996) in elf von ihnen eingeschlossenen Studien eine behandelte Prävalenz von 10 Prozent diagnostizierbarer Persönlichkeitsstörungen bei insgesamt 2.185 untersuchten Patienten jenseits des 50. Lebensjahres. Eine Vergleichsgruppe mit Personen unter dem 50. Lebensjahr umfasste 6.235 Patienten; in dieser lag die Prävalenz für Persönlichkeitsstörungen bei durchschnittlich 21 Prozent. Für die einzelnen Störungsbilder fanden sich folgende Durchschnittswerte: zwanghaft (3,0 %); dependent (2,3 %); ängstlich-vermeidend (1,4 %), narzisstisch und passiv-aggressiv (jeweils 1,0 %); histrionisch (0,9 %); paranoid (0,8 %); Borderline (0,7 %); schizoid (0,5 %); antisozial und schizotypisch (jeweils 0,3 %) und nicht eindeutig zuzuordnen (2,5 %).

Da es sich bei den untersuchten Personen zumeist um geriatrische Patienten handelt, wird von den Autoren vermutet, dass es möglicherweise zu einer Unterschätzung gekommen ist, da sich Persönlichkeitsmerkmale nicht gut genug von den teilweise schweren psychischen Störungen oder möglichen Persönlichkeitsänderungen der teils langjährig hospitalisierten Patienten hätten differenzieren lassen (hierzu kritisch auch: Segal et al., 1996).

Aktuellere Studien. Andererseits sprechen auch die Ergebnisse von neueren Studien (ähnlich wie sich dies in den oben dargestellten Longitudinalstudien andeutet) dafür, dass die Prävalenz der Persönlichkeitsstörungen im höheren Alter deutlich zurückgeht. So berichten Seivewright et al. (2002) in einer Nachuntersuchung von Patienten in England, deren Diagnosen ursprünglich dem Spektrum »Neurotische einschließlich Persönlichkeitsstörungen« zugeordnet werden konnten, je nach Persönlichkeitsstörung über deutlich unterschiedliche Entwicklungen. Danach zeigten insbesondere Patienten mit den ursprünglichen Diagnosen »histrionisch« und »antisozial« die auffälligsten positiven Entwicklungen, sowohl mit Blick auf die Symptomatik als auch mit Blick auf das psychosoziale Funktionsniveau in Beruf und Familie.

Ähnliches wird von Roberts und DelVecchio (2000) berichtet, dass insbesondere die Impulsivität bei vormals diagnostizierter Borderline- bzw. Antisozialer Persönlichkeitsstörung kaum mehr beobachtbar war, wenn überhaupt noch von Persönlichkeitsakzentuierung im ursprünglichen Sinne gesprochen werden konnte. Anderseits ließen sich bei zahlreichen Patienten, die den Diagnosen »ängstlich-vermeidend«, »zwanghaft« und »schizotypisch« zuzuordnen waren, mit zunehmendem Alter auch Verschlechterungen beobachten, sowohl hinsichtlich der Persönlichkeitsauffälligkeiten wie hinsichtlich des psychosozialen Funktionsniveaus. Ähnliche Befunde werden in Pro- und Retrospektivanalysen anderer Autoren berichtet (z.B. Paris & Zweig-Frank, 2001; Stevenson et al., 2003; zusammenfassend: Oldham & Skodol, 2013).

Immer wieder findet sich der Hinweis, dass insbesondere die Antisoziale und Borderline-Persönlichkeitsstörung im höheren Lebensalter kaum mehr diagnostizierbar (sprich: nicht mehr auffindbar) sind. Vielmehr wird wiederholt über signifikante Zusammenhänge zwischen einer im späteren Leben findbaren Depression und einer im früheren Lebensalter diagnostizierten Borderline-Störung berichtet (Galione & Oltmanns, 2013). Dabei scheinen insbesondere jene ehemaligen Borderline-Patienten ein erhöhtes Depressionsrisiko zu besitzen, die vor Depressions-Erkrankung gravierenden Lebensereignissen, Krisen und einschneidenden Lebensveränderungen ausgesetzt waren. Lassen sich jedoch im höheren Alter noch Persönlichkeitsstörungen diagnostizieren, dann sind sie üblicherweise zugleich komorbid mit den verschiedensten psychischen Störungen und körperlichen Erkrankungen assoziiert (Schuster et al., 2013).

9.3 Zusammenfassende Bewertung

Persönlichkeitsstörungen kommen in der Bevölkerung häufig vor: Einer von zehn Erwachsenen scheint die Kriterien mindestens einer Persönlichkeitsstörung zu erfüllen. Typischerweise findet sich eine geringere Schulbildung bei Menschen mit ängstlich-vermeidender Persönlichkeit, während die Schulbildung bei Zwanghafter Persönlichkeitsstörung deutlich über dem Durchschnitt liegt. Die meisten Persönlichkeitsstörungen lassen sich bei Personen mit geringem Einkommen und in den unteren Schichten finden, wobei die Wechselwirkungen zwischen Persönlichkeitseigenarten oder Lebensbedingungen kaum geklärt sind. Das Leben ohne festen Lebenspartner könnte eine Risikobedingung für Persönlichkeitsstörungen implizieren. Aber das Dasein ohne Partner kann auch ein zufriedenstellendes Leben bewirken.

Angesichts der jeweils bescheidenen korrelativen Zusammenhänge, die sich in epidemiologischen Studien finden lassen, verbieten sich vorschnelle Kausalitätsannahmen. Auf jeden Fall sind Persönlichkeitsstörungen keine stabilen und unveränderbaren Eigenarten, wie dies in den Diagnosesystemen leider nach wie vor unterstellt wird. Insbesondere impulsive, aggressive und extravertierte Persönlichkeitseigenarten scheinen sich im Verlaufe des Lebens teils deutlich zu verringern, während zwanghafte und eher introvertierte Persönlichkeitsmuster mit dem Alter zunehmen können. Vielleicht ist der wichtigste Befund der epidemiologischen Forschung ja tatsächlich, dass Menschen mit Persönlichkeitsstörungen über weniger Lebensqualität verfügen. Andererseits impliziert eine niedrige Lebensqualität nicht notwendigerweise das Vorhandensein von Persönlichkeitsstörungen. Das Gegenteil lässt sich erheblich häufiger beobachten – jedenfalls wenn man die bescheidene Aussagekraft selbst statistisch signifikanter Korrelationsberechnungen angemessen auszudeuten versteht.

III Behandlung

10 Allgemeine Überlegungen zur Behandlung von Persönlichkeitsstörungen

11 Psychotherapie im Wandel: aktuelle Entwicklungen und integrative Perspektiven

12 Perspektiven für die Auflösung therapeutischer Krisen

10 Allgemeine Überlegungen zur Behandlung von Persönlichkeitsstörungen

Nein, der Mensch ist zu breit angelegt, gar zu weit.
Ich würde ihn enger machen.
Fjodor M. Dostojewski

Persönlichkeitsstörungen sind komplexe Störungen des zwischenmenschlichen Beziehungsverhaltens. Wenn Diagnostiker und Therapeuten die Möglichkeit einer persönlichkeitsbedingten Verursachung der Patientenprobleme in Betracht ziehen und wenn sie an der Lösung dieser Probleme beteiligt werden, dann stehen sie unversehens mitten in diesem komplexen Gefüge zwischenmenschlicher bis gesellschaftlicher Konfliktzonen. Die Folgen, die sich mit dieser Diagnosestellung für die weitere Behandlung ergeben, sind vielfältig und gelegentlich schwierig berechenbar. Therapeuten sind gut beraten, sich innerhalb der vorfindbaren Konfliktzonen einen eigenen Standpunkt zu erarbeiten. Vielfältige Aspekte sind zu erwägen. Zum Beispiel: Kann die Behandlung nur von einem Therapeuten allein oder sollte sie von einem Therapeutenteam mit heterogener Kompetenz oder Professionalität durchgeführt werden? Oder etwa: Ist angesichts angedrohter Gewalt oder Suizidneigung des Patienten eine zeitweilige Zwangsunterbringung zu erwägen? Oder etwa auch: Sollte die Behandlung nicht besser unter Einschluss der Personen, die an den gegebenen Konfliktlagen beteiligt sind, durchgeführt werden?

10.1 Allgemeine Indikationsüberlegungen: Was soll behandelt werden?

Nachfolgend werden einige Dimensionen angegeben, in denen die Standpunktsuche des Therapeuten stattfinden könnte. Es handelt sich um Gesichtspunkte, die den Therapeuten in die Lage versetzen, zunächst weitgehend unabhängig von den je gegebenen spezifischen Störungsbildern zu entscheiden, wie die Behandlung prinzipiell begonnen oder fortgeführt werden sollte. Diese Überlegungen sind weitgehend unabhängig vom Denken in Therapieschulen angelegt, da sie allgemeine Aspekte der Organisation und Durchführung der Behandlung betreffen. Dennoch spielt natürlich für Therapeuten das Denken und Handeln innerhalb der von ihnen bevorzugten Therapieschule eine Rolle, weshalb wir auf die sich dabei ergebenden Besonderheiten, insbesondere deren Vor- und Nachteile für Indikationsstellungen ebenfalls eingehen werden (→ Abschn. 10.3).

Die dargestellten Leitlinien sind natürlich nur als grobe Orientierungshilfen gedacht, die stets erneut infrage gestellt werden können. Psychotherapie ist immer nur ein grob strukturierbarer Prozess und sollte sowieso stets zieloffen angelegt sein. Im Behandlungsverlauf, selbst innerhalb einer einzigen Therapiesitzung, kann, muss oder wird sich gelegentlich sehr schnell und spontan die Problemperspektive ändern, z. B. dann, wenn sich das, was sich uns in dem einen Moment als Persönlichkeitsstörung darstellt, im nächsten Moment als unverzichtbare Kompetenz erweist (→ Kap. 11 und Epilog).

10.1.1 Selektive Indikation

Grob betrachtet gibt es vier Bedingungskonstellationen, um deretwillen persönlichkeitsgestörte Patienten von sich aus eine psychotherapeutische Behandlung beginnen.

Es liegt eine ich-dystone psychische Störung vor

Dies dürfte der »klassisch« zu nennende Zugang zu einer Psychotherapie sein. Symptomatische psychische Störungen (wie etwa eine Agoraphobie, Depression oder Zwangsstörung) werden als ich-dyston und störend erlebt, und Patienten kommen zum Therapeuten, um sich wegen einer psychischen Störung behandeln zu lassen. Ist in der Eingangsuntersuchung eine spezifische psychische Störung diagnostizierbar, dürfte damit auch die Grundausrichtung des weiteren therapeutischen Vorgehens festliegen. Sie erfolgt in Form der sog. »selektiven Indikation« für ein psychologisch-psychotherapeutisches Verfahren, das für die Behandlung der jeweils diagnostizierten spezifischen Störung in Frage kommt, eventuell ergänzt durch eine (zusätzliche) medizinische, z. B. psychopharmakologische Behandlung.

Es liegen spezifische psychische Störungen vor und es lässt sich gleichzeitig eine Persönlichkeitsstörung (»komorbid«) diagnostizieren

Heute kann sicher davon ausgegangen werden, dass eine sorgfältige Differenzialdiagnostik sowie eine genaue Komorbiditätsbestimmung erheblich zur Verbesserung der Therapieplanung beitragen werden. Dies ergibt sich aus Forschungsbefunden zur Bedeutsamkeit der Persönlichkeitsstörungen für den Verlauf und Erfolg der Behandlung spezifischer Störungen (vgl. Shea et al., 1992; Reich & Vasile, 1993; Shea, 1996a). Entsprechend scheint es empfehlenswert, die mögliche Komorbidität mit Persönlichkeitsstörungen grundsätzlich abzuklären, damit die Behandlung nicht unbedacht in eine unerwünschte Richtung entgleitet. Dennoch bleibt auch bei gegebener Komorbidität zunächst die gerade beschriebene Grundstrategie erhalten: Die jeweilige psychische Störung sollte vorrangig behandelt werden, zumal wenn diese Anlass für Patienten war, eine Psychotherapie zu beginnen.

Allerdings gibt es wichtige Ausnahmen: Patienten mit Ängstlich-vermeidender, schizotyper und Borderline-Persönlichkeitsstörung kommen oft wegen Merkmalen der Persönlichkeitsstörung selbst in Behandlung und erleben diese ich-dyston. Hier kann die Persönlichkeitsstörung selbst von Anfang an Fokus der Psychotherapie werden oder auch transdiagnostische, integrative Interventionen Anwendung finden, die auf Veränderung gemeinsamer Störungsmechanismen z. B. von Depression und

Borderline-Persönlichkeitsstörung abzielen (Bateman & Fonagy, 2015; Sauer-Zavala et al., 2015). So könnte in einigen Fällen die komorbid diagnostizierte Persönlichkeitsstörung auch zu einer Überprüfung der störungsspezifisch indizierten Therapiestrategie führen. Dabei ist – mit Blick auf Ergebnisse der epidemiologischen Forschung (→ Kap. 9) – ein besonderes Augenmerk dem Problem zu widmen, dass es Patienten mit Persönlichkeitsstörungen offensichtlich schwerer haben, sich nach Behandlungsabschluss mit den alltäglich gegebenen, privaten wie beruflichen Anforderungen ausreichend sicher zu arrangieren.

Das Leiden oder die Einschränkung der psychosozialen Funktionsfähigkeit von Patienten lässt sich auf eine Persönlichkeitsstörung zurückführen

Dies ist möglicherweise der Fall, wenn es in der Vorgeschichte bereits längere Zeit Beziehungsstörungen, unlösbare zwischenmenschliche Konflikte im Privatleben und im Beruf, Sinnfindungskrisen nach einschneidenden Lebensereignissen wie z. B. Arbeitslosigkeit, Berentung, Tod eines Partners usw. gibt. Sollte sich in solchen Fällen die Diagnose erhärten, wird die Persönlichkeitsstörung in den Mittelpunkt der Behandlung rücken. Die Therapie kann sich an Vorschlägen ausrichten, die wir in diesem Kapitel allgemein bzw. ausführlicher in den störungsspezifischen Kapiteln in → Teil IV darstellen werden.

Adaptive Indikation: Wechsel zwischen Störungsbereichen

Auch ist im Verlauf einer störungsspezifischen Behandlung (d. h. adaptiv) nicht selten ein Fokuswechsel von der spezifischen psychischen Störung hin zur Persönlichkeitsstörung selbst sinnvoll oder erforderlich (vgl. Livesley, 2003). Ein solcher Perspektivenwechsel scheint insbesondere dann indiziert, wenn gravierende emotionale Probleme (einschließlich Suizidneigung), extreme zwischenmenschliche Probleme und Konflikte bis hin zu dissozialen Tendenzen wegen der Persönlichkeitsstörung bestehen oder zu erwarten sind. Ein solches Vorgehen ist ebenfalls naheliegend, wenn deutlich wird, dass depressive Episoden in engem zeitlichen Zusammenhang mit erhöhter zwischenmenschlicher Zurückweisungssensibilität und Instabilität stehen, wie dies häufig bei der Borderline-Persönlichkeitsstörung zu beobachten ist.

Prinzipiell scheint es jedoch günstig, mit einem Perspektivenwechsel von der symptomnahen Behandlung hin zu den Persönlichkeitsstörungen abzuwarten, um nicht vorschnell das Problem ich-synton bedingter Widerstände zu provozieren. Ein solches Abwarten ist beispielsweise bei komorbid vorhandenen Paranoiden, Schizoiden, Histrionischen und Zwanghaften Persönlichkeitsstörungen sinnvoll. Bei anderen Persönlichkeitsstörungen ist das Problem der Widerstand provozierenden Ich-Syntonie nach aller Erfahrung weniger gravierend ausgeprägt. So ist beispielsweise bei der Ängstlich-vermeidenden, Schizotypen oder Borderline-Persönlichkeitsstörung die Wahrscheinlichkeit größer, dass die Patienten ihre Persönlichkeitseigenarten bereits als (ich-dyston) störend erleben und reflektiert haben, weil ein subjektiver, wenn auch nur diffus benennbarer Leidensdruck besteht.

Juristische Behandlungsauflagen, fehlende Eigenmotivation

Eine weitere Eingangsbedingung in die Therapie von Persönlichkeitsstörungen stellt die (nicht in jedem Fall gänzlich freiwillige) Nutzung der Betroffenen von Therapieangeboten in Institutionen dar, in denen sie sich nicht freiwillig, sondern in der Folge richterlicher Entscheidungen und Verfügungen aufhalten. Es sind dies vor allem Personen, die sich im Strafvollzug, in therapeutischen Gemeinschaften (etwa der Drogenhilfe) oder in der forensischen Psychiatrie befinden. Zumeist liegen der richterlichen Einweisungsentscheidung delinquente und kriminelle Handlungen zugrunde.

Auch in solchen Fällen werden möglicherweise Persönlichkeitsstörungen in den Behandlungsmittelpunkt rücken, wenngleich die therapeutischen Konzepte und Rahmenbedingungen, die in den jeweiligen Institutionen gegeben sind, sowie die Spezifika der jeweiligen Persönlichkeitsstörungen selbst das therapeutische Vorgehen erheblich bestimmen.

10.1.2 Allgemeine Therapieziele

Eine psychologisch-psychotherapeutische Behandlung stellt – wegen der insbesondere bei ich-syntoner Persönlichkeit möglichen Reaktanz von Patienten – sinnvollerweise nicht in jedem Fall die Persönlichkeitsstörungen und die mit ihnen zusammenhängenden Handlungsmuster selbst in den Mittelpunkt. Denn den persönlichen Handlungspräferenzen liegt (mit Ausnahmen) das verständliche und einsichtige Motiv des Selbstschutzes und des Behaltens der Kontrolle bei zwischenmenschlichen Problemen und Konflikten zugrunde. Viele Verhaltensgewohnheiten werden ich-synton eingesetzt und sind offensichtlich – eben weil sie Gewohnheiten darstellen – nicht ohne Weiteres einer Metakommunikation zugänglich.

Lösungs-Orientierung. Der (ja erwünschten) Metakommunikation leichter zugänglich sind die interaktionellen Krisen, unter denen die Betroffenen leiden. Es ist ja auch nicht in jedem Fall zwingend notwendig, bereits zu Beginn der Therapie die mögliche Mitverantwortung des Patienten für zwischenmenschliche Beziehungskonflikte zu thematisieren. Sehr wohl thematisierbar ist jedoch das Ziel, nämlich gemeinsam an der Auflösung zwischenmenschlicher Konflikte zu arbeiten. Die Behandlung zielt vielmehr (zunächst) darauf ab, mit den Betroffenen unter Behalt und Nutzung ihrer Personeigenarten nach Handlungsalternativen für die Auflösung zwischenmenschlicher Konflikte und Krisen zu suchen – unter Behalt und Akzeptanz der Verhaltensgewohnheiten deshalb, weil es für die konfliktträchtigen Interaktionsmuster möglicherweise akzeptierbare Motive (nämlich: Selbstschutz und Kontrollbehalt) gibt.

> **Ausnahmen.** Ausnahmen von dieser Empfehlung sind Gewalt gegen sich selbst und Gewalt gegen andere. Auf diese Ausnahmen wird noch genauer eingegangen (→ Abschn. 10.4).

Im Hintergrund dieser Überlegungen steht die Hypothese, dass die störenden Interaktionsmuster von den Betroffenen einerseits und von den Interaktionsteilnehmern andererseits unterschiedlich dekodiert werden. Die Handlungsmotive sind bei den Betroffenen andere, als von den Bezugspersonen wahrgenommen und unterstellt werden. Für die Behandlung ergibt sich aus einer solchen Perspektive möglicherweise ein (zusammen mit dem Patienten) gangbarer Weg, aus der unglückseligen Verfangenheit der (häufig sogar wechselseitig vorgetragenen) Negativkonnotation von Persönlichkeitseigenarten auszubrechen.

Kompetenzperspektive. Viele Interaktionsbesonderheiten persönlichkeitsgestörter Menschen lassen sich nämlich als »Überlebensstrategien« verstehen, die – obgleich sie als defizitär, dysfunktional und insuffizient betrachtet werden können – zugleich erhebliche Anstrengungen um den Behalt der Selbstsicherheit erfordern (→ Kap. 11 und 12). Diese Perspektivenänderung ermöglicht es weiter, den Interaktionsstörungen einen Sinn (zurück) zu geben. Nur wenn dies, nämlich die Sinnsetzung interpersoneller Konflikte, zusammen mit dem Patienten gelingt, scheint eine wichtige Voraussetzung für eine Durchführung der Therapie mit dem Patienten gegeben.

Vielleicht gelingt es auf diese Weise sogar, auf der Handlungsebene zusammen mit dem Patienten etwas gegen seine persönlichen Unzulänglichkeiten zu unternehmen. Voraussetzung ist, dass die Motivstruktur und Sinnhaftigkeit klar und akzeptierbar ist. Neue (alte) Sinnsetzung und Sinnorientierung können letztlich bedeuten, auch aus einem möglicherweise vorherrschenden Gefühl der Sinnentleerung herauszukommen (ausführlicher nochmals: → Kap. 12).

Fallbeispiel

Histrionisch und emotional instabil

Eine 28-jährige Patientin mit histrionischer sowie emotional instabiler Persönlichkeitsakzentuierung hatte einen Suizidversuch unternommen, nachdem ihr jetziger Lebenspartner mit Trennung gedroht hatte, weil sie ihn nach sechs Monaten Bekanntschaft immer noch nicht heiraten wollte, den Geschlechtsverkehr häufig verweigerte oder nach wie vor darauf bestand, Kondome zu benutzen.

In zwei vorausgehenden Partnerschaften hatte sie die Männer jeweils verlassen, als sie schwanger geworden war. Sie hatte unter massivem Druck der eigenen Familie Abtreibungen vornehmen lassen. Sie hatte sich daraufhin »heimlich« geschworen, sich nicht wieder so schnell und unbedacht auf eine Partnerschaft einzulassen, und wollte sich entsprechend mit dem jetzigen Partner viel Zeit zum Kennenlernen nehmen.

Von ihren Motiven für ihre Zurückhaltung und auch von den Abtreibungen hatte sie ihrem jetzigen Lebensgefährten nichts erzählt – aus Scham und um ihn nicht zu verlieren. Begründet hatte sie ihm gegenüber ihre bisherige Zurückhaltung vor allem damit, dass sie wegen seiner Streitlust nicht so recht glaube, dass er der richtige Partner sei. Denn es kam in jüngster Zeit zu immer heftigeren Auseinandersetzungen, aus denen sie sich jeweils zurückzog und tagelang nicht mehr mit dem Lebensgefährten sprach.

So war sich die Patientin selbst zunehmend unsicher, ob die Beziehung mit ihrem Partner (obwohl sie ihn nach wie vor liebe) überhaupt sinnvoll sei, da er sich als völlig unsensibel erweise und sehr laute und aggressive Streitgespräche anzettele. Das kenne sie von ihren Eltern, die seit vielen Jahren einen »Dauerkrieg« miteinander führten, den sie selbst nicht in ihrer Partnerschaft wiederholen wolle.

In diesem Fall gibt es vielfältige (»gute«) Gründe (Motive) für die Patientin, sich gegenüber den Forderungen des Partners nach schneller Eheschließung zurückhaltend und abwartend zu verhalten (frühere Erfahrungen mit Verlassenwerden; Wunsch nach aggressionsfreier Partnerbeziehung). Ziel der Therapie könnte es sein, ihr – unter Behalt der Motive – neue Möglichkeiten zu vermitteln, von sich aus mit den konkret gegebenen Beziehungskonflikten auf eine partnerbezogene Weise umgehen zu lernen (Vermittlung einer sach- und partnerbezogenen Handlungskompetenz; u. a. Ermutigung zu mehr Transparenz gegenüber dem Partner). Die auffälligen Persönlichkeitseigenarten selbst müssen in der Therapie überhaupt nicht unmittelbar thematisiert werden.

10.2 Von der Problemanalyse zur Therapieplanung

Das gerade beschriebene Behandlungsverständnis bei Persönlichkeitsstörungen setzt problemanalytisch voraus, genau zwischen persönlichen Grundmotiven versus dysfunktionalen und/oder störenden Interaktionsmustern zu unterscheiden (vgl. hierzu ausführlich: Sachse, 2001, 2004). Die Anfangsstrategie der Therapie ist also eine Problem- oder Ätiologieanalyse, die im Kern eine Analyse der Motiv-Handlung-Kontext-Passung über zwischenmenschliche Beziehungsstörungen beinhaltet (→ Abb. 10.1).

10.2.1 Motiv/Handlung/Kontext versus Diagnose

Das in → Abbildung 10.1 schematisierte Vorgehen verlangt einerseits die Überprüfung der Konvergenz der in den Diagnosekriterien allgemein und übergreifend dargelegten Person- und Interaktionsauffälligkeiten mit den je gegebenen konkreten Person- und Interaktionseigenarten des Patienten sowie eine Bezugnahme auf aktuelle Störungsbedingungen (konkrete, aktuell bedeutsame Kontexte bzw. aktuell bestehende interaktionelle Krisen).

Sie fügt andererseits den beobachtbaren sozial auffälligen oder gar störend-devianten Personeigenarten (Außenperspektive) die Perspektive einer möglicherweise gegebenen subjektiven Sinnhaftigkeit oder auch die eines möglichen Sinnverlustes hinzu (Innenperspektive). Impliziert ist zugleich eine Perspektivänderung weg von der stig-

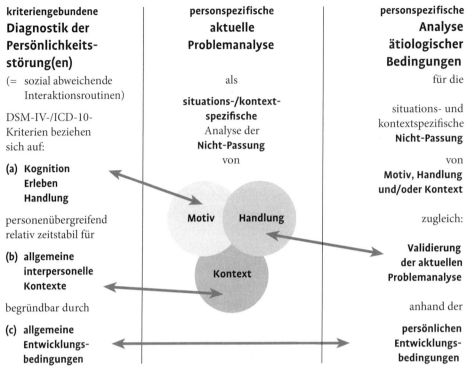

| kriteriengebundene **Diagnostik der Persönlichkeitsstörung(en)** | personspezifische **aktuelle Problemanalyse** | personspezifische **Analyse ätiologischer Bedingungen** |

kriteriengebundene
**Diagnostik der
Persönlichkeits-
störung(en)**

(= sozial abweichende
Interaktionsroutinen)

DSM-IV-/ICD-10-
Kriterien beziehen
sich auf:

**(a) Kognition
Erleben
Handlung**

personenübergreifend
relativ zeitstabil für

**(b) allgemeine
interpersonelle
Kontexte**

begründbar durch

**(c) allgemeine
Entwicklungs-
bedingungen**

personspezifische
**aktuelle
Problemanalyse**

als

**situations-/kontext-
spezifische**
Analyse der
Nicht-Passung
von

Motiv   Handlung

Kontext

personspezifische
**Analyse
ätiologischer
Bedingungen**

für die

situations- und
kontextspezifische
Nicht-Passung

von

**Motiv, Handlung
und/oder Kontext**

zugleich:

**Validierung
der aktuellen
Problemanalyse**

anhand der

**persönlichen
Entwicklungs-
bedingungen**

Abbildung 10.1 Personspezifische Problem- und Ätiologieanalyse und Konvergenzprüfung mit der kriteriengebundenen Diagnose der Persönlichkeitsstörung(en) (Erläuterungen im Text)

matisierenden Diagnose der Persönlichkeitsstörung hin zu einer expliziten Bestimmung und Bewertung vorhandener wie fehlender Kompetenzen und persönlicher wie sozialer Ressourcen.

Diese Analyse der »Motiv-Handlung-Kontext-Passung« könnte u. a. Informationen zur Beantwortung folgender Fragen herausarbeiten:

Motivanalyse. Welche (positive) Motivationsstruktur liegt dem konfliktträchtigen Handeln der Betroffenen zugrunde? Ist eine realistische, kontextspezifische Sinnorientierung vorhanden oder verloren gegangen? Und eventuell: Warum (bzw. sinnfragend: wozu) ist das so?

Kontextanalyse. Welche spezifischen Kontextvariablen sind für eventuelle dysfunktionale Handlungen und Interaktionsmuster der Patienten mitverantwortlich (aktuelle Konflikte und Krisen; zugleich: Krisenanalyse)?

Handlung-Defizit-Analyse. Wie sehen die konkreten dysfunktionalen Handlungs- und Interaktionsmuster aus (kontextspezifische Analyse der Kompetenzdefizite)?

Handlung-Kompetenz-Analyse. Über welche weiteren Kompetenzen verfügt der Betroffene bereits selbst, um seine bisherigen dysfunktionalen und störenden Interaktionsmuster zu ersetzen (kontextspezifische Analyse vorhandener persönlicher, aber auch sozialer Ressourcen)?

Handlung-Ziel-Analyse. Wie lassen sich die aktuellen Handlungen bei schwer rekonstruierbarer Motivstruktur kognitiv-rational neu (möglichst: positiv) begründen oder ausdeuten (Sinnorientierung, Perspektive)? Oder: Wie lassen sich die bisherigen insuffizienten, dysfunktionalen und störenden Interaktionsgewohnheiten unter Behalt einer vielleicht doch noch vorhandenen, durchaus sinnvollen Motivstruktur durch konkrete alternative Interaktionsmuster ersetzen (sog. »Reframing«)?

Entwicklungsanalyse. Aus welchen Gründen (aufgrund welcher Motive) hat der Patient bisher auf eine Nutzung dieser Kompetenzen/Ressourcen verzichtet (Validierung der problemanalytischen Hypothesen anhand persönlicher ätiologischer Entwicklungsbedingungen)?

Von der Diagnostik zur Therapieplanung

Eine solche Annäherung an die Problem- und Ätiologiebedingungen der vermuteten/ diagnostizierten Persönlichkeitsstörung dient einerseits der Grobauswahl therapeutischer Ansatzpunkte. Sie verfolgt andererseits den Zweck einer ersten Validierung der kriteriengebundenen Diagnostik spezifischer Persönlichkeitseigenarten bzw. -störungen.

Die in → Abbildung 10.1 angegebenen Pfeile beinhalten mehrere Möglichkeiten: Einerseits müssen die Aspekte der aktuellen Motiv-/Handlungsanalyse ihre Repräsentanz in den zeitstabil gedachten Diagnosekriterien bewahren (insbesondere von Kriterien, die person- und kontextübergreifende Aspekte von Kognition, Erleben und Handlung betreffen). Andererseits sollten die für den Patienten rekonstruierbaren Entwicklungsbedingungen nicht von bereits bekannten Ätiologiemerkmalen abweichen. Größere Diskrepanzen zwischen individueller Problem-/Ätiologieanalyse und den allgemeinen Kriterienvorgaben im DSM bzw. in der ICD sollten in jedem Fall Anlass sein, die ursprüngliche Diagnose der spezifischen Persönlichkeitsstörung zu überdenken und gegebenenfalls zu revidieren. Genau dies entspricht der sog. »LEAD-Diagnostik«, wie diese bereits in Abschnitt → 8.2 dargestellt wurde.

Die aktuelle Problemanalyse sollte sich in diesem Sinne aus der jeweiligen Entwicklungsgeschichte des Patienten möglichst überzeugend herleiten und begründen lassen. Eine fehlende Stringenz in der Herleitung persönlicher Interaktionsschwierigkeiten aus einer längere Zeit bestehenden Entwicklungskontinuität könnte nicht nur die Plausibilität der aktuellen Problemanalyse anzweifeln lassen. Sie wäre möglicherweise ebenfalls Grund genug, die Angemessenheit der Diagnose der Persönlichkeitsstörung selbst anzuzweifeln. Es könnte nämlich sein, dass Personeigenarten nicht das Ergebnis einer längeren Lebensgestaltung darstellen, sondern nur Folge akut wirkender oder nachwirkender traumatischer oder sonstiger Lebenskrisen sind. Letztere werden üblicherweise als *Persönlichkeitsänderungen* diagnostiziert (→ Abschn. 3.3) – auch wenn die therapeutische Behandlung der Persönlichkeitsänderungen ganz ähnlichen Leitlinien folgen kann, wie wir sie hier für die Persönlichkeitsstörungen darstellen.

10.2.2 Fokusbildung I: Die Auswahl therapeutischer Ansatzpunkte (Konfliktepisoden)

Die Analyse der Motiv-Handlung-Kontext-Passung (→ Abb. 10.1) wird sich in sinnvoller Weise auf prototypische soziale Konfliktsituationen oder Problemepisoden des Lebensalltags beziehen (z. B. auf Konflikte und Krisen in Partnerschaft oder Familie oder am Arbeitsplatz). Es könnte sich auch um Situationen oder Episoden handeln, die für die Betroffen in Zukunft besondere Interaktionsschwierigkeiten mit sich bringen könnten (z. B. anstehende Prüfungen oder Bewerbungsgespräche). In den meisten psychologisch-psychotherapeutischen Ansätzen zur Behandlung von Persönlichkeitsstörungen wird weitgehend konsensuell vorgeschlagen, eine solche episodenbezogene Fokusbildung vorzunehmen (vgl. Sperry, 2003).

Mit dem Patienten zusammen oder im Rahmen von Teamsitzungen der Therapeuten wird jeweils festgelegt, welche für die Persönlichkeitsstörung prototypischen Interaktionskonflikte oder Problemepisoden Relevanz und / oder Priorität besitzen. Genau diese werden dann nach und nach in den Mittelpunkt der Behandlung gerückt. Unterschiede im therapeutischen Vorgehen ergeben sich letztlich nur noch durch die konzeptbedingten Vorgaben der einzelnen therapeutischen Verfahren.

> Eine fokusbildende Therapiestrategie zielt nicht unmittelbar auf eine Veränderung der Persönlichkeitsstörungen. Gegenstand der Behandlung sind konkrete Interaktionsprobleme und deren Interaktionsdynamik. Ziel ist die Verbesserung der interpersonellen und / oder intrapsychischen Selbsteinsicht und Kompetenz im Umgang mit interaktionellen Konflikten bzw. des Erwerbs eines alternativen Bewältigungsverhaltens (Coping).

Zusätzlich (mittelbar) wird erwartet, dass sich mit veränderten Interaktionsmustern auch die Persönlichkeitseigenarten der Betroffenen ändern werden. Ob und wie weit dies tatsächlich gelingt, ist nicht zuletzt auch eine Frage der Zeit, die in einer Psychotherapie zum Erwerb und zur ausreichenden Reflexion neuer Bewältigungskompetenz und Selbstsicherheit zur Verfügung steht. Dies ist im Sinne der obigen Überlegungen aber auch gar nicht in jedem Fall notwendig und erstrebenswert. Vielmehr geht es vorrangig darum, die eng mit den Persönlichkeitseigenarten verbundenen Kompetenzen und Ressourcen der Betroffenen neu zu nutzen.

10.2.3 Fokusbildung II: Die Beachtung kontextueller Bedingungen

Aus dem Gesagten ergibt sich die Notwendigkeit, über die Einzelperson hinauszublicken. Es könnte nämlich sein, dass es die Betroffenen im Privatleben oder Beruf mit Menschen zu tun haben, die ihrerseits persönlichkeitsgestört sind. Die Interaktionsschwierigkeiten der Patienten könnten also durch Interaktionsschwierigkeiten ihrer Bezugspersonen mitbedingt sein. Es lohnt sogar, über den unmittelbaren Interaktionskontext hinauszublicken: Die persönlichkeitsbedingten Probleme könnten Ausdruck einer Hilflosigkeit im Umgang mit einer allgemein als insuffizient zu betrachtenden Lebenssituation sein.

Es ist zunächst überhaupt nicht sicher, ob die Interaktionsprobleme von den Betroffenen nicht lediglich als Mittel mit dem Ziel präsentiert werden, anderen Menschen gegenüber ein psychisches Unbehagen auszudrücken, das sie nicht anders auszudrücken vermögen. Die mit den Persönlichkeitsstörungen verbundenen Erlebens- und Verhaltensprobleme könnten ein Unvermögen oder Gelähmtsein angesichts schier unlösbarer existenzieller Probleme signalisieren, einen grundlegenden Bruch in der Möglichkeit zu handeln oder zu kommunizieren.

> Vermeintlich störendes Interaktionsverhalten persönlichkeitsgestörter Menschen darf nicht vorschnell moralistisch interpretiert werden. Die Betroffenen könnten Opfer einer Situation sein, die für sie selbst eine Falle bedeutet, weshalb sie als Ausweg eine persönlichkeitsbedingte Grundhaltung einnehmen, die bei genauer Betrachtung lediglich das Resultat einer kontinuierlichen und mühevollen Kompromisssuche darstellt.

In privaten und beruflichen Situationen können es sich viele Menschen nicht erlauben, eigene Bedürfnisse auszudrücken, weil sie schlicht wissen, dass diese Bedürfnisse zensiert werden – oft verknüpft mit zum Teil erheblichen Konsequenzen für das weitere eigene Leben. Das Ergebnis solcher Konfliktsituationen ist, dass eigene Bedürfnisse zunehmend entstellt oder maskiert werden müssen, sodass sich diese Mitteilungsvermeidung selbst als vermeintliche Interaktionsstörung darstellt. So kann z. B. aus dem gewohnheitsmäßigen Bemühen, andere nicht zu verletzen oder zu enttäuschen, über kurz oder lang eine Dependenz, Selbstunsicherheit oder Zwanghaftigkeit erwachsen, der sich die Betroffenen selbst nicht mehr entziehen können, weil sie Alternativen gar nicht kennen – oder sogar, weil sie selbst auf die mit den Persönlichkeitseigenarten verbundenen Kompetenzen stolz sind.

Fallbeispiel

Zwanghaft oder gewissenhaft?

Zu der Zeit, als Computer noch nicht routinisierbare Rechenaufgaben übernahmen, kam ein 40-jähriger Mann in die Behandlung. Er war Bankangestellter und ihm war mit Kündigung gedroht worden, da er wegen einer unzweifelhaft zwanghaft-sorgsamen Persönlichkeitsstörung zu einer erheblichen Belastung in seiner Bank geworden war. Als besonders unangenehm wurde seine Mitarbeit jeweils zum Jahresende hin erlebt, wenn er mit anderen zusammen für die Erstellung der Jahresschlussabrechnung zuständig war. Angesichts der dauernden, zunehmend heftiger werdenden Beschwerden seiner Kollegen und nach der Kündigungsandrohung durch seine Vorgesetzten war er in eine extreme Krise geraten. Nach einem Hauskauf hatte er sich stark verschuldet und sah jetzt keinen Ausweg mehr, wie er nach einer Kündigung hätte weiterleben sollen. Er hatte einen Suizidversuch unternommen, der ihn in die Psychotherapie führte.

Der behandelnde Verhaltenstherapeut arrangierte ein Gespräch in der Bankdirektion, an dem er (der Therapeut), der Bankangestellte und zwei seiner Vorgesetzten teilnahmen. Das Gespräch hatte zum Ergebnis, dass der Bankangestellte in die Revisionsabteilung versetzt wurde. Dort wurde er mit der Überprüfung der Berechnungen anderer Kollegen (auch der Jahresschlussabrechnungen) beauftragt. Inzwischen gehört der Bankangestellte zu den wichtigeren Mitarbeitern in der Bank und wird wegen seiner (zwanghaften) Sorgfalt sehr geschätzt. Diese Krisenintervention dauerte einschließlich des Gesprächs in der Bankdirektion vier Sitzungen. Man kann sich (natürlich unter verschiedenen Perspektiven) mit Recht fragen, wie lange eine Therapie der zwanghaften Interaktionsstörungen dieses Menschen gedauert hätte und mit welchem Erfolg sie beendet worden wäre.

Dieses Beispiel verdeutlicht, warum es in der Behandlung von Interaktionsstörungen notwendig ist, über die Person und die Persönlichkeitsstörung hinauszublicken. Vielfach ergeben sich bessere Lösungen, wenn jene Menschen (nicht nur in der Familie, sondern auch im Freizeitbereich wie im Beruf) in der Therapie zusammengeführt werden, die an der Krisenentwicklung oder an den bestehenden Lebensproblemen beteiligt sind. Schließlich lohnt es sich, dabei auch an jene zu denken, die längerfristig eine Gewähr für soziale Unterstützung und Sicherung bieten können. Mit dieser Aufgabe mag ein einzelner Therapeut überfordert sein, weshalb gelegentlich die »Überweisung« von Patienten eine bessere Perspektive eröffnen könnte. Kriseninterventionszentren und Kliniken sind auf ein komplexes Krisen- und Konfliktmanagement eher vorbereitet als ein niedergelassener Therapeut, der seine Patienten im Stundenrhythmus behandelt.

10.3 Verfahrensspezifische Indikation: Grundkonzepte der Psychotherapie

Über die Psychotherapieschulgrenzen hinweg ist in der vergangenen Jahren zunehmend konsensuell ein weitgehend gemeinsames allgemeines Ziel der Psychotherapie von Persönlichkeitsstörungen formuliert worden: Nicht die Persönlichkeitsstörungen selbst sollten behandelt werden, sondern die mit ihnen gegebenen komplexen Störungen des Beziehungsverhaltens oder des Verhaltens selbst. Dennoch gibt es zwischen den schulspezifischen Therapieansätzen eine Reihe zum Teil erheblicher Unterschiede, die das konkrete Vorgehen deutlich beeinflussen und die natürlich Indikationsentscheidungen mit zugrundegelegt werden sollten. Diese Unterschiedlichkeit leitet sich wesentlich daraus her, mit der die als eher klassisch zu bezeichnenden therapeutischen Ansätze den Therapeuten prinzipiell Flexibilität im Umgang mit den Patienten zugestehen. So sind beispielsweise die Psychoanalyse, die weiteren psychodynamischen

Ansätze, die Interpersonelle Psychotherapie und die Gesprächspsychotherapie strikter auf ein (einsichtsorientiertes) Gesprächssetting festgelegt, als dies in der (Kognitiven) Verhaltenstherapie der Fall.

Andererseits darf nicht übersehen werden, dass in den letzten Jahren gerade im Bereich der Behandlung von Persönlichkeitsstörungen einige innovative Entwicklungen in Gang gekommen sind, die nicht übersehen werden dürfen. Die Vertreter diese neuen Ansätze haben sich ausdrücklich zum Ziel gesetzt, die bis dahin dominierenden Therapieschulgrenzen in Richtung auf eine Integration bisher divergierender Perspektiven zu überwinden. Diese neue Entwicklung wird gern als Integrative Welle in der Psychotherapieentwicklung bezeichnet. Da die sich mit Blick auf empirische Studien die Wirksamkeit der therapeutischen Arbeit bei Persönlichkeitsstörungen offenkundig deutlich steigern lässt, werden wir diesen aktuellen Entwicklungen nachfolgend ein eigenes Kapitel widmen (→ Kap. 11). Da der Weg dorthin von den etablierten Verfahren her seinen Ausgang genommen hat, sollen diese in ihrer Bedeutung für Indikationsentscheidungen zunächst dargestellt werden.

10.3.1 Psychodynamische Behandlungsansätze

Prinzip. Bei der Behandlung der Persönlichkeitsstörungen rückt einerseits (nach der daraus abgeleiteten psychoanalytischer Auffassung; → Kap. 4) die »Spaltung« als zentraler Abwehrmodus in den Vordergrund der Behandlung, der eine durch unklare Ich-Grenzen und primitive negative Übertragungen in Beziehungen zu anderen und sich selbst auftretende chaotische Diffusionen zu verhindern versucht. Anderseits wird der »Wiederholungszwang« als wesentlich angesehen, der eine »Flucht vor dem Gewissen« ermöglicht und der sich mit einem (traumatisch begründbaren) Vorherrschen des Über-Ichs als hauptsächliche innere Regulationsinstanz erklärt. Beides lässt sich – so die psychodynamische Auffassung – letztlich nur durch eine Affekte reaktivierende, übertragungs- und abwehrfokussierte, länger dauernde Behandlung wirksam verändern. Diese bedarf gelegentlicher, im Dienste des Patienten und des strukturierenden Behandlungs-Settings stehender, reflektierter Abweichungen von der klassisch psychoanalytisch geforderten Neutralität (Dammann & Fiedler, 2005).

Ziel. Das übergeordnete Ziel einer psychodynamischen Behandlung von Patienten mit schwerer Persönlichkeitsstörung etwa im Sinne einer Borderline-Persönlichkeitsorganisation ist es, diejenigen zentralen Bereiche der internalisierten Objektbeziehung des Patienten zu verändern, die zu den (für die jeweilige Störung charakteristischen) sich ständig wiederholenden, maladaptiven Verhaltensauffälligkeiten und chronischen affektiven und kognitiven Störungen führen. Von einem objektpsychologischen Standpunkt aus könnte man diesen Prozess wie folgt beschreiben: Rigide internalisierte Objektbeziehungen werden ebenso wie abgespaltene (z. B. gut – böse) Anteile in eine reifere, integrierte und flexiblere Form überführt. Dies geschieht in der Arbeit an der Übertragung und am Widerstand durch Deutung dieser Tendenzen. Deutung ermöglicht also integrierende Internalisierung abgespaltener Anteile.

Behandlungstechnische Debatten

Insgesamt ist die Debatte um die Behandlung der schweren Persönlichkeitsstörungen (auch historisch) nicht nur geprägt von einer Dichotomie zwischen technischen Erfordernissen bei neurotischen Patienten und technischen Modifikationen bei persönlichkeitsgestörten Personen (Dammann, 2000), sondern auch von einer Diskussion, die eher als *supportiv* zu bezeichnende Ansätze von eher als *expressiv* gekennzeichneten Ansätzen unterscheidet (Aronson, 1989; Wöller & Kruse, 2001).

Supportive Therapie. Unter supportiver Technik (die im deutschen Sprachraum z. T. missverständlich etwas negativ verstanden wird) wird weniger »aktiv unterstützend" verstanden als vielmehr ein therapeutischer Ansatz, der folgenden Leitlinien folgt:

▶ Stärkung der Ich-Funktionen (und damit auch der Abwehr) steht im Vordergrund, weniger dagegen Widerstands-Analysen;
▶ Begrenzung von Regressionen;
▶ Therapeut tritt vermehrt als reale Person in Erscheinung (statt vor allem Übertragungsfigur zu sein, die nicht forciert werden sollte);
▶ Deutungen sind weniger genetisch, d. h. auf die Vergangenheit gerichtet;
▶ Therapeut fördert z. T. aktiv Gefühle des Vertrauens, des Verstandenwerdens und Angenommenseins.

Expressive Therapie. In den 1970er-Jahren kam es angeregt durch die Arbeiten von Kernberg zu einer Art Scheideweg, wobei Kernberg eine eher konfrontative, aufdeckende oder expressive Therapie auch bei Borderline-Patienten vertrat (zu diesen Entwicklungen: Yeomans et al., 2014; ausführlich nochmals in → Kap. 16). Aus dem Ansatz Kernbergs entstand eine eigene störungsspezifische Therapietechnik, die »Übertragungsfokussierte Psychotherapie« (Transference-Focused Psychotherapy; TFP; Kernberg et al., 1989; Clarkin et al., 1999).

Die expressiven Therapien (innerhalb der psychodynamischen Ansätze) fordern das Beachten folgender Elemente:

▶ weitgehend neutraler, objektiver Stil des Therapeuten (Ermutigungen, Lob und anderes ist nicht vorgesehen)
▶ es muss insbesondere mit Wut und Destruktivität, die es auszuhalten gilt (contained), gearbeitet werden
▶ deutende Fokussierung auf die Übertragungsbeziehung

Interessant sind dabei die Befunde aus der Arbeitsgruppe von Ogrodniczuk und Piper (1999), die gezeigt haben, dass Übertragungsdeutungen oder supportivere Techniken (beispielsweise interpersonelle Deutungen), je nach Qualität der Objektbeziehung zwischen Therapeut und Patient sowie der Fähigkeit, Prozesse psychologisch zu attribuieren (*mindedness*), in unterschiedlicher Weise wirksam sein können.

Bewertung. Die Ergebnisse der Psychotherapieforschung erlauben es bis heute nicht eindeutig, der einen oder anderen Richtung klar den Vorzug zu geben. Deutlich wird, dass es auch mit der wenig supportiven TFP-Methode nach Kernberg zu erheblichen symptomatologischen Stabilisierungen bei Borderline-Patienten kommt, allerdings riskieren konfrontative Ansätze nach wie vor höhere Abbruchraten (Clarkin et al.,

2001). Besonders bei schwerer narzisstischen Patienten kann eine zu stark konfrontative Technik anfangs zu Problemen führen.

Stone (1990) plädiert insgesamt für einen pragmatischen Ansatz, der die Suche nach der »allgemeingültig optimalen Behandlungsstrategie« verlässt und der Tatsache Rechnung trägt, dass es sich bei der Borderline-Persönlichkeitsstörung beispielsweise um ein äußerst heterogenes Krankheitsbild handelt, wobei das Vorkommen von Essstörungen, antisozialen Verhaltensweisen, Abhängigkeitsstörungen und anderen mit therapeutischen Konsequenzen voneinander abzugrenzen seien.

Beachtet werden sollte weiterhin immer, dass die Therapieeinschätzungen – etwa Phasen größeren therapeutischen Pessimismus (bis in die 1980er-Jahre) oder Optimismus (seit den 1990er-Jahren), was die Behandelbarkeit dieser Störungsgruppe anbelangt – durch die Dynamik (Idealisierung und Entwertung), die diese Störungen entfalten können, selbst beeinflusst sein können.

10.3.2 Interpersonelle Psychotherapie

Die auf Sullivan (1953) zurückgehende Interpersonelle Psychotherapie steht konzeptuell zwischen Psychoanalyse und Verhaltenstherapie und ist durch ein sehr strukturiertes, teils psychoedukatives Therapeutenhandeln gekennzeichnet.

Diagnostik. Die Diagnostik der Persönlichkeitsstörungen erfolgt in Anlehnung an die gängigen Diagnosesysteme und die differenzielle Indikation therapeutischer Strategien erfolgt im Rahmen von Modellüberlegungen, die sich ebenfalls an der psychiatrischen Diagnostik orientieren (vgl. Benjamin, 1995; Markowitz, 2012). Dabei werden die aktuellen Schwierigkeiten persönlichkeitsgestörter Menschen als kontinuierliche Wiederholung früherer Interaktionsmuster mit den Eltern, Geschwistern, Schulkameraden, jedoch nicht nur in der Kindheit, sondern auch gegenwartsnäher z. B. mit Arbeitskollegen oder Ehepartnern betrachtet.

Zu Beginn einer interpersonellen Therapie von Persönlichkeitsstörungen steht in aller Regel eine sorgsame diagnostische Abklärung der gegenwärtigen zwischenmenschlichen Beziehungsmuster in Konfliktsituationen. Die meisten Persönlichkeitsstörungen sind nach dieser Auffassung als sich beständig wiederholende *Transaktionen* begreifbar, also nicht einfach des persönlichen Verhaltens oder durch den Einfluss von Introjektionen, sondern nur unter Einschluss der regelhaft ablaufenden Wechselbeziehungen mit ebenso routinisierten Verhaltensmustern anderer Menschen (Sullivan, 1953; Kiesler, 1982).

Methodik. In der Interpersonellen Therapie der Persönlichkeitsstörungen stehen entsprechend diese Interaktionstransaktionen mit anderen Menschen im Mittelpunkt ihrer Bewertung und Modifikation (Strupp & Binder, 1984; vgl. auch die Arbeiten in Anchin & Kiesler, 1982). Dabei geht es vor allem um die detaillierte Besprechung und Analyse zwischenmenschlicher Beziehungsstörungen in den unterschiedlichsten Lebenszusammenhängen. Im Unterschied zur Psychoanalyse benutzt die Interpersonelle Therapie also nur gelegentlich die therapeutische (Übertragungs-)Beziehung selbst als

Gegenstand der Analyse und Erfahrungsbildung. Der Blick der Therapie richtet sich vorrangig *nach außen*, auf die alltäglichen Lebensprobleme und Interaktionskrisen der Patienten – dies insbesondere im Unterschied zur Übertragungsfokussierten Therapie (TFP sensu Kernberg; s. o.) bei Patienten mit Borderline-Persönlichkeitsstörungen (Markowitz et al., 2006, 2007).

Therapiestrategien

Insbesondere Lorna Benjamin hat das Vorgehen der Interpersonellen Therapie in einer Programmatik therapeutischer Regeln zusammengefasst, die unter anderem folgende Teilaspekte enthält (Benjamin, 1995, 1996):

Entwicklung einer tragfähigen Arbeitsbeziehung. Patient und Therapeut sollten gemeinsam »auf einer Seite« (z. B. »gegen« widrige Lebensumstände oder »gegen« zwischenmenschliche Krisen) zusammenarbeiten.

Analyse und Therapie der Interaktionsstörungen. Es soll die Bereitschaft des Patienten gefördert werden, eigene kritische Interaktionsmuster zu erkennen und zu analysieren. Dabei ist u. a. Folgendes beachtenswert: Einsicht ist nur eine Zwischenstufe und kein Ziel der Therapie. Und: Therapeuten betonen das (Grund-)Recht von Patienten, sich zu ändern oder auch nicht. Gelegentlich kann dazu dann auch eine konstruktive psychoedukative Aufklärung und Beratung des Patienten durch den Therapeuten die Einsicht in das eigene Verhalten verbessern helfen (z. B. zu Fragen der Kindererziehung, der Umgangsweise mit anderen Menschen im Beruf).

Die Unterbrechung maladaptiver Interaktionsmuster. Das heißt u. a., dass der Therapeut durchgängig darauf achten sollte, selbstdestruktive und fremdschädigende Aktivitäten anzusprechen und zu unterbinden. Entsprechend kann er die laufende »interpersonelle Therapiestratefikation« in Richtung Krisenintervention (innerhalb der Sitzungen) und gelegentlich Krisenmanagement (außerhalb der Therapieabsprachen) abändern, wenn Suizid- oder Gewaltthemen vorrangig werden. Patienten sollten schließlich direkt darin unterstützt werden, destruktive interpersonelle Bedürfnisse aufzugeben und zu ändern.

Anregung und Unterstützung beim Erwerb interaktioneller Kompetenzen. Zum Wiederaufbau befriedigender zwischenmenschlicher Erfahrungen dienen nicht nur therapeutische Gespräche, sondern es werden zur Unterstützung gelegentlich auch Rollenspiele zur Analyse und Einübung sozialer Fertigkeiten eingesetzt. Interpersonelle Psychotherapie ist Anregung und Unterstützung beim Erwerb interaktioneller Möglichkeiten und befriedigender zwischenmenschlicher Erfahrungen – wozu u. a. die Rollenspiele eine wichtige Hilfe sein können.

Transfersicherung. Es ist wahrscheinlicher, dass angezielte Veränderungen auf Dauer sind, wenn zur *Transfersicherung* bedacht wird, dass neben der Interpersonellen Psychotherapie im engeren Sinne weitere Behandlungsformen wie Medikation, Verhaltenstherapie und andere Co-Therapieangebote relevant und wichtig sein können.

Nach den vorgelegten Konzeptüberlegungen ist es im Unterschied zur psychoanalytischen Behandlung für die interpersonellen Therapeuten also nicht ungewöhnlich, über Therapiegespräche hinaus weitere Therapietechniken zur Erreichung dieser

Zielbereiche einzusetzen, einschließlich effektiver Techniken anderer Therapierichtungen, wie z. B. direkte Beratung, der Einsatz verhaltenstherapeutischer Rollenspiele sowie die Beteiligung bzw. Behandlung von Angehörigen. Regelmäßige Supervision, die ausdrücklich technische Hilfen wie Videoanalysen und Microteaching der Therapeuten einschließt, dient der kontinuierlichen Weiterbildung von Therapeuten.

10.3.3 Kognitiv orientierte Verhaltenstherapie

Ganz ähnlich wie in den zuvor genannten Therapieansätzen werden in der Verhaltenstherapie der Aufbau und Behalt einer funktionierenden Therapeut-Patient-Beziehung für den Erfolg der Behandlung von Persönlichkeitsstörungen als wesentliche Voraussetzung betrachtet. So wird beispielsweise seit dem Behandlungskonzept von Beck, Freeman und Mitarbeitern (1990) zur prophylaktischen Vermeidung therapeutischer Krisen eine sensible Beachtung der ich-syntonen Vulnerabilitäts- und Selbstschutzeigenarten von Patienten vorgeschlagen. Ein weiterer Grund für eine sorgsame Analyse der therapeutischen Beziehung in der Anfangsphase der Verhaltenstherapie wird in ihrer Bedeutsamkeit für die kognitiv-behaviorale Analyse gesehen: Offene oder verdeckte Widerstände der Patienten gegenüber Veränderung, fehlende oder unzureichende Compliance und ungünstige Übertragungsmuster gelten als prototypische Merkmale der Persönlichkeitsstörungen wie gleichermaßen *als Ressourcen*, von denen die Behandlung ihren Ausgang nehmen sollte (Fiedler & Renneberg, 2007).

Verhaltenstherapeuten haben deshalb jeweils genau zu untersuchen, ob beobachtbare Erschwernisse im Aufbau einer tragfähigen Arbeitsbeziehung mit dem Patienten wirklich vorrangig in dessen persönlichkeitsbedingten Kooperationsstörungen zu suchen sind oder ob therapeutische Krisen nicht auch gänzlich anders erklärt werden können, wie beispielsweise durch ein ungünstiges oder wenig passendes Setting oder auch durch die Schwierigkeiten der Therapeuten im interaktionellen Umgang mit den jeweiligen Beziehungsstörungen ihrer Patienten.

Diagnostikorientierte Verhaltenstherapie. Ähnlich wie in der Interpersonellen Psychotherapie werden in der Verhaltenstherapie Vorabdiagnosen im Sinne der psychiatrischen Diagnosesysteme für sinnvoll gehalten, zumal zunehmend häufiger differenzielle Behandlungskonzepte und spezifische Behandlungsmanuale für die unterschiedlichen Persönlichkeitsstörungen entwickelt und evaluiert werden (z. B. für Borderline-Persönlichkeitsstörungen: Linehan, 1993a, b; Bohus, 2002; Bohus & Wolf-Arehult, 2012; Renneberg & Fiedler, 2001; Herpertz & Matzke, 2012; für dependente Persönlichkeitsstörungen: Vogelgesang, 1996, 2005; für selbstunsicher-vermeidende Persönlichkeitsstörungen: Renneberg & Fydrich, 1999; allgemeine Übersichten: Beck et al., 1993; Trautmann, 2004; Leahy & McGinn, 2012; Bohus, 2014; Fowler & Hard, 2014).

Methodik. Insgesamt begegnet uns in der Verhaltenstherapie ein prinzipiell anderer Therapieansatz als in den zwei zuvor beschriebenen Therapieverfahren. Ging es in Psychoanalyse und Interpersoneller Psychotherapie um eine vornehmlich einsichtstherapeutische Verbesserung zwischenmenschlicher Interaktionsmuster mittels therapeutischer Gespräche, so wird dieses Ziel in der Verhaltenstherapie zielstrebig durch eine direkte Einübung konstruktiver Interaktionsstile zu erreichen versucht. Konsequenterweise steht denn auch vor allem das für die Behandlung komplexer zwischenmenschlicher Beziehungsstörungen inzwischen am besten untersuchte Verfahren im Vordergrund vieler Behandlungsvorschläge: das *Training sozialer Fertigkeiten (Social Skills Training*; vgl. u. a. L'Abate & Milan, 1985; Fiedler, 1996a), welches ausführlich im Behandlungskapitel über die Selbstunsicher-vermeidende Persönlichkeitsstörung dargestellt wird (→ Kap. 15).

Differenzielle Indikation. Das Training sozialer Fertigkeiten wird üblicherweise nur als *ein* Baustein in den Kontext einer ansonsten jedoch deutlich breiter angelegten Verhaltenstherapie bei Persönlichkeitsstörungen einbezogen, die sich zugleich auf die weiteren persönlichen Lebensperspektiven und Lebensbezüge der Patienten ausrichtet (vgl. Turkat, 1990). Dies schließt in aller Regel ein, wo dies möglich ist, auch Angehörige und Bezugspersonen an einer Therapie persönlichkeitsgestörter Menschen zu beteiligen (z. B. auch im Rahmen von Hausbesuchen bei Patienten). Als gutes Beispiel für die konzeptuelle Anlage einer solchen *mehrdimensionalen Verhaltenstherapie* kann das u. a. in Manualform vorliegende Programm zur Behandlung von Patienten mit Borderline-Persönlichkeitsstörungen gelten (seit Linehan, 1993a, b; ausführlich in → Kap. 16). Eine Übersicht über aktuelle Entwicklungen findet sich bei Bohus et al. (2015).

Transfer. Sowohl in der Verhaltenstherapie wie in der Kognitiven Therapie spielen schließlich Formen der Transfersicherung eine herausragende Rolle. Der Absicherung therapeutischer Maßnahmen dienen vielfältige weitere Maßnahmen, wobei als wichtigste *zweijährige katamnestische Treffen* gelten, die sowohl therapeutisch wie zu Evaluationszwecken genutzt werden (sog. *Booster-Sessions* z. B. von Therapiegruppen in vierteljährlichen Abständen; vgl. Fiedler, 2005).

Wie bereits erwähnt ist es zunehmend wichtig geworden, das häusliche Milieu kennen zu lernen, weshalb inzwischen für viele Verhaltenstherapeuten während und nach der Therapie *Hausbesuche* unverzichtbar erscheinen. Als interessanter Interventionsaspekt bleibt zu beachten, dass es Verhaltenstherapeuten gelegentlich als hilfreich betrachten, gruppentherapie-erfahrene Patienten als Co-Therapeuten in späteren Therapiegruppen zu beteiligen.

10.3.4 Gesprächspsychotherapie

Schließlich sollen einige besondere Aspekte zur Gesprächspsychotherapie dargestellt werden, in der bisher nur sehr wenige Ausarbeitungen zu den Persönlichkeitsstörungen vorliegen. Dies liegt daran, dass die Gesprächspsychotherapeuten innerhalb der Psychotherapieschulen die größten Vorbehalte gegenüber der psychiatrischen Klassifikation psychischer Störungen formuliert haben. Für viele Gesprächstherapeuten ist die Vorabdiagnostik eine mögliche »Störvariable« der Therapie, in der es darum geht, dem Patienten möglichst unvoreingenommen zu begegnen.

Diese prinzipiell ablehnende Haltung gegenüber der Klassifikation wurde zunehmend aufgegeben, weil auch die Gesprächstherapeuten erkannt haben, dass eine gute Diagnostik vorab den Therapeuten Möglichkeiten bereitstellt, sich in besonderer Weise auf die spezifischen, besser: störungsspezifischen Interaktionseigenarten von Patienten einzustellen (spätestens seit Lietaer et al., 1990). Ein Beispiel für den Bereich der Persönlichkeitsstörungen sind die Ausarbeitungen von Swildens (1991) zu einer *prozessorientierten Gesprächspsychotherapie* bei Borderline-, Narzisstischen und Dissozialen Persönlichkeitsstörungen.

Swildens Beitrag kann übrigens als gutes Beispiel gelten, in der Gesprächspsychotherapie stärker phänomen- bzw. störungsbezogene Behandlungskonzepte zu entwickeln. Innerhalb dieser Weiterentwicklungen des Rogerschen Therapieansatzes, die im deutschsprachigen Raum auch als »differenzielle Gesprächspsychotherapie« bezeichnet werden (vgl. Tscheulin, 1983), werden die ursprünglich als weitgehend hinreichend für therapeutische Änderungsprozesse betrachteten Therapeutenvariablen »Empathie«, »Kongruenz« und »unbedingte Wertschätzung« zunehmend um weitere Techniken und Gesprächsstrategien ergänzt (vgl. zu Persönlichkeitsstörungen auch Eckert & Biermann-Ratjen, 2007; Sachse, 2001, 2004, 2011).

Positivierung. Gesprächspsychotherapeuten wie Swildens (1991; ähnlich Sachse, 1997) verweisen im Übrigen auf einen weiteren wichtigen Aspekt der Behandlung von Persönlichkeitsstörungen, der in den anderen Therapierichtungen nicht in dieser Weise ausdrücklich betont wird. Die Behandlung sollte entsprechend und allgemein darauf abzielen, mit den Betroffenen *unter Behalt und Nutzung ihrer Personeigenarten* nach Handlungsalternativen für die Auflösung zwischenmenschlicher Konflikte und Krisen zu suchen – unter Behalt und Akzeptanz der Verhaltensgewohnheiten deshalb, weil es für die konfliktträchtigen Interaktionsmuster möglicherweise *akzeptierbare Motive* (nämlich: *Selbstschutz* und *Kontrollbehalt*) gibt. Die gesprächspsychotherapeutische Behandlung von Persönlichkeitsstörungen geht somit davon aus, dass die Begründung und ein Verständnis der störenden Interaktionsmuster von den Betroffenen einerseits und von den Interaktionsteilnehmern andererseits *unterschiedlich* dekodiert und verstanden werden.

Die Motive, die dem Störverhalten zu Grunde liegen, sind bei den Betroffenen *andere* als von den Bezugspersonen wahrgenommen und unterstellt. Für die Behandlung ergibt sich aus einer solchen Perspektive möglicherweise ein (zusammen mit dem Patienten) gangbarer Weg, aus der unglückseligen Verfangenheit der *Negativ-Konnotation* von Persönlichkeitsstörungen auszubrechen (ausführlich nochmals in → Kap. 12).

Ressourcenorientierung

Viele Besonderheiten der Interaktion persönlichkeitsgestörter Menschen lassen sich zumeist sinnvoller als *Überlebensstrategien* verstehen, die – obgleich sie durchaus als defizitär, dysfunktional und insuffizient betrachtet werden können – den Betroffenen zugleich erhebliche Anstrengungen um den Behalt einer Selbstsicherheit abverlangen. Diese Perspektivenänderung ermöglicht es weiter, den Interaktionsstörungen einen

Sinn (zurück) zu geben (sog. *Zielorientierung* bei Sachse, 1992). Nur wenn dies (die *Sinnsetzung und Perspektivierung interpersoneller Konflikte*) zusammen mit dem Patienten gelingt, scheint eine wichtige Voraussetzung für eine Durchführung der Therapie *mit dem Patienten* gegeben.

Vielleicht gelingt es auf diese Weise sogar, etwas mit dem Patienten zusammen *gegen* seine persönlichen Unzulänglichkeiten zu unternehmen. Voraussetzung ist, dass die Motivstruktur und Sinnhaltigkeit klar und akzeptierbar ist. Neue (alte) Sinnsetzung und Sinnorientierung kann letztlich bedeuten, auch aus dem möglicherweise vorherrschenden Gefühl der Sinnentleerung herauszukommen. Ähnliche Überlegungen finden sich, wenngleich erst ansatzweise, auch in psychoanalytischen Arbeiten (z. B. Rohde-Dachser, 2004), in der Interpersonellen Psychotherapie (z. B. Markowitz, 2012) sowie in der Verhaltenstherapie (Bohus, 2014).

10.4 Allgemeine Behandlungsplanung

Die meisten Psychotherapiekonzepte gehen von einem sog. »Defizitkonzept« psychischer Störungen aus. Sie haben sich vom Anspruch her vorrangig auf die Veränderung oder gar »Heilung« von psychischen Störungen konzentriert. Diese Zielstellung lässt sich nur sehr bedingt auf die Behandlung von Persönlichkeitsstörungen übertragen. Es geht nicht primär um Symptomänderung. Vielmehr wird zumeist eine zwischenmenschliche Neuorientierung angestrebt. Es geht darum, dem Patienten Strategien für den Umgang mit bisher unlösbar scheinenden zwischenmenschlichen Alltagsproblemen zu vermitteln. Als über- oder nebengeordnetes Ziel bekommt die Behandlung persönlichkeitsbedingter Interaktionsprobleme die Funktion, ressourcenorientiert Selbsthilfestrategien zu vermitteln, die den Patienten in die Lage versetzen, zukünftige Krisen- und Konfliktepisoden erfolgreicher als bisher selbst beurteilen und eigenständig auflösen zu können (→ Kap. 12).

10.4.1 Selbst- bzw. Fremdgefährdung

Andererseits ist es so, dass in den meisten Fällen und zu Beginn der Therapie Defizite (als personbedingte Dysfunktionen und Unangemessenheit lebenspraktischer Problemlösungen) überwiegen werden. Ganz besonders eindringlich wird dies offensichtlich, wenn extreme Normabweichungen, Delinquenz und Kriminalität, wenn selbstschädigendes Verhalten, Suizidabsichten oder Suizidversuche in den Vordergrund rücken.

Für einige Therapeuten (insbesondere für jene, die in der [forensischen] Psychiatrie oder im Strafvollzug arbeiten) steht folgerichtig eine Einschätzung des möglichen Ausmaßes oder der Wahrscheinlichkeit für eine Selbstgefährdung oder für eine Gefährdung bzw. Bedrohung anderer Menschen an der vordersten Stelle aller Indikationsüberlegungen (Bronisch et al., 2000; Links et al., 2015; Black & Blum, 2015). Gemeint sind hier folgende zwei grob zu klassifizierende Bereiche:

- *Gefährlichkeit gegen sich selbst:* Diese schließt z. B. Suizidfantasien ein; im Extrem: Suizidversuche; aber auch: Drogenmissbrauch oder die Vernachlässigung einer alltäglich notwendigen Selbstversorgung.
- *Gefährlichkeit gegen andere:* Diese schließt z. B. Schlägereien ein; Tötungsfantasien; im Extrem: Tötungsversuche/-delikte; weiter: gewohnheitsmäßige Delinquenz und Kriminalität; oder auch nur den regelmäßigen und weniger gravierenden Verlust der Impulskontrolle.

Beide Phänomenbereiche stellen erhöhte Anforderungen an Therapieüberlegungen und an die weiteren Planungen im Vorgehen. Angesichts der Heterogenität der Erlebens- und Verhaltensauffälligkeiten persönlichkeitsgestörter Menschen steht zu Beginn jeder Therapie die Grundsatzentscheidung,
- ob mit einem eher personenzentrierten, einsichtsorientierten Therapievorgehen unmittelbar und ressourcenorientiert an die Selbstbehandlungskompetenz des Patienten angeknüpft werden kann oder
- ob angesichts extremer Kompetenzdefizite und Selbstunsicherheiten des Patienten eher eine psychoedukative Therapiestrategie indiziert ist, oder aber
- ob es (etwa bei akuter Neigung des Patienten zu Gewalt gegen andere oder Gewalt gegen sich selbst) als unverzichtbar betrachtet werden muss, Entscheidungen gegen oder stellvertretend für den Patienten zu treffen (etwa um ihn vor sich selbst oder andere vor ihm zu schützen).

Dringlichkeit versus Freiwilligkeit. Gerade der letztgenannte Aspekt des Grenzbereichs zur Gewalt gegen sich und Gewalt gegen andere darf bei der Besprechung der Behandlung von Persönlichkeitsstörungen nicht ausgeklammert werden. Das Problem der Therapie ergibt sich hier aus einem schwierig handhabbaren Spannungsverhältnis zwischen Dringlichkeit einer Therapiemaßnahme und dem Aspekt der Freiwilligkeit, mit dem der Patient eine Behandlung akzeptiert (vgl. Bronisch et al., 2000).

Grundgesetze und Grundrechte (z. B. Art. 2 bis Art. 5 des bundesdeutschen Grundgesetzes) formulieren in der Regel das Recht auf freie Entfaltung der Persönlichkeit und verbieten damit üblicherweise einen Behandlungszwang. Die Grenzen sind jedoch schwer bestimmbar und fließend. So mag bei eingetretener Bewusstlosigkeit eines Suizidenten die Intervention keiner Rechtfertigung bedürfen. In Entscheidungszwängen der Helfer und Therapeuten (wie nach Suizid- oder Gewaltandrohung) erfordert die Intervention gegen den Willen der Betroffenen jedoch besondere Rechtfertigung. Unversehens rückt die Zielstellung »psychotherapeutische Hilfe bei persönlichen Problemen« in die Nähe von häufig als mit ihr unvereinbar betrachteten Zwecken, wie z. B. Schutz, Gefahrenabwehr, Erziehung, Strafe (vgl. Fiedler, 2006d; Dose, 2000).

Krisenintervention. Entscheidungshilfen geben in solchen Fällen (z. B. wegen Suizidgefahr und psychischer Verwirrtheit mit dem Risiko der Fremdgefährdung, Verwahrlosung oder Seuchengefahr) sog. »Gesetze über Hilfen und Schutzmaßnahmen bei psychischen Krankheiten«, die in der Bundesrepublik Deutschland für die einzelnen Länder recht unterschiedlich formuliert sind (dort hat sich die Abkürzung »PsychKG« eingebürgert). Üblicherweise werden diese Gesetze durch allgemeine Rechtsvorschriften in den Grundgesetzen abgesichert, die als Grundlagen der richterlichen Gewalt gelten (in der Bundesrepublik ist dies Art. 104 des Grundgesetzes). Nach der Entscheidung auf Zwangsunterbringung gelten die Betroffenen als »eingeschränkte Rechtssubjekte«. Die Zwangseinweisung in eine psychiatrische Klinik kann polizeilich verfügt oder von Ärzten angeordnet werden, bedarf jedoch grundsätzlich der richterlichen Entscheidung, für die in den PsychKGs enge Fristen gesetzt sind. Bei diesen Entscheidungen spielt u. a. die Frage der Zurechnungsfähigkeit der Betroffenen eine erhebliche Rolle.

Die Unterbringung oder gar Behandlung gegen den Willen des Patienten stellt grundsätzlich eine Ultima Ratio im Umgang mit den Betroffenen dar. Sie sollte nur erwogen werden, wenn wirklich alle Möglichkeiten privater und professioneller Hilfe ausgeschöpft wurden. Denn für den Betroffenen kann ein solcher Vorgang zu einer dauerhaften Belastung in seiner Beziehung zu professionellen Helfern, Psychotherapeuten und psychiatrischen Einrichtungen führen, auf die er möglicherweise angewiesen bleibt.

10.4.2 Selbst- vs. Fremdbehandlung?

Der Spielraum zwischen patientenzentrierter Psychotherapie und Zwangsmaßnahme ist nicht auf die extreme Selbstbehandlung bzw. Fremdbehandlung beschränkt, sondern breit ausgelegt. Die Möglichkeiten der verfahrensspezifischen Indikation orientieren sich zumeist an zwei dimensionierbaren Einschätzungen, die zu Behandlungsbeginn vorgenommen werden können (→ Abb. 10.2):

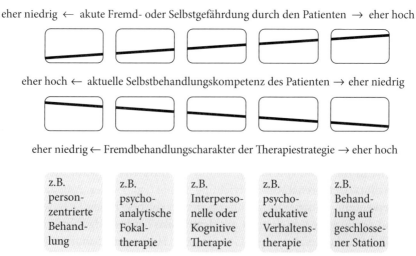

eher niedrig ← akute Fremd- oder Selbstgefährdung durch den Patienten → eher hoch

eher hoch ← aktuelle Selbstbehandlungskompetenz des Patienten → eher niedrig

eher niedrig ← Fremdbehandlungscharakter der Therapiestrategie → eher hoch

| z.B. personzentrierte Behandlung | z.B. psychoanalytische Fokaltherapie | z.B. Interpersonelle oder Kognitive Therapie | z.B. psychoedukative Verhaltenstherapie | z.B. Behandlung auf geschlossener Station |

Abbildung 10.2 Die Auswahl eher psychoedukativer versus eher selbstbestimmter Psychotherapiemaßnahmen in Abhängigkeit von der Selbst- bzw. Fremdgefährdung und/oder von der aktuellen Selbstbehandlungskompetenz des Patienten

- Wie groß ist die Gefahr der akut gegebenen Selbstgefährdung (z. B. Kontrollverluste in Richtung Suizidneigung oder Selbstschädigung im weitesten Sinne) bzw. wie hoch ist das Ausmaß der Fremdgefährdung durch den Patienten (z. B. Neigung zu spontaner Gewalt oder Impulskontrollverlusten im weitesten Sinn)?
- Wie hoch ist das Vermögen des Patienten zur Selbstkontrolle bzw. Selbstbehandlung?

Anhand der Beantwortung der Fragen zur ersten Dimension wird sich beispielsweise entscheiden können, ob die Behandlungsmaßnahmen zum Schutz des Patienten zeitweilig stellvertretend für ihn oder gar gegen ihn eingeleitet werden müssen. Die zweite Dimension ermöglicht die Beantwortung der Frage, ob die Therapie durch psychoedukative Vorgaben mitbestimmt sein sollte, die den Patienten veranlassen, sich mit den möglichen Konsequenzen seiner Interaktionseigenarten eingehender auseinanderzusetzen. Oder komplementär ausgedrückt: Es ist zu entscheiden, ob die Therapiestrategie darauf ausgerichtet werden sollte, (mittel- oder längerfristig) auf die Einsichtsfähigkeit und Selbstentfaltungsmöglichkeiten des Patienten zu bauen.

Die Entscheidungsfindung wird erheblich durch Eigenarten der jeweiligen Persönlichkeitsstörung beeinflusst. Sie kann weiter nicht losgelöst diskutiert werden von den konzeptuellen Vorgaben, die in den unterschiedlichen Therapieschulen für die Behandlung der spezifischen Persönlichkeitsstörungen entwickelt wurden. Insofern sind die Abbildung 10.2 beispielhaft eingefügten Indikationen zu spezifischen Therapieverfahren (insbesondere im Mittelbereich) möglicherweise gegeneinander austauschbar (ausführlicher: Senf & Jezussek, 1996; Bronisch et al., 2000; Fiedler, 2003a; Dammann & Fiedler, 2005).

Über die Therapieschulgrenzen hinweg besteht weitgehend Konsens, dass es mittel- oder wenigstens langfristig darum gehen wird, in Richtung auf ein Psychotherapieziel »Selbstbehandlung« hin zu arbeiten (→ Kap. 12). Jede Psychotherapiestrategie wird darauf hinauslaufen, es dem persönlichkeitsgestörten Menschen zu ermöglichen, Einsicht in die eigenen Interaktionsgewohnheiten und damit eine neue Selbstsicherheit und Selbstbehandlungskompetenz im Umgang mit seinen gewohnheitsbedingten Interaktionsstörungen zu erlangen.

10.4.3 Eine Vision für die Zukunft: Integration!

Derzeit richten sich ganz aktuelle Forschungsbemühungen auf die Entwicklung psychotherapeutischer Interventionen, die auf die Veränderung von störungsbezogenen Mechanismen, Automatismen bzw. fest eingeschliffenen Gewohnheiten abzielen (hierzu insbesondere auch die innovativen Therapieansätze im nachfolgenden → Kap. 11). Kazdin (2004) hat eine von ihm so bezeichnete »Mechanismus-basierte Psychotherapie« folgendermaßen konzeptualisiert: Psychotherapie sollte aus dem Wissen um die Prozesse bzw. Dysfunktionen abgeleitet werden, die einer psychischer Störung zugrunde liegen; es sollten im weiteren Subtypen von Dysfunktionen entschlüsselt werden, dann die möglichen Prozesse spezifiziert werden, die Änderung bedingen können und sie schließlich mit der tatsächlichen klinischen Änderung korrelieren. Nicht nur in der Forschung bei Patientengruppen, sondern auch in der Praxis bei jedem individuellen Patienten könnte im Rahmen der Therapieplanung ein erweiterter diagnostischer Prozess initiiert werden, der über die exakte nosologische Diagnose einschließlich Komorbiditäten hinaus die vorherrschenden psychologischen Dysfunktionen herausarbeitet und sie in einen Verstehenszusammenhang mit der biografischen Entwicklung stellt. Der individuelle Therapieplan würde dann im Sinne einer modularen Psychotherapie Interventionen zusammenstellen, die genau auf die Veränderung der identifizierten Dysfunktionen abzielen.

Fallbeispiel

Diese Vorgehensweise sei in aller Kürze am Beispiel einer Patientin mit Borderline-Persönlichkeitsstörung erläutert: Die Patientin schilderte eine Kindheit völliger emotionaler Vereinsamung, die sie Trost in der Natur suchen ließ, wo sie schon als Kind Pflanzen mit persönlichen Namen versah. Mit ihrer frühen Pubertät entstanden schwere konflikthafte Auseinandersetzungen mit ihrem Vater, die regelmäßig von körperlichen Misshandlungen begleitet waren. Vor diesem biografischen Hintergrund empfand sie Beziehungen zu anderen nicht als positiv und lohnenswert, sondern begegnete ihnen entweder mit Gleichgültigkeit oder aber fühlte sich bedroht, entwickelte heftige Ärger-Gefühle und legte impulshaft aufschießendes aggressives Verhalten an den Tag. Die Folge waren wenige und instabile Beziehungen zu anderen, Konflikte am Arbeitsplatz und dissoziative Zustände mit Wegdriften in eine Welt ohne zwischenmenschliches Gegenüber.

Bei dieser Patientin ließen sich typische Dysfunktionen nachweisen, wie sie bei Patienten mit Trauma-assoziierten Störungen herausgearbeitet wurden (zur Übersicht: Hassel et al., 2011): eine geringe Fähigkeit zur Affektregulation, eine Hypervigilanz gegenüber sozialen Bedrohungsreizen, ein mangelndes Gefühl von Freude im Zusammensein mit anderen sowie eine geringe »Theory of Mind« mit diffusen Vorstellungen von eigenen Motiven und Intentionen sowie denen anderer. Interessanterweise konnten in der Traumaforschung inzwischen auch Korrelate dieser beeinträchtigten psychologischen Funktionen auf der Ebene von Hirnfunktionen bestätigt werden.

So zeigen früh traumatisierte Patienten Normabweichungen in Netzwerken, in denen die Steuerung von Gefühlen prozessiert werden (Schulze et al., 2011); auch weisen sie erhöhte Aktivierungen in limbischen Arealen auf, wenn sie mit Bildern negativer Gesichtsausdrücke konfrontiert werden (van Harmelen et al., 2013) sowie Unteraktivierungen im neuronalen Belohnungsnetzwerk (Vrticka et al., 2008) und in »Theory of Mind«-Arealen.

In den Therapieplan dieser Patientin wurde z. B. Fertigkeiten aus der Dialektisch-Behavioralen Therapie zur Verbesserung der Affektregulation aufgenommen, Übungen zur Aufmerksamkeitsfokussierung auf positive soziale Signale, Interventionen aus der Mentalisierungsbasierten Therapie zur Verbesserung von »Theory of Mind«-Funktionen sowie Expositionsübungen im Zusammenhang mit den erlebten Misshandlungstraumata (→ Kap. 11).

10.5 Psychopharmakologische Behandlung

Der wesentliche Behandlungszugang bei Persönlichkeitsstörungen ist die Psychotherapie und das psychosoziale Konfliktmanagement. Die in einigen Kliniken dominierende oder fast ausschließliche Behandlung mit Psychopharmaka ist Ausdruck einer ungenügenden Kenntnis der Verantwortlichen über alternative Behandlungsmöglichkeiten, zumeist auch des Fehlens geeigneter Therapeuten, überhaupt des Fehlens vielfältiger weiterer notwendiger Ressourcen, die eine effektive psychotherapeutische Behandlung bei Persönlichkeitsstörungen erfordert. Glücklicherweise bieten immer mehr Kliniken störungsorientierte Psychotherapien an und das Wissen aus den inzwischen bei fast allen Störungen vorliegenden Leitlinien hat sich immer mehr durchgesetzt, die die Notwendigkeit einer multimodalen Therapie mit Psychotherapie als wichtigem Baustein aufzeigen.

Andererseits wird hier nicht bestritten, dass eine (psycho-)pharmakologische Behandlung auch bei der Behandlung persönlichkeitsgestörter Menschen sinnvoll sein kann – und zwar zumeist zur Unterstützung einer psychotherapeutischen Behandlung, nicht jedoch als einzige oder vorrangige (Dauer-)Maßnahme. Psychopharmakologische Behandlungsmaßnahmen bei solitär oder komorbid diagnostizierten Persönlichkeitsstörungen sind zusätzlich hilfreich, wenn bestimmte psychische, psychosomatische oder körperliche Symptome das Störungsbild (mit-)bestimmen (vgl. Dulz & Makowski, 1999; Herpertz, 2015).

Symptombehandlung. Dies kann beispielsweise bei Angstzuständen, im Depressionserleben oder bei weiteren psychischen Irritationen (wie Aufmerksamkeitsstörungen, Konzentrationsschwierigkeiten, Panikattacken, Unruhezuständen, Schlafstörungen usw.) zeitweilig der Fall sein, wie es regelmäßig bei Patienten mit Borderline-, Histrionischer, Zwanghafter, Selbstunsicher-ängstlicher oder Dependenter Persönlichkeitsstörung zu beobachten ist. Auch kann neuroleptische Medikation in Betracht kommen.

Inzwischen mehren sich Forschungsarbeiten, in denen die symptomorientierte psychopharmakologische Behandlung systematischer untersucht wurde. Dies ist vor allem im Bereich der Schizotypischen und Borderline-Persönlichkeitsstörung der Fall (vgl. in der Übersicht auch: Coccaro, 1993; Stein, 1993; Kapfhammer & Hippius, 1998; Herpertz et al., 2007; Stoffers et al., 2010; Herpertz, 2015). Vor allem können Untergruppen von Patienten mit schwereren Schizotypen Persönlichkeitsstörungen von einer neuroleptischen, zumeist niederdosierten Symptombehandlung profitieren (Cowdry & Gardner, 1988; Goldberg et al., 1986; Soloff et al., 1989; Herpertz, 2015).

Der kontrollierte Einsatz von Antidepressiva bei Borderline-Patienten führte bisher zu sehr widersprüchlichen Ergebnissen, wobei sich die Befunde mehren, dass die meisten dieser Patientengruppen wohl eher nicht von dieser Medikation profitieren, es sei denn, es liegt komorbide eine Angststörung oder eine schwere anhaltende depressive Episode vor (Links et al., 1990; Soloff et al., 1986; Herpertz et al., 2007). Schließlich gibt es verschiedentlich Hinweise, dass Patienten mit Persönlichkeitsstörungen, deren Symptomatik durch Impulskontrollverluste gekennzeichnet ist, insbesondere durch spontane, unkontrollierbare Aggressivität und Gewaltausbrüche, von einer Behandlung mit Stimmungsstabilisatoren oder Neuroleptika profitieren können (Links et al., 1990; Cowdry & Gardner, 1988; Coccaro et al., 1990; Norden, 1989; Herpertz, 2015).

> **!** Fehlen eindeutige Zielsymptome oder komorbide symptomdominierte psychische Störungen, so sollten pharmakologische Behandlungsmaßnahmen im Bereich der Persönlichkeitsstörungen eher die Ausnahme bleiben (vgl. Kapfhammer & Hippius, 1998). Indikationsvorschläge zur medikamentösen Symptombehandlung bei Persönlichkeitsstörungen finden sich in einer »State-of-the-Art«-Übersicht von Herpertz (2015) und Stoffers et al. (2010).

Von den Grenzen der Medikation. Dennoch gilt es, hier zum Schluss eine kleine Mahnung anzubringen. Medikamente sind im Unterschied zur Psychotherapie nicht in der Lage, sich um die Patienten, die es nötig haben, zu kümmern. Medikamente bieten keine Hilfe, wenn es darum geht, Patienten stützend zur Seite zu stehen, die angesichts frühkindlicher Vernachlässigung und fehlender Bindungserfahrung Regelmäßigkeiten nicht gelernt haben. Sie brauchen eine weit über Medikamente hinausreichende Hilfe, beispielsweise um zu erfahren, welche Bedeutung innere Struktur und Regelhaftigkeit für das Gefühl der eigenen Selbstwirksamkeit haben. Und ohne ein psychologisches Verständnis von psychischen und Persönlichkeitsstörungen wäre es Patienten ohne einen Therapeuten kaum sinnvoll möglich, die offenkundigen sozialen Wege richtig zu verstehen und zu behandeln, die zu ihren Störungen geführt haben: Armut, Arbeitslosigkeit, Inzest, Obdachlosigkeit, seelische Verzweiflung ob der Gewalt und Herzlosigkeit in unserer Gesellschaft, die fast grenzenlosen Möglichkeiten, die Menschen finden, um sich gegenseitig Leid zuzufügen.

Man braucht sich dazu nur die wirklichen Entstehungsbedingungen vieler Persönlichkeitsstörungen anzusehen. Schwere soziale Benachteiligung erhöht das Risiko psychischen Leids um ein Vielfaches. Je weiter unten im Sozialgefüge, desto größer ist das Elend. Es ist die im Zustand der Selbstentfremdung gefühlte Benachteiligung, die das eigentliche psychologische Gift ist. Und da dem so ist, gehört die psychotherapeutische Einflussnahme auf die konkrete Lebenswelt der Patienten – neben aller Hilfe mittels medikamentös gestützter Milderung psychischer Symptome – eben auch und dann sogar vorrangig in den Mittelpunkt jeder Behandlung. Ansonsten sollte man sich nicht wundern, wenn Erfolgszahlen stagnieren.

11 Psychotherapie im Wandel: aktuelle Entwicklungen und integrative Perspektiven

Ohne Sympathie keine Heilung.
Sándor Ferenczi

Die Ansätze, mit denen in der Forschung nach Erklärungen für die Entwicklung und Behandlung von Persönlichkeitsstörungen gesucht wurde, haben sich in den letzten zehn Jahren zunehmend aufeinander zubewegt. Einerseits haben diese zu Veränderungen in der Diagnostik geführt, wie sich diese beispielsweise im Alternativ-Modell der Persönlichkeitsstörungen im DSM-5 wiederfinden (→ Abschn. 3.4). Andererseits finden sich diese Gemeinsamkeiten in aktuell vertretenen Erklärungsmodellen. Bei genauem Hinsehen könnte sogar von integrativen Ätiologie-Perspektiven gesprochen werden. Und so ist es nicht weiter überraschend, dass auch viele der aus diesem Erklärungskonsens ableitbaren Therapieüberlegungen ebenfalls konvergieren. In welche Richtung die Entwicklung integrativer Perspektiven voranschreiten könnte, soll am Beispiel von drei gegenwärtig breiter diskutierten Therapiekonzepten angedeutet werden.

Drei aktuelle Konzepte als Beispiel. Folgende drei Ansätze, alle entwickelt seit etwa dem Jahr 2000, sollen nachfolgend einer vergleichenden Bewertung unterzogen werden:

► Mentalisierungsgestützte Psychotherapie: Sie wurde von einer englischen Arbeitsgruppe um Peter Fonagy ausgearbeitet und versteht sich als Fortentwicklung des psychodynamischen Therapieansatzes (Übersicht: z. B. Allen et al., 2008);
► Strukturbezogene Psychotherapie: Sie wurde von einer Heidelberger Arbeitsgruppe um Gerd Rudolf entwickelt und versteht sich ebenfalls als Fortentwicklung der psychodynamisch orientierten Psychotherapie (Übersicht z. B.: Rudolf, 2006);
► Schematherapie: Diese wurde von einer US-amerikanischen Arbeitsgruppe um Jeffrey Young ausgearbeitet und versteht sich als Fortentwicklung der Kognitiv-verhaltenstherapeutischen Therapieansätze bei Persönlichkeitsstörungen (Übersicht z. B.: Young et al., 2003).

Grundlagen und Einflüsse. Alle drei Ansätze beziehen sich in ihrer Konzeptbegründung in wesentlichen Annahmen auf die gleichen Grundlagen. Ihre Vertreter sprechen ihrerseits bereits von »Integrativen Konzepten«, weil sie das enge Denken in den Psychotherapieschulen überwinden möchten. In diesem Sinne versuchen die Protagonisten, Bezüge zu unterschiedlichen Theorieperspektiven auch jenseits ihres bisher vertretenen Therapieschulansatzes herzustellen. Um nur einige anzudeuten:

► Wichtige Einflüsse aller drei Ansätze stammen aus der Attachment-Theoriewelt und Bindungsforschung in der Nachfolge von Bowlby, weiter
► aus der Ich-Psychologie-Lehre und Erforschung der Abwehrmechanismen, sowie auch noch

▶ aus den Arbeiten der Dissoziations- und Traumaforscher zur Wechselwirkung des impliziten und expliziten Gedächtnisses.

Im Vordergrund stehen schließlich die Neuro-Verhaltenstherapie und die Neuro-Psychoanalyse mit ihren Modellen der Modularisierung und Mentalisierung personaler Zustände und Prozesse, die ebenfalls zunehmend auf eine empirische Basis gestellt werden (→ Kap. 7).

11.1 Persönlichkeitsstörungen: integrative Erklärungsmodelle

In allen drei Ansätzen geht man davon aus, dass sich die strukturellen Probleme von Menschen mit Persönlichkeitsstörungen als Konglomerat aus Störungen der Erinnerungen, der Gefühle, der Kognitionen und der körperlichen Wahrnehmung darstellen. Diese Störungsaspekte betreffen insbesondere die Entwicklung einer persönlichen Identität und Betrachtung der eigenen Person als integriertes Selbst sowie das Erleben und Gestalten der zwischenmenschlichen Beziehung zu anderen. In dieser Hinsicht besteht eine ausdrückliche Konvergenz zum Störungs- und Erklärungsansatz, wie sich dieser aktuell im Alternativ-Modell der Persönlichkeitsstörungen im DSM-5 wiederfindet, wo die diagnostische Beurteilung der Persönlichkeit auf den vier Dimensionen Identität, Selbststeuerung, Empathie und Nähe-Kompetenz vorgenommen wird (→ Abschn. 3.4 und 13.2).

Entwicklungskonzept. Die meisten beobachtbaren Störungsmuster strukturell schwerer gestörter Menschen werden auf äußerst ungünstige Erfahrungen in Kindheit und Jugend zurückgeführt, in denen die Betreffenden ursprünglich versuchten, angesichts extremer Zurückweisung und Vernachlässigung, Missbrauchserfahrungen und Misshandlungen ums eigene Überleben zu kämpfen. Im Laufe der Entwicklung werden viele dieser Eigenarten zu automatisiert ablaufenden Erlebens- und Handlungsroutinen, gesteuert von impliziten (v. a. prozeduralen) Gedächtnisprozessen. Sie werden als solche insbesondere in konflikttächtigen zwischenmenschlichen Situationen immer wieder ausgelöst, auch wenn sie sich im späteren (erwachsenen) Leben – offenkundig mangels Alternativen – als zunehmend dysfunktional erweisen.

Prototypische Störungen. Folgende Probleme werden in allen drei Ansätzen – übrigens ebenfalls in großer Übereinstimmung mit dem Alternativ-Modell der Persönlichkeitsstörungen im DSM-5 (→ Abschn. 3.4 und 13.2) – als prototypisch für strukturell schwer gestörte Patienten angesehen:

▶ Die Betreffenden leben als Personen, die sich nicht lebendig und hoffnungsvoll erleben, vor allem weil sie sich selbst, ihre Bedürfnisse, Absichten und Gefühle nicht vollständig verstehen.

▶ Sie leben in einer Welt, die sie in ihrer Bedeutung ebenfalls nicht angemessen verstehen und oft nicht ertragen können.

▶ Immer wieder geraten sie in zwischenmenschliche Konflikte, die sie nicht vollständig verstehen und deshalb nicht angemessen selbst managen können.

▶ Insbesondere schwerer gestörte Menschen mit Borderline-Störungen scheinen sich oft in einer körperlichen Verfassung zu befinden, die sie selbst als hochgradig befremdlich erleben. Häufig behandeln sie den eigenen Körper wie einen Sklaven oder einen Feind. Ihr Körper erscheint ihnen dann wie ein anderes Objekt und kaum mehr als Aspekt des subjektiv erlebbaren Selbst.

Individuen mit schwerwiegender Beeinträchtigung zeigen vielfach eine mangelnde Differenzierung zwischen Gedanken und Handlungen, haben eine eingeschränkte Fähigkeit, sich kohärente Ziele zu setzen und ihre Motive und ihr Handeln ausreichend zu reflektieren. Personen mit schlechtem interpersonellem Funktionsniveau zeichnen sich durch mangelnde Empathie aus, d.h., sie können sich nicht in andere hineinversetzen, nicht ihre Erfahrungen und Motive verstehen mit der Folge, dass sie soziale Interaktionen als verwirrend erleben und sich mit häufigen Missverständnissen, Konflikten und abrupten Beziehungsabbrüchen konfrontiert sehen. Zudem zeigen sie große Probleme, nahe Beziehungen befriedigend und stabil zu gestalten.

> Zusammengefasst handelt es sich im Sinne der drei Ansätze bei strukturell schwerer gestörten Personen um Menschen, die nur sehr begrenzt in der Lage sind, das mentale, kognitive, emotionale und körperliche Erleben in ein Konzept der eigenen Person und dessen Beziehungen zur Umwelt zu integrieren, insbesondere in interpersonellen sozialen Situationen.

Die Ausgangsfrage in der Entwicklung therapeutischer Möglichkeiten lautete in den drei hier ausgewählten Therapieperspektiven übrigens ebenfalls recht übereinstimmend: Wie kann es gelingen, diesen offenkundig von Erlebens- und Handlungs-Automatismen gesteuerten Prozess der Selbstentfremdung zu unterbrechen?

11.2 Therapeutische Beziehung: integrativer Schlüssel zur Behandlung

Selbstentfremdung. Fonagy und Bateman (2005) sprechen vom »Alien Self«, das – mit Blick auf eine therapeutische Einflussnahme – einer logischen Auseinandersetzung mit vorhandenen Störungsmustern nur schwer zugänglich sein dürfte, eben weil die Betreffenden sich selbst nicht angemessen verstehen. Und Rudolf (2012) beschreibt die Konsequenzen, die sich daraus für die Behandlung ergeben können: Obwohl die persönlichen Stile in der Kindheit und Jugend möglicherweise als überlebensrelevante Muster eingeübt wurden, können etwa der soziale Rückzug, eine emotionale Vermeidung und misstrauisch-feindselige Einstellungen den Therapieprozess extrem belasten und an seine Grenzen bringen.

Störungsmuster als Coping-Stile
Hier wird übrigens eine akzeptierend-nachvollziehbare Sicht auf vermeintliche störende Interaktionsmuster deutlich, da es sich nach wie vor um Bewältigungsversuche handelt, die sich eventuell nur mangels angemessener Alternativen als dysfunktional

automatisiert haben. Von Young und Klosko (2005) wird dies recht radikal anmutend formuliert. Für sie handelt es sich bei allen in den Diagnosesystemen (DSM bzw. ICD) aufgelisteten »klassischen« Kriterien für Persönlichkeitsstörungen um Bewältigungsversuche bzw. Coping-Stile. Diese werden von den Betroffenen nicht zwingend intentional eingesetzt, sondern stellen in den meisten Fällen implizit-prozedural angestoßene Erlebensautomatismen und Handlungsroutinen dar.

Therapeutische Haltung

Eine solche Perspektive hat erhebliche Konsequenzen für die Gestaltung der therapeutischen Beziehung. Auch in dieser Hinsicht sind sich die Protagonisten der hier ausgewählten drei Ansätze einig. Und genau diese Einigkeit stellt eine bereits erste wichtige *Integrationsleistung über Therapieschulgrenzen* hinweg dar – wenn nicht gar die wichtigste (hierzu auch Fiedler, 2014a, b): Übereinstimmend wird eine therapeutische Haltung gefordert, die sich wesentlich durch wertschätzende Empathie auszeichnet.

> Denn erst wenn sich Patienten in der Beziehung zum Therapeuten sicher, geborgen, angenommen und verstanden fühlen, wenn sich dadurch das implizite Erleben beruhigt und stabilisiert, können sie sich mit ernsthaften Belastungen und Konflikten bewusst und erwachsen auseinander setzen.

Wertschätzung und Akzeptanz

Voraussetzung ist weiter, dass sich Patienten in ihrer Rolle und in der Art und Weise, wie sie bisher lebten, dachten und handelten, durch den Therapeuten verstanden fühlen. Denn erst wenn sie sich verstanden fühlen, werden sie sich ernsthaft auch mit etwaigen Alternativ-Perspektiven der Therapeuten auseinandersetzen.

In dieser Haltung akzeptiert und wertschätzt der Therapeut jeden dysfunktionalen Bewältigungsversuch als das, was er ist: als in früheren Beziehungen notwendigen Selbstschutz oder als Sicherheitsoperation, als eventuell bis in die Gegenwart hinein notwendige (Über-)Lebensroutine. Insofern verbietet sich jede Art konfrontativer Beziehungsarbeit etwa mittels disziplinierender Fokussierung auf negative Aspekte des Handelns. Denn nur ein hohes Maß an Wertschätzung und aktiver Unterstützung schafft das therapeutische Milieu, in dem Patienten bereit sind, sich ihren früheren Beziehungserfahrungen anzunähern und mit dem Therapeuten zusammen nach konstruktiven Alternativen für eine erwachsene Lösung existenzieller Probleme und zwischenmenschlicher Konflikte zu suchen.

Nachfolgend werden die wichtigsten Vorgehensweisen der drei Ansätze dargestellt. Neben zahlreichen Gemeinsamkeiten werden dabei auch einige Unterschiede deutlich. Bei genauer Betrachtung jedoch stehen die Unterschiede eher in einem Ergänzungsverhältnis zueinander, und durch wechselseitige Übernahme von Interventionsideen könnten weitere integrative Perspektiven für die Therapie von Persönlichkeitsstörungen erschlossen werden.

11.3 Mentalisierungsgestützte Psychotherapie

Mentalisierung. Fonagy und Bateman (2005; auch Allen et al., 2008) beziehen sich in der Begründung ihres Therapieansatzes neben anderen oben genannten Perspektiven wesentlich auf zwei Theorie-Welten: auf Ergebnisse der Bindungsforschung und auf Konzepte der »Philosophy of Mind« bzw. »Theory of Mind«-Forschung. »Mentalisierung« ist zunächst eine recht ungewöhnliche Begriffssetzung; eingesetzt wurde der Begriff jedoch für einen vertrauten Prozess, nämlich für das Verstehen des eigenen Selbst und das Verstehen anderer Menschen. Es wird die Hypothese vertreten, dass Menschen mit Persönlichkeitsstörungen wegen ungünstiger Bindungserfahrungen in ihrer Entwicklung nur unzureichend in der Lage sind, eine angemessene Sicht eigener Erfahrungen und die anderer zu entwickeln und angemessen darauf zu reagieren.

13.3.1 Therapieziele

Vorrangiges Ziel der Behandlung ist also die Verbesserung der Mentalisierungsfähigkeit der Patienten. Der Therapeut fungiert im therapeutischen Prozess quasi als stellvertretendes Modell, in dem er sich bemüht, zunehmende Klarheit in der Selbstsicht der Patienten zu vermitteln. Dazu wird vorrangig im Hier und Jetzt gearbeitet, weil das Sich-Vergegenwärtigen aktueller psychischer Vorgänge der springende Punkt beim Mentalisieren ist (zum praktischen Vorgehen auch: Allen & Fonagy, 2006; Bateman & Fonagy, 2012; Euler & Schultz-Venrath, 2014).

13.3.2 Mentalisierungsthemen

Bei der Mentalisierungsvermittlung geht es vorrangig um folgende Aspekte:
- ▶ sich psychische Vorgänge des Fühlens, Denkens und der Körperwahrnehmung zu vergegenwärtigen;
- ▶ Achtsamkeit für eigene psychische Zustände und für die psychischen Zustände anderer Menschen zu entwickeln oder zu pflegen;
- ▶ Missverständnisse zu verstehen;
- ▶ Verminderung des häufig exzessiven äußerlichen Mentalisierens und Stärkung des innerlichen Mentalisierens;
- ▶ für affektive Zustände kognitive Repräsentanzen zu bilden;
- ▶ sich selbst von außen und andere von innen zu betrachten;
- ▶ sich mentale Eigenschaften zuzuschreiben oder »mental zu kultivieren«.

Wege zur wechselseitigen Mentalisierung. Hinter der Mentalisierungsarbeit des Therapeuten steht das bereits angedeutete Credo: Erst wenn Patienten sich durch den Therapeuten verstanden fühlen, sind sie ihrerseits bereit, sich mit der mehr oder weniger abweichenden Innenwelt des Therapeuten mentalisierend und konsenssuchend auseinanderzusetzen. Dieser Versuch einer therapeutisch angeregten Integration von

Erlebens- und Handlungsprozessen sich selbst und anderen gegenüber bedarf einer hochgradig sachlichen Reflexion von vielen eng miteinander verknüpften Aspekten des Selbst und der anderen. Deshalb werden manche der bisher in der psychodynamischen Therapie in Anwendung kommenden Interventionen als nicht günstig bzw. kontraproduktiv betrachtet.

> Entsprechend sollten Therapeuten möglichst auf Widerstands- und Übertragungsdeutungen verzichten, weil diese Patienten mental überfordern könnten. Angesichts einer mangelhaften Mentalisierungsfähigkeit sollte auch der Gebrauch von Symbolisierungen und Metaphern deutlich eingeschränkt werden. Vielmehr geht es darum, über die Wirklichkeit innerlich ablaufender Erlebens- und Handlungs-Steuerungs-Prozesse sachlich aufzuklären.

Weitere Mentalisierungsbereiche

Je weiter man dabei im Prozess vorankommt, können weitere Themen wichtig werden, wie beispielsweise:

- ▶ Unterschiede in der Lebenssituation mit je verschiedenen Anforderungen,
- ▶ Vertrautheit und unterschiedliche Relevanz von Beziehungen,
- ▶ Vergleich eigener Interessen und Bedürfnisse mit den unterschiedlichen oder gleichartigen Interessen und Bedürfnissen anderer Menschen
- ▶ Reflexion der Gleichberechtigung unterschiedlicher Interessen und Bedürfnisse.

Auf den ersten Blick gibt es viele Ähnlichkeiten mit dem Vorgehen in der Klientenzentrierten Gesprächspsychotherapie (→ Abschn. 10.3), jedoch mit dem Unterschied, das wesentlich auf die gerade dargestellten Mentalisierungsprozesse und -themen geachtet wird.

11.4 Strukturbezogene Psychotherapie

Interessanterweise folgt das Behandlungskonzept der Strukturbezogenen Psychotherapie sensu Rudolf (2006) ganz ähnlichen Prinzipien, wie sie für die Mentalisierungsgestützte Therapie gelten. Und es ist schon erstaunlich, dass beide Arbeitsgruppen ihren jeweiligen Therapieansatz unabhängig voneinander als Erweiterung der psychodynamischen Therapie entwickelt haben, jedoch erst nach Publikation voneinander Kenntnis bekommen haben.

11.4.1 Behandlungskonzept

Ein wesentlicher Unterschied besteht darin, dass Rudolf und Mitarbeiter nicht ausschließlich oder vorrangig auf eine Förderung der Mentalisierungsfähigkeit von Patienten abzielen, sondern auf eine Verbesserung einer ganzen Reihe unterschiedlicher struktureller Funktionen hinarbeiten.

Mit Fonagy und Mitarbeitern ist sich Rudolf jedoch einig, dass es angesichts der eingangs beschriebenen strukturellen Probleme persönlichkeitsgestörter Patienten (v. a. jene der Selbstentfremdung) notwendig wird, auf einige der für die psychoanalytisch-psychodynamische Therapie üblichen Interventionen zumindest zu Beginn der Behandlung zwingend zu verzichten. Rudolf begründet dies mit Blick auf die oben beschriebenen Ätiologie-Perspektiven und aufgrund inzwischen vorliegender Erfahrungen mit der strukturbezogenen Vorgehensweise mit folgenden Worten (2012, S. 143):

»Freilich liegt für manche Psychoanalytiker ein Affront in der Behauptung, dass man gute Behandlungsergebnisse erzielen kann

▶ in vergleichbar kurzer Zeit (entgegen der analytischen Annahme, dass tiefgreifende Entwicklungen sehr lange Zeit benötigen),

▶ unter Verzicht auf die Deutung abgewehrter Prozesse (weil die strukturellen Defizite nicht als abgewehrte Intentionen fungieren und daher nicht als unbewusste Intentionen fehlgedeutet werden dürfen),

▶ unter Verzicht auf Übertragungsdeutungen (weil strukturell gestörte Patienten die therapeutische Beziehung als Realbeziehung erleben und es u. U. schwierig wird und lange Zeit benötigt, die therapeutisch geförderten Übertragungsverstrickungen wieder zu entflechten).«

11.4.2 Beziehungsgestaltung

Wie im Ansatz von Fonagy und Mitarbeitern spielen auch in der Strukturbezogenen Psychotherapie die positiv und empathisch zu gestaltende Therapiebeziehung und die Nutzung von mentalisierenden Vorgehensweisen eine zentrale Rolle. Denn einerseits – so Rudolf – werde nur die vom Patienten am eigenen Leibe erlebte Empathie Voraussetzung für seine künftige empathische Annäherung an andere. Die gemeinsame Aufmerksamkeit für ein Drittes (*joined attention*) wird denn auch als eine der wichtigsten Voraussetzungen für das Verstehen eines Gegenübers betrachtet. Genau in diesem Zusammenhang gilt auch für Rudolf die Mentalisierung als bewusste Versprachlichung innerseelischer Prozesse als unverzichtbar, weil nur sie basale Erfahrungen des Selbsterlebens, der Selbstreflexion und des Selbsterlebens erfahrbar und beeinflussbar machen.

Nach-Beelterung von Patienten. Von entscheidender Bedeutung für eine mit dem Patienten gemeinsam voranzubringende Bearbeitung von strukturellen Defiziten gilt die therapeutische Haltung als Voraussetzung. Diese dürfe sich durch eventuelle negative Beziehungsangebote nicht entmutigen lassen, was (mit Blick auf die Bindungsforschung) vor allem durch eine konsequent elterlich-fördernde Einstellung erreichbar ist. Diese Beziehungsaspekte werden als eine Art Nach-Beelterung für frühe Beziehungserfahrungen vorgeschlagen, ergänzt durch elterliche Haltungen, wie sie gegenüber Jugendlichen angezeigt sind: Deutlichmachen von Realitäten, von Grenzen, von eigener Verantwortung, dieses jedoch nicht etwa durch striktes Einfordern, sondern aus dem Gegenübertragungsgefühl elterlicher Sorge heraus.

Weitere Therapieziele

Jenseits der genannten, für die Strukturbezogene Therapie essenziellen Beziehungsaspekte fasst Rudolf die Ziele der therapeutischen Arbeit mit Patienten in folgendermaßen zusammenfassen (2012, S. 144 f.):

▶ Untersuche mit dem Patienten zusammen, welche strukturellen Werkzeuge er am wenigsten zur Verfügung hat.
▶ Setze den Fokus der therapeutischen Zielsetzung darauf, diese Bereiche zu fördern.
▶ Unterstütze den Patienten, regressive Handlungsroutinen durch erwachsene Lösungsmuster zu ersetzen.
▶ Hilf dem Patienten, wachsende Verantwortung zu übernehmen für sein Leben, sein Verhalten, die Bewältigung seiner Schwierigkeiten.

11.5 Schematherapie

Schema-Begriff. Vor den Ergebnissen der Bindungsforschung geht auch die Schematherapie davon aus, dass sich v. a. in den ersten Lebensjahren, aber auch über die weitere Lebensspanne grundlegende Beziehungserfahrungen als sog. »Schemata« in die neuronale Struktur des Kindes oder Jugendlichen einprägen und als wichtige Bewältigungsprozesse (oder Coping-Stile) unterbewusst wirksam bleiben (zu den Grundlagen: Young et al., 2003, Berbalk & Young, 2008; Roediger, 2011; Zarbock, 2014).

11.5.1 Frühe maladaptive Schemata

Unter »frühen maladaptiven Schemata« werden umgrenzte Muster aus impliziten Erinnerungen, Emotionen und Körperempfindungen verstanden, die situativ aktiviert werden und das Erleben und Verhalten gegenüber anderen Menschen mitregulieren – häufig jedoch ohne bewusste Kontrolle über die automatisch ablaufenden Emotions- und Handlungsroutinen. Maladaptive Schemata entwickeln sich, wenn wesentliche Grundbedürfnisse in der Kindheit nicht hinreichend befriedigt werden. »Schemas fight for survival«, wie diese als (über)lebensnotwendige Handlungsmuster kurz und knapp von Young und Klosko (2005) auf den Punkt gebracht werden.

Grundbedürfnisse. Young und Mitarbeiter postulieren nun emotionale Grundbedürfnisse, die in der ungestörten Kindheit mit Blick auf eine gesunde Entwicklung hinreichend Befriedigung finden oder, wenn dies nicht der Fall ist, in der Psychotherapie einer Nach-Entwicklung zugeführt werden sollten:

▶ verlässliche Bindungen zu anderen Menschen einschließlich eines grundlegenden Gefühls von Sicherheit, angenommen und unterstützt zu werden;
▶ Kontrolle über die Lebensumgebung als Grundlage für ein Gefühl von Autonomie, Kompetenz und Identität, als Erleben von Selbstwirksamkeit;

- angemessene Grenzsetzungen durch das Umfeld, sodass die Kinder Selbstkontrolle über ihre eigenen Impulse lernen, als Grundlage für eine gelungene Sozialisation;
- Freiheit, eigene Emotionen und Bedürfnisse auszudrücken und dadurch Selbstwert erlangen zu können;
- lustvolle Spontaneität und Spiel.

Vernachlässigung – Trauma – Verwöhnung. Durch eine früh erfahrene vernachlässigende Nichterfüllung der Grundbedürfnisse oder durch Traumatisierung oder andersartige Verletzungen können sich lang nachwirkende Probleme einstellen; aber auch infolge eines »Zuviel des Guten« bei Verwöhnung oder fehlender Grenzziehung. Das Kind reagiert dann auf seine Weise mit ihm möglichen Coping-Stilen. Im ungünstigen Fall wird das Kind als Jugendlicher, evtl. bis ins Erwachsenenalter in seiner Entwicklung an frühen maladaptiven Schemata als Sicherheitsoperationen festhalten, und zwar so lange, wie keine Alternativen gelernt werden.

> Die schemagesteuerten Coping-Modi stellen Versuche dar, die innere Konfliktspannung zwischen den im kindlich gebliebenen Verhalten sichtbaren Grundbedürfnissen einerseits und den intern erlebten Anforderungen von außen zu überbrücken bzw. zu reduzieren.

Coping-Stile können über Jahre oder Jahrzehnte hinweg das Funktionsniveau von Menschen stabilisieren, drohen jedoch wegen ihrer frühen Fixierung im weiteren Lebensverlauf dysfunktional zu werden: Manifeste psychische und Persönlichkeitsstörungen können die Folge sein.

11.5.2 Therapeutisches Vorgehen

Ziel der Schema-Behandlung ist es, die dysfunktionalen Bewältigungsversuche der Coping-Modi zu hemmen, die ursprünglichen Bedürfnisse der Kindheit und Jugend ins Bewusstsein zu rufen und mit realistischen Perspektiven auf Gegenwartsbedürfnisse neue, ausbalancierte Lösungen zu entwickeln, die Ausdruck des Modus eines »gesunden Erwachsenen« werden können (vgl. in der Übersicht auch Roediger, 2011). Auch in diesem Vorgehen sind Gemeinsamkeiten zu den beiden zuvor dargestellten Konzepten unverkennbar, vor allem was die mentalisierende Versprachlichung innerpsychischer Prozesse angeht. Der Unterschied besteht in einer direkteren Problemaktualisierung mittels therapeutischer Übungen, wozu u. a. die (der Gestalttherapie entlehnte) Arbeit mit zwei Stühlen oder Imaginationsübungen wichtige Elemente darstellen.

In der therapeutischen Arbeit geht es jedoch nicht nur um Erfahrungen mit den Eltern, sondern auch um Erfahrungen mit Geschwistern, mit Gleichaltrigen oder anderen Angehörigen, mit Bezugspersonen in Kindergarten und in der Schule. Auch ist es möglich, mit aktuellen Schemaaktivierungen aus dem Lebensalltag oder an den unmittelbaren Erfahrungen der Beziehung zwischen Patient und Therapeut zu arbeiten.

Beobachterperspektiven. Im Verlauf der Therapieübungen regt der Therapeut immer wieder an, die Beobachterperspektiven zu wechseln. Dabei stehen zwei Beobachterperspektiven im Vordergrund: Einerseits die Teilnehmerperspektive des sich (etwa mittels Imagination oder in Ein-Person-Rollenspielen) bewussten Hineinversetzens in frühere oder aktuellere Beziehungserfahrungen. Die Teilnehmerperspektive wird direkt angeregt, indem der Therapeut den Patienten auffordert, emotionale oder körperliche Erfahrungen in vergangenen Lebensepisoden im Hier und Jetzt nachzuerleben.

Unterschieden wird weiter die Reflexionsperspektive, aus der heraus gemachte Erfahrungen von einer Außenperspektive her beobachtet und bewertet werden. Letzteres dient der kognitiven, also bewussten Integration bisher impliziter emotionaler Prozesse. Mit dem Therapeuten zusammen entsteht durch die Reflexionsperspektive ein zunehmend »erwachsen« werdender Blick auf ein Drittes, nämlich auf das automatisch ablaufende, unterbewusst regulierte Beziehungserleben. Bisher nicht gesehene, abgewehrte oder unterdrückte menschliche Bedürfnisse werden erkennbar und dem Bewusstsein zugänglich gemacht.

Imaginationsübungen. Im Mittelpunkt stehen Imaginationsübungen. Gegebenenfalls wird zu Beginn mit dem Patienten ein sicherer Ort imaginiert, zu dem man während des weiteren Vorgehens stets zurückkehren kann. In der Exposition selbst wird der Patient gebeten, zeitlich mehr oder weniger weit zurück liegende problematische Interaktionssequenzen oder andere Auslösesituationen zu visualisieren und sich diese möglichst plastisch in allen Sinnesqualitäten vorzustellen, um dann auf das aktivierte Gefühl zu fokussieren. Anders als im bisherigen Vorgehen der Kognitiven Therapie wird nicht auf der Ebene der Sprachrepräsentanzen (etwa im Sinne eines sokratischen Dialogs) nachgefragt, sondern der Patient wechselt (therapeutisch begleitet) imaginativ in den Bereich der implizit und emotional regulierten Repräsentanzen. Typischerweise ist die Stimmung angesichts früherer Interaktionskonflikte ambivalent. Mit Hilfe des empathischen Therapeuten jedoch lassen sich die evozierten Gefühle oder Gefühlsanteile beschreiben, um dann die frustrierten Grundbedürfnisse zu explorieren.

Zurück in die Zukunft. Noch in der Imagination verbleibend beginnt die sog. Schema-Modifikation. Dazu wird der Patient aufgefordert, den aktualisierten Bedürfnissen mit dem, was er heute als erwachsener Mensch weiß und kann, einen sprachlichen Ausdruck zu verleihen. Selbst wenn dies nur mäßig gelingen sollte, erleben die meisten Patienten in dieser Phase eine positive Veränderung ihrer Selbstwirksamkeit, wenn sich implizit-emotionale Prozesse und das mental-kognitive Erleben miteinander integrieren lassen.

Oder um mit dem Neuropsychoanalytiker Fonagy zu sprechen (Fonagy et al., 2002): Es wird auf diese Weise die bis dahin fehlende Mentalisierung impliziter Prozesse überwunden. Oder nochmals, wie es der Achtsamkeitsforscher Kabat-Zinn (2005) formuliert: Die Weisheit des Körpers und der Gefühle für eine erneute Sinnfindung und damit für das eigene Handeln benutzen. Zum Schluss einer Übung wechselt der Patient mit einem veränderten Selbstgefühl in die Reflexions- und Außenbeobachter-Perspektive, um »erwachsene« Konsequenzen und Perspektiven für gegenwärtiges und zukünftiges Handeln abzuleiten. Die dabei entwickelten Erkenntnisse können von Therapeut und Patient gemeinsam schriftlich festgehalten und im Verlauf der Behandlung weiter ausgearbeitet und vervollständigt werden.

11.5.3 Reparenting, Fürsorge und Akzeptanz

Bleibt zu beachten, dass bei Patienten mit schwerwiegenden Strukturproblemen und mächtigen früh erworbenen Schemata hoher emotionaler Intensität (wie bei vielen Borderline-Patienten) ein rascher Einstieg in die Imaginationsarbeit nicht in jedem Fall direkt möglich oder günstig ist. Es wird sowieso als kontraindiziert betrachtet, zu forciert mit der Reaktivierung früher Schemata zu arbeiten. Ziel ist nicht die Habituation wie in der verhaltenstherapeutischen Angstbehandlung, sondern die kognitive Reintegration des Erlebten. Und diese Reintegration sollte sich allmählich und behutsam vollziehen. In Einzelfällen – wenn in der Lebenswelt der Patienten Traumatisierungsgefahren oder Extrembelastungen vorhanden sind – wäre zudem sogar eine Phase der Stabilisierung vorzuschalten, um zunächst die akuten Belastungen zu reduzieren.

Insofern gilt wie in den zuvor beschriebenen Verfahren auch in der Schematherapie die Entwicklung einer für den Patienten akzeptierbaren Therapiebeziehung als zwingende Voraussetzung. Die therapeutische Beziehung sollte – wie Young dies beschreibt – zwischen den Polen einer unterstützenden »Nach-Beelterung« (*reparenting*) und einer »empathischen Konfrontation« flexibel ausbalanciert werden. Der Therapeut bringt sich dabei als Person mit seinem emotionalen Erleben in reflektierter Weise ein, überlässt allerdings die Rolle der »Nach-Beelterung« im Behandlungsverlauf zunehmend dem Patienten, d. h., er lernt, sich sukzessive selbst um seine Kernbedürfnisse zu kümmern. Vielleicht sollte man deshalb besser von »Begleiten« sprechen. In dieser Hinsicht sind sich die Schematherapeuten mit den Protagonisten der zuvor dargestellten Ansätze nämlich einig: Erst wenn sich Patienten in der Beziehung zum Therapeuten sicher und geborgen fühlen, wenn sich also das implizite Erleben beruhigt und stabilisiert, können sie sich mit ernsthaften Belastungen und existenziell bedeutsamen Konflikten bewusst und erwachsen auseinander setzen. In dieser Haltung akzeptiert und wertschätzt der Therapeut jeden dysfunktionalen Bewältigungsversuch als das, was er ist: als in früheren Beziehungen notwendigen Selbstschutz oder als Sicherheitsoperation, als bis in die Gegenwart hinein notwendige Überlebensroutine.

11.6 Fazit

Was sind nun die Gemeinsamkeiten und Unterschiede der vorgestellten Konzepte. Sowohl in der Mentalisierungsgestützten Therapie wie in der Strukturbezogenen Psychotherapie wie schließlich auch in der Schematherapie werden die wahrnehmbaren dysfunktionalen und häufig als manipulativ missverstandenen Handlungsmuster als ursprünglich funktionale Eigenarten betrachtet, extreme emotionale oder interpersonelle Schwierigkeiten zu bewältigen. Entsprechend wird in den drei Ansätzen versucht, die bisher eher vernachlässigten und berechtigten Bedürfnisse einer Befriedigung zuzuführen.

Um dies zu erreichen, wird den Patienten auf der Beziehungsebene mit hilfreich unterstützenden und förderlichen Interventionen begegnet: mit Akzeptanz, Verständnis, Wertschätzung und Empathie – mit einem Ansatz also, der im Sinne der Bindungsforschung einer hilfreich zugewandten und förderlichen Beelterung entspricht. Insbesondere in dieser Hinsicht einer wertschätzenden Nach-Beelterung unterscheidet sich das Vorgehen deutlich von Ansätzen, in denen etwa mittels Kontingenz-Management und insbesondere bei Suizidalität und agitierenden Verhaltensweisen häufig sogar mittels disziplinierend eingesetzten Strukturierungsversuchen ein Abbau störender Verhaltensmuster erreicht werden soll.

Genau darauf sollte zukünftig verzichtet werden, geht es in allen drei Ansätzen nicht um den Abbau störender Verhaltensmuster, vielmehr um den Aufbau und die Entwicklung erwachsener Alternativen. Und erst wenn der Patient sich vom Therapeuten angenommen und in seinen Eigenarten akzeptiert und verstanden fühlt, dürfte er sich auch bereitwillig auf vom Therapeuten angeregte funktionale Lösungsmuster einlassen.

12 Perspektiven für die Auflösung therapeutischer Krisen

Die Wahrheit ist dem Menschen zumutbar.
Ingeborg Bachmann

In diesem Kapitel geht es fast ausschließlich um das Problem der möglichen Ich-Syntonie der Persönlichkeitsstörungen und um die Möglichkeit ihrer Auflösung. Diese Perspektive beschäftigt sich mit der Frage, wie sich ungünstige Gewohnheiten oder Widerstände der Patienten therapeutisch günstig beeinflussen lassen. Hilfreiche Interventionen dieser Art sollten die Therapiebeziehung verbessern helfen und im günstigen Fall dem Patienten eine Neugestaltung seiner zwischenmenschlichen Beziehungen ermöglichen. Kurz: Es geht dabei vorrangig auch um Perspektiven für die Auflösung therapeutischer Krisen, die in der Behandlung von Persönlichkeitsstörungen nicht ungewöhnlich sind. Um diese Möglichkeiten angemessen begründen zu können, wird den therapeutischen Empfehlungen zunächst und zusammenfassend eine Analyse der interpersonellen Entwicklung und zwischenmenschlichen Wirkung von Persönlichkeitsstilen und Persönlichkeitsstörungen vorangestellt.

12.1 Ich-Syntonie, Rollenverfangenheit und Selbstentfremdung

Die Ich-Syntonie lässt sich am besten als Mangel an Mentalisierungskompetenz und reflektierter Einsicht in die eigenen Gewohnheiten auffassen, wie dies so auch im vorausgehenden Kapitel dargestellt wurde (→ Kap. 11). Im Prozess der Gewohnheitsbildung hören wir Menschen damit auf, kontinuierlich über die Angemessenheit unserer Handlungen nachzudenken, und zwar in dem Maße, wie unser Handeln subjektiv als erfolgreich erlebt wird. Handlungen werden automatisiert, prozedural vom impliziten Gedächtnis aus gesteuert. Wir benötigen unsere Aufmerksamkeit ja auch zunehmend für viele andere Dinge, vorrangig um mit unseren Interaktionspartnern über Inhalte zu sprechen, und nicht, um mit ihnen andauernd die Beziehung zu klären. Zum Nachdenken über Beziehungsaspekte wird man zumeist erneut angeregt, wenn andere unser Handeln als situationsunangemessen erleben und wenn sie dann mehr oder weniger kritisch auf unsere Interaktionseigenarten reagieren. Da dies jedoch auch immer wieder regelhaft passiert, ist die Ich-Syntonie nie absolut zu sehen. Sie variiert von Situation zu Situation beträchtlich, und zwar zumeist in Abhängigkeit von Beziehungskonflikten.

12.1.1 Die Tücken alltäglicher Beziehungen

Ob zwischenmenschliche Interaktionen konfliktarm verlaufen, hängt davon ab, ob die Beteiligten in der Lage sind, Einvernehmen über das Verbindende und Trennende dieser Beziehung herzustellen. Obwohl Interaktanden gemeinsame Interaktionsepisoden erleben, gehen sie nicht von denselben Beziehungsdefinitionen aus. Jeder Einzelne begegnet dem anderen mit eigenen Vorstellungen und Interpretationen, eher in der Annahme, das Gegenüber teile die eigene Definition der Beziehung oder akzeptiere sie zumindest. Vielleicht können als bedeutsamste Quelle interpersoneller Konflikte ganz allgemein *diskrepante Beziehungserwartungen* angesehen werden (Morton et al., 1976).

Diskrepante Beziehungserwartungen
Unterschiedliche Beziehungsdefinitionen kommen häufig vor, ohne dass die Beteiligten diese Unterschiede unmittelbar bemerken und aufklären. Spitzberg und Cupach (2001) beschreiben eine Vielzahl von Eigenwilligkeiten, die Versuche der Beziehungsklärung charakterisieren. So können Menschen fast täglich erleben, wie andere Personen versuchen, eine Beziehung zu ihnen zu klären. Nicht in jedem Fall werden die nonverbal oder verbal Angesprochenen ein solches Ansinnen ausdrücklich wünschen und dann entsprechend ablehnend reagieren. Auch sind jedem Menschen Episoden bekannt, in denen er seinerseits versuchte, eine Beziehung zu einem anderen Menschen zu klären, ohne dass sein Klärungswunsch die erhoffte Resonanz erfahren hätte.

Komplizierter gestaltet sich eine Beziehungsklärung in jenen Fällen, in denen die Klärungsverweigerung nicht eindeutig mitgeteilt wird, sei es aus Höflichkeit oder um den anderen nicht zu kränken. In solchen Fällen kann die Kommunikation »Ich möchte eigentlich doch keine Klärung« missverstanden werden und erneute Klärungsbemühungen in Gang setzen. Dabei spielen kulturelle Interaktionsmuster und die kulturell üblichen Interaktionskontexte eine wichtige Rolle.

Kulturelle Rituale ambivalenter Beziehungsdefinitionen
Gut untersucht ist dies am Beispiel der Verabredung junger Paare zu einem Rendezvous (England et al., 1996). Es ist weit verbreitet, dass flirtende Paare sich über längere Zeit hinweg wiederholt in ein beidseitig verantwortetes Wechselspiel von Beziehungsaufnahme und Beziehungsverweigerung verstricken, bevor es zum gemeinsam erwünschten Intimkontakt kommt – und das heißt zugleich: Sie verstricken sich in einen Prozess der Beziehungsklärung und Klärungsverweigerung. Es scheint kulturell üblich und sogar evolutionär vorbereitet zu sein, einem beginnenden Liebesverhältnis eine Reihe von Ritualen mit vermeintlich diskrepanter Beziehungserwartung vorausgehen zu lassen – ein Interaktionsgebaren, das im Übrigen nicht unerheblich zur wechselseitigen Sexualisierung beizutragen vermag.

»Gefühl« und »Vernunft« diskrepanter Beziehungserwartungen
Ein ebenfalls gut untersuchter Aspekt diskrepanter Beziehungsdefinitionen besteht darin, dass Menschen miteinander Beziehungen eingehen oder damit beginnen, ihre Beziehung zu klären, ohne dass beide oder einer der Interaktanden sich bereits sicher

sind, ob sie das eine oder andere überhaupt wollen (Sillars, 1998). Wird der Betreffende befragt, warum er trotz unklarer Erwartung auf eine solche Beziehung(-sklärung) eingegangen sei, antwortet er häufig, dass er mehr seinen »Gefühlen« als seiner »Vernunft« gefolgt sei. Vielleicht ist sich eine Person sogar sicher, dass sie keine Beziehung(-sklarheit) möchte – und nimmt dann doch das Klärungsangebot an. Die Begründung in solchen Fällen lautet häufig, dass man eher seiner »Vernunft« gefolgt sei als seinen »Gefühlen« – etwa, weil das die Höflichkeit gebot oder man sich von der Beziehung persönliche Vorteile erhoffte usw.

Unklare Zielsetzung und fehlende Transparenz. Selbst wenn Personen gemeinsam eine Beziehung planen, eingehen oder fortführen, kann es sein, dass sie keine klaren Ziele verfolgen. In solchen Fällen vertrauen Personen schlicht auf die zukünftige Entwicklung der Beziehung, auch wenn die möglichen Ziele eher nebulös und unklar bleiben: »Wir können es ja gern mal miteinander (weiter) versuchen, oder nicht?« Üblicherweise entwickelt sich eine Übereinstimmung von Beziehungserwartungen erst über längere Zeit, auch wenn sie sich in Einzelfällen recht bald einstellen kann (Sillars, 1998). Nehmen sich Interaktionspartner hinreichend Zeit, so können viele zunächst als diskrepant erlebte Beziehungserwartungen in tragfähige Beziehungsdefinitionen einmünden.

Zunehmende Ambivalenzen und Konflikte

In vielerlei Hinsicht können sich Beziehungserwartungen aber auch zunehmend ambivalent und konfliktreich ausnehmen. Als solche können sie fluktuieren oder den Betreffenden zeitweilig in Ratlosigkeit versetzen. Zum Beispiel, weil sich viele anfänglich attraktiv wirkende Merkmale der Bezugsperson im Laufe der Zeit als Quelle von Unzufriedenheit und Ablehnung erweisen (Felmlee, 1998). So kann es dann vorkommen, dass sich eine Person der zugeneigten Beziehungsdefinition der anderen sicher ist, während die andere Person – um Kränkungen zu vermeiden – sich zunehmend in Schweigen hüllt, weil sie sich immer klarer darüber wird, dass sie den Erwartungen ihres Gegenübers nicht (mehr) entsprechen kann oder möchte.

Selektive Unaufmerksamkeit. Es kann aber auch vorkommen, dass zunehmende Diskrepanzen in der Beziehungsdefinition gar nicht so recht wahrgenommen werden (sollen). Oder – um diesen Aspekt mit Sullivan (1953) auf den Punkt zu bringen – die betreffende Person verharrt aus unterschiedlichen Gründen der »Vernunft« oder des »Gefühls« in einem Zustand »selektiver Unaufmerksamkeit«. Und so übt man sich, vielleicht sogar über lange Zeit, zunächst vielleicht doch lieber erst einmal in Toleranz und Geduld. In bestehenden Beziehungen ist ein häufig zu beobachtendes Phänomen das der Paradoxie wechselseitiger Abhängigkeiten (LePoire et al., 1998) – bis schließlich doch die Erkenntnis Oberhand gewinnt, sich endlich trennen zu müssen. Und schon sieht sich die betreffende Person mit neuen Ambivalenzen und Konflikten konfrontiert: Trennung ja, nur wann und wie? Von jetzt auf gleich? Oder behutsam eingefädelt?

12.1.2 Das Fehlen sozial-bezogener Autonomie

Persönlichkeit wird akzentuierter. Bei vielen Menschen verläuft die vermeintliche Klärung von Beziehungsdefinitionen über den Austausch impliziter Signale und in stillem Einvernehmen. Eine offene Verhandlung von beidseitig gültigen Regeln und Zielen scheint eher die Ausnahme als die Regel zu sein (Cupach & Spitzberg, 1998). Dies gilt insbesondere für nicht intime Beziehungen im Beruf und im Freundeskreis, wo das Ansprechen persönlicher Unzufriedenheiten und von Beziehungskonflikten als Tabu behandelt wird (Baxter & Wilmot, 1995). Aber auch von stillschweigenden Übereinkünften getragene intime Beziehungen beinhalten vielfältige Gefahren, sodass es wiederholt zu Missverständnissen kommen kann. Werden diese nicht ausgeräumt, nehmen die Diskrepanzen zu, beeinflussen das Denken, Handeln und Erleben der Beteiligten und brechen sich zunehmend in indirekt und zweideutig geäußerten Abneigungsbekundungen Bahn. Die Persönlichkeitseigenarten treten akzentuierter in Erscheinung, könnte man sagen.

Fatale Attraktion ungeklärter Beziehungen. Ein- oder wechselseitig kann der Druck zunehmen, zur einst als konfliktfrei erlebten Beziehung zurückzukehren. Diese Versuche der Wiederherstellung früherer Zuneigungs- oder Intimitätserfahrungen misslingen, weil die Erkenntnis größer wird, dass die Gründe für eine Beziehungsaufnahme sich im Nachhinein als Fehleinschätzung gemeinsamer Interessen darstellen, eine Beziehungsaufnahme nur zur eigenen Vorteilsnahme erfolgte oder durch Verliebtheit und Verlangen nach Sex getrieben wurde. Mit dem Terminus »fatale Attraktion« hat denn auch Felmlee (1998) den Kern der meisten spontanen und unklaren Gründe für eine Beziehungsaufnahme auf den Punkt gebracht.

Sozial-bezogene Autonomie

Die Konflikte eskalieren weiter, wenn es den Betreffenden nicht nur an Kompetenzen zur Beziehungsdefinition, sondern auch an Fertigkeiten zur angemessenen Konfliktlösung mangelt. Als eines der Hauptmerkmale mangelnder Kompetenz zur Auflösung zwischenmenschlicher Krisen bei diskrepanten Erwartungen gilt der zeitweilige oder andauernde Verlust der sozial-bezogenen Autonomie. Bei der sozial-bezogenen Autonomie handelt es sich nicht um ein Persönlichkeitsmerkmal, sondern um einen zentralen Aspekt der sozialen, insbesondere zwischenmenschlichen, Kompetenz, wenngleich diese eng mit Persönlichkeitseigenschaften zusammenhängt (→ Abschn. 6.4).

Unterscheidung von Selbst und Objekt. Mit sozial-bezogener Autonomie ist die Fähigkeit gemeint, klar zwischen sich (eigenen Bedürfnissen) und anderen (deren separaten Bedürfnissen) zu unterscheiden. Sie bezeichnet die Sicherheit von Menschen, auf elementare, intuitive und basale Weise unterscheiden zu können, dass bestimmte Gedanken, Bedürfnisse, Grundsätze und Intentionen nur ihnen selbst zu eigen sind und nicht von anderen stammen (Kompetenzaspekt der sog. »Selbstwirksamkeit«). Und sie bedeutet zugleich, genau diese Sicherheit auch umgekehrt aus der Sicht der anderen Personen heraus verstehen zu können, als deren Gedanken, Bedürfnisse, Lebensperspektiven und Intentionen (Kompetenzaspekt einer sog. »Perspektivenübernahme«).

Intimität und Distanz. Sozial-bezogene Autonomie gilt als wesentlichste Voraussetzung, in den Interaktionen mit anderen zu klaren und eindeutigen Beziehungsdefinitionen zu gelangen. Sie beinhaltet die paradoxe Kunst, sich selbst in engsten Beziehungen persönliche Freiheit und Unabhängigkeit bei gleichzeitiger Rücksicht auf Freiheit und Unabhängigkeit der anderen Person zu bewahren.

Sozial-bezogene Autonomie meint nicht, dass die betreffende Person in ihrer Entscheidungs- und Handlungsfreiheit von anderen abhängig oder unabhängig sein muss. Bezeichnend ist, dass die Person zur Mentalisierung fähig ist, persönliche Urteile über die Realität zu erarbeiten und auszudrücken, dass sie weiß, woran sie glauben soll, und dass sie klar mitteilen kann, welche überdauernden Grundüberzeugungen ihrem sozial integrierten Handeln zugrundeliegen und warum sie sich gelegentlich für diese Grundüberzeugungen kämpferisch einsetzen wird. Zusammen mit anderen psychologischen Parametern kann die sozial-bezogene Autonomie als grundlegend für eine psychische Verfassung des inneren Gleichgewichts und der zwischenmenschlichen Ausgeglichenheit angesehen werden.

Persönlichkeitsstile und Persönlichkeitsstörungen

Menschen ohne sozial-bezogene Autonomie stehen in zweierlei Hinsicht außerhalb dieser Möglichkeiten. Da typische Merkmale eng mit Persönlichkeitsstilen und Persönlichkeitsstörungen zusammenhängen, sollen diese kurz angedeutet werden. Entweder brauchen Menschen mangels sozial-bezogener Autonomie andere Menschen, weil sie (scheinbar oder real) von deren Zuneigung, Zustimmung oder Bewunderung abhängig sind (Beispiele finden sich bei den dependent, narzisstisch und histrionisch Akzentuierten). Oder es mangelt ihnen an sozialer Bezogenheit, weil sie (scheinbar oder real) engstirnig und egoistisch eigene oder allgemeine Interessen und Ziele voranstellen und durchzusetzen versuchen (Beispiele finden sich bei paranoid, schizoid und zwanghaft Akzentuierten).

Die zwischen diesen beiden Extremen liegenden Ausdrucksformen sind häufig durch Unsicherheit in Bezug auf Anpassung und Egoismus bestimmt (z. B. die selbstunsicher, ängstlich-vermeidend und schizotypisch Akzentuierten) oder durch ein extremes Schwanken zwischen Zuneigung und Ablehnung (z. B. Borderline-Persönlichkeiten). Auch im Falle des (real oder scheinbar) norm- oder orientierungslosen, devianten und antisozialen Handelns (etwa bei Dissozialen Persönlichkeitsstörungen) dürfte nur schwerlich von sozialer Bezogenheit gesprochen werden können.

Kompetenzdefizit und Beziehungsparadox

Mit Hilfe des Konstruktes der sozial-bezogenen Autonomie und unter Berücksichtigung von Persönlichkeitsmerkmalen lassen sich viele Prozesse von Eskalation (auch Deeskalation) zwischenmenschlicher Krisen erklären. Dies gilt für alltägliche Beziehungen gleichermaßen wie für jene zwischen Psychotherapeuten und ihren Patienten (Rock, 1998). In den meisten zwischenmenschlichen Interaktionen dürften Menschen danach streben, den Möglichkeiten sozial-bezogener Autonomie bei der Klärung diskrepanter Beziehungserwartungen weitgehend zu entsprechen (Brown & Levinson,

1987). Durch die Notwendigkeit der Balance dieser beiden agonistisch aneinander gebundenen Konstrukte (sozialer Bezug versus Autonomie) lassen sich Paradoxien in der Beziehungsgestaltung nie vermeiden, sondern nur gestalten. Das Überwiegen eines der beiden Aspekte jedoch schafft nur scheinbar eindeutige Verhältnisse – und lässt die Beziehung zur Kollusion umkippen.

> Fehlt die soziale Bezugnahme und Fähigkeit zur Perspektivenübernahme, dann dominiert zumeist ein Selbstbezug. Die Betreffenden werden eher als engstirnig, dominant oder egoistisch wahrgenommen. Eigenständige Verhaltensmuster des Interaktionspartners werden als Übergriff auf die eigene Autonomie aufgefasst und als bedrohlich erlebt.
> Fehlt Autonomie, so erlebt der Interaktionspartner das Verhalten als unterwürfig und wenig kompetent. Dependenz gilt gelegentlich geradezu als Herausforderung, mit dominanten oder aggressiven Verhaltensweisen fortzufahren. In beiden Fällen können Krisen eskalieren und die Beziehungsprobleme verschärfen.

Beziehungsparadox. Das Paradoxe an dieser Situation ist: Dominanz oder Unterwürfigkeit oder das tatenlose Verharren zwischen beiden Aspekten sind in zwischenmenschlichen Auseinandersetzungen in den allermeisten Fällen Ausdruck des Versuchs, diskrepante Beziehungserwartungen zu klären. Wenn in solchen Krisen eine Seite zudem mit Klärungsverweigerung und der Aufkündigung der Beziehung droht, wird dies von der anderen Seite konsequenterweise als verletzender und kränkender Angriff auf eine positiv beziehungsstiftende Intention verstanden – als ein Angriff auf den (gut gemeinten) Versuch, die Beziehung zu retten. Dieses Beziehungsparadox ist der Kern jener interpersonellen Circulus-vitiosus-Bedingungen, die in fast allen Ätiologiekapiteln zu den spezifischen Persönlichkeitsstörungen als mögliche Erklärung für die Eskalation zwischenmenschlicher Krisen angeführt werden (→ Teil IV).

12.1.3 Soziale Rollen und Rollenverfangenheit

Als Angst oder Schutz vor unangenehmer Beziehungsklarheit haben persönlichkeitsgestörte Menschen die Präsentation einer Rolle und damit eine höchst persönliche Art von Lebensgewohnheiten gewählt. Diese Rolle bietet scheinbar Sicherheit und Autonomie, wenngleich sie zugleich fragil und brüchig ist und zumeist nur mit großer Anstrengung gelebt werden kann. Die Rollenträger verbergen damit ein unvollständiges oder nicht in jeder Situation nutzbringendes Bild über sich selbst und über ihre Wirklichkeitssicht. Oder sie maskieren damit das Fehlen von sozial integrierten Handlungsmaximen. Verblieben ist ihnen nur mehr eine Fassade, hinter der sie krampfhaft bemüht sind, Autonomie und Unabhängigkeit zu wahren. Die lebenslange Einübung in scheinbar Selbstsicherheit ausstrahlende Interaktionsmuster kann schließlich so sehr »in Fleisch und Blut« übergehen, dass die Betreffenden als selbstkontrolliert, unabhängig oder keinerlei Kritik mehr zugänglich erscheinen. Wenn dennoch eine Ich-Dystonie (also die Einsicht in die eigene interpersonelle Unzulänglichkeit) findbar ist, führt diese gelegentlich sogar zur weiteren Festigung der eigenen Rolle, indem man sich hilflos oder selbstsicher mit ihr abfindet (»Mein Charakter: mein Schicksal!«).

Selbstentfremdung und Einübung in Täuschung

Aus dem Gesagten wird deutlich, dass die zum eigenen Schutz gewählten Interaktions- und Rollenmuster eine unzureichende Möglichkeit darstellen, in interpersonellen Krisen und Konflikten erfolgreich zu bestehen. Persönlichkeitsbedingte Interaktionsmuster, die zur Tarnung einer nicht vorhandenen sozial bezogenen Autonomie eingesetzt werden, werden von anderen wegen einer fehlenden Authentizität nicht akzeptiert und verschlimmern in aller Regel die interpersonellen Schwierigkeiten. Die eingenommenen Haltungen des scheinbaren Stolzes, des Sich-selbst-Genügens, der aggressiven Abwehr, der anklammernden Dependenz, der Verschlossenheit oder des Misstrauens lösen bei anderen Menschen Abgrenzung, Ablehnung, Kritik und Feindseligkeit aus.

Die häufig folgende soziale Ausgrenzung und Isolation verschärft »privat« die Angst und »offiziell« die Zweifel an einer gesellschaftlichen Vertragswürdigkeit. Die persönliche Würde der Betroffenen schwindet. Denn möglicherweise entfällt in diesem Prozess selbst die interaktionelle Rolle als Gerüst zur Kompensation grundlegender Selbstunsicherheiten. Schließlich wird die betroffene Person als »persönlichkeitsgestört« stigmatisiert und ihr damit die Fähigkeit zur freien Entscheidung und Selbstverantwortung abgesprochen.

Das Leben mit einer Fassade. Häfner (1961) hat eine präzise und ausgesprochen lesenswerte Analyse dieses schicksalhaften Verfangens in der eigenen Rolle und »des Zwangs zum Weiterleben mit einer Fassade« vorgelegt. Seine Fallbeispiele verdeutlichen in eindrücklicher Weise, dass es für viele Betroffene ab einem bestimmten Punkt des Lebens und trotz vieler Versuche der therapeutischen Einflussnahme und Hilfe kaum mehr möglich ist, sich aus der einmal verfestigten Präsentation ihrer selbst zu befreien oder aus dem einmal gewählten Lebensstil auszubrechen. Gelegentlich wird die Fassade, weil sie als einzige Möglichkeit der Selbstachtung und des Selbsterlebens verblieben ist, bis zum »bitteren Ende« gelebt – zumal ihr Aufgeben ja auch nicht zwingend in jedem Fall die Chance einer Veränderung, Umkehr oder eines Neubeginns impliziert.

Zunehmende Selbstentfremdung. Es handelt sich um eine lebenslange »Einübung in Selbsttäuschung« (oder »excercise in deception«, wie Aldridge-Morris, 1989, es nennt). Es handelt sich um ein beständig neues Erzählen, Darstellen und Wiederholen von Geschichten und Mythen, mit denen das eigene Selbst überzeugt und gesichert werden soll (»stories we live by«; McAdams, 1993). Diese Rollenentwicklung und Rollenverfestigung ist eindrücklich auch in den Analysen und Fallbeschreibungen zur Entstehung neurotischer Stile bei Shapiro (1965, 1981) nachzuvollziehen. Katschnig (2000) spricht sehr treffend von Lebensstrategien, auch wenn gelegentlich besser von Über-Lebensstrategien auszugehen ist.

Die scheinbar erfolgversprechende, letztlich selbsttäuschende Einübung einer einseitigen Lebensstrategie führt über die zunehmende zwischenmenschliche Entfremdung
schließlich in die Selbstentfremdung (Kuhl & Kaschel, 2004). Die damit einhergehende
zunehmende Inkompetenz zur sozial integrierten Entscheidungsfindung verschließt
sich in einer Reihe von Abschirmungen und unnatürlichen Verhaltensweisen, von
Masken und Fassaden. Selbst der möglicherweise vorhandene Wille zur ehrlichen
Kommunikation paart sich durchgängig mehr und mehr mit einer Angst vor eben
dieser Kommunikation und bringt als Konsequenz all jene unnatürlichen Haltungen,
unsicheren, widersprüchlichen und verstiegenen Verhaltensweisen hervor, von denen
in den vielen Kapiteln dieses Buches die Rede ist.

12.2 Wege aus der Ich-Syntonie: Sinnfindung und Transparenz

Was erneut deutlich werden sollte, ist: Die Psychotherapie der Persönlichkeitsstörungen zielt nicht auf die Lösung individueller, sondern auf die Lösung zwischenmenschlicher Probleme ab. Persönlichkeitsgestörte Patienten könnten in einer Psychotherapie lernen, wie sie die ihnen ureigenen Persönlichkeitseigenarten erneut und
zusammen mit jenen Faktoren, die ihre Lebenswelt ausmachen, auf eine sozial-bezogene und autonome Art handhaben können. Die Betroffenen befinden sich zu Beginn
der Therapie in einer Situation, in der sie lernen könnten, zwischen verschiedenen
Alternativen zu entscheiden, die von widersprüchlichen äußeren wie inneren Ansprüchen und Bedürfnissen ausgehen.

Gefangenendilemma

Bevor sich jemand frei zwischen inneren und äußeren Anforderungen entscheiden
kann, muss er sich zuerst einmal selbst als mitverantwortlicher Teil jener Situation
empfinden, aus der er zunehmend ausgegrenzt und isoliert wurde. Die Falle, in der die
Betroffenen gewöhnlich stecken, ist, dass sie zur Änderung von Personeigenarten
aufgefordert sind, aus denen sie ihre Sicherheit und Beständigkeit beziehen. Die Frage
ist: Gibt es Möglichkeiten, unter Behalt der eigenen, wenngleich brüchigen Selbstsicherheit einen Ansatzpunkt für eine Änderung zu finden – und dies zudem möglichst
unter Nutzung der (wegen des Fehlens von Alternativen) noch benötigten Rollen-
eigenarten und Fassaden (sprich: unter Nutzung der vorhandenen Kompetenzen und
persönlichen Ressourcen)?

Der von uns in den folgenden Abschnitten entfaltete Ausweg aus diesem »Gefan-
genendilemma« liegt in einigen entscheidenden Vorarbeiten oder in einer um nichts
weniger therapeutischen Hinführung zur mitverantwortlichen Therapiearbeit. Die
zwei wesentlichen Zielaspekte dieser therapeutischen Initiative sollen kurz vorab
umrissen werden.

Sinnfindung. Einerseits bestehen diese Vorarbeiten in einer sinnsetzenden Neudefinition der Situation, in der sich die Betroffen befinden. Dieser notwendige erste Schritt in der Therapie geht dahin, den Patienten zu einem Verständnis ihrer Selbstverfangenheit in einem rollenbedingten Interaktionsverhalten zu verhelfen. Dazu müsste ein (neuer) kognitiver Bezugsrahmen gefunden werden, der den Personen die Sicherheit dafür zurückgibt, dass sie nach wie vor mitverantwortliche Teilnehmer ihrer Interaktionen sind. Ziel ist die Wiedererlangung von Mitverantwortlichkeit und Beeinflussbarkeit gegenwärtig bestehender und zukünftig zu erwartender interaktioneller Konflikte, die sich bis dahin scheinbar unabhängig von jeder Möglichkeit aktiver Einflussnahme verselbstständigt haben.

Transparenz. Andererseits wird eine Maximierung der Transparenz hinsichtlich der Zielstellungen und Möglichkeiten der Therapie sowie hinsichtlich der zu erwartenden negativen wie positiven Konsequenzen durch die weitere (konstruktive wie nichtkonstruktive) Mitarbeit des Patienten notwendig. Dem Patienten sollte deutlich werden, dass er sich der Mitverantwortung für sein Handeln nicht entziehen kann. Es darf ihm gegenüber nicht verschwiegen werden, dass möglicherweise eine Reihe unliebsamer Neu- und Um-Entscheidungen notwendig werden, die in jedem Fall implizieren, dass damit die Übernahme von Verantwortung für das eigene Tun verbunden ist. Es wird hier also unterstellt, dass dem Patienten diese Wahrheit zumutbar ist. Als zu beantwortende Frage bleibt, wie dies mit dem Patienten erreicht werden kann.

Nachfolgend soll ein Vorschlag unterbreitet werden, an dem beispielhaft deutlich werden kann, wie die Motivierung von Patienten zur konstruktiven Mitarbeit in ihrer Therapie gestaltbar ist. Es handelt sich dabei einerseits um die Definition und Erläuterung von drei Basisvariablen des Therapeutenverhaltens (»Zieltransparenz«, »Ermöglichen von Widerspruch«, »Verbindlichkeit«). Andererseits handelt es sich um die Übersetzung dieser Grundbedingungen in eine konkrete Gesprächsstrategie (die »personzentrierte Verantwortungszuweisung«). Diese auch *mentalisierungsgestützte* Gesprächsstrategie (→ Abschn. 11.3.1) wird wegen der Möglichkeit ihrer didaktischen Aufgliederung und Lernbarkeit auch als »therapeutischer Dreisatz« bezeichnet.

Basisvariablen und Gesprächsstrategie wurden bereits andernorts ausführlich vorgestellt und dort pragmalinguistisch begründet (vgl. Maiwald & Fiedler, 1981). Gleichzeitig können sie – wie gerade angedeutet – als prototypisch für therapeutisches Handeln innerhalb einer mentalisierungsgestützten Psychotherapie angesehen werden. Diese Therapeutenmerkmale sind in den vergangenen Jahren in der Behandlung von Patienten mit unterschiedlichen psychischen und Persönlichkeitsstörungen vielfach eingesetzt und erprobt worden. Auf der Grundlage dieser Erfahrungen wurden sie in die jetzige Form gebracht.

12.3 Therapeutisches Basisverhalten

In der Behandlung von Patienten, die ihre sozial-bezogene Autonomie mehr oder weniger verloren haben, übernimmt der Therapeut zunächst immer auf irgendeine Weise einen Teil der Verantwortung für die (weitere) Gestaltung der therapeutischen Beziehung. Seine Versuche der Einflussnahme auf die Beziehungsgestaltung sind und bleiben Ausdruck eines natürlich gegebenen Machtgefälles, auch wenn oder gerade weil es um die Wiederherstellung von Selbstbestimmung und verantwortlicher Mitentscheidung des Patienten in dessen Therapie geht. Diese »Macht« des Therapeuten speist sich – so paradox das klingen mag – aus seiner therapeutisch notwendigen Unabhängigkeit, die er benötigt, um die Unabhängigkeit des Patienten zu gewährleisten. Genau dieses Ziel wird durch die nachfolgend beschriebenen Basisvariablen zu erreichen versucht. Es handelt sich um Interaktionsmerkmale, die Autonomienahme und Autonomiebehalt *für beide Interaktionsteilnehmer* partnerschaftlich oder kooperativ ermöglichen sollen: Sie beinhalten das scheinbare Paradox der gleichzeitigen Zielkontrolle und Kontrollabgabe durch den Therapeuten, für das in der Literatur zeitweilig der Begriff »therapeutische Doppelbindung« eingeführt wurde (Watzlawick et al., 1972), wenngleich die Rahmensetzungen dieses therapeutischen Beziehungsparadoxons nachfolgend völlig neu konzeptualisiert werden.

Die vorgestellten Basisvariablen gelten natürlich nicht nur in der Psychotherapie von Persönlichkeitsstörungen. Sie sind dort jedoch besonders bedeutsam, weil sie wichtige Voraussetzungen für die Wiedereinsetzung von sozial-bezogener Autonomie darstellen, die in einer zunehmenden Mitverantwortung des Patienten an seiner Therapie ihren ersten Ausdruck finden kann.

12.3.1 Zieltransparenz

Beim Beziehungsmerkmal der Zieltransparenz geht es um den Grad der Offenlegung von Absichten und Zielen des Therapeuten, also um eine Reflexion des Zielbestimmungsprozesses – um eine Verdeutlichung und Begründung seiner Interventionen, seiner therapeutischen Absichten, Pläne, Ziele. Kurz: Es geht um die Offenheit des Therapeuten dem Patienten gegenüber. Weiter ist die Begründung des angezielten Vorgehens von Bedeutung. Wichtige Elemente sind:

▶ eine möglichst realistische Abschätzung der Hoffnungen und Erwartungen, die sich Patienten nach aller Erfahrung bei dem jeweils angewandten therapeutischen Vorgehen machen dürfen;

▶ eine Abwägung der Konsequenzen, die sich aus einem Abbruch oder aus der Nichtteilnahme an der Therapie ergeben könnten.

Übertriebene Erwartungen der Patienten wären in diesem Sinne zu reduzieren, negativistische und feindselige Einstellungen in ihren möglichen Auswirkungen auf die angestrebte Kooperation anzusprechen. Nur durch Maximierung der Zieltransparenz werden Patienten Kriterien an die Hand gegeben, selbst eindeutiger zur Verlaufsstrukturierung der Therapie Stellung zu beziehen. Insofern wirkt Zieltransparenz unmittelbar autonomieförderlich und damit therapeutisch.

Therapeutische Funktion. Im Falle geringer Zieltransparenz fehlen dem Patienten wichtige Anhaltspunkte dafür, weshalb Therapeuten genau so und nicht anders vorgehen. Der Patient muss in solchen Fällen schlicht glauben bzw. darauf vertrauen, dass das, was der Therapeut tut, richtig sein wird. Erst bei gegebener Transparenz wird der Patient wirklich gefordert sein, von sich aus zu den Möglichkeiten des weiteren Therapieverlaufs Stellung zu nehmen. Selbst wenn er nicht Stellung nimmt, erhöht Zieltransparenz seine Mitverantwortung – vorausgesetzt, die Mitteilungen des Therapeuten haben den Zweck der Prozessklärung erfüllt, d. h., der Patient hat die Mitteilungen des Therapeuten verstanden.

Zieltransparenz ist nicht als gebündelte Aufklärung des Patienten zu einem Zeitpunkt gemeint. Sie stellt eine Möglichkeit dar, von der der Therapeut immer wieder und kontinuierlich im Verlauf der Behandlung Gebrauch machen sollte. Insgesamt betrachtet gilt die kontinuierliche Zieltransparenz als ein Indikator für das Ausmaß an Bereitschaft des Therapeuten zur seinerseitigen Übernahme von Verantwortung für die Therapie und in einem weiteren Sinne als Bestimmung des Geltungsbereiches seiner Handlungsmöglichkeiten.

12.3.2 Das Ermöglichen von Widerspruch

Die Basisvariable »Ermöglichen von Widerspruch« verpflichtet den Therapeuten dazu, im Rahmen der Prozesssteuerung dem Patienten kontinuierlich die Möglichkeit einzuräumen, das therapeutische Vorgehen von sich aus zu kritisieren – und zu korrigieren! Das Ermöglichen von Widerspruch regt zur Metakommunikation an. Diese ermöglicht die aktive Teil- und Einflussnahme des Patienten auf den Therapieverlauf und auf seine Therapie.

Andererseits wird in der Kontinuität der Gewährung von Einflussnahme und Widerspruch deutlich, in welchem Ausmaß der Therapeut sein eigenes Vorgehen von sich aus kritisch betrachtet. Insofern ergänzt sie die Zieltransparenz, indem sie die explizit mitgeteilten Überlegungen zur Prozesssteuerung in Richtung auf die Zielüberlegungen des Patienten selbstkritisch ausdeutet.

Therapeutische Funktion. Das Ermöglichen von Widerspruch könnte somit funktional als Indikator für die Abgabe von Kontrolle über den Zielbestimmungsverlauf auf eine Erhöhung der Mitverantwortlichkeit (in Richtung sozial-bezogener Autonomie) des Patienten hin gelten. Das Ermöglichen von Widerspruch erlaubt Rückschlüsse über die vom Therapeuten selbst vorausgesetzte Angemessenheit seiner Zielvorgaben und über die subjektive Sicherheit, mit der er diese vertritt. In einem weiterreichenden Sinn kann das Ermöglichen von Widerspruch auch als Indikator für die Vorläufigkeit einer Strategie angesehen werden. Sie ist damit ein Angebot zur gemeinsamen Verständigung und Verantwortung.

Geringes Ermöglichen von Widerspruch beschreibt hingegen die relative Unangreifbarkeit (bis Absolutheit) therapeutischer Vorgaben, die zugleich festschreibenden Charakter besitzen. Der Therapeut setzt in solchen Fällen voraus, dass der Patient die inhaltlich angesprochenen Voraussetzungen akzeptiert oder dass es keiner weiteren Verständigung darüber bedarf. Das Verringern von Widerspruch ermöglichenden Gesprächsanteilen kann im weiteren Verlauf durchaus sinnvoll sein, etwa zur Abschätzung, ob Patienten die Möglichkeit zum Widerspruch als interaktionelle Norm in der Therapie bereits akzeptiert haben und anwenden. Es bleibt jedoch zu bedenken, dass sich der Therapeut, der wenig Widerspruch ermöglichend formuliert, unangreifbarer macht als derjenige, der abwägt, in Frage stellt, offen lässt und sich rückversichert. Es muss klar gesehen werden, dass die Entscheidung und Verantwortung für die Richtigkeit der Therapieinitiative eher jene Therapeuten übernehmen, die sich wenig Widerspruch ermöglichend verhalten.

12.3.3 Verbindlichkeit

Das Ermöglichen von Widerspruch entbindet den Therapeuten nicht von der Verantwortlichkeit für die Therapie und den Therapieprozess, für deren Durchführung lege artis er weiterhin all seine Kompetenz einbringen muss. Die Basisvariable »Verbindlichkeit« kennzeichnet entsprechend, dass der Therapeut zu dem steht, was er sagt, inhaltlich oder emotional beiträgt und warum er etwas – zieltransparent und Widerspruch ermöglichend – tut. Verbindlichkeit kennzeichnet gleichzeitig das Ausmaß an Verpflichtung, das der Therapeut dem Patienten zur Mitverantwortung und Mitbestimmung in der Therapie auferlegt.

Die Einflussnahme des Therapeuten auf die Beziehungsgestaltung in der Therapie beinhaltet die Notwendigkeit zur Unabhängigkeit vom Patienten – dies schon deshalb, weil sie eine Voraussetzung der Eigenverantwortung des Patienten darstellt. Der Therapeut selbst muss ständig und unabhängig vom Patienten an der Analyse des fortschreitenden Prozesses und an den eigenen Einsichten in den aktuellen Verlauf arbeiten, um Klarheit darüber zu behalten, was beim Austausch gesprochener und vor allem auch nicht gesprochener Botschaften zwischen ihm und dem Patienten vorgeht und wie seine eigenen Gefühle und Befindlichkeiten dazu momentan aussehen.

Diese inneren Klärungsversuche und Vorausentscheidungen sind etwas, wovon der Patient – bei allem Anspruch um Realisierung der Zieltransparenz – nicht immer in Kenntnis gesetzt werden kann. Dies nun bedeutet überhaupt keine Einschränkung der kontinuierlich geforderten Zieltransparenz. Gemeint ist damit lediglich, dass sich die Therapie nicht auf kontinuierliche Zieldiskussionen reduzieren lässt. Die inneren Bemühungen des Therapeuten um Klarheit, Bewusstheit und Prozessanalyse eröffnen zwangsläufig einen »Superioritätsspielraum«, der eben damit das nicht gänzlich aufhebbare Machtgefälle zwischen Therapeut und Patient konstituiert.

Therapeutische Funktion. Die Verbindlichkeit des Therapeuten ist Ausdruck seines Bemühens um das Vorhandensein eigener Klarheit und Sicherheit, mit der er den therapeutischen Prozess begleitet. Diese Verbindlichkeit in der Prozesssteuerung durch den Therapeuten dürfte jeweils den Spielraum der Handlungsmöglichkeiten in der Therapie einschränken, weil sie die Aufmerksamkeitsrichtung auf aktuell zentrale Themenstellungen bündelt und Kontinuität sicherstellt. Implizit gibt der Therapeut damit aber auch ein Versprechen ab, dass diese durch seine Verbindlichkeit vollzogene Einschränkung für den weiteren Prozessverlauf angemessen ist. Er unterstreicht damit, dass er als Person hinter seinen Einlassungen steht. Und er betont zugleich seine Absicht, die von ihm selbst eingegangenen Verpflichtungen (seine Verbindlichkeiten) auf ihre Erfüllbarkeit hin zu kontrollieren bzw. sie im Falle der Unangemessenheit zieltransparent zurückzunehmen.

Zusammenfassend hat ein hohes Maß an Verbindlichkeit für den Zielbestimmungsprozess vor allem die kommunikativ-therapeutische Funktion der Unabhängigkeitssicherung von Patient und Therapeut, wobei selbstkritisch gesehen und beachtet werden muss, dass sich der mögliche Bezugspunkt in der Therapeut-Patient-Beziehung zeitweilig auf die Absichten des Therapeuten verlagert.

12.4 Die mentalisierungsgestützte Auflösung therapeutischer Krisen

Die im Folgenden beschriebene mentalisierungsgestützte Gesprächsstrategie ist zur Auflösung therapeutischer Krisen gedacht. Sie setzt also voraus, dass (um hier nur einige prototypische Beispiele zu nennen) die fortschreitende Therapie und der therapeutische Prozess ins Stocken geraten sind oder sich bereits längere Zeit im Kreis drehen, dass die Mitarbeitsbereitschaft des Patienten deutlich zurückgeht oder dass die therapeutische Beziehung gar durch den Therapieabbruch des Patienten bedroht ist. Gedacht ist auch an jene Situationen, in denen der Patient bereits für längere Zeit erneut in die für seine Persönlichkeitsstörung typische Interaktionsroutine verfallen ist oder sich widerständig hinter der Fassade seines Selbstschutzes oder seiner Selbstgefälligkeit verbirgt und sich offensichtlich nicht allein aus dieser Rolle befreien kann. Voraussetzung ist also in aller Regel eine bereits längere Zeit im Therapieverlauf kontinuierlich oder wiederholt beobachtbare Stagnation. Wir betonen dies deshalb, weil wir die nachfolgende Gesprächsstrategie nicht grundsätzlich als sinnvoll betrachten. Sie wurde eigens zum Zweck der Auflösung therapeutischer Krisen entwickelt. In diesem Sinne stellt sie gleichzeitig natürlich immer nur eine von mehreren Möglichkeiten dar.

12.4.1 Personzentrierte Verantwortungszuweisung

Die hier vorgestellte Gesprächsstrategie wird als personzentrierte Verantwortungszuweisung bezeichnet. Mit dieser Gesprächsstrategie werden mehrere voneinander abhängige Zielstellungen angestrebt, von denen die folgenden drei als zentral gelten können:

- ▶ Personzentrierte Verantwortungszuweisung sollte dem Patienten neue Sicherheit geben, sich selbst frei entscheiden zu können. Dazu gehört einerseits die Möglichkeit, (neue) Handlungen von sich aus selbstverantwortlich auszuführen, wie andererseits auch, dass der Patient frei ist, sich für die Beibehaltung der Interaktionsrolle zu entscheiden, die er gerade gewählt hat.
- ▶ Personzentrierte Verantwortungszuweisung sollte verdeutlichen, dass Verantwortlichkeit für das eigene Tun immer gegeben ist (mit Ausnahme des Kontrollverlustes, etwa im psychotischen Erleben) und dass deshalb auch die durch das eigene Handeln erwartbaren Konsequenzen selbst mit angeregt wurden und deshalb mit zu verantworten sind.
- ▶ Personzentrierte Verantwortungszuweisung sollte die Unabhängigkeit des Therapeutenhandelns vom Patientenhandeln betonen, was zugleich beinhaltet, dass der Therapeut sowohl die Entscheidungsfreiheit des Patienten und damit dessen Mitverantwortung für die Therapie hervorhebt, wie er auch gleichzeitig seine eigene, professionell gegebene Mitverantwortung und damit seine Entscheidungsfreiheit für die Durchführung der Therapie unterstreicht.

Die erneute Übertragung von Selbst- und Mitverantwortlichkeit sollte vom Patienten verstehbar sein. Noch weiterreichend wäre es wünschenswert, wenn sie implizit oder explizit unmittelbar zwischen Therapeut und Patient konsensfähig wäre. Das jedenfalls ist mit der Attribuierung »personzentriert« gemeint. »Personzentriert« besagt, dass der Therapeut die Sinnhaftigkeit der therapeutischen Krise und deren Funktion über ein Verständnis und eine Akzeptanz der jeweils gegebenen Patientenrolle zu entschlüsseln und transparent zu machen versucht.

Oder präziser ausgedrückt: Therapeutische Krise und Stagnation erhalten Sinn, wenn für deren Zustandekommen die möglicherweise unterschiedlichen sinnhaften Zielvorstellungen und Rollenauffassungen, die Therapeut und Patient getrennt in die Therapie einbringen, transparent werden und konsensuell als verantwortlich angesehen werden könnten.

12.4.2 Der therapeutische Dreisatz

Die auf der Grundlage dieser Zielstellungen entwickelte Gesprächsstrategie bemüht sich um eine Realisierung von drei zentralen Einzelaspekten. Sie werden hier als solche aus didaktischen Gründen formal getrennt und nacheinander vorgestellt, obwohl diese Reihenfolge in der Therapiewirklichkeit nicht immer zwingend so eingehalten werden muss. Wichtig ist jedoch, dass die Intervention möglichst mit Schritt 1 des therapeutischen Dreisatzes beginnt und dass die übrigen Aspekte in diesem Gesprächsbeitrag des Therapeuten wenn schon nicht immer explizit, so doch zumindest implizit enthalten sind (→ Abbildung 12.1).

Abbildung 12.1 Therapeutischer Dreisatz: Mentalisierungsgestützte Verantwortungszuweisung bei Krisen, Konflikten und Widerständen im Therapieprozess (Erläuterungen im Text)

Schritt 1: Sinnsetzende Zieltransparenz auf Seiten des Patienten

Der Therapeut unternimmt eine empathische Sinndeutung des aktuellen Problems, Problemverhaltens und / oder der eingenommenen Interaktionsrolle des Patienten, die im Kern für die entstandene Stagnation des Therapieprozesses mitverantwortlich sind oder sein könnten. Zugleich wird herausgearbeitet, welchen Zweck oder welche Ziele der Patient möglicherweise mit der Problempräsentation oder der eingenommenen Haltung verfolgt oder welchen Einfluss er damit auf den Verlauf der Therapie zu nehmen versucht. Die Sinndeutung muss die aus der Sicht des Patienten gegebenen *positiven* Motive seiner Handlungen oder Einstellungen enthalten, ansonsten kann der Therapeut keine Sinndeutung vornehmen. Dies impliziert nicht, dass der Therapeut diese Sinnsetzungen inhaltlich teilt. Dies impliziert jedoch, dass der Therapeut die momentan gegebenen Erwartungen und Grundhaltungen des Patienten versteht und sie für ihn eben aus dessen Sicht (stellvertretend für ihn) plausibel und akzeptierbar darstellt; Letzteres ist mit Positivierung gemeint. Diese Sinnsetzung impliziert eine positive Konnotation von Zielstellungen des Patienten durch den Therapeuten.

Fallbeispiel

Teil 1: Fallvorstellung

Fall 1. Zum Beispiel wird die fortwährend und jammernd vorgetragene Dependenz eines Patienten von der behandelnden Therapeutin so verstanden, dass sie – die Therapeutin – von sich aus weitere Vorschläge unterbreiten solle, um dem Patienten (wie schon so oft zuvor) eine weitere Perspektive zu eröffnen. Es ist jedoch inzwischen klarer absehbar, dass das neuerliche Eingehen auf die Dependenz die

Interaktionsroutine des Patienten nur erneut fortschreiben würde. Diese Wiederholung des dependenten Hilfeersuchens findet natürlicherweise ihren Sinn in der weiterhin bestehenden, durch mehrfache Erfahrung validierten Hoffnung des Patienten, dass der Therapeutin erneut etwas einfallen werde. Und diese Hoffnung ist natürlich berechtigt, da die Therapeutin den Gegenbeweis (des Nichtmehrvorhandenseins oder der möglichen Insuffizienz einer psychoedukativen Therapiestrategie zur Lösung des Autonomieproblems) noch nicht geliefert bzw. angesprochen hatte. Genau mit dieser positiven Sinnsetzung der Dependenz als erneuter Hoffnung eröffnet die Therapeutin den Dreisatz zur personzentrierten Verantwortungszuweisung (also mit einem aus Sicht des Patienten durchaus verständlichen und auch nicht anders zu erwartenden erneuten Einfordern neuer Perspektiven und Vorschläge). Dass der Patient neue Vorschläge erwartet, ist »okay«!

Fall 2. Als ein weiteres Beispiel mag hier der wiederholt geäußerte und unterschwellig fortbestehende Ärger eines narzisstisch akzentuierten Patienten gelten, der auf die vermeintliche oder reale »Inkompetenz« des Therapeuten ausgerichtet ist. Dieser hatte (»bisher jedenfalls«) die erhofften Erwartungen für ein »tiefes Verständnis« der dargestellten Probleme nicht erfüllt, die der Patient mit seiner Lebensgefährtin hat. Diese Einstellung des Patienten ist aus dessen Perspektive nur zu verständlich, da er es – nach eigenen Schilderungen – schon mehrfach mit Therapeuten zu tun hatte, »die ihr Handwerk nicht verstanden«. Der Ärger ist begründet, da auch der jetzige Therapeut den eigenen Idealvorstellungen nicht zu entsprechen scheint. Dieser Ärger wird zur Dreisatzeröffnung vom Therapeuten als aus der Sicht des Patienten durchaus akzeptierbar dargestellt: Schon wieder einmal ist er an einen Psychotherapeuten geraten, dem sich ein tiefes Verständnis seiner Beziehungsprobleme verschließt.

Fall 3. Und in einem dritten Beispiel, an dem wir den Ablauf des therapeutischen Dreisatzes darstellen möchten, haben wir es mit einer histrionisch strukturierten Patientin zu tun, die zum wiederholten Mal beim Nachdenken über die Einstellungen der eigenen Mutter ihr gegenüber in tiefes Schweigen versinkt und aus dieser autistischen Haltung nicht herauszukommen vermag. In einer früheren Sitzung hat sie schon einmal laut schluchzend den Therapieraum verlassen. Das Verweigern des Weitersprechens der Patientin wird der Therapeutin zunehmend verständlich, da die Patientin häufig in Nebensätzen die Vermutung entwickelt, dass die Mutter ihr gegenüber wohl doch nicht durchgängig jene liebevolle Haltung eingenommen hat, von der sie von Beginn der Therapie an immer schwärmerisch berichtete. Das weitere Nachdenken über die wahren Einstellungen der Mutter der Patientin gegenüber hätte möglicherweise bedrohliche und nicht abschätzbare Auswirkungen auf die bisherigen Annahmen der Patientin über die Mutter. Und die Konsequenzen, die diese Erkenntnis für die weitere Gestaltung der Tochter-Mutter-Beziehung hätte, sind für die Patientin schon gar nicht abschätzbar. Genau diese Vermutung (oder Sinndeutung) der Therapeutin über die Sinnhaftigkeit der

Vermeidung des weiteren Nachdenkens über die Mutter wird der Patientin zu Beginn des Dreisatzes mitgeteilt und zugleich auch die Patientin-Sicht akzeptiert, dass weiteres Nachdenken natürlich schwer einschätzbare Konsequenzen hätte.

Schritt 2: Sinnsetzende Zieltransparenz auf Seiten des Therapeuten

Der Therapeut unternimmt den Versuch, seine eigenen (aus der hier und jetzt gegebenen Stagnation resultierenden) kurz- oder mittelfristigen Zielstellungen offenzulegen. Dabei sollte er sinnsetzend eine möglichst plausible und klare Begründung für (s)einen Vorschlag zur Überwindung der Stagnation liefern. Es sollte also eine positive, d. h. konstruktive Lösung des Stagnationsproblems vorgeschlagen werden. Was das in der Abbildung hervorgehobene Stichwort der »Perspektivierung« betrifft, so gibt es hierzu in der Regel zwei Alternativen.

Alternative 1. Die Zielperspektiven des Therapeuten unterscheiden sich von denen des Patienten. In diesen Fällen meint Perspektivierung die klare und wahrhaftig vorgetragene Begründung einer Alternative, die der Therapeut in Abweichung von den verstehbaren Zielstellungen des Patienten dennoch für sinnvoller erachtet.

Alternative 2. Die Zielvorstellungen des Therapeuten und des Patienten konvergieren, d. h., der Therapeut macht sich die Sinnperspektive des Patienten für das weitere Vorgehen zu eigen. Diese Lösung wird nach allen Erfahrungen, die inzwischen mit dem therapeutischen Dreisatz vorliegen, von erfahrenen Therapeuten eher bevorzugt. Die sinnsetzende Perspektivierung beschränkt sich in diesem Fall schlicht auf eine empathische Akzeptanz der Zielvorgaben des Patienten.

Fallbeispiel

Teil 2: Zieltransparenz

Fall 1. Im ersten Beispielfall entscheidet sich die Therapeutin, (a) dem Patienten zu verdeutlichen, dass es (aus therapeutischer Sicht) gute Gründe gäbe, von der bisherigen Psychotherapiestrategie – nämlich auf das konkret gegebene inhaltliche Hilfeersuchen des Patienten erneut einzugehen – abzuweichen. Zugleich will sie (b) mit einer psychoedukativ-instruktiven Therapiestrategie dem Beziehungswunsch des Patienten nach Struktur und Hilfe dennoch entsprechen. Sie beschließt, dem Patienten zu verdeutlichen, dass weitere Vorschläge ihrerseits nur mehr die jetzt mehrfach in der Therapie beobachtbare Dependenz weiter verstärken würden (Zieltransparenz 1: Aufklärung des Patienten über die inzwischen aufgestellte Diagnose der dependenten Persönlichkeitsstruktur). Zugleich schlägt sie für den weiteren Therapieverlauf eine längere Phase therapeutischer Gespräche vor, die dem Ziel der Entwicklung von Perspektiven und Ansatzpunkten für eine allmähliche Überwindung der dependenten Abhängigkeitsmuster in Richtung vermehrte Autonomieübernahme in zwischenmenschlichen Beziehungen dienen sollen (Zieltransparenz 2: Perspektivierung des Patienten mit einer Zielalternative).

Fall 2. Im zweiten Beispielfall entscheidet der Therapeut, (a) sich die Sinnstruktur des Patienten zu eigen zu machen, da er in der Tat nicht den Idealvorstellungen des Patienten zu entsprechen vermag (Zieltransparenz 1: grundsätzliche Akzeptanz der bisherigen Einschätzung zur möglichen Therapeuteninkompetenz). (b) Der Therapeut erahnt, dass das Eingeständnis der eigenen Inkompetenz die Konsequenz eines Therapieabbruches implizieren könnte. Er möchte deshalb den Patienten gern darauf hinweisen, dass er selbst den Erfolg einer Behandlung gewöhnlich erst gegen Ende der Therapie abschätzen könne. So gäbe es auch immer wieder Patienten, die sich zu Beginn der Behandlung eher skeptisch gegenüber seinem therapeutischen Vorgehen geäußert, dann im Verlauf der Therapie dennoch erhebliche Fortschritte gemacht hätten (Zieltransparenz 2: sinnsetzende Perspektivierung).

Fall 3. Auch im dritten Beispielfall entscheidet sich die Therapeutin (a) für eine Übernahme der Sinn- und Prozessstruktur, die dem autistischen Innehalten der Patientin zugrunde liegt. Sie teilt und akzeptiert das angstvoll-autistische Zögern der Patientin (Zieltransparenz 1: empathische Akzeptanz der aktuellen Befindlichkeit und des daraus verstehbaren wiederholten Stehenbleibens der Patientin in der Therapie). Zugleich (b) möchte die Therapeutin verdeutlichen, dass nicht sie – die Therapeutin – zu entscheiden habe, worüber in der Therapie gesprochen werde, sondern dass die Patientin selbst für den weiteren Fortgang der Gespräche zuständig bleibe. Unter dieser Perspektive ergäben sich mehrere Möglichkeiten für die Patientin: Wenn sie wolle, könne sie still sitzen bleiben oder aber ein anderes Thema anschneiden oder aber auch die Therapiesitzung von sich aus an dieser Stelle abbrechen (Zieltransparenz 2: sinnsetzende Perspektivierung; zugleich paradoxe Strategie der sog. »Illusion von therapeutisch sinnvollen Alternativen«). Schließlich (c) möchte sie verdeutlichen, dass aus dem Zögern der Patientin deutlich werde, dass sie bei einem wichtigen und damit wünschenswert zu besprechenden Problem innehalte, über das aus guten Gründen schwierig zu sprechen sei – weshalb die Therapeutin die Patientin in keinem Fall dazu drängen werde, darüber zu sprechen (Zieltransparenz 3: Perspektivierung).

Schritt 3: Personzentrierte Verantwortungszuweisung

Dieser dritte, im eigentlichen Sinne verantwortungszuweisende Schritt des Dreisatzes lenkt die interpersonelle Aufmerksamkeit voll und ganz auf die (Mit-)Verantwortlichkeit des Patienten für das weitere Vorgehen. Diese ergibt sich einerseits aus der Sinnhaftigkeit seiner Probleme oder Interaktionsgewohnheiten, die zur Stagnation und Krisenentwicklung in der Therapie beigetragen haben. Es gilt, den Patienten ausdrücklich auf das zu verpflichten, was dieser selbst zu tun beabsichtigt. Nur durch eine interpersonell stützende Festlegung und Akzeptanz der Entscheidungsfreiheit des Patienten kann Autonomie und Mitverantwortung erreicht werden.

Die beiden zuvor absolvierten Schritte eröffnen zugleich einen Raum, in dem sich die Entscheidungsfreiheit des Patienten bewegen kann, aber keinesfalls muss. Weitere

Lösungen seinerseits sind durchaus denkbar. Erreicht werden soll mit diesem Interventionsschritt lediglich, dass wenigstens zeitweilig eine Übernahme von Mitverantwortlichkeit für den weiteren Therapieprozess erfolgt. Dies ist erreicht, wenn der Patient sich für eine der gegebenen oder aber auch für eine weitere, andersartige Möglichkeit *selbst* entscheidet.

Jedwede Entscheidung seitens des Patienten bringt den Therapieprozess erneut in Gang. Wesentlich ist, dass dem Patienten dadurch die Mitverantwortung für sein weiteres Handeln zurückgegeben wird und dass ihm klar werden kann, wie die möglichen Konsequenzen seiner Entscheidungen aussehen. Genau deshalb sind die beiden zuvor erläuterten Schritte zwingend notwendige Voraussetzungen, da diese offenlegen,

▶ welche *persönlichen Konsequenzen* aus der möglichen Beibehaltung der aktuellen Probleme und Interaktionsgewohnheiten zu erwarten sind (sinnsetzende Zieltransparenz auf Seiten des Patienten, Empathie des Therapeuten);
▶ welche *konstruktiven Alternativen* der Therapeut zu den aktuellen Problemen und Interaktionsgewohnheiten sieht (sinnsetzende Zieltransparenz des Therapeuten durch konstruktive Perspektivierung).

Fallbeispiel

Teil 3: Verantwortungszuweisung

Es erfolgt hier in aller Kürze die Darstellung der direkt von den Therapeuten geäußerten personzentrierten Verantwortungszuweisungen. Auf deren unmittelbare und längerfristige Wirkungen in den Beispielfällen kommen wir noch zurück.

Fall 1. Im ersten Beispielfall erklärt sich die Therapeutin – nach Erläuterung des Psychoedukation-Autonomie-Widerspruchs – im dritten Schritt des Dreisatzes grundsätzlich damit einverstanden, bis zur nächsten Sitzung dennoch eine weitere mögliche Perspektive für das weitere Vorgehen mit dem Patienten zu erarbeiten. Der Patient müsse sich also keinesfalls unbedingt auf die Alternativvorschläge (in Schritt 2) einlassen.

Fall 2. Der Therapeut des zweiten Patienten erklärt, aus der sehr kritischen Haltung des Patienten ergebe sich zwingend, dass es nicht sinnvoll sei, die Therapie unter den gegebenen Umständen weiter fortzuführen – was konkret heiße, sie mit dieser Sitzung zu beenden. Wenn der Patient dies wolle, sei der Therapeut bereit, mit ihm auch noch über die Möglichkeit der Fortführung der Therapie bei einem anderen Therapeuten zu sprechen, der eventuell auch ein anderes Therapieverfahren anwende.

Fall 3. Die Therapeutin der dritten Patientin kann es bei der empathischen Akzeptanz und der Darstellung der drei entwickelten Perspektiven (weiter abwarten, ein anderes Thema beginnen, Sitzung beenden) belassen, da sie die Instruktion zur Verantwortungsübernahme implizieren. Sie ist sich zudem recht sicher, dass die Patientin die drei Perspektiven wegen der gemeinsam akzeptierten Sinnstruktur der therapeutischen Krise klar verstanden hat.

12.5 Unmittelbare Wirkungen therapeutischer Transparenz

Natürlich sollte sich der Therapeut bei Anwendung des therapeutischen Dreisatzes über die Sinnstruktur und die Ziele des Patienten möglichst weitreichend im Klaren sein, wenngleich dies nicht zwingend in jedem Fall Voraussetzung ist.

Direkt beobachtbare Wirkungen

Auch personzentrierte Sinndeutungen, Sinnausdeutungen oder (was gelegentlich gar nicht anders möglich ist) Mutmaßungen über Sinnzusammenhänge können bedeutsame Schlüsselfunktionen übernehmen. Selbst »fehlerhafte« (also extrem »danebenliegende«) Verantwortungszuweisungen dürften keine ungünstigen Folgewirkungen zeigen, wenn sie auf der »Beziehungsebene« das Bemühen des Therapeuten um Verständnis und Akzeptanz zum Ausdruck bringen. Eine ungenaue oder vom Patienten nicht akzeptierbare Zieltransparenz wird günstigstenfalls seinen Widerspruch provozieren. Es bleibt nämlich zu bedenken, dass »Widerspruch« auch ein mögliches Ziel der »passenden« Verantwortungszuweisung sein kann, nämlich dann, wenn der Patient über die vorgeschlagenen Alternativen hinaus noch eine weitere Möglichkeit oder Zielvariante ins Spiel bringt.

> Widerspruch und Eigeninitiative des Patienten sind wesentliche Indikatoren für die Übernahme von Mitverantwortung für den weiteren Verlauf seiner Therapie.

Und genau das (die Übernahme von Mitverantwortung für den Therapieprozess) war und ist primäres Ziel der personzentrierten Verantwortungszuschreibung – nicht mehr, aber auch nicht weniger. Durch Kritik, Widerspruch und Perspektivenerweiterung seitens des Patienten kommt der Therapieprozess erneut und wünschenswert in Gang, auch wenn die Richtung der Patienteninitiative auf den ersten Blick unklar oder risikoreich erscheint.

Der zweite, von den Therapeuten wohl zumeist gewünschte (nicht in jedem Fall zwingend wünschenswerte) Ausgang des therapeutischen Dreisatzes besteht in der mitverantwortlichen Übernahme der vom Therapeuten vorgeschlagenen Zielperspektive durch den Patienten. Da sich auf diese Weise ebenfalls zunächst ein Ausweg aus der aktuell bestehenden therapeutischen Krise andeutet – und zwar derjenige, der unter einer Sinnperspektivierung der jeweiligen therapeutischen Rationale vom Therapeuten vorgeschlagen wurde –, braucht dieser hier nicht weitergehend thematisiert zu werden. Das Prozessziel der Übernahme der Mitverantwortung ist auch hier zunächst erreicht. Beachtenswert bleibt jedoch, dass sich durch das Ausmaß der Verpflichtungen, die der Therapeut durch seine Perspektivensetzungen mit übernommen hat, natürlich zugleich ein Mehr an Mitverantwortung für den weiteren Verlauf auf seine Person überträgt.

Implizite Wirkungen

Der dritte, von Therapeuten wohl zunächst weniger gewünschte, im Sinne der Zielperspektive des therapeutischen Dreisatzes jedoch gleichwertig wünschbare Ausgang besteht in der Beibehaltung der präsentierten Probleme oder Interaktionsgewohnheiten durch den Patienten. Nur auf den ersten Blick mag es befremdlich klingen, wenn hier von »gleichwertig wünschbar« gesprochen wird. Bei genauem Hinsehen hat sich jedoch – und dies wird auch dem Patienten zunehmend klar werden – die Beziehung zwischen Therapeut und Patient fast unmerklich und grundlegend geändert. Um dies zu verstehen, sollte man sich folgende Änderungsbedingungen, die im therapeutischen Dreisatz eher implizit oder versteckt enthalten sind, genau vor Augen führen:

▶ Die personzentrierte Handlungszuweisung beinhaltet als günstige Prozessvariable ein hohes Maß an Empathie des Therapeuten. Ohne Empathie ist personzentrierte Sinndeutung nicht möglich. Nur wenn die Sinndeutung des Therapeuten der Sinnstruktur des Patienten weitestgehend entspricht, wird sich dieser verstanden fühlen.

▶ Die empathische Sinnsetzung beinhaltet nun jedoch zugleich, dass es aus der Sicht des Patienten gute (d.h. sinnvolle) Gründe für jenes Verhalten gibt, mit dem er selbst zur Krisenentwicklung beigetragen hat. Etwas überspitzt ausgedrückt: Die Krise oder Stagnation in der therapeutischen Beziehung ist durch ihn mitzuverantworten!

▶ Nur wenn sich der Patient verstanden fühlt, kann er die Sinnsetzung des Therapeuten akzeptieren. Um das zu erreichen, muss der Therapeut die dem Patientenhandeln zugrunde liegende Sinnstruktur möglichst empathisch rekonstruieren und schließlich unbedingt positivieren.

▶ Akzeptiert der Patient die Sinndeutung, weil sie zutrifft oder weil sie ihm neue Einsichten in sein Verhalten ermöglicht, dann kommt dies – für ihn zunächst nicht ganz einsichtig und hier etwas überspitzt formuliert – einem »Schuldeingeständnis« gleich. Um es nochmals zu wiederholen: Gibt es gute (sinnvolle) Gründe für seinen Interaktionsbeitrag zur therapeutischen Krise, so ist er zugleich auch motivgeleitet für die Krisenentwicklung mitverantwortlich.

▶ Kurz: Fühlt er sich durch den Therapeuten richtig verstanden, so hat sich genau zu diesem Zeitpunkt seine Mitverantwortung für den laufenden Therapieprozess wieder eingestellt.

Und die Mitverantwortung des Patienten wird endgültig wiederhergestellt, wenn ihn der Therapeut zudem noch auffordert, angesichts plausibler Gründe für sein Verhalten dieses nicht aufzugeben (dies meint genau »personzentrierte Verantwortungszuweisung«!). Jedenfalls sollte er es sich angesichts seiner Sinnstruktur gut überlegen, ob er sich auf die Sinnperspektiven und Alternativvorschläge des Therapeuten einlässt. Mitverantwortlich für das weitere Vorgehen ist er in jedem Fall.

Die therapeutische Macht ehrlich gemeinter Transparenz

Dies ist es, was wir in unserer ersten Publikation zu diesem Vorgehen als »die therapeutische Macht kooperativer Sprachformen« bezeichnet haben (Maiwald & Fiedler 1981, S. 121). Der Therapeut gewinnt Einfluss auf die Überwindung von Hilflosigkeit, scheinbarem Autonomieverlust oder persönlichkeitsbedingter Rollenverfangenheit des Patienten, indem er dem Handeln des Patienten bereits vorhandenen oder neuen Sinn gibt. Und genau dies ist das Eingangstor zur Überwindung der Ich-Syntonie! Erreichbar wird dies (um es noch einmal etwas anders auszudrücken) durch eine Maximierung der Transparenz, kurz: indem mehr Ehrlichkeit und Offenheit in die Therapiebeziehung gebracht wird und indem der Therapeut ehrlich bemüht ist, die gemeinsamen wie divergierenden Zielvorstellungen des Patienten und seine eigenen offenzulegen. Und er sollte – was nach aller Erfahrung bei der bisherigen Erprobung des Dreisatzes vielen Therapeuten ausgesprochen schwer fällt – diese Divergenzen selbst zur Kenntnis nehmen. Die personzentrierte Verantwortungszuweisung kann misslingen, wenn der Therapeut nicht wenigstens ansatzweise in der Lage ist, die Sinnhaftigkeit des Patientenhandelns aus dessen innerer Welt heraus zu verstehen und sie aus dieser Perspektive heraus als *eine* Möglichkeit der Therapieprozesssteuerung zu akzeptieren.

Um nicht missverstanden zu werden: Mit dem therapeutischen Dreisatz ist dem Therapeuten ein möglicher Schlüssel für die Auflösung einer aktuellen therapeutischen Krise bzw. der Ich-Syntonie einer Handlungsroutine an die Hand gegeben. Erst im weiteren Verlauf der Therapie dürfte einschätzbar sein, ob und wie lange die Mitverantwortung der Patienten anhält. Es kann und sollte nicht erwartet werden, dass aus dem hier vorgeschlagenen, einmaligen (metakommunikativen) Gesprächsbeitrag grundsätzlich eine Kontinuität der Mitverantwortung der Patienten für ihre Therapie erwächst, auch wenn dies gelegentlich beobachtbar ist. Gerade bei persönlichkeitsgestörten Menschen dürfte eher zu erwarten sein, dass sie über kurz oder lang erneut in ihre interaktionellen Stile und Gewohnheiten zurückfallen. Es bietet sich also an, den therapeutischen Dreisatz wiederholt als *eine* Möglichkeit der Auflösung therapeutischer Krisen oder einer ich-syntonen Rollenverfangenheit in Betracht zu ziehen.

Fallbeispiel

Teil 4: Wirkungen

Fall 1. Im Beispielfall des dependenten Patienten folgte dieser (man könnte sagen: seiner dependenten Haltung entsprechend) dem Vorschlag der Therapeutin, in eine längere Phase therapeutischer Gespräche über das Dependenzproblem einzutreten. Die Therapeutin empfahl dem Patienten noch in der gleichen Sitzung die Lektüre des Buches »Das Drama des begabten Kindes« (Miller, 1979), dem sie selbst hilfreiche Einsichten in die Beurteilung der Abhängigkeitseigenarten des Patienten entnommen hatte. Im Verlauf der weiteren therapeutischen Gespräche nahm die Orientierung an den in diesem Buch entwickelten ätiologischen Vorstellungen einen breiten Raum ein.

Fall 2. Der Patient des zweiten Beispielfalls reagierte auf den Vorschlag des Therapeuten, die Therapie zu beenden, mit einer Mischung aus Wut und Betroffenheit. Er sah sich angesichts eines solchen Vorschlags erst recht in seiner Ansicht bestärkt, dass wohl auch dieser Therapeut ausgesprochen inkompetent sei. Diese Therapie hatte ein Nachspiel. Etwa ein Jahr nach Behandlungsabbruch bat der Patient erneut um einen Termin. Er kam in der festen Absicht, erneut eine Behandlung bei diesem Therapeuten zu beginnen. Er habe in der Zwischenzeit eine weitere Therapie begonnen und diese nach 15 Sitzungen von sich aus beendet, weil sie zunehmend weniger effektiv verlaufen sei. Langes Nachdenken in der Zwischenzeit habe jedoch zu der Einsicht geführt, dass ihn wohl noch nie zuvor ein Therapeut so gut verstanden habe wie jener, der mit ihm von sich aus die Behandlung nicht durchführen wollte. Außerdem habe ihn die Ehrlichkeit des Therapeuten nachhaltig beeindruckt. Die 25 Sitzungen umfassende Therapie erwies sich als ausgesprochen schwierig und war ständig von einem neuen Abbruch bedroht.

Fall 3. Im dritten Beispielfall zeigte die Patientin in der Folge der personzentrierten Handlungszuweisung eine Konversionsstörung: Sie »erblindete« spontan und bekam panische Angst, das Augenlicht verloren zu haben. Im Verlauf der folgenden zwei (Zeit-)Stunden, in denen die Therapeutin auf eine möglichst beruhigende Art kontinuierlich mit der Patientin weitersprach, stellte sich die Sehfähigkeit der Patientin nach und nach wieder ein. Dies geschah im Zusammenhang mit dem erneuten Ansprechen der Mutter-Tochter-Beziehung. In dieser Gesprächsphase berichtete die Patientin, ihr sei eigentlich schon immer mehr oder weniger klar gewesen, dass sie von ihrer Mutter abgelehnt werde. Einmal habe ihr die Mutter eher nebenher erzählt, dass sie im Zusammenhang mit ihrer Schwangerschaft an eine Abtreibung gedacht habe, dann aber gesagt: »Aber das ist ja nicht passiert, und viel wichtiger ist, dass du da bist!« Ein anderes Mal, so erinnerte sie sich in diesem Gespräch, habe die Mutter gesagt, dass sie sich immer einen Jungen, nie jedoch ein Mädchen als Kind gewünscht habe.

12.6 Kontraindikationen

Unseres Erachtens können die Bedingungen, unter denen die personzentrierte Verantwortungszuweisung nicht durchgeführt werden sollte, klar definiert werden. Andererseits sind die Grenzen dieser Anlässe nicht ganz so eindeutig bestimmbar. Bei Vorliegen folgender Bedingungen sollte der therapeutische Dreisatz nicht angewandt werden:

▶ bei vorliegender oder unterschwellig vorhandener Suizidneigung und bei Neigung zu selbstschädigendem Verhalten, wenn die Suizidalität oder das selbstschädigende Handeln aktuell in die Sinnstruktur der therapeutischen Krise eingebunden ist;

▶ bei offen zu erwartender oder unterschwellig vorhandener Neigung zu Aggressivität, Gewalttätigkeit oder zu kriminellen Handlungen, wenn diese Bedingungen aktuell in die Sinnstruktur der therapeutischen Krise eingebunden sind;

► bei akutem Verlust der Einsichtsfähigkeit in den aktuell laufenden therapeutischen Prozess (beispielsweise bei akutem psychotischem oder pseudopsychotischem Erleben, bei Auftreten dissoziativer Zustände, unter Drogeneinfluss usw.);
► wenn durch die Sinnstruktur allgemeine ethische Grundsätze und Rechtsauffassungen verletzt werden.

In diesen hier pointiert und prototypisch angesprochenen Fällen dürfte es recht klar sein, dass andere Wege zur Auflösung psychotherapeutischer Krisen gesucht werden müssen als die personzentrierte Aufforderung der Patienten, im Sinne aktueller Intentionen zu handeln. Konkret heißt das: Schritt 3 des Dreisatzes, die »personzentrierte Handlungszuweisung«, wäre kontraindiziert!

Alternative: therapeutischer Zweisatz. Die Alternativen dazu werden – je nach psychotherapeutischem Vorgehen – verfahrensspezifisch sehr unterschiedlich ausfallen und jeweils irgendwo in dem bereits angesprochenen Spektrum adaptiver Entscheidungen zwischen empathischem Verstehen und psychoedukativ-restriktiver Strukturvorgabe angesiedelt sein (→ Abschn. 10.4). Wir sind jedoch der Auffassung, dass es sich immer lohnt, eine Maximierung der Transparenz bezüglich der (in diesen kontraindizierten Fällen zumeist gegebenen) diskrepanten Zielstellungen von Therapeut und Patient anzustreben, schon um Klarheit und Eindeutigkeit in die therapeutische Beziehung zu bringen. Kurz angedeutet handelt es sich dabei um einen Zweisatz: Schritt 1 (Zieltransparenz auf Seiten des Patienten) und Schritt 2 des Dreisatzes (Zieltransparenz auf Seiten des Therapeuten) bleiben also durchaus als Möglichkeiten erhalten!

Wo die Grenzen und Übergänge für die vier genannten Kontraindikationen der personzentrierten Handlungszuweisung liegen, muss natürlich von der Problemstruktur des Einzelfalls und vom bisherigen Verlauf der Therapie, insbesondere dem aktuellen Prozess, jeweils abhängig gesehen werden. Die Bedingungen beziehen sich also auf konkrete und vor allem aktuelle Prozessbedingungen (Verarbeitungsstörungen der Patienten, auf ihre aktuellen Erlebensstörungen, auf selbstschädigende Verhaltensfluktuationen oder auf inhaltliche Themenstellungen in der fortschreitenden Therapie).

Das heißt, dass etwa die hypothetische Möglichkeit der oben genannten Störungen, weil sie zum allgemeinen Störungsbild gehören (wie etwa Gewaltneigung im Zusammenhang mit Dissozialen Persönlichkeitsstörungen oder das gelegentliche Auftreten Dissoziativer Störungen bei einem Patienten mit Histrionischer Persönlichkeitsstörung oder die Suizidneigung eines Patienten mit Selbstunsicherer Persönlichkeitsstörung), nicht als prinzipiell gültige Gegenindikation gemeint ist. Erst der unmittelbare Sinnzusammenhang der genannten Bedingungen mit der aktuell gegebenen therapeutischen Krise sollte an Alternativen zur personzentrierten Verantwortungszuschreibung denken lassen.

12.7 Zusammenfassende Bewertung

Der Ausarbeitung der dargestellten therapeutischen Basisvariablen »Transparenz«, »Ermöglichen von Widerspruch« und »Verbindlichkeit« sowie der Gesprächsstrategie »therapeutischer Dreisatz« sind jahrelange inhaltliche Diskussionen um die Konzepte »Widerstand« bzw. »widerständiger Patient« in den Auffassungen unterschiedlicher psychotherapeutischer Schulen vorausgegangen. Die Ergebnisse dieser konzeptuellen Auseinandersetzung sollen hier kurz zusammenfassend nachgetragen werden, da sie als wichtiger Teil der Begründung für die Leitlinien in diesem Kapitel gelten können.

Der Behalt eigener Handlungsspielräume. Diese Gründe lassen sich zwanglos und treffend mit Sándor Ferenczi (1999) auf eine kurze Formel bringen: »Ohne Sympathie keine Heilung.« Entsprechend sollten Stagnationen und Krisen im Therapieprozess nicht vorschnell als »störungsbedingte Widerstände« von Patienten ausgedeutet werden. Zum Beispiel macht die sozialpsychologische und klinisch-psychologische Reaktanzforschung eindrücklich deutlich, dass es sich bei vielen Schwierigkeiten persönlicher Veränderung nur in den seltensten Fällen um behandelnswerte »Widerstände« handelt. Einer der wichtigsten Aspekte von Reaktanz ist die *Motivation zur Erhaltung eigener Freiheitsspielräume*.

Hingegen steht der Begriff Widerstand in seiner allgemeinsten, fast schon alltagssprachlichen Bedeutung für Phänomene und Verhaltensweisen, die sich gegen das Fortschreiten der Therapie richten. Genau aus diesem Grund ist »Widerstand« jedoch ein nicht ganz günstiger Begriff, weil er den Blick zu sehr *auf den Patienten* als mögliche Ursache für Störungen und Krisen in der Therapiebeziehung verengen könnte. Das ist der Grund, weshalb der Begriff »Widerstand« in diesem Kapitel nur ausnahmsweise benutzt wurde. Wir haben vielmehr von »Unsicherheiten« und »Krisen« im Therapieprozess gesprochen, da sie die Beziehung betreffen, die Patient und Therapeut gemeinsam miteinander eingehen.

Sicherheitsoperation statt Widerstand. Für die Therapie kommt der beachtenswerte Gesichtspunkt hinzu, dass wirkliche Veränderungen im Verhalten immer bedeuten, dass die Effekte schwer abgeschätzt werden können. Könnten die Wirkungen persönlicher Änderung genau eingeschätzt werden, wäre die Situation nicht neu. Nur unbekannte, in ihren Konsequenzen nicht einschätzbare Situationen sind neu, und unbekannte Situationen lösen auf natürliche, möglicherweise biologisch mitbestimmte Weise nicht nur *Neugier*, sondern auch *Ängste* und *Unsicherheiten* aus. Ein solches Argument war bereits von Sullivan gegen den »inflationären Gebrauch« des psychoanalytischen Widerstandskonzepts vorgebracht worden. Sullivan selbst sprach deshalb statt von Widerständen ausschließlich von *Sicherheitsoperationen* zum Schutz und Behalt der eigenen Selbstsicherheit (Sullivan, 1953). Sicherheitsoperationen werden durch transaktionale Aspekte der Situation (Neuigkeit, Unsicherheit, Angst) aktiviert, und sie dürfen deshalb nicht in jedem Fall als »widerständige Regression« fehlinterpretiert werden (vgl. die Grundlagen der Strukturbezogenen Psychotherapie sensu Rudolf, 2006; → Abschn. 11.4).

Therapeutische Änderungen sind weiter mit Kosten und Aufwand verbunden. Viele Probleme der Patienten werden durch Nutzenerwägungen gesteuert, die auf Unmittelbarkeit und Angstvermeidung angelegt sind. Veränderungen auf der Grundlage längerfristiger Perspektiven werden vermieden, weil die Erreichung mit emotionalen Kosten verbunden ist (z. B. Überwindung von Angst und Unsicherheit). Auch diese *angstbedingte Reaktanz* von Patienten darf nicht vorschnell als »regressiv« und schon gar nicht als »böswillig« missdeutet werden. Selbst vorschnelle »Übertragungsdeutungen« können unbedacht und *nur deshalb* zu Machtkämpfen in der Therapie führen, weil der Therapeut die eigentliche Motivation, die der Reaktanz und den Sicherheitsoperationen zugrunde liegt (nämlich Unsicherheit und Angst und Behalt persönlicher Selbstsicherheit), nicht wahrnimmt, sondern fälschlicherweise »Regression«, »Wiederholungszwang« oder sogar »Absicht« unterstellt.

Widerstand als Ressource. In den meisten Fällen ist es möglicherweise günstiger, wenn der Therapeut bei vermeintlich »widerständigen« Patienten deren Zögerlichkeiten als Sicherheitsoperationen und damit *als Ressource* begreift, die man gezielt als Motivationsquelle benutzen kann. Veränderungen müssen nicht unmittelbar erfolgen. Patienten könnten sich Zeit nehmen, um die Gründe für eigene Unsicherheiten und Ängste genauer zu prüfen. Genau dieser Aspekt steht als Kerngedanke in der Ausarbeitung des therapeutischen Dreisatzes, in dem die Perspektiven des Patienten und die Perspektiven des Therapeuten als prinzipiell gleichwertig in den Mittelpunkt rücken.

Andererseits, und dies gilt es den Patienten zu verdeutlichen: Gründe oder Hintergründe für Unsicherheiten und Ängste lassen sich nur prüfen, wenn Patienten bereit sind, sich neuen Bedingungen und Erfahrungen auszusetzen, z. B. versuchsweise. Therapie bietet die besondere Möglichkeit der Erprobung. Nach einer probeweisen Lösungsaktion bleibt immer noch die Möglichkeit der erneuten Korrektur, also z. B. auch die Entscheidung für ein *Beibehalten bisheriger Gewohnheiten*. Aber selbst das – die sichere Entscheidung für ein Beibehalten alter Gepflogenheiten – kann mit größerer subjektiver Sicherheit vorgenommen werden, wenn man Alternativen zuvor probeweise oder sogar ernsthaft erkundet hat.

IV Störungsspezifische Ätiologie und Behandlung

13 Persönlichkeitsstörungen: Extremvarianten menschlicher Besonderheit und Vielfalt

14 Dissoziale und Antisoziale Persönlichkeitsstörungen

15 Ängstlich-vermeidende und Selbstunsichere Persönlichkeitsstörungen

16 Emotional instabile und Borderline-Persönlichkeitsstörungen

17 Zwanghafte (anankastische) Persönlichkeitsstörung

18 Narzisstische Persönlichkeitsstörung

19 Schizotype Persönlichkeitsstörung

20 Paranoide Persönlichkeitsstörung

21 Schizoide Persönlichkeitsstörung

22 Histrionische Persönlichkeitsstörung

23 Dependente Persönlichkeitsstörung

13 Persönlichkeitsstörungen: Extremvarianten menschlicher Besonderheit und Vielfalt

*Der Hauptvorzug der Wissenschaft ist es, dass sie ein
Abkürzungsverfahren ist, das eben deshalb aber die
Wirklichkeit gewissermaßen vergewaltigen muss.*
Franz Alexander

In diesem Teil IV werden die spezifischen Persönlichkeitsstörungen nach und nach vorgestellt. Dazu wird die Ebene der übergreifenden Konzeptualisierung verlassen. Auswahl und Anzahl der verschiedenen Störungen orientiert sich an den aktuellen Versionen der Klassifikationssysteme ICD-10 (2. Auflage, 1993) und DSM-IV-TR (APA, 2000), wobei diese Version als »offizielles Diagnostikum« unverändert in das DSM-5 (dort in Sektion II) übernommen wurde. Gar nicht mehr vorhanden sind übrigens zwei Persönlichkeitsstörungen, deren Kriterien bis zum DSM-IV-TR noch im Forschungsanhang zu finden waren: die Depressive und die Passiv-aggressive Persönlichkeitsstörungen. Da beide Störungen auch nicht in der ICD-10 ausgearbeitet wurden, sind wir in unserer Monografie nicht mehr auf sie eingegangen. Wer sich näher mit beiden Störungen befassen möchte, sei auf die früheren Auflagen dieses Buches rückverwiesen.

Wie bereits mehrfach angedeutet, wurde im DSM-5 (dort in Sektion III; ausführlich in diesem Band z. B. → Abschn. 3.4 sowie nachfolgend in → Abschn. 13.2) ein Alternativ-Modell der Persönlichkeitsstörungen hinzugefügt, das sich noch in der weiteren Entwicklung befindet. Im Alternativ-Modell wurde die Anzahl der spezifischen Störungen auf sechs (nämlich »antisozial«, »vermeidend-selbstunsicher«, »Borderline«, »narzisstisch«, »zwanghaft« und »schizotypisch«) reduziert. Da für die Störungen auf der Grundlage der Forschung der vergangenen Jahre neuartige Klassifikationsgrundlagen für ihre Diagnostik angegeben wurden, werden wir auch auf diese ausführlicher eingehen. Schließlich werden – im Unterschied zu den früheren Auflagen dieses Buches – die störungsspezifischen Behandlungskonzepte nicht mehr in gesonderten Kapiteln beschrieben, sondern diese mit der Diagnostik, Differenzialdiagnostik und den ätiologischen Erklärungen der jeweiligen Störung in einen Zusammenhang gestellt.

13.1 Probleme der aktuellen Klassifikationsgepflogenheiten

Es wurde bereits darauf hingewiesen, dass der Diagnose von Persönlichkeitsstörungen ein Beurteilungsfehler unterliegen kann, den wir als »Personperspektivierung einer Interaktionsstörung« bezeichnet haben (→ Abschn. 1.1). Dieses Diagnosebias kann vermieden werden, wenn sich der Beurteiler strikt darum bemüht, Persönlichkeitsstörungen als Interaktionsbesonderheit der Betroffenen zu betrachten. Persönlichkeitsstörungen werden nämlich in praxi als diagnostische Kategorie – von der epidemiologischen und konzeptprüfenden Forschung einmal abgesehen – fast ausschließlich dort in Betracht gezogen, wo die zwischenmenschliche Interaktion der Betroffenen mit allgemeinen, kontextuellen oder rechtlichen Normvorstellungen in Konflikt gerät: in Familie und im Beruf; auch in der Psychotherapie; möglicherweise gegenüber Recht und Gesetz.

Beachtung des Kontextes. Die Diagnose »Persönlichkeitsstörungen« sollte vernünftigerweise (und ganz im Sinne der Diagnosesysteme) erst erwogen werden, wenn zwischenmenschliche Beziehungskonflikte so weit extremisieren, dass die private und berufliche Leistungsfähigkeit oder die Lebensqualität der Betroffenen und/oder ihrer Bezugspersonen erheblich beeinträchtigt ist. Um nun der Gefahr der Willkür zu entgehen, können das Festsetzen von Grenzen und eine klare Einigung über die Eigenarten dessen, was in legitimer Weise als »abnorme Persönlichkeit« bezeichnet werden könnte, immer nur in Abhängigkeit von den sozialen, kulturellen und gesellschaftlichen Kontexten, in denen der Betroffene lebt, getroffen werden.

Es spricht weiter einiges dafür, dass Persönlichkeitsmerkmale kontinuierlich verteilt sind und fließende Übergänge zu pathologischen Ausprägungen bestehen. Die Annahme von kategorialen Unterschieden zwischen Personen »mit« und »ohne« Persönlichkeitsstörung ist also kaum sinnvoll möglich, zumal sie auch empirisch nicht haltbar ist (Haslam et al., 2012). In den bisherigen Klassifikationssystemen ICD-10 und DSM-IV-TR (bis DSM-5, Sektion II) sind die allgemeinen Kriterien konzeptuell unscharf, weil die Festlegung von Schwellenwerten (etwa zur Frage, wann Behandlungsbedarf besteht) nicht empirisch bestimmt wurde; dies gilt auch für die Kriterien der Störungskategorien, in denen ein Kriterium mehr oder weniger erfüllt darüber entscheiden soll, ob eine Behandlungsnotwendigkeit der Störung gegeben ist oder nicht.

Aufgrund dieser unbefriedigenden Situation wurden von zahlreichen Autoren alternative Systeme zur Klassifikation von Persönlichkeitsstörungen vorgeschlagen (eine ausführliche Zusammenstellung dieser Ansätze findet sich im → Epilog). Interessanterweise besteht bei allen Entwürfen ein gemeinsamer Nenner im Vordergrund, nämlich dass zur Entscheidung, ob eine Persönlichkeitsstörung vorliegt oder nicht, ein dimensionaler Ansatz erforderlich ist, der schließlich mindestens zwei konsekutive Entscheidungen möglich machen sollte (Pincus, 2005; Zimmermann, 2014):

▶ Im ersten Schritt ginge es um die Feststellung, ob überhaupt eine Persönlichkeitsstörung vorliegt, und wenn ja, wie schwer diese ausgeprägt ist. Um diese Entscheidung zu ermöglichen, wären allgemeine Kriterien notwendig, die einen empirisch prüfbaren Schwellenwert beinhalten.

▶ Und erst in einem zweiten Schritt ginge es darum, die individuellen Unterschiede im Erscheinungsbild der Persönlichkeitsstörung zu erfassen.

Leider wird bis heute in der Praxis mangels hinreichend geprüfter allgemeiner Störungskriterien viel zu häufig angesichts vermeintlich stimmiger Störungskriterien lediglich der 2. Schritt bevorzugt, zumeist auch noch als schnelle mit Erfahrung begründeter klinischer Eindrucksdiagnose.

13.2 Klassifikation im Alternativ-Modell des DSM-5 Sektion III

Das alternative DSM-5-Modell in der Sektion III versucht nun beide der genannten Konsekutiv-Entscheidungen zu realisieren. Wie bereits in → Abschnitt 3.4 dargestellt, werden Persönlichkeitsstörungen durch Beeinträchtigungen im Funktionsniveau und durch Problematische Persönlichkeitsmerkmale charakterisiert. Dabei wird der Schweregrad einer Störung anhand der *Level of Personality Functioning Scale* (LPFS) operationalisiert (Bender et al., 2011; dt. Version: Zimmermann et al., 2014). Diese Skala basiert auf der Annahme, dass der gemeinsame Nenner aller Persönlichkeitsstörungen in der Beeinträchtigung basaler adaptiver Fähigkeiten liegt (Livesley, 1998). Von vier bewertbaren Fähigkeitsbereichen beziehen sich (a) Identität und (b) Selbststeuerung auf das eigene Selbst sowie (c) Empathie und (d) Nähe auf den Umgang mit anderen Menschen. Die Skala differenziert das jeweilige Ausmaß der Beeinträchtigungen in diesen Bereichen anhand von fünf Funktionsniveaus, wobei für die Diagnose einer Persönlichkeitsstörung mindestens mittelgradige Beeinträchtigungen vorliegen müssen (vgl. die nachfolgende Zusammenfassung der Module zum Schweregrad gemäß der LPFS; Zimmermann, 2014, S. e3 in der Langversion).

Stufe 0. Eine Person mit keiner oder geringfügiger Beeinträchtigung erlebt sich als eigenständig, verfügt über ein positives, aber hinreichend akkurates Selbstbild und kann eine relativ große Bandbreite an Gefühlen erleben (Bereich Identität). Sie verfolgt sinnhafte Ziele, orientiert sich an prosozialen Maßstäben des Verhaltens und kann auf produktive Weise über sich selbst nachdenken (Bereich Selbststeuerung). Sie erkennt das Erleben anderer an, kann unterschiedliche Sichtweisen tolerieren und versteht die Wirkungen des eigenen Verhaltens auf andere (Bereich Empathie). Sie kann tief und dauerhafte Beziehungen mit anderen Menschen eingehen, kann und will diesen nahe sein und geht respektvoll mit ihnen um (Bereich Nähe).

Stufe 1. Eine Person mit leichten Beeinträchtigungen weist in verschiedenen Fähigkeitsbereichen punktuelle Einschränkungen auf, wobei diese Einschränkungen eher situationsgebunden sind und die Bewältigung zentraler Lebensaufgaben nicht prinzipiell verhindern. Beispielsweise kann die Person dazu neigen, mit bestimmten Herausforderungen auf eine übertriebene oder einseitige Weise umzugehen (z. B. übermäßige Zielstrebigkeit) oder konflikthaften Situationen mit ungünstigen Gedanken, Gefühlen und Verhaltensweisen zu reagieren (z. B. reduzierter Selbstwert).

Stufe 2 (Schwellenwert für eine Persönlichkeitsstörung). Bei einer Person mit mittelgradigen Beeinträchtigungen sind die Einschränkungen umfassender und erschweren die Bewältigung zentraler Lebensaufgaben deutlich. Charakteristisch für dieses Funktionsniveau sind z. B. ein vulnerabler Selbstwert, unangemessene persönliche Maßstäbe und Erwartungen, übermäßige Selbstbezogenheit und oberflächliche zwischenmenschliche Beziehungen.

Stufe 3. Charakteristisch für eine Person mit schweren Beeinträchtigungen sind z. B. ein inkohärentes Selbst, ein chronisches Gefühl der Verzweiflung, unklare oder widersprüchliche Maßstäbe und Erwartungen, die Unfähigkeit, alternative Sichtweisen zu berücksichtigen, und das Scheitern von dauerhaften Bindungen oder das Scheitern von Bemühungen um Kooperation.

Stufe 4. Bei einer Person mit extremen Beeinträchtigungen liegen typischerweise massive Verzerrungen im Bereich der Wahrnehmung von sich und anderen vor. Eigene Maßstäbe für Verhalten sind praktisch nicht vorhanden, Gedanken und Handlungen werden vermischt, Sichtweisen anderer werden überhaupt nicht wahrgenommen und der Umgang mit anderen ist sehr distanziert, chaotisch oder durchgängig negativ.

Therapieziele. Bemerkens- und zwingend beachtenswert ist, dass die DSM-5-Arbeitsgruppe mit der Entscheidung für dieses LPFS-Stufensystem erstmals mit der Spezifikation von »keiner« oder »geringfügiger« Beeinträchtigung eine direkte Beschreibung ungestörten Funktionierens im Bereich der Persönlichkeit vorgelegt hat. Oder noch weiter gedacht sind damit gleichzeitig konkrete Ziele für die erfolgreiche Behandlung persönlichkeitsgestörter Menschen vorgegeben. Sie entsprechen übrigens weitgehend jenen therapeutischen Zielvorstellungen, wie wir sie bei der Beschreibung integrativer Therapieansätze in → Kapitel 11 vorgestellt haben. Ein weiterer Vorteil eines solchen Stufenmodells besteht darin, dass sich mit ihm erstmalig über die Behandlungszeit hinweg Therapiefortschritte bis hin zur ungestörten Persönlichkeit abbilden lassen.

Spezifische Persönlichkeitsstörungen. Auch wenn im Alternativ-Modell der DSM-5 Sektion III mit der Antisozialen, Vermeidend-Selbstunsicheren, Borderline-, Narzisstischen, Zwanghaften und Schizotypen nur noch sechs spezifische Persönlichkeitsstörungen ausgearbeitet wurden, werden in den Nachfolgekapiteln dennoch sämtliche offiziell in der ICD-10 und im DSM-IV-TR (weil auch in Sektion II des DSM-5) diagnostizierbaren Persönlichkeitsstörungen hinsichtlich Diagnostik, Ätiologie und Behandlung dargestellt.

Natürlich wurden die nicht mehr ins Alternativ-Modell übernommenen Persönlichkeitsstörungen nicht einfach gestrichen, sondern v. a. wegen ihres selteneren Vorkommens in Kliniken und entsprechend selten in der Forschung nicht weiter ausgearbeitet. Um dennoch eine Diagnostik in Richtung von Auffälligkeiten der übrigen Persönlichkeitsstörungen vornehmen zu können, sieht das Alternativ-Modell die Möglichkeit vor, eine durch bestimmte Merkmale des alternativen Persönlichkeitsmodells spezifiziert Persönlichkeitsstörung zu diagnostizieren, wenn das Vorliegen einer Persönlichkeitsstörung angenommen wird, jedoch die Kriterien einer der sechs genannten spezifischen Persönlichkeitsstörungen nicht erfüllt sind.

Persönlichkeitsstörung, Merkmalsspezifiziert – PS-MS

Wie in den Kriterien der über Merkmale spezifizierten Persönlichkeitsstörung dargelegt, ist für ihre Diagnose wie bei den anderen sechs ausdifferenzierten Störungen
zunächst das Vorliegen mindestens mittelgradiger Beeinträchtigungen im Funktionsniveau der Persönlichkeit erforderlich (Kriterium A). Und darüber hinaus sollte gemäß Kriterium B mindestens eine Domäne problematischer Persönlichkeitsmerkmale
oder mindestens eine spezifische Persönlichkeitsfacette aus allen der fünf Domänen
vorliegen.

DSM-5 Sektion III: Persönlichkeitsstörung, Merkmalsspezifiziert – PS-MS
Vorgeschlagene diagnostische Kriterien

A. Mittelgradige oder stärkere Beeinträchtigung der Funktion der Persönlichkeit,
   die sich in Schwierigkeiten in mindestens zwei der folgenden Bereiche manifestiert:
   1. *Identität*
   2. *Selbststeuerung*
   3. *Empathie*
   4. *Nähe*
B. Mindestens eine Domäne problematischer Persönlichkeitsmerkmale ODER
   spezifische Persönlichkeitsfacetten aus ALLEN der folgenden Domänen:
   1. *Negative Affektivität* (vs. Emotionale Stabilität): Häufiges und intensives
      Erleben einer weiten Bandbreite von starken negativen Emotionen und
      Affekten (z. B. Angst, Depression, Schuld / Scham, Besorgnis, Ärger) und
      ihrer behavioralen (z. B. Selbstverletzung) und zwischenmenschlichen (z. B.
      Abhängigkeit) Manifestationen.
   2. *Verschlossenheit* (vs. Extraversion): Vermeidung sozio-emotionaler Erfah-
      rung, sowohl durch Rückzug aus zwischenmenschlichen Interaktionen von
      gelegentlichen oder alltäglichen Begegnungen über Freundschaft bis hin zu
      intimen Beziehungen, als auch durch eingeschränktes affektives Erleben und
      eingeschränkten affektiven Ausdruck, besonders durch begrenzte Fähigkeit,
      Freude zu empfinden.
   3. *Antagonismus* (vs. Verträglichkeit): Verhaltensweisen, die die Person in
      Widerspruch zu anderen bringt; übertriebenes Gefühl der eigenen Wichtig-
      keit und der damit einhergehenden Erwartung, besonders behandelt zu
      werden; kaltherzige Abneigung gegenüber anderen Personen; mangelnde
      Berücksichtigung der Bedürfnisse und Gefühle anderer; Neigung, andere
      zugunsten einer Selbsterhöhung zu benutzen.
   4. *Enthemmtheit* (vs. Gewissenhaftigkeit): Ausrichtung auf sofortige Beloh-
      nung; impulsives, durch momentane Gedanken, Gefühle und äußere Reize
      gesteuertes Verhalten; mangelnde Berücksichtigung früherer Lernerfahrun-
      gen oder zukünftiger Konsequenzen.

---

5. **Psychotizismus** (vs. Adäquatheit): Auftreten einer großen Bandbreite von kulturell unpassenden, seltsamen, exzentrischen oder ungewöhnlichen Verhaltensweisen und Gedanken, sowohl in formaler (z.B. Wahrnehmung, Dissoziation) als auch in inhaltlicher Hinsicht (z.B. Überzeugungen).

Abdruck erfolgt mit Genehmigung vom Hogrefe Verlag Göttingen aus dem Diagnostic and Statistical Manual of Mental Disorders, Fifth Edition © 2013 American Psychiatric Association, dt. Version © 2015 Hogrefe Verlag (S. 1058).

13.3 Von der Ätiologie zur Behandlung

Die meisten der in den Folgekapiteln dargestellten störungsspezifischen Ätiologiekonzepte machen darauf aufmerksam, dass es falsch wäre, eine in den Diagnosesystemen nach wie vor findbare Leitorientierung allzu eng auszulegen. Es handelt sich dabei um die Annahme der Zeitstabilität der Persönlichkeitsstörungen. Diese Leitorientierung ist (jedenfalls, solange von »Persönlichkeitsstörungen« gesprochen wird) geradezu ein Prototyp für die im Einleitungskapitel bereits kritisierte Personperspektivierung einer Interaktionsstörung, die fälschlicherweise beinhaltet, dass sich die den Persönlichkeitsstörungen zugrundeliegenden Verhaltensmuster über längere Zeit hinweg relativ kontextunabhängig und wenig variabel »abnorm« darstellen – so legen es (leider) die Operationalisierungen in den Klassifikationsmanualen nahe.

Deshalb muss an dieser Stelle zwingend erneut festgehalten werden, dass die Stabilitätsannahme nicht stimmt. Unterschiedlichste Follow-up-Studien lassen (wie in → Abschn. 9.2 ausführlich dargestellt) unzweifelhaft den Schluss zu, (a) dass sich die Zahl der Patienten mit einmal diagnostizierter Persönlichkeitsstörung in Nachuntersuchungen kontinuierlich verringert, weiter (b) dass eine Vielzahl von Patienten mit eingangs diagnostizierten Persönlichkeitsstörungen bereits in der Folge offenkundig erfolgreicher Therapien symptomfrei sind sowie – was zwingend beachtenswert ist – dass (c) schließlich bei den meisten von ihnen auch späterhin eine Persönlichkeitsstörung nicht erneut diagnostiziert werden kann.

Variabilität. Die meisten ätiologischen Konzepte und viele empirische Befunde verweisen zwar auf einen lebensgeschichtlichen Verstehenshintergrund. Sie betonen, wie sich inzwischen empirisch belegen ließ (→ Abschn. 9.1), jedoch immer auch situative Fluktuationen und Veränderungen im Wechselspiel mit interpersonellen Krisen und Konflikten und damit zugleich ihre aktuelle Kontextabhängigkeit. Persönlichkeitsstörungen sind Ausdruck zeit- und situationsvariabler Persönlichkeitszüge oder Persönlichkeitseigenarten (Traits). Sie stellen sich dem Betrachter und im Unterschied zu vielen anderen psychischen Störungen möglicherweise nur »langwelliger« dar (Loranger, 1992). Und sie tragen lediglich wegen dieser »Trägheit« bzw. »Zögerlichkeit« ihrer Änderungen zum Beurteilerbias der scheinbaren Zeitstabilität und Kontextunabhängigkeit bei (Loranger et al., 1991).

Letztlich hängt die Feststellung von »Stabilität« oder »Schwankung« von Persönlichkeitsmerkmalen wohl entscheidend von der Veränderungssensitivität des jeweils verwendeten Beobachtungsverfahrens ab, weshalb natürlich die Veränderungssensitivität des jeweiligen Diagnoseverfahrens zwingend und selbstkritisch bei einer Stabilitätsaussage Berücksichtigung finden sollte (→ Kap. 8; → Epilog).

Kompetenz. In einigen Ätiologiekonzepten wird deshalb vorgeschlagen, dass es – wenn es denn schon notwendig sein könnte, die Interaktionsstörung auf eine Person zu perspektivieren – besser wäre, bei vorliegenden ich-syntonen Normabweichungen nicht immer nur von »Störung«, sondern

► entweder (und so befremdlich das zunächst anmuten mag) von *vorhandener Kompetenz* zu sprechen, die als solche unter ungünstigen Kontext- oder Lebensbedingungen lediglich normabweichend erscheint,

► oder aber von *fehlender Kompetenz* auszugehen, die das Handeln der Betroffenen im Umgang mit persönlichen und zwischenmenschlichen Krisen und Konflikten als defizitär ausweist.

Aus einer solchen Sichtweisenveränderung lassen sich zugleich erheblich bessere diagnostische und therapeutische Schlussfolgerungen ableiten. Schließlich kann aber auch noch folgendes Problem klarer gesehen werden: Da Persönlichkeitsstörungen Interaktionsstörungen sind, handelt es sich bei ihnen zugleich immer um ein Komplement von Interaktionsstörungen, möglicherweise gar von Persönlichkeitsstörungen anderer Personen – und zwar jener Personen, die an den interpersonellen Krisen und Konflikten jeweils beteiligt sind und deren möglicherweise ebenfalls extrem vorhandene oder defizitär fehlende Kompetenz im Umgang mit zwischenmenschlichen Beziehungsverwicklungen diagnostisch und therapeutisch in Rechnung zu stellen wäre.

13.4 Ressourcenorientierte Behandlung

Insbesondere die Diagnose von Persönlichkeitsstörungen ist gerade in diesem Zusammenhang ein sehr ambivalentes Gebilde und kann sich im Verlauf der Behandlung als wahrer Bumerang erweisen. Denn nach Diagnosestellung sitzt vor uns ein Mensch, dessen ureigenste Ressource, nämlich seine Persönlichkeit, gerade qua Diagnose in ein Defizitmodell verwandelt wurde, und damit verbunden seine ihm eigenen Kompetenzen und Fähigkeiten. Nicht von ungefähr erleben viele Patienten nach Vergabe der Persönlichkeitsstörungsdiagnose – gerade wenn sie auf einem Defizitmodell beruht – eine grundlegende Bedrohung ihrer bestehenden oder verbliebenen persönlichen Ressourcen. Das kann für die Betroffenen, solange keine Perspektiven vorliegen, gelegentlich existenzbedrohliche Ausmaße annehmen. Kein Wunder also, wenn sich viele Patienten gegen die Diagnose der gestörten Persönlichkeit unterschwellig oder vehement offen zur Wehr setzen oder diese als beleidigend oder kränkend erleben.

Ressourcenorientierung. Die Prozessanalysen der Psychotherapieforscher kommen schon seit längerer Zeit und nicht ganz zufällig zu beachtenswerten Schlussfolgerungen: Psychotherapeuten, die sich in der Übertragungswelt der therapeutischen Beziehung auf die vorhandenen Stärken und Ressourcen ihrer Patienten (und nicht auf die Negativseiten regressiven Verhaltens) konzentrieren, sind – was die positiven Wirkungen der Behandlung angeht – unzweifelhaft erfolgreicher (Grawe et al., 1994). Vielleicht könnte eine solche Behandlung weiterhin problemlos als »übertragungsfokussierende Therapie« bezeichnet werden – obwohl hier die Bezeichnung »ressourcenorientiert« ausdrücklich bevorzugt wird, weil sie eindeutiger auf die ihr inhärente Zielperspektive ausgerichtet ist. Glücklicherweise scheint die Bezeichnung »ressourcenorientierte Psychotherapie« seit einigen Jahren eine hohe und durchaus berechtigte Attraktivität auszustrahlen – und dies zunehmend für die Behandlung von Persönlichkeitsstörungen. Das gilt offenkundig nicht nur für die Verhaltenstherapie (Fiedler, 2004b), sondern gleichermaßen auch für die psychodynamische Behandlung (Rohde-Dachser, bereits 1986).

Dabei bleibt zu beachten, dass die Entwicklung ressourcenorientierter Behandlungskonzepte eng mit den beiden folgenden konzeptuellen Grundsätzen verbunden ist:

▶ mit dem Empowerment als Zielidee sowie
▶ mit der sachlichen Problemlösung und Beratung als Therapiestrategie.

Psychotherapieziel Selbstbehandlung. Das Ziel des Empowerment von Patienten sieht vor, diese dahingehend zu unterstützen, zu Therapeuten ihrer selbst zu werden (Fiedler, 1981). Dies ist die Kernidee jeder ressourcenorientierten Psychotherapie. Patienten werden in ihren persönlichen Stärken gestützt und mit wichtigen Informationen und Kompetenzen ausgestattet, um aktiv von sich aus Veränderungen in ihren Alltagsbeziehungen vorzunehmen. Beratung und Unterstützung bei der Lösung konkret gegebener Probleme und Notlagen gelten als die wichtigsten Therapieprinzipien.

Ressourcenorientierung beinhaltet also eine sachliche Lebensberatung und eventuell sogar ein Coaching und Training von Patienten zur Klärung und Auflösung alltäglicher Krisen und Probleme. Genau aus diesem Grund wird die Konfrontation des Patienten mit seinen ungünstigen Persönlichkeitsstilen als wenig hilfreiche Strategie betrachtet – es sei denn, man meint und realisiert »positive Konfrontation mit den persönlichen Ressourcen, Kompetenzen und Stärken« und dann erst behutsame Hinweise auf die nicht funktionalen Persönlichkeitsstile, nicht allgemein und generell, sondern in spezifischen (sozialen) Kontexten. Immer ist die Perspektive einer biografischen Sinnhaftigkeit einzubeziehen, dass sich Persönlichkeitsstile unter bestimmten lebensgeschichtlichen Bedingungen oder sogar als Antwort auf solche Bedingungen herausgebildet haben. Gegen eine solche förderlich stützende Arbeit in der Therapiebeziehung wäre nichts einzuwenden.

Abbau des Machtgefälles. Empowerment als Ziel, die Patientenberatung sowie Training und Coaching als konkreter Handlungsrahmen zur Aktivierung persönlicher und sozialer Ressourcen bedeutet übrigens *kein* eklektisches Handeln. Empowerment erfordert ein inhaltlich gut begründetes therapeutisches Vorgehen. Zusammenfassend ergibt sich jedoch eine – zwar nur kleine, dennoch hoch bedeutsame – Akzentverschiebung. Um es etwas pointiert auszudrücken: Ressourcenorientierte Stärkung vorhandener Kompetenzen und Fähigkeiten sowie die Beratung zur Anreicherung vorhandener Kompetenzen um neue Handlungsmöglichkeiten eröffnen völlig neue Gestaltungsspielräume. Sie erfordern nämlich und ermöglichen zugleich die aktive Partizipation des Therapeuten an der Neugestaltung von Lebenslagen. In einer psychotherapeutisch klug durchdachten Beratung wird sich sogar, wie immer schon von uns Psychotherapeuten gewünscht, das Machtgefälle verschieben, weg vom kompetenten Behandler persönlicher Probleme hin zum Solidarpartner des Patienten im *gemeinsamen Kampf gegen widrige Lebensumstände.*

Das wirft ein kritisches Licht auf die Therapieausbildungen. Therapeuten sollten für die schwierigsten Fälle und kompliziertesten Problemlagen ausgebildet werden. Und um ihr Metier zu beherrschen, haben sie die Verpflichtung, sich vorurteilsfrei auch über die Grenzen der eigenen Therapieschule hinweg kundig zu machen. Dies wenigstens ansatzweise und überblicksartig zu ermöglichen ist ebenfalls eine der Zielstellungen der nachfolgenden Kapitel.

14 Dissoziale und Antisoziale Persönlichkeitsstörungen

> *Trotz ihres begrenzten oder rein ausbeuterischen Interesses*
> *an anderen Menschen sind sie dennoch recht geübt*
> *in den sozialen Manipulationen, die ihren Interessen dienlich sind.*
> David Shapiro

Es hat weit mehr als hundert Jahre gedauert, bis das festgefügte psychiatrische Lehrgebäude von den psychopathischen oder soziopathischen Persönlichkeiten als angeborene Abnormitäten ins Wanken geriet und durch eine differenziertere Konzeptualisierung der Persönlichkeitsstörungen ersetzt wurde. Zurückgeblieben ist allerdings die Neigung, bei ausgesprochen delinquenten und kriminellen Handlungen auf eine sog. »psychopathische« oder »soziopathische« Persönlichkeit rückzuschließen. Selbst die Tatsache, dass die Begriffe »Psychopathie« und »Soziopathie« als diagnostische Kategorien inzwischen aus den Diagnosesystemen entfernt wurden (seit dem DSM-III und der ICD-10), hat nur wenig daran geändert, dass diese theoriediffusen Sammelbezeichnungen weiter benutzt werden (s. aber auch Saß, 1987; → Abschn. 14.3.2).

Dissozialität und Persönlichkeit. Auch über die Brauchbarkeit der in den Diagnosesystemen neu eingesetzten Begriffe Dissoziale bzw. Antisoziale Persönlichkeitsstörungen wird gestritten, da bezweifelt wird, dass sie geeignet seien, die eingeschlossenen Persönlichkeitseigenarten angemessen zu kennzeichnen. Dissozialität oder Delinquenz können zwar Indikatoren für das Vorliegen einer Persönlichkeitsstörung sein. Sie betreffen jedoch nicht nur die Dissoziale Persönlichkeitsstörung, sondern sie werden auch bei Menschen mit anderen Persönlichkeitsstörungen beobachtet, aber auch bei Menschen ohne jede Persönlichkeitsstörung (vgl. Herpertz & Saß, 1999; Fiedler, 2012). Außerdem wurden unter die heutigen Kriterien der »Dissozialen« bzw. »Antisozialen« Persönlichkeitsstörung auch Verhaltens-, Erlebens- und Interaktionsmuster subsumiert, die unter bestimmten sozialen und gesellschaftlichen Voraussetzungen als ausgesprochene Kompetenz angesehen werden können und gelten (→ Abschn. 14.2).

Schon dieser letzte Satz wird bei jenen, die es im Spannungsfeld von Psychiatrie und Jurisprudenz mit dissozialen Persönlichkeiten als Gutachter zu tun bekommen, Verwunderung und möglicherweise Widerstand auslösen. Zu sehr sind sie tagtäglich mit der Beurteilung höchst krimineller Gewalttäter befasst, denen es gelegentlich völlig egal ist, wie ihre Handlungen ethisch, juristisch oder klinisch bewertet und behandelt werden. Es wird hier überhaupt nicht angezweifelt, dass die antisozialen Gewalttaten vieler, die sich in den Gefängnissen und in der forensischen Psychiatrie befinden, auf jene spezifische Persönlichkeitsstörung zurückgeführt werden können, für die bis heute die Begriffe »Psychopathie« oder »Soziopathie« benutzt wurden. Angezweifelt wird indes, dass diese Begriffe zur Kennzeichnung einer Persönlichkeitsstörung taugen, wenn ihre Einsetzung (fast) ausschließlich zur Klassifikation von gewohnheitsmäßiger Delinquenz und Kriminalität benutzt wird. Ein solcher Gebrauch (oder besser: Missbrauch) hat im Verlauf der Psychiatriegeschichte schon mehrfach aus diagnostischen zunehmend juristische Kategorien werden lassen.

Genau aus diesem Grund wird nach wie vor darüber nachgedacht und gestritten, ob die neuen Bezeichnungen *Dissoziale* bzw. *Antisoziale Persönlichkeitsstörung* wirklich dazu geeignet sind, eine Kontamination der psychiatrischen Funktion der Diagnosestellung mit juristischen und kriminologischen Funktionen der Urteilsbildung zu verhindern. Dieses Problem wird in der nachfolgenden Übersicht eine wichtige Rolle spielen. »Antisoziale Persönlichkeitsstörung« ist die Bezeichnung im DSM, »Dissoziale Persönlichkeitsstörung« die in der ICD.

14.1 Konzeptentwicklung

DSM-I. Die Konzeptentwicklung der Dissozialen Persönlichkeitsstörung deckt sich weitgehend mit der Entwicklungsgeschichte der psychiatrischen Konzepte der Persönlichkeitsstörungen und wird hier deshalb weitgehend ausgespart (ausführlich: → Abschn. 3.1 bis 3.3). Zusammenfassend wurde schon früh das Problem diskutiert, dass unter dem allgemeinen Label »Psychopathie« zu viele unterschiedliche Persönlichkeitsstörungen zusammengefasst wurden und dass eine Differenzierung zwingend notwendig war. Kurt Schneiders Ausarbeitungen über die »psychopathischen Persönlichkeiten« haben dazu die wichtigsten Impulse und Perspektiven gegeben (1923). Der Amerikaner Patridge (1930) schlug vor, die »psychopathy« von den Extremvarianten einer »sociopathy« (für die er genetische Ursachen vermutete) zu trennen. Seinem Vorschlag folgend wurde die Soziopathische Persönlichkeitsstörung als eigene Kategorie in das erste DSM (APA, 1952) eingefügt.

Eine weitere wichtige Ausgangsbasis für die damals einsetzende empirische Erforschung der Antisozialen Persönlichkeitsstörungen war zweifellos die Beschreibung der »Psychopathie« durch Cleckley (1941). Mit dem programmatischen Titel seines Buches »Mask of Sanity« betonte Cleckley vordergründige Positiva der Betreffenden, mit denen sie ihre Neigung zur Dissozialität zu tarnen verstünden: ein oberflächlicher Charme bei durchschnittlicher bis überdurchschnittlicher Intelligenz, geringe Anzeichen irrationalen Denkens sowie eine auffallende Gelassenheit, Ruhe und Wortgewandtheit. Cleckley war schließlich der Auffassung, dass die antisoziale »Psychopathie« eine maskierte Psychose sei, die zwar nicht manifest werde, jedoch die Persönlichkeit der Betroffenen grundlegend verändere.

DSM-II. Diesen Gedanken versuchte Eysenck durch seine testpsychologischen Untersuchungen zur Persönlichkeitsdimension »Psychotizismus« bei Dissozialer Persönlichkeitsstörung (Psychopathie) weiter zu erhärten (Eysenck, 1980b; → Abschn. 6.2). Es waren vor allem Cleckleys Ausarbeitungen und die frühen Arbeiten von Eysenck, die später den wohl wichtigsten Grundstock für eine Merkmalsausarbeitung im DSM-II abgaben (APA, 1968). Zugleich wurde die Persönlichkeitsstörung in diesem Manual erstmals als »antisozial« bezeichnet.

DSM-III. Entscheidenden Einfluss auf die Grundlegung der »antisozialen Persönlichkeit« im DSM-III(-R) und in der ICD-9 hatten einige groß angelegte Langzeitstudien (Glueck & Glueck, 1959; McCord & McCord, 1964; Robins, 1966, 1978). In diesen Studien wurden Personen mit antisozialer Persönlichkeit als asoziale, aggressive, höchst impulsive Menschen beschrieben, denen hemmende Einflüsse aus interpersoneller Angst und aus Schuldgefühl fehlten und die kaum in der Lage schienen, dauerhafte Bindungen mit anderen Menschen einzugehen. Vor allem Robins' Monografie »Deviant Children Grown up« (1966) gilt als Wegbereiter einer unvoreingenommenen Auseinandersetzung mit den persönlichkeitsspezifischen und psychosozialen Vorläufern einer »sociopathic personality« im Erwachsenenalter.

Robins brachte die in der Forschung wohl einmalige, beinahe unglaubliche Meisterleistung zustande, 90 Prozent einer ursprünglich 594 Problemkinder umfassenden Stichprobe 30 Jahre später erneut zu untersuchen und mit 100 Kontrollprobanden (ebenfalls für beide Zeitpunkte) zu vergleichen. In ihrer Studie wird als bester Prädiktor für eine spätere soziopathische Persönlichkeit das Ausmaß antisozialen und aggressiven Verhaltens in der Kindheit und Jugend herausgearbeitet (→ Abschn. 14.4). Robins' Auffassung, dass die »Soziopathie« immer bereits vor dem 15. Lebensjahr beginne, wurde schließlich in die Kriterien des DSM-III aufgenommen.

14.2 Diagnostik

Nicht alle Kriminellen sind antisoziale Persönlichkeiten (vgl. Fiedler, 2012). Dennoch wurde die Unterscheidung zwischen »dissozialen« Persönlichkeitseigenarten und kriminellen Handlungen weder in der Erforschung kriminellen und sozial abweichenden Verhaltens (Amelang, 1986) noch in der Erforschung Dissozialer Persönlichkeitsstörungen (Saß, 1987) ausreichend stringent durchgehalten; sie lässt sich deshalb nach wie vor nicht angemessen sicher vornehmen (vgl. Buikhuisen & Mednick, 1988). So wurden noch in den Kriterien des DSM-III(-R) beide Aspekte in fast erschreckender Weise miteinander vermengt, weshalb diese Merkmalsauflistung heftigste Kritik erfahren hat (vgl. Frances, 1980; Millon, 1981).

14.2.1 Antisoziale Persönlichkeitsstörung im DSM-IV-TR bis DSM-5 Sektion II

Wegen dieser harschen Kritik und wegen einer zwischenzeitlich erfolgten, teils radikalen Kriterienneusetzung in der ICD-10 (WHO, 1991; nachfolgend → Abschn. 14.2.2) wurden Kriterienänderungen auch im DSM-IV(-TR) (APA, 1994, 2000) vorgenommen und unverändert übernommen in die Klassifikation von Persönlichkeitsstörungen im DSM-5 Sektion II (APA, 2013), wenngleich dort ein starker Akzent in Richtung gewohnheitsmäßiger Kriminalität unverkennbar erhalten geblieben ist.

Diagnostische Kriterien
Antisoziale Persönlichkeitsstörung

A. Ein tiefgreifendes Muster von Missachtung und Verletzung der Rechte anderer, das seit dem 15. Lebensjahr auftritt. Mindestens drei der folgenden Kriterien müssen erfüllt sein:

   1. Versagen, sich in Bezug auf gesetzmäßiges Verhalten gesellschaftlichen Normen anzupassen, was sich in wiederholtem Begehen von Handlungen äußert, die einen Grund für eine Festnahme darstellen.
   2. Falschheit, die sich in wiederholtem Lügen, dem Gebrauch von Decknamen oder dem Betrügen anderer zum persönlichen Vorteil oder Vergnügen äußert.
   3. Impulsivität oder Versagen, vorausschauend zu planen.
   4. Reizbarkeit und Aggressivität, die sich in wiederholten Schlägereien oder Überfällen äußert.
   5. Rücksichtslose Missachtung der eigenen Sicherheit bzw. der Sicherheit anderer.
   6. Durchgängige Verantwortungslosigkeit, die sich im wiederholten Versagen zeigt, eine dauerhafte Tätigkeit auszuüben oder finanziellen Verpflichtungen nachzukommen.
   7. Fehlende Reue, die sich in Gleichgültigkeit oder Rationalisierungen äußert, wenn die Person andere Menschen gekränkt, misshandelt oder bestohlen hat.

B. Die Person ist mindestens 18 Jahre alt.

C. Eine Störung des Sozialverhaltens war bereits vor Vollendung des 15. Lebensjahres erkennbar.

D. Das antisoziale Verhalten tritt nicht ausschließlich im Verlauf einer Schizophrenie oder einer manischen Episode auf.

Abdruck erfolgt mit Genehmigung vom Hogrefe Verlag Göttingen aus dem Diagnostic and Statistical Manual of Mental Disorders, Fifth Edition © 2013 American Psychiatric Association, dt. Version © 2015 Hogrefe Verlag (S. 903).

Die immer noch vorhandene Akzentsetzung in Richtung gewohnheitsmäßiger Delinquenz zeigt sich auch im Voraussetzungskriterium (C), nach dem bereits in der Kindheit eine Störung des Sozialverhaltens (»Conduct Disorder«; DSM-IV-TR: 312.8) beobachtbar gewesen sein muss. Die vier Hauptkriterien der Störung des Sozialverhaltens in Kindheit und Jugend sind:

► feindselige Aggressionen gegenüber Menschen und Tieren,
► Zerstörung fremden Eigentums,
► Unehrlichkeit und Diebstähle sowie
► schwerwiegende Verletzungen sozialer Normen.

Nach wie vor gibt es eine Diskussion darüber, ob die DSM-Kriterien wirklich angemessen hinreichend sind, Persönlichkeitseigenarten und nicht nur Delinqenzmerkmale zu bevorzugen. Die Kategorie der Antisozialen Persönlichkeitsstörungen zählt zu jenen mit den zweifelsfrei höchsten Reliabilitätswerten (Hare, 1983; Widiger & Corbitt, 1993). Andererseits kann ihre Validität eindeutig angezweifelt werden, weil sie in dieser Form zur Differenzierung von persönlichkeitsbedingter und nichtpersönlichkeitsbedingter Dissozialität wenig tauglich ist. Vorschläge seitens der psychologischen Persönlichkeitsforschung, welche Perspektiven sich für eine Optimierung anbieten, liegen bereits seit Mitte der 1970er-Jahre vor, als zum Beispiel die Ausarbeitungen einer sog. *Psychopathy Checklist* ihren Anfang nahmen.

Psychopathy Checklist (PCL)

Auf der Grundlage seiner Studien zur Kriterienverbesserung und Konstruktvalidierung der DSM-III-Kriterien der Antisozialen Persönlichkeitsstörung hat vor allem Hare (1980, 1985) wiederholt darauf aufmerksam gemacht, dass es durchaus einige reliabel einschätzbare Indikatoren der persönlichkeitsabhängigen Dissozialität mit deutlich verbesserter Validität gibt. Diese könnten es zugleich erlauben, das Übergewicht persönlichkeitsunabhängiger dissozialer Verhaltensmuster in der DSM-Diagnostik zurückzunehmen (→ folgende Übersicht).

Übersicht

Items einer Checkliste persönlichkeitsspezifischer Merkmale der antisozialen Persönlichkeitsstörungen: *Psychopathy Checklist* (PCL; Hare, 1985)

(1) glatter, oberflächlicher Charme
(2) übermäßiges Selbstwertgefühl
(3) Reizhunger / Neigung zur Langeweile
(4) pathologisches Lügen
(5) lenkend / beeinflussend
(6) Mangel an Gewissen und Schuldgefühl
(7) oberflächlicher Affekt
(8) gefühllos / fehlende Empathie
(9) parasitärer Lebensstil
(10) geringe Verhaltenskontrolle
(11) promiskuitives Sexualverhalten
(12) frühkindliche Verhaltensprobleme
(13) Fehlen realistischer, langfristiger Pläne
(14) Impulsivität
(15) sorglos-unverantwortliches Handeln
(16) Verweigerung der Verantwortung für eigenes Handeln
(17) viele kurze eheliche Beziehungen
(18) Jugendkriminalität
(19) Verletzung von Bewährungsauflagen
(20) kriminelle Flexibilität

In Vergleichsstudien ließ sich bei Straftätern immer nur bis etwa zur Hälfte der Fälle, bei denen zuvor die DSM-Diagnose der Antisozialen Persönlichkeitsstörung vergeben worden war, diese Diagnose mittels PCL-Diagnose validieren (vgl. Hart & Hare, 1989; ähnlich: Robins et al., 1991). Deshalb fand Hares Forderung nach stärkerer »Psychologisierung« und Rückbindung der Kriterien an Merkmale der Person, die zugleich die besonderen zwischenmenschlichen Schwierigkeiten im Kontext Antisozialer Persönlichkeitsstörungen beinhalten sollten, unter US-amerikanischen Forschern zunehmende Zustimmung – nicht zuletzt auch deshalb, weil zwischenzeitlich in der ICD-10 (WHO, 1991) vom DSM-III radikal abweichende Kriterienvorschläge unterbreitet wurden (vgl. Sutker et al., 1993; Widiger & Corbitt, 1993, 1996; Lilienfeld, 1994; Lykken, 1995). Diese haben entsprechend zu erheblichen Verbesserungen in der Diagnostik geführt, wie sich diese in der Weiterentwicklung des Alternativ-Modells der Persönlichkeitsstörungen im DSM-5 Sektion III widerspiegeln.

14.2.2 Das Alternativ-Modell der Antisozialen Persönlichkeitsstörung im DSM-5 Sektion III

Entsprechend geht das Konzept der Antisozialen Persönlichkeitsstörung nicht mehr strikt von der Voraussetzung aus, das es sich bei den Betreffenden um Personen handelt, die mit Gesetz und Recht in Konflikt geraten sind. Vielmehr wird bei den allgemeinen Merkmalen von einem Versagen ausgegangen, sich an kulturell-ethisches Verhalten anzupassen; weiter wird ein egozentrischer, gefühlskalter Mangel an Rücksicht auf andere unterstellt, begleitet von Unehrlichkeit, Verantwortungslosigkeit, Neigung zur Manipulation und/oder zu riskantem Verhalten.

Als charakteristisch werden jetzt in der Tat eindeutig persönlichkeitspsychologisch empirisch begründete und zukünftig genauer erforschbare Person-Merkmale wie z.B. Schwierigkeiten in der Identität, Selbststeuerung, Empathie und/oder Nähe angesehen (s.u.), gemeinsam mit spezifischen maladaptiven Persönlichkeitsmerkmalen in den Domänen Antagonismus und Hemmungsschwäche (vgl. hierzu → Abschn. 13.2 mit einer allgemeinen Domain-Beschreibung).

> **DSM-5 Sektion III: Antisoziale Persönlichkeitsstörung**
> **Vorgeschlagene Diagnostische Kriterien**
> A. Mittelgradige oder stärkere Beeinträchtigung im Funktionsniveau der Persönlichkeit, die sich durch typische Schwierigkeiten in mindestens zwei der folgenden Bereiche manifestiert:
> 1. *Identität:* Egozentrik; das Selbstwertgefühl ist abhängig vom persönlichen Vorteil, Macht oder Vergnügen.
> 2. *Selbststeuerung:* Die persönliche Zielsetzung orientiert sich am eigenen Nutzen; es fehlt an prosozialen inneren Maßstäben verbunden mit dem Versagen, sich gesetzeskonform oder gemäß den ethisch-kulturellen Normen zu verhalten.
> 3. *Empathie:* Fehlende Anteilnahme an den Gefühlen, Bedürfnissen oder dem Leiden anderer; fehlende Reue nach dem Verletzen oder Misshandeln anderer.

4. **Nähe:** Abneigung gegenüber wechselseitigen nahen Beziehungen, da Ausnutzen eine bevorzugte Form der Beziehungsgestaltung ist, dies auch unter Einschluss von Täuschung und Nötigung; Einsatz von Dominanz oder Einschüchterung, um andere zu kontrollieren.

B. Vorliegen von mindestens sechs der folgenden problematischen Persönlichkeitsmerkmale:

1. **Neigung zur Manipulation** (eine Facette der Domäne **Antagonismus**): Häufiges Anwenden von List, um andere zu beeinflussen oder unter Kontrolle zu halten; Einsatz von Verführung, Charme, Redegewandtheit oder Schmeichelei, um die eigenen Ziele zu erreichen.

2. **Gefühlskälte** (eine Facette der Domäne **Antagonismus**): Fehlende Betroffenheit hinsichtlich der Gefühle und Probleme anderer; Mangel an Schuldgefühlen oder Reue hinsichtlich negativer oder nachteiliger Wirkungen der eigenen Handlungen auf andere; Aggression; Sadismus.

3. **Unehrlichkeit** (eine Facette der Domäne **Antagonismus**): Unaufrichtigkeit und Betrügerei; unzutreffende Selbstdarstellung; Ausschmückungen und Erfindungen beim Darstellen von Ereignissen.

4. **Feindseligkeit** (eine Facette der Domäne **Antagonismus**): Anhaltende oder häufige Gefühle von Ärger; Ärger oder Gereiztheit bereits bei geringfügigen Kränkungen und Beleidigungen; gemeines, gehässiges oder rachsüchtiges Verhalten.

5. **Neigung zum riskanten Verhalten** (eine Facette der Domäne **Enthemmtheit**): Ausübung gefährlicher, risikoreicher und potenziell selbstschädigender Tätigkeiten ohne äußere Notwendigkeit und ohne Rücksicht auf mögliche Folgen; Anfälligkeit für Langeweile und gedankenlose Aufnahme von Tätigkeiten, um der Langeweile zu entgehen; Mangel an Bewusstsein für die eigenen Grenzen und Verleugnung realer persönlicher Gefahr.

6. **Impulsivität** (eine Facette der Domäne **Enthemmtheit**): Handlungen erfolgen Hals über Kopf als unmittelbare Reaktion auf einen Auslöser, sie sind vom Augenblick bestimmt, ohne Plan oder Berücksichtigung der Folgen; Schwierigkeiten, Pläne zu entwickeln oder zu verfolgen.

7. **Verantwortungslosigkeit** (eine Facette der Domäne **Enthemmtheit**): Missachtung und mangelnde Einhaltung von finanziellen oder anderen Verpflichtungen oder Zusagen; fehlender Respekt vor und mangelnde Konsequenz bei Vereinbarungen und Versprechungen.

Beachte: Die Person ist mindestens 18 Jahre alt.

Bestimme, ob

Mit Psychopathischen Eigenarten.

14.2.3 Dissoziale Persönlichkeitsstörung in der ICD-10

Bereits mit ihrer Einführung 1992 verfügte die ICD-10 über Kriterien, die der Forderung einer stärkeren Berücksichtigung von Persönlichkeitstraits bzw. nach Formulierung interaktioneller Merkmale am weitesten entgegenkommen. Da das in der Klinischen Praxis zur Diagnosestellung gern und häufig benutzte *Strukturiertes Klinisches Interview für DSM-IV, Achse II: Persönlichkeitsstörungen* (SKID-II; Fydrich et al., 1997) weiterhin als offizielles Diagnostikum eingesetzt werden darf, sei an dieser Stelle jedoch eine wichtige Empfehlung ausgesprochen: nämlich das SKID-II nicht mehr zur Diagnostik der Antisozialen Persönlichkeitsstörung zu benutzen, sondern die gerade dargestellte Neusetzung im Alternativ-Modell der Antisozialen Persönlichkeitsstörung des DSM-5 zugrunde zu legen oder die nachfolgend dargestellten ICD-10 Kriterien zu benutzen.

Diagnostische Kriterien
ICD-10 (F60.2): Dissoziale Persönlichkeitsstörung
Diese Persönlichkeitsstörung fällt durch eine große Diskrepanz zwischen dem Verhalten und den geltenden Normen auf und ist charakterisiert durch (mindestens drei der folgenden Kriterien):
1. Herzloses Unbeteiligtsein und Rücksichtslosigkeit gegenüber den Gefühlen anderer.
2. Grobe und andauernde Verantwortungslosigkeit und Missachtung sozialer Normen, Regeln und Verpflichtungen.
3. Unvermögen zur Beibehaltung längerfristiger Beziehungen, aber keine Schwierigkeiten, Beziehungen einzugehen.
4. Sehr geringe Frustrationstoleranz und niedrige Schwelle für aggressives, auch gewalttätiges Verhalten.
5. Unfähigkeit zum Erleben von Schuldbewusstsein oder zum Lernen aus Erfahrung besonders aus Bestrafung.
6. Ausgeprägte Neigung, andere zu beschuldigen oder einleuchtende Rationalisierungen für das eigene Verhalten anzubieten, durch welches die Person in einen Konflikt mit der Gesellschaft geraten ist.

Anhaltende Reizbarkeit kann ein zusätzliches Merkmal sein. Eine Störung des Sozialverhaltens in der Kindheit und Jugend stützt die Diagnose, muss aber nicht vorgelegen haben.

Dazugehörige Begriffe:
▶ amoralische Persönlichkeit(sstörung)
▶ antisoziale Persönlichkeit(sstörung)
▶ asoziale Persönlichkeit(sstörung)
▶ psychopathische Persönlichkeit(sstörung)
▶ soziopathische Persönlichkeit(sstörung)

Ausschluss:
- ▶ emotional instabile Persönlichkeit(sstörung) (F60.3)
- ▶ Störungen des Sozialverhaltens (F91)

Abdruck erfolgt mit Genehmigung vom Hogrefe Verlag Bern aus der Internationalen Klassifikation psychischer Störungen der Weltgesundheitsorganisation: ICD-10 Kapitel V (F) Klinisch diagnostische Leitlinien; 10. Auflage. Dilling, H., Mombour, W. & Schmidt, M.H. (Hrsg.). (2015) Hogrefe AG: Bern, S. 279.

Deutlich wird in jedem Fall, dass sich die ICD-10 in ihren Beschreibungen sehr weit vom »klassischen« Konzept der US-amerikanischen Soziopathiediagnostik des DSM-III entfernt, wenn sie nicht sogar radikal mit ihm bricht. Diese Aussage gilt auch noch für das DSM-IV(-TR), nicht mehr jedoch für das zuvor dargestellte Alternativ-Modell der Antisozialen Persönlichkeitsstörung im DSM-5. Interessanterweise umfassen die ICD-Beschreibungen zur Dissozialen Persönlichkeitsstörung nur Kriterien, die zwar eine soziale Devianz kennzeichnen können, andererseits delinquente und kriminelle Handlungen überhaupt nicht mehr zwingend voraussetzen! Mit Blick auf das Konzept von Persönlichkeitsstörungen, wie es in diesem Buch auch vertreten wird, beinhalten die ICD-Kriterien vielmehr zugleich die Möglichkeit einer spezifischen (wenngleich vereinseitigten) »Kompetenz«.

Fehlende Angst und der zwiespältige Aspekt auffälliger Kompetenz

Der zunächst fremdartig anmutende Aspekt der Kompetenz begründet sich aus der Beobachtung, dass bei Menschen mit Dissozialer Persönlichkeitsstörung nicht nur ein Mangel an Empathie, sondern auch ein eigentümlicher Mangel an Angst beobachtbar ist (Lykken, 1982, 1995; Saß, 1988; Lilienfeld, 1994; → Abschn. 14.4). Nimmt man die unstete Lebensführung, das ständige Suchen nach neuen Reizen und Herausforderungen, nach Sensationen und Risiken hinzu und denkt man in diesem Zusammenhang einmal über die Merkmale der Devianz und Kriminalität hinaus, dann lässt sich feststellen, dass diese Merkmale nicht nur für sozial deviante Menschen kennzeichnend sind, sondern dass sie sich gelegentlich auch bei besonders erfolgreichen Sportlern, Entdeckern, Abenteurern und Hasardeuren finden lassen. Oder – wie Saß (1988) dazu mit Verweis auf Lykken (1982) aphoristisch formuliert: Es ist genau diese Furchtlosigkeit ein »besonderer Stoff, aus dem die Helden und die antisozialen Persönlichkeiten sind«.

Prävalenz. In epidemiologischen Feldstudien findet sich die Dissoziale Persönlichkeitsstörung mit einer relativen Häufigkeit von ungefähr 1 bis 3 Prozent (etwa ein Viertel der Betroffenen sind Frauen). In verschiedenen Kliniken liegt die Rate der behandelten Prävalenz erheblich höher und erreicht in der forensischen Psychiatrie gelegentlich 30 Prozent (→ Abschn. 9.1). Wohl etwas vorschnell unterstellen einige Autoren der Dissozialen Persönlichkeitsstörung einen chronischen Verlauf. Denn in epidemiologischen Studien lässt sich eher ein deutlicher Rückgang der Prävalenzraten im späteren Lebensalter beobachten. Dieser geht bei jenen, die im späteren Leben die

Kriterien der Antisozialen Persönlichkeitsstörung nicht mehr erfüllen, gewöhnlich mit günstigen Veränderungen in der allgemeinen Lebensführung einher (→ Abschn. 9.2).

14.3 Differenzialdiagnostik

14.3.1 Gleichzeitigkeitsdiagnosen (Komorbidität)

Persönlichkeitsstörungen. In den vorliegenden Komorbiditätsstudien finden sich konsistent beträchtliche Überlappungen oder Kodiagnosen zwischen Antisozialer, Borderline-, Narzisstischer und Histrionischer Persönlichkeitsstörung (z. B. Morey, 1988; Widiger et al., 1986). Das liegt an Kriterien dieser Störungskategorien, die gleichermaßen impulsive Handlungen, unvorhersehbare Verhaltensweisen und eine dramatisierende Präsentation der Person beinhalten. Pope (et al. 1983) berichtet von besonderen Schwierigkeiten, mit Hilfe der DSM-III-Kriterien Antisoziale und Borderline-Persönlichkeitsstörungen bei Männern sowie Borderline- und Histrionische Persönlichkeitsstörungen bei Frauen zu differenzieren.

Bereits 1975 hatten Cloninger und Mitarbeiter vermutet, dass die drei von ihnen unterschiedenen Persönlichkeitsvarianten »weibliche Hysterie«, »weibliche Soziopathie« und »männliche Soziopathie« eine gemeinsame, möglicherweise genetisch bedingte Grunddisposition haben. Mit Hilfe der seit 1980 möglichen DSM-III-Diagnostik der Histrionischen und der Antisozialen Persönlichkeitsstörungen fanden Lilienfeld und Kollegen (1986) die Zusammenhänge zwischen Antisozialer und Histrionischer Persönlichkeitsstörung erneut bestätigt, und zwar in Gruppen beiderlei Geschlechts (erneut: Hamburger et al., 1996).

Psychische Störungen. Eine wichtige Rolle im Bereich der Differenzialdiagnostik spielen die besonderen Zusammenhänge zwischen Alkoholmissbrauch bzw. Drogenmissbrauch und Dissozialer Persönlichkeitsstörung (z. B. Lewis et al., 1983, 1985; Cadoret et al., 1985; Sher & Trull, 1994). Es lässt sich im Einzelfall gelegentlich schwer entscheiden, ob die im Zusammenhang mit Substanzmissbrauch auftretende Dissozialität als Teil einer Persönlichkeitsstörung oder als Folge eines längeren Alkoholbzw. Drogenkonsums anzusehen ist. Wichtiges Kriterium für die Persönlichkeitsstörungsdiagnose sind häufige Devianz und Delinquenz bereits seit dem frühen Kindesalter.

In diesem Zusammenhang ist bemerkenswert, dass es eine weitere Untergruppe von Personen mit Dissozialer Persönlichkeitsstörung gibt, die ein ausgeprägtes dysphorisches Erleben und zugleich eine Unfähigkeit entwickeln, Langeweile zu ertragen. Sie scheinen gleichzeitig ein Risiko zur Entwicklung Affektiver Störungen, insbesondere der Generalisierten Angststörung und Depression, in sich zu tragen, häufig gepaart mit Suchtproblemen einschließlich eines deutlich erhöhten Suizidrisikos (Links et al., 2014). Das Risiko für diese spezifische Komorbiditätsproblematik scheint erhöht, wenn in der Kindheit neben einer ausgeprägten Störung des Sozialverhaltens zugleich Hyperaktivitäts- und Aufmerksamkeitsstörungen beobachtet wurden. Diese

Untergruppe unterscheidet sich möglicherweise von der zuvor beschriebenen Gruppierung der Personen mit mangelndem Angsterleben. Sie ist in den vergangenen Jahren zunehmend in den Mittelpunkt der differenzialdiagnostischen Forschung gerückt, weil dissoziale Persönlichkeiten mit Affektiven Störungen (Depressionen) eine günstigere Prognose bei psychologisch-therapeutischen Behandlungen aufweisen (→ Abschn. 14.5.1 zur Behandlung).

14.3.2 Dissoziale Persönlichkeit versus Kriminalität

Angesichts der zuvor diskutierten »adaptiven Kompetenz« erlaubt die Diagnose der Dissozialen Persönlichkeitsstörungen für sich genommen keine Beurteilung der psychischen Eingeschränktheit und Gestörtheit der Person und damit auch keine Aussage über die Frage der möglichen Schuldunfähigkeit bzw. der psychischen Unzurechnungsfähigkeit bei Vorliegen delinquenter oder krimineller Handlungen. Saß (1987) gelangt in der Folge einer Untersuchung an 144 forensischen Patienten zu dem Vorschlag, bei Vorliegen der Diagnose »Dissoziale Persönlichkeitsstörung« einerseits sorgsam die Möglichkeiten einer Komorbidität mit anderen psychischen Störungen aufzuklären, andererseits eine Abgrenzung zur Dissozialität (ohne Bezug zu psychischen Störungen) vorzunehmen. Nach seiner Auffassung ergeben sich vier grobe Typologien mit jeweils unterschiedlichen therapeutischen und forensischen Implikationen (Saß, 1987, S. 82 ff.).

Persönlichkeitsstörung ist Hauptdiagnose. Eine der »Persönlichkeitsstörungen« ist Hauptdiagnose, die nicht unbedingt »Antisoziale Persönlichkeitsstörung« lauten muss (vgl. Herpertz & Buchheim, 2011; Fiedler, 2012). Vorfindbare antisoziale Verhaltensmuster stehen in einem deutlichen Zusammenhang mit dieser Störung und – bei Vorliegen weiterer Komorbiditäten – zusätzlich mit anderen psychischen und Persönlichkeitsstörungen. Die gefundene Devianz beinhaltet Verhaltensauffälligkeiten, unter denen die Betroffenen selbst subjektiv leiden und / oder die Ausdruck einer Beeinträchtigung ihrer sozialen Kompetenz sind. Wichtiges Merkmal dieser Persongruppe, die Saß »psychopathische Persönlichkeiten« nennt und damit Persönlichkeitsstörungen im Allgemeinen meint, ist das Fehlen aktiv intendierter Devianz.

Soziopathische Persönlichkeit. Liegt zusätzlich ein aktiv intendiertes sozial deviantes oder delinquentes Verhalten vor, das erkennbar eine Komorbidität mit psychischen oder psychopathischen Persönlichkeitsstörungen aufweist, so spricht Saß von »Soziopathischer Persönlichkeitsstörung«. Damit ist keine zufällige Koinzidenz gemeint, sondern dass die Komorbidität einen wesentlichen Begünstigungsfaktor für die soziale Devianz darstellt.

Dissozialität. Daneben gibt es eine Dissozialität bei Menschen, die aus den unterschiedlichsten Gründen wichtige soziale Regeln nicht einhalten und bei denen die Tendenz zur sozialen Abweichung nicht mit psychischen und Persönlichkeitsstörungen in einen Zusammenhang gestellt werden kann. Gemeint sind von Saß u. a. »berufskriminelle« Personen oder gewalttätige Mitglieder anarchistischer Gruppen, bei denen die Dissozialität zum Teil als eine Form bewusster Lebensgestaltung betrachtet werden kann.

Antisoziale Persönlichkeitsstörung. Eine weitere Untergruppe ist jene mit Menschen, die eine »Antisoziale Persönlichkeitsstörung« im engeren Sinne vorweisen. Diese Personen sind nach Saß genau jene, die der konzeptuellen Intention der Diagnose innerhalb der Diagnosesysteme entsprechen. Es handelt sich um diejenigen, die eine hartnäckige, im gesamten Lebensverlauf erkennbare Disposition zu devianten und delinquenten Verhaltensweisen zeigen.

Die Dissozialen Persönlichkeitsstörungen stehen im Sinne dieser Einteilung also in einem Spannungsverhältnis zwischen (»krankheitsnaher«, möglicherweise die Schuldfähigkeit beeinträchtigender) psychischer Gestörtheit und (strafrechtlich zu verfolgender) Dissozialität und Kriminalität. Vor allem Spezifität, Ausmaß und Schwere einer möglichen Komorbidität (auf der Ebene einsichts- und handlungseinschränkender psychischer Störungen und Erkrankungen wie auf der Ebene der weiteren Persönlichkeitsstörungen) liefern wichtige Beurteilungshilfen zur Abschätzung der psychischen Beeinträchtigung einer Person und damit schließlich auch für die möglicherweise geforderte Behandlungsindikation bei vorhandener Schuldunfähigkeit. Ergänzend sei hier auf zwei Synopsen zur Beurteilung von Straftätern verwiesen, in denen die immer Sachverstand und Expertise erfordernde Frage der Schuldfähigkeitsbeeinträchtigung in hochgradig differenzierter Weise anhand unterschiedlicher Problemkonstellationen und Beispielfällen aufgearbeitet wird (Marneros, 2007; Marneros et al., 2000).

14.4 Erklärungsansätze

Die Spätfolgen der psychiatrischen Degenerations- und Konstitutionslehren aus dem Frankreich des 18. Jahrhunderts in ihrer problematischen, teils verhängnisvollen Verquickung mit den sozialdarwinistischen und rassentheoretischen Leitorientierungen im Dritten Reich hatten nach dem Zweiten Weltkrieg – als Gegenreaktion – zunächst die Erforschung der psychosozialen Faktoren devianten Verhaltens beflügelt (→ Abschn. 3.1 bis 3.3). Erst in den 1970er-Jahren steigt die Bereitschaft, erneut die möglichen hereditären Bedingungen antisozialen und kriminellen Verhaltens zu untersuchen und zugleich unvoreingenommen die Wechselwirkungen zwischen (psycho-)genetischer Prädisposition und (psycho-)sozialer Entwicklung aufzuklären.

14.4.1 Stand der ätiologischen Forschung

Adoptionsstudien. Eine Reihe von Zwillings- und Adoptionsstudien legt eine Beteiligung hereditärer Faktoren an der Entwicklung Dissozialer Persönlichkeitsstörungen nahe (vgl. u. a. Mednick et al., 1983; Dusen et al., 1983; Amelang, 1986; Nigg & Goldsmith, 1994). Eysenck und Eysenck (1978) fassen den Forschungsstand mit einer Einschätzung zusammen, nach der etwa 50 bis 60 Prozent monozygoter Zwillinge und

10 bis 20 Prozent dizygoter Zwillinge mit einem »soziopathischen« Elternteil in ihrem Leben ebenfalls eine Antisoziale Persönlichkeitsstörung entwickeln. Andererseits können die gleichen Studien zumeist selbst als Beleg für eine vermutlich größere Bedeutsamkeit entwicklungspsychologischer und psychosozial-gesellschaftlicher Faktoren gewertet werden.

Cadoret und Cain (1980, 1981) versuchten mittels multipler Regressionsanalysen die Anzahl Antisozialer Persönlichkeitsstörungen bei 246 wegadoptierten Kindern psychiatrischer Patienten vorauszusagen. Ihre Ergebnisse zeigen einerseits eine genetische Prädisposition zur Antisozialen Persönlichkeitsstörung insbesondere in jenen Fällen, in denen bei einem Elternteil neben der Dissozialen Persönlichkeitsstörung zugleich eine Alkoholabhängigkeit diagnostiziert worden war (ohne die Möglichkeit, etwa geschlechtsspezifische Abhängigkeiten oder Zusammenhänge zu finden). Frauen und Männer unter den Adoptierten unterschieden sich jedoch beträchtlich darin, welche möglichen Einflüsse auf spezifische Sozialisationsbedingungen zurückgeführt werden können: Spezifische familiäre Bedingungen (wie z. B. Ehescheidung der Adoptiveltern; Unterbrechungen in der Kontinuität der frühen Mutter-Kind-Beziehung) hatten erheblich befördernden Einfluss auf die Entwicklung einer Antisozialen Persönlichkeitsstörung bei Männern, kaum jedoch bei Frauen. Zusammenfassend lassen sich die Fragen, wie groß der jeweilige Anteil von Erb- und Umwelteinflüssen auf eine spätere Dissozialitätsentwicklung ist oder ob sie additiv oder interaktiv wirken, nicht beantworten (vgl. Amelang, 1986).

Alkohol- und Drogenmissbrauch. Eine besondere Beachtung verdient die Wechselwirkung von Dissozialität und Alkoholabhängigkeit. In Untersuchungen findet sich konsistent, dass die Verlauf des Alkoholismus bei Menschen mit Antisozialen Persönlichkeitsstörungen erhöht ist (Robins, 1978; Cloninger et al., 1982). In den erwähnten Adoptivstudien wurde eine größere Stichprobe der inzwischen erwachsenen Adoptivkinder danach klassifiziert, ob sie vorbestraft waren, Alkoholprobleme hatten oder ob beides bzw. keines von beidem der Fall war (Bohman et al., 1982; Cloninger et al., 1982). Vorbestrafte Alkoholiker hatten wiederholt Gewaltdelikte begangen, was eindeutiger mit dem Alkoholismus als mit dem kriminellen Verhalten der biologischen Eltern zusammenhing. Die Alkoholabhängigkeit selbst ging vor allem von Vätern auf ihre Söhne über, wenn die Väter zugleich zur Gewalttätigkeit und zu massiver Kriminalität neigten. Überdies bestand ein Zusammenhang zwischen Kriminalitätsrisiko und häufigem Hin- und Hergeschobenwerden vor der endgültigen Adoption.

Biologische Korrelate

Mit einer Reihe psychophysiologischer Studien wurde die Möglichkeit biologischer Vorläufer der Dissozialen Persönlichkeitsstörung abzusichern versucht. Die aus den recht konvergenten Befunden abgeleitete Hypothese, dass antisoziale Persönlichkeitsmerkmale mit einem allgemein erniedrigten Aktivationsniveau in einem Zusammenhang stehen könnten, ist bis heute Gegenstand zahlreicher Studien (vgl. Brantley & Sutker, 1984). So scheinen die Betroffenen eine auffällig niedrige elektrodermale Erregung und Labilität aufzuweisen (Herpertz et al., 2001) und weniger ansprechbar auf schwache Reizung und toleranter (d. h. weniger elektrodermal reagierend) gegenüber starker Reizung als Kontrollprobanden zu sein (zusammenfassend: Hare & Cox, 1978). Auch konnten verminderte Furchtreaktionen psychophysiologisch gesichert werden (Patrick et al., 1994).

Nach Lang et al. (1997) zeigen »normale« Personen bei der Konfrontation mit bedrohlichen Reizen im Sinne einer Abwehrkaskade eine Verstärkung der selektiven Aufmerksamkeit mit erhöhter Vigilanz (Herzfrequenzdezeleration und Hautleitwerterhöhung), die von einer Bahnung der Schutz- und Abwehrreflexe (Zunahme des Blinzelreflexes) gefolgt ist. Ähnliche Befunde konnten bereits bei 8- bis 12-jährigen Kindern mit dissozialen Störungen nachgewiesen werden (Herpertz et al., 2001, 2005). Daneben zeichnen sich Kinder mit Störung des Sozialverhaltens durch eine geringe Ruheherzfrequenz im Sinne eines herabgesetzten autonomen Arousals aus (Scarpa & Raine, 2004). Neben Risikofaktoren sind übrigens auch protektive psychophysiologische Reaktionen bekannt. So konnten kriminelle Jugendliche, die als Erwachsene kein kriminelles Verhalten mehr zeigten, von Jugendlichen mit persistierendem dissozialen Verhalten u. a. anhand vermehrter Spontanfluktuationen des Hautleitwertes und einer höheren Herzfrequenz in Ruhe unterschieden werden (Raine et al., 1995). Umgekehrt erwies sich eine reduzierte elektrodermale Furchtkonditionierung im Alter von drei Jahren als Positivprädiktor für aggressives Verhalten im 8. und 23. Lebensjahr (Gao et al. 2009).

Bildgebungsuntersuchungen. Bildgebungsstudien der letzten Jahre haben unser Verständnis der »Psychopathy« (zumeist diagnostiziert mit der *Psychopathy Checklist*; → Abschn. 14.2.1) verändert. In einer Bildgebungsstudie, die auf einem Furchtkonditionierungsparadigma gründete (Larson et al., 2013), wurden Personen mit der Diagnose »Psychopathy« aufgefordert, sich auf bedrohungsrelevante Reize zu konzentrieren, die Elektroschocks prädizierten; in dieser Aufgabe zeigten sie gegenüber Personen ohne diese Diagnose keine verminderte Amygdala-Aktivität. Wenn sie aber aufgefordert wurden, ihre Aufmerksamkeit auf eine alternative Aufgabenlösung zu konzentrieren, so zeigten sie gegenüber der Vergleichsgruppe eine verminderte Amygdala-Aktivität. Offensichtlich variierte die Amygdala-Aktivität in Abhängigkeit von zielorientierter Aufmerksamkeitsfokussierung, die der bedrohungsrelevanten Information vorausging. In einer anderen Bildgebungsstudie (Meffert et al., 2013) zeigten »Psychopaths« bei der Betrachtung zwischenmenschlicher Interaktionen weniger neuronale Aktivität in emotionalen Arealen wie anteriores Cingulum, Insula sowie Arealen des somatosensorischen Kortex. Wurden die Probanden allerdings aufgefordert, sich in das dargestellte soziale Geschehen einzufühlen, so waren signifikante Unterschiede zwischen »Psychopaths« und Kontrollen nicht mehr nachweisbar. Die Ergebnisse lassen sich in der Weise interpretieren, dass sich »Psychopaths« nicht durch eine einfache Unfähigkeit zum wechselseitigen Austausch auszeichnen; werden sie zum sozialen Austausch animiert, so sind sie in der Lage, Empathie-Areale zu aktivieren bzw. sich in andere einzufühlen.

Auf der Grundlage dieser Befunde wird nun vermutet, dass Menschen mit Antisozialer Persönlichkeitsstörung möglicherweise genetisch prädisponiert dazu neigen, in

Situationen, die eher anreizarm und ermüdend sind, ein Handlungsbedürfnis und eine Suche nach (möglicherweise selbstinitiierten) Anreizen zu entwickeln – Anreizen, die neu, verschiedenartig und nicht voraussagbar oder mit Aktivitäten verbunden sind, die andere als gefährlich, tollkühn und schreckenerregend betrachten würden, die schließlich aber auch als »antisozial« bzw. »psychopathisch« bewertet werden müssten (vgl. Eysenck, 1980b). Für das auffällig lebhafte, risikobereite Verhalten antisozialer Persönlichkeiten hat Zuckerman (1979) eine sog. *Sensation Seeking Scale* entwickelt, die verschiedentlich in Studien zur Untersuchung der bereits erwähnten besonderen Angstfreiheit der Betroffenen eingesetzt wurde (vgl. Scheurer, 1993).

Nochmals: Genetik. So konnte u. a. in Familienstudien gezeigt werden, dass dieses Persönlichkeitsmerkmal vermehrter Reiz- bzw. Risikosuche möglicherweise genetisch mitbedingt ist (Fulker et al., 1980). Dabei beeinflussen genetische Polymorphismen nicht nur in direkter Weise antisoziales Verhalten, sondern auch indirekt über die Erhöhung der Vulnerabilität gegenüber negativen Umwelteinflüssen. So konnte z. B. eine Assoziation zwischen einem MAO-A-Genpolymorphismus, kindlicher Vernachlässigung und der Entwicklung antisozialen Verhaltens aufgezeigt werden (Metaanalyse bei Kim-Cohen et al., 2006). Kinder mit schwerer Vernachlässigung in der Familie zeigten ein höheres Risiko, eine Störung des Sozialverhaltens und im Weiteren eine Antisoziale Persönlichkeitsstörung zu entwickeln, wenn sie mit einer Genvariante lokalisiert auf dem X-Chromosom ausgestattet waren, die mit einer geringeren MAO-A-Aktivität einhergeht. Auch unterscheiden sich Träger des Allels mit geringer MAO-A Expression gegenüber den Trägern des Allels mit hoher MAO-A Expression in den Volumina und Funktionen von präfronto-limbischen Hirnarealen, die an der Steuerung von Gefühlen und Verhalten beteiligt sind (Meyer-Lindenberg et al., 2006). Männer mit dieser genetischen Ausstattung zeichnen sich durch höhere reaktive Aggressivität und eine besondere Sensibilität gegenüber sozialer Zurückweisung aus, wobei letzteres mit höherer Aktivität des dorsalen anterioren Cingulums assoziiert ist. Auch für das 5-HTT Serotonin-Transporter-Gen, das mit geringerer zerebraler Serotoninkonzentration einhergeht, konnte gezeigt werden, dass es zu gewalttätigem Verhalten disponiert, wenn das Individuum als Kind körperlichen Misshandlungen ausgesetzt war (Reif et al., 2007). Weitere pränatale Faktoren, die das Risiko für eine antisoziale Entwicklung erhöhen, sind Alkoholmissbrauch und Rauchen der Mutter in der Schwangerschaft. Sie sind mit einem 2- bis 4-fach erhöhten Risiko für die Entwicklung einer Störung des Sozialverhaltens assoziiert (Hodgins, 1996). Prä- und perinatale Komplikationen stehen nicht nur in Zusammenhang mit aggressivem und impulsivem Verhalten, sondern auch in direktem Zusammenhang mit gewalttätiger Kriminalität bereits in der Kindheit (Hodgins et al., 2003).

Erziehungseinflüsse

In Langzeitstudien von Cadoret (1978) und Robins (1978) erweisen sich einige Aspekte des Familienlebens als besonders folgenträchtig: Sowohl inkonsistente oder fehlende Orientierung bis hin zu strenger Disziplinierung als auch das Vorliegen antisozialen Verhaltens beim Vater scheinen die bedeutsamsten Prädiktoren für dissoziales Verhalten im Erwachsenenalter zu sein. Allerdings bleibt zu beachten, dass diese ungünstigen Sozialisationsaspekte auch als Prädiktoren für eine ganze Anzahl klinischer Syndrome ohne ausgeprägte Dissozialität gelten. Und es gibt offensichtlich Unterschiede zwischen Männern und Frauen.

Dumas und Wahler (1985) untersuchten Erziehungsstile von Müttern dissozialer Kinder. Diese reagierten auf Fehlverhalten ihrer Kinder in einer aversiven, zugleich jedoch völlig uneindeutig normierenden Weise. Prosoziales Verhalten wurde von ihnen kaum oder nicht beachtet. In der Langzeitstudie von Robins (1966, 1978) konnte die Autorin nachweisen, dass der beste Prädiktor für Dissozialität im Erwachsenenalter das bereits in der Kindheit vorhandene auffällige antisoziale Verhalten selbst war.

In einer Prospektivstudie von Farrington und West (1990) wurden die Erziehungseinflüsse auf Delinquenz und Kriminalität von 411 männlichen Jugendlichen untersucht, die in einer Arbeiterwohngegend in London aufgewachsen waren. Diese wurden erstmals im Alter von 8, 10 und 14 Jahren untersucht sowie erneut mit 16, 18 und 21 und nochmals mit 25 und 32 Jahren. Interviews wurden auch mit relevanten Bezugspersonen wie den Eltern und Lehrern durchgeführt. Folgende Faktoren, die bis zum Alter von zehn Jahren bei den Kindern festgestellt wurden, hatten die höchsten prädiktiven Werte für das Auftreten von Delinquenz und Kriminalität in später Jugend und im Erwachsenenalter: Lehrerbeurteilungen der Kinder als besonders verhaltensauffällige und zugleich unehrliche Schüler; das Aufwachsen in einer Großfamilie auf engem Raum; strenge und uneindeutige Erziehungsstile der Eltern; kriminelle Eltern und delinquente ältere Geschwister; Beziehungsschwierigkeiten und Konflikte der Eltern untereinander. Der härteste Prädiktor für das im Erwachsenenalter feststellbare antisoziale Verhalten war auch in dieser Studie das Vorhandensein dissozialer Verhaltensauffälligkeiten im Kindesalter.

14.4.2 Erklärungsmodelle

Persönlichkeitstheorie. Eysenck versuchte, die einseitigen biologischen Sichtweisen im medizinischen Krankheitsmodell und die bisher vielfach ebenfalls einseitigen Sichtweisen ausschließlich psychosozialer Verstehensansätze in Klinischer Soziologie und Psychologie im Rahmen seiner Persönlichkeitsforschung miteinander zu verbinden (vgl. Eysenck & Eysenck, 1985; → Abschn. 6.2). Nach seiner Auffassung erklären das Vorliegen personenspezifischer biologischer Prädispositionen und aus ihnen resultierende Temperamentseigenarten die Unterschiede, warum Menschen im späteren Leben ebenso unterschiedliche psychische Störungen entwickeln. Er versuchte, diese Unterschiede in der je spezifischen Konditionierbarkeit von Personen mit seinen Persönlichkeitsdimensionen Extraversion / Introversion, Neurotizismus und Psychotizismus aufzuklären (vgl. Eysenck, 1980b).

▶ *Primäre Psychopathie* sollte danach in der Hauptsache auf einen genetisch prädisponierten »Psychotizismus« und erhöhte »Extraversion« bezogen sein. Diese Konstellation erklärt vor allem genetische Einflüsse auf eine spätere Entwicklung antisozialer Persönlichkeitsmuster. Die Betroffenen haben typischerweise ein niedriges Angstniveau und sind unempfänglich für Drohungen und Bestrafungen.

► *Sekundäre Psychopathie* findet ihren Ausdruck in einem hohen »Neurotizismus« bei gleichzeitig erhöhter »Extraversion«. Bei dieser Psychopathievariante zeigt sich – wegen der erwartbar geringeren Konditionierbarkeit – zugleich eine weniger ausgeprägte Lernfähigkeit. Die Betroffenen leiden jedoch zugleich unter schweren Frustrationen und inneren Konflikten.

Eysencks Hypothese der geringen Lernfähigkeit dissozialer Persönlichkeiten hat seit Mitte der 1950er-Jahre einen Boom von Untersuchungen ausgelöst, in denen Personen mit antisozialer Persönlichkeit mit Kontrollgruppen in Experimenten vielfältigen und unterschiedlichsten Lernbedingungen ausgesetzt wurden. Die Ergebnisse dieser Studien sind keineswegs einheitlich und haben letztlich mehr Fragen als Antworten aufgeworfen (zusammenfassend: Sutker et al., 1993).

Entwicklungshypothesen. Aus den vorliegenden Studien kann dennoch abgeleitet werden, dass einige Kovariationen zwischen Persönlichkeit und antisozialem Verhalten recht verlässlich replizierbar sind (Eysenck, 1977; Scheurer, 1993): Kinder lernen normalerweise im Laufe ihrer Gewissensbildung antisoziale Reaktionen zurückzuhalten (zu hemmen). Diese Gewissensbildung beruht auf einer geglückten Interaktion der individuellen Persönlichkeitsvoraussetzungen (Prädisposition) mit der sozialen Umwelt (Milieufaktoren). Für den Prozess des Misslingens steht nun vorrangig die Beobachtung im Vordergrund, dass zur primären bzw. sekundären Psychopathie veranlagte Menschen schlechter zu konditionieren sind. Die *schlechte Konditionierbarkeit* scheint ein zentraler Mechanismus zur Entwicklung persönlichkeitsbedingter dissozialer Neigungen zu sein (Eysenck & Eysenck, 1985).

► Der primären Psychopathie entsprechen zugleich ein niedriges Angstniveau, fehlende Schuldgefühle und hohe Risikobereitschaft.

► Der sekundären Psychopathie fehlt ebenfalls eine Gewissenshemmung wegen hoher Extraversion, andererseits kommt es (bei deutlich erhöhtem Neurotizismus) zu Ängstlichkeit, Schuldgefühlen und inneren Konflikten mit jedoch zugleich wenig hemmenden Einflüssen auf delinquentes und antisoziales Handeln.

Erziehungseinflüsse. In der biosozialen Lerntheorie Millons (1981; → Abschn. 6.5) wird ergänzend auf den nicht übersehbaren Einfluss psychosozialer Umgebungsfaktoren in der Entwicklungspsychologie Antisozialer Persönlichkeitsstörungen hingewiesen. Dabei spielen drei Umgebungsfaktoren eine herausragende Rolle, wenn diese nicht nur die frühe Kindheit, sondern die Entwicklung bis in die Jugend hinein beeinflussen:

► selbst erlebte elterliche Gewalt und Grausamkeit, die im Wesentlichen als Modell für spätere gewalttätige Durchsetzung eigener, zumeist spontaner Bedürfnisbefriedigung dient;

► fehlende elterliche Modelle für das Erlernen einer sozial akzeptierbaren Normorientierung;

► ein wenig normkonstant strukturiertes Erziehungsumfeld für das Erlernen eines grundlegenden zwischenmenschlichen Misstrauens, das nach Millon für viele antisoziale Handlungen hohen zusätzlichen Erklärungswert bekomme.

Diese Hypothesen haben sich zwischenzeitlich durch eine Vielzahl von Studien belegen lassen (vgl. Marshall & Cooke, 1999).

Antisozialisation in der Jugend. Für Menschen, die delinquente und kriminelle Neigungen entwickeln und vergleichsweise gut konditionierbar sind (niedrige Extraversionswerte), schlägt Eysenck (1977) noch eine weitere Erklärungsvariante vor, die er als »Antisozialisation« bezeichnet. Damit bezeichnet er Kinder, die ihre dissozialen Handlungen schlicht von dissozialen Eltern oder subkulturell von anderen Kindern bzw. Jugendlichen lernen, ohne dass eine entsprechende Temperamentsprädisposition zur Antisozialen Persönlichkeitsstörung vorliegen muss.

Eine ganz ähnliche Perspektive hatten etwa zeitgleich Jurkuvic und Prentice (1977) auf der Grundlage eigener Studien ausgearbeitet. Auch sie weisen darauf hin, dass nicht nur die Eltern als Sozialisationsagenten in Betracht kommen. Sie postulieren eine besondere Gruppe der »subkulturellen Delinquenten«, die durch Gleichaltrige und Freunde in der Ausübung strafbarer Handlungen sozialisiert würden. Gegenüber dieser Gruppe unterscheiden sie dann (ganz im Sinne der Eysenck'schen Theorie) die zwei weiteren der sog. »psychopathischen Delinquenten« (die nur wenig Gewissensbisse zeigen) und der sog. »neurotischen Delinquenten« (die unter Angst, Schuldgefühlen und Depression leiden). Letztere Gruppe erweist sich übrigens als erzieherisch und therapeutisch gut beeinflussbar (→ Abschn. 14.5.1).

14.5 Behandlungsansätze

Die häufige Gleichsetzung der Dissozialen Persönlichkeitsstörung mit gewohnheitsmäßiger Kriminalität hat dazu geführt, dass nach wie vor ein therapeutischer Pessimismus vorherrscht und eine Ambivalenz gegenüber therapeutischen Erfolgsaussichten (vgl. Dolan & Coid, 1993). Ebenfalls nicht weiter verwunderlich, dass in den vorliegenden Therapiekonzepten die Frage der therapeutischen Beeinflussung von Gewalt, Delinquenz und Kriminalität vorherrschend ist und nicht so sehr die Beeinflussung prototypischer Persönlichkeitseigenarten – ein häufig beklagter Nachteil, der einer Entwicklung angemessener Behandlungskonzepte viele Jahre etwas entgegenstand. Da inzwischen in den delinquenzorientierten Behandlungsprogrammen die Persönlichkeitsstörungen nicht mehr ausgeklammert bleiben und die Behandlungserfolge in den letzten Jahren entsprechend angestiegen sind, werden wir nachfolgend etwas ausführlicher darauf eingehen.

14.5.1 Prädiktoren für Behandlungserfolge und Prognose

Aussagen über Behandlungserfolge bei Dissozialen Persönlichkeitsstörungen sind bis in die Gegenwart hinein nur sehr begrenzt möglich, da substanzielle Forschungsarbeiten, die zugleich eine akzeptable Forschungsmethodologie aufweisen, außerordentlich spärlich sind. Die meisten Autoren belassen es schlicht bei einer detaillierten Beschreibung ihrer Therapieangebote. Und wenn Ergebnisse mitgeteilt werden, gibt es kaum Untergruppendifferenzierungen. Nimmt man die Aussagen zum globalen Behandlungserfolg, so findet sich bis heute recht konvergent, dass durchschnittlich etwa die Hälfte aller in Gefängnissen oder in der forensischen Psychiatrie zumeist wegen ihrer Gewalttätigkeit institutionalisierten Menschen (zumeist untersucht: Männer) mit Dissozialer Persönlichkeitsstörung innerhalb von drei Jahren wegen ihrer Gewalttätigkeit wieder rückfällig werden und erneut eingewiesen bzw. verurteilt werden (vgl. Dolan & Coid, 1993). Es bleibt beachtenswert, dass es sich hierbei um Durchschnittswerte handelt; die Angaben zu Rückfällen schwanken erheblich, worauf nachfolgend eingegangen wird.

Schon längere Zeit sind einige Bedingungen bekannt, die mit einem günstigeren Ausgang (d. h. keine erneuten Gerichtsverfahren über jenen häufig gewählten Kontrollzeitraum von drei Jahren hinaus) in Beziehung stehen. Diese betreffen vor allem folgende Merkmale:

- eine geringere Zahl vorausgehender Hospitalisierungen (Norris, 1984),
- eine geringere Anzahl früherer krimineller Vergehen und fehlende Institutionalisierung in Kindheit und Jugend (z. B. Heimunterbringung, Jugendarrest; Tennent & Way, 1984),
- eine gezielte Betreuung und Nachsorge durch professionelle (Bewährungs-)Helfer und / oder Therapeuten (Walker & McCabe, 1973; Norris, 1984).

Die pessimistische Feststellung, dass nur höchstens die Hälfte der untersuchten und sozialtherapeutisch behandelten Straftäter mit dissozialer Persönlichkeit rückfallfrei bleibt, ist jedoch nur mit außerordentlicher Vorsicht etwa dahingehend zu interpretieren, dass eine Behandlung Dissozialer Persönlichkeitsstörungen nicht erfolgreich verläuft. Denn es gibt die inzwischen empirisch belegte Beobachtung, dass die berichteten Erfolgszahlen – wie angedeutet – bei dissozialen Persönlichkeiten über Zeitperioden hinweg und regional außerordentlich schwanken, und zwar immerhin zwischen 30 und über 60 Prozent.

Erfolgsprädiktor: Therapieoptimismus

Diese nicht unerheblichen Schwankungen in den Erfolgszahlen therapeutisch arbeitender Institutionen sind beachtenswert. Dolan und Coid (1993) beobachteten beispielsweise, dass diese Schwankungen mit dem Wechsel der Therapeuten zusammenhängen könnten: Ändert sich das Team oder gibt es einen Wechsel in der Leitung, dann verändern sich die Behandlungskonzepte. Und in der Folge steigen oder sinken offenkundig die Erfolgszahlen, teilweise beträchtlich. Weil ein Forscherteam um Palmer (1992) auf die Idee kam, neue Fragen zu stellen, entdeckte man wohl eher zufällig einen zentralen Erfolgsprädiktor, der sich seither wiederholt bestätigt hat (zusammenfassend: für dissozial persönlichkeitsgestörte Straftäter: Dolan & Coid, 1993; Meloy, 1995; für persönlichkeitsgestörte Sexualstraftäter: Marshall et al., 1999; Fiedler, 2004a). Der Erfolgsprädiktor besagt: Hohe Erfolgszahlen bei den ansonsten schwierigst zu behandelnden Patienten scheinen in erheblichem Ausmaß davon abhängig zu sein, wie sehr ein *Therapieoptimismus* von den Therapeuten in den jeweiligen sozialtherapeutischen Kontexten nach innen und außen vertreten wird. Herrscht ein Therapiepessimismus vor, so liegen die Erfolgszahlen eindeutig niedriger. Kurz: Therapeuten, die an den Erfolg ihrer Tätigkeit glauben, arbeiten auf lange Sicht deutlich erfolgreicher.

14.5.2 Psychodynamische Therapie

Auch wenn die antisozialen Persönlichkeiten nicht gerade zu den beliebteren Patientengruppen gehören (Rauchfleisch, 2011), werden von psychoanalytisch orientierten Forschern einige wichtige Patientenmerkmale berichtet, die in der psychodynamisch orientierten Behandlung Dissozialer Persönlichkeitsstörungen auf eine günstige Prognose schließen lassen. Dies sind einerseits vorhandene affektive Störungen (im Bereich der Ängste und Depressionen) sowie andererseits ein damit zusammenhängendes (beginnendes) Schuldbewusstsein mit der Möglichkeit zur Reflexion der sozialen Konsequenzen des eigenen Handelns (Gerstley et al., 1989). Diese Beobachtung in Therapieberichten deckt sich mit empirischen Befunden, nach denen sich eine komorbide Depression in der Behandlung dissozialer Persönlichkeiten ebenfalls als prädiktiv günstig erwiesen hat (Woody et al., 1985).

Solche »Komorbiditätsfälle« wurden bereits in früheren Arbeiten als günstig für eine psychodynamische Psychotherapie diskutiert (Lion, 1970; Frosch, 1983). Man beachte jedoch, dass die Autoren bereits damals die Notwendigkeit konzeptueller Änderungen betonten: Danach sollte in der psychodynamischen Therapie dissozialer Persönlichkeiten außerordentlich zurückhaltend mit Übertragungsdeutungen gearbeitet werden. Stattdessen sollten therapeutisch vermehrt psychoedukativ-stützende Komponenten und strukturfördernde Maßnahmen enthalten sein. Das wiederum entspricht ebenfalls aktuelleren Forschungsbefunden, nach denen psychodynamische Therapien bei Persönlichkeitsstörungen offensichtlich umso erfolgreicher verlaufen, je zurückhaltender von Therapeuten Übertragungsdeutungen eingesetzt werden (Hogland, 2003; Rudolf, 2006, 2012).

»Ich«-Störungen oder »Über-Ich«-Pathologie? Vielleicht gibt diese Beobachtung ja auch jenen psychoanalytischen Autoren Recht, die davon ausgehen, dass die Beziehungsstörung dissozialer Persönlichkeiten sekundärer Natur sei. So beschreibt beispielsweise Shapiro (1965/1991) eine »Ich«-Störung der Intentionalität und damit zusammenhängend ein strukturelles Versagen der Impulskontrolle als grundlegendes und damit vorzuordnendes Problem dissozialer Persönlichkeiten. Shapiro bestreitet ausdrücklich, dass sich in den dissozialen Persönlichkeitsmustern ein Übertragungsproblem mit

»Über-Ich«-Pathologie widerspiegelt (wie dies etwa Kernberg, 1984, vermutet). Vielmehr handele es sich um kognitive Integrations- und Intentionalitätsstörungen (also um Ich-Störungen) mit erheblichen zwischenmenschlichen und existenziellen Problemen als Folge.

Sollte diese Störungsperspektive eher zutreffen (und sie entspricht weitgehend der empirischen Forschung; → Abschn. 14.4), dann ergibt sich, dass die häufig in psychiatrischen Kliniken und in der Forensik eingesetzte, auf die Übertragung fokussierte Einzel- oder Gruppentherapie für eine Behandlung Dissozialer Persönlichkeitsstörungen wenig geeignet ist. Dies gilt insbesondere dort, wo die Einzel- oder Gruppenarbeit fast ausschließlich darauf abzielt, Einsichten in das zwischenmenschliche Funktionieren der Betroffenen zu generieren. Dafür spricht inzwischen eine Reihe von Forschungsergebnissen, auf die im Folgenden noch eingegangen wird. Übertragungsfokussierende Therapieangebote ergeben möglicherweise erst dann einen Sinn (und zwar als eindeutig nachgeordnetes Therapieangebot), wenn zuvor die kognitiven und sonstigen Strukturdefizite der Betroffenen erfolgreich ausgeglichen wurden (vgl. hierzu die zunehmend konvergierenden Grundlagen und Vorgehensweisen moderner Psychotherapieansätze bei komplexen Persönlichkeitsstörungen in → Kap. 11).

14.5.3 Verhaltenstherapeutische Ansätze

Entsprechend wären alle psychotherapeutischen und rehabilitativen Maßnahmen bei Dissozialer Persönlichkeitsstörung nach heutigem Wissen vorrangig verhaltenstherapeutisch auszurichten (Fiedler, 2003a). Sie wären so zu gestalten, dass auf diese persönlichen wie kontextuellen Bedingungen in unterschiedlichen Parallelaktionen direkt und zielorientiert Einfluss genommen wird. Die Berücksichtigung kontextueller Perspektiven ist schon deshalb zwingend notwendig, weil sie in fast allen Erklärungskonfigurationen für ungünstige Verläufe und Rückfälle eine herausragende Rolle spielen. Was nämlich den therapeutischen Umgang mit den Intentionalitäts- und Impulskontrollstörungen dissozialer Persönlichkeiten angeht, so sind hierzu von Seiten der Verhaltenstherapie bereits längere Zeit wichtige Versuche einer Neuorientierung vorgelegt worden (vgl. Roth, 1987; Reid, 1981; Feldman, 1993; Dolan & Coid, 1993; Stewart et al., 1995; Ross & Ross, 1995; Gendreau & Goggin, 1996; Gendreau et al., 1996; Lipsey & Wilson, 1998; in aktueller Übersicht: Bohus et al., 2015).

Metaanalysen. In den vergangenen Jahren mehrten sich die empirischen Studien und damit verbesserte sich die Möglichkeit, Daten aus verschiedenen Studien vergleichend zu untersuchen. Mit Hilfe von Metaanalysen lässt sich die Effektivität unterschiedlicher Programmaspekte genauer bestimmen. In der Straftäterbehandlung dissozialer Persönlichkeiten wurde auf diese Weise untersucht, ob die Intervention eine Auswirkung auf die Rückfallhäufigkeit hat, aber auch, ob Variablen wie Typus, Quantität und Qualität der Behandlung deren Effektivität beeinflussen (vgl. die Übersichten bei Lipsey et al., 2000; Müller-Isberner, 2000; Lösel, 1995, 1998, 2001; Fiedler, 2005b). Dabei finden sich inzwischen konsistent Behandlungseffekte, die belegen, dass Straftäterbehandlung nicht nur in der Lage ist, die Rückfallkriminalität deutlich zu vermindern, sondern auch mit Blick auf günstige Persönlichkeitsänderungen weitere positive Effekte erzielen kann (Pecher, 2011).

So zeigen die Metaanalysen, dass *erfolgreiche* Programme verhaltenstherapeutisch (behavioral oder kognitiv-behavioral) begründet, thematisch nach Therapieschwerpunkten modularisiert und damit hoch strukturiert sind. Größere Erfolge konnten erzielt werden, wenn die institutionellen Rahmenbedingungen eine Freizügigkeit in der Erprobung und ambulant therapeutischen Betreuung beinhalteten. Weiter ließ sich wiederholt der bereits oben angedeutete »Therapieoptimismus« als zusätzlicher Wirkfaktor nachweisen: Studien sind umso erfolgreicher, wenn sich auf Seiten der Forscher und beteiligten Therapeuten ein hohes Maß an Enthusiasmus, Engagement und Sorgfalt bei der Programmdurchführung und Evaluation beobachten lässt. Als *wenig oder nicht effektiv* erwiesen sich regelhaft unstrukturierte, vor allem psychodynamische und einsichtsorientierte Therapievorhaben. Und – besonders beachtenswert – es finden sich *schädigende* Wirkfaktoren vor allem bei therapeutischen Konzepten, die auf Abschreckung oder Einschüchterung abzielen. Sowohl die ausschließliche Sanktion als auch die Anwendung von Einsicht erzwingenden Therapiebausteinen kann ganz offenkundig eher zu einer Steigerung der Rückfallraten führen (vgl. Lösel, 2001).

14.5.4 Deliktspezifische Psychotherapie der dissozialen Persönlichkeit: Straftäterbehandlung

In der Folge wichtiger Konzeptinnovationen konnten in der Straftäterbehandlung mit unterschiedlicher Klientel mit Hilfe der Metaanalysen also deutliche Fortschritte nachgewiesen werden. Erfolgreiche Programme verwenden Methoden, die dem handlungsorientierten Lernstil von Straftätern gerecht werden. Sie zielen vorderhand nicht auf die Veränderung irgendwelcher Persönlichkeitsstile, sondern auf Patientenmerkmale, die nach dem empirischen Kenntnisstand als Tat- und Rückfallursachen vorrangig in Frage kommen, wie z.B. dissoziale Einstellungen und Werthaltungen; Impulsivität; Mangel an sozialen und zwischenmenschlichen Fertigkeiten; Unfähigkeit, zu planen und Schwierigkeiten vorauszusehen und zu umgehen; selbstschädigende Anpassungstendenzen; Störungen der Selbstkontrolle und Selbstbeherrschung; schlechte Problemlösefähigkeiten und substanzgebundene Abhängigkeiten. Liegen weitere psychische Störungen bei den Rechtsbrechern vor, bleiben die rückfallpräventiven Interventionen im Prinzip die gleichen, nur dass eben die jeweilige psychische Störung zusätzlich zu adressieren ist (Harris & Rice, 1997; Müller-Isberner, 1998).

Kurz zusammengefasst: Als allgemeines langfristiges und übergreifend wichtiges therapeutisches Ziel geht es in erfolgreichen Behandlungskonzepten um

▶ die Verbesserung der zwischenmenschlichen und sozialen Kompetenzen: Als spezifischer Anteil der sozialen Kompetenz steht die Einübung von Fähigkeiten für Risikosituationen im Vordergrund, in denen es bis dahin zu Verlusten der Selbstkontrolle und zur Impulshandlung gekommen ist. Schließlich rücken bei dissozialen Straftätern die spezifischen Straftaten und Delikte in den Vordergrund, die in mindestens zwei zentralen Therapiebausteinen behandelt werden.

▶ Empathie für die Folgen von Delikthandlungen für die Opfer,
▶ Erlernen einer selbstgesteuerten Rückfallprävention.

Wichtig ist, dass die Behandler in erfolgreichen Behandlungsprogrammen eine kritisch-offene, engagierte und optimistische, zugleich aber klar abgegrenzte Beziehung zum Patienten haben und dabei stets die Autorität über die Behandlung behalten (Müller-Isberner, 2000). Dies ist sowohl eine klare Absage an pessimistisch-sanktionierende Therapiestrategien als auch zugleich an alle Formen der permissiven therapeutischen Gemeinschaft, wie sie immer wieder einmal als Konzept vertreten wurden und werden. Nachfolgend sollen die zentralen Bausteine / Module einer empirisch fundierten psychologischen Therapie von Straftätern mit Dissozialer Persönlichkeitsstörung näher beschrieben werden.

Zwischenmenschliches Beziehungsverhalten

Das Trainingsmodul zur Verbesserung der zwischenmenschlichen und sozialen Kompetenzen kann die Stärkung oder Schwächung von Selbstverwirklichungstendenzen in gleicher Weise wie die Stärkung oder Schwächung von Anpassungstendenzen ermöglichen (Aufbau neuer Verhaltensweisen, Abbau störender Interaktionsmuster). Es zielt gleichermaßen auf eine Verbesserung der Selbstkontrolle wie auf eine direkte Beeinflussung des Interaktionsverhaltens. Entsprechend wird sich die Entwicklung und Einübung einer sozial bezogenen Autonomie, die den meisten Personen mit Dissozialer Persönlichkeitsstörung fehlt, nicht auf die Behebung bestehender Defizite beschränken. Die Therapeuten unterstützen die Patienten, zunächst Listen mit Aktivitäten und Interessen anzufertigen, die sie künftig mit Menschen ihres Vertrauens realisieren und ausgestalten möchten.

Therapeutische Rollenspiele. Als wesentliches Element des Trainings sozialer Kompetenzen gilt das therapeutische Rollenspiel. Dabei lässt sich das Training sozialer Fertigkeiten sowohl in der Einzelbehandlung wie auch in Gruppen realisieren. In der Einzelbehandlung gibt es zwar einige Einschränkungen, dennoch lassen sich auch dort die wichtigsten Medien nutzen, wie Video- und Tonbandfeedback, spiegelbildliche Rollenübernahme von Klient und Therapeut, auch Übungen mit imaginierten Interaktionspartnern, z. B. auf sog. »leeren Stühlen«; oder die Therapeuten arbeiten im Coaching mit direktem Feedback als kontinuierlicher Anregungsinstanz, beispielsweise auch, indem sie die Rollen der Interaktionspartner übernehmen (ausführlich: Fiedler, 2005b).

Ziele. Die für jeden einzelnen Patienten entwickelten Themen und Ziele rücken nach und nach in den Mittelpunkt. Die meisten Übungen werden auf das Erlernen einer Balancierung von äußeren Anforderungen und persönlichen Bedürfnissen hinauslaufen. Ziel ist die Förderung, Kompetenz, Wünsche und Interessen anderer zu erkennen und ihre Berechtigung beurteilen zu lernen. Weiter geht es um das Eintreten für berechtigte eigene Wünsche und Interessen sowie um deren Durchsetzung mit den

Möglichkeiten konstruktiver Konfliktlösung. Schließlich wird der persönliche Umgang mit Stimmungsschwankungen im zwischenmenschlichen Zusammenleben thematisiert, um Alternativen zu früher kontraproduktiven Lösungen zu erarbeiten. In den Diskussionen und Feedbackrunden zu Trainingseinheiten werden vielfältige Mythen zur Sprache kommen, die sich mit Harmonie und/oder Aggression, Unterwerfung und/oder Dominanz in Beziehungen verbinden.

Sympathiewerbung, Sympathievermittlung. Bei der Umsetzung dieser Themen und Ziele in Übungen werden Therapeuten durchgängig darauf achten, dass wechselseitige Sympathievermittlung und Sympathiewerbung zur hohen Schule zwischenmenschlicher Beziehungsgestaltung gehört. Menschen mit Dissozialer Persönlichkeitsstörung haben z. T. auffallende Schwierigkeiten, zwischenmenschliche Kontakte aufzunehmen und zu pflegen. Sie haben es nicht gelernt, wie und wann man Blickkontakt aufrechterhält, wann und wie man anderen Fragen stellt, um längere Zeit im Gespräch zu bleiben. Häufig sind es nur Kleinigkeiten, an denen es mangelt. Diese zu erleben und gezielt um neue Kompetenzen anzureichern, kann bereits nach wenigen Übungen erhebliche positive Wirkungen entfalten. Das Übungsfeld der Vermittlung sozialer Fertigkeiten ermöglicht es weiter, in Rollenspielen die Feinsinnigkeit der Durchsetzung berechtigter Interessen und Wünsche gegenüber anderen kennenzulernen. Es gilt dabei, berechtigte und unberechtigte Erwartungen an andere unterscheiden zu lernen. Übungen könnten in diesem Zusammenhang darauf abzielen, die Unterschiede zwischen aggressiven und selbstsicheren, zwischen passiven oder passiv-aggressiven Reaktionsformen herauszuarbeiten. Es sollte systematisch eingeübt werden, wann und gegenüber welchen Personen man wozu und vor allem auf welche Weise über eigene Gefühle und Gedanken spricht oder nicht spricht – und wie man auf eine Beziehungsverweigerung anderer Personen angemessen reagiert.

Ärger- und Wutmanagement. Dieses Therapieelement ist für jene von Belang, die entweder nicht in der Lage sind, Ärger und Wut in sozial angemessener Form zu artikulieren, und die Gefühle dieser Art unterdrücken und für sich allein verarbeiten, *oder* die ihre Kontrolle über Ärgerimpulse verlieren und dann zu unangemessenen Wutausbrüchen neigen. In Übungen zum Ärgermanagement werden zunächst die auslösenden (inneren und äußeren) Anlässe für aufkommenden Ärger analysiert, um sie hinfort besser wahrnehmen zu können. Anschließend werden Übungen durchgeführt, wie Ärgergefühle in einer prosozialen Weise angesprochen und wie zwischenmenschliche Konflikte auf sozial bezogene Weise diskutiert und gelöst werden können. Weiter werden Präventivmaßnahmen erarbeitet, die verhindern, dass sich extreme Ärgergefühle überhaupt erst entwickeln. Da Ärger und Wut häufig durch Ärger und Wut anderer provoziert werden, können schließlich auch noch Übungen sinnvoll werden, in denen die Patienten lernen, aus kritischen Situationen ohne Aggression und Gewaltanwendung herauszukommen und Alternativen für eine effektive Bewältigung einzusetzen.

Bindungsstile und intime Beziehungsmuster. Schließlich werden Schwierigkeiten und Möglichkeiten intimer zwischenmenschlicher Beziehungen zum Thema. Konkret geht es um den Aufbau und die Erweiterung intimer Kompetenz, des Führens von Gesprächen mit sehr privaten Themen, z. B. über sexuelle Wünsche und zugehörige Zufriedenheit. Sexuelle Frustration oder auch ein sexualisiertes männliches Streben nach Macht und Überlegenheit steht bei vielen Gewalttaten dissozialer Persönlichkeiten im Hintergrund. Es geht um die Entwicklung von Mut, in intimen Beziehungen mit der Besprechung zwischenmenschlicher Probleme nicht grübelnd abzuwarten, sondern diese einer partnerbezogenen Klärung zuzuführen.

Empathie für die Opfer

Den meisten Straftätern mit Dissozialer Persönlichkeitsstörung mangelt es an der Fähigkeit zur zwischenmenschlichen Perspektivübernahme. Es dominiert eine Art autistischer Selbstbezug, in dem engstirnig und egoistisch eigene Ziele verfolgt werden. In diesem Prozess dekonstruieren viele Täter ihre unethischen Handlungen, indem sie ihre Aufmerksamkeit auf die Durchsetzung eigener Ziele ausrichten. Sie blenden damit gleichermaßen jenes Erleben (wie Scham und Schuld) aus, das sie auf unmittelbare negative Folgen für die Opfer bzw. auf mittelbare negative Folgen für sich selbst aufmerksam machen könnte. Bei ständiger Wiederholung und Ausweitung ihrer Aktionen geraten sie zudem in den Zwang, Schuldgefühle durchgängig wegzurationalisieren, was ihnen häufig durch eine projektive Externalisierung mittels Schuldzuweisung an die Opfer gelingt.

Ein wichtiger Schritt auf dem Weg zu einer Übernahme der Verantwortung für die Taten besteht darin, bei den Straftätern Empathie für die Opfer und für die Folgen ihrer Taten zu entwickeln. Bei einigen besteht möglicherweise kein generelles Empathiedefizit. Fast alle sind jedoch offenkundig nur beschränkt in der Lage, die Aufmerksamkeit auf die Bedürfnisse anderer zu richten oder sich gar in die Perspektive ihrer konkreten Interaktionspartner hineinzuversetzen. In der Straftäterbehandlung hat sich zur Überwindung solcher Defizite inzwischen ein Vorgehen als minimal notwendig erwiesen, das die folgenden fünf Elemente enthält (vgl. Marshall et al., 1999; Fiedler, 2004a).

Analyse der eigenen Taten. In einem ersten Schritt müssen die Straftäter die Eigenarten und Abläufe ihrer Delikte (Gewalttaten, sexuelle Übergriffe) detailliert beschreiben und in der Gruppe diskutieren.

Analyse der Folgen von Straftaten für die Opfer allgemein. In einem zweiten Schritt erhalten die Straftäter den Auftrag, sich intensiv lesend mit Berichten, Darstellungen oder Interviews auseinanderzusetzen, in denen die Folgen von Delikten, wie sie von ihnen begangen wurden, detailliert beschrieben werden, einschließlich aller körperlichen, psychischen, materiellen und finanziellen Folgeprobleme und deren Behandlungsnotwendigkeiten. Die wichtigsten Aspekte müssen im Verlauf dieses Elements von jedem schriftlich festgehalten und anschließend in der Gruppe vorgelesen und diskutiert werden.

Analyse der Folgen einer Straftat für das eigene Opfer. Weiter müssen sie – wiederum schriftlich – darlegen, welche Gemeinsamkeiten und Unterschiede zwischen den allgemeinen Erfahrungen des vorhergehenden Segments und den Erfahrungen ihrer eigenen Opfer bestehen. Jeder Patient wird dazu aufgefordert, jene zuvor ausgearbeiteten Folgen konkret zu benennen, die auf das Opfer der eigenen Delikte zutreffen könnten, bzw. weitere Elemente hinzuzufügen, die als spezifische Opferfolgen der eigenen Belästigungen und Bedrohungen hinzukommen. Diese schriftlichen Ausarbeitungen werden anschließend wiederum in der Gruppe vorgelesen und diskutiert. **Schriftliche Ausarbeitung von zwei Briefen.** Dieses Element gilt inzwischen als unverzichtbarer Anteil des Empathietrainings. Dazu sollen die Straftäter zwei Briefe anfertigen: einen Brief des Opfers an den Täter und ein (Entschuldigungs-)Schreiben des Täters an sein Opfer. Beide Briefe werden dann in der Gruppe laut vorgelesen und von den Gruppenmitgliedern diskutiert. Dieser Übungsteil erfordert in aller Regel die längste Zeit, was entsprechend eingeplant werden sollte.

Rückfallprävention

Die Rückfallprävention nimmt in der gegenwärtig praktizierten Straftäterbehandlung den höchsten Stellenwert ein, und dies scheint angesichts der hohen Rückfallzahlen bei Straftätern mit Dissozialer Persönlichkeitsstörung wesentlich zu sein. Als wichtige Leitlinie für erfolgreiche Rückfallprogramme hat sich Folgendes erwiesen: Alle als schriftlich vorgeschlagenen Ausarbeitungen sind auch als solche vorzunehmen! Das gilt auch für das Empathiemodul. Das schlichte gesprächstherapeutische »Besprechen« von Rückfallbedingungen und möglichen Vermeidungsstrategien ist nicht hinreichend!

Auflistung von Rückfallbedingungen. Zunächst werden die Straftäter angeleitet, eine Liste mit sechs bis acht allgemeinen Risikobedingungen anzufertigen. Diese Liste sollte kontextuelle Hintergrundfaktoren und/oder persönliche Probleme und/oder emotionale Stimmungsstörungen enthalten. Diese Liste mit Rückfallbedingungen wird im Einzelkontakt oder in der Gruppe durchgesprochen, indem die Therapeuten – mit Blick auf die später anzufertigende Liste mit Rückfallsignalen (s. u.) – ihrerseits nochmals verdeutlichen, mit welchen Gedanken, Gefühlen und Handlungen die einzelnen Rückfallbedingungen genau zusammenhängen. Das Ziel ist unstrittig und eindeutig: Für die Straftäter gilt, jede künftig einsetzende Neigung zu gewalttätigen oder sexuellen Übergriffen möglichst frühzeitig, aktiv und aus eigener Kraftanstrengung heraus zu unterbrechen.

Planung von Bewältigungsschritten. Mit dem Patienten werden zwei, drei oder vier konkrete alternative Handlungen erarbeitet, mit denen jede aufkommende Neigung zur Belästigung, Gewalt oder zu sonstigen Übergriffen unmittelbar unterbrochen werden kann. Dabei kann auf die im Sozialtraining gelernten Strategien zwischenmenschlicher Problemklärung oder Konfliktlösung zurückgegriffen werden. Bei der Planung von Bewältigungsschritten sind zusätzliche Überlegungen vielfältigster Art sinnvoll, wie z. B. die Beachtung kontextueller Faktoren, die noch nicht im Zentrum der Behandlung standen: Arbeitsplatzprobleme, Probleme mit Angehörigen und Verwandten, wegen einer eventuell erfolgten Verurteilung zu erwartende Probleme mit anderen Menschen nach der Entlassung. Die Bewältigungsstrategien sollten möglichst konkret gefasst werden.

Die Anfertigung von zwei Listen mit Rückfallsignalen. Schließlich werden die Patienten gebeten, Verhaltensweisen, Gedanken und Gefühle zu benennen und aufzuschreiben, die darauf hinweisen, dass sie sich gerade wieder in einer psychischen Verfassung befinden, die eine Belästigung oder Bedrohung anderer Personen auslösen könnte. Auf der Grundlage dieser Aufzeichnung werden dann zwei Listen mit Rückfallsignalen angefertigt, und zwar

▶ eine für den Straftäter selbst und
▶ eine für eine nahestehende Person (Bewährungshelfer, Freund, Ehepartner, Kollege).

Die Liste für sich selbst soll vor allem typische Gefühle und Gedanken enthalten, die nicht unmittelbar der Beobachtung durch andere zugänglich sind. Sehr wohl sollten sie vom Betreffenden selbst wahrgenommen werden (z. B. zunehmender Alkoholmissbrauch, Einsamkeitserleben). Die für andere Personen erkennbaren Warnsignale müssen so klar und eindeutig sein, dass sie auch tatsächlich als Risikomerkmale augenfällig werden (z. B. das Nichteinhalten von Verabredungen). Alle Risikomerkmale sollten möglichst frühe Stadien aufkommender Krisen betreffen. Und sie sollten ermöglichen, dass eine potenzielle Spirale des erneuten Hineingleitens in delinquentes Handeln noch vor ihrer Entwicklung aktiv und selbstständig – oder wenigstens durch die Vertrauensperson angeregt – unterbrochen wird.

Adressaten der Rückfallprävention. Um sicherzustellen, dass sich Straftäter selbst weiterhin intensiv mit den Schriftstücken auseinandersetzen, wurde den hier als Referenz zugrunde liegenden Rückfallprogrammen noch folgende unverzichtbare Maßnahme hinzugefügt:

▶ Rückfallpläne und die weiteren Aufzeichnungen werden mehrfach kopiert.
▶ Eine Kopie kommt offiziell in die Akte.
▶ Eine Kopie erhält das aktuelle Behandlungsteam.
▶ Eine Kopie geht an den Bewährungshelfer und / oder an eine vom Straftäter bestimmte Person seines Vertrauens.
▶ Eine Kopie verbleibt beim Straftäter.

Schließlich werden die Aufzeichnungen vom Patienten im Verlauf einer länger andauernden Unterbringung regelmäßig mit dem Bezugstherapeuten auf die (noch) gegebene inhaltliche Stimmigkeit hin überarbeitet. Deutlich verbesserte Rückfallpläne gehen dann erneut in den Verteiler.

Hinweise zur Beziehungsgestaltung

Es versteht sich von selbst, dass es sich bei den drei hier näher vorgestellten Behandlungsmodulen lediglich um ein Minimalprogramm handelt. Auch bedarf es bei seiner konkreten Anwendung immer der individuellen Ausgestaltung und Anpassung an den Einzelfall. Konsequenterweise sind immer auch zusätzliche Module ins Auge zu fassen, etwa wenn komorbid zur Dissozialen Persönlichkeitsstörung spezifische psychische Störungen vorliegen. Insbesondere in stationären Behandlungskonzepten stehen die Milieu- und Beziehungsgestaltung ganz im Zentrum. Haltung und Professionalität sind werden als wesentlich Voraussetzungen dafür betrachtet, dass Chancen auf umwandelnde Verinnerlichung angeboten und genutzt werden (Hoffmann, 2011).

Motivationsaufbau durch Aufklärung. Immer dann, wenn die Therapie vorrangig in Gruppen durchgeführt wird, hat es sich als günstig erwiesen, Ziele und Rahmenbedingungen der Behandlung noch vor Beginn und mit jedem einzelnen Patienten *getrennt* zu besprechen. Nur auf diese Weise kann die Behandlung auf die Probleme und Ziele jedes Straftäters individuell bezogen werden. Die Forschung ist in dieser Hinsicht eindeutig: Immer dann, wenn Patienten gegenüber im Einzelkontakt (!) der Sinn und Zweck einer Behandlung gut begründet werden kann und wenn die therapeutischen Ziele auf persönliche Notwendigkeiten und Perspektiven hin individuell abgestimmt werden, erweist sich die nachfolgende Therapie als erfolgreicher (Fiedler, 2005b). Die Motivation zur Teilnahme steigt; die therapeutischen Angebote werden regelmäßiger wahrgenommen; die Neigung, im Behandlungsverlauf auszusteigen, sinkt beträchtlich; die einzelnen Therapiemaßnahmen führen zu messbar besseren Effekten.

Es kann weiter klar angesprochen werden, dass es in der psychologischen Therapie nicht darum gehen wird, den Patienten von seinen Problemen zu heilen. Eher im Gegenteil wird dem Straftäter erklärt, dass das Ziel der Behandlung darin besteht, ihn tatkräftig darin zu unterstützen, dass es künftig nicht erneut zu strafbaren Handlungen kommt. Dazu bietet die Behandlung die Möglichkeit, dysfunktionale Gewohnheiten genauer kennen zu lernen, damit diese (zunächst) mit therapeutischer Unterstützung und (später) selbstständig und eigenverantwortlich erfolgreich bewältigt werden. In der Behandlung werden dazu Alternativen vermittelt, wie künftig eigene persönliche Bedürfnisse und Interessen in einer prosozialen und zufrieden stellenden Weise erfüllt werden können. Es ist zu empfehlen, diese für Therapeuten hilfreiche Strategie der Trennung von Person und Delikt auch den übrigen Mitarbeitern des therapeutischen Teams zu vermitteln, um ein wertschätzendes Klima in der therapeutischen Gemeinschaft zu etablieren.

Nicht motivierte Patienten: Einzelkontakte! Widerständige Patienten und querulatorische Behandlungsverweigerer wird es immer wieder einmal geben, und der Therapeut sollte nicht warten, bis dieses Problem eskaliert. Insbesondere in therapeutischen Gemeinschaften werden unmotivierte, eventuell aktiv störende Teilnehmer eine ungünstige Modellwirkung auf andere entfalten. In solchen Fällen sind ausdrücklich *Einzelgespräche* zur Klärung der Motivationsprobleme vorzusehen. Im Einzelkontakt (nicht vor der Gruppe oder therapeutischen Gemeinschaft) wird dem jeweiligen Patienten verdeutlicht, dass er es ist, der mit seiner Therapie gegenüber dem Gericht und damit gegenüber der sozialen Gemeinschaft eine Verpflichtung eingegangen ist: nämlich ernsthaft und aktiv selbst daran zu arbeiten, dass er zukünftig keine strafbaren Aktionen mehr unternehmen wird. Sollte er auch weiterhin nicht aktiv mitarbeiten, wäre seitens der Therapeuten erstens zu überlegen, ob die Verweigerung nicht doch aus einer massiven Angstabwehr erwächst, oder zweitens – so sie Ausdruck einer prinzipiellen Fehlhaltung der Persönlichkeit ist – ob der Betreffende zunächst von der Behandlung zurückgestellt wird.

Es ist günstig, die Verweigerung als Ausdruck der aktuellen Gestimmtheit zu verstehen und sie als eigenverantwortliche Entscheidung zeitweilig zu akzeptieren. Dies nimmt der Angst und dem Trotz die Spitze und baut eine goldene Brücke für eine spätere Entscheidung für die Therapie. Die aktuell möglichen Konsequenzen aber, die damit verbunden sind (Meldung an das Gericht, Rückverweisung auf eine andere Station/Abteilung, erwartbare Verlängerung der Unterbringung usw.), hat der Patient ebenso eigenverantwortlich zu tragen.

Vermeidung provozierender Interventionen. Klärende Gespräche dieser Art sollten nicht in oder vor der Gruppe erfolgen, um keine quasi öffentlich vorgetragene Reaktanz zu provozieren und andererseits die bedrohliche Atmosphäre eines solchen Gesprächs nicht in die Gruppensituation zu übertragen. Der Gesprächsinhalt wird zwischen den Klienten sowieso ausgetauscht werden. Einzelgespräche dieser Art haben sich in Projekten, in denen diese Praxis der Androhung eines Ausschlusses aus dem Therapieprogramm angewendet wurde, als sehr erfolgreich erwiesen (Fiedler, 2004a).

Schließlich sollte man noch Folgendes bedenken: Eine gering wirkende Motivation und die Verweigerung der Teilnahme an einzelnen Übungen haben sich bisher eher selten als Prädiktoren für ungünstige Verläufe bzw. für ein erhöhtes Rückfallrisiko erwiesen (Hanson & Bussière, 1998), ebenso wenig die Beibehaltung kognitiver Rechtfertigungsstrategien während der Behandlung (Thornton, 1997). Unmotivierte wie motivierte Straftäter scheinen von einer Behandlung in gleicher Weise zu profitieren, wenn sie das jeweilige Programm bis zum Schluss absolvieren – egal ob sie in der Behandlung ihr verbalisiertes Schulderleben verbessert hatten oder nicht (Maletzky, 1993). Konsequenz: Unmotivierte Patienten sollten nicht ausgegrenzt werden. Minimalbedingung bleibt, dass sie teilnehmen. Klärende Einzelgespräche könnten sich in jedem Fall als hilfreich erweisen.

14.6 Zusammenfassende Bewertung

Typische Merkmale einer Dissozialen Persönlichkeitsstörung sind eine geringe Frustrationstoleranz und ein ungestümes, manchmal planlos erscheinendes Handeln, das von kurzfristig zu erreichenden Vorteilen oder Vergnügungen gesteuert wird. Das impulsive Verhalten wirkt auf andere häufig ruhelos und unvorsichtig, dabei wenig auf langfristige Konsequenzen oder Alternativen bedacht. Da alltägliche Routine im Beruf oder in der Partnerschaft leicht Langeweile und damit ein Gefühl des Unbehagens auslöst, wird ihre Sprunghaftigkeit, die Suche nach Aufregung, Abenteuer und Gefahr verständlich (hohe Aktivität). Im zwischenmenschlichen Bereich dominiert eine auffällige Selbstbezogenheit und – damit einhergehend – eine ausgeprägte Unzuverlässigkeit. Dies betrifft Partnerschaften, die Rolle als Eltern und finanzielle Belange (vgl. Bohus et al., 2004).

Genau diese Aspekte müssen in den Mittelpunkt therapeutischer Ansatzpunkte rücken, nicht zuletzt der insbesondere bei Straftätern findbare Aspekt der fehlenden Loyalität gegenüber Autoritäten oder Gesetzen. Die Anpassung an soziale Normen wird von den Betreffenden gelegentlich sogar als individuelle Schwäche gesehen. Es ist nicht weiter verwunderlich, dass in Institutionen wie Forensik bzw. Gefängnis zunehmend gut durchstrukturierte Behandlungsprogramme bevorzugt werden, die zumeist von Verhaltenstherapeuten entwickelt wurden. Trotz aller Strukturiertheit der stationären Behandlungsprogramme sind die konkreten Therapiemaßnahmen natürlich auch auf einzelne Personen auszurichten und setzen deshalb höchst individuelle Problem-, Defizit- und Kompetenzanalysen voraus. Und in diesem Zusammenhang sollte nicht übersehen werden, dass Erfolge in der Behandlung entscheidend davon abhängen werden, ob und wie es tatsächlich gelingt, mit den Betroffen tragfähige Perspektiven für die Zukunft zu entwickeln.

Angesichts der hochgradig schwankenden Erfolgszahlen darf natürlich nicht übersehen werden, dass die erfolgreicheren Behandlungsprogramme vielfach unter den günstigen Bedingungen einer besonderen finanziellen Förderung entwickelt und erprobt wurden und werden. An genau einer solchen Stelle entsteht gelegentlich eben auch jener nachteilige Pessimismus, begründet mit dem Argument der eigenen schwierigen Arbeitsbedingungen. Hier wird nun nicht bestritten, dass die Arbeitsbedingungen für Therapeuten im Strafvollzug und in der Forensik nach wie vor als völlig unbefriedigend zu bezeichnen sind.

Andererseits bleibt mit Blick auf den oben angesprochenen gefahrvollen Therapiepessimismus beachtenswert: Sind es die Arbeitsbedingungen, die eine Behandlung erschweren, dann sind es *nicht* etwa Eigenarten der Dissozialen Persönlichkeitsstörung. Im Gegenteil: Die erfolgreich in Forschungsprojekten erprobten Behandlungskonzepte sind und bleiben Perspektive und Beleg für die Behandelbarkeit – auch wenn sich letztlich die Erfolgszahlen im Bereich Dissozialer Persönlichkeitsstörungen weiterhin immer noch ungünstiger ausnehmen sollten als bei vielen anderen psychischen Störungen. Wenn man jedoch genau hinsieht, sind die geringen Erfolgsraten gar nicht so schlecht. Vergleichbar schlechte wenn nicht sogar höhere Rückfallzahlen gibt es in der Behandlung von Drogenabhängigkeit oder bei den schweren Depressionen oder in der Behandlung von Patienten mit Pathologischem Spielen.

Es bleibt zu bedenken, dass Dissoziale Persönlichkeitsstörungen zu jenen Störungen gehören, die in unserer sozialen Gemeinschaft bis heute beträchtliche Kosten verursachen. Jedes Prozent mehr an Erfolg als bisher würde die erforderlichen Investitionen für bessere Therapieprogramme vermutlich deutlich aufwiegen. Die in Forschungsprojekten berichteten Steigerungsraten im Bereich der Behandlungserfolge sollten unbedingter Ansporn sein für Bemühungen, auf eine positive Veränderung der eigenen Arbeitsbedingungen kontinuierlich hinzuwirken – einschließlich der für einige Therapeuten sicherlich herausfordernden Möglichkeit, eventuell endlich auch einmal eine praktisch relevante Alternative zu jenem Therapieansatz kennenzulernen und zu erproben, dem man sich bisher verpflichtet gefühlt hatte.

15 Ängstlich-vermeidende und Selbstunsichere Persönlichkeitsstörungen

> *Wir kamen nie auf den Gedanken, uns auch nur einen Augenblick*
> *zu fragen, ob die äußeren Bedingungen, die Gesellschaft,*
> *in der wir lebten, etwas mit der Sache zu tun haben könnten.*
> Lars Gustafsson

Die Störungsbezeichnung im DSM-IV-TR (APA, 2000) und im DSM-5 (APA, 2013) lautet »vermeidend« (»Avoidant Personality Disorder«). Sie kennzeichnet das Störungsbild etwas umfassender als die in der deutschen DSM-Übersetzung (2003 und 2015) eingesetzte Bezeichnung »vermeidend-selbstunsicher«. Vermutlich wurde »selbstunsicher« in wertschätzender Erinnerung an Kurt Schneider (1923) hinzugefügt, in dessen Typologie eine Ängstlich-vermeidende Persönlichkeitsstörung mit »selbstunsicher« bezeichnet wurde. »Ängstlich-vermeidend« ist die offizielle Bezeichnung in der ICD-10 (WHO, 1993). Wie »selbstunsicher« betont »ängstlich-vermeidend« den bei den meisten Betroffenen im Vordergrund stehenden Aspekt sozialer Angst und Unsicherheit.

Neuere Unterscheidung. Soziale Unsicherheiten, Soziale Phobien und Soziale Ängste (sowie zugehörig die soziale Kompetenz) gehören zu den bestuntersuchten Forschungsbereichen in der Klinischen Psychologie und Verhaltenstherapie (vgl. Reinecker, 1993; Stangier & Fydrich, 2002; Stangier et al., 2006; Fydrich, 2009; Sanislow et al., 2009, 2012). Jedoch wurde bis in die 1980er-Jahre hinein nur selten zwischen Sozialer Phobie und selbstunsicherer Persönlichkeit unterschieden. Dies hat sich geändert, nachdem 1980 im DSM-III erstmals diese diagnostische Kategorie eingeführt wurde. Theodore Millon hatte in der damaligen Diskussion um die Neubewertung der Diagnose »Schizoide Persönlichkeitsstörung« (→ Kap. 21) deutlich machen können, dass es neben dem eher passiven und angstfreien sozialen Rückzug bei Schizoiden Persönlichkeitsstörungen eine Form des aktiven und bewussten Vermeidens sozialer Beziehungen und Bindungen gebe, die durch Angst und extreme Unsicherheit motiviert sei (Millon, 1981).

15.1 Diagnostik

Vorläufer der Störungskategorie der Selbstunsicheren Persönlichkeitsstörung finden sich bereits seit Beginn des letzten Jahrhunderts: in den Beschreibungen eines »sensitiven Charakters« bei Kretschmer (1921) und in denen der »selbstunsicheren Persönlichkeit« bei Schneider (1923). In klinischen Studien findet die Kategorie in dem Maße Zuspruch und Verwendung, wie gleichzeitig die Bereitschaft zurückgeht, eine Schizoide Persönlichkeitsstörung zu diagnostizieren, die früher zur Charakterisierung ängstlich-vermeidender Persönlichkeiten mitbenutzt wurde (vgl. Widiger et al., 1988; Sanislow et al., 2009). Das nur mehr seltene Vorkommen der Schizoiden Persönlichkeitsstörungen in klinischen Kontexten war übrigens einer der Gründe, die Schizoidie-Kategorie im Alternativ-Modell des DSM-5 Sektion III zu streichen (vgl. Sanislow et al., 2012; → Kap. 21).

15.1.1 Vermeidend-selbstunsichere Persönlichkeitsstörung im DSM-IV-TR bis DSM-5 Sektion II

Als ein Hauptmerkmal dieser Persönlichkeitsstörung gilt in den Kriterien des DSM die übergroße Empfindsamkeit gegenüber der Ablehnung durch andere. Prototypisch erscheint weiter das Verharren in einem Konflikt zwischen Bindungs- und Autonomiebedürfnis (Vaillant & Perry, 1988): Die Betroffenen sehnen sich nach zwischenmenschlicher Nähe, vermeiden jedoch enge Beziehungen, um nicht zurückgewiesen zu werden. Dem entspricht ein mangelndes Selbstvertrauen in unabhängige Entscheidungen, vorrangig motiviert von der Sorge, sich nicht der Lächerlichkeit preiszugeben.

Diagnostische Kriterien

DSM-IV-TR (301.82): Vermeidend-selbstunsichere Persönlichkeitsstörung

A. Ein tiefgreifendes Muster von sozialer Gehemmtheit, Insuffizienzgefühlen und Überempfindlichkeit gegenüber negativer Beurteilung. Der Beginn liegt im frühen Erwachsenenalter, und das Muster zeigt sich in verschiedenen Situationen. Mindestens vier der folgenden Kriterien müssen erfüllt sein:

1. Vermeidet aus Angst vor Kritik, Missbilligung oder Zurückweisung berufliche Aktivitäten, die engere zwischenmenschliche Kontakte mit sich bringen.
2. Lässt sich nur widerwillig mit Menschen ein, sofern er / sie sich nicht sicher ist, dass er / sie gemocht wird.
3. Zeigt Zurückhaltung in intimen Beziehungen, aus Angst, beschämt oder lächerlich gemacht zu werden.
4. Ist stark davon eingenommen, in sozialen Situationen kritisiert oder abgelehnt zu werden.
5. Ist aufgrund von Gefühlen der eigenen Unzulänglichkeit in neuen zwischenmenschlichen Situationen gehemmt.
6. Hält sich für gesellschaftlich unbeholfen, persönlich unattraktiv und anderen gegenüber unterlegen.
7. Nimmt außergewöhnlich ungern persönliche Risiken auf sich oder irgendwelche neuen Unternehmungen in Angriff, weil sich dies als beschämend erweisen könnte.

Abdruck erfolgt mit Genehmigung vom Hogrefe Verlag Göttingen aus dem Diagnostic and Statistical Manual of Mental Disorders, Fifth Edition © 2013 American Psychiatric Association, dt. Version © 2015 Hogrefe Verlag (S. 922 f.).

15.1.2 Ängstlich-vermeidende Persönlichkeitsstörung in der ICD-10

Die ICD-10 setzt einen etwas anders gelagerten Akzent: Die Kriterien betonen die (trotz der ängstlichen Vermeidung) unvermindert stark bleibenden persönlichen Bedürfnisse nach Zuneigung und Akzeptanz durch andere, die sich in der Sorge um Ablehnung widerspiegeln. Die Betroffenen möchten anderen gern näherkommen oder nahe sein und haben dennoch zugleich extreme Angst und ein Misstrauen davor, diese Bedürfnisse tatsächlich zu realisieren. Es ist dieser ungelöste Konflikt zwischen »Bindungsangst« und »Bindungssehnsucht«, der von vielen Autoren als zentrales Merkmal der Vermeidenden Persönlichkeitsstörung herausgestellt wird (vgl. Pilkonis, 1984; Thompson-Pope & Turkat, 1993).

Diagnostische Kriterien
ICD-10 (F60.6): Ängstliche (vermeidende) Persönlichkeitsstörung
[Mindestens drei der folgenden Merkmale müssen erfüllt sein:]
1. Andauernde und umfassende Gefühle von Anspannung und Besorgtheit.
2. Überzeugung, selbst sozial unbeholfen, unattraktiv und minderwertig im Vergleich zu anderen zu sein.
3. Ausgeprägte Sorge, in sozialen Situationen kritisiert oder abgelehnt zu werden.
4. Abneigung, sich auf persönliche Kontakte einzulassen, außer man ist sicher, gemocht zu werden.
5. Eingeschränkter Lebensstil wegen des Bedürfnisses nach körperlicher Sicherheit.
6. Vermeidung sozialer und beruflicher Aktivitäten, die zwischenmenschliche Kontakte voraussetzen, aus Furcht vor Kritik, Missbilligung oder Ablehnung.

Überempfindlichkeit gegenüber Ablehnung und Kritik können zusätzliche Merkmale sein.

Dazugehöriger Begriff:
selbstunsichere Persönlichkeit(sstörung)

Abdruck erfolgt mit Genehmigung vom Hogrefe Verlag Bern aus der Internationalen Klassifikation psychischer Störungen der Weltgesundheitsorganisation: ICD-10 Kapitel V (F) Klinisch diagnostische Leitlinien; 10. Auflage. Dilling, H., Mombour, W. & Schmidt, M.H. (Hrsg.). (2015.) Hogrefe AG: Bern, S. 282.

15.1.3 Vermeidend-selbstunsichere Persönlichkeitsstörungen im Alternativ-Modell des DSM-5 Sektion III

McGlashan und Mitarbeiter (2005) haben im Kontext einer Langzeitstudie (der sog. Collaborative Longitudinal Study of Personality Disorders; vgl. z.B. Clark, 2009; → Abschn. 9.2) die Häufigkeit relativ stabiler Persönlichkeitsmerkmale in einer Zweijahres-Katamnese festzustellen versucht (mittels standardisierter Interviews durch gegenüber der Ursprungsdiagnose »blinde« Diagnostiker). Sie fanden »Insuffizienzgefühle« (62 %), »Gefühl sozialer Unzulänglichkeit« (62 %), »überempfindlich gegenüber negativer Beurteilung« (53 %), »starkes Bedürfnis, gemocht zu werden« (51 %), »vermeidet Risiken aus Angst vor sozialer Zurückweisung« (44 %), »fürchtet sich, lächerlich zu machen und beschämt zu werden« (38 %), »vermeidet Jobs mit zwischenmenschlichen Kontakten« (31 %). Eher stabil bleiben vor allem globalere bzw. allgemeinere Persönlichkeitskonstrukte (Defizite in der Selbstbeurteilung und interpersonelle Eigenschaften), während sich verhaltensnahe Konstrukte (Vermeidung interpersoneller Jobs und soziale Ängste) verändern bzw. therapeutisch besser beeinflussen lassen.

Vor allem auf der Grundlage dieser und weiterer Studien (u. a. McGlashan et al., 2000; Sanislow et al., 2009) wurde die Vermeidende Persönlichkeitsstörung wie nachfolgend dargestellt neu ausgearbeitet (APA, 2013).

DSM-5 Sektion III: Vermeidend-selbstunsichere Persönlichkeitsstörung
Vorgeschlagene Diagnostische Kriterien

A. Mittelgradige oder stärkere Beeinträchtigung der Funktion der Persönlichkeit, welche sich durch typische Schwierigkeiten in mindestens zwei der folgenden Bereiche manifestiert:

1. *Identität:* Geringes Selbstwertgefühl verbunden mit der Selbsteinschätzung, sozial unbeholfen, persönlich unattraktiv oder unterlegen zu sein; ausgeprägte Gefühle von Scham.

2. *Selbststeuerung:* Unrealistische Erwartungen an sich selbst, verbunden mit der Abneigung, eigene Ziele zu verfolgen, persönliche Risiken auf sich zu nehmen oder neue Unternehmungen in Angriff zu nehmen, wenn diese zwischenmenschliche Kontakte mit sich bringen.

3. *Empathie:* Starke Beschäftigung mit und Empfindlichkeit gegenüber Kritik oder Zurückweisung, verbunden mit der verzerrten Annahme, von anderen negativ gesehen zu werden.

4. *Nähe:* Abneigung dagegen, sich mit Menschen einzulassen, sofern man sich nicht sicher ist, gemocht zu werden; eingeschränkter gegenseitiger Austausch in nahen Beziehungen aus Angst, beschämt oder lächerlich gemacht zu werden.

B. Vorliegen von mindestens drei der folgenden problematischen Persönlichkeitsmerkmale, eines davon ist (1) Ängstlichkeit:

1. *Ängstlichkeit* (eine Facette der Domäne **Negative Affektivität**): Intensives Gefühl von Nervosität, Anspannung oder Panik, oft als Reaktion auf soziale Situationen; Sorge über negative Auswirkungen vergangener unangenehmer Erlebnisse und über mögliche negative Entwicklungen in der Zukunft; ängstliche Gefühle, Besorgnis oder Bedrohungsgefühl bei Unsicherheit; Angst vor Beschämung.

2. *Sozialer Rückzug* (eine Facette der Domäne **Verschlossenheit**): Zurückhaltung in sozialen Situationen; Vermeidung von sozialen Kontakten und Aktivitäten; fehlende Aufnahme von sozialem Kontakt.
3. *Anhedonie* (eine Facette der Domäne **Verschlossenheit**): Fehlen von Freude, Engagement oder Energie im Hinblick auf die Dinge des Alltagserlebens; Beeinträchtigung der Fähigkeit, Lust zu empfinden und sich für Dinge zu interessieren.
4. *Vermeidung von Nähe* (eine Facette der Domäne **Verschlossenheit**): Vermeidung von engen Beziehungen, Liebesbeziehungen, zwischenmenschliche Bindungen und intimen sexuellen Beziehungen.

Abdruck erfolgt mit Genehmigung vom Hogrefe Verlag Göttingen aus dem Diagnostic and Statistical Manual of Mental Disorders, Fifth Edition © 2013 American Psychiatric Association, dt. Version © 2015 Hogrefe Verlag, S. 1051 f.).

15.2 Differenzialdiagnostik

Selbstunsicherheit und mangelndes Selbstvertrauen lassen sich bei einer Vielzahl psychischer Störungen beobachten. Diese symptomatischen Eigenarten dürfen nicht vorschnell mit einer Ängstlich-vermeidenden Persönlichkeitsstörung verwechselt werden. Werden die spezifischen psychischen Störungen (wie Phobien, Zwangsstörungen, Depression) erfolgreich behandelt, so ist beobachtbar, dass auch die vorbestehenden Selbstunsicherheiten zurückgehen (Fiedler, 2006b).

Nach wie vor gibt es eine rege Diskussion über die Unterschiede und Gemeinsamkeiten der Selbstunsicher-vermeidenden Persönlichkeitsstörung, der Schizoiden Persönlichkeitsstörung und der Sozialen Phobie (ausführlich hierzu Eikenes et al., 2013).

15.2.1 Abgrenzung gegenüber Sozialer Phobie

Ein vorrangig diskutiertes differenzialdiagnostisches Problem liegt in der erheblichen Kriterienüberlappung von Selbstunsicherer Persönlichkeitsstörung und Sozialer Phobie begründet, weshalb einige Autoren die Differenzierung dieser beiden Störungsbilder zunächst ablehnten (z.B. Liebowitz et al., 1985). Dieses Überlappungsproblem hat in den zurückliegenden Jahren eine Vielzahl von Forschungsarbeiten stimuliert (z.B. Chambless et al., 2008; Reich, 2000; aktuelle Übersichten: Eikenaes et al., 2013; Sanislow et al., 2012).

Obwohl es eine beträchtliche Anzahl von Menschen gibt, die beide Diagnosen auf sich vereinigen, finden sich deutliche Unterschiede. Danach haben Sozialphobiker zumeist nur eng umschriebene Phobien (beispielsweise vor Prüfungen, in Gruppen oder vor öffentlichen Reden), während die Zahl der ängstigenden Sozialsituationen bei

Selbstunsicherer Persönlichkeitsstörung erheblich größer ist und die unterschiedlichsten privaten und beruflichen Bereiche betrifft. Gleichzeitig findet sich, dass sich die Soziale Phobie vergleichsweise selten komorbid zu Symptomstörungen diagnostiziert wird, während die Vermeidende Persönlichkeitsstörung bei den unterschiedlichsten Symptomstörungen (so die Schätzungen über unterschiedlichste Studien hinweg) etwa acht- bis zehnmal so häufig (!) wie die Soziale Phobie als Gleichzeitigkeitsdiagnose zu finden ist (Eikenaes et al., 2013). Am häufigsten wird über eine Komorbidität mit Depressiven Störungen berichtet, dann absteigend bei Angst- und Posttraumatischen Störungen, bei Somatoformen und Zwangsstörungen, bei Alkohol- und Drogenabhängigkeit – aber fast immer über 20 Prozent der untersuchten Patienten hinausgehend (McGlashan et al., 2000).

Sozialphobie oder Sozialängstlichkeit? Aus Studienergebnissen resultiert noch ein weiteres Problem. Es ist nicht ganz sicher, ob es sich bei einer selbstunsicheren Persönlichkeit nicht um eine erst im Verlauf der Entwicklung erworbene generalisierte Sozialphobie handelt und nicht zwingend um eine seit der frühen Kindheit bestehende, persönlichkeitsbedingte Sozialängstlichkeit. Widiger hat deshalb die Ergebnisse mehrerer Studien zur Komorbidität von »Selbstunsicherer Persönlichkeitsstörung« und »generalisierter Sozialphobie« miteinander verglichen und nachfolgende Schlussfolgerung daraus gezogen (Widiger, 1992; vgl. auch Chambless et al., 2008). In allen Studien finden sich nämlich immer deutliche Unterschiede zwischen beiden Störungsbereichen.

Unterschiede zur generalisierten Sozialphobie

Einerseits unterscheidet beide Störungsbereiche fast immer der Schweregrad der Störung, der bei ängstlich-vermeidend höher ausfällt. Selbstunsichere Persönlichkeiten (nicht so Sozialphobiker) fallen aber auch noch durch folgende Kriterien auf (Widiger, 1992):

▶ allgemeines Unbehagen in den meisten sozialen Situationen
▶ deutliche Angst vor Kritik und Zurückweisung
▶ ausgeprägte Schüchternheit

Für die lebenslange Entwicklung einer Ängstlich-vermeidenden Persönlichkeitsstörung spricht insbesondere das Merkmal der auffälligen *Schüchternheit*, zu dem in der empirischen Persönlichkeitsforschung inzwischen substanzielle Prospektivstudien vorliegen, die als Beleg für die Sinnhaftigkeit der Persönlichkeitsstörung sprechen (Asendorpf, 2004; → Abschn. 15.3).

15.2.2 Abgrenzung zur Schizoiden Persönlichkeitsstörung

Selbstunsicher und schizoid: eine Störung? Weiter gibt es eine Reihe von Autoren, die dezidiert der Ansicht sind, dass es sich bei der schizoiden Persönlichkeit lediglich um eine Variante der umfassender zu konzeptualisierenden Selbstunsicher-vermeidenden

Persönlichkeitsstörung handelt bzw. dass die schizoide und die ängstlich-vermeidende Persönlichkeit lediglich unterschiedliche Varianten einer und derselben Persönlichkeitsstörung darstellen (Livesley & West, 1986).

Zur Begründung wird gern auf eine Studie von Alden und Capreol verwiesen (1993). Die Autoren hatten die interpersonellen Eigenarten bei 76 Personen mit einer Ängstlich-vermeidenden Persönlichkeitsstörung mit dem *Inventory of Interpersonal Problems* (IIP-C; Horowitz et al., 1988; → Abschn. 5.9) untersucht und zwei unterschiedliche Typisierungen rekonstruieren können, die ungefähr je die Hälfte der Untersuchungsgruppe umfassten:

▶ Kühl-distanziert: Die eine, eher als schizoid zu bezeichnende Gruppe lässt sich als »kühl-distanziert *und* sozial-vermeidend« (»cold-avoidant«) beschreiben. Die Betreffenden zeigen die Unfähigkeit, warme Gefühle auszudrücken und enge intime Beziehungen einzugehen, und hegen ein auffälliges Misstrauen gegenüber anderen Menschen.

▶ Nachgiebig-ausnutzbar: Die zweite Gruppe mit »nachgiebig-ausnutzbarer Vermeidung« (»exploitable-avoidant«) umfasst Personen, die trotz sozialer Angst eher Schwierigkeiten haben, sich anderen klar zu entziehen. Sie fühlen sich eher durch andere ausgenutzt und es bereitet ihnen Mühe, anderen eine Freude zu machen.

Dieser Befund macht darauf aufmerksam, dass es innerhalb des oben angegebenen Konfliktspektrums zwischen Bindungs- versus Unabhängigkeitsangst möglicherweise gewohnheitsbedingte Vereinseitigungen geben kann.

Selbstunsicher und schizoid: zwei Störungen? Auf der anderen Seite finden sich Autoren, die ebenso vehement für die Beibehaltung zweier distinkter Störungsgruppen eintreten und die für ihre Ansicht ebenfalls konzeptuelle Überlegungen (z. B. Millon, 1986) und empirische Befunde anführen, wie z. B. geringe Korrelationen zwischen Merkmalen beider Störungen aus weiteren Komorbiditätsstudien (Sanislow et al., 2012). Inzwischen besteht Konsens, dass das *Vorhandensein von Angst* bei der selbstunsicheren Persönlichkeit als das wichtigste differenzialdiagnostische Kriterium gegenüber schizoiden Menschen angesehen werden kann; dabei spielt Angst vor öffentlicher Kritik und Zurückweisung die größte Rolle (Baille & Lampe, 1998).

Andererseits liegt die inzwischen mittels DSM-IV-TR diagnostizierbare Rate an Personen mit Schizoider Persönlichkeitsstörung typischerweise bei weniger als 2 Prozent in Klinikstudien mit größeren Patientenzahlen. Für die Task-Force zum DSM-5 war dies, wie eingangs dieses Kapitels angedeutet, der wichtigste Grund, die Schizoide Persönlichkeitsstörung aus dem Alternativ-Modell der Persönlichkeitsstörungen im DSM-5 Sektion III gänzlich zu streichen.

15.3 Erklärungsansätze

Unterschiedliche Studien haben deutlich werden lassen, dass Personen mit stark ausgeprägten sozialen Ängsten ihre eigenen interpersonellen Fähigkeiten unterschätzen, sich eher an negative soziale Interaktionen ihres bisherigen Lebens erinnern und in

Stresssituationen häufig ungünstige, negative selbstbezogene Gedanken haben (Clark & Wells, 1995; Stopa & Clark, 1993). Das allgemeine physiologische Erregungsniveau der Personen mit Selbstunsicherer Persönlichkeitsstörung ist in unterschiedlichen sozialen Situationen stark erhöht – dies umso ausgeprägter, je häufiger zwischenmenschliche Gefahrensituationen und Krisen kognitiv als bedrohlich und gefahrvoll angesehen werden. Schließlich scheuen sich viele Betroffene grundsätzlich, Risiken einzugehen oder sich überhaupt auf neue Erfahrungen einzulassen.

Ängstlichkeit. Biologische Erklärungsansätze konzentrieren sich auf Individuen mit hoher Ängstlichkeit. Bei ihnen wurde eine erhöhte Aktivität der basolateralen Amygdala auf subliminale, d. h. nicht bewusst wahrnehmbare ängstliche Gesichter berichtet, während sich kein Unterschied in dorsalen Amygdalaarealen auf bewusst wahrgenommene ängstliche Gesichter nachweisen ließ (Etkin et al., 2004). Bishop et al. (2007) fanden eine erniedrigte neurale Aktivierung in präfrontalen Regionen der »Top-down-Kontrolle« über die Amygdala auf ängstliche Gesichter hin. Bei ängstlichen Individuen wurde zudem eine erhöhte emotionale Modulation des Startle-Reflexes berichtet, das bedeutet, dass ängstliche Individuen höhere Antwortamplituden des Reflexes bei der Betrachtung furchtauslösender Szenen oder Bilder zeigten (Cook et al., 1992). Auch wurde höhere elektrodermale Reaktionen, als Maß des emotionalen Arousals, bei ängstlichen Persönlichkeiten beschrieben (Fowles, 1988) und verweisen auf eine erhöhte Stressreagibilität.

Schüchternheit. Ängstlich-vermeidende Persönlichkeitsstörungen bestehen als Auffälligkeiten, für die sich erste Hinweise als Schüchternheit bereits in der frühen Kindheit finden lassen. Diese betreffen zumeist grundlegende Unsicherheiten im Sozialkontakt, Angst vor negativer Bewertung und vor Ablehnung oder Zurückweisung durch andere – und zwar vom Kindergartenalter an. Mit zunehmender Störung besteht – ähnlich der Dependenz – eine zunehmende Unfähigkeit, autonome Entscheidungen zu fällen.

Wie eine Reihe von Prospektivstudien belegen, spielen für die Entwicklung von Schüchternheit und sozialer Angst sowohl Temperamentsfaktoren wie das Bindungsverhalten der Eltern (Attachment) seit der frühen Kindheit eine wichtige Rolle (zusammenfassend: Asendorpf, 1999). Insbesondere angesichts eines ambivalent-ängstlichen Erziehungsstils der Eltern lässt sich bei weniger aktiven Kindern bereits im Kindergarten ein auffällig ängstlicher Rückzug beobachten. Dieser wird deutlich verschärft, wenn Integrationsbemühungen der Erziehungspersonen unterbleiben und sich das Verhalten bis in die Schulzeit hinein nicht ändert. Zunehmende Unsicherheiten, Hemmungen gegenüber Gleichaltrigen und Ängste, wegen der eigenen Zurückhaltung nicht beachtet zu werden, können Rückzugstendenzen massiv verstärken und einen unglücklichen Teufelskreis in Gang setzen. Ein zunehmender Mangel an Freundschaftsbeziehungen kann bereits im Übergang zur Jugendzeit in Einsamkeit und depressive Verstimmungen münden (Rubin, 1993).

Rückzug und Entfremdung. Die Schüchternheitsforschung hat eine Reihe von Hypothesen bestätigt, die bereits Mitte des vorigen Jahrhunderts auf einen sozial-vermeidenden Persönlichkeitsstil aufmerksam machten. Autoren aller Therapieschulen verweisen in diesem Zusammenhang gern auf Überlegungen von Horney und Sullivan. Sowohl Horney (1945; → Abschn. 5.3) als auch Sullivan (1953; → Abschn. 5.7) hatten darauf hingewiesen, dass man bei der Erklärung sozialer Angst und Selbstunsicherheit über die elterlichen Erziehungsstile als vorrangige Entwicklungsbedingung hinausblicken müsse. Beide postulieren eine zusätzlich bedeutsame Wechselwirkung zwischen Schüchternheit und dem Ausgrenzungsverhalten durch Gleichaltrige, die sich auch in den o. g. Prospektivstudien eindrücklich wiederfindet (vgl. die Arbeiten in Rubin & Asendorpf, 1993).

Sowohl bei andauerndem Rückzug als auch bei sozialer Ausgrenzung kann kein sinnvolles Selbstkonzept ausgebildet werden. Über kurz oder lang kommt es nicht nur zu einer Entfremdung anderer gegenüber, sondern auch eine sichtbare Selbstentfremdung kann die Folge sein. In dieser Sicht folgt die Störungsentwicklung einem spiralförmigen Wechselprozess, in dem sich wandelnde soziale und gesellschaftliche Umgangsformen nicht oder nur verzögert mitgelernt werden, weil man sich ihnen und anderen wegen eines bereits vorhandenen Entwicklungsrückstands nicht angemessen aussetzen kann oder will – oder von Gleichaltrigen von einer Partizipation daran ausgeschlossen wird.

Subjektive Motive und Gründe für Vermeidung. Für die zunehmende Tendenz, soziale Situationen zu meiden, haben viele Betroffene eine Reihe einsichtiger (rationaler) Gründe (Fiedler, 2003a): Sie möchten keine unabhängigen Entscheidungen fällen, um andere nicht zu verletzen. Und bei abnehmender Kompetenz haben sie Angst, sich auf enge Beziehungen einzulassen oder aber neue emotionale Erfahrungen zu machen. Beides folgt der subjektiven Befürchtung, dass sie bei einem Eingehen von Bindungen oder beim Eintritt in risikoreiche Herausforderungen den ihnen verbliebenen »Rest an Selbstsicherheit« auch noch einbüßen könnten.

Im sozialen Kontakt wirken die Betroffenen häufig unzufrieden, gequält und distanziert, auf Außenstehende bisweilen zäh und stockend (Bohus et al., 2015). Potenzielle Partner durchlaufen oft jahrelang subtile »Prüfungen«, bis wirklich Intimität zugelassen werden kann. Beziehungen gestalten sich daher häufig konfliktbeladen. Im Spannungsfeld zwischen dem Bedürfnis nach Zuneigung und misstrauischer Vorsicht lösen gerade Wahrnehmungen von Verbundenheit und möglicher Abhängigkeit starke Angst vor Enttäuschung und Zurückweisung aus. Die aktiv eingeleiteten Rückzugsmanöver provozieren nicht selten Beziehungszusammenbrüche und damit eine Wiederholung der Befürchtungen.

Existenzielle Konflikte. Jervis (1975; → Abschn. 5.8) hat den oben beschriebenen spezifischen Konflikt zwischen Bindungsverlangen und Bindungsangst noch breiter gefasst. Er erklärt das persönliche Unbehagen der Selbstentfremdung als ungelösten Konflikt widerstreitender innerer Bedürfnisse und Ängste in Bezug auf soziale Einbindung und Geborgenheit (einerseits) und Autonomie und Freiheitsbestrebungen (andererseits). Dabei handelt es sich zugleich um einen Konflikt eigener Ansprüche zwischen Anforderungsakzeptanz und Anforderungsverweigerung. Für Jervis sind soziale Angst und Selbstunsicherheit weder klar begrenzbare noch in sich homogene Realitäten. Sozial extrem verunsichernde Faktoren wirken auf das gesamte Individuum ein. Schüchternheit, Selbstunsicherheit und soziale Angst seien nicht nur auf einzelne Episoden beschränkt, also sporadische Kompensationsstörungen, sondern immer …

> »… Momente einer Existenz, Knoten im Gewirr menschlicher Beziehungen, deren Grenzen man – außer künstlich – nicht festsetzen kann. Da sie von der gesamten Lebensgeschichte des Einzelnen nicht zu trennen sind, sind sie auch Teile der kollektiven Probleme, in die sich der Einzelne verstrickt findet. Es kann sich dabei um kindliche, familiäre und soziale Leidens- und Angstsituationen handeln, um die Schwierigkeit, eine persönliche Identifizierung und ideale Entscheidung zu erreichen, um Misshelligkeiten in der Familie oder bei einem Paar (wobei die Familie oder das Paar immer von präzisen historischen Umständen beherrscht oder definiert sind) usw. Es kann sich aber auch, und oft vorherrschend, um die ideologischen und weltanschaulichen Widersprüche derer handeln, die sich mit den täglichen Problemen der eigenen Arbeit und des gesellschaftlichen und politischen Kampfes herumschlagen« (Jervis, 1978, S. 323).

15.4 Behandlung

Auch wenn dieses Störungsbild erst mit dem DSM-III (1980) offiziell in die Klassifikationssysteme übernommen wurde, dürften Patienten, auf die Kriterien der selbstunsicher-ängstlichen Vermeidung zwischenmenschlicher Beziehungen zutreffen, immer schon einen Großteil der Patienten ausgemacht haben, die von den unterschiedlichsten Psychotherapieangeboten gut profitieren konnten.

Psychoanalyse und Interpersonelle Psychotherapie. Von Seiten der Psychoanalyse werden keine spezifischen Einschränkungen hinsichtlich der besonderen Anlage oder Struktur des psychotherapeutischen Angebots formuliert. Die Wahl der spezifischen Therapieform (psychodynamische Kurzzeittherapie oder die Langzeitbehandlung mit dem Couchsetting) sollte vom Wunsch des Patienten abhängig gemacht werden (so Frances & Widiger, 1989). In jedem Fall wird ein Gewinn für die Patienten aus Therapieangeboten erwartet, in denen die Übertragungssituation zum Therapeuten selbst Raum und Möglichkeiten zur Reflexion zwischenmenschlicher Unsicherheiten und Beziehungsstörungen bereitstellt. Entsprechendes gilt für die Vorgehensweisen der Interpersonellen Psychotherapie. Im Unterschied zur psychoanalytischen Strategie wird bei letzterem Vorgehen gelegentlich zur Intensivierung der Lernerfahrung direkt dazu angeregt, assertiveres Verhalten direkt in der Therapie oder übend im Lebensumfeld zwischen den Sitzungen auszuprobieren (Benjamin, 1996).

Verhaltenstherapie und Kognitive Therapie. Soziale Unsicherheiten, Soziale Phobien und Soziale Ängste zählen mit dem zugehörigen Forschungsbereich der sozialen Kompetenz schon seit den 1970er-Jahren zu den bestuntersuchten Störungsbereichen der Verhaltenstherapie (vgl. Reinecker, 1993; Stangier et al., 2003). Entsprechend liegen hierzu die am weitesten empirisch abgesicherten Therapiekonzepte vor. Prototypisches Verfahren in der Behandlung ängstlich-vermeidender Patienten ist das Training sozialer Fertigkeiten, das zumeist in Therapiegruppen durchgeführt wird (Stangier et al., 2003; Fiedler, 2005b). Im Social-Skills-Training wird eine Vielzahl von Techniken zusammengestellt, die in unterschiedlichen Kombinationen je nach wünschenswerter Zielsetzung zur Anwendung kommen können. Die wichtigsten Techniken sind u. a. Verhaltenseinübung, Modellvorgabe, direkte Instruktionen, gezielte Hilfestellungen, Verhaltensrückmeldungen, Rollenspiele, Videofeedback und direkte Übungen in Alltagssituationen. Einige mögliche Themenschwerpunkte im Training sozialer Fertigkeiten wurden bereits im Kapitel über die Behandlung Dissozialer Persönlichkeitsstörungen besprochen (→ Abschn. 14.4). Nachfolgend ein Überblick über Trainingsmodule, die in der Behandlung bei selbstunsicher-vermeidender Persönlichkeitsstörung eingesetzt werden. Im Mittelpunkt steht dabei die Aktivierung persönlicher Ressourcen und Kompetenzen.

15.4.1 Training sozialer Kompetenzen

Therapeuten sollten nicht einsichtsorientiert abwarten, bis prosoziale Autonomie sich entfaltet. Das Training sozialer Fertigkeiten lässt sich sowohl in der Einzelbehandlung wie auch in Gruppen realisieren. In der Einzelbehandlung gibt es zwar einige Einschränkungen, dennoch lassen sich auch dort die wichtigsten Medien nutzen, wie z. B. Video- und Audiofeedback, direkte Übungen mit imaginierten Interaktionspartnern (z. B. auf sog. »leeren Stühlen«, oder die Therapeuten arbeiten im Coaching mit direktem Feedback als kontinuierlicher Anregungsinstanz). Die nachfolgende Beschreibung orientiert sich u. a. an einer Darstellung des Vorgehens bei Fiedler (2005b).

Allgemeine Ziele. Das Training sozialer Kompetenzen kann die Stärkung oder Schwächung von *Selbstverwirklichungstendenzen* in gleicher Weise wie die Stärkung oder Schwächung von *Anpassungstendenzen* ermöglichen (Aufbau neuer Verhaltensweisen, Abbau störender Interaktionsmuster). Das Kompetenztraining zielt einerseits auf eine Verbesserung kognitiver und emotionaler Voraussetzungen für eine Verhaltensänderung und rückt andererseits Möglichkeiten der *direkten* therapeutischen Beeinflussung von Interaktionsverhalten in den Mittelpunkt.

Patientenschulung

Patienten werden zunächst in die allgemeine Verstehensperspektive sozialer Ängste, Phobien oder persönlichkeitsbedingter Selbstunsicherheit mit Vermeidungsverhalten eingeführt (z. B. Traumatisierung, Lernrückstände und Kompetenzdefizite, Konflikte zwischen Anpassung und Selbstverwirklichung; → Abschn. 15.2). In den beginnenden Gruppengesprächen wird es dann darum gehen, konkrete Bezüge dieser allgemeinen Problemsicht mit den persönlichen Schwierigkeiten und Problemen der teilnehmenden Patienten zu verbinden (vgl. auch die zahlreichen Psychoedukationsbeispiele im Gruppenprogramm für Patienten mit Persönlichkeitsstörungen von Schmitz et al., 2001). Gelegentlich werden einführende Demonstrationsrollenspiele in den Gruppen durchgeführt, um die Situationsangemessenheit oder Situationsunangemessenheit verschiedener Interaktionsmöglichkeiten zu demonstrieren (z. B. die Unterschiede zwischen »Selbstsicherheit« versus »Aggressivität«).

Information und Aufklärung vorab

Renneberg und Fydrich (1999) beschreiben, dass insbesondere das erste Zusammentreffen einer Gruppe mit ängstlich-vermeidenden Patienten vom Therapeuten gut vorbereitet werden sollte. Dies ist nämlich eine der Situationen, die von Personen mit Selbstunsicherer Persönlichkeitsstörung am meisten gefürchtet wird: Sie kommen in eine Gruppe von Fremden und erwarten, über sich selbst sprechen zu müssen. Diese Thematik wird von den Therapeuten schon in der Begrüßung direkt angesprochen. Die Therapeuten weisen auf die »aufregende« neue Situation und die zu erwartende Nervosität hin. Dies kann etwa wie folgt geschehen:

»Sie kommen heute alle zum ersten Mal zusammen. Der Grund Ihres Hierseins ist, dass Sie besonders in sozialen Situationen immer wieder in verschiedener Art Anspannung oder Angst erleben. Dadurch, dass Sie jetzt hier in dieser Situation und in diesem Raum sind, haben Sie schon eine große Portion Mut bewiesen, denn für die meisten von Ihnen stellt es eine große Schwierigkeit dar, mit neuen, unbekannten Personen zusammenzukommen. Die Gedanken, die dabei auftreten, sind häufig etwa: ›Ich weiß nicht, worüber ich reden soll‹, ›Die anderen werden mich genau mustern und mich komisch finden und mich abwerten‹, ›Ich fühle mich überhaupt nicht wohl in meiner Haut‹. Diese Gedanken sind für diese Situation sehr verständlich. Mit solchen Gedanken einher geht häufig eine innere Nervosität, die sich oft durch stärkeres Herzklopfen, Schwitzen, Schwindel- und Hitzegefühle ausdrückt. Weiterhin erleben Personen in solchen Situationen oft, dass sie sich verstecken möchten, am liebsten sich ›wegzaubern‹, nicht da sein oder aus der Situation herausgehen. Wenn Sie also jetzt einen oder viele dieser Gedanken oder Empfindungen haben, so sollen Sie wissen, dass dies sehr verständliche Reaktionen sind.«

Gute Erfahrungen wurden damit gemacht, Modellüberlegungen zur Selbstunsicheren Persönlichkeitsstörung sowie bekannte Bedingungen der Auslösung und der Aufrechterhaltung sowie der Behandlung der Störung an einer Tafel oder auf einem Flipchart darzustellen. Im Anschluss kann man den Teilnehmerinnen und Teilnehmern der Gruppe die Möglichkeit geben, das Modell auf sich selbst zu beziehen und davon in der Gruppe zu berichten.

In diesen Gruppengesprächen kristallisieren sich zunehmend Themenschwerpunkte und Problembereiche heraus, in denen einzelne Teilnehmer Defizite oder Schwierigkeiten in zwischenmenschlichen Interaktionskontexten haben. Für diese werden konkrete Übungsziele für jedes Gruppenmitglied erarbeitet, die dann nach und nach in das konkrete Übungsprogramm Eingang finden.

Therapeutische Rollenspiele

Wesentliches Element des Trainings sozialer Kompetenzen ist das therapeutische Rollenspiel. In den vorliegenden Programmen werden zwei Funktionen unterschieden, die Rollenspiele einnehmen können.

- Einerseits können im Rollenspiel problematische Interaktionssequenzen nachgespielt werden, die vom Patienten, der als sog. »Fokuspatient« jeweils im Mittelpunkt steht, als prototypisch für seine Interaktionsschwierigkeiten angesehen werden. Dies kann durch den Fokuspatienten allein geschehen oder auf die Weise, dass er anderen Gruppenpatienten bestimmte Rollen zuweist (Ehepartner, Vorgesetzte usw.). Mit den anderen Gruppenmitgliedern zusammen versucht der Fokuspatient, die wichtigsten Problemaspekte im gemeinsamen Rollenspiel herauszuarbeiten. Auf diese Weise werden die Interaktionsschwierigkeiten der direkten Beobachtung und Analyse in und mit der Gruppe zugänglich gemacht.
- Die zweite Funktion des Rollenspiels ist die Einübung alternativer Verhaltensweisen, mit denen die bisherigen Problemsituationen zukünftig besser bewältigt werden sollten. Voraussetzung ist, dass auf der Grundlage der Problemdarstellungen möglichst konkrete Ziele und Rahmenbedingungen festgelegt werden, die in den anschließenden Übungen umgesetzt werden sollen.

Der äußere Rahmen therapeutischer Rollenspiele wird möglichst wirklichkeitsnah gestaltet: mit Tischen, Stühlen, Telefon und weiteren Requisiten oder auch mit größeren Zuhörergruppen bei Vortragsängsten oder durch Hinzuziehung gruppenfremder Personen, falls etwa »unbekannte Menschen« für Patienten eine besondere Schwierigkeit bedeuten – immer also in etwa so, wie die Kontexte in der Realsituation vorhanden oder erwartbar sind.

Jedes Rollenspiel wird mit dem Fokuspatienten so lange wiederholt, bis das jeweilige Übungsziel erreicht ist. Dabei spielt der Therapeut eine wesentliche Rolle, weil er aufgrund seiner Erfahrungen zumindest zu Beginn der Therapiezeit relevante Hilfestellungen geben muss. Seine Tätigkeit ist grob vergleichbar mit der eines Regisseurs bei der Einstudierung von Theatersequenzen, wenngleich er im Unterschied zu diesem seine Hilfestellung sehr personzentriert auf die spezifischen Kompetenzen und Möglichkeiten des Fokuspatienten als Protagonisten seiner Problemlösungen einstellen muss und dabei natürlich auf die Realisierung eigener Vorstellungen weitgehend verzichtet (also könnte besser auch davon gesprochen werden, dass sich der Therapeut wie ein Regieassistent des Patienten als der eigentliche Regisseur verhalten sollte).

Auswertung von Rollenspielen

Es ist weitgehend unbestritten, dass »Feedback geben« und »Feedback annehmen« zu Kernproblemen der Selbstunsicheren Persönlichkeitsstörung zählen. Zugleich und deshalb gehören beide Aspekte zu den wesentlichen Wirkfaktoren und damit zu den instrumentell nutzbaren Bedingungen der Gruppenarbeit. Jedes Rollenspiel wird in und mit der Gruppe ausgewertet. Die Gruppenmitglieder werden zu unterschiedlichen Formen des Feedbacks angeregt und angeleitet.

Um die Feedbackkompetenz zu fördern und laufend zu stärken, beschränkt sich die Aufgabe des Therapeuten während der Feedbackrunde zunächst vorrangig darauf, die Gruppenteilnehmer zu einem möglichst konstruktiven Feedback anzuregen. Beispielsweise könnte er bei negativem Feedback die Feedbackgeber jeweils ermuntern, möglichst konkrete Vorschläge zu machen, wie das kritisierte Verhalten verbessert werden kann.

Audio- und Videofeedback. Audio- und Videoaufzeichnungen eignen sich in besonderer Weise, die Nachbesprechungen auf eine objektivierbare Grundlage zu stellen. Nach aller Erfahrung zählt diese Rückmeldeform zu jenen, die wesentlich zur Verbesserung persönlicher Kompetenzen in zwischenmenschlichen Beziehungen beizutragen vermögen. Nicht gerade selten führt die direkte Beobachtung des eigenen Verhaltens Patienten z. B. in die Situation, dass sie erstaunt feststellen, wie sicher sie nach außen bereits wirken. Da das Videofeedback andererseits bei einigen wenigen Patienten aber auch ungünstige Wirkungen zeitigen kann, sollte es zunächst mit besonderer Behutsamkeit einbezogen werden. Diese ungünstigen Wirkungen ergeben sich nämlich dann, wenn zu lange Beobachtungseinheiten gewählt werden und die Patienten während der gesamten Beobachtung mit einem inneren Unbehagen zuschauen müssen.

Videoanalysen und Microteaching. Diese Schwierigkeiten können vermieden werden, wenn Videoanalysen von Rollenspielen sequenziert werden. Allgemein gilt als Faustregel für die ersten Analysen von Patienten, die sich noch nie selbst auf Video gesehen haben: zunächst nur ein Standbild auswerten. Und für die weiteren Analysen gilt: immer nur Ausschnitte in einer Länge von 15 bis höchstens 30 Sekunden! Später können längere Rollenspiele insgesamt ausgewertet werden.

Für die Videoanalyse kritischer Aspekte gilt: Immer wenn drei, höchstens vier bisher noch nicht sehr gut realisierte Interaktionsweisen herausgearbeitet wurden, sollte das Videorollenspiel unmittelbar wiederholt werden. Die Aufzeichnungen sollten nach drei bis vier kritischen Aspekten nicht weiter vollständig ausgewertet werden. Das könnte die Patienten überfordern. Die kontinuierliche Neueinübung ist wesentlicher. Sie wird entsprechend als Microteaching bezeichnet. Microteaching in mehreren kurzen Übungen ist effektiver als die vollständige Analyse noch nicht ganz zufriedenstellender Videosequenzen.

Darbietung von Modellen. Die Darbietung von Modellen ist insbesondere in Gruppen eine leicht zu realisierende Methode. Die persönlichen Interaktionsmöglichkeiten des Fokuspatienten werden dadurch weiter angereichert, dass die übrigen Gruppenteilnehmer sich darin versuchen, vom Fokuspatienten gewünschte Verhaltensalternativen als Modell darzustellen. Dabei kann durchaus – weil es Spaß macht – auch mit auf den ersten Blick abwegigen Modellen kreativ experimentiert werden.

Es bleibt zu beachten, dass die Therapeuten möglichst nicht selbst oder nur äußerst selten in die Modellrolle schlüpfen sollten. Kompetente, weil mit Rollenspielen vertraute Therapeuten realisieren üblicherweise sog. »Meisterungsmodelle« (»Mastery-Modelle«), die nach vorliegenden empirischen Untersuchungen zum Modelllernen als bei weitem weniger wirksam gelten müssen als sog. »Bewältigungsmodelle« (»Coping-Modelle«). Letztere – die Bewältigungsmodelle – werden üblicherweise von den Mitpatienten realisiert, die gewöhnlich ihre eigenen Schwierigkeiten bei der Umsetzung neuer Verhaltensweisen haben und damit »echtes« Coping-Verhalten zeigen.

Aktivierung persönlicher Ressourcen

Renneberg und Fydrich beschreiben einige Übungen zur Aktivierung persönlicher Ressourcen, mit denen besondere Schwierigkeiten von Patienten mit ängstlich-vermeidender Persönlichkeitsstörung, welche wir hier der Publikation auszugsweise entnehmen, gut behandelt werden können (Renneberg & Fydrich, 1999, S. 166 f.).

Paradoxe Intentionen. Paradoxe Intentionen werden vor allem für den Umgang mit den physiologischen Symptomen der Angst eingesetzt. Im Kontext Sozialer Phobien und ängstlicher Vermeidung gehören hierzu vor allem das Erröten, Herzklopfen oder Schwitzen. Die Teilnehmer erhalten die Instruktion, eine kurze Aufgabe vor der Gruppe durchzuführen (z. B. in der Mitte der Gruppe zu stehen und einen Text vorzulesen). Dabei sollen sie versuchen, die für sie bedeutsamen physiologischen Symptome genau zu beobachten und sie in ihrer Stärke einzuschätzen. Die für sie im Vordergrund stehenden »peinlichen« körperlichen Reaktionen sollen benannt werden und die Teilnehmer sollen versuchen, diese in ihrer Intensität zu steigern.

Dabei sollen sie sich selbst und den anderen Gruppenmitgliedern gegenüber bewusst »ängstlich« zeigen und ihr stärkstes und am meisten befürchtetes Körpersymptom (z. B. Erröten) besonders klar zeigen. Diese Konfrontation und die bewusste Absicht, das Symptom zu verschlimmern, führen zur habituativen Abnahme der Angst vor dem Symptom und damit zu einer Unterbrechung des Teufelskreises aus physiologischer Anspannung, negativer Bewertung des Symptoms und daraus resultierender Angstreaktion. Die Unterbrechung dieser Angstspirale führt zur Abnahme der Anspannung und letztendlich zur Abnahme der Angst.

Positive Selbstverbalisation. Bei Sozialen Phobien wie bei der ängstlich-vermeidenden Persönlichkeit nehmen negative, v. a. katastrophisierende Gedanken, die sich auf die eigene Person und die gedachte und erwartete Ablehnung durch andere beziehen, einen wichtigen Stellenwert bei der Aufrechterhaltung der Selbstunsicherheit ein. Eine besondere Rolle scheint dabei zu spielen, dass Personen mit starker Selbstunsicherheit sehr selbstzentriert denken und dabei stark selbstabwertende Gedanken haben (Stopa & Clark, 1993). Nach bisherigen Erfahrungen ist es besonders bei solchen Störungsmustern indiziert, negative selbstbezogene Kognitionen zu reduzieren und zum Aufbau eines verbesserten Selbstbildes positive Selbstverbalisationen in der Therapie aufzubauen.

Beispiel

Von der Selbstpräsentation zur Selbstwertschätzung

Ausgangspunkt für diesen Therapiebaustein ist, der Gruppe die Zusammenhänge zwischen negativen, selbstabwertenden Gedanken und den Angstreaktionen sowie der Selbstunsicherheit zu erklären. Dabei wird betont, dass wegen starker Selbstunsicherheit bei allen Betroffenen eine Vielzahl von negativen und abwertenden Gedanken über die eigene Person gewissermaßen automatisch auftreten. Die Rationale der Übung zur Selbstverbalisation besteht darin, dass der Fokus der Aufmerksamkeit – trotz der negativen Gedanken – auch auf möglichst positive Eigenschaften gerichtet werden kann.

Bei der Durchführung dieser Übungen werden die Teilnehmer aufgefordert, den anderen *positive Dinge über sich selbst* zu berichten (den eigenen Körper, die eigene Person, eigene Handlungen oder Denkweisen betreffend). Diese Übung fällt den Patienten häufig schwer. Stützende und anregende Hilfestellungen seitens der Therapeuten sind daher häufig indiziert.

Beim Aufbau positiver Selbstverbalisationen ist es besonders wichtig, dass die selbstbezogenen Äußerungen der Patienten authentisch sind. Ein therapeutisches Vorgehen nach dem Motto »think positive and you'll be happy« wird nicht den erwünschten Effekt haben. Weiterhin ist es auch bei diesem Teil des Behandlungs-programms von großer Bedeutung, die Übungen in den Alltag zu übertragen. Hierfür ist es wichtig, dass die Patienten auch zu Hause positive Selbstverbalisa-tionen üben und besonders in Situationen, in denen häufig hinderliche, negative Gedanken auftreten, auf mögliche alternative und hilfreiche Gedanken zur eigenen Person achten und diese notieren.

Komplimente annehmen und geben. In ähnlicher Weise wird ein neuer Umgang mit Komplimenten eingeübt. Es geht darum, sie ohne Einschränkungen geben und vor allem annehmen zu können. Auch hier wird explizit darauf hingewiesen, dass die Komplimente ehrlich gemeint und entsprechend authentisch formuliert sein sollten. Ähnlich wie bei den Selbstverbalisationen geht es darum, auch kleine Dinge oder Verhaltensweisen zu beachten, die einem am anderen gefallen, und diese dann aus-zusprechen. Auch hierbei ist es möglich, auf Handlungen, Eigenschaften oder das Aussehen Bezug zu nehmen.

Beim Annehmen von Komplimenten wird betont, dass diese nicht sogleich wieder abgewertet oder relativiert werden sollten. Es ist dabei hilfreich, zunächst nur zuzu-hören und zu versuchen, die Komplimente so anzunehmen, wie sie vom anderen ausgesprochen wurden.

Weitere Übungsmöglichkeiten

Imaginationsübungen. In der Verhaltenstherapie geht es zwar vorrangig darum, dass der Patient Situationen aufsucht, die mit unterschiedlichem Ausmaß von Vertrauen verbunden sind. Gut bewährt haben sich als Zwischenschritt sog. »Imaginations-übungen« (Trautmann, 2004). Zunächst wird mit den Patienten eine Skala erstellt, die z. B. von 10 bis 90 Prozent Vertrauen in konkrete Situationen benennt. Anschließend werden Patienten angeleitet, sich diese Situationen vorzustellen und dabei darauf zu achten, wie unterschiedlich sich das Gefühl Vertrauen anfühlt. Das Fokussieren auf Vertrauen leitet die Aufmerksamkeit weg vom Gefühl der Angst und ermöglicht so neue Erfahrungen im Umgang mit den bisher gefürchteten Emotionen.

Übungen in der Realität. Der Übergang vom Rollenspiel in der Therapiegruppe hin zur Anwendung der neu gelernten Interaktionsmuster unter Alltagsbedingungen stellt für viele Patienten eine gewisse Hürde dar, die nicht in jedem Fall leicht zu nehmen ist. Auch hierzu lässt sich Vielfältiges realisieren, wobei die *therapeutische Exkursion* der Gesamtgruppe eine häufig gewählte Transferübung darstellt. So wurden – um hier ein konkretes Beispiel zu nennen – in der Behandlung selbstunsicherer Patienten folgende Übungen durchgeführt (jeweils vor laufender Videokamera zur späteren Auswertung): (a) Fernseh-Interviews mit Patienten in einer belebten Hauptstraße; (b) Vorträge über die Möglichkeiten, selbstsicherer zu werden, in einem Hörsaal vor Studenten; (c) Ansprechen unbekannter Personen bei einer Sportveranstaltung und diese in interessante Gespräche verwickeln (weitere Beispiele finden sich in zahlreichen Trainingsprogrammen, wie sie ausführlich z. B. bei Fiedler, 2005b, dargestellt wurden).

15.4.2 Empirie

Zur Gruppenverhaltenstherapie bei selbstunsicheren Persönlichkeitsstörungen liegen eine Reihe empirischer Studien vor. Drei Studien (Cappe & Alden, 1986; Alden, 1989; Alden & Capreol, 1993) berichten von deutlichen Unterschieden einer behandelten Gruppe ängstlich-vermeidender Patienten gegenüber einer Wartekontrollgruppe. Diese Unterschiede betrafen vor allem die Zahl zunehmender Sozialkontakte, die Abnahme des Vermeidungsverhaltens und die Zufriedenheit mit sozialen Unternehmungen. Renneberg (1996) führte mit ängstlich-vermeidenden Patienten ein verhaltenstherapeutisches Intensivtraining durch (auch: Renneberg et al., 1990). Dieses wurde kompakt in Kleingruppen jeweils über vier ganze Tage hinweg angeboten und bestand in einer systematischen Desensibilisierung, einem Verhaltenstraining unter Alltagsbedingungen und einer Phase der Selbsterprobung des Gelernten ohne therapeutische Begleitung. Auch in dieser Studie zeigten die meisten Patienten Verbesserungen in den wesentlichen Kontrollmaßen (soziale Angst, Depressivitätswerte, soziale Anpassung).

Bei Bewertung dieser Befunde bleibt zu bedenken, dass nicht alle Patienten im erhofften Sinne und zum Teil recht unterschiedlich profitierten. So berichten Cappe und Alden (1986), dass sich Gefühle der Einsamkeit und des Alleingelassenseins durch das Sozialtraining schwerer beeinflussen ließen. In der Studie von Alden (1989) zeigte sich, dass trotz deutlicher Änderungen nicht davon gesprochen werden könne, dass die Patienten etwa ein Funktionsniveau erreicht hätten, das als »normal« zu bezeichnen sei. Es könnte sich also lohnen, bei Selbstunsicheren Persönlichkeitsstörungen an weitere alternative Zugänge zu denken.

Einzeltherapie

Zusätzlich sinnvoll, gelegentlich notwendig. Die häufig zur Anwendung gebrachten Trainings sozialer Fertigkeiten entsprechen weitgehend dem, was in der Behandlung Sozialer Phobien zum Einsatz kommt. Offenkundig ist bei Selbstunsicheren Persönlichkeitsstörungen angesichts der noch nicht ganz befriedigenden Ergebnisse mit diesem Vorgehen von etwas anderen und tieferliegenden Störungsvoraussetzungen auszugehen. Obwohl ein (Gruppen-)Training sozialer Kompetenzen unverzichtbar bleibt, wurde deshalb vorgeschlagen, an die Möglichkeit der Einrichtung einer zeitgleichen Einzeltherapie zu denken (Sutherland & Frances, 1995). Diese muss nun nicht unbedingt nur verhaltenstherapeutisch orientiert sein, sondern kann durchaus einem anderen Grundansatz folgen (vgl. Sachse et al., 2014). Der Vorteil einer ergänzenden Einzelbehandlung liegt darin, dass sie einerseits längerfristiger geplant werden könnte und dass damit der Reflexion allgemeiner Lebensprobleme und Lebensziele der Patienten erheblich mehr Raum gegeben wird. Aufgrund der häufig lebenslang bestehenden Unsicherheiten sollten den Patienten über eine längere Zeit hinweg ausreichend Möglichkeiten eingeräumt werden, sich über die Realität der eigenen Unsicherheiten und Widersprüche, in denen sie leben, klarer zu werden. Genau dies lässt sich besser in einzeltherapeutischen Gesprächen als in Gruppen realisieren.

Die Patienten sollten stützend dazu angeregt und ermutigt werden, eine Reihe unterlassener existenzieller Entscheidungen und Lebensbeschlüsse zu klären und notwendige Verantwortlichkeiten endlich auf sich zu nehmen. Zeit ist deshalb erforderlich, weil diese Ziele und Handlungskorrekturen gegenüber anderen Menschen möglicherweise bis hin zum Antikonformismus und zum interpersonellen Dissens reichen könnten und entsprechend sorgfältig durchdacht werden sollten.

Nochmals: Der Mut zu existenziellen Entscheidungen wird sich leichter einstellen, wenn zuvor ein grundlegendes Vertrauen in soziale Fertigkeiten und Kompetenzen aufgebaut wurde. Genau aus diesem Grund gibt es in vielen Kliniken das verhaltenstherapeutische Training sozialer Fertigkeiten als fest etabliertes Therapieangebot. Denn die vergleichende Therapieforschung lässt unzweifelhaft schlussfolgern, dass die direkte Einübung prosozialer Autonomie jeder einsichtsorientierten Therapie nicht nur gleichwertig, sondern zumeist überlegen ist (vgl. Grawe et al., 1994). Psychotherapeuten sollten also nicht »einsichtsorientiert« abwarten, bis sich prosoziale Autonomie entfaltet, sondern diese mit den Patienten direkt einüben. Es ist völlig unerklärlich, warum bis heute fast ausschließlich in Verhaltenstherapiekliniken und -ambulanzen von dieser wirkungsvollen Möglichkeit Gebrauch gemacht wird und viele psychoanalytisch ausgerichtete Kliniken zum Nachteil ihrer Patienten darauf verzichten.

15.5 Zusammenfassende Bewertung

Grob betrachtet ergeben sich mehr Überschneidungen als gravierende Unterschiede in den Diagnosevorgaben der Klassifikationssysteme: Als ein Hauptmerkmal der Selbstunsicher-vermeidenden Persönlichkeitsstörung gilt in den Kriterien des DSM-IV-TR die übergroße Empfindsamkeit gegenüber der Ablehnung durch andere. Die Betroffenen sehnen sich nach zwischenmenschlicher Nähe, vermeiden jedoch enge Beziehungen, um nicht zurückgewiesen zu werden. Dem entspricht ein mangelndes Selbstvertrauen in unabhängige Entscheidungen, vorrangig motiviert, um sich nicht der Lächerlichkeit preiszugeben.

Auch die Kriterien in der ICD-10 betonen die (trotz der ängstlichen Vermeidung) unvermindert stark bleibenden persönlichen Bedürfnisse nach Zuneigung und Akzeptanz durch andere, die sich in der Sorge um Ablehnung widerspiegeln. Die Betroffenen möchten anderen gern näherkommen oder nahe sein und haben dennoch zugleich extreme Angst und ein Misstrauen davor, diese Bedürfnisse tatsächlich zu realisieren.

Insgesamt erscheint das aktuellere Konzept der Selbstunsicheren Persönlichkeitsstörung im Alternativ-Modell des DSM-5 Sektion III die differenzierteste Perspektive auf das Störungsbild anzubieten: Als Kernmerkmale werden dort die Vermeidung sozialer Situationen und Gehemmtheit in zwischenmenschlichen Beziehungen angesehen, im Verein mit Gefühlen der eigenen Unzulänglichkeit und Minderwertigkeit, der ängstlichen Beschäftigung mit negativer Beurteilung und Zurückweisung, sowie der Angst, lächerlich gemacht oder beschämt zu werden.

Differenzialdiagnostisch ist die Abgrenzung zur Sozialphobie wichtig, wobei letztere sich zumeist über die Situationsspezifität der Phobie eingrenzen lässt (z.B. vor Prüfungen, vor öffentlichen Reden etc.). In den Erklärungsansätzen steht insbesondere die entwicklungspsychologisch bedeutsame Schüchternheit seit früher Kindheit und Jugend eine wichtige Rolle, was sich empirisch in groß angelegten Prospektiv-Studien nachweisen ließ.

Empirische Untersuchungen zur Wirksamkeit psychotherapeutischer Ansätze wurden vor allem in der Verhaltenstherapie durchgeführt. Dabei hat sich insbesondere das zumeist in Gruppen durchgeführte Training sozialer Fertigkeiten als unverzichtbar erwiesen. Als Ergänzung ist jedoch immer eine Einzeltherapie empfehlenswert, die nicht unbedingt verhaltenstherapeutisch orientiert sein muss. Sie dient wesentlich dazu, der Reflexion allgemeiner Lebensprobleme und Lebensziele der Patienten Raum zu geben, die im Training sozialer Fertigkeiten eher zu kurz kommen.

16 Emotional instabile und Borderline-Persönlichkeitsstörungen

Offen bleibt die Frage, ob es sich bei der allseits konstatierten Zunahme von Borderline-Störungen tatsächlich um eine Folgeerscheinung gesamtgesellschaftlich veränderter Lebensbedingungen handelt oder eher um einen diagnostischen Modetrend, um eine theoriebedingte Veränderung der Untersucherperspektive oder um subtile Labelingprozesse.
Christa Rohde-Dachser

Als zentrales Merkmal der Borderline-Persönlichkeitsstörung wird das Verhaltensmuster einer besonders auffälligen Instabilität im Bereich der Stimmung und Affektivität betrachtet, die einerseits zu einer Identitätsproblematik und zu Impulskontrollstörungen, andererseits in den zwischenmenschlichen Beziehungen zu erheblichen Schwierigkeiten, Konflikten und Krisen führen kann. An typischen Verhaltensmerkmalen sind neben unangemessener Wut und aggressiven Durchbrüchen unter emotionaler Belastung auch autoaggressive Impulse und Handlungen bis hin zu teils drastischen Selbstverletzungen oder parasuizidale Gesten zu nennen. Oft koexistieren Affektive und Angststörungen sowie Süchte.

16.1 Konzeptentwicklung

Ursprünglich wurde der Begriff »Borderline« eingesetzt, um eine Störungsgruppe im Übergang zwischen Neurose und Schizophrenie zu konzeptualisieren. Schon früh war auch die Vermutung geäußert worden, dass es sich bei den gemeinten Phänomenen nicht nur um eine spezifische Symptomatik oder um ein spezifisches Syndrom, sondern um die Eigenarten einer Persönlichkeitsstörung handeln könnte. Letzterer Perspektive wurde schließlich in beiden Diagnosesystemen mit der Einführung einer Borderline-Persönlichkeitsstörung entsprochen (zunächst im DSM-III, dann in der ICD-10). Zugleich wurde für die Phänomene im Grenzbereich zur Schizophrenie eine neue Bezeichnung eingeführt: die »Schizotypie« (→ Kap. 19). Damit hat der Begriff »Borderline« die inhaltliche Bedeutung von »Grenzfällen« im Übergang von Neurose zur Psychose weitgehend verloren.

Da auf die historische Konzeptentwicklung der »Borderline«-Störungen im Übergang zwischen Neurose und Psychose in den → Kapiteln 19 und 21 (zur Schizotypischen und zur Schizoiden Persönlichkeitsstörung) ausführlich eingegangen wird, werden die dortigen Ausführungen ergänzend auch hier zur Vorablektüre empfohlen.

Der Begriff »Borderline« war erstmals durch Stern (1938) in die psychoanalytische Diskussion um Phänomene im »Übergangsbereich« von Neurose und Psychose eingeführt worden. Knight (1953) greift darauf zurück und bezieht sich weiter auf Hoch und Polatin (1949), die Auffälligkeiten im Grenzbereich zur Schizophrenie noch als »Pseudoneurotische Schizophrenie« bezeichnet hatten. Knights Arbeit, die den Begriff »Borderline« ausdrücklich im Titel führt, gilt als Trendsetter, da sie eine unvorhersehbare Flut an Nachfolgepublikationen auslöste, die nach wie vor ihren Höhepunkt nicht überschritten hat. Schätzungen gehen dahin, dass seither der Borderline-Persönlichkeitsstörung etwa 40 Prozent aller Publikationen über Persönlichkeitsstörungen gewidmet wurden, gefolgt von der Dissozialen bzw. Antisozialen Persönlichkeitsstörung, die etwa 20 Prozent aller Veröffentlichungen auf sich vereinigen kann.

Persönlichkeitsstörung

Es ist vor allem der Konstanz und Gründlichkeit zu verdanken, mit der Otto Kernberg von Anfang an Einfluss auf die Entwicklung des Borderline-Konzeptes nahm, dass der inflationäre Boom spekulativer Pionierleistungen in den 1970er-Jahren etwas zurückging. In der Folge seiner Arbeiten wurde zunehmend von einer »Borderline Personality Organization« und von »Persönlichkeitsstörungen« gesprochen (Kernberg, 1975). Es handelte sich dabei zunächst vor allem um den Versuch einer Vereinheitlichung der inzwischen vorhandenen Vielfalt an psychoanalytischen Beschreibungen des Störungsbildes. Kernbergs Deskription bereitete schließlich die Aufnahme der »Borderline-Persönlichkeitsstörungen« in das DSM-III (APA, 1980) maßgeblich vor (vgl. Rohde-Dachser, 1989).

Psychometrische Zugänge. Für die DSM-III-Typologie wegbereitend waren weiter Versuche, das Borderline-Konzept psychometrisch aufzuklären und es von den Schizoiden, später auch von den Schizotypen Persönlichkeitsstörungen abzugrenzen. Wichtige Anstöße stammen von Gunderson und Singer (1975), wobei das von Gunderson und Kolb (1978) entwickelte *Diagnostische Interview für Borderline-Patienten* (DIB; deutsch: Pütterich, 1985) inzwischen testtheoretisch gut überprüft ist (→ Abschn. 8.1). Gunderson und Kolb unterscheiden sieben für die Borderline-Diagnose wichtige Bereiche:

- ▶ geringer sozialer Erfolg,
- ▶ Impulsivität,
- ▶ manipulative Suizidhandlungen,
- ▶ gesteigerte Affektivität,
- ▶ dezente psychotische Erlebnisse,
- ▶ gesteigerte Kontaktbedürftigkeit,
- ▶ gestörte zwischenmenschliche Beziehungen.

Eine Konstruktvalidierung des DIB mit dem zeitgleich von Kernberg (1977) entwickelten *Strukturellen Interview für Borderline-Patienten* (SIB) erbrachte weitgehend übereinstimmende Befunde und belegt die konzeptuelle Nähe beider Ansätze (Carr et al., 1979).

16.2 Diagnostik

Immer wieder werden bei Borderline-Patienten spezifische, wenngleich wechselnde psychische Symptome / Störungen berichtet: Dissoziative Störungen, Phobien, depressive Verstimmungen, Depersonalisationen, psychotische Episoden. Dies führt gelegentlich zu differenzialdiagnostischen Problemen, denn die Strukturvorgaben des DSM-IV-TR = DSM-5 Sektion II verlangen eine strikte Trennung der Symptomdiagnostik der von einer Bestimmung der Persönlichkeitsstörungen. Der Vorteil einer solchen Trennung liegt darin, dass das solitäre Auftreten spezifischer psychischer Störungen nicht unmittelbar mit einer Persönlichkeitsdiagnose (in diesem Fall mit der Borderline-Diagnose) in einen Zusammenhang gestellt wird, was zugleich konzeptuell-theoretische Verbindungen suggerieren könnte.

Andererseits ergibt sich ein Nachteil, da die genannten Symptome zum individuellen Gesamtbild der Borderline-Störung gehören können, weshalb über die Kriteriensetzung nach wie vor kontrovers diskutiert wird. Da depressive Verstimmungen, Störungen der Impulskontrolle sowie Dissoziative Störungen, die zugleich Symptome als eigenständig zu diagnostizierender spezifischer psychischer Störungen darstellen, bereits in die Liste der Borderline-Kriterien seit dem DSM-III aufgenommen wurden, fordert insbesondere Gunderson (1984) seit Jahren den Einschluss von Symptomen der Depersonalisation und Derealisation sowie der kurzen psychotischen Episoden in die Kriterienliste, weil diese ebenfalls regelhaft bei Patienten mit diesem Störungsbild beobachtet werden.

16.2.1 Borderline-Persönlichkeitsstörung im DSM-IV-TR bis zum DSM-5 Sektion II

Weil in den vergangenen Jahren viel Forschungsaufwand zur Klärung dieser Kontroverse betrieben wird, hat sich die Kriterienliste der Borderline-Persönlichkeitsstörung im nachfolgend dargestellten Alternativ-Modell der (Boderline-)Persönlichkeitsstörungen im DSM-5 Sektion III deutlich geändert. Da andererseits angesichts kontroverser Diskussionen die bisherige DSM-IV-TR-Diagnostik im DSM-5 offiziell beibehalten wurde, soll diese hier zunächst als erstes dargestellt und diskutiert werden.

> **Diagnostische Kriterien**
> **Borderline-Persönlichkeitsstörung**
> Ein tiefgreifendes Muster von Instabilität in zwischenmenschlichen Beziehungen, im Selbstbild und in den Affekten sowie von deutlicher Impulsivität. Der Beginn liegt im frühen Erwachsenenalter und das Muster zeigt sich in verschiedenen Situationen. Mindestens fünf der folgenden Kriterien müssen erfüllt sein:
> 1. Verzweifeltes Bemühen, tatsächliches oder vermutetes Verlassenwerden zu vermeiden. (**Beachte:** Hier werden keine suizidalen oder selbstverletzenden Handlungen berücksichtigt, die in Kriterium 5 enthalten sind.)

2. Ein Muster instabiler und intensiver zwischenmenschlicher Beziehungen, das durch einen Wechsel zwischen den Extremen der Idealisierung und Entwertung gekennzeichnet ist.
3. Identitätsstörung: ausgeprägte und andauernde Instabilität des Selbstbildes oder der Selbstwahrnehmung.
4. Impulsivität bei mindestens zwei potenziell selbstschädigenden Bereichen (Geldausgeben, Sexualität, Substanzmissbrauch, rücksichtsloses Fahren, »Essanfälle«). (**Beachte:** Hier werden keine suizidalen oder selbstverletzenden Handlungen berücksichtigt, die in Kriterium 5 enthalten sind.)
5. Wiederholte suizidale Handlungen, Selbstmordandeutungen oder -drohungen oder Selbstverletzungsverhalten.
6. Affektive Instabilität infolge einer ausgeprägten Reaktivität der Stimmung (z. B. hochgradige episodische Dysphorie, Reizbarkeit oder Angst, wobei diese Verstimmungen gewöhnlich einige Stunden und nur selten mehr als einige Tage andauern).
7. Chronisches Gefühl der Leere.
8. Unangemessene, heftige Wut oder Schwierigkeiten, die Wut zu kontrollieren (z. B. häufige Wutausbrüche, andauernde Wut, wiederholte körperliche Auseinandersetzungen).
9. Vorübergehende, durch Belastungen ausgelöste paranoide Vorstellungen oder schwere dissoziative Symptome.

Abdruck erfolgt mit Genehmigung vom Hogrefe Verlag Göttingen aus dem Diagnostic and Statistical Manual of Mental Disorders, Fifth Edition, © 2013 American Psychiatric Association, dt. Version © 2015 Hogrefe Verlag (S. 908f.).

Abgesehen von der Frage, ob die Hineinnahme von DSM-Symptomstörungen (wie z. B. Dissoziative oder Impulskontroll-Störungen) in die Kriterien einer Persönlichkeitsstörung günstig bzw. berechtigt ist, kann die Borderline-Diagnose im Vergleich zu anderen Persönlichkeitsstörungen bereits in einmaligen Gesprächen recht zuverlässig gestellt werden, wenn diese diagnostischen Untersuchungen mittels strukturierter Interviews durchgeführt werden (Kolb & Gunderson, 1980; Widiger et al., 1992). Schwierigkeiten oder Fehldiagnosen ergeben sich vor allem in eher unstrukturierten Interviewsituationen, die durch die für diese Patienten typischen Interaktionseigenarten kontaminiert werden können.

16.2.2 Borderline-Persönlichkeitsstörung im Alternativ-Modell des DSM-5 Sektion III

Zentrale typische Merkmale der Borderline-Persönlichkeitsstörung bleiben auch im Alternativ-Modell der Borderline-Persönlichkeitsstörung weiterhin eine Instabilität des Selbstbilds, der persönlichen Ziele und zwischenmenschlichen Beziehungen sowie in den Affekten, begleitet von Impulsivität, Risikoverhalten und / oder Feindseligkeit (APA, 2013). Eine deutliche Akzentverschiebung ergibt sich jedoch hinsichtlich der für Betroffene charakteristischen Schwierigkeiten in der Identität, Selbststeuerung, Empathie, und / oder Nähe gemäß in den weiteren Kriterien nachfolgend konkretisierten Erläuterung, zusammen mit spezifischen maladaptiven Persönlichkeitsmerkmalen in den Domänen Negative Affektivität, Antagonismus und / oder Hemmungsschwäche (zur Allgemeinbeschreibung der Domänen: → Abschn. 13.2).

DSM-5 Sektion III: Borderline-Persönlichkeitsstörung
Vorgeschlagene Diagnostische Kriterien

A. Mittelgradige oder stärkere Beeinträchtigung im Funktionsniveau der Persönlichkeit, die sich durch typische Schwierigkeiten in mindestens zwei der folgenden Bereiche manifestiert:

1. *Identität:* Deutlich verarmtes, wenig entwickeltes oder instabiles Selbstbild, oft mit exzessiver Selbstkritik; chronische Gefühle von innerer Leere; durch Belastung ausgelöste dissoziative Symptome.

2. *Selbststeuerung:* Instabilität in Zielsetzungen, Vorlieben, Wertvorstellungen und beruflichen Plänen.

3. *Empathie:* Eingeschränkte Fähigkeit, die Gefühle und Bedürfnisse anderer Personen zu erkennen, verbunden mit zwischenmenschlicher Überempfindlichkeit (beispielsweise eine Neigung, sich geringgeschätzt oder beleidigt zu fühlen); die Wahrnehmung anderer fokussiert auf negative Eigenschaften oder Vulnerabilitäten.

4. *Nähe:* Intensive, aber instabile und konfliktreiche enge zwischenmenschliche Beziehungen, die durch Misstrauen, Bedürftigkeit, und ängstliche Beschäftigung mit tatsächlichem oder vermeintlichem Verlassenwerden gekennzeichnet sind; nahe Beziehungen werden oftmals in Extremen von Idealisierung und Abwertung erlebt und alternieren zwischen Überinvolviertheit und Rückzug.

B. Mindestens vier der folgenden sieben problematischen Persönlichkeitsmerkmale, wenigstens eines davon ist (5) Impulsivität, (6) Neigung zu riskantem Verhalten oder (7) Feindseligkeit:

1. *Emotionale Labilität* (eine Facette der Domäne **Negative Affektivität**): Instabiles emotionales Erleben und häufige Stimmungswechsel; heftige Emotionen bzw. Affekte sind leicht stimulierbar, hochgradig intensiv und / oder unangemessen hinsichtlich situativer Auslöser und Umstände.

2. *Ängstlichkeit* (eine Facette der Domäne **Negative Affektivität**): Intensive Gefühle von Nervosität, Anspannung oder Panik, oft ausgelöst durch zwischenmenschliche Spannungen; häufige Sorge über negative Auswirkungen vergangener unangenehmer Erlebnisse und über mögliche negative Entwicklungen in der Zukunft; ängstliche Gefühle, Besorgnis oder Bedrohungsgefühl bei Unsicherheit; Angst vor psychischem Zerfall oder Verlust der Kontrolle.

3. **Trennungsangst** (eine Facette der Domäne **Negative Affektivität**): Angst vor Zurückweisung und/oder Trennung von wichtigen Bezugspersonen, begleitet von Furcht vor übermäßiger Abhängigkeit und komplettem Autonomieverlust.

4. **Depressivität** (eine Facette der Domäne **Negative Affektivität**): Häufige Niedergeschlagenheit, Sich-elend-Fühlen und/oder Hoffnungslosigkeit; Schwierigkeit, sich von solchen Stimmungen zu erholen; Pessimismus hinsichtlich der Zukunft; tiefgreifende Schamgefühle; Gefühl der Minderwertigkeit; Suizidgedanken und suizidales Verhalten.

5. **Impulsivität** (eine Facette der Domäne **Enthemmtheit**): Handlungen erfolgen Hals über Kopf als unmittelbare Reaktion auf einen Auslöser, sie sind vom Augenblick bestimmt, ohne Plan oder Berücksichtigung der Folgen; Schwierigkeiten, Pläne zu entwickeln und zu verfolgen; Druckgefühl und selbstschädigendes Verhalten unter emotionalem Stress.

6. **Neigung zu riskantem Verhalten** (eine Facette der Domäne **Enthemmtheit**): Ausübung gefährlicher, risikoreicher und potenziell selbstschädigender Handlungen ohne äußere Notwendigkeit und ohne Rücksicht auf mögliche Folgen; Mangel an Bewusstsein für die eigenen Grenzen und Verleugnung realer persönlicher Gefahr.

7. **Feindseligkeit** (eine Facette der Domäne **Antagonismus**): Anhaltende oder häufige Gefühle von Ärger; Ärger oder Gereiztheit bereits bei geringfügigen Kränkungen und Beleidigungen.

Abdruck erfolgt mit Genehmigung vom Hogrefe Verlag Göttingen aus dem Diagnostic and Statistical Manual of Mental Disorders, Fifth Edition © 2013 American Psychiatric Association, dt. Version © 2015 Hogrefe Verlag (S. 1053 f.).

16.2.3 Besonderheiten in der ICD-10

In der ICD-10 ist die Borderline-Störung eine von zwei Unterformen der dort so bezeichneten »Emotional instabilen Persönlichkeitsstörung« (→ Übersicht mit ICD-10-Kriterien):

▶ Emotional instabile Persönlichkeitsstörung: Borderline-Typus (F60.31)
▶ Emotional instabile Persönlichkeitsstörung: Impulsiver Typus (F60.30)

Der erste Teilaspekt »Borderline-Typus« wird ähnlich wie die Borderline-Persönlichkeitsstörung im DSM-IV-TR beschrieben und konzeptualisiert. Die zweite Störungsvariante »Impulsiver Typus« kennzeichnet Personen, deren mangelnde Impulskontrolle zu gewalttätigem und bedrohlichem Verhalten führt. Die Zuordnung der Impulsivität zur emotional instabilen Persönlichkeit geht auf Einflüsse der europäischen Psychiatrie auf die Entwicklung der ICD zurück. In deutscher Psychiatrietradition war der persontypische, explosible Impulskontrollverlust immer schon als Persönlichkeitsstörung aufgefasst und mit Begriffen wie »reizbar«, »explosibel« und »aggressiv« belegt worden (→ Abschn. 3.1).

Für das Zusammenfassen beider Aspekte in der ICD-10 sprechen Forschungsarbeiten, die der Aggressivität und Gewalt bei Borderline-Störungen sowie der Komorbidität mit der Antisozialen Persönlichkeitsstörung gewidmet waren (z. B. McGlashan, 1992). Die Kategorie »Impulsiver Typus« entspricht weitgehend der sog. »Intermittierend explosiblen Störung«, die im DSM-IV-TR auf der Achse I der Syndromgruppe der Störungen der Impulskontrolle zugerechnet wurde.

Mögliches Geschlechtsbias

Sowohl die Benennung wie die Differenzierung im Bereich einer emotional instabilen Persönlichkeitsstörung gehen u. a. auf die Versuche von Spitzer und Endicott (1979) zurück (→ Abschn. 19.2). Sie hatten die Gruppe der heute im DSM unter den Kriterien der Borderline-Persönlichkeitsstörung subsumierten Auffälligkeiten ursprünglich als »Instabile Persönlichkeitsstörung« bezeichnet. Versuche, diese Bezeichnung in das DSM-III einzuführen, scheiterten seinerzeit am Widerstand der Psychoanalytiker, die auf den Begriff »Borderline« nicht verzichten wollten.

Nicht so in der Task-Force der WHO-ICD. Mit der jetzt vorgeschlagenen Zweiteilung versuchte die ICD-Arbeitsgruppe offensichtlich auch, dem nach wie vor gegebenen Geschlechtsbias in der Diagnostik der Borderline-Persönlichkeitsstörungen entgegenzuwirken. Immerhin sind gegenwärtig etwa drei Viertel aller Patienten mit Borderline-Diagnose gemäß DSM-III / -IV weiblichen Geschlechts (z. B. Akhtar et al., 1986). Impulsive Aggressivität und Gewalttätigkeit lässt sich hingegen vor allem bei Männern beobachten (vgl. Fiedler & Mundt, 1996; Fiedler, 2007d).

Ich-Dystonie. Ein weiterer Grund, warum die impulsive Aggressivität und Gewalt im DSM-IV-TR so nicht als Persönlichkeitsstörung angeführt wird (und als solche, wenn sie solitär auftritt, auch nicht als »Antisoziale Persönlichkeitsstörung« zu klassifizieren ist), liegt darin begründet, dass die Betroffenen unmittelbar echte Reue und Betroffenheit über die anderen zugefügten Verletzungen und angerichteten Schäden zeigen können und zeigen. Reue, Schuldgefühl und Selbstvorwürfe gelten als Indikatoren für eine ich-dystone Störungsmarkierung und damit als wichtigste Abgrenzung zu spontaner Gewalt bei der Dissozialen Persönlichkeitsstörung.

Andererseits ist dieser in der ICD-10 unterstellte Zusammenhang einer einheitlichen (emotional-impulsiven) Persönlichkeitsstörung mit recht unterschiedlichen, eher geschlechtstypischen Varianten bisher kaum in dieser Form systematisch untersucht worden. Deshalb stellt die vorgeschlagene Differenzierung in der ICD-10 nach wie vor eine interessante Herausforderung für die Forschung dar.

Prävalenz

Felduntersuchungen beinhalten zumeist zeitpunktgebundene Prävalenzangaben. Diese schwanken zwischen 1,1 und 1,8 Prozent (→ Abschn. 9.1). Die Prävalenzangaben zu Patienten, die sich wegen unterschiedlicher psychischer Störungen in Behandlung befanden, schwanken zwischen 8 und 15 Prozent. Andere Untersuchungen stellen fest, dass BPS-Patienten 20 Prozent der stationären und 10 Prozent der ambulanten Patienten in Behandlungssettings ausmachen und sie in besonderem Maße die Notfallversorgung in Anspruch nehmen (O'Donohue et al., 2007). In einer bedeutsamen prospektiven Langzeituntersuchung (»McLean Study of Adult Development«; MSAD) fand sich im 10 Jahres-»Follow up« eine Suizid-Rate von 3,8 Prozent (Horz et al., 2010). Innerhalb der Gruppe der Patienten mit einer oder mehrerer Persönlichkeitsstörung(en) schwankt der Anteil der Patienten mit Borderline-Persönlichkeitsstörung zwischen 27 und 51 Prozent (→ Abschn. 9.3).

16.3 Differenzialdiagnostik

Schizophrenie. Die Diagnosekriterien sind noch nicht hinreichend geeignet, etwa eine valide Differenzialdiagnose der kurzzeitig psychotischen Episoden einer Borderline-Symptomatik gegenüber (reaktiven) Schizophrenen Störungen vorzunehmen. Deshalb empfiehlt sich bei Auftreten kurzzeitiger psychotischer Episoden eine längere (mehrmonatige) Verlaufsbeobachtung, um das Vorhandensein Schizophrener Störungen auszuschließen. Das Auftreten kurzzeitiger psychotischer Episoden bei Borderline scheint an folgende Bedingungen geknüpft (Gunderson & Singer, 1975):

▶ Kurzzeitig psychotische Episoden sind auch ohne Behandlung voll reversibel.
▶ Sie gehen schnell vorüber (innerhalb weniger Stunden und Tage).
▶ Sie werden als ich-fremd (ich-dyston) erlebt.
▶ Sie folgen keiner Regelhaftigkeit.

Andererseits sind beim gegenwärtigen Kenntnisstand in einzelnen Fällen durchaus Komorbiditätsüberlegungen sinnvoll: Das Vorliegen Schizophrener Störungen muss eine Borderline-Persönlichkeitsstörung nicht zwingend ausschließen.

Schizotype Persönlichkeitsstörung. Wenn auch paranoide Gedanken und Fantasien Grundsätzlich bei beiden Persönlichkeitsstörungen beobachtet werden können, so sind diese Symptome jedoch bei einer Borderline-Persönlichkeitsstörung häufiger eng mit kritischen interaktionellen Erfahrungen und Konflikten verbunden und interagieren eng mit erhöhter emotionaler Reagibilität, während sie bei der Schizotypen Persönlichkeitsstörung mit kognitiven Auffälligkeiten gepaart sind (→ Kap. 19). Als weiteres wichtiges Abgrenzungskriterium gilt, dass Borderline-Patienten stets bemüht sind, das Alleinsein zu vermeiden, während schizotype Personen zwischenmenschliche Beziehungen eher zu meiden versuchen.

Affektive Störungen. Inzwischen kann als gesichert gelten, dass in mehr als 10 Prozent der Fälle mit einer Affektiven Störung (Depression) eine Borderline-Persönlichkeitsstörung gleichzeitig diagnostiziert werden kann. Die Persönlichkeitsstörungsdiagnose sollte jedoch erst dann beibehalten werden, wenn die Kriterien auch außerhalb affektiv-depressiver Störungsepisoden bestehen bleiben (vgl. Gunderson & Zanarini, 1987). Im DSM-5-Alternativ-Modell wird Depressivität erstmals als Facette der negativen Emotionalität und damit als der Borderline-Persönlichkeitsstörung inhärent aufgefasst.

Narzisstische Persönlichkeitsstörung. Besondere Probleme stellen sich auch bei einer Differenzialdiagnose gegenüber der Narzisstischen Persönlichkeitsstörung, mit der es konzeptuelle Gemeinsamkeiten gibt. Personen mit Narzisstischer Persönlichkeitsstörung verfügen gewöhnlich jedoch über eine stabiler ausgebildete Persönlichkeitsstruktur und reagieren im Unterschied zu den Borderline-Patienten weniger impulsiv und emotional (→ Kap. 18). Im Falle diagnostischer Unsicherheiten wird die Komorbiditätsdiagnose nahegelegt.

16.4 Erklärungsansätze

Das Konzept der Borderline-Störungen ist eng mit einigen modernen Weiterentwicklungen der psychoanalytischen Objekt-Beziehungs-Theorien verknüpft (→ Abschn. 4.4).

16.4.1 Psychoanalyse

In den Arbeiten zur Objekt-Beziehungs-Theorie werden sog. internalisierte Objekt-Beziehungen untersucht, d. h. die intrapsychische Repräsentation der gefühlsmäßigen Beziehungen von Patienten zu ihren Bezugspersonen. Gefragt wird nach der Bedeutung frühkindlich vermittelter zwischenmenschlicher Erfahrungen für die weitere Persönlichkeitsentwicklung – oder konkreter: nach ihrer überdauernden Repräsentation im Ich bzw. im Selbst. Diese beinhalten:

▶ als »Selbstrepräsentanzen« die affektiv-kognitive Struktur von Erfahrungen der eigenen Person in Beziehungen und
▶ als »Objektrepräsentanzen« die kognitiv-affektiven Beziehungserfahrungen mit relevanten Bezugspersonen.

Wichtig für ein Störungsverständnis ist die Hypothese, dass sich die Selbst- und Objektrepräsentanzen nur unzureichend oder einseitig ausbilden können – bedingt durch eine Verzögerung oder Behinderung in der Entwicklung des intrapsychischen Selbstwertsystems. Kernberg (1975, 1976) geht davon aus, dass Borderline-Patienten eine konstitutionsbedingte Unfähigkeit zur Affektregulation in zwischenmenschlichen Beziehungen aufweisen. Bei Vorliegen einer solchen Prädisposition (als Vulnerabilität) seien insbesondere frühe (traumatisierende) Objekt-Beziehungen dafür verantwortlich, dass aus dieser Zeit verschiedenste, vor allem affektiv-diffuse oder konflikthafte Selbst-Objektrepräsentanzen erhalten blieben. Für ihren künftigen Umgang mit Beziehungsambivalenzen entwickelten die Betroffenen alsbald eine für die Borderline-Störung typische Form des Selbstschutzes (oder des Vulnerabilitätsschutzes; so Rohde-Dachser, 1986). Dieser bleibe für das weitere Leben als persönliches Grundmuster der Beziehungsregulierung bestimmend.

Spaltung. Kernberg bezeichnet diese besondere Form innerpsychischer Abwehr oder Abschirmung gegenüber interpersonell diffusen und aversiven Erfahrungen als »Spaltung«. Auf diese Weise erklären sich die bei Borderline-Patienten persistierenden affektiven Instabilitäten, die fluktuierenden Symptombildungen, die abrupten Einstellungsverschiebungen und der episodische Verlust der Impulskontrolle. Diese interpersonellen Auffälligkeiten lassen sich als Selbstschutzmöglichkeit durch Abspaltung potenziell verletzender Beziehungserfahrungen begreifen, für die kein ausdifferenziertes Selbstwertsystem als Reaktionsbasis vorhanden ist. Mit Hilfe eines Ablaufschemas soll die Entwicklung hin zu Borderline-Persönlichkeitsstörungen beschrieben werden – so dargestellt im Rückgriff auf Überlegungen von Ciompi (1982) bei Rohde-Dachser (1986; → Abb. 16.1).

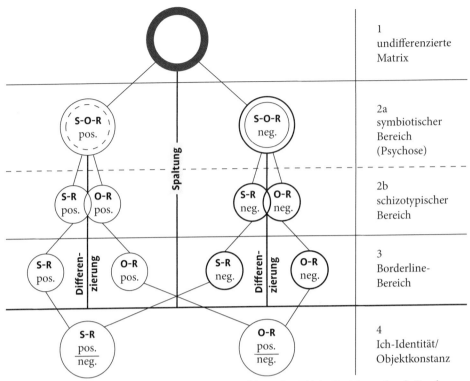

Abbildung 16.1 Schematische Darstellung der Entwicklung der Objekt-Beziehung (nach Kernberg, 1976, und Ciompi, 1982; in Anlehnung an eine Grafik von Rohde-Dachser, 1986, S. 137)

S-R = Selbstrepräsentanzen; O-R = Objektrepräsentanzen. Zeitliche Zuordnung der Entwicklungsstufen (sensu Mahler et al., 1975): (1) erste Lebenswoche; (2a) 2. bis 6. Lebensmonat; (2b) 6. bis 18. Lebensmonat; (3) 18. bis 36. Lebensmonat; (4) ab 36. Lebensmonat

Im Sinne der Abbildung 16.1 lassen sich die unterschiedlichen Störungen (zugleich: Objekt-Beziehungsmodi der Betroffenen) bestimmten Stufen der frühkindlichen Entwicklung zuordnen, wie sie beispielsweise von Margaret Mahler (et al., 1975) ausgearbeitet wurden. Entsprechend lernt das Kind in den ersten Lebensjahren allmählich, sich als autonomes Individuum in einer Welt voneinander separierter Objekte zu begreifen: von einer undifferenzierten symbiotischen Mutter-Kind-Einheit seit Geburt bis zur nach und nach vollzogenen »Loslösung und Individuation« gegen Ende des dritten Lebensjahres. Rohde-Dachser erklärt den Entwicklungsablauf und seine möglichen Störungsquellen folgendermaßen.

> »Die Abbildung [→ Abbildung 16.1] soll verdeutlichen, wie aus der anfänglich *undifferenzierten Matrix (1)* des Neugeborenen sich in der Interaktion mit dem primären Objekt, in der Regel durch die Mutter, erste Selbst-Objekt-Repräsentanzen herausbilden. Dabei sind in diesem *symbiotischen Bereich (2a)* die inneren Bilder vom Selbst und vom Objekt noch nicht voneinander geschieden. Mit anderen Worten: Es hat noch keine Differenzierung zwischen Selbst- und Objektrepräsentanzen stattgefunden. Die beiden

Selbst-Objekt-Bilder auf Stufe 2a unterscheiden sich jedoch durch die polaren *Affekt-qualitäten*, mit denen sie ausgestattet sind [in → Abbildung 16.1 links: positiv; rechts: negativ]. Das Kind ordnet in diesem Stadium seine Erfahrungen mit den Objekten primär nach den Qualitäten ›lustvoll‹ oder ›unlustvoll‹ bzw. ›gut‹ oder ›böse‹ und weniger nach den Kategorien ›drinnen‹ oder ›draußen‹.

Mit beiden … Erfahrungskomplexen verbindet es jeweils unterschiedliche Selbst-Objekt-Bilder, die voneinander separiert, ›gespalten‹ bleiben und erst in einer wesentlich späteren Phase der Ich-Reifung (dem Bereich 4 in unserem Schema) *einem* nunmehr realistisch wahrgenommenen mütterlichen Objekt zugeordnet werden. Die Spaltung ist also – wenn man so will – der erste und urtümliche Versuch des Menschen, seine widersprüchlichen Erfahrungen innerlich abzubilden und gleichzeitig zu ordnen, dem Chaos eine Struktur zu geben …

Dabei wird die Spaltung zwischen positiv und negativ aufrechterhalten. Das ›gute‹ Selbstbild, welches sich in diesem Prozess allmählich herausbildet, bleibt scharf von dem ›bösen‹ Selbstbild separiert … Gleichzeitig schreitet die Differenzierung fort, bis hin zur klaren Trennung der (nach wie vor erhaltenen) Selbst- und Objektrepräsentanzen in der hier als ›Borderline-Bereich‹ apostrophierten *Phase 3* (ca. 18. bis 36. Lebensmonat). Bei normal fortschreitender Entwicklung gelingt dann etwa mit Ende des dritten Lebensjahres die Zusammenführung der ›guten‹ und ›bösen‹ Teileinheiten in ein einigermaßen realistisches Selbstbild, dem ein ebenso realistisch wahrgenommenes Objekt gegenübertritt« (Rohde-Dachser, 1986, S. 136–138).

Interessant an dieser Denkfigur ist zugleich die Einfügung eines *schizotypischen Bereiches* als Ort der Störungsentwicklung bzw. Regression zwischen Borderline-Störung und Psychose.

Trennung zwischen Selbst und Objekt. »Borderline« als Begriff für »Grenze« bekommt zugleich einen neuen Sinn als *Übergangsmodus zur Autonomie*, der eine zuvor gelernte sichere Differenzierung im Bereich der positiven versus negativen Anteile des Selbst wie der Objekte voraussetzt. Der wesentliche Unterschied zwischen Borderline- und Schizotypischer Persönlichkeitsstörung kann darin gesehen werden, dass die Schizotypie vor allem durch eine weniger ausgearbeitete Differenzierung zwischen Selbst und Objekten bestimmt ist, über die Borderline-Patienten bereits verfügen.

Bei Borderline-Patienten kann das auffällige Denken in »Schwarz/Weiß« bzw. »Gut/Böse« in zwischenmenschlichen Beziehungen immer wieder zu einem abrupten Wechsel zwischen »Zuneigung« und »Ablehnung«, zwischen »Liebe« und »Hass« Anlass geben. Dieser Stimmungswechsel ist funktional zu denken, da er von den Betroffenen zu Zwecken der Abwehr (als Spaltung im Sinne Kernbergs, 1976) eingeübt oder festgeschrieben wurde, um einer vitalen, mit dem Erlebnis von Ambivalenz in Beziehungen verbundenen Bedrohlichkeit auszuweichen.

11.4.2 Kognitive Verhaltenstherapie

Eines der bekannteren verhaltenstherapeutischen Erklärungsmodelle der Borderline-Persönlichkeitsstörungen stammt von Marsha Linehan (1989a, b, 1993a, b), die mit ihrer sog. »Dialektisch-Behavioralen Therapie« (DBT) für Borderline-Störungen auch bei psychoanalytisch orientierten Autoren Anerkennung und Rezeption gefunden hat. Sie vertritt ein »affektives Vulnerabilitätskonzept« und rückt die Borderline-Persönlichkeit explizit in die Nähe der affektiv-depressiven Störungen.

Invalidierende Umgebung

Linehan (1989b) betrachtet die selbstdestruktive Impulsivität der Borderline-Patienten als das zentrale Symptom: Dieses ist für sie Ausdruck einer spezifischen gelernten Problemlösungsstrategie zur Reduktion einer subjektiv als unakzeptierbar erlebten Dysphorie. Die Autorin geht davon aus, dass die primäre Dysfunktion in einer unangemessenen Affektregulation besteht: »Zu den typischen Merkmalen dieser Affektdysregulation bei Borderline-Störungen gehören eine hohe Sensitivität gegenüber emotionalen Stimuli, heftige Reaktionen schon auf schwache Reize und eine nur langsame Rückkehr zum Ausgangsniveau« (Linehan, 1989a, S. 221).

Die für den Interaktionspartner häufig uneinsichtigen Gefühlsschwankungen der Borderline-Persönlichkeit ergeben sich, weil die Betroffenen nicht die rational-inhaltlichen Strukturen interaktioneller Beziehungen zum Orientierungspunkt wählen, sondern sich ausgesprochen unmittelbar an den jeweils aktuell evozierten eigenen Stimmungen und Affekten ausrichten bzw. an den gelernten Möglichkeiten, diese zu kontrollieren.

> »Der für die Entwicklung von Borderline-Merkmalen bei vulnerablen Individuen verantwortliche soziale oder Umgebungsfaktor liegt in ihrer *invalidierenden Umgebung*. Sie wird von Personen geprägt, die dazu neigen, emotionale und hierbei besonders negative Erfahrungen zu missachten, die Schwierigkeiten bei der Lösung größerer Probleme herunterspielen und viel Wert auf positives Denken legen ... Invalidierende Ursprungsfamilien, vor allem Familien mit physischem und sexuellem Missbrauch, tragen zum einen zur Entwicklung der emotionalen Fehlregulation bei, zum anderen versäumen sie es, dem Kind beizubringen, wie es Erregungen richtig benennen und regulieren und emotionale Belastungen aushalten kann und wann es sich auf seine emotionalen Reaktionen als Ausdruck gültiger Ereignisinterpretationen verlassen kann« (Linehan, 1989a, S. 222).

Zentrales Entwicklungsmoment für die Borderline-Störung stellt die invalidierende Umgebung dar, die ein gefühlsmäßiges Erlernen von Identität erschwert oder behindert. Ein wichtiger Aspekt der Annahme einer invalidierenden Umgebung besteht darin, dass genau diese es möglich machen könnte, die Borderline-Störung mit Traumatisierung wie auch jene ohne Traumatisierung zu erklären. Linehan begreift die in der psychoanalytischen Konzeption als »Spaltung« beschriebene Neigung der Borderline-Persönlichkeit zu dichotomem Denken und Handeln als interaktionelle Unsicherheit oder Bestreben, an inneren Ambivalenzen oder Gegensätzlichkeiten festzuhalten. Diese Ambivalenzen spannen sich zwischen vier Polen auf, zwischen denen sich die Borderline-Patienten bewegen und zwischen denen es ihnen nicht gelingt, sich auf eine mögliche Synthese hinzubewegen. Diese vier Pole beschreibt Linehan folgendermaßen:

Aktive Passivität. Aktive Passivität bezieht sich auf eine vorhandene Tendenz, an Probleme passiv und hilflos heranzugehen und aktiv von den Bezugspersonen Lösungen für die Lebensprobleme einzufordern.

Scheinbare Kompetenz. Scheinbare Kompetenz kennzeichnet den Gegenpol zur »aktiven Passivität« und bedeutet, dass Borderline-Persönlichkeiten leicht einen täuschend kompetenten Eindruck vermitteln. Die Täuschung beruht darauf, dass die tatsächlich vorhandene Kompetenz der Betroffenen nicht über alle relevanten Situationen und nicht über die verschiedenen Stimmungslagen hinweg generalisiert wird, sondern extremen Schwankungen unterworfen ist.

Permanente Krise. Permanente Krise kennzeichnet eine scheinbar niemals endende persönliche Krise der Borderline-Patienten, sichtbar in der Unfähigkeit, auf ein stabiles Grundniveau des »neutralen emotionalen Funktionierens« zurückkehren zu können. Diese Krisen sind das Resultat des Misslingens eines synthetisierenden Überwindens innerer Ambivalenzen und Widersprüche. Zwar kann sich durch Klärung interpersoneller Konflikte zeitweilig Beruhigung einstellen, die jedoch jäh und unerwartet wieder in sich zusammenbricht.

Gehemmte Trauer. Gehemmte Trauer schließlich drückt sich in Spannungen aus, die ihren Ursprung in fehlenden Lernerfahrungen im Umgang mit Krisen, traumatischen Erfahrungen und insbesondere mit Verlusterlebnissen haben. Die Betroffenen bleiben in kritischen Situationen permanent überfordert. In der Aufrechterhaltung von Ambivalenz vermutet Linehan eine Sperre im Mechanismus der Trauerarbeit, der es verhindert, Krisenerfahrungen vollständig zu durchleben und persönlich zu integrieren.

> »Mit ihrer Neigung, Gefühle und Affektsignale der rationalen Verarbeitung vorzuordnen, befinden sie sich sozusagen ständig am Rande des Abgrundes. Ohne solche [integrierten] Beziehungserfahrungen wird Identität über jeden aktuellen Zeitpunkt und jede isoliert erfahrene Interaktion definiert und ist daher nicht stabil und vorhersagbar, sondern variabel. Eben diese Unvorhersagbarkeit lässt die großen Schwierigkeiten des Borderline-Individuums bei Veränderungen aufkommen … und gerade in dieser Polarisierung liegt die Wurzel vieler therapeutischer Misserfolge« (Linehan, 1989a, S. 221).

16.5 Aktuelle Perspektiven im Lichte der Forschung

Im → Abschnitt 7.2.1 ist die biologische Forschung bei der Borderline-Persönlichkeitsstörung zusammenfassend dargestellt, deren Ergebnisse häufig in einen Zusammenhang mit frühem interpersonellen Stress oder z. T. auch späteren Traumatisierungen gestellt werden. Gleichzeitig ist immer deutlicher geworden, dass die bis hierher dargestellten Verstehenskonzepte noch nicht hinreichend sind, ein vollständiges Bild der Borderline-Persönlichkeitsstörung zu liefern. Auch stellt sich wegen der möglichen therapeutischen Implikationen die Frage, ob Subtypen mit und ohne Traumatisierung innerhalb der Borderline-Persönlichkeitsstörung unterschieden werden sollten oder spezifische Symptome im Zusammenhang mit Traumatisierungen zu verstehen sind und andere weniger (vgl. Van der Kolk, 1999; Fiedler, 2008; Renneberg, 2001).

16.5.1 Entwicklungspsychologische Studien

In einer Reihe von Studien stehen die Entwicklungs- und Erziehungsbedingungen von Borderline-Patienten in der frühen Kindheit im Mittelpunkt, u. a. um die dargestellten psychoanalytischen Hypothesen zu überprüfen (unter besonderer Beachtung der Loslösungs-/Individuationsphase bis etwa zum vierten Lebensjahr; vgl. Marziali, 1992; Links, 1992).

Erziehungsverhalten

In einigen Retrospektivstudien, die für die frühe Kindheit nicht einfach zu realisieren sind, wurde versucht, das besondere Erziehungsverhalten der Eltern von Borderline-Patienten zu rekonstruieren (z. B. Bindungsverhalten; emotionale Vernachlässigung; aber auch: diffuse und unklare Erziehungsstile; Neigung zur Überkontrolle). Es ließen sich dabei regelhaft ungünstigere Entwicklungsbedingungen für die Borderline-Patienten im Unterschied zu nichtklinischen Kontrollpersonen finden (z. B. Goldberg et al., 1985; Paris & Frank, 1989, Lyons-Ruth et al., 2013). Andererseits wird, seitdem in die Untersuchungen klinische Kontrollgruppen eingeschlossen werden, zunehmend fraglich, ob es sich bei den genannten Erziehungsstilen um für Borderline-Störungen spezifische Entwicklungsbedingungen handelt.

So ließen sich diffuse, indifferente und emotional vernachlässigende Erziehungsstile auch bei anderen Persönlichkeitsstörungen nachweisen – dies in durchschnittlich gleichem Ausmaß bei Paranoiden (Parker et al., 1999) und deutlich höher sogar bei Ängstlich-vermeidenden und Dissozialen Persönlichkeitsstörungen; der spezifische Missbrauchsaspekt emotionaler Vernachlässigung zusätzlich zu den genannten Störungen auch noch bei Schizotypen und Narzisstischen Persönlichkeitsstörungen (Johnson et al., 2000).

Besonders ins Gewicht fällt, dass sich bei Borderline-Störungen immer nur einzelne Symptome/Kriterien voraussagen lassen, hingegen bei Schizotyper, Dissozialer und Ängstlich-vermeidender Persönlichkeitsstörung das Störungsbild insgesamt. Es stellt sich also die Frage, inwieweit die in den Ätiologieperspektiven von Kernberg bzw. Linehan zentralen Erziehungsstile und das Bindungsverhalten der Eltern überhaupt als borderlinetypisch gelten dürfen (selbst wenn sie in vielen Fällen durchaus als plausibel angesehen werden können).

Missbrauchserfahrungen

Hinweise auf die mögliche ätiologietheoretische Relevanz der Missbrauchserfahrungen in der Kindheit für Borderline-Persönlichkeitsstörungen finden sich in einer Reihe von Studien dokumentiert (z. B. Bryer et al., 1987; Zanarini et al., 1989a; Herman et al., 1989; Shearer et al., 1990; Ogata et al., 1990; Westen et al., 1990; Goldman et al., 1992). Insgesamt kann man davon ausgehen, dass körperliche, sexuelle sowie emotionale Traumatisierung verbunden mit Erfahrungen der sozialen Zurückweisung und Isolierung eine zentrale Rolle in der Entwicklung der Borderline-Persönlichkeitsstörung spielen (Battle et al., 2004; Ball & Links, 2009), auch wenn dies nicht im Sinne eines monokausalen Zusammenhangs aufgefasst werden kann. Die Prävalenz sexuellen Missbrauchs liegt bei ca. ein Viertel der Patienten mit Borderline-Persönlichkeitsstörung insgesamt (Zanarini, 2000; Paris, 2005) und bei einer deutlich höheren, zwischen 40 und 70 Prozent berichteten Zahl von stationären und damit schwerkranken Patienten mit Borderline-Persönlichkeitsstörung (Lieb et al., 2004).

Vernachlässigung und Misshandlungen in der Familie. Studien, die die Entwicklung anderer Persönlichkeitsmerkmale kontrollierten, bestätigten einen Zusammenhang zwischen emotionaler Vernachlässigung sowie sexueller Traumatisierung mit der Borderline-Persönlichkeitsstörung, während körperliche Misshandlungen v. a. typisch für die frühe Biografie von Menschen mit späterer Antisozialer Persönlichkeitsstörung zu sein scheinen (Johnson et al., 1999; Jovev et al. 2013).

16.5.2 Borderline-Persönlichkeit oder Traumastörungen?

Nach den bisher dargestellten Befunden erweist sich zwar die Bedeutung von Missbrauchserfahrungen in der Familie als erheblich, Traumata interagieren aber in der Ätiologie mit Temperamentsfaktoren. Auch lassen sich aus sexuellen Missbrauchserfahrungen Borderline Persönlichkeitsstörungen nicht spezifisch voraussagen (Fossati et al., 1999) – was nicht bedeutet, dass sexueller Missbrauch nicht selten als eine wichtige Mitbedingung zur Störungsentwicklung aufgefasst werden kann.

Spätere Traumatisierung außerhalb der Familie. Auch traumatische Erfahrungen außerhalb der Primärfamilie können eine Prädiktionsbedeutung für die Borderline-Störungen haben (Hengartner et al., 2013). Zudem gibt es zunehmende Hinweise darauf, dass frühe Traumatisierungen das Risiko beträchtlich erhöhen, auch Opfer von späteren Traumatisierungen, v.a. durch die Peergruppe, aber auch im Erwachsenenalter zu werden (MacIntosh et al., 2015).

Es ist nun offensichtlich so, dass sich auch aus diesen späteren, bis in die Jugend reichenden Traumaerfahrungen die Entwicklung einer Borderline-Störung gelegentlich eindeutig erklären lässt (Laporte & Guttman, 1996). Dabei kommen für die Störungsentwicklung relevante Traumata recht häufig auch noch jenseits der Familienbeziehungen vor: wie z.B. das Leben in gewalttätigen Nachbarschaftsbeziehungen, das Miterleben des gewaltsamen Todes anderer Menschen, todesnahe Erfahrungen, die Teilnahme an Kriegswirren und Naturkatastrophen – bis hin zu dem überraschenden Befund, dass selbst Kriegsveteranen bereits wenige Jahre nach ihrem Fronteinsatz das Symptombild der Borderline-Störung zeigen, ohne jemals in der Kindheit misshandelt worden zu sein (Figley, bereits 1978; später: Shea et al., 1999). Ganz ähnliche Beobachtungen finden sich bei Frauen, die erst in der Jugend oder im frühen Erwachsenenalter Opfer mehrfacher Vergewaltigung (z.B. in Kriegszeiten) waren (Burgess & Holmstrom, ebenfalls bereits 1974).

Mit Blick auf die Hypothese der »frühkindlichen Traumatisierung« von Borderline-Patienten bleibt kritisch zu bedenken, dass sich bei bis zu 50 Prozent (!) der Betroffenen in bisherigen Studien überhaupt keine Hinweise auf Traumaerfahrungen in der Kindheit und Jugend finden lassen (Pietrik et al., 2013). Es muss mit Blick auf die (zukünftige) Ätiologiebildung also zwingend geklärt werden, wie sich auch noch in solchen nichttraumatisierten Fällen eine Borderline-Persönlichkeitsstörung entwickeln kann. »Borderline« kommt offensichtlich auch in »ganz normalen Familien« vor.

Ecophänotyp. Zusammenfassend geht die derzeitige Forschung dahin, die Borderline-Persönlichkeitsstörung nicht als eine spezifische Traumafolgestörung zu konzeptualisieren; vielmehr gilt es, bei einer Reihe von psychischen Störungen eine Subgruppe von solchen Patienten herauszuarbeiten, bei denen frühe Traumata einen zentralen ätiologischen Faktor darstellen. Im Durchschnitt soll dies für 25 Prozent aller Patienten über die breite Palette psychischer Erkrankungen (v. a. Depression, Angststörungen einschließlich Posttraumatischer Belastungsstörung, Suchterkrankungen und Persönlichkeitsstörungen) hinweg gelten, die sich interessanterweise durch hohe Komorbidität auszeichnen (Scott et al., 2010). Diese Befunde haben kürzlich zum Konzept des »Ecophänotyps« geführt (Teicher & Samson, 2013), d. h. einem Subtyp hohen Schweregrades mit qualitativen Unterschieden in der Symptomatik. Erste Befunde legen nahe, dass besonders Beeinträchtigungen in selbstregulatorischen Fähigkeiten, v. a. in der Affektregulation, auffällige Bindungsmuster, dissoziative Symptome, psychosomatische Beschwerden, als auch regressives Verhalten diagnoseübergreifend typisch für den trauma-assoziierten Subtyp sind (Cloitre et al., 2009). In der Adoleszenz fallen traumatisierte Menschen bereits durch ein Mischbild von internalisierenden und externalisierenden Symptomen mit insgesamt höherer Funktionsbeeinträchtigung auf (Mills et al., 2013; Basten et al., 2013).

16.6 Behandlung

Die Therapie der Borderline-Persönlichkeitsstörung zielt auf Reorganisation und Festigung der fragilen und teilweise erheblich gestörten Identität der Patienten, auf eine Verbesserung der Affektregulation sowie auf eine Veränderung der in höchstem Maße konfliktträchtigen und Angst provozierenden Art, sich unberechenbar emotional entweder extrem zugeneigt (»liebend«) oder extrem abweisend (»hassend«) in enge Beziehungen einzubringen (vgl. Clarkin et al., 1992a; Dammann et al., 2000).

16.6.1 Psychoanalyse und psychodynamische Therapie

Über die längste Tradition in der Entwicklung spezifischer Behandlungsansätze verfügt die Psychoanalyse, die mit ihren Ausarbeitungen zur Erklärung und Behandlung nur dieses Störungsbildes annähernd 30 Prozent aller Arbeiten ausmacht, welche zu den Persönlichkeitsstörungen insgesamt vorliegen, wenngleich es nach wie vor an gut kontrollierten Therapiestudien mangelt. Die nachfolgende Übersicht kann der vorhandenen Konzeptvielfalt, die aus der Einzelfallarbeit hervorgegangen ist, nur sehr unzureichend gerecht werden (ausführlicher insbesondere: Rohde-Dachser, 1986,

1996; Kernberg, 1984; Clarkin et al., 1992a, b; Buchheim et al., 1999; Kernberg et al., 2000; Giernalczyk, 2005). Ergebnisse aus zwei randomisiert-kontrollierten Studien verweisen auf Wirksamkeit einer ambulant durchgeführten »Übertragungsfokussierten Therapie« (Clarkin et al., 2007; Doering et al., 2010). In diesen Studien wurden Patienten mit Borderline-Persönlichkeitsstörung mit Patientengruppen verglichen, die mit einer konventionellen Psychotherapie durch erfahrene Psychotherapeuten behandelt worden waren (Doering et al., 2010) bzw. mit der DBT und der supportiven Therapie nach Rockland (Clarkin et al., 2007). Die Autoren berichteten über höhere Effekte der Übertragungsfokussierten Therapie gegenüber der Dialektisch-Behavioralen Therapie z. B. in Hinblick auf Gereiztheit, Ärger und Aggressivität.

Die psychodynamische Behandlung bei Borderline-Persönlichkeitsstörungen wird wöchentlich ein-, höchstens zweimal vis-à-vis sitzend durchgeführt. Anstelle der klassischen Aufforderung zur freien Assoziation bestimmt der Therapeut mit dem Patienten oder im Team, z. B. auf der Grundlage anamnestischer Daten, zentrale Gesprächsthemen, weshalb dieses Vorgehen gelegentlich auch als Fokaltherapie bezeichnet wird. Es findet also eine die Gespräche strukturierende Themenselektion statt mit Fokusbildung auf jene Bereiche, in denen die besondere Form der Borderline-Abwehr (die Spaltung als aktiver Vulnerabilitätsschutz) gewöhnlich durch zwischenmenschliche Konflikte und Schwierigkeiten provoziert wird.

Ziele. Innerhalb der Gesprächsbereiche lenkt der Therapeut die inhaltlichen Mitteilungen des Patienten in Richtung eines verbesserten Realitätsbezuges (Kontrastierung fantasierter Interaktionserwartungen und -befürchtungen mit realen Interaktionserfahrungen). Der Therapeut regt dabei eine (Neu-)Bewertung und Integration separierter, voneinander abgespalteter Erfahrungen und Erfahrungsmöglichkeiten an, indem er seine Interventionen darauf ausrichtet,

► den Patienten mit konflikthaften Anteilen und Widersprüchen seiner selbst (als gegebene menschliche Schwächen und Stärken) zu konfrontieren,

► Schwächen und Vorzüge anderer Personen als menschlich zu ihnen zugehörig sehen zu lernen und

► dem Patienten wiederholt das integrierende Erleben von Ambivalenz zu ermöglichen.

Ressourcenorientierung. Der kognitiv-affektiven Integration zwischenmenschlicher Beziehungsvielfalt stellen die meisten Autoren ein weiteres Therapieziel als gleichwertig bedeutsam zur Seite, das Rohde-Dachser als »Suche nach den Ressourcen der Borderline-Patienten« bezeichnet (1989, S. 144 f.). Sie versteht darunter, dass die angestrebte Integration abgespaltener Erfahrungsbereiche angemessen nur unter Nutzung und Förderung bereits vorhandener Ich-Anteile und Selbstschutzfähigkeiten des Patienten gelingen kann. Die therapeutische Arbeit bei Borderline-Störungen sei »weniger auf die Pathologie als auf die *Coping*-Möglichkeiten der Patienten« auszurichten (Rohde-Dachser, 1989, S. 145). Die hier sichtbar werdende Akzentverschiebung psychoanalytischer Therapie impliziert also ausgesprochen stützende (supportive) Strategien (vgl. Dammann et al., 2000). Mit »supportiver Technik« ist jedoch nicht nur »aktiv unterstützend« gemeint. Vielmehr bemüht sich dieser therapeutische Ansatz um die Realisierung folgender Leitlinien:

▸ die Stärkung der Ich-Funktionen (und damit auch der Abwehr) steht im Vordergrund, weniger dagegen Widerstandsanalysen;
▸ Begrenzung von Regressionen;
▸ der Therapeut tritt vermehrt als reale Person in Erscheinung, anstatt vor allem Übertragungsfigur zu sein, die nicht forciert werden sollte;
▸ Deutungen sind weniger genetisch, d.h. auf die Vergangenheit gerichtet, sondern auch auf vorhandene Ressourcen;
▸ der Therapeut fördert z.T. aktiv Gefühle des Vertrauens, des Verstandenwerdens und Angenommenseins.

Dennoch gibt es innerhalb der psychodynamischen Psychotherapie eine Kontroverse um eine solche supportive Akzentverschiebung bei Rücknahme von Übertragungsdeutungen (Aronson, 1989; Wöller & Kruse, 2001; → Abschn. 10.3).

Übertragungsfokussierte Therapie. Im Zentrum steht die Bearbeitung relevanter Objektbeziehungsdyaden mittels Deutung (Clarkin et al., 2008). Patienten mit Borderline-Persönlichkeitsstörung sollen befähigt werden zu differenzieren, ob ihre Affekte einen unmittelbaren Bezug zur Realität aufweisen oder aber auf dominante Objektrepräsentanzen wie etwa Verfolger, Opfer etc. zurückgehen. Diese therapeutische Arbeit beruht auf der Reaktivierung abgespaltener, gewöhnlich mit heftigen Affekten einhergehenden Objektbeziehungen. Mittels Deutungsprozessen soll eine Integration in ein differenziertes Identitäts- bzw. Selbstempfinden angestoßen werden. Von zentraler Bedeutung ist in dem Deutungsprozess die Neutralität des Therapeuten, d.h. der Therapeut nimmt eine Beobachterposition ein, er reagiert nicht unmittelbar auf die Affekte und Erwartungen des Patienten, sondern reflektiert mit dem Patienten über diese. Zunächst beschränkt sich der Therapeut auf die Intervention der »Klärung« mit dem Ziel der Entwicklung eines kohärenten Narrativs, dann wird der Patient mit identifizierten Widersprüchen konfrontiert. Die »Deutung« schließlich zielt darauf, augenblickliche Affekte vor dem Hintergrund von früheren, nicht integrierten Beziehungserfahrungen zu verstehen. Anders als in der klassischen Psychoanalyse finden Deutungen ausschließlich im Hier und Jetzt an den augenblicklichen Gefühlen und dem aktuellen Verhalten des Patienten statt, welches in Bezug zu den identifizierten dominanten Selbst- Objektrepräsentanzen gesetzt wird.

In den Arbeiten von Kernberg herrscht also eine konfrontative, aufdeckende oder expressive Therapie bei Borderline-Patienten vor. Die sog. *Transference Focused Psychotherapy* (TFP; deutsch: »Übertragungsfokussierte Psychotherapie«; Kernberg et al., 1989; Clarkin et al., 1999) umfasst im Einzelnen folgende Elemente:

▸ weitgehender neutraler, objektiver Stil des Therapeuten (Ermutigungen, Lob und anderes ist nicht vorgesehen);
▸ es ist insbesondere mit Wut und Destruktivität, die ausgehalten (»contained«) werden muss, zu arbeiten;
▸ starkes deutendes Fokussieren auf die Übertragungsbeziehung im Hier und Jetzt.

Man sollte in diesem Zusammenhang jedoch die Befunde aus der Arbeitsgruppe von Ogrodniczuk und Piper (1999) sowie Ergebnisse von Hogland (2003) nicht vorschnell übergehen. Wiederholt konnte nämlich empirisch mittels Prozessanalysen nachgewiesen werden, dass Übertragungsdeutungen keinesfalls immer günstige Effekte implizieren. Es konnten wiederholt ungünstige Wirkungen gefunden werden, die offenkundig mit einer nicht hinreichend stabilen Therapeut-Patient-Beziehung zusammenhingen. Eine Arbeit mit Übertragungsdeutungen setzt diesen Ergebnissen zur Folge zwingend eine sehr vertrauensvolle Therapiebeziehung voraus; Krisen in der Therapiebeziehung jedenfalls lassen sich mittels Übertragungsdeutungen kaum angemessen auffangen, wohl eher durch eine sachliche Metadiskussion über die weiteren Ziele der Behandlung.

Differenzielle Indikation. Allgemein sollte zukünftig zunächst vermehrt nach Indikatoren gesucht werden, die bei welchen Patienten und bei welchen Problemen eher für das eine oder andere Vorgehen sprechen, anstatt sich in einer gelegentlich überengagiert geführten Generaldebatte für oder gegen das eine oder andere Vorgehen zu verfangen. Denn die Ergebnisse der Psychotherapieforschung erlauben es bis heute nicht, der einen oder anderen Richtung klar den Vorzug zu geben – bis auf einen sehr beachtenswerten Aspekt, der die vorzeitigen Therapieabbrüche betrifft (und diese Drop-out-Patienten bleiben in der Ergebnismitteilung über Therapieerfolgsraten häufig ausgeklammert).

Deutlich wird, dass es auch mit der wenig supportiven TFP-Methode sensu Kernberg zu symptomatologischen Stabilisierungen bei Borderline-Patienten kommt, allerdings riskieren konfrontative Ansätze nach wie vor höhere Abbruchraten (Clarkin et al., 2001; Giesen-Bloo et al., 2006). So lag die Drop-out-Rate bei TFP bei 38,5 Prozent gegenüber 25 Prozent bei Dialektisch-Behavioraler Therapie (Linehan et al., 2006) oder 26,7 Prozent bei Schematherapie (Giesen-Bloo et al., 2006). Und in diesem Zusammenhang darf sicherlich kritisch angemahnt werden, dass sich 8 bis 10 Prozent der Borderline-Patienten nach Diagnosestellung (viele bereits im ersten Jahr nach Erstbehandlung) suizidieren, sodass hohe Abbruchraten zwingend gebieten, sich selbstkritisch mit möglichen Ergänzungen und Alternativen auseinanderzusetzen.

Alternativen. So plädiert im Konzert psychodynamischer Therapieansätze beispielsweise Stone (1990, 1992a, b) für einen pragmatischen Ansatz, der die kontroverse Debatte um die »optimale Behandlungsstrategie« verlässt. Zudem fordert er, die Augen nicht davor zu verschließen, dass es sich bei der Borderline-Persönlichkeitsstörung um ein diagnostisch nach wie vor problematisches, weil heterogenes Störungsbild handelt. Bei der Suche nach einem individuell geeigneten Behandlungsansatz sei ein globales Therapiekonzept (etwa »nur supportiv« oder »nur übertragungsfokussierend«) abzulehnen, weil es als vorrangig gelte, die jeweils gegebenen Komorbiditätsbedingungen nicht aus den Augen zu verlieren. So mache es weiter einen deutlichen Unterschied, ob zeitgleich zur Behandlung Essstörungen, Suizidabsichten, depressive Phasen oder dissoziale Persönlichkeitsanteile das Störungsbild verkomplizierten oder ob sogar vorrangig eine Abhängigkeitserkrankung oder eine Posttraumatische Belastungsstörung zu behandeln sei (ähnlich auch: Dammann & Fiedler, 2005).

Zugleich muss an dieser Stelle zwingend erneut auf wichtige Entwicklungen und integrative Alternativen hingewiesen werden, die von uns in → Kapitel 11 dargestellt wurden. Insbesondere die beiden Ansätzen der *Strukturbezogenen Psychotherapie* (sensu Rudolf, 2006) sowie der *Mentalisierungsgestützen Psychotherapie* (sensu Allen et al., 2008 verstehen sich nicht nur als Fortentwicklungen des psychodynamischen Therapieansatzes, sondern sie wurden – das sollte unbedingt beachtet werden – ausdrücklich für die Behandlung von Patienten mit Borderline-Persönlichkeitsstörungen entwickelt und evaluiert.

16.6.2 Verhaltenstherapie und Kognitive Therapie

Auch im Bereich der Verhaltenstherapie und der Kognitiven Therapie sind verschiedene Vorschläge zur Behandlung von Borderline-Persönlichkeitsstörungen unterbreitet worden (Beck et al., 1990; Arntz, 1994; Renneberg & Fiedler, 2001). Als Beispiel einer mehrdimensional strukturierten Verhaltenstherapie kann das in Manualform vorliegende und empirisch untersuchte Programm einer kognitiv-orientierten Verhaltenstherapie für Borderline-Patienten von Linehan (1993a, b; deutschsprachige Fortentwicklungen durch Bohus, 2002) gelten, das auch Elemente der Gestalttherapie, der Hypnotherapie und der Meditation einbezieht. Grundlage ist eine dialektische Denkweise des Therapeuten, die das Verständnis der Störung, die Beziehungsgestaltung, die Interventionen sowie das therapeutische Selbstverständnis bestimmt.

Die Auswahl der Behandlungsthemen ist streng hierarchisch in folgender festgelegter Reihenfolge: Suizidalität, therapieschädigendes Verhalten, selbstverletzendes Verhalten und Störungen der Verhaltenskontrolle, Störungen des emotionalen Erlebens sowie schließlich Probleme der Lebensbewältigung. Entsprechend beschäftigt sich die Vorbereitungsstufe mit Diagnostik und Psychoedukation sowie mit der Identifikation von Problemverhalten, v. a. mittels Verhaltensanalysen zum letzten Suizidversuch, zur letzten Selbstverletzung und zum letzten Therapieabbruch. Die erste Therapiestufe wendet sich schweren Problemen auf der unmittelbaren Verhaltensebene zu, während die zweite Therapiestufe auf Probleme des emotionalen Erlebens fokussiert und automatisierte dysfunktionale Reaktionsmuster verändert werden sollen. Die dritte Therapiestufe ist dazu da, dass der Patient die vollzogenen Entwicklungen zunehmend selbstständig einsetzt, um Probleme der Lebensführung zu lösen.

Der Behandlungsansatz, den Linehan als »kognitiv-dialektische Verhaltenstherapie« (bzw. Dialektisch-Behaviorale Therapie; kurz: DBT) bezeichnet, besteht aus einer zeitgleichen Anwendung von Einzel- und Gruppentherapie. Mit »dialektisch« wird eine Grundhaltung des Therapeuten beschrieben, die betont, dass die treibende Kraft für Veränderungen aus Widersprüchen im Erleben von Borderline-Patienten erwachsen kann. Entsprechend ist die Behandlung ressourcenaktivierend und kompetenzfördernd angelegt. Prototypische Borderline-Störungsmuster stehen entweder funktionell in Zusammenhang mit einer grundlegenden Störung der Emotionsregulation oder sind Konsequenzen dysfunktionaler emotionaler Prozesse, die bei ihrer Entstehung durchaus überlebensbedeutsame Funktionen haben konnten (z. B. im Kontext körperlicher oder sexueller Missbrauchserfahrungen). Der Behandlungsansatz sieht gewöhnlich eine Parallelisierung von Einzel- und Gruppensitzungen vor (vgl. auch Bohus, 2002; Trautmann, 2004).

Gruppentherapie. Die wöchentlich stattfindende Gruppentherapie ist als psychoedukatives Sozialtraining konzipiert und vermittelt neue Möglichkeiten der zwischenmenschlichen Interaktion, des persönlichen Umgangs mit Stresserfahrungen und Selbstkontrolltechniken. Weiter lernen die Patienten mittels Achtsamkeitstraining Fertigkeiten zur Verbesserung der Spannungstoleranz, zur Emotionsregulierung sowie die Fokussierung der Aufmerksamkeit auf das momentane innere Erleben (ergänzend: Heidenreich & Michalak, 2005).

Einzeltherapie. Die üblicherweise parallel laufende Einzeltherapie kann bis zu zweimal wöchentlich stattfinden und ermöglicht den Patienten die Bearbeitung von vor allem persönlichen Problemen, die sich aus den Spezifika des Störungsbildes ergeben. Dazu gehören

▶ Thematisierung der für Borderline-Patienten typischen Suizidneigung;
▶ die Besprechung und (dialektisch-paradoxe) Auflösung spezifischer Widerstände der Patienten gegenüber der Therapie;
▶ die Anregung der Patienten zur Auseinandersetzung mit den selbst- und fremdschädigenden Konsequenzen eines Verlusts der Impulskontrolle;
▶ Behandlung einer möglichen Wirklichkeitsflucht in Abhängigkeiten (z. B. exzessives Trinken);
▶ die Einübung spezifischer Verhaltensmuster im Umgang mit den fluktuierenden affektiven Instabilitäten (z. B. Emotionsregulierung durch alternative, vor allem bedürfnisentsprechendere und bedürfnisfördernde Tätigkeiten, Erhöhung von Stresstoleranz, Emotionsexposition und Habituationstraining) sowie
▶ weitere Zielstellungen, die die Patienten selbst einbringen.

Transfer. Um zu gewährleisten, dass die dysfunktionalen Verhaltensmuster auch im sozialen Alltag aufgegeben und durch adäquate Kompetenzen ersetzt werden, stehen die Therapeuten auch für die Telefonberatung zur Verfügung. Weiter fördern sie jede Art möglicher Transferübungen und Hausaufgaben zwischen den Sitzungen (Wochenprotokolle und Tagebuchaufzeichnungen). Zur Strukturierung des sozialen Umfeldes stehen Sozialarbeiter beratend zur Seite. Wöchentliche Supervisionsgruppen sollen den Therapeuten notwendigen emotionalen und fachlichen Rückhalt bieten, der für eine effektive Therapie unumgänglich ist (Videosupervision, Microteaching).

Ergebnisse. Für die DBT liegen die meisten randomisiert kontrollierten Untersuchungen vor. Diese Untersuchungen wurden überwiegend im ambulanten Setting mit einer »Treatment as usual«-Vergleichsgruppe durchgeführt und zeigten für die DBT-Gruppe u. a. hinsichtlich selbstverletzendem Verhalten, Suizidalität, Impulsivität und sozialem Funktionsniveau eine bessere Veränderung als in der Vergleichsgruppe (Linehan et al., 1991; Koons et al., 2001; van den Bosch et al., 2005). Weiterhin zeigte sich bei der dialektisch-behavioralen Behandlung eine deutliche Verminderung stationärer Behandlungstage (Linehan et al. 1991, 2006; Turner, 2000). Neuere Studien zeigen auch eine Wirksamkeit einer ausschließlichen Skillsgruppe an (Soler et al., 2009).

Nur geringe Veränderungen ließen sich zunächst bezüglich der subjektiv erlebten Depressivität, Hoffnungslosigkeit, Suizidfantasien und in der Lebenszufriedenheit feststellen. In dieser Hinsicht wurden jedoch in den vergangenen Jahren Verbesserungen erzielt, seitdem in der Behandlungskonzeption ausdrücklicher Traumastörungen berücksichtigt werden, die bei Borderline-Patienten häufig vorhanden sind (Robins & Chapman, 2004). Inzwischen liegen Untersuchungsergebnisse über die Anwendung dieses Therapieansatzes im deutschsprachigen Raum vor, die sich mit den Erfolgsraten anderer Studien weitgehend decken (vgl. Bohus et al., 2000; Bohus & Bathruff, 2000). In den letzten Jahren wurde das Verfahren weiter entwickelt und hat sich dabei in den unterschiedlichsten klinischen Kontexten empirisch kontrolliert gut bewährt (stationär, ambulant, im Gefängnis, als Arbeitsmöglichkeit in Krisenzentren und neuerlich bei Erwachsenen mit dem Aufmerksamkeitsdefizit-/Hyperaktivitätssyndrom; vgl. Robins & Chapman, 2004).

Ähnlich wie in der Psychodynamischen Psychotherapie gibt es inzwischen mit der *Schematherapie* auch eine integrative Fortentwicklung des kognitiv verhaltenstherapeutischen Ansatzes, die von uns in → Kapitel 11 dargestellt wurden. Die Schematherapie wurde ebenfalls zunächst von Young (1990; Young et al., 2005) vorrangig für eine Behandlung von Borderline-Störungen ausgearbeitet und einer empirischen Überprüfung unterzogen. Da – wie nachfolgend kurz dargestellt – die Ergebnisse erster Studien recht ermutigend ausfallen, bleibt die Darstellung der Schematherapie in → Kapitel 11 als Lektüre-Ergänzung zu diesem Kapitel beachtenswert.

In einer holländischen Studie einer Arbeitsgruppe um Arntz (Giesen-Bloo et al., 2006) wurde bei Borderline-Patienten die schemafokussierte Therapie mit der übertragungsorientierten Therapie nach Kernberg verglichen. In ihr wurden 44 Patienten mit der Schematherapie und 42 Patienten mit übertragungsfokussierter Therapie ambulant behandelt. Bei parallelisierten soziodemografischen und klinischen Merkmalen zeigte sich, dass die vorzeitige Abbrecherrate für die Gruppe mit übertragungsfokussierter Therapie Behandelten signifikant höher ist. Über einen Zeitraum von drei Jahren wiesen beide Behandlungsgruppen bei Abzug der Therapieabbrüche in allen Parametern nach einem, zwei und drei Jahren Verbesserungen auf. Dabei zeigten die mit Schematherapie Behandelten signifikant häufiger Symptomfreiheit sowie signifikant häufigere Verbesserungen der weiteren relevanten Parameter. In dem Projekt wurden Kontrollen aller Patienten mit bewährten Instrumenten durchgeführt, die einerseits dem Borderline-Konzept der Verhaltenstherapie, andererseits dem der Psychoanalyse entstammten. Auch diese beiden Wirksamkeitskontrollen zeigen eine Überlegenheit des schematherapeutischen Ansatzes.

16.6.3 Integrative Aspekte bei Selbstverletzung, Suizidalität und schwankender Compliance

Wohl unabhängig vom Einsatz eines bestimmten Behandlungskonzepts gibt es einige bereits angedeutete Aspekte, die es bei der Planung und Durchführung übergreifend zu beachten gilt. Dies beginnt bereits mit der Eingangsdiagnostik. Borderline-Patienten mit ausgeprägten Identitäts- und Interaktionsstörungen gelten als Patienten, die bislang weniger gut auf eine psychotherapeutische Behandlung ansprechen. Diese Aussage wird gestützt durch eine Modellierung stationärer Behandlungsverläufe von Borderline-Patienten (Hull et al., 1993). Die über sechs Monate hinweg untersuchten Patienten mit den schweren Kernsymptomen der Borderline-Störung (Identitätsdiffusion, Gefühle der inneren Leere, instabile zwischenmenschliche Beziehungen mit extremen Schwankungen zwischen Idealisierung und Abwertung, Angst vor realem und imaginiertem Alleinsein) berichteten während der gesamten Behandlungszeit über bleibende Symptome, ja sogar über eine ansteigende Symptomatik. Ganz im Unterschied dazu fand sich bei Patienten mit weniger ausgeprägter Kernsymptomatik eine über die Behandlung hinweg beobachtbare Symptombesserung.

Bei den weniger erfolgreichen Patienten handelt es sich nun zumeist um Menschen, die in ihrem bisherigen Leben vielfältigen traumatischen Erfahrungen einschließlich körperlichen und sexuellen Misshandlungen ausgesetzt waren. Da für diese Personengruppe in den letzten Jahren deutliche Fortschritte in der Entwicklung effektiver Behandlungskonzepte erzielt wurden, soll auch darauf kurz eingegangen werden (ausführlich: Renneberg & Fiedler, 2001; Bohus, 2002; zur stationären Behandlung: Sipos & Schweiger, 2005).

Trauma und Traumasymptomatik. Wenn Traumatisierung für das bisherige Leben vieler Borderline-Patienten eine Verantwortlichkeit trägt, bleibt zu beachten, dass das Trauma »reinszeniert« werden kann. Da Patienten gelernt haben, sich an traumatische Situationen anzupassen, tendieren viele dazu, misstrauisch zu sein, keine klaren Signale zu geben und in Momenten, in denen die Realität der therapeutischen Beziehung ihnen keine Sicherheit bietet, aggressiv zu reagieren – dies vor allem dann, wenn z. B. heikle oder bedrohliche Themen angesprochen werden oder wenn es zu Kränkungen kommt (Benjamin, 1995).

Es scheint sogar so, dass Traumabewältigungsmuster (vor allem Dissoziationen) ähnlich einer konditionierten Reaktion recht leicht gelernt werden können. Sind sie einmal konditioniert, kann Stress automatisch bzw. autoregulativ zu Dissoziationsphänomenen führen, z. B. zu tranceähnlichem Verhalten, zu Depersonalisation und zu Erinnerungsverlust (Fiedler, 2013a). In diesem Zustand fühlt sich die Person abgestumpft und beziehungslos. Bezugspersonen (gelegentlich sogar die Therapeuten) tendieren in solchen Situationen vorschnell dazu, erheblich frustriert darüber zu sein, wenn ein Patient plötzlich (willentlich oder unwillentlich) unfähig erscheint, angemessen zu reagieren und »verantwortlich« zu handeln.

Therapeutische Grundhaltung. Wenn Borderline-Patienten dazu tendieren, gegenwärtige Interaktionen auch mit den Möglichkeiten anzugehen, die ihnen als überlebenswichtige Kompetenz in traumatischen Situationen oder in konflikthaltigen Beziehungen zur Verfügung standen, besteht die wesentliche Voraussetzung der Therapie in der Herstellung eines grundlegenden Gefühls von zwischenmenschlicher Sicherheit. Es geht darum, eine tragfähige therapeutische Beziehung aufzubauen.

Die Qualität der therapeutischen Beziehung wird von den Patienten aus verständlichen Gründen wiederholte Male auf ihre Tragfähigkeit geprüft. Besonders zu Beginn steht deshalb die Beziehungsgestaltung im Mittelpunkt der Therapie, d. h. die therapeutische Beziehung muss sich immer wieder aufs Neue bewähren. Bei der Behandlung von Borderline-Störungen kommt der therapeutischen Beziehung mehr Gewicht zu als in Therapieansätzen bei anderen Störungsbildern (Bender, 2005; Fiedler, 2010).

Fürsorge für die Patienten

Wechselnde Stimmungslagen, Selbstverletzungen und Suizidneigungen erschweren in vielerlei Hinsicht die Möglichkeit, mit den Patienten in ein stabiles Arbeitsverhältnis einzutreten. Von Therapeuten wird entsprechend ein hohes Maß an Flexibilisierung des therapeutischen Vorgehens erwartet. Die Ermöglichung telefonischer Kontakte für Patienten, die zwischen den Sitzungen in emotionale Krisen kommen, ist bereits integraler Anteil der kurz dargestellten Borderline-DBT von Linehan (vgl. Bohus, 2002). Einige Autoren haben sich nun die Mühe gemacht, einmal genauer in Projektberichten und Fallmitteilungen herauszuarbeiten, was jene Therapeuten tun, die über Erfolge in der Verminderung von Suizidabsichten, Selbstverletzungen und von einer Zunahme der Therapiecompliance berichten (Schmidtke, 2005; Fonagy & Roth, 2004). Herausgekommen ist dabei etwas, das man kurz und knapp auf folgende Formel bringen kann: Es handelt sich um Therapeuten, die sich um ihre Patienten kümmern (ausführlich: Fiedler, 2010).

Nicht nur, dass diese »Kümmere-dich-um-die-Patienten-Therapeuten« telefonisch erreichbar sind. Sie selbst sind es, die von sich aus aktiv zwischen den Therapiesitzungen nochmals Kontakt mit ihren Patienten suchen. Patienten, bei denen die Therapeuten den Eindruck haben, dass es ihnen gerade nicht besonders gut geht, rufen sie beispielsweise zwischen den Sitzungen ihrerseits an und erkundigen sich nach dem Befinden. Oder sie schreiben dazwischen eine E-Mail, um nochmals positive Aspekte der vorhergehenden Sitzung zu bekräftigen. Am Morgen des Therapietages melden sie sich telefonisch, um nachzufragen, ob etwas dazwischengekommen ist oder ob es beim vereinbarten Termin bleiben kann. Arbeiten sie in Kliniken, so schauen sie abends, bevor sie nach Hause fahren, kurz noch einmal bei ihren »Sorgenkindern« vorbei.

Stabilisierung. Um es noch deutlicher zu betonen: »Kümmere-dich-um-deine-Patienten-Therapeuten« scheinen nicht nur dann hochgradig erfolgreich zu sein, wenn es um die Verminderung selbstdestruktiver oder suizidaler Neigungen geht, sondern zugleich auch noch dort, wo es auf die Stabilität der Therapiebeziehung oder auf eine Steigerung der Therapiemotivation ankommt. Offensichtlich liegt die Erkenntnis, dass viele Patienten im Therapeuten einen über die Therapiesitzungen hinaus Sicherheit bietenden Begleiter benötigen und erhalten sollten, derzeit außerhalb des allgemein üblichen psychotherapeutischen Ansatzes – dies insbesondere dort, wo Patienten im

45- bis 60-Minuten-Rhythmus behandelt werden. In der Forschungsliteratur werden Schwierigkeiten, die Patienten bei der Umsetzung des vereinbarten Behandlungsplans haben, üblicherweise und völlig ungerechtfertigt unter dem Stichwort der Resistenz oder als Nicht-Compliance abgehandelt. Und von manchem Praktiker könnte man in diesem Zusammenhang die Frage hören, ob Therapeuten mit kontinuierlicher Erreichbarkeit nicht in Gefahr geraten, ein Abhängigkeitsverhalten zu verstärken und der Selbstständigkeit des Patienten den Weg zu verbauen.

Sicherheit, Vertrauen und Struktur. Einige Autoren sind da inzwischen entschieden anderer Ansicht (z. B. Fonagy & Roth, 2004): Therapeuten sollten ihnen zufolge in der Lage sein, Therapiedisziplin und Beständigkeit im Rahmen eines Behandlungsplans zu realisieren, der Beständigkeit erst fürsorglich dadurch herstellt, dass auf die veränderlichen inneren Zustände unserer Patienten (die gerade bei Borderline-Patienten als symptomatischer Ausdruck dazugehören), also auf störungsbedingte Stimmungsschwankungen vermehrt Rücksicht genommen wird. Und zwar sollte dies wenigstens so lange geschehen, bis sich die emotionale Unausgeglichenheit dieser Patienten zu stabilisieren beginnt. Wenn Unberechenbarkeit und schwankende Compliance bei Patienten absehbar ist, sollte die Entwicklung eines individuell ausgerichteten und fürsorglich organisierten Krisen- und Managementplans ein unverzichtbares Element in gut strukturierten Therapieplänen werden (vgl. auch Steinert et al., 2014).

Angesichts frühkindlicher Vernachlässigung und fehlender Bindungserfahrung haben viele Borderline-Patienten Regelmäßigkeiten nicht gelernt. Es scheint wohl mehr als nur eine therapietechnische Aufgabe zu sein, den Betroffenen in der Therapie mit Fürsorge und Zuversicht zu vermitteln, welche Bedeutung innere Struktur und Regelhaftigkeiten für das Gefühl der eigenen Selbstwirksamkeit haben.

16.7 Zusammenfassende Bewertung

Die im nachfolgenden Kasten zunächst wiedergegebene Störungsbeschreibung ist für jene historisch interessierten Leser gedacht, die eventuell der Meinung sind, das Konzept der Borderline-Persönlichkeitsstörung sei aus der Praxiserfahrung der Psychoanalytiker heraus entwickelt worden. Weit gefehlt. Denn eine der ersten und wohl auch noch heute weitgehend gültigen Beschreibungen ist schon hundert Jahre alt und stammt vom Altmeister der psychiatrischen Klassifikation, Emil Kraepelin (1915).

Emil Kraepelin über »Borderline«: die gemütliche Erregbarkeit
Kraepelin wäre schon wegen seines strengen Bemühens um das Herausarbeiten klarer Indikatoren für eindeutig benennbare Prototypen nicht im Entferntesten auf den Gedanken gekommen, diesem von ihm erkannten Bild einer Persönlichkeitsstörung den Namen »Borderline« zu geben. Sehr wohl hatte er diesem eine eindeutige und vor allem sehr treffende Bezeichnung zugewiesen. Sie mag uns heute vielleicht etwas antiquiert erscheinen, kennzeichnet nichtsdestoweniger haarscharf den Kern des Störungsbildes. Seine Beschreibung macht uns weiter darauf aufmerk-

sam, dass die ICD-10-Bezeichnung »emotional instabil« zukünftig dem Begriff »Borderline« eindeutig vorgeordnet werden sollte. Kraepelin sprach von »gemütlicher Erregbarkeit« (wobei »gemütlich« von »Gemüt« abgeleitet ist). Hier einige Zitate – und es lohnt durchaus ein weiterer Blick in das ausführlichere Original:

»Die hervorstechendste Eigenschaft war natürlich eine starke gemütliche Erregbarkeit. Die Kranken gerieten sehr leicht in Zorn, machten bei unbedeutenden Anlässen ›Krach‹, bekamen maßlose Wutanfälle mit Gewalttätigkeit gegen sich oder die Umgebung. Kleinigkeiten können ihn (den Kranken) aus der Fassung bringen …

Die Beziehungen unserer Kranken zum anderen Geschlechte gewinnen, wie wir gesehen haben, für ihr Handeln eine erhebliche Bedeutung. Sie sind gekennzeichnet durch die Häufigkeit der Eifersucht und der Zerwürfnisse. Die Leidenschaftlichkeit der Kranken machte es ihnen unmöglich, den Bruch einfach hinzunehmen, sondern veranlasste sie, mit allen Mitteln die Wiederaussöhnung zu erreichen, selbst mit gefährlichen Drohungen und Angriffen, wenn sie nicht zum Selbstmordversuche schritten …

Von größter Wichtigkeit für die Kennzeichnung dieser Persönlichkeiten sind die Anlässe, die zu ihrer Unterbringung in der Klinik geführt hatten. Bei weitem am häufigsten, in 62 % der Fälle, waren es Selbstmordversuche. Dabei zeigt sich der sehr bemerkenswerte Unterschied der beiden Geschlechter, dass Frauen in 71 %, Männer nur in knapp 50 % der Fälle zu diesem letzten Auskunftsmittel in schwierigen Lebenslagen gegriffen hatten …

Die überwiegende Mehrzahl der Kranken stand im Alter zwischen 15 und 25 Jahren, zum Teil deswegen, weil zu dieser Zeit die Stärke der gemütlichen Ladungen überhaupt am größten ist. Nach dem 40. und noch mehr nach dem 50. Jahre vermindert sich die Zahl der in Erregungszuständen eingelieferten Kranken rasch, ein Zeichen dafür, dass nunmehr die stürmischen Entäußerungen gemütlicher Spannungen mehr und mehr zurücktreten« (Kraepelin, 1915, 8. Aufl., Vol. IV, Klinische Psychiatrie: III. Teil; S. 1980–1987).

Borderline mit und Borderline ohne Traumastörung. Dass diagnostisch bisher nicht sehr eindeutig zwischen Borderline-Störungen mit versus ohne Traumastörungen differenziert wurde, liegt daran, dass sich die ins Auge fallenden Interaktionsprobleme und Beziehungsstörungen beider Untergruppen sehr ähnlich sind. Beide genannten Ätiologieaspekte – traumatische Erfahrungen einerseits wie eine vernachlässigende, starr normierende oder invalidierende Erziehungsumgebung andererseits – können offensichtlich gleichermaßen zu einem hochgradig auffälligen Interaktionsverhalten führen.

Kernmerkmale der emotional instabilen Persönlichkeit. Störungen in der Modulation von Gefühlen wie das Nichtvorhandensein eines differenzierten emotionalen Beurteilungssystems führen die meisten Borderline-Patienten zum einfachen dichotomen Schwarzweißdenken. Ergebnis sind interaktionelle Rollenunsicherheiten oder das Schwanken zwischen Rollen, in denen vorrangig *ein* emotionales Grundmuster

Sicherheit bietet (vgl. Renneberg & Fiedler, 2001). Dies ist übrigens einer der Gründe, warum viele Borderline-Patienten angstvoll bemüht sind, nicht allein zu sein oder nicht verlassen zu werden. Sie benötigen ein Gegenüber, weil ihnen Interaktion mit anderen »Gefühl« zurückgibt. Das jeweils vorhandene Gefühl (»feeling«) erleichtert die Wahl einer emotionalen Rolle. In der unmittelbaren emotional positiv wie auch emotional negativ getönten Interaktion wirken Borderline-Patienten häufig scheinbar hochgradig selbstsicher: Sie haben offensichtlich ein gutes Gespür, die Umwelt nach Richtlinien für die Einnahme einer vermeintlich legitimierbaren Rolle abzusuchen – einer Rolle, die dann zumeist recht kompetent, weil zuvor gut eingeübt, eingenommen werden kann (»scheinbare Kompetenz« sensu Linehan, 1993a, b; 1996).

Keine »Spaltung«. Sind die Rollen etabliert, können sie nur sehr schwer oder für eine gewisse Zeit gar nicht aufgegeben werden. Offensichtlich sind fest gefügte, kognitiv-affektive Schemata für die zeitweilige Stabilität eines Rollenzustands verantwortlich. Diese rollengebundenen Schemata geben den Betroffenen zumindest zeitweilig das subjektive Gefühl kognitiver Sicherheit (Renneberg, 2001). Für den Beobachter ergibt sich der Eindruck einer in sich »gespaltenen« Person – was sie jedoch nicht ist. Vielmehr handelt es sich um Wechsel in der Stimmungslage mit einem jeweiligen Wechsel der aktivierten affektiv-kognitiven Schemata. Die gefühlsmäßige Präsentation der jeweiligen Rolle fällt dabei zumeist recht eindeutig und kongruent aus. Bestimmte Themen bleiben nur mangels emotionaler Aktivierung alternativer Stimmungslagen ausgeklammert.

Deshalb erscheinen die Betroffenen den Bezugspersonen oder Therapeuten als schwer zugänglich. Die Patienten selbst verhalten und erleben sich jedoch als recht eindeutig! Die Person ist dabei also nicht in sich »gespalten«. Vielmehr befindet sie sich in einer spezifischen Stimmung und damit in einer hochgradig spezifischen kognitiven Verfassung (vgl. Deneke, 1999). Von »Spaltung« sollte bei Borderline-Patienten zukünftig nur mit großer Zurückhaltung gesprochen werden, auch wenn dies vielen Therapeuten bereits zur Gewohnheit geworden ist.

Auf der Suche nach dem wirkungsvollsten Behandlungskonzept. Insgesamt haben sich zwar die psychoanalytischen Verfahren und die kognitiv-behavioralen Verfahren an einigen wichtigen Punkten aufeinander zubewegt, weshalb an dieser Stelle nochmals die ergänzende Lektüre des → Kapitel 11 über integrative Psychotherapieperspektiven nahegelegt wird. Noch immer ist die Regel, dass in der therapeutischen Praxis Patienten Schulen- und nicht störungsspezifisch behandelt werden. Das heißt, in der Regel haben sowohl kognitive Verhaltenstherapeuten wie auch psychodynamische Therapeuten den Anspruch, für eine wirkungsvolle Behandlung der Borderline Persönlichkeitsstörung vielleicht manchmal mit leichten Modifikationen mit ihrer Methode über den jeweils besseren Ansatz zu verfügen. Andererseits machen die mehr oder eher weniger beeindruckenden Erfolgzahlen in empirischen Studien darauf aufmerksam, dass jeder Verfahrensansatz offenkundig Grenzen hat. Es lohnt sich also in Fällen, wo eine Therapie stagniert, der Frage nachzugehen, ob nicht ein alternativer Therapiezugang zum eigenen Vorgehen die eventuell bessere Perspektive darstellt.

In einer Hinsicht scheinen sich jedoch die Therapieforscher unterschiedlicher Ansätze inzwischen einig: Erst wenn sich Patienten in der Beziehung zum Therapeuten sicher und geborgen fühlen, wenn sich also das implizite Erleben beruhigt und stabilisiert, können sie sich mit ernsthaften Belastungen und existenziell bedeutsamen Konflikten bewusst und erwachsen auseinander setzen. In dieser Haltung akzeptiert und wertschätzt der Therapeut jeden dysfunktionalen Bewältigungsversuch als das, was er ist: als in früheren Beziehungen notwendigen Selbstschutz oder als Sicherheitsoperation, als bis in die Gegenwart hinein notwendige Überlebensroutine. Nur ein hohes Maß an Wertschätzung und aktiver Unterstützung schafft das therapeutische Milieu, in dem Patienten bereit sind, sich anstelle konfrontativer Beziehungsarbeit mit ihren unangenehmen früheren Beziehungserfahrungen ernsthaft auf dem Weg in eine neue Zukunft auseinander zu setzen.

17 Zwanghafte (anankastische) Persönlichkeitsstörung

Befriedigung bedeutet für sie nicht, entscheiden zu können und sich frei zu fühlen,
sondern einen Auftrag in der vorgegebenen Zeit zu erfüllen, die Autorität
vorübergehend erfreut zu haben und, oft, die Befriedigung,
die in einer hoch entwickelten Virtuosität und Erfindungsgabe liegt.
David Shapiro

Die Hauptmerkmale der Zwanghaften Persönlichkeitsstörung sind Ordnungsliebe und Ausdauer – mit einem übertriebenen Interesse für Details. Diese Charaktereigenschaften sind gewöhnlich mit einer hohen gesellschaftlichen Wertigkeit belegt. Folglich werden Menschen mit Zwanghafter Persönlichkeitsstörung eher selten wegen Schwierigkeiten mit ihrer Persönlichkeitseigenart um psychotherapeutische Hilfe nachsuchen. Dies dürfte erst dann der Fall sein, wenn sie wegen ihrer übertriebenen Sorgfalt in beruflichen Kontexten nicht mehr zurechtkommen, etwa weil sie zeitgebundene Aufgaben und Aufträge nicht rechtzeitig erfüllen.

17.1 Konzeptentwicklung

Seitdem zwanghafte Persönlichkeitseigenarten zu Beginn des 19. Jahrhunderts von Esquirol (1839) herausgearbeitet wurden, finden sich die sorgsamsten pathopsychologischen Beschreibungen in der deutschsprachigen, phänomenologisch orientierten Psychiatrie, wo die Störung auch als Anankastische Persönlichkeitsstörung bezeichnet wird. Die meisten empirischen Studien stammen von englischen und amerikanischen Forschergruppen. In beiden Forschungstraditionen wird dabei unterschiedlich und teils ungenau zwischen Zwangssymptomen der Zwangsstörung und Zwanghaftigkeit als Persönlichkeitsstörung unterschieden oder auch nicht unterschieden (was übrigens auch der Begriff fälschlicherweise suggeriert).

Zwangsstörung und Zwangscharakter
In der deutschsprachigen Psychiatrie wurde lange Zeit die Ansicht vertreten, dass es sich beim »Anankasmus« um eine (prämorbide) Persönlichkeitsstruktur handelt, aus der heraus sich die symptomatische Zwangsstörung (»Zwangskrankheit«) entwickeln könne (Weitbrecht, 1963; Scharfetter, 1976). Verschiedentlich wurde die zwanghaft-anankastische Persönlichkeit als Unterform einer selbstunsicheren (vermeidenden) Persönlichkeit betrachtet (so z. B. von Kurt Schneider, 1923). Auch psychoanalytische Autoren gingen seit Freuds grundlegender Arbeit über »Charakter und Analerotik« (1908) von Zusammenhängen zwischen Zwangscharakter und Zwangsstörungen bzw. von einer charakterlich präformierten »Zwangsneurose« aus (Fenichel, 1945; Quint,

1970; Mentzos, 1982). Inzwischen scheinen sich psychoanalytische Autoren auch einig, dass zwischen der Zwangsneurose (als Zwangsstörung) und dem sog. »Analcharakter«, wie Freud ihn beschrieb (Ordnungsliebe, Sparsamkeit und Eigensinn), kein zwingender Zusammenhang bestehen muss (vgl. Hoffmann, 1984).

Zwangssymptomatik versus Persönlichkeit. Im Unterschied dazu wurde von klinisch-psychologischer und verhaltenstherapeutischer Seite die mögliche Nähe der symptomatischen Zwangsstörungen zu den Angststörungen betont (vgl. Reinecker, 1991; Ecker, 2001, 2002; Zaudig & Niedermeier, 2002; Fiedler, 2007e). Diese Ansicht geht auf Ergebnisse einer ganzen Reihe angelsächsischer Forschungsarbeiten der 1950er- und 1960er-Jahre zurück, in denen mehrfach mittels Faktorenanalysen zwei unabhängige (orthogonale) Faktoren gefunden wurden, mit denen sich Zwangssymptome und zwanghafte Persönlichkeitsmerkmale eindeutig trennen ließen (zusammenfassend: Süllwold, 1978). Die Ergebnisse dieser Studien sprechen für eine diagnostische Trennung von Persönlichkeitsmerkmalen und Zwangssymptomen – dies auch deshalb, weil sich völlig unterschiedliche Behandlungskonsequenzen ergeben (→ Abschn. 17.5). Inzwischen wurde diese Perspektive in die psychiatrischen Diagnosesysteme übernommen. Andererseits kann aus den genannten Studien nicht gefolgert werden, dass es in Einzelfällen keine störungsübergreifenden oder ätiologierelevanten Zusammenhänge gäbe. Immerhin finden sich (je nach Studie und Erhebungsverfahren) Gleichzeitigkeitsdiagnosen in 10 Prozent (mittels Fragebögen) bis annähernd 30 Prozent (in klinischen Interviews; Slade, 1974; Coursey, 1984; Zaworka & Hand, 1980, 1981; Tenney et al., 2003; Samuels & Costa, 2012).

17.2 Diagnostik

17.2.1 Zwanghafte Persönlichkeitsstörung im DSM-IV-TR bis zum DSM-5 Sektion II

Prototypisches Kernsymptom der Zwanghaften Persönlichkeitsstörung ist das gewissenhafte Streben nach Sorgfalt und Perfektion, das störend vor allem durch eine nicht angemessene Erfüllung beruflicher Aufgaben und Verpflichtungen auffällt. Dies hängt mit einer Unentschlossenheit, einem inneren Zweifel und einer übermäßigen Vorsicht als Ausdruck einer tiefgreifenden persönlichen Unsicherheit zusammen.

> **Diagnostische Kriterien**
> **Zwanghafte Persönlichkeitsstörung**
> Ein tiefgreifendes Muster von starker Beschäftigung mit Ordnung, Perfektion und psychischer sowie zwischenmenschlicher Kontrolle auf Kosten von Flexibilität, Aufgeschlossenheit und Effizienz. Der Beginn liegt im frühen Erwachsenenalter, und das Muster zeigt sich in verschiedenen Situationen. Mindestens vier der folgenden Kriterien müssen erfüllt sein

1. Beschäftigt sich übermäßig mit Details, Regeln, Listen, Ordnung, Organisation oder Plänen, sodass der wesentliche Gesichtspunkt der Aktivität dabei verloren geht.
2. Zeigt einen Perfektionismus, der die Aufgabenerfüllung behindert (z. B. kann ein Vorhaben nicht beendet werden, da die eigenen überstrengen Normen nicht erfüllt werden).
3. Verschreibt sich übermäßig der Arbeit und Produktivität unter Ausschluss von Freizeitaktivitäten und Freundschaften (nicht auf offensichtliche finanzielle Notwendigkeit zurückzuführen).
4. Ist übermäßig gewissenhaft, skrupulös und rigide in Fragen der Moral, Ethik oder Werten (nicht auf kulturelle und religiöse Orientierung zurückzuführen).
5. Ist nicht in der Lage, verschlissene oder wertlose Dinge wegzuwerfen, selbst wenn sie nicht einmal Gefühlswert besitzen.
6. Delegiert nur widerwillig Aufgaben an andere oder arbeitet nur ungern mit anderen zusammen, wenn diese nicht genau die eigene Arbeitsweise übernehmen.
7. Ist geizig sich selbst und anderen gegenüber; Geld muss im Hinblick auf befürchtete künftige Katastrophen gehortet werden.
8. Zeigt Rigidität und Halsstarrigkeit.

Abdruck erfolgt mit Genehmigung vom Hogrefe Verlag Göttingen aus dem Diagnostic and Statistical Manual of Mental Disorders, Fifth Edition © 2013 American Psychiatric Association, dt. Version © 2015 Hogrefe Verlag (S. 931).

Die DSM-Erläuterungen zu den Kriterien verweisen auf einige Nebenaspekte der Störung: So sind gelegentlich depressive Verstimmungen auffällig: z. B. wenn sich die Betroffenen übermäßig lange in Aufgaben und Verpflichtungen vertiefen oder wenn es ihnen nicht möglich ist, über andere Menschen, Situationen oder über ihre Umgebung zu bestimmen. Auch Ärgererleben ist beobachtbar, wenngleich dieser Ärger nur selten direkten Ausdruck findet. Die Betroffenen reagieren äußerst sensibel auf Kritik, insbesondere wenn diese von höher gestellten Personen oder Autoritäten geäußert wird. Genau diese Interaktionsaspekte wurden im aktuelleren Alternativ-Modell des DSM-5 Sektion III ausdrücklich in den Mittelpunkt gerückt (APA, 2013).

17.2.2 Alternativ-Modell der Zwanghaften Persönlichkeitsstörung im DSM-5 Sektion III

Als zentrale typische Merkmale der Zwanghaften Persönlichkeitsstörung gelten im Alternativ-Modell denn auch Schwierigkeiten in der Entwicklung und Aufrechterhaltung enger zwischenmenschlicher Beziehungen – zumeist begleitet von starrem Perfektionismus, Inflexibilität und eingeschränkter emotionaler Ausdrucksfähigkeit.

DSM-5 Sektion III: Zwanghafte Persönlichkeitsstörung
Vorgeschlagene Diagnostische Kriterien

A. Mittelgradige oder stärkere Beeinträchtigung im Funktionsniveau der Persönlichkeit, welche sich durch typische Schwierigkeiten in mindestens zwei der folgenden Bereiche manifestiert:

1. *Identität:* Das Selbstbild ist in erster Linie geprägt von Arbeit und Produktivität; Erleben und Ausdruck starker Emotionen sind eingeschränkt.

2. *Selbststeuerung:* Schwierigkeiten, Aufgaben abzuschließen und Ziele zu erreichen, begleitet von starren und unangebracht hohen und unflexiblen inneren Verhaltensnormen; übermäßig gewissenhafte und moralistische Einstellungen.

3. *Empathie:* Schwierigkeiten, die Vorstellungen, Gefühle und Verhaltensweisen anderer Personen zu verstehen und wertzuschätzen.

4. *Nähe:* Zwischenmenschliche Beziehungen werden gegenüber Arbeit und Produktivität als nachrangig angesehen; Rigidität und Sturheit beeinflussen die Beziehung zu anderen in negativer Weise.

B. Vorliegen von mindestens drei der folgenden problematischen Persönlichkeitsmerkmale, eines davon ist (1) Rigider Perfektionismus:

1. *Rigider Perfektionismus* (eine Facette von extremer Gewissenhaftigkeit [dem entgegengesetzten Pol der Domäne Enthemmtheit]): Rigides Beharren darauf, dass alles einwandfrei, perfekt und ohne Fehler oder Schwächen sein muss, einschließlich der eigenen Leistungen und der Leistungen anderer; Verzicht auf rechtzeitige Erledigung, um Korrektheit in jedem Detail sicherzustellen; Überzeugung, dass es nur einen richtigen Weg gibt, etwas zu tun; Schwierigkeiten, eigene Ideen und/oder Standpunkte zu verändern; übermäßige Beschäftigung mit Details, Organisation und Ordnung.

2. *Perseveration* (eine Facette der Domäne **Negative Affektivität**): Verharren bei Aufgaben, obwohl das Verhalten seit Langem nicht mehr funktionell oder effektiv ist; Fortführung desselben Verhaltens trotz wiederholten Scheiterns.

3. *Vermeidung von Nähe* (eine Facette der Domäne **Verschlossenheit**): Vermeidung von engen Beziehungen, Liebesbeziehungen, zwischenmenschlichen Bindungen und intimen sexuellen Beziehungen.

4. *Affektarmut* (eine Facette der Domäne **Verschlossenheit**): Geringe affektive Reaktion auf erregende Situationen; Einschränkungen des emotionalen Erlebens und des emotionalen Ausdrucks; Gleichgültigkeit oder emotionale Kälte.

17.2.3 Zwanghafte Persönlichkeitsstörung in der ICD-10

Die Kriterien der Anankastischen Persönlichkeitsstörung in der ICD-10 unterscheiden sich nicht erheblich von denen im DSM-IV-TR. Lediglich im dortigen Kriterium 8 finden sich Hinweise, dass es sich bei den Verhaltens- und Erlebensmustern der Betroffenen um Eigenarten handeln kann, die an eine Zwangsstörung denken lassen, die jedoch in ihrem Ausmaß nicht hinreichen, um die Diagnose symptomatischer Zwänge zu rechtfertigen.

Diagnostische Kriterien
ICD-10 (F60.5): Anankastische (zwanghafte) Persönlichkeitsstörung
[Mindestens drei der folgenden Merkmale müssen erfüllt sein:]
1. Übermäßiger Zweifel und Vorsicht.
2. Ständige Beschäftigung mit Details, Regeln, Listen, Ordnung, Organisation oder Plänen.
3. Perfektionismus, der die Fertigstellung von Aufgaben behindert.
4. Übermäßige Gewissenhaftigkeit, Skrupelhaftigkeit und unverhältnismäßige Leistungsbezogenheit unter Vernachlässigung von Vergnügen und zwischenmenschlichen Beziehungen.
5. Übermäßige Pedanterie und Befolgung von Konventionen.
6. Rigidität und Eigensinn.
7. Unbegründetes Bestehen auf der Unterordnung anderer unter eigene Gewohnheiten oder unbegründetes Zögern, Aufgaben zu delegieren.
8. Andrängen beharrlicher und unerwünschter Gedanken oder Impulse.

Dazugehörige Begriffe:
▶ zwanghafte Persönlichkeitsstruktur (Charakterneurose)
▶ Zwangspersönlichkeit(sstörung)

Ausschluss:
▶ Zwangsstörung (F42)

Abdruck erfolgt mit Genehmigung vom Hogrefe Verlag Bern aus der Internationalen Klassifikation psychischer Störungen der Weltgesundheitsorganisation: ICD-10 Kapitel V (F) Klinisch diagnostische Leitlinien; 10. Auflage. Dilling, H., Mombour, W. & Schmidt, M.H. (Hrsg.). (2015). Hogrefe AG: Bern, S. 281.

17.3 Differenzialdiagnostik

Abgrenzung zur Zwangsstörung. Ein Problem der Differenzialdiagnose stellt die angedeutete Notwendigkeit zur Abgrenzung der zwanghaften Persönlichkeit von den Zwangsstörungen dar. Sie sollte sorgsam vorgenommen werden, weil sich für beide Störungsbilder unterschiedliche therapeutische Zugänge als sinnvoll und effektiv erwiesen haben (→ Abschn. 17.5). Wesentliche Kennzeichen der Zwangsstörung sind zwei unterscheidbare Symptomgruppen, die gelegentlich bei einer Person gemeinsam auftreten können (vgl. Reinecker, 1991; Zaudig & Niedermeier, 2002):

▶ Zwangsgedanken: wiederkehrende Ideen, Vorstellungen und Impulse, die den Betroffenen immer wieder stereotyp und quälend beschäftigen.
▶ Zwangshandlungen: zumeist sinnlos erscheinende Handlungswiederholungen und Rituale, unter denen die Betroffenen ebenfalls extrem leiden, ohne dass es ihnen gelingt, sie zu unterlassen.

Ganz im Unterschied zu früheren Fallberichten lässt sich in empirischen Studien neueren Datums zur Frage der möglichen Komorbidität oder Differenzierbarkeit von symptomatischer Zwangsstörung und zwanghafter Persönlichkeit nur noch bei einem Anteil der Untersuchten ein Zusammenhang finden: Komorbiditätsstudien liefern Kodiagnosen zwischen Zwangsstörung und zwanghafter Persönlichkeit zwischen 10 bis höchstens 30 Prozent (vgl. Pfohl et al., 1991; Tenney et al., 2003; Samuels & Costa, 2012). Hohe Angaben finden sich zumeist, wenn keine standardisierten Messinstrumente (Tests oder Interviews) zur Anwendung kommen, sondern nur Ergebnisse der in vielen Kliniken üblichen ICD- bzw. DSM-Diagnostik mittels Eindrucksbildung mitgeteilt werden. Joffe et al. (1988) finden nur bei 4 Prozent eine komorbide Zwangsstörung / zwanghafte Persönlichkeitsstruktur mittels standardisierter Erhebung. Etwa gleich niedrig fällt der Anteil von Patienten mit Zwangsstörungen aus, bei denen sich mittels aktueller DSM-Kriterien retrospektiv eine »prämorbide« Zwangspersönlichkeit vermuten ließ – wenngleich gelegentlich, mittels methodisch sehr kritisierbarer Retrospektivbefragung, auch höhere Werte mitgeteilt werden. Die bisher nicht replizierte höchste Angabe liegt bei 35 Prozent in einer mehr als zwanzig Jahre alten Retrospektivstudie von Insel (1982).

Zwangsstörungen bei anderen Persönlichkeitsstörungen. Andererseits scheinen Untergruppen von Patienten mit symptomatischer Zwangsstörung über eine auffällige Komorbidität mit anderen Persönlichkeitsstörungen zu verfügen – am häufigsten die mit einer Dependenten, Histrionischen, Schizotypischen und / oder Borderline-Persönlichkeitsstörung. Häufig wird gar das komorbide Vorhandensein zweier oder mehrerer Persönlichkeitsstörungen bei symptomatischen Zwangsstörungen berichtet, zumeist einer »Mischung« aus dependent und selbstunsicher bzw. selbstunsicher und schizotypisch (zusammenfassend: Stein et al., 1993; Tenney et al., 2003; Zaudig & Fiedler, 2007).

Zwanghafte Persönlichkeit mit anderen psychischen Störungen. In der *Collaborative Longitudinal Personality Disorder Study* (CLPS; → Abschn. 9.2) finden sich Gleichzeitigkeitsdiagnosen mit anderen psychischen Störungen am häufigsten in jeweils bis zu 30 Prozent der Fälle mit Angststörungen und Sozialphobien sowie etwa gleichhäufig mit der Majoren Depression, wobei die Affektiven Störungen die höchsten Raten innerhalb der Lebenszeit-Prävalenz aufweisen (Skodol et al., 1999; McGlashan et al., 2000; → nachfolgend: Typus melancholicus).

Weiter mehren sich in den vergangenen Jahren beachtenswerte Hinweise auf extrem hohe Zusammenhänge zwischen zwanghafter Persönlichkeit und Essstörungen, dies insbesondere bei Vorliegen von Anorexia nervosa und Binge-Eating-Störung mit Angaben zwischen 15 und 60 Prozent (Zaider et al., 2000; Anderluh et al., 2003; Grilo, 2004; Samuels & Costa, 2012). Auch im Vergleich von Patientinnen mit Bulimia nervosa und Kontroll-Patientinnen mit anderen psychischen Störungen fällt die Lebenszeit-Prävalenz für eine Zwanghaften Persönlichkeitsstörung bei den Anorexie-Patientinnen immer signifikant höher aus (Lilenfeld et al., 1998). Letztgenannte Autorengruppe legt ihre Belege aus einer Familienstudie vor; danach wiesen auch die Angehörigen der Anorexie-Probanden eine signifikant höhere Lebenszeit-Prävalenz für eine Zwanghafte Persönlichkeitsstörung auf als Angehörige von Bulimie-Probanden bzw. als Angehörige von Kontroll-Probanden.

Typus melancholicus. Im Übergang zur »Normalität« eines gewissenhaften Persönlichkeitsstils besteht eine Nähe zur Phänomenologie des sog. Typus melancholicus, der konzeptuell von Tellenbach (1961) in die Diskussion eingebracht wurde – ein Konzept, das in der Forschung zunehmend Bestätigung fand (Mundt et al., 1997). Mit Hilfe dieses Konzeptes ließe sich das nicht unbeträchtliche Depressionsrisiko bei Zwanghafter Persönlichkeitsstörung erklären. Denn annähernd 50 Prozent aller schwer depressiv erkrankten Patienten scheinen zu dieser Personengruppe zu gehören (Mundt & Fiedler, 1996). Bei den Betroffenen handelt es sich um Personen, die durch ganz normale loyale und gewissenhafte Persönlichkeitseigenarten und durch hypernome Eingebundenheit in soziale Systeme auffallen. Ihre Gewissenhaftigkeit und Loyalität erscheinen zunächst als besonderer Schutz gegen die Depression, andererseits bedeuten sie offensichtlich ein besonders hohes (Vulnerabilitäts-)Risiko, wenn sich der Persönlichkeitsstil angesichts verändernder Anforderungen oder in Krisen nicht mehr als tragfähig erweist (Kraus, 1977; v. Zerssen, 1991; Marneros, 2004b).

Komorbidität mit Persönlichkeitsstörungen. In den Komorbiditätsstudien zum gleichzeitigen Auftreten der zwanghaften Persönlichkeit mit anderen Persönlichkeitsstörungen finden sich neben den Kodiagnosen mit der Dependenten und der Selbstunsicheren auch noch Komorbiditäten mit der Paranoiden und Narzisstischen Persönlichkeitsstörung (vgl. Pfohl et al., 1991; Lenzenweger et al., 2007; → Abschn. 8.3). Als differenzialdiagnostisches Abgrenzungskriterium dürfte in allen Fällen die überhöhte normorientierte Bereitschaft zur Erfüllung privater und beruflicher Anforderungen gelten.

17.4 Erklärungsansätze

Psychoanalyse. Insbesondere Freuds Annahme (1908), dass sich die (symptomatisch und charakterlich sichtbare) »Zwangsneurose« auf eine misslungene oder zu frühzeitig einsetzende Sauberkeitserziehung zurückführen lasse (als Problem der »analen« Entwicklungsphase; → Abschn. 3.1), hat bis in die 1960er-Jahre hinein eine Vielzahl von empirischen Untersuchungen stimuliert, die diesen Zusammenhang vor allem in Interviewstudien mit Eltern zu rekonstruieren versuchten (vgl. Pollak, 1979). Insgesamt überwiegen in diesen Studien die Befunde, mit denen sich etwaige Zusammenhänge zwischen früher Sauberkeitserziehung und späterer Zwanghaftigkeit nicht bestätigen. Eher fanden sich Hinweise, dass die Eltern der Betroffenen ihrerseits überzufällig häufig über Zwangsstörungen verfügten. Wenngleich in den meisten dieser Studien noch nicht zwischen symptomatischer und charakterlich bedingter Zwanghaftigkeit unterschieden wurde, lässt sich folgern, dass es sich bei der Störungsentwicklung möglicherweise um eine (irgendwie geartete) Transmission handelt. Dabei ist nicht klar zu entscheiden, ob die Zwanghaftigkeit der Kinder auf genetische und/oder erzieherische Einflüsse zurückgeführt werden kann (Carr, 1974).

Konflikt. Die ursprünglich einseitige Betonung der Triebproblematik wurde in den letzten Jahrzehnten in der Psychoanalyse weitgehend aufgegeben, und zwar zugunsten einer interpersonellen Konflikthypothese. In dieser wird eine Vereinseitigung der Auflösung des allgemeineren Konflikts »Anpassung versus Auflehnung« in Richtung »Anpassung« postuliert – z. B. durch strikte, übergenaue Norm- und Über-Ich-Orientierung (Mentzos, 1982; Hoffmann, 1984). Im Konflikt zwischen Gehorsam (Fremdbestimmung) und Autonomie (Selbstbestimmung) lässt sich die Neigung zu zwanghafter Genauigkeit und Sorgfalt in einem viel umfassenderen Sinne zugleich als wichtige adaptive Überlebensstrategie des Kindes gegenüber elterlichen Restriktionen und moralisierenden Schuldzuweisungen rekonstruieren.

Im Kontext gesellschaftlich-kultureller Anforderungen können ausdauernde Leistung und Genauigkeit sogar große Wertschätzung erfahren, die es Menschen mit zwanghafter Persönlichkeit in bestimmten Berufen, Kulturen oder sozialen Schichten ermöglicht, »eine mehr oder weniger geglückte Überkompensation oder Sublimierung analer Tendenzen« zu erreichen (Mentzos, 1982 [1984], S. 165). Mit einer Auffassung der Zwangsdynamik als sozialer Anpassungsleistung holen Psychoanalytiker gegenwärtig eine Theorieperspektive ein, die bereits von einigen namhaften Neoanalytikern vorgedacht worden war (mit Rückbezug auf Sullivan, 1953, z. B. Angyal, 1965, und Salzman, 1973).

Intentionsstörung. Über diese Perspektive hinaus reichen die theoretischen Ausarbeitungen des Psychoanalytikers Shapiro über die »Autonomiebestrebungen des rigiden Charakters« (1981). Ihn interessieren insbesondere die intra- und interpersonalen Konsequenzen eines bei Personen mit Zwanghafter Persönlichkeitsstörung dominierenden, detailorientiert-dysfunktionalen Denkstils. Er sieht das Hauptproblem der Störung vor allem in einer »aktiven Unaufmerksamkeit« gegenüber neuen Informationen oder externalen Einflüssen, die eine Verunsicherung der eigenen Kompetenz beinhalten könnten. Diese Betrachtung macht darauf aufmerksam, dass es sich bei der zwanghaften Persönlichkeit im Kern um eine Intentionsstörung handeln könnte. Sämtliche Bestrebungen der Betroffenen zur zwanghaften Aufrechterhaltung einer scheinbar autonomen Handlungsfreiheit stehen selektiv verengt (d.h. kognitiv gesteuert) unter dem Regime moralischer, logischer, sozial angemessen erscheinender Regeln und Maximen. Nicht von ungefähr finden sich ganz ähnliche Erklärungen in der kognitiven Ätiologieperspektive von Beck und Mitarbeitern (1990), die sich ausdrücklich auf Shapiros Vorarbeiten beziehen.

17.5 Behandlung

Bei der Zwanghaften Persönlichkeitsstörung gilt es, ein Depressionsrisiko zu beachten. Insbesondere wenn dieses in der Folge gravierender Umbrüche im Lebensumfeld der Betroffenen oder wegen eines Scheiterns eines zwanghaften Persönlichkeitsstils symptomatisch wird, kann es unumgänglich werden, den Patienten zu motivieren, eine Psychotherapie zur Neubestimmung der Lebensperspektiven zu beginnen – und zwar unter Beachtung persönlicher Stile und Gewohnheiten, wenn diese für das Depressionsrisiko bedeutsam sind.

Therapeutische Fortschritte bei zwanghafter Persönlichkeit dürften daran abzulesen sein, ob Patienten den Mut entwickeln, *aktiv* eine Neuorganisation eigener Lebensbedingungen anzustreben. Nach aller dazu inzwischen vorliegenden Erfahrung dürfte dieses Therapieziel am besten durch einsichts- und beziehungsorientierte Therapieangebote erreichbar sein – also durch psychodynamische, gesprächspsychotherapeutische oder interpersonell orientierte Behandlungskonzepte (Freeman & Gunderson, 1989). Eine erfolgversprechende Tradition in der Behandlung zwanghafter Persönlichkeitsstörungen liegt von Seiten der Psychoanalyse vor, in der sich immer wieder der Vorschlag findet, anankastischen Persönlichkeiten eine psychoanalytische Langzeitbehandlung zu empfehlen (Couchsetting).

Differenzialindikation bei Zwangsstörungen. Es bleibt – wie angedeutet – zu beachten, dass deutliche Unterschiede zwischen einer Zwanghaften Persönlichkeitsstörung und den symptomatischen Zwängen (Zwangshandlungen, Zwangsgedanken) bestehen (Zaudig & Fiedler, 2007; → Kap. 8). Deshalb gilt es, einen wichtigen Unterschied zur Behandlung der symptomatischen Zwangsstörungen zu beachten: Ganz im Unterschied zur gerade angedeuteten Therapieempfehlung (einsichtsorientiert, psychodynamisch bei zwanghafter Persönlichkeit) können und sollten Zwangsstörungen (Zwangshandlungen, -gedanken und -rituale) vorrangig mit einer Verhaltenstherapie behandelt werden, zumal symptomatische Zwangsstörungen mit einer einsichtsorientierten Psychotherapie immer schon als schwierig und mit nur wenig Erfolg zu behandeln galten (vgl. Ecker, 2001, 2002; Bossert-Zaudig et al., 2002; Fiedler, 2007e; Hoffmann & Hofmann, 2010).

Psychoanalyse

Psychoanalytische Autoren empfehlen – wie angedeutet – in der Regel also eine langfristige Therapie, da die Betroffenen in kurzzeitigen Psychoanalysen selten hinreichend profitieren (Horowitz, 1980; Salzman, 1989; McCullough & Maltsberger, 1995). Wichtig in diesem Zusammenhang ist weiter, dass sich Patienten mit diesem Störungsbild auch in psychodynamischen Gruppentherapien, die ebenfalls als Kurzzeittherapie angeboten werden, gelegentlich als schwierig erwiesen haben. Einige Gruppentherapeuten berichten, dass zwanghafte Patienten in Gruppen dazu tendierten, sich dauerhaft zu sehr mit dem Therapeuten zu identifizieren, was sich ungünstig auf eine wünschenswerte Gruppenkohäsion auswirken könnte (Bohus et al., 2004).

Von einigen Autoren werden einige weitere Voraussetzungen diskutiert, die bei der psychoanalytischen Therapiearbeit mit Blick auf den besonderen persönlichen Stil der Betroffenen Beachtung finden sollten: Der Therapiearbeit sollten klare Absprachen über die Regelmäßigkeit der Therapiesitzungen zugrunde liegen sowie die übliche Bereitschaftserklärung des Patienten, über Gefühle und Gedanken frei und möglichst unzensiert zu sprechen. Letzteres dürfte insbesondere zwanghaften Patienten zunächst besonders schwer fallen, weshalb ihnen der Sinn der freien Assoziation wiederholt transparent gemacht werden sollte (Salzman, 1980).

Andererseits können Therapeuten der rigiden und auf Sicherheit bedachten Persönlichkeitsstruktur der Patienten durch eine gewisse Flexibilisierung ihrer Arbeitsweise entgegenkommen. Denn die Betroffenen bevorzugen eine klar strukturierte und gegenwartsbezogene Therapiearbeit (Juni & Semel, 1982). Für die Therapie kann dies durchaus fruchtbar gemacht werden: Wenn sich die Betroffenen häufig in weitschweifigen Detailanalysen vergangener Erfahrungen ergehen, könnte eine klar strukturierte Hinführung auf die Bedeutsamkeit aktueller Themen und Probleme neue Gesprächs- und Sinnfindungsperspektiven eröffnen (Freeman & Gunderson, 1989).

Psychoanalytische Autoren weisen darauf hin, dass eine zu direkte therapeutische Konfrontation der Patienten mit ihren zwanghaften Persönlichkeitseigenarten möglichst vermieden werden sollte. Vielmehr könne die Neigung, sich in Details zu verlieren, durch eine aktivere Gesprächsbeteiligung des Therapeuten beeinflusst werden, ohne dabei unbedingt dem teils intellektualisierenden Gesprächsstil der Betroffenen zu entsprechen und ohne diesen unmittelbar zum Gegenstand von Übertragungsdeutungen werden zu lassen (Salzman, 1989).

Die psychoanalytische Behandlung bei der Zwanghaften Persönlichkeitsstörung wird zwar gelegentlich als schwierig beschrieben. Angesichts der zumeist hohen Bereitschaft der Patienten, die Therapie erfolgreich abschließen zu wollen, und wegen des persönlichkeitsbedingten Durchhaltevermögens der Patienten wird andererseits von geringen Therapieabbrüchen, teils von erheblichen Besserungen berichtet, die sich im Verlauf einer Langzeittherapie einstellen (Stone in Liebowitz et al., 1986).

Verhaltenstherapie

Turkat und Maisto (1985) berichten von einigen (gescheiterten) Versuchen in der verhaltenstherapeutischen Behandlung Zwanghafter Persönlichkeitsstörungen. Die Therapierationale erscheint mit Blick auf die oben genannten Zielstellungen zunächst einleuchtend. Im Therapieplan war angesichts der besonderen Verletzlichkeit zwanghaft strukturierter Personen vorgesehen, (a) die Kompetenz um Umgang mit emotionalen Erfahrungen zu verbessern und (b) in einer ergänzenden kognitiv-orientierten Phase die störungstypischen, zu rational, logisch und eng ausgelegten Problemlösestrategien zu reflektieren. Interessanterweise fanden alle Patienten, denen der Vorschlag für dieses Vorgehen unterbreitet wurde, die Zielrichtung der Therapie angemessen und sinnvoll. Andererseits fand sich kaum ein Patient bereit, eine solche Therapie selbst zu absolvieren. Turkat (1990) zieht aus seinen bisherigen Erfahrungen den Schluss, dass für eine Verhaltenstherapie der Zwanghaften Persönlichkeitsstörungen die geeigneten Behandlungsformen erst noch gefunden werden müssten. Diese Ansicht wird jedoch von kognitiv orientierten Verhaltenstherapeuten bezweifelt (Fiedler, 2007e; Hoffmann & Hofmann, 2010).

Kognitive Therapie

Beck und Mitarbeiter (1990) zeigen an einem Fallbeispiel die Möglichkeiten der Kognitiven Therapie bei Zwanghaften Persönlichkeitsstörungen. Nach ihrer Auffassung kommt die Kognitive Therapie der zwanghaften Struktur dann entgegen, wenn ihr von Anfang an eine klare Problemlösestruktur zugrunde liege. Auch sollten die einzelnen Sitzungen durchstrukturiert sein. Von der Möglichkeit zu Hausaufgaben sollte ausgiebig Gebrauch gemacht werden. »Struktur« entspreche den Patienten und zwinge sie zugleich, spezifische Probleme auszuwählen und an diesen konsequent zu arbeiten.

Konfliktmanagement. Entsprechend lehnen Beck et al. andere Verhaltenstherapietechniken (wie Entspannungsverfahren oder Rollenspieltechniken) bei zwanghaft strukturierten Menschen immer dann ab, wenn diese auch nur ansatzweise andeuten, dass sie »Zeitverschwendung« seien und nicht der sachlichen Lösung von Problemen dienten. Empfohlen wird ein pragmatischer Einsatz der kognitiven Therapiestrategie mit dem Ziel der Korrektur und Abschwächung dysfunktionaler Denkroutinen (Schemata), um diese durch flexiblere, möglichst funktional-realistische Denk- und (erst daraus folgend) Handlungsmuster zu ersetzen. Durch gezielte Hausaufgaben wird der Patient angeregt, Hypothesen und Vorstellungen über sich selbst und andere im Lebensalltag zu überprüfen oder aber auch mit ihnen zu experimentieren. Letzteres ist auch in Gruppentherapien möglich, wenn diese vorrangig psychoedukativ strukturiert sind (vgl. Schmitz et al., 2001).

Weitere Aspekte

Es kann nicht stark genug betont werden, dass es in der Behandlung von Patienten mit Zwanghafter Persönlichkeitsstörung nur sehr begrenzt darum gehen wird, den zwanghaften Stil der Betroffenen grundlegend zu ändern. Sorgfalt und Gewissenhaftigkeit haben große Vorteile und stellen in besonderem Maße adaptive Lebensstile dar. Deshalb kommt der Beachtung kontextueller Rahmenbedingungen eine besondere Funktion zu. Möglicherweise sind durch genaue Analysen der Lebens- und Arbeitsbedingungen bereits entscheidende Weichenstellungen in Richtung Veränderung möglich.

Als wesentliches Prinzip gilt das psychosoziale Konfliktmanagement, auf das bereits mehrfach eingegangen wurde (z. B. → Kap. 10). Mit dem Patienten zusammen wird festgelegt, welche prototypischen Interaktionskonflikte oder Konfliktepisoden mit anderen Menschen, im Privatleben oder im Beruf bestehen. Genau diese werden nach und nach in den Mittelpunkt der Behandlung gerückt. Auch das Konfliktmanagement zielt nicht unmittelbar auf eine Veränderung der Persönlichkeitsstörung. Ziel ist die Verbesserung der Kompetenz im Umgang mit interaktionellen Konflikten bzw. der Erwerb eines alternativen Bewältigungsverhaltens (Coping). Eher zusätzlich (mittelbar) wird erwartet, dass sich mit veränderten Interaktionsmustern möglicherweise auch die Persönlichkeitseigenarten der Betroffenen ändern.

Motivation zur grundlegenden Veränderung kann gelegentlich dadurch geschaffen werden, dass die Patienten erkennen lernen, welche Bereiche ihres Lebens sie bisher sehr vernachlässigt haben. Die Patienten könnten auf diese neugierig gemacht werden, um neue Erfahrungen zu machen, die in die Richtung gehen: mehr Spaß am Leben zu haben, indem man auch einmal bereit ist, gewisse Risiken einzugehen, etwa nach dem Motto »No risk, no fun« (Trautmann, 2004). Hier kann therapeutisch nicht selten auch an eine Trauer über die geringe Genussfähigkeit und emotionale Erlebnisfähigkeit angeknüpft werden.

Ob und wie weit dies tatsächlich gelingt, ist nicht zuletzt eine Frage der Zeit, die zum Erwerb und zur ausreichenden Reflexion neuer Bewältigungskompetenz und neuartiger Lebenserfahrungen zur Verfügung steht (Sachse et al., 2015). Andererseits können aber auch bereits leichte Veränderungen im Lebensumfeld entscheidend zum Gelingen einer Therapie beitragen (vgl. das Fallbeispiel in → Abschn. 10.2.3).

17.6 Zusammenfassende Bewertung

Über die Beschreibung des Störungsbildes und die Ausarbeitung von Kriterien bestand und besteht heute weitgehend Konsens. Andererseits liegen zu sämtlichen Ätiologieüberlegungen bisher keine substanziellen Forschungsarbeiten vor. So muss sich erst zukünftig noch erweisen, ob die Annahmen zur Entstehung und Aufrechterhaltung der zwanghaften Persönlichkeitsstörung, die bislang vorrangig intuitiv aus Einzelfallanalysen gewonnen wurden, weiterhin Geltung beanspruchen können.

Von Vorgesetzten geschätzt, von Kollegen häufig isoliert, von Untergebenen gefürchtet, widmen die Betroffenen ihr Leben der Arbeit und der Pflege von Struktur und Ordnung. Andererseits kommen sie nur so lange im sozialen Gefüge zurecht, wie die eigene Position klar eingefügt ist. Persönliche Probleme ergeben sich zumeist in Phasen der Veränderung und Umstrukturierung oder wenn man von Kollegen wegen seiner Eigenarten immer mehr ausgegrenzt wird. Angesichts zunehmender Anforderungen verlieren die Betreffenden häufig den Überblick, können kaum mehr Entscheidungen treffen und Wichtiges nicht mehr von Unwichtigem unterscheiden, wodurch ihre zögerliche Gewissenhaftigkeit zum wahren Verhängnis werden kann. In solchen Situationen wird deutlich, wie sehr viele Betroffene vom anerkennenden Urteil anderer abhängig sind: Tiefe narzisstische Kränkungen können die Folge sein bei gleichzeitig gegebenem Risiko einer Depression und gelegentlich steigender Suizidneigung. Zuspitzungen können sich mit fortschreitendem Alter häufen, wenn kognitive Einschränkungen dem Streben nach Perfektionismus zunehmend im Wege stehen und die Rigidität im Denken verstärken.

Wie bei den anderen Persönlichkeitsstörungen verlangt die psychotherapeutische Behandlung bei zwanghafter Persönlichkeit einige Abweichungen von den »klassisch« geltenden Vorgaben der Therapieschulen. Die Patienten erweisen sich als rigide und unflexibel, haben ein starkes Kontrollbedürfnis, erweisen sich gelegentlich als wenig änderungsbereit – was zumeist daran liegt, dass sie nämlich nicht wegen ihres Persönlichkeitsstils in die Behandlung kommen, sondern wegen einer vorhandenen Depressions- oder Angst-Symptomatik bzw. wegen somatoformer Auffälligkeiten. Therapeuten sind gut beraten, den gewissenhaften Persönlichkeitsstil zunächst als funktional zu positivieren und dennoch die Frage zu stellen, in welchen Lebensbereichen gegenüber welchen Problemkonstellationen und angesichts welcher Belastungen der persönliche Stil sich als möglicherweise nicht hinreichend erwiesen hat – und dann von dort ausgehend nach möglichen Alternativen zu suchen und entsprechend neue Weg zu beschreiten.

18 Narzisstische Persönlichkeitsstörung

> *Sie haben die zarteste Empfindlichkeit gegen jedes, was auch nur*
> *auf die entfernteste und indirekte Weise ihre kleinliche Eitelkeit verletzen*
> *oder irgendwie nachteilig auf ihr höchst pretioses Selbst reflektieren könnte.*
> Arthur Schopenhauer

Der Begriff »Narzissmus« kennzeichnet in seiner allgemeinen (positiven) Form einen Menschen mit gesunder Selbstwertschätzung, der zudem gut in der Lage ist, relativ konstante positive wie negative zwischenmenschliche Beziehungen auszubilden. In seiner (negativen) Variante zur Kennzeichnung einer Persönlichkeitsstörung impliziert er zumeist das Gegenteil: nämlich eine Störung der Beziehungsfähigkeit, die durch Selbstbezogenheit, eine hohe Empfindlichkeit gegenüber der Einschätzung durch andere und durch einen Mangel an Einfühlungsvermögen bestimmt ist.

Für die Kriterien-Entwicklung zur Narzisstischen Persönlichkeitsstörung im DSM-III-(R) wegbereitend war die Objekt-Beziehungs-Theorie Kernbergs (1975, 1976), die zugleich eng mit dessen Verständnis der Borderline-Persönlichkeitsstörung verknüpft ist (→ Abschn. 16.4.1). Nach dieser Auffassung ist es der narzisstisch gestörten Persönlichkeit zwar gelungen, eine im Hintergrund virulent gebliebene Borderline-Persönlichkeitsstruktur durch die Überidealisierung des eigenen Selbst zu überwinden. Andererseits hat sie es nicht erreicht, das von Kernberg so bezeichnete »pathologische Größenselbst«, das dem Behalt der Selbstsicherheit dient, im Verlauf weiterer Lebenserfahrungen angemessen zu relativieren.

Die Betrachtung der Narzisstischen Persönlichkeitsstörung als Spezialfall der Borderline-Persönlichkeitsstörung ist sowohl in der Psychoanalyse als auch darüber hinaus sehr umstritten. Insbesondere Kohut (1971, 1977) vertrat ein erheblich weiter gefasstes Narzissmus-Konzept (→ Abschn. 18.3). Dennoch wurde die bisherige DSM-Kriterien-Setzung vor allem von der Kernberg'schen Theorieperspektive deutlich beeinflusst. Das hat sich auch mit ihrer Neu-Einsetzung im Alternativ-Modell der Persönlichkeitsstörungen im DSM-5 nur unmerklich geändert.

18.1 Diagnostik

18.1.1 Narzisstische Persönlichkeitsstörung im DSM-IV-TR bis zum DSM-5 Sektion II

Die Narzisstische Persönlichkeitsstörung wurde mit dem DSM-III (von 1980) erstmals in ein psychiatrisches Klassifikationssystem übernommen. Da bis dahin kaum substanzielle Forschungsarbeiten zu diesem Störungsbereich vorlagen, stieß die Einführung von Anfang an auf heftige Kritik. Die *Task-Force on DSM-III* der American Psychiatric Association (1980) musste sich bei der Kriterien-Bestimmung fast ausschließlich auf Beschreibungsversuche stützen, die von psychoanalytischen Autoren auf der Grundlage therapeutischer Kontakte mit Patienten vorgelegt worden waren. Dem Wunsch der Psychoanalytiker nach Einführung einer Narzisstischen Persönlichkeitsstörung in das DSM-III wurde entsprochen, weil zumindest über die Kriterien schließlich Einvernehmen hergestellt werden konnte, auch wenn über die Hintergründe und möglichen Ursachen nach wie vor Uneinigkeit herrscht. Und obwohl sich diese Situation bis zur Einführung des DSM-IV (APA, 1994) kaum geändert hatte, wurde die Störungskategorie mit nur unwesentlichen Änderungen erneut aufgenommen und über das DSM-IV-TR (APA, 2000) bis hin zum DSM-5 (offizielles Kategoriensystem in Sektion II) beibehalten (vgl. Ronningstam, 2012).

Diagnostische Kriterien
Narzisstische Persönlichkeitsstörung
Ein tiefgreifendes Muster von Großartigkeit (in Fantasie oder Verhalten), Bedürfnis nach Bewunderung und Mangel an Empathie. Der Beginn liegt im frühen Ewachsenenalter, und das Muster zeigt sich in verschiedenen Situationen. Mindestens fünf der folgenden Kriterien müssen erfüllt sein:
1. Hat ein grandioses Gefühl der eigenen Wichtigkeit (z.B. übertreibt die eigenen Leistungen und Talente; erwartet, ohne entsprechende Leistungen als überlegen anerkannt zu werden).
2. Ist stark eingenommen von Fantasien grenzenlosen Erfolgs, Macht, Glanz, Schönheit oder idealer Liebe.
3. Glaubt von sich, »besonders« und einzigartig zu sein und nur von anderen besonderen oder angesehenen Personen (oder Institutionen) verstanden werden oder nur mit diesen verkehren zu können.
4. Verlangt nach übermäßiger Bewunderung.
5. Legt ein Anspruchsdenken an den Tag (d.h. übertriebene Erwartungen an eine besonders bevorzugte Behandlung oder automatisches Eingehen auf die eigenen Erwartungen).
6. Ist in zwischenmenschlichen Beziehungen ausbeuterisch (d.h. zieht Nutzen aus anderen, um die eigenen Ziele zu erreichen).
7. Zeigt einen Mangel an Empathie: Ist nicht willens, die Gefühle und Bedürfnisse anderer zu erkennen oder sich mit ihnen zu identifizieren.
8. Ist häufig neidisch auf andere oder glaubt, andere seien neidisch auf ihn/sie.
9. Zeigt arrogante, überhebliche Verhaltensweisen oder Haltungen.

Abdruck erfolgt mit Genehmigung vom Hogrefe Verlag Göttingen aus dem Diagnostic and Statistical Manual of Mental Disorders, Fifth Edition © 2013 American Psychiatric Association, dt. Version © 2015 Hogrefe Verlag (S. 918).

Nach wie vor gibt es Kritik an dieser Störungskategorie, u.a. weil sich die valide Diagnose nur über eine genaue Kenntnis der Innenperspektive einer Person vornehmen lässt, die sich möglicherweise erst im Verlauf mehrerer Kontakte erschließt (Widiger et al., 1988). So finden sich in Studien, in denen (psychoanalytische [!]) Experten gebeten wurden, Patienten mit Narzisstischer Persönlichkeitsstörung aus einer größeren Gruppe von Patienten zu identifizieren, bei nachträglichen Versuchen, diese von unabhängigen Beurteilern im Sinne der DSM-Kriterien erneut zuzuordnen, stets erhebliche Diskrepanzen (Morey & Ochoa, 1989; vgl. Gunderson et al., 1991b). In der Morey/Ochoa-Untersuchung beispielsweise ließen sich nur 10 von 24 vorab durch Experten bestimmte Patienten (also 42 Prozent) erneut mit den DSM-III-Kriterien der Narzisstischen Persönlichkeitsstörung reidentifizieren. Die später im DSM-IV ausgearbeiteten Verbesserungen beinhalteten – wie angedeutet – kaum substanzielle Änderungen, und im DSM-IV-TR wurden keine Neuerungen vorgenommen.

18.1.2 Alternativ-Modell der Narzisstischen Persönlichkeitsstörung im DSM-5 Sektion III

Andererseits hat die DSM-Einführung der Narzisstischen Persönlichkeitsstörung eine beachtliche Forschungsaktivität stimuliert, auch wenn die zumeist psychoanalytisch orientierten Forscher erhebliche Probleme damit haben, sich auf ein einheitliches Konzept Narzisstischer Persönlichkeitsstörungen zu einigen. So war man natürlich zunächst recht begeistert, als sich in ersten empirischen Studien zeigte, dass sich mit dem von Gunderson und Mitarbeitern entwickelte *Diagnostic Interview for Narcissistic Patients* (DINP; Gunderson et al., 1990) die im DSM-III geforderte Diagnose recht zuverlässig absichern lässt. Dies war einer der Gründe, die Störung erneut in das DSM-IV aufzunehmen, wenngleich die Konstruktvalidität des DINP mit dem DSM-IV zunächst nicht befriedigte (vgl. Cooper & Ronningstam, 1992; Widiger & Trull, 1993).

Entsprechend vielfältig waren deshalb die Bemühungen anderer Forschergruppen, mit eigenen Narzissmus-Inventaren methodisch besser vertretbare Konzepte abzuliefern. Das Ergebnis trug jedoch eher zur weiteren Verunsicherung als zur Vereinheitlichung bei. Auf mindestens fünf gründlicher untersuchte Konzepte kann heute zurück geblickt werden (Übersicht bei Ronningstam, 2012): (a) das von Kernberg auf der Grundlage seiner Theorie (→ Abschn. 18.3) entwickelte *Diagnostic System for Narcissistic Personality Disorder* (1983); (b) das *Diagnostic System for Two Subtypes of Narcissistic Personality Disorder: Covert and Overt* (Akhtar, 1989); (c) das *Diagnostic System for Hypervigilant and Oblivious Narcissistic Personality Disorder* (Gabbard, 1989); (d) ein Inventar zur Diagnose der Narzisstischen Persönlichkeitsstörung von Cooper (1998), das hinsichtlich Selbst-Repräsentation, kompensatorischer Funktionen, interpersoneller Beziehungen und dem Vorhandensein Affektiver Störungen differenziert; schließlich (e) ein schematheoretisch begründeter Ansatz, der von Young und Flanagan (1998) dem Konzeptraum von außerhalb der Psychoanalyse seitens der Schematherapeuten hinzugefügt wurde.

Angesichts der sich darbietenden und sich teilweise widersprechenden Vielfalt an Sichtweisen auf einen gestörten Narzissmus wollte die für Persönlichkeitsstörungen zuständige DSM-5-Task-Force die Narzisstische Persönlichkeitsstörung zunächst streichen (Skodol, 2012). Mit dem daraufhin einsetzenden Sturm der Entrüstung hatte die Kommission jedoch nicht gerechnet. Die Kritiker beließen es nämlich nicht nur bei Protestnoten in Fachjournalen (wie z. B. Miller et al., 2010; Ronningstam, 2011; Widiger, 2011), sondern sie gingen über den Einbezug von Medien auch noch an die Öffentlichkeit. So lauteten beispielsweise die Überschriften über seitenlange Artikel in der New York Times und in der Süddeutschen Zeitung: »Die Narzissten sind gekränkt. Sie werden zukünftig ignoriert. Darf das sein?«

Angesichts des zunehmenden Drucks fand sich die Task-Force schließlich bereit, die Kategorie der Narzisstischen Persönlichkeitsstörung auch im Alternativ-Modell bei-zubehalten, worauf hin – etwas unter Zeitdruck – das Störungsbild im Sinne des für andere Persönlichkeitsstörungen bereits vorliegenden Funktions-, Domain- und Fa-cettenmodell neu ausgearbeitet wurde (vgl. Ronningstam, 2012). Natürlich ist dabei das Bemühen unverkennbar, insbesondere Persönlichkeitsmerkmale zu berücksich-tigen, die über unterschiedliche Forschergruppen als Minimalkonzept konsensfähig scheinen. Typische Merkmale der Narzisstischen Persönlichkeitsstörung gelten nun ein wechselndes und verletzliches Selbstwertgefühl, welches mittels Einwerbung von Aufmerksamkeit und Anerkennung Sicherheit sucht, sowie eine offensichtliche oder versteckte Großartigkeit (zur möglichen Merkmalsvielfalt, mit der sich die Narziss-tische Persönlichkeitsstörung einer klinischen Eindrucksdiagnose darstellen kann, vgl. Stone, 2014).

DSM-5 Sektion III: Narzisstische Persönlichkeitsstörung
Vorgeschlagene Diagnostische Kriterien
A. Mittelgradige oder stärkere Beeinträchtigung im Funktionsniveau der Persön-lichkeit, die sich durch typische Schwierigkeiten in mindestens zwei der fol-genden Bereiche manifestiert:
 1. *Identität:* Übermäßiger Vergleich mit anderen zur Selbstdefinition und Selbstwertregulation; übertriebene Selbstüber- oder -unterschätzung oder schwankend zwischen den Extremen; die Emotionsregulation hängt stark von Fluktuationen im Selbstwertgefühl ab.
 2. *Selbststeuerung:* Die persönliche Zielsetzung orientiert sich am Erlangen von Anerkennung durch andere; die persönlichen Maßstäbe sind unangemessen hoch, um sich als außergewöhnlich erleben zu können, oder zu niedrig aus einer überzogenen Anspruchshaltung heraus; die Person ist sich oftmals eigener Motivationen nicht bewusst.
 3. *Empathie:* Eingeschränkte Fähigkeit, die Gefühle und Bedürfnisse anderer Personen zu erkennen oder sich mit ihnen zu identifizieren; übertriebene Ausrichtung auf die Reaktionen anderer, jedoch nur, wenn diese als wichtig für die eigene Person betrachtet werden; Über- oder Unterschätzung der eigenen Wirkung auf andere.

4. **Nähe:** Zwischenmenschliche Beziehungen sind weitgehend oberflächlich und dienen der Selbstwertregulation; die Gegenseitigkeit ist eingeschränkt durch geringes echtes Interesse an den Erfahrungen anderer und durch das vorherrschende Bedürfnis nach persönlichem Gewinn.

B. Vorliegen der beiden folgenden problematischen Persönlichkeitsmerkmale:

1. **Grandiosität** (eine Facette der Domäne **Antagonismus**): Anspruchshaltung, entweder offenkundig oder verborgen; Selbstbezogenheit; starkes Festhalten an der Überzeugung, besser zu sein als andere; herablassende Haltung gegenüber anderen.

2. **Suche nach Aufmerksamkeit** (eine Facette der Domäne **Antagonismus**): Übermäßiges Bestreben aufzufallen und im Zentrum der Aufmerksamkeit anderer zu stehen; Verlangen nach Bewunderung.

Abdruck erfolgt mit Genehmigung vom Hogrefe Verlag Göttingen aus dem Diagnostic and Statistical Manual of Mental Disorders, Fifth Edition © 2013 American Psychiatric Association, dt. Version © 2015 Hogrefe Verlag (S. 1054f.).

Positiv überraschend an dieser Merkmalsauflistung ist, dass zahlreiche Eigenarten fehlen, die in manchen Narzissmus-Inventaren als Kernelemente aufgeführt sind, die jedoch zumeist im Rahmen von Klinischen Eindrucksdiagnosen zu stigmatisierenden Fehldiagnosen geführt haben (wie z. B. die Facetten Neigung zur Manipulation, Unehrlichkeit oder Gefühlskälte, die sowieso besser im Bereich der Antisozialen bzw. Dissozialen Persönlichkeitsstörung zu verorten wären). Bleibt weiter die Einschränkung zu beachten, dass mindestens eine mittelgradige Funktionsbeeinträchtigung Voraussetzung für die Diagnosevergabe darstellt und nicht lediglich die problematischen Persönlichkeitsmerkmale (gemäß Punkt B).

18.1.3 Narzisstische Persönlichkeitsstörung in der ICD-10

Da die in den 1980er-Jahren in das DSM-III eingeführte »Narzisstische Persönlichkeitsstörung« von Anfang an kontrovers diskutiert wurde, wurde die Typologie noch nicht in die ICD-10 eingearbeitet. Sie findet dort in einem Anhang neben einigen anderen Persönlichkeitsstörungen lediglich kurze Erwähnung, auch wenn in späteren Auflagen wenigstens einige Zentralmerkmale hinzugefügt wurden (F60.8). Danach müssen mindestens fünf der folgenden neun Merkmale erfüllt sein: Größengefühl; Phantasien über unbegrenzten Erfolg, Macht, Schönheit oder ideale Liebe; Gefühl der Einmaligkeit; Bedürfnis nach übermäßiger Bewunderung; unbegründete Anspruchshaltung; Ausnützung von zwischenmenschlichen Beziehungen; Mangel an Empathie; Neidgefühle oder Überzeugung, beneidet zu werden; hochmütiges Verhalten (WHO, 2015; S. 283).

18.2 Fehldiagnosen vermeiden!

Nimmt man die dargestellten methodischen Kritikpunkte ernst, so bleibt zwingend zu beachten, dass eine Diagnose der Narzisstischen Persönlichkeitsstörungen zuverlässig nur unter zwei Voraussetzungen vergeben werden kann: entweder (1) nur mithilfe standardisierter Interviews durch geschulte Diagnostiker (z. B. mittels SKID-II [→ Abschn. 8.1], das ja wegen der Übernahme der DSM-IV-TR-Kriterien in das DSM-5 nach wie vor seine Gültigkeit beibehalten hat oder (2) unter Anwendung des DSM-5-Alternativ-Modells, und zwar möglichst erst nach mehrmaligen Kontakten unter Bezugnahme auf die Innenperspektive der Patienten – wobei wir es vermutlich mangels noch fehlender empirischer Absicherung mit ernstzunehmenden Problemen der Validität zu tun bekommen, wie diese ganz allgemein bei einer Diagnose mittels klinischer Eindrucksbildung bestehen (→ Abschn. 8.2). Solch ein Bias lässt sich jedoch minimieren, wenn die Diagnose im Konsens mit Patienten gesucht und gestellt wird. Eine im Konsens gestellte Diagnose kann eine sehr hilfreiche Entwicklung in Psychotherapien einleiten, in denen interaktionelles Verhalten in seiner Dysfunktionalität verstanden und befriedigendere Erfahrungen ermöglicht werden (→ Abschn. 18.5).

Bleibt nämlich nach wie vor weiter zwingend zu beachten, dass die Angaben zum Vorkommen der Narzisstischen Persönlichkeitsstörung in Untersuchungen, die in Kliniken durchgeführt wurden, hochgradig auffällige Unterschiede aufweisen. Bereits früh auf der Grundlage vom DSM-III mitgeteilte Ergebnisse schwankten zwischen 1,6 Prozent (bei Dahl, 1986) und 16,2 Prozent (bei Zanarini et al., 1987). Daran hat sich in den Jahren danach mit den Kriterien des DSM-IV nur wenig geändert; Torgersen, 2012). Torgersen (2005) berichtet sogar über eine größere Klinik-Studie in Norwegen, in der die Diagnose mittels standardisiertem Interview (SKID-II) nur bei 5 Promille der Patienten (sprich: bei 5 von 1000) vergeben werden konnte. Auch diese Unterschiede lassen eine kritische Auseinandersetzung mit den Hintergründen für derartig befremdliche Diskrepanzen dringend erforderlich erscheinen – und waren übrigens ein weiterer dokumentierter Grund, diese Persönlichkeitsstörung nicht erneut in das Alternativ-Modell des DSM-5 zu übernehmen (Skodol, 2012).

Subjektive Einschätzung. Alles deutet einerseits darauf hin, dass die Diagnose »narzisstische Persönlichkeit« in Einrichtungen, in denen psychoanalytisch gearbeitet wird, häufiger als in anderen Institutionen vergeben wird – und zumeist, ohne dass etwa standardisierte Interviews zur Anwendung kommen. Andererseits ist aber auch auffällig, dass die Zahl der Patienten, die Statistiken zufolge die Narzissmus-Diagnose erhalten haben, auch unabhängig von der Therapieschulorientierung von Klinik zu Klinik beträchtlichen Schwankungen unterliegt. Die Möglichkeit, dass ein Patient die Diagnose »Narzisstische Persönlichkeitsstörung« erhält oder nicht, scheint häufig mehr vom Zeitgeist oder allgemeinen Diagnosegebaren einer Klinik abhängig zu sein, als dass etwa die Anwendung standardisierter Diagnoseinstrumente vermutet werden könnte.

Selbstbewusst und kritisch = narzisstisch? Von Kritikern wird nämlich zudem vermutet, dass diese Diagnose gelegentlich (zu vorschnell) bei jenen Patienten vergeben wird, die sich sehr selbstbewusst (= überwertig?) und kritisch (= hohe Anspruchshaltung?) mit der Psychotherapie, den Psychotherapeuten und den Erwartungen seitens der Therapeuten an »angemessenes« Therapieverhalten auseinandersetzen (vgl. Fiedler, 2000, 2003a). Untersuchungen zufolge gilt es dabei noch ein weiteres Diagnosebias zu bedenken. Denn bei den vermeintlichen oder realen »narzisstischen Persönlichkeiten« handelt es sich vorrangig um männliche Patienten, während Frauen (vielleicht ebenfalls in der Folge selbstbewusst präsentierter »Nichtcompliance« und damit vorschnell) die Diagnose »histrionisch« erhalten (Kass et al., 1983; Widiger, 1998; Lindsay et al., 2000; zusammenfassend zum Geschlechtsbias: → Abschn. 8.2.2).

Gelegentlich scheinen »Diagnostiker« einer Narzisstischen (bzw. Histrionischen Persönlichkeitsstörung) vorschnell zu übersehen, dass sie die Diagnose »Persönlichkeitsstörung« erst vergeben dürfen, wenn einige allgemeine Voraussetzungen erfüllt sind (→ Abschn. 3.4.2), d. h.,

▶ wenn die Person unter sich selbst leidet und / oder
▶ wenn das persönlichkeitsbedingte Risiko der Entwicklung einer substanziellen psychischen Störung gegeben ist und / oder
▶ wenn die betreffende Person mit Ethik und Recht in Konflikt geraten ist und sich etwaige Ethikverletzungen auch noch mit der Persönlichkeit begründen lassen.

Davon kann, so lässt sich vermuten, bei vielen Patienten, die in Akten als »narzisstisch« (bzw. »histrionisch«) geführt werden, nur selten die Rede sein. Jedenfalls rechtfertigen »Nichtcompliance«, »Widerstand« in der Psychotherapie oder »offene Kritik am therapeutischen Vorgehen« in aller Regel nicht die Diagnose einer Persönlichkeitsstörung. »Nichtcompliance« sowie »Widerstand« und eine kritische Position zur Psychotherapie gehören vielmehr zu den verbrieften Rechten eines Patienten, zumal dieser in den allermeisten Fällen auch noch als Dienstauftraggeber in das Dienstleistungsunternehmen Psychotherapie eintritt.

18.3 Differenzialdiagnostik

Aufgrund von Fallbeschreibungen lässt sich vermuten, dass Patienten mit Narzisstischer Persönlichkeitsstörung primär wegen depressiver Verstimmungen oder einer Depression um Behandlung nachsuchen werden (Cooper & Ronningstam, 1992; Rudolf, 1999). Zu beachten ist die hohe Suizidrate, die z. B. über der von Patienten mit Borderline-Persönlichkeitsstörung liegt (Bronisch & Frank, 2014. Anhaltenden depressiv-passiven Syndrombildungen mit vorherrschender Leistungsverweigerung kann vor allem bei jungen Erwachsenen eine narzisstische Selbstwertproblematik zugrunde liegen, die durch Selbstüberhöhung und Entwertung anderer abgewehrt wird. Narzisstische Eigenarten können auch das Symptombild manischer oder hypomanischer Episoden einer Affektiven Störung mitgestalten – können auch mit hypomanischen Episoden einer Affektiven Störung verwechselt werden (Marneros, 2014b). Die Diagnose der Narzisstischen Persönlichkeitsstörung sollte in solchen Fällen erst vergeben werden, wenn störungsrelevante Verhaltensweisen auch außerhalb der Krankheitsepisoden bestehen bleiben.

Persönlichkeitsstörungen. Komorbiditätsstudien, in denen standardisierte Interviews durchgeführt wurden, zeigen vielfältige Überschneidungen mit anderen Persönlichkeitsstörungen. Relativ häufig finden sich Kodiagnosen mit der Histrionischen, *der* Borderline- *und der* Antisozialen Persönlichkeitsstörung (Dahl, 1986; Morey, 1988; Zimmerman & Coryell, 1989; → Kap. 8), mit denen die narzisstische Persönlichkeit das gemeinsame DSM-IV-TR-Cluster B »dramatisch, emotional, launisch« bildet. Dennoch dürften es nicht nur diese drei Charakterisierungen (dramatisch, emotional, launisch) sein, die Gemeinsamkeiten der Histrionischen, Borderline- und Dissozialen mit der Narzisstischen Persönlichkeitsstörung begründen. Die Gemeinsamkeiten liegen eher in interpersonellen Merkmalen: einem Mangel an Empathie (Kriterium der dissozialen Persönlichkeit; → Kap. 14), einem Ausnutzen zwischenmenschlicher Beziehungen (Kriterium der histrionischen Persönlichkeit; → Kap. 22) sowie in Selbstwertproblemen (Kriterien der Borderline-Persönlichkeit; → Kap. 16). Im Unterschied zu diesen drei Persönlichkeitsstörungen dürfte die narzisstische Person in ihren Handlungen deutlich weniger impulsiv sein und weniger emotional überbetont wirken, ihre zwischenmenschlichen Beziehungen weniger intensiv oder dependent gestalten und gewöhnlich eine fester gefügte Persönlichkeitsstruktur aufweisen (Ronningstam & Gunderson, 1991; Ronningstam, 2012).

Eine Differenzialdiagnose ist gelegentlich auch gegenüber der *Zwanghaften Persönlichkeitsstörung* notwendig (wegen der für beide Störungen typischen Neigung zum Perfektionismus; → Kap. 17). Im Unterschied zur zwanghaften Persönlichkeit fehlt den narzisstisch gestörten Personen in aller Regel die Möglichkeit der Selbstkritik oder der Selbstanklage. Allerdings kommen beide Störungen gelegentlich gemeinsam vor. Von der *Schizotypen* oder auch *Paranoiden Persönlichkeitsstörung* lässt sich die Narzisstische Persönlichkeitsstörung gewöhnlich durch den fehlenden sozialen Rückzug abgrenzen (→ Kap. 19 und → 20).

18.4 Erklärungsansätze

Psychoanalyse

Die psychoanalytische Konzeptbildung zur Narzisstischen Persönlichkeitsstörung ist durch eine Kontroverse geprägt, die sich mit divergierenden Auffassungen Kohuts und Kernbergs verbindet (vgl. Rudolf, 1987, 1996).

Primär? Nach Kohut (1971, 1977) differenziert sich ein biologisch vorgegebener primärer Narzissmus zunächst in zwei Richtungen: einmal in Richtung auf eine vorübergehende Idealisierung seiner selbst, zum anderen in Richtung auf eine vorübergehende Idealisierung der intimen Bezugspersonen (Eltern). Misslingt die entwicklungsnotwendige Auflösung der Narzissmusabkömmlinge »Selbstidealisierung« und »Elternidealisierung«, so können die grandiosen Selbstvorstellungen in verdrängter Form wirksam bleiben. Sie prägen in Gestalt nicht befriedigter Größenansprüche und entsprechend beschämender Minderwertigkeitsgefühle das Erleben narzisstisch gestörter Patienten (als sekundärer Narzissmus). Zur pathologischen Charakterentwicklung kommt es in der Folge einer unempathischen, vernachlässigenden und / oder abwertenden Erziehung des Kindes. Das Ergebnis liegt im fortwährenden Misslingen, über primitiv-kindliche Grandiositätsgefühle hinauszuwachsen. Im späteren Leben kann dabei die sehnsüchtige Suche nach einem idealen Selbstobjekt so dominierend werden, dass daraus eine Neigung zur Abwertung anderer oder deren neidvolle und kränkende Ablehnung erwächst.

Sekundär? Kernberg (1975, 1976) hingegen hebt zwei klinische Erscheinungsbilder voneinander ab, die *Narzisstische Persönlichkeitsstörung* und die *Borderline-Persönlichkeitsstörung*. Nach seiner Auffassung handelt es sich bei der Borderline-Persönlichkeitsstörung lediglich um die schwerere von zwei ähnlichen Störungsbildern in der Entwicklung eines zum Menschen üblicherweise zugehörigen gesunden Narzissmus (Selbstwertgefühl), die sich zugleich durch zwei unterschiedliche Formen der Abwehr zwischenmenschlich bedrohlicher Erfahrungen auszeichnen. In der Borderline-Störung dominiert die von ihm so bezeichnete »Spaltung«, deren Hauptmerkmal das der Dissoziation in eine multiple Symptombildung ist (→ Abschn. 16.4.1). Die in der besser entwickelten Narzisstischen Persönlichkeitsstörung vorherrschende sog. »narzisstische Abwehrstruktur« trägt hingegen weniger psychopathologische Züge (keine Symptomfluktuation, bessere Impulskontrolle, höhere soziale Anpassungsfähigkeit).

Ein Mensch mit Narzisstischer Persönlichkeitsstörung hat im Sinne dieser Auffassung mit seinen narzisstischen Größen- und Unabhängigkeitsfantasien eine spezifische Kompetenz der Bewältigung einer dennoch zugrunde liegenden Borderline-Struktur sekundär ausgebildet (vgl. Adler, 1981). Narzisstische Patienten zeichnen sich nach Kernberg durch einen ausgeprägten Eigenbezug aus, der ihnen hilft, eine dahinterliegende zwischenmenschliche Unsicherheit zu tarnen. Letztere sei jedoch durchaus sichtbar; denn die emotionalen Beziehungen seien durch Angst vor Abhängigkeit und durch mangelndes Einfühlungsvermögen gekennzeichnet.

Kognitive Verhaltenstherapie

Kognitiv-behaviorale Konzepte betonen eher direkte Wirkungen aus einem narzissmusförderlichen Erziehungsstil der Eltern: Durch besondere Beachtung und Bekräftigung kindlicher Verhaltensweisen im Kontext einer insgesamt »überwertigen« Erziehung kommt es langfristig zu einer Selbstüberschätzung des Kindes. Für diese Eltern seien (so beispielsweise Millon, 1981) ihre Kinder von Anfang an »besser als andere« und deshalb durchgängig in der Lage, alles nur Wünschenswerte in ihrem Leben zu erreichen, und zwar mit einem Minimaleinsatz an eigener Leistung und Investition. So findet in der kindlichen Erziehung ein Verhalten Beachtung und Verstärkung, das in Intoleranz gegenüber anderen die eigenen Fähigkeiten und Wertigkeiten betont und diese auch nach außen gut darstellen kann – und zwar ohne dass das tatsächlich gezeigte Verhalten der Selbstpräsentation auch nur annähernd entsprechen muss.

Feedbackproblem. Obwohl die Bezeichnung »narzisstisch« das Überwiegen einer übermäßigen Selbstwertschätzung betont, liegen die Hauptmerkmale dieser Störung im interpersonellen Bereich: fehlende Empathie, soziales Unbehagen, Angst vor Kritik, Schüchternheit. Deshalb ist für Beck et al. (1990) die Narzisstische Persönlichkeitsstörung im Kern ein Feedbackproblem. Dies liegt in der Natur der auch öffentlich präsentierten Überhöhung des Selbstkonzepts begründet: Es besteht eine andauernde Bedrohung durch andere, wenn diese die Überwertigkeit nicht zu teilen vermögen und eine realistischere Sicht der Wirklichkeit vom Betroffenen einfordern. Genau diese Bedrohung führt fast zwangsläufig zu einem erneuten Rechtfertigungszwang und zu einer Aufrechterhaltung überwertiger kognitiver Konstruktionen. Die Folge sind eskalierende Beziehungsstörungen, die durch die Betroffenen selbst im Bemühen um Aufrechterhaltung der Glaubwürdigkeit ihrer Wirklichkeitsauffassungen kaum auflösbar scheinen.

18.5 Behandlung

Psychoanalyse und psychodynamische Therapie

In der Psychoanalyse gibt es – wie dargestellt – nach wie vor eine Diskussion darüber, was die Narzisstische Persönlichkeitsstörung im Kern ausmacht und wie sie behandelt werden sollte. Einerseits wird sie in einem weiter gefassten Sinne verstanden, etwa als Prototyp einer »frühen Störung«, so wie es in der oben dargestellten Tradition Kohuts üblich ist. Danach wäre die Narzissmus-Störung als subjektiv schwer lösbarer Konflikt zwischen Selbstüberschätzung und der gleichzeitigen Annahme einer Grandiosität anderer Personen verstehbar (bzw. aus deren ständiger Fluktuation), die aus dem Kindheitserleben eines grandiosen Selbst bzw. der Grandiosität der Eltern auf aktuelle Beziehungen übertragen wird.

Oder es gibt Auffassungen in einem viel engeren Sinne, die zumeist den zuvor dargestellten Ansichten Kernbergs folgen, welche im Übrigen ihren Niederschlag in den Kriterien-Ausarbeitungen seit dem DSM-III bis zum DSM-IV-TR gefunden haben (→ Abschn. 18.1). Im Sinne Kernbergs wäre die Narzissmusstörung bereits eine konkrete Form der Auflösung dieses Konfliktes, und zwar in Richtung auf eine Überwertigkeitssicht der eigenen Person. Der Konflikt selbst bleibe vielmehr in anderen Störungen sichtbar (z. B. der Borderline-Störung), die im Narzissmus-Verständnis sensu Kohut nicht weiter differenziert werden.

Konzeptimplikationen. Dieser konzeptuelle Unterschied hat natürlich insofern therapeutische Implikationen, als die Narzissmusstörung im Sinne Kernbergs zwar eine Borderline-Störung maskieren kann, in der Regel jedoch die »leichtere« Störungsvariante darstellt. Entsprechend gehen die Therapievorschläge Kernbergs (1975, 1984) in die Richtung, den Patienten mit seiner narzisstischen Abwehr (die Selbstüberschätzung als Abwehrmöglichkeit von Wut, Aggression und Neidgefühlen) zu konfrontieren und diese therapeutisch direkt zu bearbeiten. Das konkrete Vorgehen entspricht in etwa dem, wie es im → Abschnitt 16.6.1 über die Behandlung von Borderline-Störungen als eine auf Übertragungen fokussierende psychodynamische Therapie beschrieben wurde.

Bei Durchsicht einschlägiger Arbeiten zur psychodynamischen Behandlung der Narzisstischen Persönlichkeitsstörungen findet man auch hier die bereits in → Abschn. 10.3

beschriebene Kontroverse der Psychoanalytiker über die Bevorzugung von Übertragungsdeutungen versus supportiv-stützenden Interventionen. Denn auch bei narzisstischen Persönlichkeiten fordern Kohut (1971) und seine Nachfolger ein eher stützend-fürsorgliches Vorgehen. Nach ihrer Auffassung sei die übertragungsfokussierende Konfrontation von Patienten als Empathie-Fehler anzusehen, weil sie nur umso deutlicher die fragilen Abwehrmechanismen (Ambivalenzen und fluktuierende Interaktionsmuster zwischen den Grandiositätsextremen) provoziere. Entsprechend konsequent wird eine von Empathie und Verständnis bestimmte Psychoanalyse der Narzissmusstörungen gefordert (vgl. z. B. Adler, 1986; Russell, 1985; konkrete Therapieüberlegungen: Groopman & Cooper, 1995; Lang, 1996; Deneke, 1996; Lachmann, 2014).

Therapiekrisen vermeiden. Bei kritischem Vergleich unterschiedlicher Therapieausarbeitungen zur psychodynamischen Therapie der Narzisstischen Persönlichkeitsstörung wäre es eigentlich naheliegend, sich der Sichtweise von Kohut und seinen Nachfolgern anzuschließen. Denn einige der zuletzt zitierten Autoren berichten, dass eine ausdrückliche Zurückhaltung in der Anwendung von Übertragungsdeutungen zur Verminderung von Therapieabbrüchen beigetragen habe. Und vorzeitige Therapieabbrüche sollte man nicht als Problem der »Narzisstischen Persönlichkeitsstörung« abtun, wie dies gelegentlich in den Arbeiten von Kernberg und seinen Schülern zu finden ist. Ein Therapieabbruch könnte seine Ursachen auch im gewählten Therapieansatz haben – vorausgesetzt, man billigte den narzisstischen Patienten zu, sich ein kritisches Urteil über das therapeutische Vorgehen eines Therapeuten zu erlauben, und weiter vorausgesetzt, die betroffenen Therapeuten transferierten die Kritik ihrer Patienten nicht vorschnell in den Bereich überwertiger narzisstischer Vorstellungen (Lammers, 2014.

Ein solches patientenzentriertes Vorgehen und eine Zurückhaltung mit Übertragungsdeutungen wird im Übrigen auch von Autoren gefordert, die sich aktuell um eine Modernisierung in der psychodynamischen Behandlung von Persönlichkeitsstörungen bemühen, und dies sogar unabhängig vom jeweils gegebenen Störungsbild. Zwei dieser Konzepte – die strukturdynamische Therapie (sensu Rudolf, 2006) sowie die Mentalisierungsbasierte Therapie (sensu Allen & Fonagy, 2006) – wurden ausführlich in → Kapitel 11 mit integrativen Behandlungsperspektiven dargestellt.

Verhaltenstherapie und Kognitive Therapie

Narzisstische Persönlichkeitsstörungen dürften im klinischen Alltag zumeist als Komorbiditätsproblem zu spezifischen psychischen Störungen auftreten, und zwar vorrangig im Zusammenhang mit den Affektiven Störungen. Depressive Episoden bei narzisstischen Persönlichkeiten lassen sich entsprechend gut mit Ansätzen der Kognitiven Verhaltenstherapie behandeln (Trautmann, 2004). Auch darüber hinaus liegen von Seiten der (Kognitiven) Verhaltenstherapie vor allem Fallberichte vor, in denen die Narzisstische Persönlichkeitsstörung nicht direkt im Vordergrund der Behandlung stand (Turkat & Maisto, 1985; Turkat, 1990). Sehr wohl gibt es bereits einige konzeptuelle Vorstellungen über die als sinnvoll erachteten allgemeinen Therapieschwerpunkte (Beck et al., 1990; Fiedler, 2003a).

Im Mittelpunkt dieser Überlegungen stehen die Störungskriterien des DSM-IV, die darauf aufmerksam machen, dass es sich bei der Narzisstischen Persönlichkeitsstörung – trotz der vorherrschenden Präsentation von Selbstaspekten – um ein Interaktionsproblem handelt, festmachbar an einem gelegentlich vorhandenen Mangel an Empathie, an der Schüchternheit, am sozialen Unbehagen und an der Angst vor negativer Bewertung durch andere. Deshalb sollte die therapeutische Absicht, Veränderungen zu initiieren, immer wohlüberlegt sein. Die positiven und durchaus gesund erhaltenden Pole von Großartigkeit sind nun einmal Selbstachtung und optimistische Selbsteffizienzerwartungen. Diese gewährleisten nicht nur Lebensqualität; sie sind auch als Schutz vor Destabilisierungen in Lebenskrisen zu diskutieren (Schuch, 2000).

Feedbackproblem. Für einige Verhaltenstherapeuten und kognitive Therapeuten ist die Narzissmusstörung im Kern ein Feedbackproblem. Empfohlen wird entsprechend eine zweigleisige Strategie (z. B. Seipel, 1996). Die erste betrifft die Therapeut-Patient-Beziehung, in der – ähnlich wie bei der Paranoiden Persönlichkeitsstörung (→ Kap. 20) – darauf geachtet werden sollte, die narzisstisch getönten kognitiven Konstruktionen der Patienten nicht moralistisch zu interpretieren. Entsprechend sollten nicht allgemeine Aspekte des zwischenmenschlichen Zusammenlebens thematisiert werden, sondern konkrete Erfahrungen und Probleme in konkret bestimmbaren Situationen mit konkret zu benennenden Menschen (vgl. den schematherapeutischen Ansatz bei Sachse, 2014; Beispiele auch in: Fiedler, 2010).

Die zweite Strategie sucht Zugänge zur Behandlung des Empathie- und Feedbackproblems. Feedback geben und Feedback annehmen setzt Empathie voraus. Vorschläge, wie dies mit dem Patienten erarbeitet werden könnte, reichen von der Nutzung von Rollenspielen unter Einsatz von Videofeedback (so Beck et al., 1990; Fiedler, 2003a) bis zum Einsatz von Trainingsmaterialien, wie sie in der klientenzentrierten Therapie für ein Empathie-Training von Therapeuten benutzt werden (so Turkat, 1990).

Patientenzentriertes Vorgehen. Trautmann (2004) weist zu Recht darauf hin, dass insbesondere im stationären Setting mit narzisstischen Patienten besonders vorsichtig und personzentriert umgegangen werden sollte. Vor allem in Gruppentherapien kann es passieren, dass die Betreffenden zu schnell und zu heftig mit ihren Defiziten konfrontiert werden, was in der Regel dazu führt, dass sie ihre üblichen Abwehrmechanismen eher noch verstärkt einsetzen oder die Therapie abbrechen. Als besonders problematisch erweisen sich gelegentlich Verfahren, bei denen die Patienten keine absolute Kontrolle darüber haben können, ob und welche Emotionen auftauchen und wie heftig sie dann werden (beispielsweise in der Gestalt- oder Körpertherapie). Im späteren Verlauf sind solche Verfahren durchaus sinnvoll, sie müssen aber gut geplant und in den gesamten Behandlungsprozess integriert sein.

18.6 Zusammenfassende Bewertung

Den DSM-Kriterien wie den Ätiologieperspektiven liegen fast ausschließlich Fallanalysen zugrunde. Ein für die therapeutische Arbeit besonders beachtenswerter Punkt betrifft die in Komorbiditätsstudien auffindbare hohe Gleichzeitigkeitsdiagnostik mit fast allen anderen Persönlichkeitsstörungen. Die höchsten Raten finden sich mit der Histrionischen, die geringsten Raten mit der Schizoiden und Selbstunsicheren Persönlichkeitsstörung, wenngleich letztere ebenfalls vorkommen.

Es besteht also immer die Möglichkeit, dass sich narzisstische Eigenarten bei allen anderen Persönlichkeitsstörungen finden lassen – was leicht nachvollziehbar ist, wenn man bedenkt, dass eines der Zentralsymptome die »Kränkbarkeit« ist, und wenn man weiter beachtet, wie Personen mit heterogenen Persönlichkeitsstilen funktional ähnlich auf erfahrene Kränkung reagieren: histrionische Schauspieler auf Verrisse im Feuilleton; oder zwanghafte Persönlichkeiten auf Kritik an ihren stundenlange Detailarbeit erfordernden Leistungen. Depressivität bis hin zu Suizidalität kann die Folge sein. Lässt sich also bei anderen Persönlichkeitsstörungen eine Neigung zu Kränkung einschließlich depressiver Krisen beobachten, kann dies als Hinweis für eine Komorbidität mit der Narzisstischen Persönlichkeitsstörung gewertet werden.

Mit Blick auf die Behandlung sind sich Autoren unterschiedlicher Therapieansätze inzwischen weitgehend einig, dass mit narzisstischen Patienten besonders vorsichtig und personzentriert gearbeitet werden, sollte. Dies gilt insbesondere im stationären Setting und in der Arbeit in und mit Gruppen. Insbesondere in der Öffentlichkeit (d. h. in der Gegenwart weiterer Personen, und dies gilt eben auch für Gruppen) sollte auf jegliche Provokation oder Konfrontation der Betroffenen mit ihren problematischen Persönlichkeitsstörungen verzichtet werden. Es ist nämlich zu erwarten, dass die Betreffenden ihre üblichen Abwehr- als Selbstschutz-Mechanismen eher noch verstärkt einsetzen werden, mit der möglichen Folge, dass sich diese dann – zumal öffentlich vertreten – nur noch mehr verfestigen und mithin noch schwerer therapeutisch zu beeinflussen sind.

19 Schizotype Persönlichkeitsstörung

Letzten Endes können die Grenzen der Schizophrenie nur konventionell und außerdem nur sehr ungenau gezogen werden.
Giovanni Jervis

In beiden Diagnosesystemen wird davon ausgegangen, dass die Schizotypische Persönlichkeitsstörung (so die Bezeichnung im DSM-IV-TR) bzw. Schizotype Persönlichkeitsstörung (so die Bezeichnung im DSM-5) bzw. Schizotype Störung (so die Bezeichnung in der ICD) einen Teil des »genetischen Spektrums« der Schizophrenie verkörpert. Aus diesem Grund wurde die Schizotype Störung in der ICD-10 nicht den Persönlichkeitsstörungen, sondern dem Syndrombereich der Schizophrenie (F2) zugeordnet.

19.1 Konzeptentwicklung

Die Begriffssetzung »Schizotypie« hat bereits eine längere Geschichte. Sie geht auf Rado (1953, 1956) zurück, der die Bezeichnung als griffige Kennzeichnung für »schizophrener Genotyp« bzw. »schizophrener Phänotyp« vorschlug. Nach seiner Auffassung müssen Menschen mit diesem Genotyp nicht zwingend an einer klinisch bedeutsamen Schizophrenie erkranken; aber sie würden dennoch stets ein Ensemble auffälliger Persönlichkeitsmerkmale zeigen, die er als »schizotype Organisation« beschrieb (vgl. die Schizotaxia-Schizotypie-Konzeption durch Meehl; seit 1962, 1990).

19.1.1 Schizotypische Organisation

Die Eigenarten der von Rado (1956) gemeinten »schizotypen Organisation« hängen eng mit dem zusammen, was dieser unter Schizophrenie verstand, nämlich einerseits (als affektive Störung) die Schwierigkeit, tiefe Freude zu empfinden, und andererseits (als propriozeptive Störung) eine gestörte Wahrnehmung der eigenen Körperlichkeit.
Pseudoneurotische Schizophrenie. Einen schizoadaptiven Bereich zwischen Normalität und Erkrankung, der im Kern das Konzept der Schizotypischen Persönlichkeitsstörung vorwegnimmt, nennt Rado (1953) Pseudoneurotische Schizophrenie – u. a. mit Bezug auf Forschungsarbeiten von Hoch und Polatin (1949). Letztgenannte Autoren hatten sich bereits seit Mitte der 1940er-Jahre mit Patienten befasst, deren psychopathologische Auffälligkeiten zwar eine Ähnlichkeit mit den Grundstörungen der Schizophrenie besaßen, auf die jedoch die Diagnose »Schizophrenie« selbst nicht zutraf. Die Autoren schlugen vor, das Störungsbild dieser von ihnen selbst auch als »borderline cases« benannten Fälle künftig als »Pseudoneurotische Schizophrenie« zu bezeichnen (vgl. Hoch & Catell, 1959, 1962).

Die Autoren beschrieben vor allem eine Reihe von Denk- und Assoziationsstörungen, z. B. Störungen der Gedankenkontinuität, der Aufmerksamkeit und Konzentration als »formale« Störungen sowie (als »inhaltliche« Störungen) rigide und verzerrte Vorstellungen über die Bedeutung von Intellekt, Gefühl und Verhalten sowie eigenwillige Annahmen über Sexualität.

»Borderline-Schizophrenie«? In der psychiatrischen Erforschung der Übergänge zwischen Normalität und Schizophrenie wurde der griffige Begriff »Borderline« sehr gern aufgegriffen. Vor allem in den seit den 1940er-Jahren durchgeführten Adoptivstudien wurde die Bezeichnung »Borderline-Schizophrenie« zur Kennzeichnung von Verhaltensauffälligkeiten bei Personen verwendet, bei denen eine genetische Prädisposition zur Schizophrenie vorlag. Insbesondere in den Kopenhagener High-Risk-Studien wurde zunehmend deutlich, dass es viele Kinder schizophrener Eltern gab, die sich bereits im Kindesalter in ihrer Psychopathologie und in sonstigen Verhaltensmerkmalen deutlich von gesunden Probanden unterschieden (z. B. Rosenthal, 1975; Kety et al., 1971, 1976).

Die High-Risk-Forscher beobachteten als markante »Borderline-States« fremdartige Denkgewohnheiten, kognitive Verzerrungen im Wahrnehmungsbereich, Anhedonie und multiple, häufig wechselnde neurotische Symptome. Eigenschaften der »Borderline-Schizophrenie« mit geringem Ausprägungsgrad wurden seinerzeit gelegentlich als schizoide Persönlichkeitsstörungen, aber auch noch als »inadequate personality« bezeichnet und klassifiziert.

»Borderline-Persönlichkeit«? Aber auch unter Psychoanalytikern wurde der Gebrauch des Borderline-Begriff immer beliebter (→ Kap. 16). Es war Knight (1953), der für Gruppe ähnlicher Auffälligkeiten bei erwachsenen Patienten im *Bulletin of the Menninger Clinics* den Begriff »Borderline« in die psychoanalytische Konzeptbildung einführte und damit popularisierte. Diese Begriffssetzung wurde für psychoanalytische Forscher in kurzer Zeit Arbeitstitel für ein »neues« Persönlichkeitskonzept, für das 1967 von Kernberg eine genaue Beschreibung vorgelegt wurde (→ Abschn. 16.1).

Bei Vergleichen der bis Mitte der 1970er-Jahre vorliegenden Beschreibungen und Erklärungskonzepte zur Borderline-Problematik drängte sich jedoch schon bald der Eindruck auf, dass es sich bei den allseits untersuchten »Borderline-Patienten« möglicherweise um zwei unterschiedliche Personengruppen handeln könnte:

▶ Einerseits stammten die Ergebnisse und Konzepte aus den psychiatrischen Adoptivstudien und aus empirischen Untersuchungen *mit Kindern* schizophrener Eltern;
▶ andererseits beruhten sie vor allem auf Therapieerfahrungen *mit erwachsenen Patienten* innerhalb der Psychoanalyse.

Die Klärung dieses Problems wurde insbesondere im Zusammenhang mit der Vorbereitung des DSM-III immer dringlicher, zumal Kernbergs frühe Arbeiten über die »Borderline-Persönlichkeit« (1967, 1968) in der Psychoanalyse inzwischen einen wahren Boom konzeptueller Überlegungen und Publikationen ausgelöst hatten.

19.1.2 Schizotypisch versus emotional instabil

Spitzer und Mitarbeiter (1979) nahmen sich als Erste der Notwendigkeit der empirischen Grundlegung einer Differenzialdiagnose an. Sie entwickelten eine Liste mit den Merkmalen, die in der vorliegenden Literatur zur Kennzeichnung vermeintlicher »Borderline-Patienten« benannt und untersucht worden waren. Mit dieser Liste wurden USA-weit 808 Patienten beurteilt, von denen Diagnostiker und Therapeuten fest überzeugt waren, dass es sich bei ihnen um »typische Borderline-Patienten« handelte – im Vergleich mit 808 Kontrollpatienten, bei denen sichergestellt sein sollte, dass sie keine »Borderline-Patienten« waren.

Tabelle 19.1 Merkmale einer schizotypischen versus instabilen Persönlichkeitsstörung nach Spitzer (Spitzer et al., 1979). Auflistung in Anlehnung an eine Übersetzung bei Süllwold (1983, S. 81 f.). Die fett gekennzeichneten Merkmale hatten jeweils die höchsten Zuordnungswerte zu Faktoren bzw. zu Clustern

Schizotypische Persönlichkeitsstörung	Instabile Persönlichkeitsstörung
Kommunikationsstörungen; keine groben Denkstörungen, jedoch vage, umständliche, metaphorische Sprache	Identitätsstörungen (Selbstbild unsicher, keine langfristigen Ziele und Werteinstellungen usw.)
Beziehungsideen, selbstbezogenes Denken	**instabile intensive persönliche Beziehungen (rasche Einstellungsänderung)**
Argwohn und paranoide Ideen	inadäquater intensiver Ärger
wiederholte Illusionen (außerpersönliche Kräfte, Einflüsse von Personen, die nicht anwesend sind, Depersonalisation und Derealisation)	**Impulsivität mit Selbstbeschädigung als Folge (Spielsucht, Drogen, sexuelle Entgleisung)**
magisches Denken (Glaube an Telepathie usw.)	physische Selbstbeschädigungen (ohne Suizidgefahr)
inadäquater Rapport (distanziert, kühl, unecht)	**affektive Instabilität (Stimmungswechsel; Irritierbarkeit, Angst)**
dauernde soziale Angst, hypersensitiv gegenüber echter oder vermeintlicher Kritik	chronisches Empfinden von Leere und Langeweile
soziale Isolierung (keine engen Freunde, Kontakte auf alltägliche Gespräche eingeschränkt)	toleriert kein Alleinsein

In mehreren Diskriminanz- und Faktorenanalysen bestätigen sich schließlich zwei erwartete Hauptdimensionen, die relativ unabhängig voneinander erschienen. Eine der Hauptdimensionen repräsentieren Merkmale einer von den Autoren als »instabil« bezeichneten Persönlichkeitsstörung, die andere Dimension Merkmale einer »Schizotypischen« Persönlichkeitsstörung (→ Tab. 19.1).
Zwei »neue« Persönlichkeitsstörungen. Diese empirisch gefundenen Zuteilungen waren dahingehend interpretierbar, dass die »schizotypischen« Merkmale erhebliche Ähnlichkeiten mit den Eigenarten schizophrener Störungen besaßen. Die »instabilen« Merkmale hingegen entsprachen weitgehend Beschreibungen und Konzepten psycho-

analytisch orientierter Autoren und Forscher. Daraufhin schlugen Spitzer und Kollegen (1979) für das DSM-III (APA, 1980) zwei neue Persönlichkeitsstörungen vor. Eine weitere Empfehlung ging in die Richtung, den Begriff »Borderline-Schizophrenie« nicht mehr zu benutzen und ihn durch die Bezeichnung »Schizotypische Persönlichkeitsstörung« zu ersetzen. Schließlich sollte der Begriff »Borderline-Persönlichkeitsstörung« auf Personen Anwendung finden, die Merkmale der »instabilen« Persönlichkeitsdimension zeigen. Dieser Anregung wurde dann im DSM-III entsprochen. Inzwischen liegen eine Reihe von Replikationsstudien vor, die sowohl die Befunde als auch die konzeptuelle Aufteilung der Spitzer-Dimensionen bestätigen (z.B. Saß & Koehler, 1982a, b; Gunderson et al., 1983; McGlashan & Fenton, 1990).

19.2 Diagnostik

Im Vordergrund stehen soziale Defizite, die durch akutes Unbehagen in und durch mangelnde Fähigkeit zu engen Beziehungen gekennzeichnet sind. Es treten Verzerrungen der Wahrnehmung und des Denkens sowie eigentümliches Verhalten auf. Mit Hilfe strukturierter Interviews seit dem DSM-III-R (SKID-II; → Abschn. 8.1) kann die Diagnose einer Schizotypischen Persönlichkeitsstörung inzwischen recht zuverlässig gestellt werden, zumal sich die Kriterien dieses Störungsbildes bis hin zum DSM-IV-TR kaum geändert haben. Zur spezifischen Diagnosestellung wird jedoch auch das speziell für die DSM-Konzeption der Schizotypie entwickelte *Structured Interview for Schizotypy* (SIS; Kendler et al., 1989) bevorzugt eingesetzt.

19.2.1 Schizotype Persönlichkeitsstörung im DSM-IV-TR bis DSM-5 Sektion II

Fünf der neun DSM-IV-TR-Kriterien der schizotypischen Persönlichkeit reflektieren eine Störung der kognitiven Wirklichkeitserfassung und ihrer Verarbeitung – orientiert an den formalen und inhaltlichen Denkstörungen der Schizophrenie, wenngleich sie jedoch weniger ausgeprägt gedacht sind. Genau dieser Aspekt hat unmittelbar einen Boom experimenteller Studien ausgelöst, in denen die bewährten experimentellen Designs der Schizophrenieforschung zur Untersuchung der Schizotypischen Persönlichkeitsstörung Anwendung fanden. Erwartungsgemäß konnten auch bei Patienten mit Schizotypie kognitive Störungen, Aufmerksamkeits- bzw. Informationsverarbeitungsabweichungen bestätigt werden, die denen der Patienten mit schizophrenen Störungen weitgehend gleichen (vgl. Braff, 1981; Cornblatt & Erlenmeyer-Kimling, 1985; Peters et al., 1994; Coleman et al., 1996; Siever, 1992; Siever et al., 1990, 1991, 1996).

Angesichts dieser Befunde wurde wiederholt gefordert, die Schizotypische Persönlichkeitsstörung aus der Achse II im DSM herauszunehmen und sie als Schizotype Störung den schizophrenen Störungen auf der Achse I zuzuordnen – ähnlich wie dies im Bereich der Affektiv-depressiven Störungen mit den dysthymen bzw. zyklothymen Persönlichkeitsauffälligkeiten geschehen war (z.B. Frances, 1980; Kety, 1985). Dieser

Vorschlag findet nach wie vor keine ungeteilte Zustimmung: In der ICD-10 wurde zwar dieser Forderung entsprochen, im DSM-IV-TR ist die Schizotypische Störung jedoch weiterhin im Bereich der Persönlichkeitsstörungen angesiedelt. Und diese Zuordnung wurde auch von der für die Persönlichkeitsstörungen zuständigen DSM-5-Task-Force beibehalten, weshalb es auch im Alternativ-Modell der DSM-5 Sektion III eine Schizotype Persönlichkeitsstörung gibt (→ Abschn. 19.2.2).

Diagnostische Kriterien
Schizotype Persönlichkeitsstörung
A. Ein tiefgreifendes Muster sozialer und zwischenmenschlicher Defizite, das durch akutes Unbehagen in und mangelnde Fähigkeit zu engen Beziehungen gekennzeichnet ist. Weiterhin treten Verzerrungen der Wahrnehmung oder des Denkens und eigentümliches Verhalten auf. Der Beginn liegt im frühen Erwachsenenalter, und das Muster zeigt sich in verschiedenen Situationen. Mindestens fünf der folgenden Kriterien müssen erfüllt sein:
1. Beziehungsideen (jedoch kein Beziehungswahn).
2. Seltsame Überzeugungen oder magische Denkinhalte, die das Verhalten beeinflussen und nicht mit den Normen der jeweiligen subkulturellen Gruppe übereinstimmen (wie z. B. Aberglaube, Glaube an Hellseherei, Telepathie oder an den »sechsten Sinn«; bei Kindern und Jugendlichen bizarre Fantasien und Beschäftigungen).
3. Ungewöhnliche Wahrnehmungserfahrungen einschließlich körperbezogener Illusionen.
4. Seltsame Denk- und Sprechweise (z. B. vage, umständlich, metaphorisch, übergenau, stereotyp).
5. Argwohn und paranoide Vorstellungen.
6. Inadäquater oder eingeschränkter Affekt.
7. Verhalten oder äußere Erscheinung sind seltsam, exzentrisch oder merkwürdig.
8. Mangel an engen Freunden oder Vertrauten außer Verwandten ersten Grades.
9. Ausgeprägte soziale Angst, die nicht mit zunehmender Vertrautheit abnimmt und die eher mit paranoiden Befürchtungen als mit negativer Selbstbeurteilung zusammenhängt.
B. Tritt nicht ausschließlich im Verlauf einer Schizophrenie, einer bipolaren Störung oder depressiven Störung mit psychotischen Merkmalen, einer anderen psychotischen Störung oder einer Autismus-Spektrum-Störung auf.

Beachte: Wenn die Kriterien vor dem Beginn einer Schizophrenie erfüllt waren, ist »prämorbid« hinzuzufügen, d. h. »Schizotype Persönlichkeitsstörung (Prämorbid)«.

19.2.2 Schizotype Persönlichkeitsstörung im Alternativ-Modell des DSM-5 Sektion III

Im Alternativ-Modell wurde zunächst die Bezeichnung von »schizotypisch« in »Schizotype Persönlichkeitsstörung« abgeändert, womit man sich den klassischen Vorläufer-Bezeichnungen wieder angenähert hat. Typische Merkmalsbeschreibungen der Schizotypen Persönlichkeitsstörung blieben jedoch weitgehend unverändert. Dabei handelt es sich um eine Beeinträchtigung der Fähigkeit zu sozialen und engen Beziehungen sowie Verschrobenheit des Denkens und der Wahrnehmung mit eigentümlichem Verhalten. Es besteht ein verzerrtes Selbstbild mit inkonsistenten persönlichen Zielen, begleitet von Misstrauen und eingeschränktem emotionalen Ausdruck.

DSM-5 Sektion III: Schizotype Persönlichkeitsstörung
Vorgeschlagene Diagnostische Kriterien
A. Mittelgradige oder stärkere Beeinträchtigung der Funktion der Persönlichkeit, welche sich durch typische Schwierigkeiten in mindestens zwei der folgenden Bereiche manifestiert:
   1. *Identität:* Unklare Grenzen zwischen Selbst und anderen; verzerrtes Selbstbild; der emotionale Ausdruck passt oft nicht zum situativen Kontext oder zum inneren Erleben.
   2. *Selbststeuerung:* Unrealistische oder inkonsistente Ziele; keine klaren inneren Normen.
   3. *Empathie:* Ausgeprägte Schwierigkeiten, die Auswirkungen des eigenen Verhaltens auf andere Personen einzuschätzen; häufige Fehlinterpretationen von Beweggründen oder Verhaltensweisen anderer.
   4. *Nähe:* Deutliche Beeinträchtigung der Fähigkeit, enge zwischenmenschliche Beziehungen einzugehen, begleitet von Misstrauen und Angst.
B. Vorliegen von mindestens vier der folgenden sechs problematischen Persönlichkeitsmerkmale:
   1. *Denk- und Wahrnehmungsstörung* (eine Facette der Domäne **Psychotizismus**): Eigenartige oder ungewöhnliche gedankliche Prozesse; vage, umständliche, metaphorische, überelaborierte oder stereotype Denk- und Sprechweise; ungewöhnliche Wahrnehmungen in verschiedenen Sinnesgebieten.
   2. *Ungewöhnliche Überzeugungen und innere Erlebnisse* (eine Facette der Domäne **Psychotizismus**): Denkinhalte und Sicht auf die Wirklichkeit, die von anderen als bizarr und eigenartig erachtet werden; ungewöhnliches Erleben der Realität.

3. *Exzentrizität* (eine Facette der Domäne **Psychotizismus**): Sonderbare, ungewöhnliche oder bizarre Verhaltensweisen oder Erscheinung; ungewöhnliche oder unpassende Äußerungen.
4. *Affektarmut* (eine Facette der Domäne **Verschlossenheit**): Geringe affektive Reaktion auf erregende Situationen; Einschränkungen des emotionalen Erlebens und des emotionalen Ausdrucks; Gleichgültigkeit oder emotionale Kälte.
5. *Sozialer Rückzug* (eine Facette der Domäne **Verschlossenheit**): Bevorzugung des Alleinseins gegenüber der Gemeinschaft mit anderen; Zurückhaltung in sozialen Situationen; Vermeidung von sozialen Kontakten und Aktivitäten; fehlende Aufnahme von sozialem Kontakt.
6. *Misstrauen* (eine Facette der Domäne **Verschlossenheit**): Erwartungen von und erhöhte Sensibilität gegenüber Anzeichen für böse Absichten anderer oder Schädigung durch andere; Zweifel an der Loyalität und Treue anderer; Verfolgungsgefühle.

Abdruck erfolgt mit Genehmigung vom Hogrefe Verlag Göttingen aus dem Diagnostic and Statistical Manual of Mental Disorders, Fifth Edition © 2013 American Psychiatric Association, dt. Version © 2015 Hogrefe Verlag (S. 1057).

19.2.3 Schizotype Störung in der ICD-10

In der ICD-10 wird die diagnostische Kategorie der »Schizotypen Störung« (F21; dort im Bereich F2: Schizophrenie und wahnhafte Störungen) zum allgemeinen Gebrauch nur mit sorgsamer Zurückhaltung empfohlen, da in diesem Diagnosesystem (auch im Unterschied zum DSM-IV-TR) noch eine weitere Diagnosekategorie vorhanden ist, zu der die Schizotype Störung eine Reihe von Kriterienüberlappungen aufweist: die sog. Schizophrenia simplex.

Schizophrenia simplex. Die vor allem in der deutschsprachigen Psychiatrie gebräuchliche Bezeichnung »Schizophrenia simplex« wird für ein schizophrenienahes Zustandsbild mit schleichender Progredienz eingesetzt, dessen Hauptmerkmale durch Eigenarten bestimmt sind, welche der Schizotypen Persönlichkeitsstörung sehr nahekommen (wie z. B. die Schwierigkeit, soziale Anforderungen zu erfüllen, sowie eine – auch bei dieser Charakterstörung mögliche – progrediente Verschlechterung der allgemeinen Leistungsfähigkeit). Der weitere Verlauf der Störungsentwicklung der Simplex-Schizophrenie ist häufig mit einem sozialen Abstieg verbunden, und die Betroffenen wirken im sozialen Handeln zunehmend selbstversunken, untätig und ziellos.

Diagnostische Kriterien
ICD-10 (F21): Schizotype Störung
(dort im Bereich F2: Schizophrenie)

Eine Störung mit exzentrischem Verhalten und Anomalien des Denkens und der Stimmung, die schizophren wirken, obwohl nie eindeutige und charakteristische Symptome aufgetreten sind. Es gibt kein beherrschendes oder typisches Merkmal; jedes der folgenden kann vorhanden sein:

1. Inadäquater oder eingeschränkter Affekt (der Patient erscheint kalt und unnahbar).
2. Seltsames, exzentrisches und eigentümliches Verhalten und Erscheinung.
3. Wenig soziale Bezüge und Tendenz zu sozialem Rückzug.
4. Seltsame Glaubensinhalte und magisches Denken, die das Verhalten beeinflussen und im Widerspruch zu (sub-)kulturellen Normen stehen.
5. Misstrauen oder paranoide Ideen.
6. Zwanghaftes Grübeln ohne inneren Widerstand, oft mit dysmorphophoben, sexuellen oder aggressiven Inhalten.
7. Ungewöhnliche Wahrnehmungserlebnisse mit Körpergefühlsstörungen oder anderen Illusionen, Depersonalisations- oder Derealisationserleben.
8. Denken und Sprache vage, umständlich, metaphorisch, gekünstelt, stereotyp oder anders seltsam, ohne ausgeprägte Zerfahrenheit.
9. Gelegentliche vorübergehende quasipsychotische Episoden mit intensiven Illusionen, akustischen oder anderen Halluzinationen und wahnähnlichen Ideen; diese Episoden treten im Allgemeinen ohne äußere Veranlassung auf.

Die Störung zeigt einen chronischen Verlauf mit unterschiedlicher Intensität. Gelegentlich entwickelt sich eine eindeutige Schizophrenie. Es lässt sich kein exakter Beginn feststellen; Entwicklung und Verlauf entsprechen gewöhnlich einer Persönlichkeitsstörung. Sie findet sich häufiger bei Personen mit manifest schizophren Erkrankten in der Familie. Man nimmt an, dass sie einen Teil des genetischen »Spektrums« der Schizophrenie verkörpert.

Dazugehörige Begriffe:
- ▶ Borderline-Schizophrenie
- ▶ Grenzschizophrenie
- ▶ Grenzpsychose
- ▶ latente schizophrene Reaktion
- ▶ latente Schizophrenie
- ▶ präpsychotische Schizophrenie
- ▶ prodromale Schizophrenie
- ▶ pseudoneurotische Schizophrenie
- ▶ pseudopsychopathische Schizophrenie
- ▶ Schizotypie
- ▶ schizotype (schizotypische) Persönlichkeitsstörung

19.3 Differenzialdiagnostik

Neben der Differenzialdiagnostik zur Schizophrenia simplex (ICD-10: F20.6) ergeben sich möglicherweise Probleme in der Symptomabgrenzung zur Schizophrenie des residualen Typus (ICD-10: F20.5). Bei Letzterer findet sich in der Anamnese jedoch mindestens eine floride Phase.

Entwicklungsstörungen. Andererseits gelten Abgrenzungen gegenüber tiefgreifenden Entwicklungsstörungen eher als schwierig. Diese betreffen insbesondere die milderen Verlaufsformen des *Autismus* und des *Asperger-Syndroms*. Eine solche Abgrenzung gegenüber Entwicklungsstörungen wird im DSM-IV-TR-Kriterium B und in der ICD-10 (gegenüber dem Asperger-Syndrom) ausdrücklich gefordert.

Weiter können bereits seit der Kindheit bestehende *Sprachentwicklungsstörungen* (Störungen des expressiven bzw. rezeptiven Sprachverhaltens) wegen der sprachgebundenen Schizotypie-Kriterien ebenfalls zu einer Fehldiagnose führen. Die Sprachentwicklungsstörungen lassen sich recht gut durch die mit ihnen häufig verbundenen kompensatorischen Mitbewegungen (übertriebene Gestik) sowie durch den (ebenfalls kompensatorischen) Gebrauch stereotyper Redewendungen von der Schizotypen Persönlichkeitsstörung abgrenzen (Fiedler & Standop, 1994).

Gleichzeitigkeitsdiagnosen beachten! Andererseits handelt es sich bei den Sprachentwicklungsstörungen vielleicht gar nicht so sehr um ein Abgrenzungsproblem, sondern um die Möglichkeit, dass die Betreffenden über einen hochempfindsamen und sensible Persönlichkeitsstil verfügen, der im Extrem durchaus die Gleichzeitigkeitsdiagnose einer Schizotypen Persönlichkeitsstörung erfordert. Unseres Erachtens wurde diese Persönlichkeitsstörung wegen der Bezeichnung »schizotypisch« immer schon allzu sehr in Richtung »Schizophrenie-nah« projeziert, was sie gar nicht ist. Schätzungen gehen nämlich in die Richtung, dass nur etwa 5 bis 6 Prozent der Personen mit Schizotyper Persönlichkeitsstörung tatsächlich das Risiko besitzen, im Laufe ihres Lebens an einer Schizophrenie zu erkranken (Kwapil & Barrantes-Vidal, 2012). Hier werden gelegentlich höhere Zahlen mitgeteilt, wobei übersehen wird, dass es sich zumeist um Studien handelt, die bei Patienten nach Erstmanifestation einer Schizophrenie retrospektiv nach prodromal vorhandenen Schizotypie-Merkmalen gesucht wurde; diese Angaben schwanken zwischen 30 und 60 Prozent (Woods et al., 2009).

Erst im Verlauf der letzten Jahrzehnte sind die Forscher ausdrücklicher dazu übergegangen, die Risiko-Bedeutung der Schizotypen (sprich: Hochempfindsamkeits-)Persönlichkeit für andere psychischen Störungen jenseits der Schizophrenie zu untersuchen. Diese Frage lässt sich nämlich nicht sehr gut von der Persönlichkeitsstörung ausgehend beforschen, sondern Untersuchungen dieser Art müssen bei Vorliegen spezifischer psychischer Störungen nach den komorbiden Persönlichkeits-Eigenarten oder -Voraussetzungen suchen. Diese Art der Risiko-Forschung steht zwar noch sehr weit am Anfang, sie hat sich jedoch in den vergangenen Jahren insbesondere dann als aussagekräftig erwiesen, wo die Forscher zwingend nicht nur das Kriterien erfüllende Vollbild der Schizotypen Persönlichkeits-*Störung* untersuchten, sondern schizotypische Merkmale im Übergang zur Normalität als Hinweis auf eine hochempfindsamen und sensiblen Persönlichkeitsstil genommen haben. Danach lassen sich bereits jetzt neben der Schizophrenie drei Störungsbereiche ausmachen, bei denen enge Beziehungen zwischen psychischer Störung und schizotypisch-empfindsamer Persönlichkeit bestehen:

► **Zwangsstörungen.** Dass es sich bei Patienten mit Zwangserkrankungen um hochempfindsame Persönlichkeiten handelt, wurde und wird in der einschlägigen Literatur immer schon beschrieben (vgl. Ecker, 2001, 2015; Hoffmann & Hofman, 2010). Nach ersten mitgeteilten Beobachtungen und Komorbiditäts-Vermutungen (z. B. Sobin et al., 2000) mehren sich in jüngster Zeit die Hinweise, dass es sich dabei vor allem um Merkmale aus dem Schizotypie-Spektrum handelt (Poyurowski & Koran, 2005; Kwapil & Barrantes-Vidal, 2012).

► **Dissoziative Störungen und Konversion.** Auch Patienten mit diesen Störungen werden als hochempfindsam und mit geringer Resilienz insbesondere gegenüber traumatischen Erfahrungen beschrieben, die vielfach als ursächlich für Dissoziationen, Konversionsstörungen und Depersonalisationserfahrungen angesehen werden (Fiedler, 2005, 2010). Es sind insbesondere die Schizotypie-Merkmale »ungewöhnliche Wahrnehmungserfahrungen einschließlich körperbezogener Illusionen« (DSM-IV-TR), »ungewöhnliche Wahrnehmungsinhalte mit Körpergefühlsstörungen oder anderen Illusionen, Depersonalisations- oder Derealisationserleben« (ICD-10) und »ungewöhnliche Wahrnehmungen in verschiedenen Sinnesgebieten« (DSM-5-Alternativ-Modell), die eine entsprechende Komorbidität zwischen Persönlichkeit und psychischer Störung nahelegen.

► **Majore Depression.** Diese Komorbidität ist bereits längere Zeit gut untersucht; und zwar kann inzwischen sicher davon ausgegangenen werden, dass für bis zur Hälfte aller Patienten mit voll-diagnostizierter Schizotyper Persönlichkeitsstörung das Risiko gegeben ist, ein- oder mehrmals in ihrem Leben an einer Majoren Depression zu erkranken (APA, 2000). Es bleibt zu beachten, dass die meisten Betroffenen von sich aus erst nach Auftreten einer depressiven Symptomatik eine psychiatrisch-psychotherapeutische Behandlung beginnen.

Borderline. Was die Gleichzeitigkeit der Persönlichkeitsstörungen untereinander betrifft, so ist die Schizotypische Persönlichkeitsstörung bei den gegenwärtigen Kriterien nach wie vor schwieriger abzugrenzen von der Borderline-Persönlichkeitsstörung (→ Kap. 16). Bei den Borderline-Persönlichkeitsstörungen sind jedoch – als wesentliches Unterscheidungsmerkmal – ein sozialer Rückzug und das Vermeiden enger Freundschaften eher selten zu beobachten. Andererseits sollte durchaus die Komorbidität beider Störungen erwogen werden.

Einige Studien machen auf weitere mögliche Unterscheidungskriterien aufmerksam (Thompson-Pope & Turkat, 1993). Kriterien, mit denen sich die schizotypischen Patienten am besten abgrenzen ließen, waren: magisches Denken, seltsam anmutende Kommunikationseigenarten, misstrauisch-paranoide Vorstellungen und soziale Ängste (in dieser Reihenfolge) und als besondere Eigenart der Borderline-Patienten eine Neigung zu selbstverletzendem Verhalten. Gleichzeitig hatten Menschen mit Schizotyper Persönlichkeitsstörung weniger häufig Alkoholprobleme, hatten früher als Borderline-Patienten geheiratet und zeigten insgesamt eine geringere soziale Anpassung im Berufsleben.

Andererseits sollte durchaus die Komorbidität beider Störungen erwogen werden, die in epidemiologischen Studien immerhin mit bis zu 30 Prozent angegeben werden (→ Kap. 9) und interessanterweise eher höher zu sein scheinen als mit Paranoider und Schizoider Persönlichkeitsstörung (Lentz et al., 2010). Entsprechendes gilt auch für nicht immer sinnvolle Abgrenzungsversuche zu den nachfolgenden Persönlichkeitsstörungen.

Schizoid, ängstlich-vermeidend, paranoid. Als Unterschiedsmerkmale zur Schizoiden bzw. Ängstlich-vermeidenden Persönlichkeitsstörung (→ Kap. 21 und 15) dürften insbesondere die formalen und inhaltlichen kognitiven Störungen gelten: Besonderheiten der Gedankengänge, Wahrnehmungsmitteilungen und sprachliche Eigenwilligkeiten finden sich vorrangig bei Schizotypischen Persönlichkeitsstörungen. Letztere gelten auch als wesentliche Abgrenzungshilfe gegenüber der Paranoiden Persönlichkeitsstörung (→ Kap. 20).

19.4 Erklärungsansätze

Es wird eine dimensionale Beziehung zwischen Schizotyper Persönlichkeitsstörung und schizophrenen Erkrankungen angenommen (zur Übersicht: Balaratnasingam & Janca, 2015). Zunächst waren die oben genannten High-Risk- und Familienstudien Anlass, eine genetische Verwandtschaft zwischen der Schizophrenie und der (früher schizoiden, jetzigen) Schizotypen Persönlichkeitsstörung zu postulieren und zu begründen (Nigg & Goldsmith, 1994; zur Übersicht Herpertz et al., 2011). Zusammenfassend gibt es übereinstimmend gefundene Hinweise dafür, dass – ähnlich wie bei der Schizophrenie – ein erhöhtes genetisches Risiko für die Schizotype Persönlichkeitsstörung vorliegt, nicht jedoch für die Paranoide und (seit dem DSM-IV neu konzeptualisierte) Schizoide Persönlichkeitsstörung (Kwapil & Barrantes-Vidal, 2012; → Kap. 20 und 21).

Entsprechend ist es naheliegend, die Schizotypen Störungen in einen ähnlichen Erklärungszusammenhang zu stellen wie die Schizophrenen Störungen. Im Mittelpunkt steht das Diathese-Stress-Modell (→ Kap. 6). In diesem Sinne wäre zu erwarten, dass die subschizophrenen kognitiven Störungen (ähnlich wie bei der Schizophrenie) mit subjektiver Belastung zunehmen, dass sie also bei steigenden sozialen Leistungsanforderungen und bei zwischenmenschlichen Konflikten virulent werden. Entsprechend ließen sich die interpersonellen Eigenarten der Schizotypen Persönlichkeitsstörung teils als Reaktion auf diese Belastungen (soziale Angst, extremes Unbehagen), teils als persönlichkeitsspezifischer Bewältigungsversuch zum Schutz vor Belastung (sozialer Rückzug, verringerter Rapport) auffassen. Studien zu kontextabhängigen Variationen der schizotypen Interaktionsmerkmale scheinen diese Interpretationsmöglichkeit zu unterstützen (Siever & Gunderson, 1983; Süllwold, 1983).

Biologische Befunde. Bei der Schizotypen Persönlichkeitsstörung zeigen sich vor allem strukturelle Auffälligkeiten im superioren temporalen Gyrus, der sich als wichtiger Endophänotyp für das schizophrene Erkrankungsspektrum erwiesen hat (z. B. Wright et al., 2000). Interessanterweise wurden frontale atrophische Befunde, wie sie von schizophrenen Patienten bekannt und insbesondere mit deren Negativsymptomen assoziiert sind, bei Patienten mit Schizotyper Persönlichkeitsstörung nicht bestätigt (Siever & Davis, 2004). In der funktionellen Bildgebung finden sich während der Bearbeitung kognitive Aufgaben (Arbeitsgedächtnis, planerisches Denken) ähnliche Normabweichungen wie bei schizophrenen Patienten, allerdings stellen sich diese weniger ausgeprägt dar und verweisen auf kompensatorische Mechanismen in präfrontalen Hirnarealen (Koenigsberg et al., 2001).

Funktionsanalysen und Risiko

Insgesamt bleiben diagnostisch und therapeutisch drei Aspekte beachtenswert, die unter bestimmten Voraussetzungen in der Gefahr stehen, psychotische Episoden, dissoziative Phänomene oder Konversionen auszulösen (vgl. Fiedler, 2003a, 2008, 2014).

Depersonalisationsangst. Einerseits werden von den Betroffenen zwischenmenschliche Situationen vermieden, in denen starke Affekte vermutet werden. Gleichzeitig sind sie bemüht, affektiv aufwühlende Erfahrungen zu vermeiden. Diese »Affektvermeidung« ist auch bei schizophrenen Patienten beobachtbar und wird (aus der Außenperspektive) gelegentlich etwas ungünstig als »Affektverflachung« bezeichnet. Es handelt sich vielmehr um eine eingeübte »Sicherheitsoperation« (Sullivan, 1953) zum Schutz vor gefühlsmäßiger Verunsicherung. Paradoxerweise führt die aktive Vermeidung affektiver Erfahrungen auf längere Sicht zu einer Unsicherheit, Erfahrungen und Erlebnisse »gefühlsmäßig« richtig einschätzen und beurteilen zu können. Diese strukturbedingte Verunsicherung könnte zu einer Reihe eigentümlicher Verhaltensweisen schizotypischer Menschen beitragen: Beziehungsideen und seltsame Glaubensinhalte bis hin zu magischem Denken.

Kognitive und körperliche Irritationen. Viele subjektiv erlebte Störungen betreffen die kognitive Aufmerksamkeits- und Informationsverarbeitung. Insbesondere in zwischenmenschlichen Krisen scheinen die Betroffenen kaum in der Lage zu sein, ihrem

Denken eine logische Ordnung zu geben, um relevante von weniger relevanten Informationen trennen zu können. Nicht selten werden von den Betroffenen somatoforme Auffälligkeiten berichtet. Auch hier findet sich die beschriebene schizotypische Reaktionsweise: Für eigene körperliche Beschwernisse werden Gründe gesucht, für die äußere Auslöser oder andere Menschen verantwortlich zeichnen. Letzteres gilt übrigens als gutes differenzielles Abgrenzungskriterium gegenüber Somatoformen Störungen: Bei Somatoformen Störungen dominiert üblicherweise eine subjektive Angst vor Erkrankung.

Verhaltensdefizite und sozialer Rückzug. Auf andere wirkt der beschriebene Argwohn der Patienten zumeist als befremdlich, sonderbar oder exzentrisch – zumal er sich gelegentlich mit offenen oder versteckten Vorwürfen gepaart findet. Dies führt nicht selten dazu, dass die Bezugspersonen ihrerseits zunehmend den Kontakt mit schizotypischen Personen meiden. Das nun wiederum erhöht die soziale Ängstlichkeit und den Argwohn gegenüber anderen. Innerhalb dieser Spirale finden Betroffene nur selten Möglichkeiten, die Ursachen eigener Beschwernisse in der eigenen Verletzlichkeit und einem wenig kontrollierten Gefühlsleben zu sehen.

Risiko. Unter extremer Belastung können Unsicherheiten und Ängste zu Depersonalisationserfahrungen, Dissoziationen und Bewusstheitsfragmentierungen führen, die einer psychotischen Dekompensation sehr ähneln oder in diese Richtung entgleiten können.

19.5 Behandlung

Psychoanalyse, Interpersonelle Therapie

Von Seiten der Psychoanalyse und der Interpersonellen Psychotherapie liegen zu diesem erst seit 1980 im DSM-III geführten Störungsbild nur konzeptuelle Überlegungen und nur wenige Fallberichte vor. Im psychoanalytischen Verständnis der Störung handelt es sich um eine frühe Störung im Erlernen von Objekt-Beziehungen, in dem projektive Abwehrmechanismen dominieren (→ Abschn. 19.4). Entsprechend wird in der Therapie die Entzerrung der weitgehend ungeschiedenen Vorstellungen des Patienten von sich selbst und den Objekten als Ziel angesehen, wobei allmählich real wahrnehmbare Personen an die Stelle der durch Projektion geschaffenen Fantasien über Personen treten sollen (so Rohde-Dachser, 1986).

Es wird eine sehr klare, transparente und stützende Therapiestrategie empfohlen, in der ein Therapeut dieses Ziel dadurch zu erreichen versucht, dass er dem Patienten kontinuierlich »*die Wirklichkeit erklärt*«, während er sich selbst als *reale Person* zur Verfügung stellt ... Die ständige Konfrontation mit einem realen Objekt in der Therapie, in welcher projektive Übertragungs-Verzerrungen vom Therapeuten aktiv erfragt und dann sofort korrigiert werden, verhilft dem Patienten zusammen mit einem besseren Verständnis seines übrigen sozialen Umfeldes allmählich zu einer Revision seiner projektiven Verarbeitungen. Gleichzeitig macht er im Schutz einer verlässlichen therapeutischen Beziehung die korrigierende Erfahrung, dass auch die

Beziehung zu einem eigenständigen Objekt nicht unbedingt bedrohlich, vielleicht sogar lohnend ist. Dies macht es ihm leichter, symbiotische Fantasien aufzugeben, die bei diesen Patienten oft als Ersatz für reale Kontakte fungieren« (Rohde-Dachser, 1986, S. 141; Hervorhebungen im Original).

Verhaltenstherapie und Kognitive Therapie

Ein Großteil der Patienten kommt zunächst wegen depressiver Verstimmungen in die Behandlung (Trautmann, 2004). Die prämorbide Nähe der Schizotypischen Persönlichkeitsstörung zur Schizophrenie hat die Verhaltenstherapeuten und Kognitiven Therapeuten veranlasst, Grundgedanken der psychoedukativen Verhaltenstherapie bei weniger schwer gestörten depressiven bzw. schizophrenen Patienten als Modell für die Behandlung Schizotypischer Persönlichkeitsstörungen zu benutzen. In ersten Einzelfallberichten wurden entsprechende Konzepte vorgestellt. Zentral ist die Überlegung, dass die vorhandenen affektiv-schizotypischen Grundstörungen in Abhängigkeit von ihrer Schwere zu einem verminderten Selbstvertrauen in die eigene Person und in die eigenen Handlungsmöglichkeiten geführt haben (Turkat, 1990; Thompson-Pope & Turkat, 1993; → Kriterien im Alternativ-Modell des DSM-5).

Entsprechend zielt die Behandlung auf eine Wiederherstellung oder Verbesserung von Selbstsicherheit und Selbstvertrauen, für die das Training sozialer Kompetenz und grundlegende Übungen zum Selbstmanagement sozialer Ängste als die wesentlichen Therapiestrategien gelten (→ Abschn. 15.4.1). In weitgehender Entsprechung beschreiben Beck und Mitarbeiter (1990) ein vierstufiges Vorgehen, das sie in ersten Fallstudien erprobt haben:

▶ Aufbau einer tragfähigen therapeutischen Beziehung, die positive Kontrasterfahrungen zur möglichen sozialen Isolierung des Patienten ermöglichen soll;
▶ die Verbesserung sozialer Interaktionsfertigkeiten durch ein Training sozialer Kompetenzen, das sich zugleich des Modelllernens und intensiver Gespräche über die Sinnhaftigkeit sozialer Interaktionsstrategien bedient;
▶ sehr strukturierte und transparent durchgeplante Therapiesitzungen und Therapiephasen, die dem Patienten auf ihre Weise als Modell für die Entwicklung von Selbstsicherheit und Selbststruktur dienen können;
▶ die psychoedukative Vermittlung kognitiver Fertigkeiten zur Beurteilung der objektiven Wirkung eigenen interaktiven Handelns und zur Beeinflussung zwischenmenschlicher Konflikte.

Information, Aufklärung und sachliche Beratung

Insbesondere bei schwerer gestörten Patienten ist gelegentlich das Risiko der Entwicklung oder Wiederauftreten psychotischer oder dissoziativer Episoden gegeben. Warnsignale könnten Berichte über Derealisationen oder unerklärliche körperliche Störungen sein. Von Verhaltenstherapeuten wird sowieso ganz allgemein und (persönlichkeits-)störungsübergreifend empfohlen, die Patienten über mögliche Komorbiditäts-Risiken klar und unmissverständlich aufzuklären (Fiedler, 2003a; Jensen et al., 2015). Nicht zuletzt wegen sehr guter Erfahrungen mit einer Patientenschulung (über schizophrene Störungen bei schizophrenen Patienten) ist unbestritten, dass Aufklärung und Information über Schizotype Störungen auch bei schizotypischen Personen immens viel bewirken können, um den diffusen Erfahrungen einen inneren Bezugsrahmen zu geben. Es wird sachlich darüber informiert, was schizotypische (schizophrenieähnliche) Grundstörungen sind und wie sie Erleben und Handeln beeinflussen.

Ähnliches gilt auch für Aufklärung von Patienten mit Zwangsstörungen, wenn bei ihnen ein Zusammenhang mit schizotypischen Persönlichkeitsmerkmalen diagnostiziert werden kann. Eine gute Aufklärung über den Zusammenhang von Persönlichkeit und Zwangserkrankung kann die Motivation erheblich steigern, vom Behandler nicht nur eine Therapie der Zwangssymptomatik einzufordern, sondern sich auch auf ein Behandlung der persönlichkeitsbedingten zwischenmenschlichen Interaktionsstörungen einzulassen.

Langweiliger Stress. Weiterhin kann auf Ergebnisse der Vulnerabilitätsforschung verwiesen werden. Für die psychopathologische Symptomatik verantwortlich sind vorrangig langwellige Stressoren und nicht so sehr alltägliche Stresserfahrungen (auch wenn beide zusammenhängen können). Als langwellige Stressoren gelten beispielsweise anstehende Prüfungen, Arbeitslosigkeit, eine Eheschließung, Verlassen der Primärfamilie oder Wegzug aus vertrauter Umgebung. Diese allgemeinen Lebensveränderungen belasten längere Zeiten im Hintergrund und können die Vulnerabilitätsschwelle ungünstig absenken – mit der Folge, dass das Risiko des Symptomerlebens zunimmt.

Treten dann die Symptome deutlicher hervor, werden die »Ursachen« von den Betroffenen eventuell dort gesucht und vermutet, wo sie auftreten: in alltäglichen Stressoren (»daily hassles«), und in akute Interaktionsprobleme »hineinprojiziert«. Diese Neigung zur misstrauischen Ausdeutung aktueller Beziehungen steht genau aus diesem Grund im Mittelpunkt der ICD- und DSM-Kriterien. Und bei betroffen Zwangspatienten dominiert zumeist eine fehlerhafte Vermutung oder Projektion auf vermeintliche Gefahren in der Zukunft, mit denen die Zwangshandlungen begründet werden. Häufig jedoch stimmen all diese Projektionen nicht. Denn der Blick für die »ursächlichen«, weil wesentlicheren existenziellen Stressoren und Belastungen im Hintergrund – zumeist im Beruf oder im Privatleben – scheint den Betroffenen gelegentlich schwer zugänglich oder versperrt.

Wirklichkeit erklären. Gerade der letztgenannte Aspekt ist von besonderer Relevanz, um die gewohnheitsmäßige Neigung der Patienten zur argwöhnischen und misstrauischen Beurteilung aktueller Interaktionsbeziehungen zu verändern. Die Patienten könnten dazu angeregt werden, nach objektiven Beweisen für Unsicherheiten und Symptome in ihrer Umgebung zu suchen. Und »objektiv« heißt, über einzelne konkrete Erfahrungen hinausblicken zu lernen: Welche allgemeinen, übergreifend wichtigen oder langwelligen Stressoren wirken im Hintergrund? Und kann es sein, dass der akute Stressor in der unmittelbaren Beziehung eine nur nachgeordnete Rolle spielt? Dabei kann es ergänzend wichtig und vorteilhaft werden, wenn der Therapeut den Patienten auf die Möglichkeit hinweist, selber nach Gegenbeweisen für Vermutungen zu suchen, dass etwa die jeweils aktuell vorhandenen Interaktionspartner für subjektive Missbefindlichkeiten die Verantwortung tragen. Kontinuierlich sollten Therapeuten bemüht sein, »die Wirklichkeit zu erklären«, wie dies Rohde-Dachser 1986 (S. 141) prägnant ihren psychodynamisch arbeitenden Therapeuten ins Arbeitsbuch geschrieben hat.

19.6 Zusammenfassende Bewertung

Insgesamt hat die empirische Forschung die Nähe der Schizotypischen Persönlichkeitsstörung zur Schizophrenie beeindruckend aufzeigen können. Da dieser Forschungsbereich eine enorme Attraktivität besitzt, dürften hierzu in den nächsten Jahren im Unterschied zu vielen anderen Persönlichkeitsstörungen weitere wichtige Erkenntnisse zu erwarten sein.

Mit Blick auf die Entwicklung therapeutischer Ansätze bleibt zu beachten, dass in der Vermeidung sozialer Kontakte viele Ursachen für die Entwicklung zahlreicher sozialer Defizite liegen, die später nur schwer aufgeholt werden können. Auch aus dieser Sicht folgt die Störungsentwicklung einem Circulus vitiosus, in dem affektive, soziale und zwischenmenschliche Umgangsformen wegen einer Verletzlichkeitsvermeidung nicht oder nur verzögert gelernt werden. Dies hat zur Folge, dass sich Affektverarmung und Verhaltensdefizite ständig vergrößern und dass das Vulnerabilitätsrisiko ansteigt, eine substanzielle psychotische Störung zu entwickeln.

Im Mittelpunkt der meisten therapeutischen Überlegungen zur Behandlung der Menschen mit schizotypischer Persönlichkeit steht denn auch die Beratung und Supervision von Patienten. Statt mit psychodynamischen Übertragungsdeutungen oder mit kognitiven Therapietechniken an der Projektionsneigung der Patienten »herumzudoktern«, gilt es vielmehr, die langfristig wirkenden Lebensanforderungen stärker in Augenschein zu nehmen. Das könnte natürlich in letzter Konsequenz bedeuten, dass Patienten ihr Leben in praktischer Hinsicht grundlegend verändern müssen. Häufig haben es schizotypische Patienten schwer, einen Arbeitsplatz zu bekommen oder zu halten, sich auf eine Prüfung vorzubereiten oder diese zu bestehen, eine Wohnung zu finden, Leute kennenzulernen, längerfristige Freundschaften aufzubauen oder Konflikte mit Menschen zu ertragen oder zu lösen, von denen sie existenziell abhängig sind. Jegliche konkrete Intervention, Beratung, Unterstützung und Supervision von Seiten des Therapeuten kann sehr nützlich sein, um die Lebensweise einer schizotypischen Persönlichkeit zu verbessern.

20 Paranoide Persönlichkeitsstörung

*Kognitive Konstruktionen werden ziemlich logisch aus
idiosynkratischen Deutungen realer Fakten aufgebaut, daher können
sie zuweilen auf so unangenehme Weise überzeugend wirken.*
David Shapiro

Das Attribut »paranoid« steht in den Diagnosesystemen neben der Kennzeichnung
einer Persönlichkeitsstörung zur Charakterisierung von zwei weiteren, von der Paranoiden Persönlichkeitsstörung abzugrenzenden Störungsbildern.

▶ Paranoide Schizophrenie: Bei der Paranoiden Schizophrenie werden die Patienten
während der Erkrankung außer von sog. »Grundstörungen« der Schizophrenie zugleich von andauernden Wahnvorstellungen beherrscht.

▶ Wahnhafte bzw. Paranoide Störung (Paranoia): In der Wahnhaften (Paranoiden)
Störung ist – unter Ausschluss einer Schizophrenie – ein über längere Zeit hinweg,
gelegentlich lebenslang andauernder eng umschriebener Wahn (z. B. hypochondrischer Wahn, Eifersuchtswahn) das einzig auffällige klinische Charakteristikum.

Beide Störungsbereiche wurden detailliert beschrieben und wissenschaftlich extensiv
untersucht (vgl. z. B. Maher & Spitzer, 1993; Carson & Sanislow, 1993).

Paranoide Persönlichkeitsstörung. Genau das Gegenteil – ein ausgesprochener Mangel
an Forschungsarbeiten – ist für den Bereich der Paranoiden Persönlichkeitsstörung zu
konstatieren und wurde schon früh kritisch angemerkt (Thompson-Pope & Turkat,
1993). Dieser defizitäre Zustand hat sich bis heute nicht geändert, was daran liegen
mag, dass dieses Störungsbild in klinischen Einrichtungen eher sehr selten diagnostiziert wird (Hopwood & Thomas, 2012). Dies war zugleich einer der Hauptgründe,
weshalb sich die für Persönlichkeitsstörungen zuständige Task-Force entschlossen
hat, die paranoide aus ihrem Alternative-Modell des DSM-5 Sektion III zu streichen.
Dabei bestanden noch bis zum DSM-IV-TR über die Sinnhaftigkeit der Diagnose
»Paranoide Persönlichkeitsstörung« offensichtlich nie größere Meinungsunterschiede.
In den Überarbeitungen und Neuauflagen des DSM wurden lediglich Präzisierungen
vorgenommen, die weniger neue empirische Erkenntnisse reflektieren (die es ja mangels hinreichend großer Untersuchungsgruppen nicht gab), als vielmehr noch vorhandene Überlappungen mit anderen Störungen reduzieren helfen sollten (vgl. Siever,
1992; Bernstein et al., 1996).

Danach ist als Hauptmerkmal der Paranoiden Persönlichkeitsstörung ein in zwischenmenschlichen Beziehungen auftretendes Misstrauen und eine Neigung, neutrale
oder gar freundliche Handlungen anderer als feindselig oder kränkend (falsch) zu
interpretieren. Ursache für Misstrauen und Feindseligkeit ist die auf eine hohe
Empfindsamkeit gegenüber Kritik und Kränkung rückführbare Fehlwahrnehmung
interpersoneller Konflikte oder Ereignisse – ein Charakterzug, der gelegentlich an ein

Wahnerleben erinnern mag. Dieses ist jedoch in der Paranoiden Persönlichkeitsstörung bei weitem nicht so ausgeprägt, wie es die Bezeichnung »paranoid« suggeriert – oder wie es bei Vorliegen der Paranoiden Schizophrenie oder Paranoiden Störung beobachtbar ist. Die insofern etwas unglückliche Bezeichnung »Paranoide Persönlichkeitsstörung« hat sich jedoch ab der Mitte des letzten Jahrhunderts gegenüber einer Reihe unterschiedlicher Begriffssetzungen allgemein durchgesetzt.

Frühere Bezeichnungen. Diese betonten jeweils besondere Einsichten in das mögliche Gemeinsame des Phänomens: Mit »expansiver Persönlichkeit« versuchte Kretschmer (1921) Temperamentseigenschaften wie empfindsam, misstrauisch, streitsüchtig, rechthaberisch, unbeweglich und kämpferisch-wahnhaft zusammenzufassen. Kraepelins »Pseudoquerulanten« (Lehrbuch, 7. Auflage: 1903–1904) und »Streitsüchtige« (Lehrbuch, 8. Auflage: 1909–1915) finden sich als »querulatorische Persönlichkeiten« noch bei Schulte und Tölle (1977). Letztere beschreiben die Betroffenen als »rechthaberische, halsstarrige, fanatische, unbelehrbare, zugleich verwundbare und auf geringfügiges oder auch nur vermeintliches Unrecht empfindlich reagierende Naturen, die stets zum Kampf gestimmt und für den Kampf gut ausgerüstet sind« (Schulte & Tölle, 1977, S. 96). Die Bezeichnung »fanatische Persönlichkeiten« (Kurt Schneider, 1923) betont den Aspekt der Überwertigkeit von Ideen, die sich auf verschiedene Lebensbereiche beziehen können (Politik, Weltanschauung, Religion, Gesundheit etc.) sowie die scheinbare Rücksichtslosigkeit der Ideendurchsetzung, die Vernachlässigung berechtigter Anliegen anderer bis hin zum Verlust des Überblicks über das Ganze.

20.1 Diagnostik

Beide Diagnosesysteme geben – weitgehend übereinstimmend – folgende Erlebens- und Verhaltensweisen als zentrale Merkmale der Paranoiden Persönlichkeitsstörung aus:

▶ ein überstarkes interpersonelles Misstrauen z.B. in der Erwartung persönlicher Kränkung oder Verletzung,
▶ eine Überempfindlichkeit z.B. gegenüber Zurückweisung und Zurücksetzung sowie
▶ eine situationsunangemessene Neigung zu einem streitsüchtig bis feindselig vorgetragenen Beharren auf eigenen Ansichten oder Rechten.

Diagnostische Kriterien
DSM-IV-TR bis DSM-5 Sektion II: Paranoide Persönlichkeitsstörung
A. Tiefgreifendes Misstrauen und Argwohn gegenüber anderen, sodass deren Motive als böswillig ausgelegt werden. Der Beginn liegt im frühen Erwachsenenalter, und das Muster zeigt sich in verschiedenen Situationen. Mindestens vier der folgenden Kriterien müssen erfüllt sein:

1. Verdächtigt andere ohne ausreichenden Grund, ausgenutzt, geschädigt oder getäuscht zu werden.
2. Ist stark eingenommen von ungerechtfertigten Zweifeln an der Loyalität und Vertrauenswürdigkeit von Freunden oder Partnern.
3. Vertraut sich nur zögernd anderen Menschen an, aus ungerechtfertigter Angst, die Informationen könnten in böswilliger Weise gegen ihn / sie verwendet werden.
4. Liest in harmlose Bemerkungen oder Vorkommnisse eine versteckte, abwertende oder bedrohliche Bedeutung hinein.
5. Ist lange nachtragend (d. h. verzeiht Kränkungen, Verletzungen oder Herabsetzungen nicht).
6. Nimmt Angriffe auf die eigene Person oder das Ansehen wahr, die anderen nicht so vorkommen, und reagiert schnell zornig oder startet rasch einen Gegenangriff.
7. Verdächtigt wiederholt ohne jede Berechtigung den Ehe- oder Sexualpartner der Untreue.
B. Tritt nicht ausschließlich im Verlauf einer Schizophrenie, einer bipolaren Störung oder depressiven Störung mit psychotischen Merkmalen oder einer anderen psychotischen Störung auf und ist nicht Folge der physiologischen Wirkung eines medizinischen Krankheitsfaktors.

Beachte: Wenn die Kriterien vor dem Auftreten einer Schizophrenie erfüllt waren, ist »prämorbid« hinzuzufügen, d. h. »Paranoide Persönlichkeitsstörung (Prämorbid)«.

Abdruck erfolgt mit Genehmigung vom Hogrefe Verlag Göttingen aus dem Diagnostic and Statistical Manual of Mental Disorders, Fifth Edition © 2013 American Psychiatric Association, dt. Version © 2015 Hogrefe Verlag (S. 889).

Mitmenschen beschreiben die Betroffenen häufig als scharfsinnige Beobachter und als energisch und ehrgeizig. Wenn Menschen mit Paranoider Persönlichkeitsstörung ihren Mitmenschen gegenüber in einer kritisierenden und anklagenden Weise auftreten, ist nicht selten eine wachsende soziale Ausgrenzung und Isolierung die Folge. Diese Ausgrenzung kann mit einer zunehmenden Fantasietätigkeit einhergehen, in der sich die Betreffenden ihre kritische Position gegenüber anderen als bedeutsam und wichtig ausmalen. Auf längere Sicht haben sie wegen ihrer abnehmenden Bereitschaft, anderen zu vertrauen und / oder bei Konflikten Kompromisse einzugehen, Schwierigkeiten, befriedigende zwischenmenschliche Beziehungen aufzubauen und aufrechtzuerhalten.

Diagnostische Kriterien

ICD-10 (F60.0): Paranoide Persönlichkeitsstörung

[Mindestens drei der folgenden Merkmale treffen zu:]

1. Übertriebene Empfindlichkeit bei Rückschlägen und Zurücksetzung.
2. Neigung zu ständigem Groll, z. B. wegen der Weigerung der Betreffenden, Beleidigungen, Verletzungen oder Missachtungen durch andere zu verzeihen.
3. Misstrauen und eine starke Neigung, Erlebtes zu verdrehen, indem neutrale oder freundliche Handlungen anderer als feindlich oder verächtlich missgedeutet werden.
4. Streitsüchtiges und beharrliches, situationsunangemessenes Bestehen auf eigenen Rechten.
5. Häufiges ungerechtfertigtes Misstrauen gegenüber der sexuellen Treue des Ehe- oder Sexualpartners.
6. Tendenz zu stark überhöhtem Selbstwertgefühl, das sich in ständiger Selbstbezogenheit zeigt.
7. Inanspruchnahme durch ungerechtfertigte Gedanken an Verschwörungen als Erklärungen für Ereignisse in der näheren Umgebung und in aller Welt.

Dazugehörige Begriffe:
► expansiv-paranoide Persönlichkeit(sstörung)
► fanatische Persönlichkeit(sstörung)
► paranoide Persönlichkeit(sstörung)
► querulatorische Persönlichkeit(sstörung)
► sensitiv-paranoide Persönlichkeit(sstörung)

Ausschluss:
► Paranoia (F22.x)
► Parnoia querulans (F22.8
► paranoide Psychose (F22.0)
► paranoider Zustand (F22.0)
► Schizophrenie (F20)
► wahnhafte Störung (F22.0)

Abdruck erfolgt mit Genehmigung vom Hogrefe Verlag Bern aus der Internationalen Klassifikation psychischer Störungen der Weltgesundheitsorganisation: ICD-10 Kapitel V (F) Klinisch diagnostische Leitlinien; 10. Auflage. Dilling, H., Mombour, W. & Schmidt, M.H. (Hrsg.). (2015) Hogrefe AG: Bern, S. 277 f.

20.2 Prävalenz

Felduntersuchungen mit nichtpsychiatrischen Patienten zeigen ein Vorkommen der Paranoiden Persönlichkeitsstörung von durchschnittlich 1,4 Prozent (*Range* = 0,5 bis 2,3 Prozent; vgl. Bernstein et al., 1993). In Studien zur administrativen Prävalenz wurde sie bei 1,7 bis 2,6 Prozent der Patienten diagnostiziert, die sich in psychiatrischer Behandlung befanden (vgl. Kass et al., 1985). Innerhalb der Gesamtgruppe der Persönlichkeitsstörungen erreichen die Paranoiden Persönlichkeitsstörungen einen Anteil zwischen 4 und 5,2 Prozent (→ Kap. 9). Die Diagnose wird häufiger bei Männern gestellt, wenngleich die Unterschiede gegenüber den Frauen nicht in allen Stichproben ein Signifikanzniveau erreichen.

Einige Autoren vermuten ein erheblich höheres Vorkommen der Störung in der Bevölkerung (z. B. Thompson-Pope & Turkat, 1993) und führen folgende Gründe für eine mögliche Unterschätzung in epidemiologischen Studien an:

▶ Menschen mit Paranoider Persönlichkeitsstörung suchen von sich aus selten um Behandlung nach und kommen deshalb in Klinikstudien eher seltener vor, und

▶ in Untersuchungen zur wahren Prävalenz dürften sie ebenfalls unterrepräsentiert bleiben, weil sie sich diagnostischen Untersuchungen, die persönliche Aspekte der eigenen Person betreffen, eher widersetzen.

20.3 Differenzialdiagnostik

Von der Paranoiden Schizophrenie und der Wahnhaften (Paranoiden) Störung grenzt sich die Paranoide Persönlichkeitsstörung gewöhnlich durch das Fehlen psychotischer Symptome ab (wie Wahnphänomene und Halluzinationen). Sie kann jedoch Fallschilderungen zufolge bei einer der beiden spezifisch-paranoiden Störungen bereits vor der Erkrankung vorliegen. Andererseits fehlt es nach wie vor an Prävalenzstudien, die ein gemeinsames Vorliegen dieser Störungen dokumentieren. So findet sich beispielsweise kein einziger Fall (!) einer Komorbidität zwischen Paranoider Schizophrenie oder Wahnhafter Störung einerseits und der Paranoiden Persönlichkeitsstörung andererseits in einer mittels standardisierter Erhebung durchgeführten Studie von Alnaes und Torgersen (1988). Kodiagnosen der Paranoiden Persönlichkeitsstörung in signifikant vom Zufall abweichender Anzahl fanden sich lediglich zur Agoraphobie ohne Panik.

Persönlichkeitsänderungen. Paranoide Personeneigenarten werden gelegentlich nach längerer medizinischer Behandlung körperlicher wie psychischer Störungen als Persönlichkeitsänderungen beobachtet (ICD-10: F 62.1; → Abschn. 3.4). Häufiger kommen paranoide Persönlichkeitsänderungen in der Folge eines chronischen Substanzmissbrauchs (Alkohol-, Medikamentenabhängigkeit) vor. Schließlich können sich paranoide Persönlichkeitszüge im Verlauf lebenslanger Behinderungen einstellen (z. B. bei Schwerhörigkeit). Wichtig: Persönlichkeitsänderungen dieser Art schließen die Diagnose einer Paranoiden Persönlichkeitsstörung aus.

Persönlichkeitsstörungen. In Komorbiditätsstudien der Persönlichkeitsstörungen untereinander schwanken die Häufigkeitsangaben zur Gleichzeitigkeitsdiagnose der Paranoiden mit anderen Persönlichkeitsstörungen zwar beträchtlich, weisen andererseits aber im Vergleich zu anderen jeweils die höchsten Komorbiditätsraten auf (vgl. Bernstein et al., 1993). Die höchsten Kodiagnosen finden sich mit der Schizotypischen

Persönlichkeitsstörung (zwischen 17 und 71 Prozent in klinischen Stichproben, in mehr als der Hälfte dieser Studien über 40 Prozent). Dies hat gelegentlich zu Überlegungen geführt, die Paranoide und Schizotype Persönlichkeitsstörung in eine breiter ausgelegte Störungsgruppe des Schizophrenierisikospektrums zusammenzuführen. Dagegen sprechen jedoch vielfältige Komorbiditäten, die sich zwischen Paranoider und anderen Persönlichkeitsstörungen finden lassen. Recht häufig sind Gleichzeitigkeitsdiagnosen mit der Narzisstischen (zwischen 2 und 75 Prozent), Borderline (zwischen 0 und 100 Prozent), Selbstunsicheren (zwischen 8 und 86 Prozent) und Passivaggressiven Persönlichkeitsstörung (zwischen 17 und 53 Prozent).

Fanatisch, querulatorisch und rechthaberisch: keine Persönlichkeitsstörung?

Schließlich bleibt zu beachten, dass aus auffälligen und vom Üblichen deutlich abweichenden persönlichen Eigenarten nicht vorschnell auf Persönlichkeitsstörungen rückgeschlossen werden darf. Dies gilt es insbesondere bei Menschen mit in den Diagnosesystemen festgelegten Merkmalen einer vermeintlich Paranoiden Persönlichkeitsstörung zu beachten. Fanatismus, Querulantentum und Rechthaberei sind nicht per se Merkmale psychischer Störungen. Auf die besonderen Schwierigkeiten der Abgrenzung psychopathologischen von akzeptierbar normalen und auch nicht-krankhaften devianten Verhaltensmerkmalen haben uns bereits die Urväter der Psychiatrie immer wieder hingewiesen (Kraepelin, 1902; Meyer, 1906); und vor allem Bleuler hatte vor einem Diagnose-Bias insbesondere bei vermeintlich paranoiden Eigenarten gewarnt, da diese Personenmerkmale starken Schwankungen innerhalb der Grenzen unterliegen, die als akzeptabel gelten können; d.h., »weder können sie gelegentlich als gesund, noch können sie gleichzeitig psychisch krank angesehen werden« (Bleuler, 1911, S. 294).

Normatologie. Weiter bleibt zu beachten, dass die in vielen Grundgesetzen (GG) der westlichen Länder festgelegten Grundrechte den Menschen große Freiheiten einräumen. In Deutschland z.B. hat jeder hat das Recht, seine Meinung in Wort, Schrift und Bild frei zu äußern und zu verbreiten (GG Artikel 5) und dies uneingeschränkt so lange, wie er damit nicht gegen die allgemeine, nämlich durch Gesetze festgelegte sittliche Ordnung verstößt (GG Artikel 2).

Dieser Blick auf die Normatologie des vermeintlich paranoiden Persönlichkeitsstils war übrigens ein weiterer Grund für die Task-Force des DSM-5, dieses Störungsbild aus dem Alternativ-Modell zu streichen (Skodol, 2012; Hopwood & Thomas, 2012). Jedenfalls gilt so lange diagnostische Toleranz gegenüber kritischen Ansichten und Meinungen von Patienten, so lange diese mit ihren Meinungen und Handlungen nicht gegen Ethik und Recht verstoßen. Sollte Letzteres, nämlich unrechtmäßiges Handeln der Fall sein, könnte mit sehr großer Wahrscheinlichkeit eine Dissoziale Persönlichkeitsstörung als die angemessenere Diagnose vergeben werden; denn fast alle Personen, auf die die Diagnose der Dissozialen Persönlichkeitsstörung zutrifft, dürften gleichzeitig durch ein aggressiv fanatisches, unangenehm querulatorisches oder rechthaberisches Verhalten auffallen (Fiedler, 2012). Und nicht selten dürfte in solchen Fällen auch noch die Gleichzeitigkeitsdiagnose einer Narzisstischen Persönlichkeitsstörung nahe liegen.

Scharfsinnig, engagiert und von eigenen Überzeugungen begeistert. Auffälligkeiten des hier als normal anzusehenden persönlichen Stils werden aus einer übermäßigen Selbstrepräsentation und aus einem kognitiven Verarbeitungsstil erklärt, der durch analytisches Denken, Planen und Rechtfertigen bestimmt ist. Berufe, die gewählt werden, erfordern scharfsinniges Denken und Begeisterung (z. B. Jurisprudenz, Kriminalistik oder Engagement für die Ideologie in politischen Parteien und Vereinen). Wer aufgrund der deutlichen Selbstrepräsentationen ständig seine vermeintlich guten Intentionen spürt oder sich ihnen auf der Ebene des sprachnahen Denkens sehr bewusst ist, sich mit vielen dieser Absichten bei anderen jedoch schwer durchsetzen kann, macht auf kurz oder lang andere für Missgeschicke verantwortlich oder er versucht ihnen die Schuld an Interaktionsstörungen zuzuweisen.

Es entsteht ein durchaus realer Teufelskreis selbsterfüllender Prophezeiungen, denn das anhaltende Misstrauen führt leicht dazu, dass den Betroffenen tatsächlich Informationen von anderen vorenthalten werden oder dass sie tatsächlich abgelehnt werden, was ihren Argwohn nur noch bestätigt und verstärkt. Kommt es in solchen Situationen dann gelegentlich tatsächlich zu subjektivem Leiden der Betroffenen, genau dann dürfte es im diagnostisch-therapeutischen Prozess auch gelingen, mit den betreffenden Personen in Richtung einer Paranoiden Persönlichkeitsstörung weiter zu denken, um diese dann ebenfalls in den Mittelpunkt psychotherapeutischen Handels zu rücken.

20.4 Erklärungsansätze

Psychoanalyse

Seit Freuds Arbeiten über die Paranoia (Fall »Schreber«; 1911, 1922) wird in psychoanalytischen Erklärungsversuchen die Auffassung vertreten, dass es sich bei der Paranoia (als wahnhafter Störung) und bei der paranoiden Charakterstörung um einander ähnelnde Äußerungsformen einer Abwehrneurose handelt, deren hauptsächlicher Abwehrmechanismus die »Projektion« sei. Im Falle der Projektion nimmt die psychoanalytische Theorie an, dass aus dem Hineinprojizieren eigener aggressiver Impulse in eine andere Person eine Entlastung resultiere und dass deshalb die projektive Wahnbildung eine wichtige Form der Konfliktabwehr und des Selbstschutzes darstelle (z. B. Mentzos, 1982). Bei den weniger ausgeprägten Formen projektiv-paranoider Abwehr handelt es sich hingegen um allgemein-menschliche Versuche der Selbstversicherung und des Selbstschutzes gegenüber zwischenmenschlichen Unsicherheiten und Konflikten, die bei der Paranoiden Persönlichkeitsstörung graduell hinsichtlich Permanenz und geringerer Beeinflussbarkeit extremisierten (Shapiro, 1965).

High-Risk-Studien

Einigen High-Risk-Studien zur Schizophrenie (vgl. Parnas et al., 1990) ist zu entnehmen, dass die Paranoide Persönlichkeitsstörung bei biologischen Verwandten von schizophrenen Menschen deutlich häufiger als bei Kontrollpersonen vorkommt. Und bei Verwandten ersten Grades von Patienten mit Paranoider Persönlichkeitsstörung lassen sich in etwa 5 Prozent der Fälle Personen finden, die an einer Wahnhaften (Paranoiden) Störung erkrankt waren (Kendler et al., 1985). Nur bei 0,8 Prozent der Verwandten ersten Grades ließ sich eine schizophrene Erkrankung finden, wenngleich in klinisch-psychiatrischen Falldokumentationen regelmäßig Einzelfälle mit Paranoider Persönlichkeitsstörung beschrieben werden, die unter besonders belastenden Lebensumständen durchaus in Richtung einer Schizophrenie oder der wahnhaft (paranoiden) Störung dekompensieren (Vaillant & Perry, 1988).

Verhaltenstherapie

Für ein Verständnis der Paranoiden Persönlichkeitsstörung ist es naheliegend, sie im Rahmen der verhaltenstheoretischen Vulnerabilitätsperspektive zu konzeptualisieren (Millon, 1996a; → Kap. 6). Das Vulnerabilitäts-Stress-Modell impliziert, die Paranoide Persönlichkeitsstörung als individuelle Möglichkeit oder sogar als Kompetenz aufzufassen, auf psychosoziale Anforderungen, einschneidende Lebensereignisse oder zwischenmenschliche Konflikte und Krisen mit Selbstschutz zu reagieren.

Kompetenz. Nicht selten dürften Menschen gerade wegen ihrer querulatorischen bzw. fanatischen Persönlichkeitseigenarten Akzeptanz oder Bewunderung auslösen (gelegentlich sogar bei Ablehnung ihrer Eigenarten durch ihre Gegner) und genau deshalb in bestimmten beruflichen und politischen Funktionen ausgesprochen erfolgreich sein (s. o. → Abschn. 20.3 die Ausführungen zur Normatologie). Dies dürfte in besonderer Weise für jene Menschen gelten, denen (entsprechend der Kriterien der Klassifikationssysteme) ein ausgesprochenes Rechtsbewusstsein und eine scharfe Beobachtungsgabe zugesprochen werden. Nicht gerade wenige dürften zu einer Untergruppe querulatorischer Charaktere zählen, die tagaus, tagein die Petitionsausschüsse der Parlamente beschäftigen oder die Leserbriefspalten der Tageszeitungen füllen. Schließlich gibt es kaum einen Autor, der in seiner Beschäftigung mit dieser Persönlichkeitsstörung nicht auf irgendeine mehr oder weniger berühmte Führerpersönlichkeit verweist, deren Erfolg vermeintlich auch auf ein paranoides Persönlichkeitsmuster rückführbar sei (vgl. Vaillant & Perry, 1988).

Störung. Mittels Vulnerabilitäts-Stress-Modell erklärt sich nun eine Extremisierung der akzentuierten Persönlichkeitsmuster hin zu einer Paranoiden Persönlichkeitsstörung u. a. aus einer Eskalation interpersoneller Konflikte und Krisen (Bohus et al., 2004). Diese haben ihre Ursache häufig darin, dass viele der von Betroffenen als Selbstschutz gewählten zwischenmenschlichen Verhaltensweisen (wie die aggressive Abwehr sozialer Kritik oder das beharrliche Bestehen auf Rechtspositionen) für die Bezugspersonen gar nicht als Vulnerabilitätsschutz verstehbar sind. Sie werden vielmehr als Verletzung interpersoneller Umgangsformen interpretiert und fordern deshalb – im Sinne eines Circulus vitiosus – geradezu vermehrt jene Ablehnung, Kritik und Feindseligkeit heraus, vor denen sich die Betroffenen gerade noch zu schützen versuchten.

20.5 Behandlung

Psychoanalyse

Psychoanalytisch orientierte Autoren haben sich bis heute immer leichter damit getan, die der Paranoiden Persönlichkeitsstörung zugrundeliegende Dynamik zu beschreiben, als diese erfolgreich zu beeinflussen. Entsprechend häufig werden die Betroffenen als schwierig oder gar als nicht behandelbar charakterisiert (vgl. Stone in Liebowitz et al., 1986). Die Störung wird als Ergebnis einer gewohnheitsmäßigen »Projektion« der Ursachen unzulässiger Gefühle und Impulse auf andere Menschen angesehen. Durch diesen Abwehr- oder Übertragungsmechanismus werden Schuldgefühle bezüglich der eigenen Impulse und Bedürfnisse reduziert oder vermieden.

Meissner (1979) hat angesichts der entsprechend zu erwartenden »projektiven Übertragung auf den Therapeuten« vorgeschlagen, vorgeordnet an der Entwicklung und am Behalt einer vertrauensvollen Beziehung zu arbeiten. Der Therapeut solle sich kontinuierlich bemühen, die »fragile Autonomie« des Patienten nicht zu irritieren. Konfrontierende Übertragungsdeutungen sollten möglichst vermieden werden. Um den projektiven Selbstschutz nicht unnötig zu provozieren, sei der Patient durchgängig an allen Entscheidungen, die den Therapieprozess betreffen, voll zu beteiligen. Das könne am besten durch eine Maximierung von Transparenz erreicht werden. Dies gelte für alle Deutungen, Interpretationen und empathischen Einlassungen, deren Sinnhaftigkeit dem Patienten durchgängig klar werden müssten, solle er diese akzeptieren.

Freeman und Gunderson (1989) empfehlen, (Übertragungs-)Deutungen nicht primär auf den therapeutischen Diskurs, sondern auf spezifische Beziehungsgefühle wie Schuld, Scham und Ängste des Patienten anderen Menschen gegenüber zu beziehen. Das Sprechen über Beziehungsgefühle (Interaktionsschwierigkeiten) ermögliche es dem Patienten, sich zu öffnen und sich selbst mitzuteilen, was es dem Therapeuten erleichtere, einen vertrauensvollen, empathisch bestimmten Rahmen für Prozesse der Einsicht in die Beziehungsstörungen zu ermöglichen.

Interpersonelle Therapie

In der Interpersonellen Therapie wird ebenfalls die günstige Ausgestaltung der Therapiebeziehung als durchgängiges Ziel therapeutischer Arbeit angesehen (Salzman, 1960). Anstelle einer Exploration paranoider kognitiver Konstruktionen solle sich der Therapeut eher als vertrauenswürdiger, sachlich arbeitender und freundlicher Begleiter in eine Therapie der zwischenmenschlichen Beziehungsstörungen einbringen. Wegen der durch paranoide Konstruktionen provozierten Interaktionsschwierigkeiten wird als ein Lösungsweg die konkrete Suche nach Alternativen zur Erreichung persönlicher Ziele und Wünsche angesehen, die gegenüber den Konfliktpartnern bestehen.

Therapeuten sollten beachten, dass selbst in bizarr und wahnhaft anmutenden kognitiven Konstruktionen »wahre Kerne« enthalten seien. Deshalb seien real gegebene Stress- und Konfliktsituationen im Alltag der Betroffenen therapeutische Anknüpfungspunkte, die Sinnhaftigkeit des projektiven Selbstschutzes zu verstehen und nach Alternativen zur Befriedigung akzeptabler Bedürfnisse zu suchen.

Verhaltenstherapie, Kognitive Therapie

Insbesondere Turkat hat wiederholt in Fallausarbeitungen zu belegen versucht, wie erfolgversprechende Zugänge zur Paranoiden Persönlichkeitsstörung in der Verhaltenstherapie zu gestalten wären (Turkat, 1985, 1990). Ganz ähnlich wie die erwähnten psychodynamisch-interpersonell orientierten Autoren schlägt er vor, eine vertrauensvolle therapeutische Arbeitsbeziehung aufzubauen, die durch eine sachliche, formale und respektvolle Art der Kooperation bestimmt werde. Ziel sei es, für maladaptive Interaktionseigenarten alternative Perspektiven zu finden. Diese müssten keinesfalls zugleich den Zielen und Wunschvorstellungen der Patienten zuwider laufen. Vielmehr sei das Misslingen bisheriger Problemlösungsversuche zum Thema zu machen. Eine daran anknüpfende, sachliche Suche nach alternativen Lösungen beinhalte nämlich gar keine direkte Kritik der vorhandenen (paranoid anmutenden) Einstellungen.

Entsprechend wird in der Kognitiven Therapie von Beck (et al., 1990) empfohlen, zunächst das Gefühl der Eigeneffizienz und Selbstsicherheit der Patienten im Umgang mit zwischenmenschlichen Konfliktsituationen zu erhöhen. Auch in diesem Ansatz folgt der Versuch, die paranoid-kognitiven Konstruktionen selbst zum Gegenstand therapeutischer Diskurse werden zu lassen, erst sekundär, also einer Erkundung und Erprobung alternativer Interaktionsformen zeitlich nachgeordnet.

Perspektive: Konfliktmanagement

Wenn man sich die obigen Therapievorschläge vergleichend ansieht, dann fällt als eine Gemeinsamkeit auf, dass zunächst keine einsichtsfördernde Therapiestrategie als vorrangig vorgeschlagen wird. Vielmehr wird empfohlen, (a) die psychodynamische Therapie um Elemente der konkreten Beratung zur Lösung interpersoneller Konflikte anzureichern oder (b) verhaltenstherapeutisch die Behandlung unmittelbar auf ein psychosoziales Konfliktmanagement auszurichten. Ein Konfliktmanagement wird jeweils so lange als Therapiestrategie empfohlen, wie die Betroffen die Ursache für eigenes Missbefinden vorrangig bei anderen vermuten.

Die Suche von Schuld bei anderen und die Zurückweisung jeglicher Mitverantwortung an zwischenmenschlichen Krisen bedeutet nun offensichtlich für eine Vielzahl von Therapeuten eine besondere Schwierigkeit, vorbehaltlos eine Therapie zu beginnen. Dies scheint insbesondere dann der Fall zu sein, wenn sie sich mit rechthaberischen, querulatorischen oder gar fanatisch vorgetragenen Ansichten konfrontiert sehen. Die von den zitierten Autoren in dieser Situation vorgeschlagene Strategie lautet: trotzdem zunächst Annahme des Dienstauftrags der Patienten und gemeinsames Nachdenken mit dem Patienten über konkrete Lösungen der gegebenen Probleme! Es geht primär darum, die Eigeneffizienz der Patienten zu verbessern (Merod, 2005b). Jede kluge Auflösung von Konflikten bedeutet zwangsläufig, dass sich *en passant* auch das Verhalten der Patienten verändern wird. Einsicht in die Mitverantwortung für gegebene Konflikte sei zunächst nachzuordnen: Einsicht ist eine erreichbare Zwischenstufe in jeder Therapie und keine zwingende Voraussetzung, um mit Verhaltensänderungen zu beginnen (Benjamin, 1995).

Psychosoziales Konfliktmanagement rückt die Stress- und Konfliktbedingungen in den Behandlungsfokus und *nicht* die Persönlichkeitsstörung der Betroffenen. Der Therapeut berät und unterstützt den Patienten, wie Krisen und Konflikte im Alltag mithilfe psychologisch gut begründeter Strategien auf eine möglicherweise neue und befriedigende Art gelöst werden können.

Beratung und Supervision von Patienten. Eine solche Strategie zielt nur vordergründig nicht auf eine Veränderung des Patienten. Einer Intention der Therapeuten, der Patient habe sich zu ändern, würden sich viele Betroffene sowieso widersetzen. Psychosoziales Konfliktmanagement zielt auf Beratung, Unterstützung und Supervision von Patienten bei dem Versuch, widrige Lebensumstände und die mit ihnen zusammenhängenden persönlichen Missbefindlichkeiten zu behandeln und zu verändern. Hier wird natürlich unterstellt, dass diese Patientenberatung durch die Therapeuten keine konfliktverschärfenden oder sogar gegensozialen Strategien beinhaltet. Jedoch, wie bereits angedeutet: Die »Einsicht« des Patienten in seine eigenen psychischen Unzulänglichkeiten ist nicht das erste und zentrale Anliegen. Auch auf Fragen der bisherigen Mitschuld an Krisen und Konflikten muss nicht unmittelbar eingegangen werden. Diese Fragen können später behandelt werden, wenn sich das Vertrauen in die therapeutische Beziehung grundlegend gefestigt hat.

20.6 Zusammenfassende Bewertung

Bisherige Erklärungsversuche wurden vorrangig aus dokumentierten Einzelfallschilderungen heraus entwickelt. Bis auf die angedeuteten Ergebnisse der High-Risk-Studien sind die psychoanalytischen und verhaltenstherapeutischen Ätiologieperspektiven zur Paranoiden Persönlichkeitsstörung bisher kaum systematisch untersucht worden.

Wenn man die Fallanalysen zusammenfasst, dann handelt es sich bei paranoiden Persönlichkeiten um Personen, die auf interpersonelle Konflikte mit Abwehr und Ärger reagieren. Bei extremer Kränkung finden sich gelegentlich tiefer Groll und eine Unfähigkeit zu verzeihen – was Bezugspersonen mit der Schwierigkeit konfrontiert, vergangene Beziehungskrisen nicht beilegen zu können. Gegenwärtige Beziehungen zeichnen sich häufig durch provokantes Verhalten und die beständige Befürchtung aus, übervorteilt zu werden. Paranoide Persönlichkeiten sehen sich zumeist in Konkurrenz zu gleich- oder höhergestellten Kollegen. Fremde Leistungen anzuerkennen fällt ihnen ausgesprochen schwer.

Und was die Behandlung angeht, wird zumeist ein beratendes Konfliktmanagement vorgeschlagen, dessen Vorteile von vielen Therapeuten noch nicht hinreichend gesehen werden. Denn mittels Patientenberatung ergibt sich jedoch eine – zwar nur kleine, dennoch bedeutsame – Akzentverschiebung. Um es pointiert auszudrücken: Beratung eröffnet völlig neue Gestaltungsspielräume. Sie erfordert und ermöglicht zugleich die aktive Partizipation des Therapeuten an der Neugestaltung von Lebenslagen – und genau dies ist der Wunsch von Personen mit misstrauisch paranoider Persönlichkeitsakzentuierung. In einer psychotherapeutischen Beratung wird sich nämlich, wie immer schon von Therapeuten gewünscht, das Machtgefälle verschieben, weg vom kompetenten Behandler persönlicher Probleme hin zum Solidarpartner des Patienten, nämlich im gemeinsamen Kampf gegen widrige Lebensumstände.

21 Schizoide Persönlichkeitsstörung

Unfähig, mit Menschen zu leben, zu reden. Vollständiges Versinken in mich.
Stumpf, gedankenlos, ängstlich. Ich habe nichts mitzuteilen, niemals, niemandem.

Franz Kafka

Diese Störung wird bei Patienten diagnostiziert, die für lange Zeit, möglicherweise bereits ihr Leben lang, sehr zurückgezogen leben. In der Gesellschaft anderer fühlen sie sich unwohl. Auch andere Menschen erleben die Betroffenen als isoliert und einsam.

21.1 Konzeptentwicklung

Die ersten Bemühungen um eine systematische Ausarbeitung einer »schizoiden Persönlichkeit« Anfang des letzten Jahrhunderts sind eng mit der Erforschung der Schizophrenie verknüpft. Die Vermutung einer hereditären Verursachung der schizophrenen Erkrankung hatte das Interesse an Persönlichkeitsauffälligkeiten bei den Angehörigen schizophrener Patienten wachsen lassen. In der Ärztegruppe um Eugen Bleuler in der Züricher Burghölzli-Klinik wurde die Beobachtung diskutiert, dass viele Angehörige schizophrener Patienten eine Reihe von Verhaltensauffälligkeiten aufwiesen, die in Familien nichtpsychotischer Patienten nur selten beobachtet wurden: vor allem die Neigung zur sozialen Isolation und dazu, enge Beziehungen zu meiden.
Frühe Hypothesen. Es handelte sich dabei um Interaktionseigenarten, die auch bei schizophrenen Patienten beobachtet wurden. Man glaubte, im Vermeiden sozialer Interaktionen eine mit der Schizophrenie assoziierte Charaktereigenschaft gefunden zu haben. Da das Ausmaß offensichtlich erheblich variierte und Angehörige unterschiedlich oder auch gar nicht beeinträchtigt schienen, vermutete Bleuler ein Kontinuum, in dem sich die Grenzen zwischen schizoidem Charakter (innerhalb normaler Grenzen) und einer latenten Schizophrenie mit ihren typischen sozialen Dysfunktionen nicht eindeutig festlegen ließen (Bleuler, 1922, 1937).
Überempfindlich und gleichmütig? Die Auffassung, dass zwischen gesunden (»schizothymen«) Persönlichkeiten, persönlichkeitsgestörten (»schizoiden«) Personen und manifest schizophrenen Patienten fließende Übergänge vorhanden sein müssten, wurde von Kretschmer (1921) aufgegriffen (→ Abschn. 3.1.2). Als Kernmerkmale der Schizoidie beschreibt er die Neigung zu sozialer Isolation und zu einem autistischen In-sich-Hineinleben. Überempfindliche (»hyperaesthetische«) Züge stünden neben einer ausgeprägten Kühle und passiven (»anaesthetischen«) Gleichmütigkeit. Es wird das Bild von Personen entworfen, die sich äußerst zwiespältig darstellen: zurückgezogen, kühl, schroff und ablehnend auf der einen Seite, empfindsam, leicht verletzbar, launisch und sprunghaft auf der anderen.

High-Risk-Studien

Die Vermutung des Zusammenhangs von schizoider Persönlichkeit(-sstörung) und Schizophrenie ist seit den 1940er-Jahren kontinuierlich Gegenstand auch empirischer Studien. Erste, methodisch teilweise kritisierenswerte Untersuchungen (Analysen von Krankenakten, Befragungs- und Retrospektivstudien) liefern recht widersprüchliche Befunde. Mehr Klarheit bringen Adoptionsstudien zur Differenzierung der genetischen Einflüsse auf die Schizophrenie und zur ätiologischen Bedeutung von Erziehungseinflüssen. Vor allem in den Kopenhagener High-Risk-Studien wurde zunehmend deutlich, dass es viele Kinder schizophrener Eltern gab, die sich bereits im Kindesalter in ihrer Psychopathologie und in sonstigen Verhaltensmerkmalen deutlich von gesunden Probanden unterschieden (z. B. Rosenthal, 1975; Kety et al., 1971, 1976).

Schizoid heute: Keine Beziehung zur Schizophrenie!

In der Folge dieser und anderer Studien (z. B. Parnas et al., 1982) wurde auch deutlich, dass die im Vorfeld schizophrener Erkrankungen beobachtbaren Auffälligkeiten nur begrenzt mit jenen Vorstellungen einer Schizoidie in Übereinstimmung zu bringen waren, wie sie seit Kretschmer als Diagnostikkonvention in der Psychiatrie galten. Insbesondere die für schizoide Persönlichkeiten als wesentlich betrachteten (»anaesthetischen«) Eigenarten wie abweisende Scheu, stilles Verhalten und soziale Zurückgezogenheit haben bis heute keine sichere Beziehung zur Schizophrenie erkennen lassen. Hingegen scheinen andere Verhaltensmerkmale der ursprünglichen Schizoidie-Konzeption (die »hyperaesthetischen« bei Kretschmer; heute: »schizotypisch«) eine prädiktive Validität als Risikomarker für Schizophrenie zu besitzen: Überempfindlichkeit gegenüber Kritik, Denk- und Kommunikationsstörungen (wenngleich gering ausgeprägt) sowie exzentrisches, launenhaftes Verhalten (Spitzer & Endicott, 1979; Parnas et al., 1990).

Schizoid versus schizotypisch. Ende der 1970er-Jahre schlugen Spitzer (et al., 1979) sowie Rieder (1979) vor, die Persönlichkeitsmerkmale der Spektrumschizophrenie von der bisherigen Schizoidie-Diagnose abzukoppeln und stattdessen den Begriff »schizotypisch« zu verwenden (auch anstelle von »Borderline-Schizophrenie«, wie dieser gelegentlich von High-Risk-Forschern benutzt wurde). Diese Vorschläge wurden von der Arbeitsgruppe zur Entwicklung des DSM-III übernommen (APA, 1980; ausführlich in → Kap. 19).

> Der Begriff »Schizoide Persönlichkeitsstörung« wird seither *eingeschränkt* nur noch für Persönlichkeitsabweichungen benutzt, in denen die »anaesthetischen« Verhaltensmerkmale im Sinne Kretschmers im Vordergrund stehen: scheue Zurückgezogenheit, Gleichgültigkeit in sozialen Beziehungen und eine geringe emotionale Erlebnis- und Ausdrucksfähigkeit.

Die jetzige Diagnose »Schizoide Persönlichkeitsstörung« nimmt also – wenn man so will – der bei Kretschmer beschriebenen Schizoidie ihre Zwiespältigkeit: Die zweite Charakterseite, die Kretschmer der vermeintlichen Schizoidie zuschrieb (nämlich empfindsam, leicht verletzbar, launisch und sprunghaft), gilt seither als Anteil der Schizotypen Persönlichkeitsstörung (→ Abschn. 19.2).

21.2 Diagnostik

Verblieben ist der Schizoiden Persönlichkeitsstörung die Seite des zurückgezogenen Menschen, der sich in interpersonellen Situationen vorrangig kühl, schroff und ablehnend verhält. Die Reliabilität der Diagnosestellung hat nach dieser Vereinfachung deutlich zugenommen (vgl. Kalus et al., 1996). Andererseits ist zu beobachten, dass die Diagnose im klinischen Kontext äußerst selten gestellt wird: Die Prävalenzraten liegen gewöhnlich weit unter 1 Prozent (→ Kap. 9). Diese sehr niedrige Prävalenz erklärt sich aus der Vereinfachung. Ganz offenkundig scheint es schwierig, Patienten zu finden, die zuverlässig den Eindruck vermitteln, dass ihr Gefühlsleben eingeschränkt ist und dass ihnen Kritik und Lob oder die Gefühle anderer gleichgültig sind. Dies war übrigens einer der wichtigsten Gründe für die DSM-5-Task-Force für Persönlichkeitsstörungen, die schizoide Persönlichkeit aus dem Alternativ-Modell gänzlich zu streichen (Skodol, 2012). Als ein zweiter gilt, dass zunehmend mehr Forscher der normatologisch begründeten Ansicht sind (ähnlich wie bei der paranoiden Persönlichkeit), dass dieser Persönlichkeitsstil (hier die selbstgewählte Isolation von anderen Menschen) eher nicht in den Bereich einer psychopathologischen Auffälligkeit gehört, sondern als eher normale Lebensstil-Variante zu gelten habe (Hopwood & Thomas, 2012; → Abschn. 21.3).

21.2.1 Schizoide Persönlichkeitsstörung im DSM-IV-TR bis DSM-5 Sektion II

Bei der Diagnostik und Bewertung dieses Störungsbildes etwa mittels DSM-SKID-Achse II bleibt zu beachten, dass vor Einführung des DSM-III in Studien immer die Nähe zur Schiozophrenie / Schizotypie betont wurde. Dies hat sich – wie erwähnt – inzwischen deutlich geändert, auch wenn in der DSM-IV-TR-Diagnostik die Möglichkeit der Verbindung weiter betont wird. Dabei gehört der Rückzug von anderen Menschen als Hauptkriterium zum Störungsbild der Schizotypischen Persönlichkeitsstörung dazu, deren Verbindung zur Schizophrenie empirisch klarer belegt ist (→ Kap. 19).

Diagnostische Kriterien
Schizoide Persönlichkeitsstörung
A. Ein tiefgreifendes Muster, das durch Distanziertheit in sozialen Beziehungen und eine eingeschränkte Bandbreite des Gefühlsausdrucks im zwischenmenschlichen Bereich gekennzeichnet ist. Der Beginn liegt im frühen Erwach-

senenalter, und das Muster zeigt sich in verschiedenen Situationen. Mindestens vier der folgenden Kriterien müssen erfüllt sein:

1. Hat weder den Wunsch nach engen Beziehungen noch Freude daran, einschließlich der Tatsache, Teil einer Familie zu sein.
2. Wählt fast immer einzelgängerische Unternehmungen.
3. Hat, wenn überhaupt, wenig Interesse an sexuellen Erfahrungen mit einem anderen Menschen.
4. Wenn überhaupt, dann bereiten nur wenige Tätigkeiten Freude.
5. Hat keine engen Freunde oder Vertraute, außer Verwandten ersten Grades.
6. Erscheint gleichgültig gegenüber Lob und Kritik von Seiten anderer.
7. Zeigt emotionale Kälte, Distanziertheit oder eingeschränkte Affektivität.

B. Tritt nicht ausschließlich im Verlauf einer Schizophrenie, einer bipolaren Störung oder depressiven Störung mit psychotischen Merkmalen, einer anderen psychotischen Störung oder einer Autismus-Spektrum-Störung auf und ist nicht Folge der physiologischen Wirkungen eines medizinischen Krankheitsfaktors.

Beachte: Falls die Kriterien vor dem Beginn einer Schizophrenie erfüllt waren, ist »prämorbid« hinzuzufügen, z. B. »Schizoide Persönlichkeitsstörung (Prämorbid)«.

Abdruck erfolgt mit Genehmigung vom Hogrefe Verlag Göttingen aus dem Diagnostic and Statistical Manual of Mental Disorders, Fifth Edition © 2013 American Psychiatric Association, dt. Version © 2015 Hogrefe Verlag (S. 894).

21.2.2 Schizoide Persönlichkeitsstörung in der ICD-10

Die ICD-10 betont einen deutlichen Mangel im Erkennen und Befolgen gesellschaftlicher Regeln. Die sozialen und beruflichen Leistungen können absinken, wenn ein besonderes Engagement in zwischenmenschlichen Beziehungen gefordert wird. Trotz dieser Negativfacetten interpersoneller und emotionaler Distanzierung darf nicht übersehen werden, dass schizoide Persönlichkeiten zu beachtlichen beruflichen Leistungen fähig sein können, wenn sie ihre Tätigkeit allein und isoliert ausführen können – und wo dann auch nicht vorschnell eine Schizoide Persönlichkeitsstörung unterstellt werden darf (→ Abschn. 21.3).

Diagnostische Kriterien
ICD-10 (F60.1): Schizoide Persönlichkeitsstörung
[Mindestens drei der folgenden Merkmale treffen zu:]

1. Wenige oder überhaupt keine Tätigkeiten bereiten Vergnügen.
2. Emotionale Kühle, Distanziertheit oder flache Affektivität.
3. Geringe Fähigkeit, warme, zärtliche Gefühle oder auch Ärger anderen gegenüber zu zeigen.

4. Anscheinende Gleichgültigkeit gegenüber Lob oder Kritik.
5. Wenig Interesse an sexuellen Erfahrungen mit einer anderen Person (unter Berücksichtigung des Alters).
6. Übermäßige Vorliebe für einzelgängerische Beschäftigungen.
7. Übermäßige Inanspruchnahme durch Fantasie und Introspektion.
8. Mangel an engen Freunden oder vertrauensvollen Beziehungen (oder höchstens zu einer Person) und fehlender Wunsch nach solchen Beziehungen.
9. Deutlich mangelnde Sensibilität im Erkennen und Befolgen gesellschaftlicher Regeln.

Ausschluss:
▶ Asperger-Syndrom (F84.5)
▶ schizoide Störung in der Kindheit (F84.5)
▶ schizotype Störung (F21)
▶ wahnhafte Störung (F22)

Abdruck erfolgt mit Genehmigung vom Hogrefe Verlag Bern aus der Internationalen Klassifikation psychischer Störungen der Weltgesundheitsorganisation: ICD-10 Kapitel V (F) Klinisch diagnostische Leitlinien; 10. Auflage. Dilling, H., Mombour, W &, Schmidt, M.H. (Hrsg.). (2015). Hogrefe AG: Bern, S. 278.

21.3 Differenzialdiagnostik

Die Differenzialdiagnostik konzentriert sich auf eine genaue Abgrenzung der Schizoiden Persönlichkeitsstörungen gegenüber der Schizotypischen, der Selbstunsicheren und der Paranoiden Persönlichkeitsstörung.

▶ Bei der Schizotypischen Persönlichkeitsstörung (→ Kap. 19) werden die Unterschiede im Bereich der Kommunikation deutlich: stärkeres Unbehagen, ungewöhnliches Auftreten, Argwohn, Zurückhaltung gegenüber interpersonellen Festlegungen. Andererseits stehen exzentrische Mitteilungen über seltsam anmutende Glaubensinhalte und magisches Denken, über Illusionen und das Spüren besonderer Kräfte im Vordergrund.

▶ Bei der Selbstunsicheren Persönlichkeitsstörung (→ Kap. 15) ist die soziale Isolierung eher durch Schüchternheit, soziale Unsicherheit und Ängste sowie durch eine Überempfindlichkeit gegenüber Ablehnung bedingt.

▶ Im Unterschied zur Paranoiden Persönlichkeitsstörung (→ Kap. 20) neigt die schizoide Persönlichkeit eher zu schroffem Rückzug als zu Empfindsamkeit; eine offene und nachtragende Feindseligkeit gegenüber Kritik ist nämlich eher selten zu beobachten.

Weiter sind Abgrenzungen gegenüber tiefgreifenden Entwicklungsstörungen notwendig. Diese betreffen die milderen Verlaufsformen des Autismus und des Asperger-Syndroms, die sich beide durch eine teils extreme Verweigerung sozialer Interaktionen und (im Falle des Autismus) durch auffällige Verhaltens- und Interaktionsstereotypien auszeichnen.

Weitere Aspekte

Menschen mit schizoidem Persönlichkeitsstil kommen selten wegen Leidens an ihrer Zurückgezogenheit in eine psychotherapeutische Behandlung. Hierin liegt das besondere Problem wie zugleich die wichtigste Herausforderung für Therapeuten. Die Patienten beginnen eine Psychotherapie zumeist wegen einer anderen psychischen Störung – und erst während der Behandlung wird offensichtlich, dass mit der jeweiligen spezifischen psychischen Störung eine Schizoide Persönlichkeitsstörung komorbid zusammenhängen kann.

Depression. Obwohl sie für gewöhnlich gern ein abgesondertes Leben führen, können schizoide Menschen depressiv werden, weil sie zunehmend darunter leiden, dass sie Sonderlinge sind, die nicht in die Gesellschaft passen. Auch wenn sie nicht wirklich den Wunsch nach der Nähe anderer verspüren, glauben sie möglicherweise, eine konventionelle Partnerschaft eingehen zu müssen; scheitert diese, kann dieser Zusammenbruch eigener Erwartungen eine Depression zur Folge haben. Schließlich kann eine zunehmende Grundüberzeugung, dass das Leben sinnlos und öde sei, eine depressive Verfassung bis hin zur manifesten Depression bewirken (Fiedler, 2013c).

Soziale Phobie. Schizoide Persönlichkeiten neigen gelegentlich zu sozialer Angst oder zu Phobien, sobald sie privat oder beruflich gezwungen sind, zwischenmenschliche Tätigkeiten aufzunehmen. Mangelt es ihnen eindrücklich an interaktionellen Kompetenzen und sind die Anforderungen existenzieller Natur, kann eine Soziale Phobie die Folge sein (Fydrich, 2009).

Depersonalisationsstörung. Ein Leben am Rande der Gesellschaft kann bei zunehmender Isolation zu einem Gefühl der Entfremdung und zu zunehmender Derealisation führen. Symptomatisch kann sich dies als konkrete Losgelöstheitserfahrung und in einer verzerrten Wahrnehmung der Umwelt äußern, ähnlich wie dies z. B. in der Folge von Isolationsfolter beobachtbar ist. Ein exzessiver Rückzug kann durch Fantasietätigkeit nur teilweise ausgeglichen werden und in eine Dissoziative Konversionsstörung einmünden (Fiedler, 2013a).

Zurückhaltend, bescheiden und einzelgängerisch: eine Persönlichkeitsstörung?

Natürlich bleibt auch bei einzelgängerischen Personen zu beachten, dass aus auffälligen und vom Üblichen deutlich abweichenden persönlichen Eigenarten nicht vorschnell auf Persönlichkeitsstörungen rückgeschlossen werden darf. Dies gilt es insbesondere bei Menschen mit in den Diagnosesystemen festgelegten Merkmalen einer vermeintlich Schizoiden Persönlichkeitsstörung zu beachten. So stellen uns Menschen, die eine der früheren Auflagen der »Persönlichkeitsstörungen« gelesen haben, gelegentlich die kritische Frage: »Was ist eigentlich schlimm daran, dass ich Einsamkeit liebe und nicht gern mit anderen Menschen zusammen bin? Warum ist es ein Problem, dass mir Kritik und Lob anderer Menschen relativ egal ist? Was ist eigentlich schlimm daran, dass ich die meisten Dinge in meinem Leben am liebsten allein unternehme? Warum hat man dann eigentlich eine Schizoide Persönlichkeitsstörung?«

Normatologie. Bei solchen Anfragen kann man nur antworten, dass nichts Störendes mit solchen Eigenarten verbunden ist und dass sich die stigmatisierende Diagnose einer »Schizoiden Persönlichkeitsstörung« schlichtweg verbietet – mit den eben auch möglichen Ausnahmen, dass die betreffende Person unter ihrem persönlichen Stil leidet oder dass der Persönlichkeitsstil als Erklärung für die Entwicklung einer psychischen Störung infrage kommt. Ansonsten ist das Einzelgängertum in den westlichen Industrienationen inzwischen weit verbreitet, als sich die Anzahl der Single-Haushalte z. B. in Deutschland inzwischen auf etwa 40 Prozent zubewegt (vgl. Statistisches Bundesamt, 2014).

Dieser Blick auf die Normatologie des vermeintlich schizoiden Persönlichkeitsstils war übrigens ein weiterer Grund für die Task-Force des DSM-5, dieses Störungsbild aus dem Alternativ-Modell zu streichen (Skodol, 2012; Hopwood & Thomas, 2012). Jedenfalls gilt diagnostische Toleranz gegenüber einer auffälligen Abneigung gegenüber oder Unlust zu sozialen Beziehungen, solange Zusammenhänge mit sozialen und psychischen Problemen nicht beobachtbar sind.

Liebe zum Alleinsein, macht Jobs gern allein und gründlich. Viele Hauptmerkmale dieses Stils (Sachlichkeit, geringe Äußerung positiver Emotionalität und soziale Zurückhaltung) werden aus einem verminderten Ansprechen auf positive Rückmeldungen durch andere erklärlich. Man weiß, was man erreichen möchte und lässt sich weder durch Anerkennung und Kritik anderer aus der Ruhe bringen. Spontaneität und intuitives Erleben und Verhalten sind gelegentlich verlangsamt. Offenheit gegenüber neuen Erfahrungen wird nur dann beobachtet, wenn diese im Einklang mit eigenen Zielvorstellungen stehen (z. B. bei einzelgängerisch möglichen Risikosportarten). Viele leben – wie angedeutet – als Single und haben Berufe, die sie, zum Teil sehr erfolgreich, selbstständig und allein ausüben können (Schichtarbeit, Taxifahrer, Computerarbeiten). Weil sie wegen nicht vorhandener Bindungen beruflich flexibel einsetzbar sind, genießen viele ein hohes Ansehen.

21.4 Erklärungsansätze

Psychoanalyse. Psychoanalytische Beschreibungen folgen häufig noch Vorstellungen von der Schizoidie, wie sie seinerzeit von Kretschmer vorgeschlagen wurden. Danach erklärt sich die Neigung zu sozialer Selbstisolation als Form der Abwehr gegen zwischenmenschlich nahe und intime Beziehungen. Hinter der Abwehr durch Kontaktvermeidung verberge sich eine Empfindsamkeit, die eben genau für den »nicht-psychotisch schizoiden Modus« verantwortlich sei (Mentzos, 1982).

Andere psychoanalytische Autoren vermuten eine spezifische Schwierigkeit schizoider Personen, Ärger und Feindseligkeit auszudrücken, obwohl Ärger und Wut sehr wohl vorhanden seien und subjektiv erlebt würden. Diese »Sperre im Ärgerausdruck« führe nun ihrerseits zur beobachtbaren Vagheit und Unbestimmtheit im zwischenmenschlichen Handeln. Dieses Fehlen oder Ausbleiben ärgertypischer Übertragungsmuster wurde von Khan (1983) als »Pseudocompliance« bezeichnet. Zurückgeführt werden die Pseudocompliance und Interaktionsfixierung auf mögliche Störungen der sehr frühen (symbiotischen) Mutter-Kind-Interaktion, durch die dem Kind sehr nahe Erfahrungen von Intimität, Zuneigung und Liebe nicht oder nicht vollständig ermöglicht wurden.

Verhaltenstherapie. Verhaltens- und lerntheoretische Erklärungsversuche betonen den Aspekt eines möglichen Kompetenzdefizits im Umgang mit zwischenmenschlichen gefühlvollen Beziehungen. Dieses Kompetenzdefizit muss sich (im Unterschied zur psychodynamischen Auffassung) jedoch nicht nur auf den Aspekt der Angst vor intimer Beziehung einschränken. So vermutet Millon (1981), dass ein dem Kind übermäßig gewährter Schonraum (Verwöhnsituation) Kompetenzdefizite begünstigen kann. Auch eine früh gelernte Neigung zur Vermeidung interpersoneller Konflikte könne langfristig dazu führen, dass keine hinreichenden Kompetenzen im Umgang mit negativen wie positiven zwischenmenschlichen Beziehungserfahrungen erworben werden.

Insofern gelten Circulus-vitiosus-Bedingungen, wie sie im Zusammenhang mit der Diathese-Stress-Hypothese beschrieben wurden (→ Abschn. 5.5.2): Die schroff-distanzierenden Verhaltensmuster schizoider Persönlichkeiten provozieren möglicherweise entweder Kritik oder Ablehnung oder führen zu Ausgrenzung und Distanz der Bezugspersonen. Beide Bedingungen erschweren langfristig die Möglichkeiten der Betroffenen, ihrerseits Schritte aus der Selbstisolierung und Vereinsamung heraus zu unternehmen.

21.5 Behandlung

Angesichts der nur geringen Zahl von Patienten, die seit Einführung des DSM-III (APA, 1980) diese Diagnose erhalten, stand die Schizoidie bisher nur am Rande der Aufmerksamkeit. Andererseits entspricht die damalige Einsetzung wesentlichen Vorstellungen, wie sie zu diesem Störungsbild durchgängig in der Psychoanalyse vertreten wurden.

Psychoanalyse, Interpersonelle Therapie. Psychoanalytiker interpretieren die Neigung der Betroffenen zu sozialer Selbstisolation und Kontaktvermeidung – wie angedeutet – als Form der Abwehr von zwischenmenschlich nahen und intimen Beziehungen. Genau aus diesem Grund sind die Patienten auch gegenüber jeder Art enger Therapiebeziehung zunächst sehr misstrauisch und distanziert eingestellt. Der Therapieprozess selbst dürfte, wenn überhaupt, nur sehr zögerlich und entsprechend mühselig in Gang kommen. Allgemein ist eine Veränderung der Patienten nur dann zu erwarten, wenn eine gewisse Motivation zur Mitarbeit z. B. durch einen als unerträglich erlebten Leidensdruck gegeben ist. Dieser ist für eine psychoanalytische Therapiearbeit Voraussetzung, die dann auf zwei Zielstellungen hin angelegt sein kann (vgl. Stone, 1989, 1992b; auch: Battegay, 1981):

▶ auf eine therapeutische Bearbeitung zwischenmenschlicher Beziehungsstörungen, um Stabilität und Wohlbefinden wiederzuerlangen, oder

- auf eine Stützung der Tendenz, sich aus unseligen Beziehungen zurückzuziehen, indem Möglichkeiten ausgelotet werden, sich mit dem Alleinsein und der Einsamkeit auf eine zufriedenstellende Weise zu arrangieren.

Von einigen psychoanalytischen wie von den meisten interpersonell orientierten Psychotherapeuten wird angesichts der zu erwartenden Zurückhaltung und Distanz schizoider Patienten in der Therapie eine stärkere Aktivität und Stützung seitens des Therapeuten vorgeschlagen (Freeman & Gunderson, 1989). Gemeint sind damit z. B. kontinuierlich notwendige konkrete Vorschläge zum weiteren Vorgehen, auf keinen Fall jedoch eine Forcierung der inhaltlichen Therapiearbeit.

Im Gegenteil gehen die Vorschläge psychoanalytischer wie interpersoneller Therapeuten dahin, dem Patienten seiner besonderen zurückhaltenden Eigenart entsprechend eher »Brücken zu bauen« (Stone, 1989, S. 2714), womit gemeint ist, an seine Distanzierungs- und Selbstschutzbemühungen anzuknüpfen. So wird vorgeschlagen, auch in der Therapie Formen der Kooperation zu suchen, die mehr den Isolationstendenzen der Patienten entsprechen könnten, wie Tagesprotokolle oder Tagebuchaufzeichnungen anfertigen zu lassen und diese zu besprechen, briefliche oder E-Mail-Kontakte zu akzeptieren und Ähnliches mehr (Abel, 1960; Oberkirch, 1983).

Verhaltenstherapie, Kognitive Therapie. Von Verhaltenstherapeuten und Kognitiven Therapeuten liegen konzeptuelle Überlegungen vor, die ebenfalls den zuletzt genannten Aspekt betonen, nämlich über technische Veränderungen im Therapievorgehen einen speziell auf die Patienteneigenarten abgestimmten Zugang zu suchen, z. B. mit Rollenspielen, Videofeedback oder aber auch mit Gruppenarbeit (vgl. Thompson-Pope & Turkat, 1993). Ob sich der Vorschlag von Beck (et al., 1990) als allgemein empfehlenswerte Strategie anbietet, nämlich in der Therapie direkt und psychoedukativ eine Aufarbeitung und Veränderung der kognitiven Konstruktionen der Betroffenen anzustreben, muss sich erst noch erweisen – zumal ja, wie dies psychoanalytische Autoren gern betonen, zunächst nichts dagegen spricht, wenn es Menschen bevorzugen, zurückgezogen und als Single zu leben.

Erst wenn sich die Isolation der Betreffenden extrem und dysfunktional darstellt und als Mitursache für komorbide psychische Störungen anzusehen ist, kann eines der Therapieziele darin bestehen, die Einsamkeit der Betroffenen aufzubrechen und ein Vertrauen in zwischenmenschliche Beziehungen aufzubauen. Dieses Therapieziel überschneidet sich dann zunehmend mit einem zweiten, das im Verlauf der weiteren Behandlung mit in den Vordergrund rückt: Die Patienten könnten darin unterstützt werden, ganz allmählich Mut und Offenheit gegenüber neuen emotionalen zwischenmenschlichen Erfahrungen zu entwickeln. Dazu bietet sich übrigens in besonderer Weise die therapeutische Gruppenarbeit an.

Therapeutische Gruppen

Ist der Betroffene damit einverstanden, an Beziehungen mit anderen zu arbeiten und neue Möglichkeiten der Offenheit gegenüber zwischenmenschlichen Erfahrungen zu erproben, so kann eine Gruppentherapie von besonderem Nutzen sein (Bohus et al., 2004). Gruppentherapie sollte jedoch – zumindest zeitweilig – möglichst als Parallelbehandlung zur Einzeltherapie eingesetzt werden, weil sich ungewohnte Beziehungserfahrungen in der Therapiegruppe therapeutisch vertiefend in der Einzelfallbehandlung bearbeiten lassen. Gleichzeitig könnte dadurch das mögliche Risiko eines vorzeitigen Abbruchs der Gruppentherapie aufgefangen werden.

Welches Verfahren? Bei der Wahl des Gruppentherapieverfahrens kann einerseits an ein psychoedukatives Setting gedacht werden, wie z. B. an das Gruppenprogramm von Schmitz und Mitarbeitern (2001), in dem die schizoide Persönlichkeit ausdrücklich Thema ist. Andererseits könnte aber auch einem interaktionell-psychodynamischen Gruppenkonzept der Vorzug gegeben werden oder einem ausdrücklich zieloffenen Gruppenkonzept der Verhaltenstherapie (Fiedler, 2005b): Wohl fast alle Therapiegruppen ermöglichen eine Einübung in eine Offenheit gegenüber gefühlsmäßigen Erfahrungen. Auch das Erlernen eines Umgangs mit Feedback, auf das schizoide Patienten bisher unzureichend ansprechen, kann kontinuierlich erprobt werden. Üblicherweise führen Therapiegruppen in die Situation, dass die Teilnehmer zunehmend ein wechselseitiges Interesse aneinander entwickeln – eine wichtige Haltefunktion, die für schizoide Menschen von großer Bedeutung ist.

Welche Ziele? Fast alle Gruppenkonzepte bieten sich als Übungsfeld für die kontinuierliche Einübung zwischenmenschlicher Kompetenzen und Konfliktlösungsstrategien an. In seiner Funktion als Beziehungsfeld wird die Therapiegruppe als sozialer Mikrokosmos betrachtet, in dem durchgängig Interaktionsformen stattfinden, welche der alltäglichen Beziehungsgestaltung sehr nahekommen. Konflikte und Konfliktlösungsversuche können durch Therapeuten in stützender Form gesteuert werden, wenngleich bei schizoiden Patienten an die Wichtigkeit therapeutischer Haltefunktionen gedacht werden sollte (vgl. Yalom, 2010; Fiedler, 2005b).

21.6 Zusammenfassende Bewertung

Die erst seit Beginn der 1980er-Jahre gegebene Unterscheidung von Schizoider und Schizotypischer Persönlichkeitsstörung hat zur Folge, dass bisher nur wenige empirische Untersuchungen zum Zusammenhang beider Störungsbereiche vorliegen. Siever (1981) weist bereits damals im Rahmen der Neubewertung von Daten aus retrospektiv wie prospektiv durchgeführten Studien zum Zusammenhang von Schizoidie und Schizophrenie ausdrücklich darauf hin, dass schizoide Personenmerkmale (den heutigen Kriterien entsprechend) keine Voraussage auf eine spätere Schizophrenie erlaubten! Komme zur Schizophrenen Störung ein schizoides Persönlichkeitsmuster hinzu, erkläre dies nicht zwingend einen (biologischen) Zusammenhang beider Störungen. Vielmehr könne es sich um Persönlichkeitsänderungen in der Folge der schizophrenen Erkrankung handeln, in der nicht selten gefühlsmäßige Teilnahmslosigkeit dominiere.

Als Diagnostiker lasse man sich auch noch in anderer Hinsicht nicht täuschen: Im Übergang zur Normalität sind zurückgezogene und das Singledasein liebende Menschen durchaus zu vielfältigen Aktivitäten im Privatbereich wie Beruf fähig – mit dem besonderen Merkmal jedoch, dass sie anderen dabei möglichst aus dem Weg gehen und am liebsten für sich allein tätig werden. Kommt hinzu, dass in unserer heutigen Gesellschaft ein Leben als Single mit einer ausgesprochen hohen Wertigkeit belegt ist, sodass es für Einzelgänger möglich ist, mit guten Gründen für ihren Persönlichkeitsstil Anerkennung und Wertschätzung zu finden. Dies ist vielleicht ein weiterer Grund dafür, dass die Häufigkeit dieser Störung in epidemiologischen Studien so gering ausfällt.

In der Behandlung wird von Therapieforschern bei einzelgängerisch schizoiden Personen gern die therapeutische Arbeit in und mit Gruppen empfohlen. Psychotherapiegruppen ermöglichen in besonderer Weise die Reflexion persönlicher Probleme und eine persönliche Entwicklung. In ihnen lassen sich wiederholt besondere Formen der existenziellen Einsicht in unabgeschlossene Erfahrungen beobachten und behandeln; sie können in der Gruppe in besonderer Weise angereichert und bereichert werden, z. B. durch Feedback und Rückmeldungen anderer Gruppenteilnehmer, durch Modelle, die andere Gruppenmitglieder für ähnliche Probleme und Entwicklungen abgeben, oder auch durch die Möglichkeit, in der Gruppe therapeutisch wechselseitige Hilfe und Unterstützung anzuregen.

22 Histrionische Persönlichkeitsstörung

Alles ist Laune, sie lieben diejenigen übermäßig,
die sie kurze Zeit darauf ohne jeden Grund hassen.
Thomas Sydenham

»Histrione« war die griechische Bezeichnung für einen Schauspieler im antiken Rom. Entsprechend betont »Histrionische Persönlichkeitsstörung« den interaktionellen Aspekt eines theatralischen und emotional aufdringlichen Verhaltens. Typische Verhaltensmuster sind die übermäßige Beschäftigung mit der äußeren Erscheinung und der Wunsch, im Mittelpunkt der Aufmerksamkeit zu stehen.

22.1 Konzeptentwicklung

In den Vorläufern der heutigen Diagnosesysteme war diese Störung noch unter der Bezeichnung »Hysterie« zu finden und als »Hysterische Persönlichkeitsstörung« den »Hysterischen Neurosen« nebengeordnet (bis 1980 im DSM-II; bis 1991 in der ICD-9). Jede Therapieschule benutzte und benutzt teils nach wie vor den Hysteriebegriff auf ihre Weise. Unabhängig von der jeweiligen Sichtweise ließ sich jedoch fast jeder Patient als »hysterisch« bezeichnen, dessen Symptome ungeklärt waren, wenn eine psychologische Dynamik unterstellt werden konnte (vgl. Micale, 1995). Von Anbeginn an bestand weiter ein unschönes, weil unbegründetes Geschlechtsbias, das unverkennbar hartnäckig Bestand behalten hat. Die allermeisten Hysterie-Autoren waren Männer und es wurde wiederholt die berechtigte Frage gestellt, ob diese Ärzte und Psychologen möglicherweise besondere Probleme mit ihren weiblichen Patienten hatten (Braun, 1985; Kämmerer, 2001; Herpertz & Saß, 2000).

Seit mindestens zweihundert Jahren gehört der höchst praktikable, wenngleich völlig undifferenzierte Hysteriebegriff auch zur alltäglichen Umgangssprache. Als solcher dient er nicht nur zur Deskription unerklärlicher Phänomene. Er dient der vermeintlichen »Verrücktheit« unserer Zeitgenossen oder Mitmenschen als Erklärung. Selbst die Sozialpsychologen, Soziologen und in ihrem Gefolge die Publizisten und Politiker haben sich die Hysterie zu Eigen gemacht, u. a. um Massenphänomene zu typisieren.

Wegen der Vielgestaltigkeit des Hysteriebegriffs, vor allem wegen des alltäglich gegebenen Stigmatisierungsproblems wurden die Begriffe »Hysterie«, »Hysterische Neurose« und »Hysterische Persönlichkeit« sowohl seit dem DSM-III (1980) als auch in der ICD-10 (1991) gestrichen. Und die Bezeichnung »Hysterische Persönlichkeitsstörung« wurde durch »Histrionische Persönlichkeitsstörung« ersetzt, womit vorrangig das aufdringlich Theatralische im Verhalten der Betroffenen pointiert gekennzeichnet wurde. Damit jedoch hat sich die mit dieser Umbenennung erhoffte

Verminderung der Stigmatisierungsgefahr kaum geändert. Kam hinzu, dass es nach wie vor ein deutliches Geschlechtsbias gibt, indem mehr Frauen als Männer diese Diagnose erhalten. Neben noch weiteren Gründen, auf die später eingegangen wird (→ Abschn. 22.3), waren es insbesondere diese zwei Aspekte, die in der Task-Force zum DSM-5 dazu beigetragen haben, die histrionische Persönlichkeit aus dem Alternativ-Modell der Persönlichkeitsstörungen zu streichen (Blashfield et al., 2012).

22.2 Diagnostik

Persönlichkeitspsychologische Untersuchungen mit dem testtheoretisch gut überprüften *Hypochondrie-Hysterie-Inventar* (HHI; Süllwold, 1990, 1994) führen in der Regel zu einigen auffälligen interaktionellen Besonderheiten. Histrionische Persönlichkeiten sind meistens extravertiert, sozial ungezwungen und kontaktfreudig. In Stresssituationen jedoch reagieren sie mit Schuldabwehr und Selbstbemitleidung, aber auch mit aggressivem Verhalten. Nicht selten suchen sie in derartigen Situationen nach Selbstbestätigung und zeigen ein Bedürfnis nach sozialer Unterstützung.

22.2.1 Histrionische Persönlichkeitsstörung im DSM-IV-TR bis DSM-5 Sektion II

Als Hauptmerkmale der Histrionischen Persönlichkeitsstörung gelten im DSM-IV-TR die Interaktionsmerkmale eines lebhaften, in den Mittelpunkt drängenden Verhaltens mit übertriebener Neigung zur Emotionalisierung zwischenmenschlicher Beziehungen.

Diagnostische Kriterien
Histrionische Persönlichkeitsstörung
Ein tiefgreifendes Muster übermäßiger Emotionalität oder Strebens nach Aufmerksamkeit. Der Beginn liegt im frühen Erwachsenenalter, und das Muster zeigt sich in den verschiedenen Situationen. Mindestens 5 der folgenden Kriterien müssen erfüllt sein:
(1) Fühlt sich unwohl in Situationen, in denen er / sie nicht im Mittelpunkt der Aufmerksamkeit steht.
(2) Die Interaktion mit anderen ist oft durch ein unangemessen sexuell-verführerisches oder provokantes Verhalten charakterisiert.
(3) Zeigt rasch wechselnden und oberflächlichen Gefühlsausdruck.
(4) Setzt durchweg seine körperliche Erscheinung ein, um die Aufmerksamkeit auf sich zu lenken.
(5) Hat einen übertrieben impressionistischen, wenig detaillierten Sprachstil.
(6) Zeigt Selbstdramatisierung, Theatralik und übertriebenen Gefühlsausdruck.

(7) Ist suggestibel (d. h. leicht beeinflussbar durch andere Personen oder Umstände).
(8) Fasst Beziehungen enger auf, als sie tatsächlich sind.

*Abdruck erfolgt mit Genehmigung vom Hogrefe Verlag Göttingen aus dem Diagnostic
and Statistical Manual of Mental Disorders, Fifth Edition © 2013 American Psychiatric Association, dt. Version © 2015 Hogrefe Verlag (S. 914).*

In Fallschilderungen histrionischer Personen wird vorrangig auf die oberflächlich
erscheinende Gefühlspräsentation in Interaktionen hingewiesen, die unerwartet und
spontan wechseln kann. Durch diese plötzlichen Affektwechsel können Gesprächs-
situationen von jetzt auf gleich völlig neue Wertigkeiten bekommen, die für die
Interaktionspartner nur schwer nachvollziehbar sind (Horowitz, 1991b). Diese »Ge-
fühlsrollenwechsel« scheinen mit einer geringen Frustrationstoleranz zusammen-
zuhängen oder auf unmittelbare Bedürfnisbefriedigung ausgerichtet zu sein. So zeigen
sich fluktuierende Interaktionsmuster, die scheinbar dem Aspekt der Zeitbeständigkeit
und Situationsunabhängigkeit von Persönlichkeitsmerkmalen widersprechen – wären
diese Fluktuationen nicht selbst in ihrer situationsübergreifenden Wiederholung als
solche konzeptualisierbar.

Der Unterschied zum situationsangemessenen und sinnvollen Rollenwechsel normaler Ausprägung (interaktionelle Kompetenz) liegt vor allem darin, dass sich den
betroffenen Histrionikern der emotionale Wechsel im Interaktionsmodus einer bewussten Kontrolle und Einflussnahme zu entziehen scheint. Bereits geringfügige Anlässe führen zu extrem anmutenden Gefühlsveränderungen, die ihrerseits eine Veränderung des affektiven Erlebens, kognitiven Urteilens und Handelns anderer in der
Situation mitbewirken (Shapiro, 1965; Horowitz & Zilberg, 1983; Horowitz, 1991a;
Sigmund, 1994).

22.2.2 Histrionische Persönlichkeitsstörung in der ICD-10

Bereits bei einem groben Vergleich der DSM-IV-TR-Kriterien mit denen in der
ICD-10 wird deutlich, dass die WHO-Kommission dem möglichen Geschlechtsbias
eine besondere Aufmerksamkeit hat zuteilwerden lassen. Die Kriterien wurden in der
ICD-10 weniger geschlechtstypisch ausformuliert.

Diagnostische Kriterien
ICD-10 (F60.4): Histrionische Persönlichkeitsstörung
[Mindestens vier der folgenden Merkmale müssen erfüllt sein:]
1. Dramatisierung bezüglich der eigenen Person, theatralisches Verhalten, übertriebener Ausdruck von Gefühlen.
2. Suggestibilität, leichte Beeinflussbarkeit durch andere Personen oder Umstände.

3. Oberflächliche und labile Affektivität.
4. Andauerndes Verlangen nach Aufregung, Anerkennung durch andere und Aktivitäten, bei denen die betreffende Person im Mittelpunkt der Aufmerksamkeit steht.
5. Unangemessen verführerisch in Erscheinung und Verhalten.
6. Übermäßiges Interesse an körperlicher Attraktivität.

Egozentrik, selbstbezogene Nachgiebigkeit, anhaltendes Verlangen nach Anerkennung, erhöhte Kränkbarkeit und andauernd manipulatives Verhalten zur Befriedigung eigener Bedürfnisse können zusätzliche Merkmale sein.

Dazugehörige Begriffe:
▶ hysterische Persönlichkeit(sstörung) / Persönlichkeitsstruktur
▶ infantile Persönlichkeit(sstörung)

Abdruck erfolgt mit Genehmigung vom Hogrefe Verlag Bern aus der Internationalen Klassifikation psychischer Störungen der Weltgesundheitsorganisation: ICD-10 Kapitel V (F) Klinisch diagnostische Leitlinien; 10. Auflage. Dilling, H., Mombour, W. & Schmidt, M. H. (Hrsg.). (2015). Hogrefe AG: Bern, S. 280 f.

22.2.3 Prävalenz

Da diese Persönlichkeitsstörung seit dem DSM-III(-R) völlig neu eingesetzt und im DSM-IV nochmals gründlich revidiert wurde, liegen nur wenige substanzielle Forschungsarbeiten vor. Prävalenzraten beziehen sich zumeist noch auf das DSM-III (von 1980) und schwanken zwischen 6 Prozent (epidemiologische Erhebungen zur unbehandelten Prävalenz; Kass et al., 1985) und 45 Prozent (administrativ-institutionelle Erhebung zur behandelten Prävalenz; Widiger et al., 1987). In einer Untersuchung zum DSM-III-R (Morey, 1988) waren Therapeuten gebeten worden, Persönlichkeitsstörungsdiagnosen bei annähernd 300 Patienten zu stellen: Bei 22 Prozent ihrer Patienten wurde die Diagnose der Histrionischen Persönlichkeitsstörung vergeben. Diese Prävalenzraten konnten in späteren Studien mit dem DSM-IV (SKID-II) als Grundlage nur mehr weitgehend bestätigt werden (Zimmerman et al., 2005; → Kap. 9).

22.3 Differenzialdiagnostik

Spezifische psychische Störungen. Eine Abgrenzung zu den *Dissoziativen Störungen* und zu den *Somatoformen Störungen* (insbesondere *Konversionsstörungen*) sollte zur Vermeidung einer vorschnellen »Hysterie«-Konfundierung sorgsam diagnostisch geprüft werden. Denn derartige Komorbiditäten finden sich nur bei höchstens 10 Prozent der Patienten, wenn diese mit standardisierten Interviews untersucht werden (Iezzi & Adams, 1993; Blashfield et al., 2012). Die interaktionellen Merkmale der

Histrionischen Persönlichkeitsstörungen lassen sich deutlich häufiger (jeweils bis zu 20 Prozent; → Kap. 9) im Zusammenhang mit anderen psychischen Störungen beobachten, vor allem bei den *Affektiven Störungen* (Frances & Katz, 1986), bei den *Phobien und Ängsten* (insbesondere Agoraphobien mit Panikattacken; Mavissakalian & Hamman, 1988) und bei den (seltener diagnostizierten) *Vorgetäuschten Störungen* (Fiedler, 2007a).

Problem: Geschlechtsbias

Konsistent wird in Studien die Diagnose der Histrionischen Persönlichkeitsstörung weit häufiger bei Frauen als bei Männern gestellt. Dieses Geschlechtsbias wird einerseits damit begründet, dass die jetzigen Merkmale – wie schon bei der »Hysterie« – zu sehr auf typisch weibliche Verhaltensstereotype abgestellt seien, obwohl es durchaus männliche Entsprechungen gebe (etwa im Sinne eines »dandyhaften« bzw. »machohaften« Verhaltensmusters; Widiger et al., 1988). Andererseits wird vermutet, dass allein die Tatsache der Hysterienähe der Histrionischen Persönlichkeitsstörung mit all ihren Negativimplikationen hinreiche, das Geschlechtsbias zu begründen. Die einfache Umbenennung von »hysterisch« in »histrionisch« gewähre überhaupt nicht ausreichend, dass eine geschlechtsspezifische Vereinseitigung in der Diagnosestellung verhindert werde.

Empirie. Zur Frage, inwieweit diese Kritik berechtigt ist, wurden inzwischen einige Studien durchgeführt. Fünf empirische Arbeiten zum Geschlechtsbias der DSM-Diagnose der Histrionischen Persönlichkeitsstörung liegen uns vor. Üblicherweise werden dabei geschulten Diagnostikern unterschiedliche Persönlichkeitsstörungen in Fallbeschreibungen wiederholt vorgelegt, wobei jeweils lediglich das Geschlecht der Patienten vertauscht wurde, ohne ansonsten inhaltliche Veränderungen vorzunehmen. Prototypisch für diese Studien ist die Gegenüberstellung von Antisozialer versus Histrionischer Fallbeschreibung. Während sich in zwei Arbeiten (Hamilton et al., 1986; Ford & Widiger, 1989) deutliche Hinweise für das erwartete Beurteilerbias finden ließen, konnte ein solches in drei weiteren Studien nicht nachgewiesen werden (Slavney & Chase, 1985; Fuller & Blashfield, 1989; Morey & Ochoa, 1989).

Es muss jedoch angemerkt werden, dass in der Slavney / Chase-Studie Videoaufzeichnungen mit gespielten Patienten benutzt wurden; und in der Morey / Ochoa-Studie neigten die männlichen im Unterschied zu den weiblichen Diagnostikern durchaus zu mehr Fehldiagnosen im Sinne der erwarteten Mehrzuweisung von Frauen zur Histrioniediagnose (zusammenfassend: Herpertz & Saß, 2000). Insgesamt bleibt aber zu beachten, dass sich in zwei epidemiologischen Studien zur Verteilung der Persönlichkeitsstörungen die Zahlen der männlichen Patienten von denen der Patientinnen mit Histrionischer Persönlichkeitsstörung nicht signifikant unterschieden (Zimmerman & Coryell, 1989; Nestad et al., 1990).

Persönlichkeitsstörungen. Möglicherweise wegen der besonderen »Anfälligkeit« dieser Störungsgruppe für ein Geschlechtsbias ist den Diagnostikern in manchen Fällen eine Unterscheidung und Abgrenzung zur *Borderline-Persönlichkeitsstörung* nur schwer möglich. Pfohl und Mitarbeiter kritisieren auf der Grundlage einer Studie zur Kriterienüberlappung der DSM-III-Persönlichkeitsstörungen, die Überschneidungen beider Störungen seien so groß, dass von einer sicheren Abgrenzung kaum gesprochen werden könne (Pfohl et al., 1986). Obwohl die Ergebnisse dieser Studie zur Veränderung der Kriterienbildung seit dem DSM-III-R (von 1987) beigetragen haben, sind die Gleichzeitigkeitsdiagnosen von Histrionischer und Borderline-Persönlichkeitsstörung auch in Untersuchungen mit dem DSM-III-R bis zum DSM-IV-TR nach wie vor beträchtlich (Stuart et al., 1998; Zimmerman et al., 2005; Blashfield et al., 2012). So erhielten beispielsweise 56 Prozent der von Morey (1988) untersuchten Patienten beide Diagnosen, wenn die Borderline-Störung die Hauptdiagnose war. Gleichermaßen hoch fallen in dieser Studie die Kodiagnosen mit der *Narzisstischen Persönlichkeitsstörung* (54 Prozent) aus. Und nach wie vor ist es methodischen Erwägungen heraus empirisch nicht gelungen, abzuklären, ob es sich dabei um ein Kriterienproblem der Trennschärfe oder um eine mögliche Komorbidität handelt (vgl. Pfohl, 1991, 1996; Blashfield et al., 2012).

Argumente für den Verzicht. Auf der Grundlage der gerade dargestellten Ergebnisse der Komorbiditätsforschung haben letztlich mit Blick auf Diagnostik und Behandlung folgende Argumente für eine Streichung der Diagnose »Histrionische Persönlichkeitsstörung« aus dem DSM-5-Alternativ-Modell in Sektion III durchgesetzt:

▶ Bei Vorliegen einer Komorbidität von Borderline- mit Histrionischer Persönlichkeitsstörung sollte mit Blick auf die Behandlung stets die Diagnose Borderline-Persönlichkeitsstörung in den Mittelpunkt rücken, da histrionisch in den meisten Fällen nur ein prototypisches Merkmal der Borderline-Persönlichkeitsstörung ausmacht, das sich bei erfolgreicher Behandlung der Borderline-Störungen eher in positive Richtung mit verändert (→ s. u. zur Normatologie).

▶ Bei Vorliegen einer Komorbidität von Histrionischer mit Narzisstischer Persönlichkeitsstörung sollte mit Blick auf die Behandlung stets die Diagnose Narzisstische Persönlichkeitsstörung in den Mittelpunkt rücken, da histrionisch in den meisten Fällen nur ein prototypisches Merkmal der Narzisstischen Persönlichkeitsstörung ausmacht, das sich bei erfolgreicher Behandlung der narzisstischen Persönlichkeitsmerkmale eher in positive Richtung mit verändert (→ s. u. zur Normatologie).

▶ Bei Vorliegen einer Komorbidität von Histrionischer mit Dissozialer Persönlichkeitsstörung sollte mit Blick auf die Behandlung stets die Diagnose Dissoziale Persönlichkeitsstörung in den Mittelpunkt rücken, da histrionisch in den meisten Fällen nur ein prototypisches Merkmal der Dissozialen Persönlichkeitsstörung ausmacht, das sich bei erfolgreicher Behandlung der antisozialen Persönlichkeitsmerkmale eher in positive Richtung mit verändert (→ s. u. zur Normatologie).

Im Mittelpunkt stehen, die Aufmerksamkeit auf sich ziehen: eine Persönlichkeitsstörung?

Natürlich bleibt auch bei vermeintlich histrionischen Personen zu beachten, dass aus auffälligen und vom Üblichen deutlich abweichenden persönlichen Eigenarten nicht vorschnell auf Persönlichkeitsstörungen rückgeschlossen werden darf. So war zum Beispiel von einer Boutique-Besitzerin, die sich nach Lektüre einer der früheren

Auflagen der »Persönlichkeitsstörungen« brieflich an den Senior-Autor wandte, mit merklicher Verunsicherung kritisch angefragt worden: »Sagen Sie mal, lieber Herr Professor: Was ist eigentlich schlimm daran, dass ich gern mit Mittelpunkt stehe, mich schön anziehe und sowieso viel Wert auf mein Äußeres, und mich natürlich immer dann, wenn mir die Aufmerksamkeit potenzieller Käufer nicht geschenkt wird, immer anderen Kunden im Laden zuwende. Was ist das Problem? Vier ICD-Kriterien der Histrionischen Persönlichkeitsstörung erfüllt! Vier brauche ich nur, wenn ich richtig gelesen habe! Habe ich tatsächlich eine Störung?«

Normatologie. Diese Anfrage lässt sich heute leicht beantworten: »Natürlich haben Sie so lange keine Persönlichkeitsstörung, wie Sie selbst nicht unter Ihrem persönlichen Stil leiden. Außerdem sind wir Forscher gerade dabei, die histrionische Persönlichkeit aus dem Gesamt der Persönlichkeitsstörungen zu streichen.« Man hätte fast noch hinzufügen können, dass wir es als Therapie-Erfolg jeder ängstlich vermeidenden und selbstunsicheren Person betrachten würden, sollte sich diese auch nur ansatzweise in Richtung jener persönlichen Kompetenzen entwickelte, über die unsere Boutique-Besitzerin bereits verfügt.

Dieser Blick auf die Normatologie des vermeintlich histrionischenen Persönlichkeitsstils war übrigens ein weiterer Grund für die Task-Force des DSM-5, dieses Störungsbild aus dem Alternativ-Modell zu streichen (Skodol, 2012; Blashfield et al., 2012). Jedenfalls gilt diagnostische Toleranz gegenüber einer auffälligen Neigung von Menschen, ihr Bedürfnis nach Zuneigung und Aufmerksamkeit aktiv umzusetzen. Die Normalvariante besitzt zudem einen liebenswürdigen Stil, der eher durch intuitiv-spontanes Handeln und weniger durch analytisch zielorientiertes Planen bestimmt ist. In solchen Fällen kann eine impressionistische Seite dominieren. Gelegentlich wirken sie liebevoll und warmherzig, zumal sie durch andere Personen oder Umstände leicht beeinflussbar sind. Gleichzeitig haben viele ein gutes Gespür für Atmosphäre, bevorzugen Gefühl und Intuition als Orientierungshilfen für eigenes Handeln, jedoch mit dem Risiko der Unbeständigkeit. Dass manche Schauspieler einen zu ihrer Persönlichkeit passenden Beruf gewählt haben, ist ebenfalls plausibel.

22.4 Erklärungsansätze

Familie und Genetik. Die Arbeiten zur Geschlechtsspezifität der Diagnostik von Antisozialen versus Histrionischen Persönlichkeitsstörungen könnten in Grenzen als Hinweis angesehen werden, dass es möglicherweise weiterreichende Zusammenhänge zwischen beiden Störungsbildern gibt, als bisher vermutet wurde. In Forschungsarbeiten über familiäre Ursachen der Persönlichkeitsstörungen wird wiederholt die Vermutung geäußert, dass es sich bei der (eher weiblichen) Histrionischen Persönlichkeitsstörung und der (eher männlichen) Antisozialen Persönlichkeitsstörung um geschlechtstypische Ausformungen ein und derselben Grundstruktur (Prädisposition) handeln könne (vgl. Cloninger et al., 1975; Kaplan, 1983; Lilienfeld et al., 1986). Histrionische Patientinnen entstammen überzufällig häufig Familien, in denen auf

Seiten der Väter eine Antisoziale Persönlichkeitsstörung (Psychopathie) festgestellt werden konnte. Und als stützende Indikatoren für die Nähe der Histrionischen zur Antisozialen Persönlichkeitsstörung werden die beobachtbare geringe Impulskontrolle, ein mit inszenierten Übertreibungen häufig verbundenes »ausweichendes Verhalten«, weiter die Unfähigkeit, enge Beziehungen aufrechtzuerhalten, sowie schließlich eine mangelnde Schuld- und Schamfähigkeit als wesentlich angeführt.

Psychoanalytische Konzepte. Von Psychoanalytikern wird die den histrionischen Persönlichkeitseigenarten inhärente Theatralik als Inszenierung aufgefasst, die es den Betroffenen erlaube, eine nicht vollständig ausgebildete Selbstrepräsentanz zu verbergen: Sie diene als Möglichkeit der Konfliktlösung (als unbewusste Inszenierung) dem Ziel, nicht nur für die anderen, sondern auch für sich selbst anders zu erscheinen, als man (nicht) ist (als Pseudopräsentation von Persönlichkeitsmustern; vgl. Mentzos, 1980, 1982; Blaker & Tupin, 1991).

Andererseits wird von Psychoanalytikern auch die Meinung vertreten, man dürfe es angesichts dieser Persönlichkeitsstörung nicht ausschließlich bei tiefenpsychologisch inspirierten Deutungsmustern belassen. Ohne auf diese verzichten zu müssen, könnte eine integrative Betrachtung von Abwehr / Emotionalität (Psychoanalyse), Kognition (Psychologie) und Dissoziation (Psychopathologie) zu einer stimmigeren Klärung des Bildes der Histrionischen Persönlichkeitsstörung beitragen und damit zugleich die Sicht der ausschließlich beschreibenden Glossare der Klassifikation substanziell verbessern helfen (Hoffmann & Eckhardt-Henn, 2000). Beispiele dafür finden sich in den Arbeiten von Shapiro und Horowitz, auf die – weil vermutlich tragfähiger – ausführlicher eingegangen wird.

Rollentheoretische Perspektiven

Die Überlegungen der kognitiv orientierten Psychoanalytiker Shapiro (1965) und Horowitz (1991b) nehmen sich übrigens ganz ähnlich wie die konzeptuellen Vorstellungen der kognitiven Verhaltenstherapeuten Beck und Mitarbeiter (1990) aus. Beide Perspektiven unterscheiden sich lediglich in Antworten auf die Frage, welche Bedeutung den Kognitionen bzw. Affekten im Zusammenhang mit den histrionischen Interaktionsmustern zukommt. Die Autoren unterstellen

- ▶ entweder eine Abhängigkeit des Handelns von der zugrunde liegenden kognitiven Struktur (Situation → *Kognition* → Affekt → Handlung; so bei Beck et al., 1990) oder
- ▶ eine Abhängigkeit des Handelns von einer vorrangig durch Emotionen gesteuerten Interaktionsroutine (Situation → *Affekt* → Kognition → Handlung; so bei Shapiro, 1965, und Horowitz, 1991b).

Kogniton vor Emotion? Beck und Mitarbeiter (1990) postulieren eine Vorordnung tiefgreifender kognitiver Schemata, die das Rollenverhalten und die Interaktionsstereotypik der Betroffenen bestimmen. Histrioniker seien durch ihre Sozialisation dazu angeleitet worden, interaktionell ängstigende und bedrohliche Situationen vor allem durch ihre äußere Erscheinung und ein exzellentes Rollenverhalten zu verändern, zu vermeiden oder ihnen zu entfliehen. Sie würden ihre Beziehungen vorrangig unter dem *kognitiv* gesteuerten Primat der Rollenanpassung (»möglichst gut erscheinen«, »möglichst von allen geliebt werden«) organisieren. Bei Beziehungsschwierigkeiten und interaktionellen Konflikten stünde ihnen nur noch die Präsentation einer eingeübten Rolle zur Verfügung. Mit dieser Rollenpräsentation würden sie jedoch im späteren Leben zunehmend scheitern, weil in bedeutsamen Konfliktsituationen die schlichte Präsentation eines (oberflächlichen) Rollenverhaltens nicht hinreiche.

Emotion vor Kognition? Shapiro (1965) wie Horowitz (1991b) betonen ebenfalls die Insuffizienz integrativer Prozesse und Entwicklungsmöglichkeiten. Sie sehen die Ursachen jedoch eher in einem Eingeordnetsein der Kognitionen in eine insgesamt routinierte Theatralik, die sich vorrangig über eine situationsabhängige Affektivität steuert und sich so der bewussten Kontrolle entzieht. Das Rollenverhalten ist ein lebenslang gelernter Versuch, sich in zwischenmenschliche Interaktionen möglichst affektiv einzubringen. Entsprechend entspringt die handlungsleitende kognitive Schematik genau wie der Affekt aus einer scheinbar passenden Interaktionsroutine als Antwort.

Integration

Beide dargestellten Perspektiven haben vermutlich mehr Gemeinsamkeiten als Unterschiede. Der präsentierten Rolle histrionischer Persönlichkeiten fehlt ein situationsspezifisch begründeter, begründbarer oder ausformulierter mentaler Inhalt und (entsprechend) eine gut differenzierende Wahrnehmung. Die Rolle (und vielleicht gleichzeitig Kognition und Emotion) dominiert und beansprucht global und unvermittelt das interpersonale wie intrapsychische Geschehen. Gegenwärtig wird übrigens genau dieser Aspekt von Psychoanalytikern unter der Überschrift »fehlende Mentalisierung« zusammengefasst (z. B. Allen & Fonagy, 2002).

Vielleicht ist es deshalb unerheblich, welcher der beiden Aspekte (Emotion oder Kognition) dem jeweils anderen vorzuordnen wäre. Die mögliche integrative Perspektive wurde insbesondere von Shapiro (1991) bereits klar umrissen:

> »Wenn wir solche hysterischen Auftritte erleben, stellt sich leicht der Eindruck ein, dass der Betreffende von seiner eigenen Darstellung ›mitgerissen‹ wird … Er scheint gewissermaßen nicht in seinem faktischen Sein und seiner eigentlichen Geschichte verwurzelt zu sein, ebenso wenig in festen Überzeugungen und einem Gefühl für die tatsächliche objektive Welt. Stattdessen wird er in der Tat ›mitgerissen‹ durch die Unmittelbarkeit, mit der er auf lebhafte Eindrücke, romantische Herausforderungen, vorübergehende eigene Stimmungen oder fantastische ihn beeindruckende Charaktere reagiert, und durch die Leichtigkeit, mit der seine gesamte Wahrnehmung und Aufmerksamkeit durch sie gefesselt wird. Man könnte sagen, dass er dann auf ein Gefühl ›abfährt‹, das keinen kognitiven Tiefgang besitzt« (Shapiro, 1991, S. 122).

Hypernomie. Ganz ähnlich beschreibt schließlich Kraus (1991b, c) das Problem histrionischer Personen in einem Hypernomiekonzept. Für ihn kennzeichnet das hysterische Rollenverhalten die grundlegende Unfähigkeit der Betroffenen, sich mit sich selbst und mit der ihnen möglichen sozialgesellschaftlichen Rolle zu identifizieren. Anstatt sich mit sich und der ihnen zugewiesenen Lebenssituation zu arrangieren, möchten die histrionischen Personen mehr erscheinen, als sie sind oder auch mehr erleben und darstellen, als sie zu erleben und darzustellen in der Lage sind. Für Kraus beinhaltet die Histrionische Persönlichkeitsstörung deshalb im Kern ein existenzielles Problem, das sich als rollengebundener Zwang darstellt, in Wirklichkeit aber ein Bruch mit der Möglichkeit ist, wahrhaftig und sinngestaltend zu handeln und zu kommunizieren.

Bei genauem Hinsehen stellt sich unter einer rollentheoretisch begründeten Perspektive mit Blick auf die Behandlung histrionischer Persönlichkeiten ein wohl nur schwer handhabbares Problem – orientiert an der Frage, wie es erreichbar ist, eine durch die Rollenroutine bedingte aktive Negation von Gefühl und Bewusstheit zu thematisieren und zu überwinden.

22.5 Behandlung

Kennzeichnung und Kriterien der Histrionischen Persönlichkeitsstörung wurden – wie angedeutet – erst mit dem DSM-III (von 1980) neu festgelegt und damit der bis dahin gültige »Hysteriekomplex«, der eine konzeptuelle Verbindung zwischen Hysterischen Neurosen und Hysterischen Persönlichkeitsstörungen implizierte, aufgelöst (Fiedler, 2001a). Diese Auflösung findet nach wie vor keine ungeteilte Zustimmung. Insbesondere im Rahmen psychoanalytischer Konzeptionen wird noch immer ein gemeinsamer Funktionsmodus unterstellt, der seinen Ausdruck in einer Komorbidität dissoziativer, somatoformer und interpersonell-histrionischer Symptome finden soll.

Andererseits findet sich diese Gleichzeitigkeit in der aktuellen Forschung bei weitem nicht so häufig, wie sie in der psychoanalytischen Hysteriekonzeption unterstellt wird. Deutlich häufiger als Dissoziative oder Somatoforme Störungen sind Komorbiditäten der Histrionischen Persönlichkeitsstörung mit Ängsten und Phobien sowie mit den Affektiven Störungen festzustellen. Es gibt zugleich beträchtliche Komorbiditäten mit den Borderline-, Dissozialen und Narzisstischen Persönlichkeitsstörungen (vermutlich weit über 50 Prozent; → Kap. 8). Deshalb suchen Menschen mit Histrionischer Persönlichkeitsstörung eher selten ausschließlich wegen ihrer interpersonellen Eigenarten oder Schwierigkeiten einen Psychotherapeuten auf (Blashfield & Davis, 1993). Sollten Ängste und Affektive Störungen komorbid zur histrionischen Persönlichkeit diagnostiziert werden, dann sollten diese auch in der Therapieplanung eine zentrale Rolle spielen.

22.5.1 Ansätze der Therapieschulen

Stehen in der Diagnostik die Persönlichkeitsmerkmale im Vordergrund, so klagen die Patienten zumeist über innere Leere, Einsamkeit und Depressivität. In den weniger schweren Fällen mögen unbeständige Reizsuche, Emotionalisierung von Beziehungen, Verlangen nach Anerkennung und leichte Kränkbarkeit beobachtbar sein, in den schwerer betroffenen Fällen zusätzlich eher narzisstische Merkmale wie übertriebene Eitelkeit, Egozentrik, Oberflächlichkeit und / oder Impulsivitätsstörungen wie selbstschädigende Neigungen bis hin zu Parasuiziden und Wutausbrüchen (Stone in Liebowitz et al., 1986).

Psychoanalyse. Psychoanalytiker orientieren sich nach wie vor gern an den tradierten Konzepten – verständlicherweise, müssten sie sich doch mit der »Hysterie« von einem Konzept trennen, mit dem die Ursprünge der Psychoanalyse unverbrüchlich verbunden sind. Nur wenige Autoren nehmen – wenngleich eher halbherzig – explizit auf die Neuorientierung in der Diagnostik einschließlich der aktuellen Forschungsergebnisse Bezug (z. B. Chodoff, 1989, sowie die Arbeiten in Horowitz, 1991a; ausdrücklicher jedoch: Eckhardt-Henn & Hoffmann, 2000).

Die neuerlich entwickelten Therapievorschläge tendieren zumeist dazu, das psychoanalytische Vorgehen durch ausgesprochen stützend-psychoedukative Elemente anzureichern. So werden längerfristig angelegte Therapien empfohlen, die darauf abzielen, die fantasiebestimmten histrionischen Eigenarten (Selbstbezogenheit, unmittelbare Bedürfnisbefriedigung und das dependent anmutende, ständige Verlangen nach Aufmerksamkeit) mit der Interaktionswirklichkeit abzugleichen. Es sollte dem Patienten ermöglicht werden, eine kontextgebundene Unterscheidungsfähigkeit hinsichtlich sozial erfüllbarer und sozial nicht erfüllbarer Wünsche und Bedürfnisse zu erarbeiten. Therapeuten sollten dabei ständig ein Modell für Sicherheit, Ehrlichkeit und Respekt im Umgang mit anderen Menschen abgeben und diese Eigenarten dem Patienten gegenüber durchgängig vorleben, um auf diese Weise die Emotionalisierungsneigung der Patienten zu modulieren (so Chodoff, 1989).

Kognitive Verhaltenstherapie. Bei genauem Hinsehen werden in kognitiv orientierten Behandlungsvorschlägen ganz ähnliche Ziele wie von psychodynamisch orientierten Autoren empfohlen. Auch in den Fallbeschreibungen zur Kognitiven Therapie von Beck und Mitarbeitern (1990) wird von einer langfristigen Therapieperspektive (zwischen ein und drei Jahren) ausgegangen. Als wichtige Therapiestrategie gilt es, die Bedürfnisse der Patienten auf ein real erfüllbares Maß zurückzunehmen (vgl. Fleming, 1996; Sulz, 2000). Dazu wird die Vermittlung konkreter Problemlösestrategien vorgeschlagen, mit Hilfe derer die Patienten eine realistische Sicht von den gegebenen Möglichkeiten der Bewältigung alltäglicher Anforderungen und Aufgaben erhalten sollen (Trautmann, 2004). Über den wiederholten Erfolg der konkreten Einübung neuer Problemlösungsstrategien erhofft man sich auf längere Sicht, die bei Patienten mit Histrionischer Persönlichkeitsstörung unterstellten Grundannahmen (vor allem über die eigene Unzulänglichkeit) grundlegend zu ändern.

22.5.2 Integrative Perspektiven

Inzwischen deuten sich einige therapeutische Möglichkeiten an, die jenseits therapieschulenspezifischer Überlegungen zu einem Behandlungskonzept bei Histrionischen Persönlichkeitsstörungen zusammengefügt werden könnten (vgl. Fiedler, 2003a; Bohus et al., 2004; Herpertz & Wenning, 2003; Doering & Sachse, 2008). Darauf soll im Folgenden kurz eingegangen werden.

Viele histrionische Patienten neigen insbesondere zu Behandlungsbeginn dazu, ihre Therapeuten zu glorifizieren und ihnen die Rolle eines omnipotenten Helfers zuzuweisen. Übernimmt der Therapeut, den Wünschen der Patienten entsprechend, weitgehend die Verantwortung für Entscheidungen oder Planungen, so wird er wegen der ebenfalls erwartbaren Sprunghaftigkeit vieler Patienten bereits kurze Zeit später mit einem möglichen Compliance-Problem konfrontiert. Hält er sich diesbezüglich zu stark zurück, so werden sich möglicherweise (histrionisch) hilfesuchende Verhaltensmuster verstärken und auf diese Weise den erfolgreichen Fortgang der Therapie bedrohen.

Stabilisierung der Verhaltenskontrolle. Die besondere Kunst der Behandlung histrionischer Patienten liegt darin, eine gute komplementäre Balance zwischen den bisher vom Patienten vernachlässigten Bedürfnissen nach Selbstkontrolle und Bindung zu finden. Aus letzteren Aspekten lassen sich wichtige therapeutische Ziele für die Behandlung ableiten. Das therapeutische Vorgehen sollte klar strukturiert sein und von Anfang an viele Möglichkeiten zum Erproben einer Selbstkontrolle beinhalten (Selbstbeobachtung, Selbstmanagement). Für die Strukturentwicklung bei Patienten mit Histrionischer Persönlichkeitsstörung sind »Hausaufgaben« zur Einübung in vermehrte Selbstkontrolle insbesondere hinsichtlich der zwei nachfolgend genannten Perspektiven unverzichtbar.

Stabilisierung zwischenmenschlicher Beziehungen. Dieses Ziel lässt sich – wie bereits bei anderen Störungen näher erläutert – gut unter der Überschrift »psychosoziales Konfliktmanagement« zusammenfassen. Nicht gerade selten kommt es im Privatleben und Beruf der Betroffenen wegen ihrer schauspielerischen Fluktuation zu Krisen, die möglicherweise sogar Anlass für die Behandlung waren. Sinnvollerweise werden prototypische Situationen ausgewählt, in denen im Vorfeld der Behandlung oder auch bereits lebenslang Interaktionsschwierigkeiten aufgetreten sind. Es könnte sich auch um Situationen oder Episoden handeln, die für die Betroffenen in Zukunft besondere Schwierigkeiten darstellen könnten. Diese werden dann nach und nach in den Mittelpunkt der Behandlung gerückt und sollten mit einer gewissen Konstanz möglichst vollständig behandelt werden. Histrionische Patienten sollten lernen, jeweils ein Thema zu einem vorläufigen Abschluss zu bringen. Nur so lassen sich Details von Handlungen, Gedanken und Gefühlen vollständig identifizieren und beeinflussen. Auch ist die Neigung zu irrationalen Annahmen über andere Personen zu thematisieren und kompetente, positive und realistische Selbstkonzepte zu fördern.

Etwas allein unternehmen oder allein leben. Diese Zielperspektive ist nicht alternativ zum vorhergehenden Punkt zu betrachten. Sie setzt eigene Schwerpunkte und zielt auf eine Beeinflussung der Sprunghaftigkeit und Inkohärenz. Wichtige Übungen könnten sein, Langeweile zu tolerieren, angefangene Projekte, die nur allein ausgeführt werden können, endlich zu Ende zu bringen – oder auch den Verlockungen und Reizen spontaner Ideen zu widerstehen. Dieser Aspekt zielt zugleich auf eine differenziertere Emotionswahrnehmung. Patienten sollten das Erleben »stimmiger« Emotionen in Interaktionen genau von jenen Emotionen unterscheiden lernen, die in inszenierten Rollen ausgelebt werden. Das Einüben von Aktivitäten, die allein ausgeführt werden, kann hierzu eine wichtige Voraussetzung darstellen, etwa wenn durch ein bisheriges Vermeiden einzelgängerischer Aktivitäten Gefühle der Leere histrionisch überspielt wurden.

Selbstschutz der Rollenfunktion beachten. Weiter stellt sich mit Blick auf die ätiologischen Perspektiven (→ Abschn. 22.4) für die Behandlung histrionischer Persönlichkeiten ein weiteres, schwer handhabbares Problem. Es orientiert sich an der Frage, wie eine durch die Rollenroutine bedingte und häufig beobachtbare aktive Negation von Gefühl und Bewusstheit thematisiert und überwunden werden kann. Viele Störungsaspekte und Interaktionsmuster histrionischer Menschen beinhalten eine eigenwillige Ambivalenz: Symptom- und Rollenfluktuationen signalisieren nämlich einerseits Bedrohung und schirmen zugleich gegen Bedrohung ab. Zielt nun die Therapie etwa auf eine zu direkte Veränderung des auffälligen Person- bzw. Beziehungsmusters, dann entsteht möglicherweise die Gefahr, dass der Patient die selbstsichernde Schutzfunktion verliert.

Aus diesem Grund wird hier vorgeschlagen, das vordergründige »Störverhalten« genau in diesem Sinne (nämlich als notwendigen Selbstschutz) positiv zu konnotieren und andererseits gleichzeitig den Wunsch der Patienten nach Änderung zu bekräftigen – aber für den Behalt des Selbstschutzes alternative, weniger symptomatische oder interaktionell störende Handlungsmuster zu suchen (man beachte hierzu ergänzend die aktuellen integrativen Psychotherapie-Perspektiven, wie sie in → Kap. 11 ausführlich dargestellt wurden).

Existenzielle Psychotherapie. Schließlich besteht die Gefahr, dass die Therapie histrionischer Patienten wegen einer vordergründig sichtbaren Rollensicherheit zu früh beendet wird. Angesichts des Problems vermeintlich wiedergewonnener Selbstsicherheit sollte in jedem Fall darauf hingearbeitet werden, in der Therapie eine zusätzliche Zeit über die Rückgewinnung subjektiver Selbstsicherheit hinaus zu reservieren. In dieser Transferphase könnte vom Therapeuten angeregt werden, Fragen nach dem Sinn eines Lebens zu besprechen, da das Leben histrionischer Persönlichkeiten sowieso mit dem Handicap ständiger Sinninstabilität belastet ist.

Dieses Thema wird von den Betroffenen in der Sicherheit bietenden Interaktion mit dem Therapeuten häufig ausgeklammert. Sinninstabilität ist jedoch immer dann gegenwärtig, wenn Patienten mit sich allein sind und Depression und Anhedonie das Erleben dominieren. Wir sind der Überzeugung, dass in der Besprechung existenzieller Fragen mit Blick auf die Zukunft innerhalb einer längeren Transferphase gegen Ende der Therapie ein möglicher Schlüssel zum stabilen Therapieerfolg liegen könnte. Dieses jetzt zum Schluss Gesagte gilt unseres Erachtens nicht nur für die Behandlung histrionischer Patienten, sondern sollte ganz allgemein auch bei den übrigen Persönlichkeitsstörungen beachtet werden.

22.6 Zusammenfassende Bewertung

Wegen der kategorialen Neusetzung dieser Diagnosemöglichkeit seit dem DSM-III (1980) und in der ICD-10 bewegen sich sämtliche der dargestellten ätiologischen Überlegungen nach wie vor im Bereich der Spekulation. Empirische Arbeiten zur Ätiologie der Histrionischen Persönlichkeitsstörung liegen bis auf die erwähnten Familienstudien kaum vor. Weiter bleibt zu beachten, dass sich vielfältige Komorbiditätsbeziehungen zu anderen Persönlichkeitsstörungen finden lassen. Insbesondere bei Behandlungsbeginn klagen Patienten mit Histrionischer Persönlichkeitsstörung über innere Leere, Einsamkeit und Depressivität (Liebowitz et al., 1986). In den weniger schwer betroffenen Fällen mögen vor allem unbeständige Reizsuche (mögliche Komorbidität: dissozial), Emotionalisierung von Beziehungen (Borderline), Verlangen nach Anerkennung und leichte Kränkbarkeit beobachtbar sein (narzisstisch), in den schwerer betroffenen Fällen zusätzlich weitere, eher narzisstisch anmutende Merkmale (wie übertriebene Eitelkeit, Egozentrik, Oberflächlichkeit) und Impulsivitätsstörungen (selbstschädigende Neigungen bis hin zu Parasuiziden und Wutausbrüchen; Borderline, dissozial).

Im Unterschied zu dependenten Persönlichkeiten, die sich primär passiv verhalten, verfügen histrionische Persönlichkeiten über ein weites Repertoire, ihr Bedürfnis nach Zuneigung und Aufmerksamkeit aktiv umzusetzen. Frauen wirken häufig charmant, bisweilen kokett und sexuell aufreizend, Männer großzügig, eloquent und verführerisch. Zwischenmenschliche Signale, die Unzufriedenheit oder Enttäuschung des Gegenübers andeuten, lösen rasch Reaktionen aus, die darauf abzielen, die Bedürfnisse des anderen zu befriedigen. Als »Meister des ersten Eindrucks« verstehen sie es häufig ausgezeichnet, »sich zu verkaufen«, haben aber enorme Schwierigkeiten, tiefergehende und dauerhafte Beziehungen zu gestalten (vgl. Bohus et al., 2004).

Wegen vielfältiger, als normatologisch zu betrachtender Facetten sollte das histrionische Verhaltensrepertoire nicht zwingend selbst Gegenstand der Behandlung werden. Vielmehr wird bei Vorliegen der oben angedeuteten vorrangig zu findenden Gleichzeitigkeitsdiagnosen empfohlen, in der Behandlung die jeweilige Komorbiditätsdiagnose (Borderline, narzisstisch, dissozial) in den Mittelpunkt zu rücken, weil die histrionischen Anteile zumeist zur Typologie der genannten drei Persönlichkeitsstörungen dazu gehören.

23 Dependente Persönlichkeitsstörung

Meinem eigenen Leben gegenüber kann mich
zuweilen eine solche Verwirrung überkommen,
dass ich mir keinen anderen Ausweg weiß,
als ein anderes Leben auszuleihen
und es anstelle meines eigenen zu erzählen.
Lars Gustafsson

Das Hauptmerkmal der Dependenten Persönlichkeitsstörung besteht in einer übermäßigen Abhängigkeit von relevanten Bezugspersonen. Jegliche Eigeninitiative ist erschwert. Es resultiert eine starke Hilflosigkeit, wenn unabhängige Entscheidungen getroffen werden müssen. Plötzliches Verlassenwerden durch Trennung und Tod eines Partners können gelegentlich in suizidale Handlungen einmünden.

23.1 Konzeptentwicklung

Konzeptüberlegungen zur Dependenten Persönlichkeitsstörung greifen noch heute auf frühe Beschreibungen einer »oral-dependenten« Persönlichkeit von Karl Abraham (1925) zurück. Abraham vermutete, dass eine Fixierung auf frühe überfürsorgliche (insbesondere »orale«) Erfahrungen zur festen Überzeugung später dependenter Personen beitrage, dass es immer eine Person geben werde, die sich (als Repräsentant für Mutter) fürsorglich um einen kümmern und für einen Sorge tragen würde. Als eine solche fand sie unter der Bezeichnung »Passiv-dependente Persönlichkeit« Eingang in das erste DSM (von 1952), dort charakterisiert als »hilflose Abhängigkeit mit einer durchgängigen Neigung zu einem anklammernden, kindlich anmutenden Verhalten«.

Zahlreiche psychoanalytisch orientierte Forscher versuchten zudem, den »oralen« Aspekt durch Untersuchungen an Patienten mit Abhängigkeitserkrankungen der unterschiedlichsten Art zu validieren (Alkoholismus, Tabakabhängigkeit, Anorexie, Bulimie usw.). Obwohl in diesen Studien gelegentlich Zusammenhänge mitgeteilt wurden, hielten diese – weil aus Querschnittsanalysen stammend – einer methodischen Kritik nicht stand. Denn zur Beantwortung der psychoanalytischen Hypothese, dass die dependente Persönlichkeit ein Risiko für die Entwicklung von Abhängigkeitserkrankungen darstellt, sind Prospektiv-Studien erforderlich. Und seitdem diese vermehrt vorliegen, kann nur mehr konstatiert werden, dass vor allem das Suchtverhalten selbst einer Abhängigkeitserkrankung vorausgeht und nicht umgekehrt (Übersicht: Bornstein, 1993).

Auch die Persönlichkeitsmerkmale einer »oral-dependenten« Persönlichkeitsstruktur wurden von Lazare und Mitarbeitern (1966) erstmals empirisch überprüft, ohne es jedoch hinreichend absichern zu können. Insbesondere dieser Negativbefund war dann Anlass, die Kategorie der dependenten Persönlichkeit nicht erneut in das

DSM-II (1968) aufzunehmen. Auch in weiteren Replikationsstudien (Lazare et al., 1970; Van den Berg & Helstone, 1975; Torgersen, 1980) erwiesen sich die Beschreibungen der »oral-dependenten« Persönlichkeit im Vergleich zu anderen Charaktereigenarten als am wenigsten eindeutig rekonstruierbar.

23.2 Diagnostik

In den zuvor genannten Studien von Lazare und Mitarbeitern (1966, 1970) sowie in der niederländischen Replikation (Van den Berg & Helstone, 1975) kamen erstmals Fragebogenerhebungen und faktorenanalytische Auswertungen zum Einsatz. Immerhin hatte sich in allen drei Untersuchungen bestätigen lassen, dass vor allem drei Merkmalsbereiche für eine Dependente Persönlichkeitsstörung als prototypisch angesehen werden können:

▶ Passivität,
▶ Unterwürfigkeit,
▶ geringes Selbstvertrauen.

23.2.1 Dependente Persönlichkeitsstörung im DSM-IV-TR bis DSM-5 Sektion II

Mit den genannten drei Merkmalen als Kernkonstrukte wurde die »Dependente Persönlichkeitsstörung« daraufhin dennoch erneut in das DSM-III (APA, 1980) aufgenommen und wegen zunehmender Forschungsarbeiten zur Validität sowohl in die Störungsdiagnostik der ICD-10 (WHO, 1993) als auch in die des DSM-IV-TR (APA, 2000) fest integriert.

Diagnostische Kriterien
Dependente Persönlichkeitsstörung
Ein tiefgreifendes und überstarkes Bedürfnis versorgt zu werden, das zu unterwürfigem und anklammerndem Verhalten und Trennungsängsten führt. Der Beginn liegt im frühen Erwachsenenalter, und das Muster zeigt sich in verschiedenen Situationen. Mindestens fünf der folgenden Kriterien müssen erfüllt sein:
1. Hat Schwierigkeiten, alltägliche Entscheidungen zu treffen, ohne ausgiebig den Rat und die Bestätigung anderer einzuholen.
2. Benötigt andere, damit diese die Verantwortung für seine / ihre Lebensbereiche übernehmen.
3. Hat Schwierigkeiten, anderen Menschen gegenüber eine andere Meinung zu vertreten, aus Angst, Unterstützung oder Zustimmung zu verlieren. (**Beachte:** Hier bleiben realistische Ängste vor Bestrafung unberücksichtigt.)
4. Hat Schwierigkeiten, Unternehmungen selbst zu beginnen oder Dinge unabhängig durchzuführen (eher aufgrund von mangelndem Vertrauen in die eigene

Urteilskraft oder die eigenen Fähigkeiten als aus mangelnder Motivation oder Tatkraft).

5. Tut alles Erdenkliche, um die Versorgung und Zuwendung anderer zu erhalten bis hin zur freiwilligen Übernahme unangenehmer Tätigkeiten.

6. Fühlt sich alleine unwohl und hilflos aus übertriebener Angst, nicht für sich selbst sorgen zu können.

7. Sucht dringend eine andere Beziehung als Quelle der Fürsorge und Unterstützung, wenn eine enge Beziehung endet.

8. Ist in unrealistischer Weise von Ängsten eingenommen, verlassen zu werden und für sich selbst sorgen zu müssen.

Abdruck erfolgt mit Genehmigung vom Hogrefe Verlag Göttingen aus dem Diagnostic and Statistical Manual of Mental Disorders, Fifth Edition © 2013 American Psychiatric Association, dt. Version © 2015 Hogrefe Verlag (S. 926f.).

Kritik. Dennoch wird die Wiedereinführung einer dependenten Persönlichkeit von einer Reihe von Autoren nach wie vor kritisch diskutiert. Insbesondere Kaplan (1983) hatte die Kategorie wegen des vermeintlichen Geschlechtsbias der Dependenten Persönlichkeitsstörung als »typisches Hausfrauen-Syndrom« vehement abgelehnt. Und sie schlug in ironischer Vertiefung ihrer Überlegungen zugleich (und zwar sehr gut begründet) die Einrichtung einer neuen Störungsgruppe vor, nämlich die einer »Independent Personality Disorder« – die von ihr scherzhaft auch noch als »Clint-Eastwood-Syndrom« bezeichnet wurde.

Doch es handelte sich – Ironie beiseite – bei den von Kaplan für eine »unabhängige Persönlichkeitsstörung« ausgearbeiteten Kriterien um eine sehr interessante Zusammenfassung von Aspekten der Schizoiden, Passiv-aggressiven und Paranoiden Persönlichkeitsstörung. Für die mögliche Plausibilität eines solchen Konstrukts sprechen nämlich zahlreiche empirische Befunde der konzeptuellen Komorbiditätsforschung (→ Abschn. 8.4).

Der Kritik des möglichen Geschlechtsbias wurde durch einige Merkmalsänderungen im DSM-III-R (von 1987) und erneut im DSM-IV (1994) teilweise entsprochen. Trotzdem haben Versuche, typisch männliche Merkmale der Dependenz einzubeziehen (wie z. B. das teils klagend, teils machohaft anmutende Einfordern bzw. Erwarten von Unterstützung) bislang nur wenig Akzeptanz finden können – zumeist mit dem Hinweis darauf, dass geschlechtsspezifische Persönlichkeitsstörungen durchaus Sinn machen (Kass et al., 1983; Bornstein, 2012).

23.2.2 Abhängige Persönlichkeitsstörung in der ICD-10

Die Abhängige Persönlichkeitsstörung in der ICD-10 entspricht weitgehend den Vorgaben der dependenten Persönlichkeit im DSM-IV-TR. Auch sie ist konzeptualisiert als mangelnde Kompetenz oder als fehlende Bereitschaft zur Übernahme autonomer Verantwortlichkeit bzw. zur Durchsetzung angemessener Ansprüche gegenüber Personen, zu denen eine Abhängigkeit besteht.

Diagnostische Kriterien

ICD-10 (F60.7): Abhängige (asthenische) Persönlichkeitsstörung

[Mindestens drei der folgenden Merkmale müssen erfüllt sein:]

1. Bei den meisten Lebensentscheidungen wird an die Hilfe anderer appelliert oder die Entscheidung wird anderen überlassen.
2. Unterordnung eigener Bedürfnisse unter die anderer Personen, zu denen eine Abhängigkeit besteht, und unverhältnismäßige Nachgiebigkeit gegenüber den Wünschen anderer.
3. Mangelnde Bereitschaft zur Äußerung angemessener Ansprüche gegenüber Personen, zu denen eine Abhängigkeit besteht.
4. Unbehagliches Gefühl beim Alleinsein aus übertriebener Angst, nicht für sich allein sorgen zu können.
5. Häufige Angst, von einer Person verlassen zu werden, zu der eine enge Beziehung besteht, und auf sich selbst angewiesen zu sein.
6. Eingeschränkte Fähigkeit, Alltagsentscheidungen zu treffen ohne ein hohes Maß an Ratschlägen und Bestätigung von anderen.

Zusätzlich können sich die Betreffenden selbst hilflos, inkompetent und nicht leistungsfähig fühlen.

Dazugehörige Begriffe:
► asthenische Persönlichkeit(sstörung)
► inadäquate Persönlichkeit(sstörung)
► passive Persönlichkeit(sstörung)
► selbstschädigende (behindernde) Persönlichkeit(sstörung)

Abdruck erfolgt mit Genehmigung vom Hogrefe Verlag Bern aus der Internationalen Klassifikation psychischer Störungen der Weltgesundheitsorganisation: ICD-10 Kapitel V (F) Klinisch diagnostische Leitlinien; 10. Auflage. Dilling, H., Mombour, W. & Schmidt, M. H. (Hrsg.). (2015). Hogrefe AG: Bern, S. 282.

23.2.3 Prävalenz

Inzwischen zeigen Studien, dass die Ungleichverteilung von Männern und Frauen, die diese Diagnose erhalten, bei weitem nicht so krass ausfällt, wie dies ursprünglich erwartet wurde. In aller Regel entsprechen die zahlenmäßigen Anteile von Männern und Frauen mit Dependenter Persönlichkeitsstörung nämlich der Geschlechtsverteilung in den Institutionen, in denen die Störung untersucht wurde: Es bleibt also zu beachten, dass sich in Studien üblicherweise nur dann mehr Frauen mit dependenter

Persönlichkeit finden lassen, wenn zugleich auch mehr Frauen als Männer untersucht wurden (vgl. Hirschfeld et al., 1991; Blashfield & Davis, 1993; Bornstein, 2012).

Selbstbefragung versus Fremdrating. Dennoch schwanken Prävalenzangaben zur Dependenten Persönlichkeitsstörung in untersuchten Patientengruppen beträchtlich: zwischen 2 Prozent (so bei Dahl, 1986) und 48 Prozent (so bei Widiger et al., 1987) mit einem Durchschnittswert von etwa 20 Prozent (Blashfield & Davis, 1993; Bornstein, 2012). Die Unterschiede begründen sich einerseits mit unterschiedlichen Untersuchungsmethoden. So führen Selbstbefragungen in der Regel zu höheren Prävalenzangaben als Fremdratings oder sog. Klinische Eindrucksdiagnosen. Offensichtlich entgeht den Diagnostikern angesichts der Mitarbeitsbereitschaft dependenter Patienten, dass bei diesen genau dieser Persönlichkeitsstil einer genauen Beachtung bedürfte. Zur Diagnostik der dependenten Persönlichkeit scheint es im Unterschied zu anderen Persönlichkeitsstörungen also sinnvoll, diese ergänzend mittels Fragebogenerhebung abzuklären (→ Kap. 8).

Andererseits erklären sich höhere administrativ mitgeteilte Prävalenzangaben und ein vermeintliches »Geschlechtsbias« aus Zusammenhängen mit den spezifischen psychischen Störungen, wegen denen sich Patienten in klinisch-therapeutischer Behandlung befanden (zumeist wegen Depressionen, Generalisierter Angststörung und Phobien, die ihrerseits häufiger bei Frauen als bei Männern zu finden sind). Insgesamt gehört die Dependente Persönlichkeitsstörung nach der Borderline-Persönlichkeitsstörung (mit den jeweils höchsten Prävalenzraten) zusammen mit der Histrionischen und Selbstunsicheren Persönlichkeitsstörung zu den häufiger auftretenden Störungsbildern (vgl. Bornstein, 2012; → Kap. 9).

23.3 Differenzialdiagnose

Persönlichkeitsstörungen. Da Merkmale der Abhängigkeit bei den meisten Persönlichkeitsstörungen auftreten können, bereitet die Differenzialdiagnose gewisse Schwierigkeiten (→ Kap. 8). Mit der Borderline-Persönlichkeitsstörung finden sich u. W. zweimal sehr hohe Komorbiditätsangaben: zwischen 34 Prozent bei Morey (1988) und 51 Prozent bei Spitzer et al. (1989). Spitzenangaben wie diese finden sich jedoch nicht in anderen Untersuchungen, üblicherweise nur unter 20 Prozent (Bornstein, 2005). In den meisten epidemiologischen Studien finden sich die höchsten Komorbiditätsraten mit der Ängstlich vermeidenden Persönlichkeitsstörung (→ Kap. 9) – ein sehr beachtenswerter Befund, als nämlich fast alle diagnostischen Kriterien der Dependenz erst unter dem Aspekt gleichzeitig vorhandener Selbstunsicherheit ihre Plausibilität erhalten. Dennoch lässt sich Dependenz auch bei Patienten mit Histrionischer, Schizotypischer und sogar bei Paranoider Persönlichkeitsstörung feststellen. Von den genannten Persönlichkeitsstörungen dürften sich die solitär dependenten Personen durch ihr ausgesprochen ängstliches, submissives, reaktives und anklammerndes Verhalten abgrenzen lassen.

Spezifische psychische Störungen. Viele Patienten mit spezifischen psychischen Störungen erscheinen auf den ersten Blick gelegentlich hochgradig dependent. Dabei bleibt zu bedenken, dass die dependenten Merkmale schlicht zum jeweiligen Symptombild (als Symptome der jeweiligen Störung) gehören können, z.B. bei der Depression und bei den Angststörungen, insbesondere bei den Sozialen und Agoraphobien (vgl. Reich et al., 1987; Thompson et al., 1988; Pilkonis & Frank, 1988; Mavissakalian & Hamman, 1988). Auffällig hohe Komorbiditätsraten werden außer bei den Angststörungen auch noch bei Essstörungen und Somatoformen Störungen berichtet (Bornstein, 2001; Bornstein & Gold, 2008).

Therapeuten sollten also Folgendes beachten: Die bisherige Forschung belegt eindrücklich, dass die Dependenz ein Nebeneffekt des Hilflosigkeitserlebens gegenüber der psychischen Störung sein kann (Shea & Yen, 2003). Ist die psychische Störung erfolgreich behandelt, geht in vielen Fällen die Dependenz zurück. In der Behandlung spezifischer psychischer Störungen sollte bei beobachtbarer Dependenz von Patienten also nicht unmittelbar auf eine persönlichkeitsbedingte Symptomatik rückgeschlossen werden.

Auch die Hypothese eines sekundären Krankheitsgewinns sollte nicht vorschnell erwogen werden. Erst wenn die Dependenz nach einer gewissen Zeit der Behandlung bestehen bleibt, sollten Überlegungen zur Komorbidität angestellt werden. Die frühere Vermutung, dass etwa Phobien in Dependenzbeziehungen durch Partnerzuwendung stabilisiert werden, hat sich – von seltenen Einzelfällen abgesehen – als nicht haltbar erwiesen. Erfolgreich behandelte Phobiepatienten beispielsweise erweisen sich nach Therapieabschluss üblicherweise als hochgradig autonom (Fiedler et al., 1994).

Anhänglich, loyal, allzeit kooperationsbereit: eine Persönlichkeitsstörung?

Nur auf dem ersten Blick mag es überraschen, dass die DSM-5-Task Force zur Überarbeitung der Persönlichkeitsstörungen in ihrem Alternativ-Modell die Dependente Persönlichkeitsstörung gestrichen hat. Einer der gewichtigsten Gründe war vor allem darin zu sehen, dass es sich bei diesem Persönlichkeitsbild üblicherweise um jenes handelt, dem – was die Persönlichkeitsstile im Übergang zur Normalität angeht – ganz allgemein große zwischenmenschliche und gesellschaftliche Wertschätzung entgegen gebracht wird, insbesondere wenn folgende mit der Dependenz zusammenhängende Persönlichkeitseigenarten dominieren: Anhänglichkeit und Loyalität, Festhalten am Prinzip der Solidarität und Partnerschaft, Akzeptanz anderer ohne Vorurteile, opfert sich gelegentlich gern auf, selbstkritisch und zurückhaltend, deutliches Gespür für Ungerechtigkeit, kooperativ und teamfähig, lässt anderen gern den Vortritt. Bei genauem Hinsehen handelt es übrigens um jene Personenmerkmale, die im DSM-5-Alternativ-Modell als Merkmale für Personen mit einem ausgesprochen hohen Funktionsniveau eingesetzt wurden.

Kennzeichnend für die Dependenz als Persönlichkeitsstörung hingegen sind unterschiedliche Ängste, die mit dem Verlust von Einbindung, Angst vor Versagen in Leistungssituationen und der Möglichkeit negativer Bewertung zusammenhängen. Sind die Betreffenden ökonomisch oder sozial von anderen abhängig, findet sich häufig eine geringe Selbstsicherheit, die dazu führt, dass sie schamlos ausgenutzt werden können. Deshalb finden sich vermutlich die höchsten Komorbiditätsraten mit der Ängstlich-vermeidenden und Selbstunsicheren Persönlichkeitsstörung. Und bei genauer Betrachtung und Bewertung der Kriterien der Selbstunsicheren Persönlichkeitsstörung wird sehr schnell deutlich, dass diese immer dann Störungswert erhält, wenn es sich bei den betreffenden Personen um dependente Persönlichkeiten handelt. Und weil genau in all diesen Fällen nicht vorrangig die Abhängigkeit und Dependenz dieser Personen in den Behandlungsmittelpunkt rücken sollte, sondern eine Therapie in jedem Fall auf die Behandlung der Sozialen Ängste und Selbstunsicherheiten ausgerichtet sein sollte, war man in der DSM-5-Task Force der Ansicht, die Dependenz als eigenes Störungsbild zu streichen und problematische Merkmale in den Merkmalsbereich der Selbstunsicher-vermeidenden Persönlichkeitsstörung zu integrieren (Skodoll, 2012; → Kap. 9). In der Folge einer erfolgreichen Behandlung ängstlich-vermeidender Personen ist nämlich zu erwarten, dass sich die vermeintlich komorbide Dependenz in Richtung Normatologie weiter entwickelt.

Normatologie. Im Normalbereich dominiert ein loyales Verhalten gegenüber anderen Menschen bis hin zur Hintanstellung eigener Wünsche, wenn diese mit den Interessen relevanter Bezugspersonen kollidieren. Toleranz gegenüber Andersartigkeit ist gem. DSM-5-Alternativ-Modell ein hervorstechendes Merkmal von Personen mit hohem Funktionsniveau. Loyale Persönlichkeiten haben häufig einen großen Freundes- und Bekanntenkreis, der sich bei Menschen mit Ängstlich-dependenter Persönlichkeitsstörung seltener findet. Anhänglich-loyale Personen verfügen über eine hohe Empathie- und Kooperationsfähigkeit, die mit hoher Akzeptanz und Belohnung verbunden ist. Aus einem positiv gelebten Persönlichkeitsstil können dauerhaft supportive Freundschaften und Partnerschaften hervorgehen. Nicht selten haben die Betroffenen hochgradig anerkannte Berufe, die Altruismus und Selbstlosigkeit als Positivmerkmale besitzen (z. B. Helfer, Pfleger, Therapeuten).

Normalitätsrisiko: Typus melancholicus

Am Beispiel der Normatologie von Dependenz als Anhänglichkeit und Loyalität lässt sich jedoch gut verdeutlichen, dass selbst als normal zu betrachtende Persönlichkeitsstile keineswegs immer eine Resilienz gegenüber der Entwicklung psychischer Störungen implizieren, sondern ihrerseits eine risikoreiche Voraussetzung für die Entwicklung psychischer Störungen bereitstellen. Eine solche Risikohypothese steht im Mittelpunkt des sog. Typus-melancholicus-Konzepts, das von Tellenbach (1961) in die Diskussion eingebracht wurde und das in der Forschung zunehmend Bestätigung findet (Mundt et al., 1997). Wir hatten bereits im Zusammenhang mit der Zwanghaften Persönlichkeitsstörung auf den Typus melancholicus als mögliches Depressionsrisiko hingewiesen (→ Abschn. 17.3). Annähernd 50 Prozent aller schwer depressiv erkrankten Patienten scheinen zu dieser Personengruppe zu gehören (Mundt & Fiedler, 1996). Bei den Betroffenen handelt es sich um Personen, die durch ganz normale loyale und gewissenhafte Persönlichkeitseigenarten und durch hypernome Eingebundenheit in soziale Systeme auffallen. Im Arbeitsleben der Betroffenen herrschen Fleiß, Gewissenhaftigkeit, Pflichtbewusstsein und Solidität. Die persönlichen Beziehungen werden ordentlich, d. h. frei von Störungen, Reibungen, Konflikten, insbesondere von Schuldhaftem in jeglicher Form gehalten. In den Beziehungen zu Vorgesetzten und Kollegen herrschen Treue, Dienstwilligkeit und Hilfsbereitschaft. Es besteht ein überdurchschnittlich hoher Anspruch an das eigene Leisten in Quantität und Qualität und eine überdurchschnittliche Empfindlichkeit des Gewissens, das auf Vermeidung von Schuld bedacht ist.

Von den Typus-melancholicus-Forschern wurde jedoch immer angemahnt, diesen Persönlichkeitsstil nicht als »Störung« zu betrachten. Er besitzt nämlich nicht nur eine hohe Wertigkeit, sondern die Gewissenhaftigkeit und Loyalität scheint zugleich ein besonderer Schutz gegen die Depression darzustellen. Andererseits bedeutet sie offensichtlich ein besonders hohes (Vulnerabilitäts-)Risiko, wenn sich der Persönlichkeitsstil angesichts verändernder Anforderungen oder in Krisen nicht mehr als tragfähig erweist (v. Zerssen, 1991; Kraus, 1977; Marneros, 2004b).

Für die Typus-Patienten ist es typisch, dass sie bei Erkrankung nicht nur besonders schwere Depressionsformen aufweisen, sondern dass sie zumeist mitten in existenziellen Krisen stecken oder schwerwiegende Lebenseinschnitte zu bewältigen haben. Dominiert dieser Persönlichkeitsstil, dann ist zumeist das, was als Rollenkonzept bisher Erfolg sowie gleichzeitig Schutz vor der Depression bot, grundlegend erschüttert oder gar zerstört. Da diese Gruppe fast die Hälfte aller Depressiven betrifft, lässt sich als eine der wichtigsten Ursachen für das bis heute schwer zu handhabende Rückfallproblem vermuten, dass das Typus-melancholicus-Problem insbesondere mit Blick auf die Behandlung viel zu wenig Beachtung findet.

23.4 Erklärungsansätze

Psychoanalyse. Die Dependente Persönlichkeitsstörung wird im Kontext der Objekt-Beziehungs-Theorien als Folge der Entwicklung eines sog. »falschen Selbst« (oder auch »lost self«) beschrieben und untersucht (Winnicott, 1965; Khan, 1971; Mertens, 1992; Miller, 1979). Es bleibt zu beachten, dass das Konzept des »verlorenen Selbst« innerhalb der Psychoanalyse ganz allgemein eine große Attraktion besitzt. Viele Autoren benutzen diese Metapher, um damit die unterschiedlichsten Persönlichkeitsstörungen (objektbeziehungstheoretisch) zu erklären – vor allem die Borderline-, narzisstischen und die histrionischen Persönlichkeitseigenarten (vgl. etwa Masterson, 1988).

Natürlich kann bei fast allen Persönlichkeitsstörungen davon ausgegangen werden, dass sich als Folge einer Vereinseitigung in der Personentwicklung immer auch Aspekte eines fehlenden, falschen oder verlorenen Selbstkonzepts (oder eines nicht voll entwickelten Selbstwertgefühls) beobachten lassen. Wir sind jedoch der Ansicht, dass sich die interpersonellen Konsequenzen, die sich auf der Grundlage einer fehlenden oder einseitig ausgebildeten Selbstkonzeptstruktur ergeben, besonders prototypisch am Beispiel der Dependenten Persönlichkeitsstörung aufzeigen lassen.

Anerzogene Abhängigkeit. Anschaulich finden sich diese in einer populärwissenschaftlichen Abhandlung von Miller (1979) über das »Drama des begabten Kindes« beschrieben. Aufgrund einer kompetenten Anpassungsleistung an elterliche Bedürfnisse können die betroffenen Kinder kein sicheres Gefühl für ein eigenes Selbst ausbilden. Sie entwickeln vielmehr eine besondere Fähigkeit, die Erwartung der Eltern (und später die anderer Menschen) mit einer seismografischen Sicherheit zu erspüren und sich daran auszurichten. Da es diese Menschen kaum gelernt haben, ihre Gefühle und Bedürfnisse autonom und selbstsicher auszuleben, verbleiben sie im späteren Leben gleichsam in einer unterwürfigen Abhängigkeitshaltung, da sich ihre Interaktions- und Lebensgewohnheiten vor allem über die Selbst- und Wirklichkeitskonstruktionen wichtiger Bezugspersonen bestimmen.

Ein für dieses Störungsbild typisches hohes Empathie-Vermögen wirkt auf die Interaktionspartner ausgesprochen angenehm. Es wird zunächst überhaupt nicht erwartet, dass die Betroffenen möglicherweise nur eine »Rolle« einnehmen, aus der sie sich selbst nicht befreien können. So wird verständlich, warum die Betroffenen zu Hilflosigkeitsdepressionen und Suizid neigen, wenn ein bis dahin Sicherheit und Orientierung bietender Lebenspartner stirbt oder mit Trennung droht.

Kognitive Verhaltenstherapie. Viele Verhaltenstherapeuten betrachten die Dependente Persönlichkeitsstörung als Spezialaspekt oder auch als Extremfall persönlichkeitsbedingter Selbstunsicherheit oder sozialer Ängstlichkeit (z. B. Beck et al., 1990). Dafür sprechen u. a. die häufigen Kodiagnosen der Dependenten mit der Selbstunsicheren Persönlichkeitsstörung, wie sie sich insbesondere bei Patienten mit Sozialer und Agoraphobie, vor allem bei jenen mit Panikanfällen finden lassen. Es lässt sich vermuten, dass es einen engen Zusammenhang mit den häufig seit Kindheit bestehenden Trennungsängsten und der Entwicklung von Panikstörungen bei dependenter Persönlichkeitsstruktur gibt (Schneider, 2000). Das Risiko der Entwicklung phobischer und anderer Störungen scheint insbesondere dann erhöht, wenn Betreffende angesichts einer Trennung neuen Verantwortungen gegenüberstehen, die sie nach ihrer eigenen Auffassung nicht bewältigen könnten. Für diese interessante Hypothese mehren sich in den letzten Jahren die empirischen Evidenzen aus Prospektivstudien, in denen aus auffälligen Trennungsängsten in der Kindheit die Entwicklung unterschiedlicher psychischer Störungen einschließlich dependenter Persönlichkeitsstile vorausgesagt werden konnte (Bornstein, 1992; Schneider & Nündel, 2002; Brückl et al., 2007).

Diese Befunde ergänzen das Bild von entwicklungspsychologischen Studien (zusammenfassend: Bornstein, 1993). Insbesondere ein strikt überbehütend-kontrollierender Erziehungsstil kann bereits früh zu Trennungsängsten führen und begünstigt langfristig die Versagensängste bei der Notwendigkeit, Belastungen allein bewältigen zu müssen. Es sind Entwicklungsbedingungen, die sich wiederholt als Prädiktoren für die spätere Entwicklung einer Depression oder für das vermehrte Auftreten körperlicher Beschwernisse und Krankheiten finden ließen (Greenberg & Bornstein, 1988a, b).

23.5 Behandlung

Indikation. Für die Dependente Persönlichkeitsstörung empfehlen sich je nach Problemstellung recht unterschiedliche Therapiestrategien: Einige dependente Patienten stehen zu Behandlungsbeginn wie vor einem Nichts, beispielsweise nach Partnerverlust ohne das gewohnte Gegenüber, ohne gewohnte Struktur, ohne Klarheit in Bezug auf eigene Bedürftigkeit und Interessen. In diesem Fall wären einsichts- und beziehungsorientierte Therapieangebote schlüssig zu vertreten (psychodynamisch, gesprächspsychotherapeutisch, interpersonell). Andere dependente Patienten hingegen können eigene Interessen und Bedürfnisse bereits klar artikulieren, ihnen mangelt es jedoch an Kompetenzen, diese gegenüber Mitmenschen angemessen durchzusetzen. In diesem Fall wäre die konkrete Einübung sozialer Fertigkeiten indiziert (verhaltenstherapeutisch, analog dem Vorgehen, wie es bei der Selbstunsicheren Persönlichkeitsstörung beschrieben wurde). Bei wieder einigen anderen dependenten Patienten empfiehlt sich vielleicht eine Sukzession beider Strategien (personorientierte Bedürfnis- und Interessenaktualisierung vor der Entfaltung zwischenmenschlicher Autonomie).

Beginn der Behandlung

Patienten mit Dependenter Persönlichkeitsstörung kommen häufig in die Therapie, wenn sie sich – beispielsweise nach der Trennung vom Partner oder nach dessen Ableben – plötzlich mit Anforderungen, Entscheidungen und Aufgaben konfrontiert sehen, denen sie nicht gewachsen sind, weil ihnen diese bisher von relevanten Bezugspersonen abgenommen wurden. In aller Regel übertragen die Patienten ihre Abhängigkeitswünsche sehr bald auf die Therapie und den Therapeuten. Diese Typik stellt eine besondere Eingangsbedingung dar, auf die sich Therapeuten einstellen müssen – und zwar in Abhängigkeit vom jeweils ausgeübten Verfahren recht unterschiedlich.

Gesprächstherapeutisch, psychodynamisch. Einerseits kann es zu einem unmittelbaren Steckenbleiben in der Therapie kommen, wenn Therapeuten den Dependenzwünschen der Patienten nicht entsprechen und diese dann in eine gewohnheitsbedingte Passivität verfallen. Diese Situation kann durch die Settingvorgaben einer gesprächstherapeutischen, psychodynamischen Therapiestrategie bei Enthaltsamkeit und Abwarten der Therapeuten provoziert werden. Therapeuten befinden sich unversehens in einen schwer auflösbaren Konflikt verstrickt, da ihre professionell bedingte Helferintention durch die präsentierte Hilflosigkeit in extremer Weise eingefordert wird – zumal wenn Patienten unterschwellig mit dem möglichen Abbruch der Therapie drohen.

Psychoedukativ, verhaltenstherapeutisch. Andererseits – und dies betrifft das eher zielgerichtete Handeln in psychoedukativ ausgerichteten kognitiv-verhaltenstherapeutischen Therapieformen – stößt der Therapeut unmittelbar auf eine hohe Bereitschaft der Patienten zur Kooperation (und Compliance). Über eine längere Therapiephase hinweg könnte der fälschliche Eindruck entstehen, als profitiere der Patient. Es wird leicht übersehen, dass der Patient seine gewohnheitsmäßige Dependenz lediglich wiederholt, indem er den Instruktionen des Therapeuten folgt, ohne tatsächlich in Richtung Autonomie zu profitieren. Zielen die psychoedukativen Strategien möglicherweise zu forciert auf die Einübung einer autonomen Entscheidungsfindung und Aufgabenbewältigung, so kann ein zusätzliches Problem entstehen, weil die Patienten angesichts noch fehlender Selbstsicherheit überfordert werden und aus Angst vor therapeutischen Anforderungen möglicherweise die Therapie abbrechen.

Behandlungsverlauf

Für den Umgang mit diesen ambivalenten Eingangsbedingungen der Therapie wird (und zwar über Therapieschulunterschiede hinweg) empfohlen, dem Patienten ausgesprochen behutsam zunächst eine Einsicht in seine Dependenz zu ermöglichen, um dann allmählich eine Veränderung in Richtung auf zunehmende Autonomie anzustreben (für die Psychoanalyse: Freeman & Gunderson, 1989; für die Verhaltenstherapie: Perry, 1989, 1995; Vogelsang, 2005; übergreifend: Bornstein, 2012; Renneberg, 2008; als Beispiel für eine vorrangig klärungsorientierter Therapie: Sachse et al., 2013). Anhand von Beispielen aus der Lebenswelt der Patienten kann die Diagnose der Dependenten Persönlichkeitsstörung transparent gemacht und ein aus ihr ableitbares Therapieziel vorgeschlagen werden – nämlich auf eine Verbesserung der persönlichen Möglichkeiten, Ressourcen oder Kompetenzen hinzuarbeiten, die von anderen Menschen weitgehend unabhängige Entscheidungen ermöglichen und zunehmend selbstbestimmt-autonome Handlungsperspektiven eröffnen (z. B. Benjamin, 1995).

In der Regel führt eine Aufklärung über die Dependenz dazu, dass sich Patienten viele ihrer früher gegebenen Interaktionsschwierigkeiten und Hilflosigkeiten besser erklären können und dass die Motivation zur aktiven Therapiemitarbeit ansteigt (mit zugleich zunehmender Überwindung der gewohnheitsbedingten Dependenzneigung). Die spezifischen Therapieempfehlungen folgen ansonsten grob den Vorschlägen, wie sie im Zusammenhang mit der Selbstunsicheren Persönlichkeitsstörung vorgestellt wurden: Psychoedukation, Training sozialer Fertigkeiten, Parallelisierung von Einzel- und Gruppentherapie (Overholser, 1987; Vogelsang, 1996; Schmitz et al., 2001; Trautmann, 2004; Fiedler, 2006b; Bornstein, 2012).

23.6 Zusammenfassende Bewertung

Es gibt einige beachtenswerte Unterschiede zwischen einem anhänglich-loyalen Persönlichkeitsstil und einer Dependenten Persönlichkeitsstörung. Der adaptive Persönlichkeitsstil zeichnet sich durch geringe soziale Angst und wenig Stress aus. Die Personen sind aktiv und selbstsicher am Leben beteiligt und verfügen über ein hohes Maß an allseits geachteter Empathie, was in aller Regel zu dauerhaften und supportiven Beziehungen führt (nicht nur in der Partnerschaft, sondern auch darüber hinaus). Bei ihnen finden sich nur wenig angstvolle Belastungserfahrungen mit eher geringem Risiko für die Entwicklung psychischer oder somatischer Störungen. Kurz: Es handelt sich um Personen mit einem allgemein als hoch zu bezeichnendem psychosozialem Funktionsniveau.

Die Persönlichkeitsstörung hingegen ist gekennzeichnet durch eine unterschwellige Angst, wichtige Bezugspersonen zu verlieren, die für die eigene Selbstsicherheit benötigt werden. Insbesondere passive Einfügung führt auf längere Sicht in einen Entwicklungsrückstand hinsichtlich der Ausformung und Erweiterung sozialer Kompetenzen. Dieser Entwicklungsrückstand wiederum verstärkt Befürchtungen und damit die vermeintliche Notwendigkeit der passiv-dependenten Schutzsuche und Anpassung. Diese Schutzhaltung kann sehr selbstkontrolliert und selbstsicher eingenommen werden, weshalb die Störung leicht übersehen wird.

Und was die psychotherapeutischen Möglichkeiten angeht, scheint es wichtig zu bedenken, dass es notwendig werden könnte, angesichts bestehender Lebenskrisen der Betroffenen über eine Störungsbehandlung im engeren Sinne deutlich hinauszugehen. Insofern sollte die behutsame Reflexion bisheriger Lebensleitlinien, die Ermöglichung einer erneuten Selbstaktualisierung und die Neuorientierung, Entwicklung und Verbesserung persönlicher Möglichkeiten zwingend in den Mittelpunkt rücken.

V Epilog

24 Die schwierig bestimmbaren Grenzen
der Normalität

Literatur

Personenverzeichnis

Sachwortverzeichnis

24 Die schwierig bestimmbaren Grenzen der Normalität

Demjenigen, der sich intensiv und kritisch in die vorhandene Literatur über Persönlichkeitsstörungen einzuarbeiten versucht, drängt sich zwangsläufig der Eindruck auf, als habe eine ernsthafte empirische Forschung gerade damit begonnen, erste Lichtungen in den »Urwald« teils hundert und mehr Jahre alter Annahmen und Spekulationen zu schlagen. Betrachtet man die ständig steigende Flut empirischer Arbeiten, so scheinen mit der weitgehenden Enttheoretisierung des DSM (seit dem DSM-III) und der ICD-10 tatsächlich erste sichere Pfade angelegt worden zu sein.

Zunehmendes Interesse. Die nach dem DSM-III von 1980 einsetzende Publikationslust zunächst einiger weniger, dann immer zahlreicherer Forscher, schließlich auch namhafter Kollegen, machte in den letzten Jahren selbst jene neugierig, die lange Zeit von allem Abstand gehalten hatten oder sogar vehement gegen alles eingetreten waren, was in der Forschung mit Begriffen wie »Soziopathie«, »Psychopathie« oder »Charakterstörung« belegt wurde. Sie beteiligen sich inzwischen so tatkräftig, dass – wie bereits im Vorwort erwähnt – eigens neue Zeitschriften gegründet wurden: z. B. das *Journal of Personality Disorders* oder *Personality Disorders: Theory, Research, and Treatment* und – im deutschen Sprachraum – die *Persönlichkeitsstörungen: Theorie und Therapie.*

Andererseits bekunden einige der Protagonisten im Feld nach wie vor ihre grundlegende Unzufriedenheit mit den aktuellen Klassifikationssystemen für Persönlichkeitsstörungen in der ICD-10 wie im DSM-IV-TR, zumal letzteres erneut in das DSM-5 Sektion II übernommen wurde. Als besonders kritisierenswert gilt die Annahme von kategorialen Unterschieden zwischen Personen »mit« und »ohne« Persönlichkeitsstörungen, da diese – empirisch gesehen – nicht haltbar ist ($\rightarrow$ Kap. 2, 8 und 9).

Stattdessen spricht im Moment alles dafür, dass Persönlichkeitsmerkmale kontinuierlich verteilt sind und dass fließende Übergänge zu den pathologischen Ausprägungen bestehen. Zugleich mangelt es an faktorieller Validität, was sich z. B. daran festmachen lässt, dass Merkmale innerhalb einer Störungskategorie z. T. seltener gemeinsam auftreten als Merkmale aus verschiedenen Störungskategorien (Zimmermann, 2014; $\rightarrow$ Abschn. 8.3). Dies trägt u. a. dazu bei, dass eine große Heterogenität innerhalb einer Störungskategorie besteht, weil Patienten mit der gleichen Diagnose sehr unterschiedliche Probleme haben. Dies führt schließlich auch noch dazu, dass Forschungsergebnisse zu einzelnen Persönlichkeitsstörungen gelegentlich schwer zu interpretieren sind und Störungsdiagnosen für die individuelle Fallformulierung und Therapieplanung nicht hinreichend valide sind (Krueger, 2013; Vorschläge, wie mit diesem Problem in praxi umgegangen werden kann, finden sich in → Abschn. 10.2).

Paradigmawechsel in Sicht. Aufgrund dieser unbefriedigenden Situation wurden von zahlreichen Autoren alternative Systeme zur Beurteilung bzw. Klassifikation von Persönlichkeitsstörungen vorgeschlagen. Im Mittelpunkt stehen dabei Versuche der Entwicklung von dimensionalen Modellen, mit denen es besser als bisher möglich werden sollte, den jeweiligen Schweregrad und die individuelle Eigenart der Persönlichkeitsproblematik genauer zu erfassen. Sollte dies gelingen, käme das in der Tat einem Paradigmenwechsel gleich, weil auf diese Weise eine Reihe von Problemen gelöst werden könnten, die mit den bisher gültigen kategorialen Systemen verbunden sind. Das dieser Paradigmenwechsel vermutlich noch längere Zeit benötigen wird, lässt sich an den Schwierigkeiten ablesen, die mit der Einführung eines neuen Beurteilungsmodells für Persönlichkeitsstörungen in das DSM-5 (APA, 2013) verbunden waren. Ähnliche Probleme dürften mit der geplanten Einführung von Persönlichkeitsstörungen in die demnächst erscheinende ICD-11 zu erwarten sein.

24.1 Vom DSM-5 bis zur ICD-11

Die Kontroversen im Kontext der Arbeiten am Kapitel über Persönlichkeitsstörungen im DSM-5 drehten sich vorrangig um die Frage, ob zukünftig eine dimensionale oder weiterhin eine kategoriale Diagnostik bevorzugt werden sollte. Dabei wurden viele Aspekte diskutiert, die wir bereits in → Kapitel 2 und 3 angedeutet haben, vor allem zur Frage, wo denn nun die Grenzen von einer »normalen« hin zu einer »gestörten« Person festzulegen seien. Sollte etwa weiterhin mit einem Kriterien-System gearbeitet werden, in dem ein Kriterium mehr oder weniger darüber entscheidet, ob jemand als persönlichkeitsgestört gelten kann oder nicht?

Dimensional oder kategorial? Es waren wesentlich die Forscher aus den Reihen der Persönlichkeitspsychologen, die sich jahrelang für eine dimensionale Beurteilung stark machten. Doch selbst diese Forscher waren sich nicht einig, gibt es doch die unterschiedlichsten Vorstellungen darüber, welchen dimensionalen Ansatz man denn nun präferieren sollte. Um nur einige Beispiele anzudeuten, auf die wir in den Kapiteln dieses Buches bereits näher eingegangen sind, wie etwa den Interpersonellen Circumplexansatz (Benjamin, 1995; → Abschn. 5.9) oder das Drei-Faktoren-Modell von Eysenck (1970; → Abschn. 6.2) oder das Fünf-Faktoren-Modell (die sog. Big-Five von Costa & McCrea, 1992; → Abschn. 6.3), für das inzwischen zahlreiche Forschungsarbeiten zu Persönlichkeitsstörungen ins Feld geführt werden konnten (Costa & Widiger, 1993).

Und unmittelbar mit Blick auf Persönlichkeitsstörungen liegen inzwischen unterschiedliche Vorschläge auf dem Tisch, wie z. B. der multidimensionale Ansatz von Bornstein und Huprich (2011), ein Prototypenvorschlag von Westen und Kollegen (2010) sowie mehrere Vier-Faktoren-Modelle (Clark et al., 1997; Livesley et al., 1998;

Widiger, 1998); oder auch noch ein mit Blick auf mögliche Persönlichkeitsstörungen entwickeltes Sieben-Faktoren-Modell (Cloninger et al., 1991; → Abschn. 6.4). Schließlich gibt es aber auch noch das von uns gern benutzte Polaritäten-Modell von Millon (1996), das ausdrücklich als theoretisch gut begründete Alternative zu den bisher vor allem eindimensionalen Modellen anzusehen ist und das ausführlich in → Abschnitt 6.5 vorgestellt und diskutiert wurde.

24.1.1 DSM-5: noch keine Einigung in Sicht

Angesichts dieser Modell-Vielfalt darf es nicht verwundern, dass es innerhalb und außerhalb der für Persönlichkeitsstörungen zuständigen DSM-5-Arbeitsgruppe zu heftigsten Auseinandersetzungen um die Wahl des vermeintlich »besten« und »richtigen« Diagnosemodells gekommen ist (hierzu ausführlich: Skodoll, 2012). Klärende Kompromisse deuteten sich erst an, als sich die Diskussion langsam weg von dem *entweder* kategorial *oder* dimensional in Richtung auf ein mögliches *sowohl* kategorial *als auch* dimensional bewegte. So werden im DSM-5-Alternativ-Modell sowohl dimensionale Persönlichkeitsbeurteilungen vorgeschlagen wie zudem eine kategoriale Beurteilung spezifischer Persönlichkeitsstörungen möglich ist, wenngleich – wie wir dies in → Abschnitt 3.4 und in der → Abbildung 3.2 dargestellt haben – die Zahl der Persönlichkeitsstörungen deutlich reduziert wurde (ein ausführlicher Überblick über die allgemeinen Grundlagen der Diagnostik mittels DSM-5-Alternativ-Modell findet sich in → Kapitel 13).

Dennoch erschienen die Vorschläge der APA-Task Force den meisten Experten, die sich zum Teil äußerst kritisch mit eigenen Publikationen in den Entwicklungsprozess der DSM-5-Persönlichkeitsstörungen einzuschalten versuchten, zu radikal – begründet vor allem damit, dass das Alternativ-Modell noch nicht hinreichend empirisch abgesichert sei und eine konzeptuelle Stringenz fehle, z. B. in der Frage, wie sich die Beschreibungsebene der Funktionsbeeinträchtigungen zu der der Persönlichkeitsmerkmale verhalte. Letzteres liegt angesichts der Terminvorgaben für den geplanten Erscheinungstermin des DSM-5 natürlich auch an der beschränkten Zeit und an mangelnden Ressourcen der Arbeitsgruppe. Insgesamt ist es deshalb nachvollziehbar, dass das Alternativ-Modell zur Klassifikation der Persönlichkeitsstörung gem. DSM-IV-TR zunächst nicht übernommen wurde, sondern in einen Anhang, der sog. Sektion III des Manuals platziert wurde, um weitere Forschungsergebnisse abzuwarten. Das wissenschaftliche Ringen um ein optimales Klassifikationssystem für Persönlichkeitsstörungen wird also auch in der »Post-DSM-5.0-Ära« weitergehen (Krueger, 2013) – oder wie Zimmermann (2014) dies wohl zurecht vermutet, dürfte sich die kollektive Aufmerksamkeit vermutlich stärker als bisher auf den aktuellen Entwicklungsprozess des ICD-11-Modells verlagern.

24.1.2 ICD-11: radikal vereinfacht

Im Oktober 2011 hat die ICD-11 Arbeitsgruppe einen ersten Entwurf ihres Modells der Diagnose von Persönlichkeitsstörungen vorgestellt (Tyrer et al., 2011). Auch dieser Entwurf hat inzwischen heftige kritische Reaktionen ausgelöst, dies nicht zuletzt, weil er das alternative DSM-5-Modell an Radikalität noch übertrifft. Da angesichts der aktuell zunehmenden Kontroversen nicht sicher ist, wie der Diagnose-Vorschlag in der ICD-11 letztendlich aussehen wird, haben wir uns in diesem Buch angesichts der zur Zeit unserer Arbeit an diesem Buch noch ausstehenden ICD-Neuauflage weitgehend enthalten (sie ist voraussichtlich 2016, spätestens 2017 zu erwarten). Wie einem Vortrag von Peter Tyrer auf dem DGPPN-Kongress 2013 zu entnehmen war, sind seitens der ICD-Arbeitsgruppe trotz heftiger Kritik keine grundlegenden Änderungen gegenüber dem ersten Entwurf zu erwarten; bis zur Publikation soll das Diagnostikum lediglich seinen Feinschliff erhalten (vgl. auch: Tyrer, 2013). Allerdings zeigen kürzlich veröffentlichte Daten, dass die angenommenen Merkmalsdomänen z. T. erheblich überlappen und nur eingeschränkte diskriminative Validität aufweisen (→ weiter unten in diesem Kapitel).

Vor diesem Hintergrund sollen nachfolgend die wichtigsten Bausteine des bisher zugänglichen Entwurfs für die zukünftige Diagnose von Persönlichkeitsstörungen in der ICD-11 dargestellt und diskutiert werden (dies auch dann, wenn die letztlich in der ICD-11 publizierte Version deutlich von unserer Darstellung unterscheiden sollte – wofür wir um Nachsicht bitten).

Stufenmodell des Schweregrades der Persönlichkeitsproblematik

Ganz ähnlich dem Alternativ-Modell der Persönlichkeitsstörungen im DSM-5 Sektion III enthält der Vorschlag der ICD-11-Kommission ein Stufenmodell zur Erfassung des Schweregrades einer Persönlichkeitsproblematik bzw. der Persönlichkeitsstörung. Es wird davon ausgegangen, dass Persönlichkeitsstörungen im Kern strukturelle Beeinträchtigungen sind, in zwischenmenschlichen Beziehungen ein gegenseitiges Verständnis herzustellen (Tyrer et al., 2011). Andererseits werden innerhalb der Beurteilung der Persönlichkeitsstruktur keine verschiedenen Fähigkeitsbereiche unterschieden, wie diese im DSM-5-Alternativ-Modell zur vierfachen Differenzierung in Selbst als Identität bzw. Selbststeuerung sowie hinsichtlich Interpersonelle Beziehungen mittels Empathie bzw. Nähe vorgesehen sind (→ Abschn. 3.4).

Im ersten Schritt des diagnostischen Prozesses geht es darum einzuschätzen, ob überhaupt eine Persönlichkeitsproblematik vorliegt: Ist die Fähigkeit zum gegenseitigen Verständnis anhaltend beeinträchtigt und führt dies zu negativen Konsequenzen? Zur Beantwortung dieser Frage wird eine dreistufige Skala von »nein«, »unsicher« bis »ja« empfohlen. Ergeben sich keine Hinweise auf persönliche Probleme (»nein«), kann der Versuch einer Diagnose der Persönlichkeitsstörung an dieser Stelle abgebrochen werden. Zur Entwicklung der Schweregrad-Beurteilung haben Mitglieder der Kommission eine eigene Ausarbeitung mit Bezügen zur empirischen Forschung vorgelegt (Crawford et al., 2011). Für die Diagnose einer Persönlichkeitsstörung muss mindestens die Schweregradstufe 2 vorliegen (der nachfolgenden Darstellung liegt die Übersetzung von Zimmermann [2014, S. e3] zugrunde).

Schweregradbeurteilung persönlicher Probleme: Entwurf für die ICD-11

Stufe 1: Eine Persönlichkeitsproblematik im engeren Sinne liegt vor, wenn die Beeinträchtigungen eher situationsgebunden sind und keine Gefahr für die Person selbst oder für andere darstellen. Es gibt in diesem Fall auch Lebensbereiche, in denen das interpersonelle Funktionsniveau angemessen oder gut ist.

Stufe 2: Eine Persönlichkeitsstörung liegt vor, wenn die Beeinträchtigungen durchgängig sichtbar sind und weitgehend unabhängig von der Situation bestehen. Sie wirken sich auf die meisten Beziehungen aus und sind mit Leid oder Schwierigkeiten (vereinzelt auch mit Gefahr) für die Person selbst oder für andere verbunden.

Stufe 3: Eine komplexe Persönlichkeitsstörung liegt vor, wenn sich die Beeinträchtigungen zusätzlich in verschiedenen Persönlichkeitsdomänen ($\rightarrow$ nachfolgend) zeigen, also mit einer großen Bandbreite an maladaptiven Verhaltensweisen einhergehen. Durch einen Mangel an gegenseitigem Verständnis kommt es hier wiederholt zu offenen Konflikten mit anderen und dadurch wird eine befriedigende Arbeits- und Freizeitgestaltung verhindert.

Stufe 4: Eine schwere Persönlichkeitsstörung zeichnet sich zusätzlich dadurch aus, dass die Beeinträchtigungen die Person selbst oder andere in ernstzunehmende Gefahr bringen und insofern akuter Handlungsbedarf besteht.

Spezifische persönliche Probleme. In einem dritten, optionalen Schritt wird vorgeschlagen, die spezifische Erscheinungsform der Persönlichkeitsproblematik hinsichtlich der Vorgabe von fünf breiten maladaptiven Persönlichkeitsdomänen zu beurteilen, die u. a. der weiteren Behandlung als Orientierung dienen können (Tyrer et al., 2011):

► die ungesellig-schizoide Domäne,
► die dissoziale Domäne,
► die ängstlich-abhängige Domäne,
► die emotional-instabile Domäne,
► die zwanghaft-anankastische Domäne.

Der Diagnostiker kann zur Qualifizierung einer diagnostizierten Persönlichkeitsstörung eine oder mehrere dieser Domänen auswählen. Zur Begründung dieser Domänen hat die Arbeitsgruppe die Ergebnisse von 22 faktorenanalytischen Studien zusammengefasst (Mulder et al., 2011); Ergebnisse einer kürzlich veröffentlichten Studie mahnen allerdings an, dass sich die ängstlich-abhängige und die emotional-instabile Domäne nicht hinreichend voneinander trennen lassen (Kim et al., 2015). Wie allerdings unschwer erkennbar ist, weisen die Domänen der ICD-11-Alternative große Parallelen zu den Domänen des DSM-5-Alternativ-Modells auf (mit der Ausnahme, dass im ICD-Entwurf auf Psychotizismus verzichtet wurde; $\rightarrow$ Kap. 13). Ein bedeutsamer weiterer Unterschied im DSM-5 liegt allerdings darin, dass im DSM über die Merkmalsdomänen hinaus klinisch relevante Merkmalsfacetten differenziert werden, während die ICD-11 Klassifikation plant, sich auf die Bewertung übergeordneter Persönlichkeitsdomänen bzw. -faktoren zu beschränken. Ob die Beschreibung übergeordneter Persönlichkeitsdomänen für Kliniker, d. h. v. a. für Problembeschreibung und Behandlungsplanung ausreichend sind, bleibt abzuwarten.

24.1.3 Die Alternativen in DSM-5 und ICD-11 dienen der Praxis

Insgesamt gibt es neben kritischen Stimmen auch manche Stärken, mit der beide Alternativ-Entwürfe zur Beurteilung von Persönlichkeitsstörungen einen echten Paradigma-Wechsel einzuleiten vermögen. Beide Dimensionierungsversuche entsprechen dem diagnostischen Vorgehen, das z. B. in der »Behandlungsleitlinie Persönlichkeitsstörungen« im deutschsprachigen Raum ohnehin schon empfohlen wird (DGPPN, 2009; Renneberg et al., 2010). Der große Vorteil liegt insbesondere in der Möglichkeit, dass Persönlichkeitsstörungen unter dem Aspekt der Veränderbarkeit in Richtung Normalität wahrgenommen werden, wofür ja auch die überraschend positiven Entwicklungsdaten aus epidemiologischen Studien und Nachuntersuchungen therapeutischer Langzeitwirkungen sprechen (→ Kap. 9). Beachtenswert in diesem Zusammenhang ist der Mut der DSM-5-Task Force, endlich den Versuch der Operationalisierung des Funktionsniveaus einer gesunden Persönlichkeit vorzulegen, auch wenn dieser noch der weiteren empirischen Absicherung bedarf (→ Kap. 3 und 13).

So ist es mit Hilfe der Schwergradabstufungen in beiden Alternativ-Systemen inzwischen möglich, graduelle Verbesserungen in der Behandlung direkt mit Hilfe der Klassifikationssysteme abzubilden. Dies ist gegenwärtig mit Hilfe des DSM-5-Alternativ-Modells am differenziertesten möglich. Verbunden mit der hohen Prävalenz von »subklinischen« Persönlichkeitsproblemen und in der Folge gelegentlich zu leichtfertig vergebenen »klinischen Eindrucksdiagnosen« könnte man mit den Eingangsstufen beider Schweregrad-Einschätzungen dem Stigma der Persönlichkeitsstörungs-Diagnosen entgegenwirken (Tyrer et al., 2011; Zimmermann, 2014).

Weiter gelingt mit der Einnahme und Nutzung eines faktorenanalytischen Blickwinkels und der Ergebnisse aus dieser Forschung ein Brückenschlag zur persönlichkeitspsychologischen Grundlagenforschung. Dass aus dieser Perspektive heraus bisher nur wenig substanzielle Fortschritte erwachsen sind, liegt jedoch daran, dass die klinisch und therapeutisch orientierten Persönlichkeitsstörungsforscher ihre theoretischen Wurzeln zu häufig zuvorderst mit einer Therapieschule verbinden und nicht so sehr in einer psychologisch begründeten Persönlichkeitstheorie. Aber in dieser Hinsicht könnten sich mit dem angedeuteten Paradigma-Wechsel erhebliche Verbesserungen vollziehen.

Schließlich muss aber kritisch hinterfragt werden, ob eine rein dimensionale, auf Störungs- bzw. Krankheitskategorien vollständig verzichtende Klassifikation, wie sie das ICD-11 verfolgt, nicht die Gefahr birgt, betroffene Personen aus der Zuständigkeit des Gesundheitssystems herauszunehmen, beruhen doch Krankenkassenleistungen nach heutigen Regeln bzw. Gesetzen auf der Feststellung von Krankheit. Die sozialrechtlichen Implikationen der Klassifikationssysteme dürfen also in dieser Diskussion nicht aus dem Auge verloren werden.

24.2 Was »stört« eigentlich an einer Persönlichkeitsstörung?

In beiden Alternativ-Modellen des DSM-5 Sektion III sowie in der gerade dargestellten Vorausschau auf die ICD-11 wurde u. a. wegen der Stigmatisierungsgefahr eine Konsequenz dahingehend gezogen, die Persönlichkeitsstörungen vorrangig als komplexe Störungen des zwischenmenschlichen Beziehungsverhaltens aufzufassen (vgl. Skodoll, 2012; Tyrer et al., 2011).

Komplexe Störungen des Interaktionsverhaltens. Dies nämlich ist der bedeutsamste Aspekt der störungsübergreifend beobachtbaren Auffälligkeiten. Persönlichkeitsstörungen können sich entscheidend auf die Qualität von persönlichen Beziehungen zu anderen Menschen auswirken. Sie können Freundschaften und Partnerschaften sowie das Familienleben ungünstig beeinflussen. Ein zweiter großer Bereich, in dem persönlichkeitsgestörte Menschen auffällig werden, betrifft ihre beruflichen Bezüge und ihre Einstellungen zur beruflichen Arbeit – also die Art, wie jemand Aufgaben ausführt, Entscheidungen trifft, wie er oder sie auf Kritik reagiert, Regeln befolgt oder mit anderen zusammenarbeitet.

Die Betonung der Interaktionsprobleme bei Persönlichkeitsstörungen erfolgte mit Bedacht, wurde aber dennoch etwas pointiert vorgenommen, denn sie stimmt in dieser Einseitigkeit nicht ganz. Neben den allseits auffälligen Interaktionsstörungen beinhalten Persönlichkeitsstörungen nämlich auch noch nachfolgend genannte Störungsaspekte.

Störungen der Emotionalität. Häufig sind bestimmte Gefühlsqualitäten betroffen. So dominieren z. B. Angst und Unsicherheit bei selbstunsicheren Personen, depressive Erlebensphasen in der Folge zunehmender Vereinsamung schizoider Menschen. Oder es werden von wiederum anderen Menschen die Emotionen einseitig übertrieben dargestellt, wie dies häufig bei histrionischen Persönlichkeiten der Fall ist. Bei Borderline-Persönlichkeitsstörungen ist oft die Fähigkeit zur Modulation des Gefühlserlebens gestört, was unter psychischer Belastung zu einem Zusammenbruch der Möglichkeit führt, sich an Gefühlen als wichtige Referenz für die Beurteilung zwischenmenschlicher Beziehungen zu orientieren. Bei schizotypischen Personen erhalten viele Ereignisse, Gegenstände und Personen eine hochgradig emotionale, v. a. ängstigende Bedeutung, die über ihren rational begründbaren Gehalt hinausgeht.

Störungen der Realitätswahrnehmung. Bei einigen Persönlichkeitsstörungen kann die Möglichkeit zur Realitätsprüfung beeinträchtigt sein. Die äußeren Umstände und Beziehungserfahrungen werden verzerrt wahrgenommen oder falsch bewertet. So können sich beispielsweise extrem misstrauische Personen, die in den Diagnosesystemen etwas unglücklich als paranoide Persönlichkeiten bezeichnet werden, schon durch harmlose Bemerkungen und Vorfälle bedroht fühlen. Sie erwarten ständig, von anderen gekränkt oder herabgesetzt zu werden. Bei der Zwanghaften Persönlichkeitsstörung stehen sämtliche Bestrebungen der Betroffenen selektiv eingeengt unter dem Regime moralischer, logischer oder sozialer Regeln und Maximen. Bei narzisstischen Personen findet sich eine hohe Anspruchshaltung gegenüber sich selbst wie gegenüber anderen, die häufig mit Kränkungs- und Neidgefühlen einhergehen kann.

Störungen der Selbstwahrnehmung und Selbstdarstellung. Persönlichkeitsstörungen können sich auch auf die Art und Weise auswirken, wie jemand sich selbst sieht, wie er oder sie über sich denkt und welche gefühlsmäßigen Einstellungen jemand zu sich selbst hat. Zum Beispiel übertreiben Menschen mit narzisstischer Persönlichkeit häufig ihre eigenen Leistungen und Fähigkeiten. Ganz im Unterschied dazu fehlt es Menschen mit dependenter Persönlichkeit an Selbstvertrauen. Dependent-abhängige Personen lassen andere Menschen Entscheidungen für sich treffen und spielen ihre eigenen Fähigkeiten herunter. Histrionische Personen fühlen sich unwohl, wenn sie nicht im Mittelpunkt der Aufmerksamkeit stehen. Die selbstkritische Haltung selbstunsicher-vermeidender Personen führt sehr häufig dazu, dass die Betroffenen Erwartungen an sich selbst und andere in Frage stellen und sogar öffentlich revidieren, sobald widersprüchliche Informationen auftauchen. Personen mit Borderline-Persönlichkeitsstörung schließlich leiden in zum Teil quälender Weise unter dem Selbstbild, nicht liebenswert und schlecht zu sein.

Störungen der Impuls- und Selbstkontrolle. Ernste soziale Probleme verursachen Personen, die persönlichkeitsbedingt sehr spontan ihre Selbstbeherrschung verlieren oder eigene Impulse nur schwer regulieren und kontrollieren können. So weisen beispielsweise einige Personen mit einer Borderline-Persönlichkeitsstörung eine gravierende Neigung zu impulsiver Verschwendung, zu sexueller Promiskuität oder zu Substanzmissbrauch auf, wie bei ihnen auch häufig suizidale oder parasuizidale Handlungen beobachtbar sind. Oder Personen mit dissozialer Persönlichkeit neigen zu abenteuerlichen Eskapaden bis hin zu leichtfertigen Gesetzesübertretungen wie Vandalismus, Diebstahl oder körperlicher Gewaltanwendung. Viele Menschen mit dissozialer Persönlichkeit bringen sich wiederholt durch extrem impulsives Verhalten in Schwierigkeiten, weil sie zu Schlägereien und körperlichen Übergriffen neigen, im Extremfall einschließlich Partner- oder Kindesmisshandlung. Es bleibt jedoch zu beachten, dass Impulskontrollstörungen unter psychischer Belastung bei fast allen Persönlichkeitsstörungen vorkommen können.

Dennoch: Vorrangig Interaktionsstörungen. Wenn auch wir Persönlichkeitsstörungen in diesem Buch übergreifend als komplexe Störungen des zwischenmenschlichen Beziehungsverhaltens aufgefasst haben, so liegt das u. a. daran, dass sie sich als solche strikter und vor allem eindeutiger als mithilfe der anderen Merkmale von den übrigen psychischen Störungen diagnostisch trennen lassen. Das wird gelegentlich bei Betonung der anderen Störungsaspekte oder bei der Suche nach einem eventuellen »Krankheitswert« allzu leicht übersehen. Was deshalb und genau dazu nachfolgend erneut gesagt wird, mag auf den ersten Blick befremden, aus einer anderen Sicht vielleicht Zustimmung erfahren.

24.3 Zwischenmenschliche Funktion und Sinnhaftigkeit

Die Frage der Grenzziehung zwischen »Normalität« und »Abweichung« lässt sich nicht einfach durch Kriterien und Kriteriengewichtungen vornehmen. Gerade weil sich die Diagnose der »Störung einer Persönlichkeit« auf eine Einschätzung des Interaktionsverhaltens der Betroffenen stützt, gibt es keine eindeutigen Grenzmarkierungen. Der Diagnostiker musste hier vielfach recht blind auf die Kriteriensetzungen vertrauen.

24.3.1 Kompetenz und Tolerierbarkeit

Würde man mit einer interaktionellen Perspektive an die Diagnose herangehen und dabei etwa die Frage der zwischenmenschlichen Tolerierbarkeit der in den Kriterien angegebenen Interaktionsaspekte mitberücksichtigen, dann würde man immer zwischenmenschliche Kontexte finden, in denen die gerade beurteilten Verhaltensmuster als (wesentliche) Kompetenz gelten können – mit Ausnahme delinquenter und krimineller Handlungen, der Gewalt gegen sich selbst (Suizidversuch) und der Gewalt gegen andere (für deren zwischenmenschlich-soziale Bewertung im Übrigen eindeutige Rechtsvorschriften gelten).

Die Beurteilung der kontextgebundenen Tolerierbarkeit von Störungskriterien gilt (im Sinne der Reliabilitätsanforderungen) jedoch als »diagnostischer Fehler«. Dabei ist völlig unzweifelhaft, dass sich für fast alle Kriterien »sozial angemessene« Interaktionskontexte finden lassen oder auch Kontexte, in denen die Betroffen mit ihren Eigenarten auf Toleranz und Akzeptanz stoßen (vgl. hierzu insbesondere unsere Ausführungen in → Kap. 11 und 12). Untersuchungen zur zwischenmenschlichen Funktion der persönlichkeitsbedingten Interaktionsmuster beschäftigen sich mit einigen Eigenwilligkeiten, die den Persönlichkeitsstörungen grundsätzlich inhärent sind, die jedoch leider in der Diagnostik und Behandlung der Persönlichkeitsstörungen viel zu selten Beachtung finden. Persönlichkeitseigenarten sind nämlich »Kippphänomene«.

Interpersonelle Rollen. Viele Interaktionseigenarten der Betroffenen stellen sich unter bestimmten Perspektiven oder in bestimmten sozialen Kontexten als »Kompetenz«, »sinnvoller Vulnerabilitätsschutz« oder als »besondere Stärke und Qualität« dar (Fiedler, 2003a). Und da dies die Betroffenen ebenfalls so sehen, führt dies über lange Sicht dazu, dass sie sich an ihre (ihnen zumeist ureigensten) Interaktionseigenarten gewöhnen. Schließlich üben sie dieses Rollenverhalten sogar sehr bewusst ein und pflegen es, sodass es ihnen später als vorzeigbarer oder Sicherheit ausstrahlender Anteil ihrer Person oder Persönlichkeit »in Fleisch und Blut« übergeht.

Genau dieser Aspekt macht schließlich das jeweils vorfindbare Mehr oder Weniger der Ich-Syntonie aus (→ Kap. 12). Das jedoch bedeutet: Persönlichkeitstypische Interaktionsgewohnheiten werden von den Menschen nicht kontinuierlich auf ihre kontextspezifische Angemessenheit hin reflektiert, sondern als personentypisierende Gewohnheit, Interaktionssicherheit oder Rolle gelebt, präsentiert und weiterentwickelt.

Krisen und Selbstschutz. Als Persönlichkeitsstörungen werden sie nur diagnostiziert, wenn die Rollenpräsentation in unterschiedlichen Kontexten versagt, wenn sich die Bezugspersonen in Familie oder Beruf kritisch zu Wort melden, zwischenmenschliche Krisen und Konflikte zunehmen oder aber auch: wenn Therapeuten in der Therapie auf tiefgreifende Widerstände oder auf Nicht-Compliance stoßen.

Diese Widerstände der Betroffenen gegenüber Veränderung erklären sich u. a. daraus, dass die eingeübte Rolle Sicherheit und Schutz bietet (→ Kap. 12). Mit großer Wahrscheinlichkeit kann davon ausgegangen werden, dass die »Rolle« nach wie vor in bestimmten Situationen eine wesentliche, soziale und damit zumeist positiv bewertete oder die ihr persönlich inhärente, widerständig-gegensoziale Funktion erfüllt. Möglicherweise erfüllt sie diese Funktion auch noch in jenen Interaktionssituationen, in denen sie von den Interaktionsteilnehmern selbst als situationsunangemessen erlebt wird. Genau aus diesen Gründen wird in den Behandlungskonzepten vorgeschlagen, die persönlichkeitsbedingten Interaktionsroutinen zunächst – zur Überwindung der »Rollenverfangenheit«, vermeintlicher »Widerstände« oder um einen Zugang zur Metakommunikation zu erhalten – »positiv« zu bewerten und so mit »Sinn« zu füllen (vgl. hierzu insbesondere die integrativen Therapieneuentwicklungen in → Kap. 11).

Kippphänomen. Dies nun ist jener Aspekt, der mit »Kippphänomen« gemeint ist. Dieses »Kippphänomen« beinhaltet, dass genau zwischen »Person«, »Motiv« und »Handlung« unterschieden werden muss, um die kontextspezifische Sinnhaftigkeit interaktioneller Gewohnheiten bestimmen zu können. Und genau dies versuchen jene Forscher herauszuarbeiten, die sich mit der adaptiven Funktion, also mit den Aspekten der motivierbaren oder sinnhaften oder kontextspezifischen Kompetenz in Persönlichkeitsstörungen beschäftigen. Ganz im Unterschied zu den übrigen psychischen Störungen haben sich bis heute jedoch leider nur sehr wenige Forscher mit dieser Frage beschäftigt (vgl. hierzu etwa die Arbeiten in Offer & Sabshin, 1991; auch: Pfuhl & Henry, 1993; Lieb, 1998).

Diese Frage wäre nicht nur wichtig für die Aufklärung der Übergänge zwischen Normalität und Abweichung. Sie wäre zugleich von außerordentlichem Interesse für die Entwicklung von Behandlungsprogrammen, die in aller Regel ja bei den vorhandenen Zielvorstellungen, Kompetenzen und Ressourcen der Patienten ihren Anfang nehmen müssen (→ Kap. 11).

24.3.2 Zur Kompetenzepidemiologie der Persönlichkeitsstörungen

In einem weiteren (noch etwas utopisch anmutenden) Sinne könnte sich diese Kompetenzforschung zu den Persönlichkeitsstörungen auch aus ihrer engen Verbindung zu Persönlichkeitsstörungen loslösen. Sie könnte sich auf allgemeine kritische Lebenssituationen (Trennung/Scheidung), Lebenskontexte (Schichtzugehörigkeit/Milieu), Familieninteraktionen oder auf berufliche Kontexte beziehen, die zu ihrer Bewältigung jeweils spezifische Kompetenzen erforderlich machen. Hierzu findet sich im Herausgeberwerk von Offer und Sabshin (1991) ein äußerst wichtiges Beispiel in den Ausarbeitungen zur gesundheitsförderlichen Problemlösungskompetenz in Familien (Wamboldt & Reiss, 1991). Ein weiteres Beispiel sind die kompetenztheoretischen Überlegungen bei Fiedler (1999a) mit Vorschlägen für ein psychologisches Modell adaptiver Strategien bei Persönlichkeitsstörungen und Ausarbeitungen zu ihrer Therapierelevanz.

Kompetenzepidemiologie. Eine solche allgemeine, aber auch störungsspezifische Kompetenzepidemiologie könnte sich u. a. an folgenden Zielen orientieren, mit denen schließlich erneut eine genaue Bezugnahme allgemeiner Kompetenzmuster in Situationen mit Kompetenzanalysen zu den einzelnen Persönlichkeitsstörungen möglich wäre:

▶ Welche Kompetenzen interagieren günstig oder ungünstig mit welchen Lebenssituationen und Lebensanforderungen in familiären und beruflichen Kontexten innerhalb unterschiedlicher Populationen, damit oder wenn sich keine psychischen oder Persönlichkeitsstörungen entwickeln?

▶ Welche differenziellen Voraussetzungen werden von den Patients unterschiedlicher psychischer oder Persönlichkeitsstörungen bereits erfüllt bzw. welche (störungs-)spezifischen Kompetenzdefizite sind jeweils prototypisch beobachtbar oder lassen sich person- bzw. störungstypisch differenzieren?

Die Perspektive einer Kompetenzepidemiologie der Persönlichkeitsstörungen setzt (wie die übrigen Fragen nach Anzahl, Konzeptualisierung und Grenzziehung zur Normalität) zwingend theoretische Vorleistungen voraus. So wichtig es sicherlich war, die Diagnosesysteme endlich vom Theorieballast aus der ersten Hälfte des vergangenen Jahrhunderts zu befreien: Der weitere Fortschritt hängt entscheidend davon ab, ob und wie das inzwischen vorliegende Wissen über Personeneigenarten und -störungen, ihre prototypischen Vernetzungen, über Auftretenshäufigkeiten und Verteilung in umfassendere theoretische Modelle integriert werden kann. Damit kommen wir zur nächsten offenen Frage, die hier abschließend und knapp zusammengefasst angesprochen werden soll.

24.4 Kann sich »Persönlichkeit« überhaupt ändern?

Schließlich tun sich beim Vergleich allgemeiner und störungsspezifischer Ätiologietheorien vielfältige Lücken auf, weil sie häufig konzeptuell nur ansatzweise ausgearbeitet sind, wie z. B. die Frage nach den weiteren Entwicklungen, Verlaufsausgestaltungen und der Prognose von Persönlichkeit und Persönlichkeitsstörungen. Schaut man hierzu auf die vorliegenden Ergebnisse der allgemeinen Persönlichkeitsforschung in der differenziellen Psychologie, so kann man vermeintlich festhalten, dass sich »normale«, »gesunde« bzw. »durchschnittliche« und zumeist dimensional betrachtete »Persönlichkeit« jenseits des 30. Lebensjahres anscheinend nicht oder nur mehr wenig ändert (so z. B. Costa & McCrae, 1993).

Vorsicht, Falle. Auch wenn wir nicht bestreiten, dass v. a. temperamentsnahe Aspekte der Persönlichkeit nur begrenzten Veränderungen im Lebensverlauf unterliegen, so stimmt diese Aussage nicht! Einerseits kommen die inzwischen vorhandenen Meta-analysen über Longitudinaluntersuchungen zur Persönlichkeitsentwicklung zu einem völlig anders gearteten Ergebnis. Persönlichkeit scheint sich danach ein ganzes Leben lang, und zwar in Abhängigkeit von vielen Einflussfaktoren, kontinuierlich zu ändern (einschließlich durch psychotherapeutische Bemühungen; vgl. die exzellente Analyse von Roberts et al., 2006). Und dies gilt offensichtlich insbesondere für Persönlichkeitsstörungen; denn mit den inzwischen vorliegenden und hochgradig beachtenswerten Ergebnissen mehrerer Langzeitstudien kann der in den Klassifikationssystemen immer noch durchscheinende Mythos der vermeintlichen Störungsstabilität endlich abgeschafft werden (→ Abschn. 9.2).

Und schließlich – man höre und staune – hängen »Persönlichkeitsveränderungen« jeweils auch noch davon ab, was man unter »Persönlichkeit« versteht und entsprechend als Persönlichkeitsmerkmale erhebt und betrachtet (z.B. Helson & Stewart, 1993; Heatherton & Weinberger, 1993). Um diesen Aspekt etwas überspitzt zu formulieren: Ob sich eine Persönlichkeitsveränderung in der Zeit und beim Wechsel von Lebenskontexten (also ihre Zeit- bzw. Kontextvariabilität) beobachten lässt oder nicht, ist von den Instrumenten der Veränderungsbeobachtung oder Personenbefragung abhängig!

Zur zukünftigen Erforschung der Persönlichkeitsveränderungen sei hier nochmals eine kleine Warnung aufgrund von Erfahrungen mit der aktuellen Fortentwicklung dimensionaler Persönlichkeitstests eingefügt. Gewarnt werden muss vor dem Versuch, einseitig Änderungen von Persönlichkeitsstörungen zu untersuchen. Forscher sollten sich grundsätzlich bemühen, nicht nur die Abnahme der Störqualität oder der Normalitätsabweichung von Persönlichkeitseigenarten in den Mittelpunkt zu rücken, sondern zugleich positiv konnotierte »Zielgrößen« für günstige Persönlichkeitsentwicklungen festzulegen und zu erforschen (wie dies oben für den Bereich der Kompetenzepidemiologie angedeutet wurde und wie dies glücklicherweise im DSM-5-Alternativ-Modell bereits vorgeschlagen wurde).

Positive Persönlichkeitsmerkmale

Beispiele für positive persönlichkeitstypische Änderungsmerkmale werden bereits vielfältig im Bereich der Psychotherapieforschung vertreten, die bislang jedoch eher selten Eingang in die Erforschung psychischer Störungen gefunden haben. Gemeint sind Persönlichkeitsmerkmale wie z.B. »Bewältigungskompetenz« (Coping), »Selbstsicherheit«, »Selbstwirksamkeit« (»self-efficacy«), »Selbsteinbringung«, »Selbsttranszendenz«, »Offenheit für Erfahrung« usw., die genauso auch in einigen Neuentwicklungen von Persönlichkeitsinventaren als Dimensionsbezeichnungen mit entsprechenden Itemformulierungen zu finden sind (→ Abschn. 6.3 bis 6.5).

Nochmals – und mit Blick auf die angedeuteten Forschungsergebnisse der Differenziellen Psychologie – zurück zu der Frage, ob sich Persönlichkeit in Langzeituntersuchungen ändert (Heatherton & Weinberger, 1993). Wie gesagt: Es hängt entscheidend davon ab, was die Forscher jeweils als »Persönlichkeit« untersuchen! Man kann dazu gegenwärtig ziemlich sicher festhalten: Forscher können die Antwort der Wandelbarkeit von Persönlichkeit und Persönlichkeitsstörungen möglicherweise »manipulieren«! Verwenden sie zur Therapieerfolgskontrolle oder Langzeituntersuchung beispielsweise »gesundheitspsychologisch« und »normatologisch« konzeptualisierte Persönlichkeitsinventare (→ Kap. 6) mit »positiver« Persönlichkeitskonnotation (also mit Merkmalen / Dimensionen wie seelisch-körperliches Wohlbefinden, Selbstaktualisierung, selbst- und fremdbezogene Wertschätzungskompetenz, Selbstwertgefühl, Krisenbewältigungskompetenz, Selbstwirksamkeit oder gar Liebesfähigkeit), dann werden sie nach aller bisher vorliegenden Erfahrung zeit- und kontextabhängige Veränderungen, Fluktuationen und Variabilitäten finden (vgl. auch hierzu die erwähnte Metaanalyse von Roberts et al., 2006).

Persönlichkeit kann sich ändern. Man muss nur richtig fragen. Positive Personenmerkmale erweisen sich eigentümlicherweise als ausgesprochen änderungssensitiv, ganz im Unterschied zu den »klassischen«, zumeist negativ konnotierten Persönlichkeitsmerkmalen (rigide, neurotisch, schizoid, ängstlich usw.). Nicht zuletzt deshalb eignen sich erstere Verfahren besonders gut zur Veränderungsmessung in therapeutischen Kontexten, was man bislang von den klassischen Persönlichkeitsinventaren mit Negativdimensionierung der Persönlichkeitsmerkmale und entsprechender Formulierung der Items (»Neurotizismus«, »Introversion«, »Rigidität«, »Psychotizismus«) – eigentümlicherweise – nicht so leicht behaupten kann. Diese erweisen sich nämlich nur sehr eingeschränkt als sensitiv gegenüber persönlichen Änderungen, und sie scheinen damit eher die Stabilität und Unwandelbarkeit der persönlichen Gewordenheit einer Person zu suggerieren. Und Ähnliches scheint zu gelten, wo man die »Wandelbarkeit« von Persönlichkeitsstörungen mit ihren durchgängig negativ formulierten Kriterien untersucht.

Wie dies nun (und vor allem: warum?) zu erklären ist, ist noch weitgehend unklar. Es könnte sein, dass Menschen – werden sie zum Ausmaß von positiven Eigenarten und Seiten ihrer Person befragt – genauer reflektieren und damit möglicherweise stimmigere Antworten geben, während sie lediglich stabile Ansichten bis hin zu Stereotypien (!) über sich selbst wiedergeben, wenn sie auf negative Aspekte ihrer Person angesprochen werden. Handelt es sich bei der bisherigen Persönlichkeitserforschung in weitem Ausmaß etwa nur um eine Erforschung persönlicher Mythen und Stereotypien? Diese Beobachtung sollte zwingend zum Umdenken auch in der Erforschung der Persönlichkeitsstörungen Anlass geben. Gegenwärtig jedenfalls lässt diese Beobachtung viele, wenngleich durchaus interessante Spekulationen offen, die zwingend und vor allem möglichst bald der weiteren Erforschung zugeführt werden sollten (Fiedler, 1999b).

24.5 Nach wie vor fehlt eine Entwicklungspsychologie der Persönlichkeitsstörungen

Obwohl mit der in → Abschnitt 9.2 dargestellten »Children in the Community Study« (z. B. Crawford et al., 2005) erste Schritte in diese Richtung unternommen wurden, kann hier dennoch zum Schluss auch die Entwicklungspsychologie der Persönlichkeitsstörungen nur sehr zurückhaltend »ausgelobt« werden. Dies liegt u. a. an dem bedauerlichen Umstand, dass es bis heute kaum substanzielle Bemühungen gibt, die beiden Forschungsbereiche der Entwicklungspsychopathologie und der Persönlichkeitsstörungen miteinander zu verbinden. Bei Bewertung des Forschungsstandes wird schnell klar, dass gerade im Bereich der allgemeinen Entwicklungspsychologie in den vergangenen Jahren erhebliche Fortschritte zu verzeichnen sind. Und diese betreffen nicht nur das immens zunehmende Wissen um die Entstehungsbedingungen der Entwicklungs- und Verhaltensstörungen in Kindheit und Jugend (vgl. Lewis & Miller, 1990; Steinhausen & von Aster, 1993; Oerter et al., 1999; Resch, 1996, 2012).

Die Fortschritte betreffen vor allem Bemühungen, Entwicklungsprozesse zu konzeptualisieren, zu simulieren und zu modellieren und diese dann in prospektiven Längsschnittstudien zu erproben bzw. zu validieren (vgl. hierzu: Achenbach, 1990; Lewis, 1990a, b). Schließlich geht es aber auch darum, neben pathogenetischen die salutogenetischen Prozesse der Persönlichkeitsentwicklung möglichst gleichzeitig und vergleichend zu untersuchen (Resch, 2012; Fiedler, 1999c). Auch wenn die bisher vorliegenden katamnestischen Ergebnisse über die Persistenz von psychischen Störungen und Persönlichkeitsstörungen bei Kindern und Jugendlichen widersprüchlich sind: Dem einfachen Rückschluss, dass sich die meisten dieser Störungen noch bis zum frühen Erwachsenenalter spontan zurückbilden, kann man durchaus mit Skepsis begegnen (hierzu u. a. die die Ergebnisse der gerade erwähnten »Children in the Community Study« in → Abschn. 9.2; auch: Nissen, 2000). Außerdem würde diese Ansicht der Möglichkeit Wege verbauen, präventive Maßnahmen und Behandlungskonzepte zu entwickeln, mit denen früh einsetzend später als chronisch zu bezeichnenden Entwicklungen und Verläufen erfolgreich entgegengewirkt werden könnte.

Entwicklungsstudien erwünscht. Viele der in der Entwicklungspathopsychologie generierten Forschungskonzepte können inzwischen eine modellbildende Funktion auch für die Verlaufsuntersuchung von Persönlichkeitsstörungen übernehmen (vgl. Wolff, 1993; Roberts et al., 2006). Gegenwärtig wird zu leichtfertig übersehen, dass die Entwicklungsstörungen die grundlegenden Vorläufer der Persönlichkeitsstörungen sein können oder sind, sodass es in der Tat einigermaßen befremden muss, wenn diese beiden Forschungstraditionen bisher nur in wenigen Bereichen voneinander profitieren (vgl. die Übersichten von Cohen & Crawford, 2005; Johnson et al., 2005 sowie DeFruyt & DeClercq, 2012). Dabei stehen häufig leider nur zwei Bereiche im Mittelpunkt von Untersuchungen, die sich um eine Aufklärung von Zusammenhängen zwischen Kindheitserfahrungen und der Entwicklung von adaptiven bzw. maladaptiven Persönlichkeitsstilen bemühen: einerseits die Bedeutung kindlicher Aggressivität und Delinquenz für die spätere Entwicklung von Dissozialen Persönlichkeitsstörungen (vgl. Eron & Huesmann, 1990; Plomin et al., 1990; Perry et al., 1990; Petermann & Wiedebusch, 1993), andererseits die Borderline-Störung in Kindheit und Jugend (vgl. Cicchetti & Olsen, 1990; Lofgren et al., 1991; Fonagy & Bateman, 2005).

24.6 Schluss

Aus dem bis hier Niedergeschriebenen ergibt sich zwingend die Notwendigkeit zu extremer Vorsicht und Behutsamkeit, wenn man mit »Persönlichkeitsstörungen« als diagnostischer und therapeutischer Orientierung arbeitet. Die gegenwärtigen Klassifikationssystematiken sind im Bereich der Persönlichkeitsstörungen selbstkritisch, flexibel und perspektivisch immer als Diagnostik im kontinuierlichen Wandel und als Übergang zu betrachten. Für den praktisch arbeitenden Kollegen heißt dies, zwingend und grundsätzlich über den Einzelfall und über die zu enge Sichtweise einer bestimmten Verstehensperspektive hinauszublicken. Und für den Forscher ergibt sich daraus, dass sich eine Bestätigungsforschung schlichtweg verbietet.

Wir selbst verbinden unser nach wie vor ungebrochenes Engagement in diesem Bereich mit der Hoffnung, dass es gelingen könnte, die Personenperspektive der Persönlichkeitsstörungen in Richtung Interaktions-, Kompetenz- oder Persönlichkeitsstilperspektive zu verlagern. Entstehung und Aufrechterhaltung der Persönlichkeitsstörungen werden nur verständlich, wenn nach ihren Entsprechungen in den interpersonellen Erlebnissen und Erfahrungen der Betroffenen wie der Beteiligten (einschließlich des professionellen Diagnostikers) gesucht wird.

Individuum und Gesellschaft. Die in diesem Buch immer wieder angesprochene Ursachenvielfalt der Persönlichkeitsstörungen verdeutlicht schließlich auch noch, dass diese Ausdruck und Wirkvariablen im Gewirr nicht nur zwischenmenschlicher, sondern vor allem auch gesellschaftlicher und gesundheitspolitischer Zusammenhänge sind. Auch diese sind als solche von der gesamten Lebensgeschichte des Einzelnen nicht zu trennen. Persönlichkeitsstörungen sind vollständig immer nur als Teil kollektiver Prozesse zu verstehen, in die sich der Einzelne verstrickt findet. Mit Fragen und Problemen dieser Art hat sich die Forschung und Konzeptbildung im Bereich der Persönlichkeitsstörungen bisher leider nur sehr am Rande auseinandergesetzt. Mit Patienten selbst können und sollten diese Sachverhalte dennoch bereits heute offen besprochen werden.

Das alles ernsthaft so zur Kenntnis zu nehmen, bedeutete jedoch in der Tat, festgefügte Theoriepfade gelegentlich radikal zu verlassen und nach völlig neuen Wegen der Diagnostik und Beurteilung zwischenmenschlicher wie gesellschaftlicher Beziehungskomplikationen, Konfliktzonen und ihrer Bewältigungsmöglichkeiten zu suchen. Ob und wie dies jedoch gelingen kann, vermögen wir nicht vorauszusehen. Dass Ansätze und Wege dazu gefunden werden müssen, darauf gründet sich unsere Hoffnung. Dass dies nur jenseits der festgefahrenen Schul- und Wissenschaftsideologien gelingen wird, steht für uns außer Frage.

Literatur

Abel, T. M. (1960). Shift in intermediary object-gradient during the course of psychotherapy. American Journal of Psychotherapy, 14, 691–704.

Abraham, K. (1925). Psychoanalytische Studien zur Charakterbildung. In K. Abraham (1982), Gesammelte Schriften (Band 2; S. 103–160). Frankfurt a. M.: S. Fischer.

Abrams, R. C. & Horowitz, S. V. (1996). Personality disorders after age 50: A meta-analysis. Journal of Personality Disorders, 10, 271–281.

Achenbach, T. M. (1990). Conceptualization of developmental psychopathology. In M. Lewis & S. Miller (Eds.), Handbook of developmental psychopathology (pp. 3–14). New York: Plenum.

Adler, A. (1911). Die Rolle der Sexualität in der Neurose. In A. Adler (1973), Heilen und Bilden. Frankfurt a. M.: Fischer TB.

Adler, A. (1912). Über den nervösen Charakter. Grundzüge einer vergleichenden Individualpsychologie und Psychotherapie. Wiesbaden: Bergmann [seit (1972). Frankfurt a. M.: Fischer TB].

Adler, G. (1981). The borderline-narcissistic personality disorder continuum. American Journal of Psychiatry, 138, 46–50.

Adler, G. (1986). Psychotherapy of the narcissistic personality: Two contrasting approaches. American Journal of Psychiatry, 143, 430–436.

Akhtar, S. (1986). Differentiating between schizoid and avoidant personality disorders. American Journal of Psychiatry, 143, 1061–1062.

Akhtar, S. (1989). Narcissistic personality disorder: Descriptive features and differential diagnosis. Psychiatric Clinic of North America, 2, 505–530.

Alden, L. E. (1989). Short-term structured treatment for avoidant personality disorder. Journal of Consulting and Clinical Psychology, 56, 756–764.

Alden, L. E. & Capreol, M.J. (1993). Avoidant personality disorder: Interpersonal problems as predictors of treatment response. Behavior Therapy, 24, 357–376.

Aldridge-Morris, R. (1989). Multiple personality: An excercise in deception. Hillsdale: Erlbaum.

Alexander, F. (1928). Der neurotische Charakter. Seine Stellung in der Psychopathologie und in der Literatur. Internationale Zeitschrift für Psychoanalyse, 14, 26–44.

Allen, J. G. & Fonagy, P. (2002). The development of mentalizing and its role in psychopathology and psychotherapy (Technical Report No. 02-0048). Topeka, KS: The Menninger Clinic, Research Department.

Allen, J. G. & Fonagy, P. (Eds.). (2006). Handbook of mentalization-based treatment, Chichester GB: Wiley [dt. (2009). Mentalisierungsgestützte Therapie, Stuttgart: Klett-Cotta.].

Allen, J. G., Fonagy, P. & Bateman, A. W. (2008). Mentalizing in clinical practice. American Psychiatric Publishing, Inc. [dt. (2011). Mentalisieren in der psychotherapeutischen Praxis. Stuttgart: Klett-Cotta.]

Alnaes, R. & Torgersen, S. (1988). The relationship between DSM-III symptom disorders (Axis I) and personality disorders (Axis II) in an outpatient population. Acta Psychiatrica Scandinavia, 78, 485–492.

Alpers, G. W. & Eisenbarth, H. (2008). Psychopathic Personality Inventory – Revised [PPI-R]. Deutsche Version. Göttingen: Hogrefe.

Amad, A., Ramoz, N., Thomas, P., Jardri, R. & Gorwood, P. (2014). Genetics of borderline personality disorder: Systematic review and proposal of an integrative model. Neuroscience & Biobehavioral Reviews, 40, 6–19.

Amelang, M. (1986). Sozial abweichendes Verhalten. Entstehung – Verbreitung – Verhinderung. Berlin: Springer.

Amelang, M., Bartussek, D., Stemmler, G. & Hagemann, D. (2006). Differentielle Psychologie und Persönlichkeitsforschung (6. Aufl.). Stuttgart: Kohlhammer.

Amelang, M. & Borkenau, P. (1982). Über die faktorielle Struktur und externe Validität einiger Fragebogenskalen zur Erfassung der Dimensionen der Extraversion und emotionalen Labilität. Zeitschrift für Differentielle und Diagnostische Psychologie, 3, 119–146.

Amelang, M. & Schmidt-Atzert, L. (2006). Psychologische Diagnostik und Intervention (4. Aufl.). Heidelberg: Springer.

Amelang, M. & Zielinski, W. (1994). Psychologische Diagnostik und Intervention. Heidelberg: Springer.

AMDP – Arbeitsgemeinschaft für Methodik und Dokumentation psychiatrischer Befunde (1981). Das AMDP-System. Manual zur Dokumentation psychiatrischer Befunde (4. Auflage). Berlin: Springer.

Anchin, J. C. & Kiesler, D. J. (Eds.). (1982). Handbook of interpersonal psychotherapy. New York: Pergamon Press.

Anderluh, M., Tchanturia, K., Rabe-Hesketh, S. & Traesure, J. (2003). Childhood obsessive-compulsive personality traits in adult women with eating disorders: Defining a broader eating disorder phenotype. American Journal of Psychiatry, 160, 242–247.

Andresen, B. (2006). Inventar Klinischer Persönlichkeitsakzentuierungen (IKP). Dimensionale Diagnostik nach DSM-IV und ICD-10. Göttingen: Hogrefe.

Angleitner, A. & Borkenau, P. (1985). Deutsche Charakterkunde. In T. Herrmann & E.-D. Lantermann (Hrsg.), Persönlichkeitspsychologie. Ein Handbuch in Schlüsselbegriffen (S. 48–58). München: Urban & Schwarzenberg.

Angyal, A. (1965). Neurosis and treatment: A holistic theory. New York: Viking Press.

APA – American Psychiatric Association (1952). Diagnostic and statistical manual of mental disorders (1st ed.). Washington, DC: American Psychiatric Association.

APA – American Psychiatric Association (1968). Diagnostic and statistical manual of mental disorders (2nd ed.). Washington, DC: American Psychiatric Association.

APA – American Psychiatric Association (1980). Diagnostic and statistical manual of mental disorders (3rd ed.). Washington, DC: American Psychiatric Association.

APA – American Psychiatric Association (1987). Diagnostic and statistical manual of mental disorders (3rd ed.; revised). Washington, DC: American Psychiatric Association. [deutsch (1989). Diagnostisches und Statistisches Manual Psychischer Störungen DSM-III-R. Weinheim: Beltz].

APA – American Psychiatric Association (1994). Diagnostic and statistical manual of mental disorders (4th ed.). Washington, DC: American Psychiatric Association [deutsch (1996). Diagnostisches und Statistisches Manual Psychischer Störungen DSM-IV. Göttingen: Hogrefe].

APA – American Psychiatric Association (2000). Diagnostic and statistical manual of mental disorders – DSM-IV-TR (4th ed.; Text Revision). Washington, DC: American Psychiatric Association. [deutsch: (2003). Diagnostisches und Statistisches Manual Psychischer Störungen – Textrevision – DSM-IV-TR. Göttingen: Hogrefe].

APA – American Psychiatric Association (2013). Diagnostic and statistical manual of mental disorders – DSM-5 (5th ed.). Washington, DC: American Psychiatric Association [deutsch (2015). Diagnostisches und Statistisches Manual Psychischer Störungen DSM-5. Göttingen: Hogrefe].

Arbeitskreis OPD (Hrsg.). (1996). Operationalisierte Psychodynamische Diagnostik. Grundlagen und Manual. Bern: Huber.

Arbeitskreis OPD (Hrsg.). (2006). Operationalisierte Psychodynamische Diagnostik – OPD-2. Das Manual für Diagnostik und Therapieplanung. Bern: Huber.

Arntz, A. (1994). Treatment of borderline personality disorder: A challenge for cognitive-behavioural therapy. Behaviour Research and Therapy, 32, 419–430.

Aronson, T. A. (1989). A criticial review of psychotherapeutic treatments for Borderline Personality. Historic trends and future directions. Journal of Nervous and Mental Disease, 177, 511–527.

Asendorpf, J. B. (2004). Psychologie der Persönlichkeit (3. Aufl.). Berlin: Springer.

Auchincloss, E. L. & Michels, R. (1983). Psychoanalytic theory of character. In J. Frosch (Ed.), Current perspectives on personality disorders (pp. 2–17). Washington, DC: American Psychiatric Press.

Baille, A. J. & Lampe, L. A. (1998). Avoidant personality disorder: Empirical support for DSM-IV revisions. Journal of Personality Disorders, 12, 23–30.

Balaratnasingam, S. & Janca, A. (2015). Normal personality, personality disorder and psychosis: current views and future perspectives. Current Opinion in Psychiatry, 28, 30–34.

Balestri, M., Calati, R., Serretti, A. & De Ronchi, D. (2014) Genetic modulation of personality traits: a systematic review of the literature. International Journal of Clinical Psychopharmacology. 29, 1–15.

Ball, J. S. & Links, P. S. (2009). Borderline personality disorder and childhood trauma: Evidence for a causal relationship. Current Psychiatry Reports, 11, 63–68.

Bartholomew, K. & Horowitz, L. M. (1991). Attachment styles in young adults: A test of a four-category model. Journal of Personality and Social Psychology, 61, 226–244.

Barnow, S., Stopsack, M., Ulrich, I., Falz, S., Dudeck, M., Spitzer, C., Grabe, H. J. & Freyberger, H. J. (2010). Prävalenz und Familiarität von Persönlichkeitsstörungen in Deutschland: Ergebnisse der Greifswalder Familienstudie. Psychotherapie, Psychosomatik Medizinische Psychologie, 60, 334–341.

Basten, M. M., Althoff, R. R., Tiemeier, H., Jaddoe, V. W., Hofman, A., Hudziak, J. J., Verhulst, F. C. & van der Ende, J. (2013). The dysregulation profile in young children: empirically defined classes in the Generation R study. Journal of the American Academy of Child and Adolescence Psychiatry, 52(8), 841–850, e842.

Bastine, R. (1990). Klinische Psychologie. Band 1 (2. Aufl.). Stuttgart: Kohlhammer.

Bateman, A.W. & Fonagy, P. (2012). Mentalization-based treatment of Borderline Personality Disorder. In: T. A. Widiger (Ed.), The Oxford handbook of personality disorders (pp. 767–784). Oxford University Press.

Bateman, A. & Fonagy, P. (2015). Borderline Personality Disorder and Mood Disorders: Mentalizing as a framework for integrated treatment. Journal of Clinical Psychology, 71, 792–804.

Battegay, R. (1981). Grenzsituationen. Bern: Huber.

Battle, C. L., Shea, M. T., Johnson, D. M., Yen, S. Zlotnick, C., Zanarini, M. C. et al. (2004). Childhood maltreatment associated with adult personality disorder: Findings from the collaborative longitudinal personality disorders study. Journal of Personality Diosorders, 18, 193–211.

Baumann, U. (1993). Persönlichkeitsforschung in der Psychiatrie. In M. Berger, H. J. Möller & U. Wittchen (Hrsg.), Psychiatrie als empirische Wissenschaft (S. 40–50). Basel: Karger.

Baxter, L. A. & Wilmot, W. W. (1995). Taboo topics in close relationships. Journal of Social and Personal Relationships, 2, 253–269.

Beauregard, M., Levesque, J. & Bourgouin, P. (2001). Neural correlates of conscious self-regulation of emotion. Journal of Neuroscience, 21 (18), RC165.

Beck, A. T., Freeman, A. & Associates (1990). Cognitive therapy of personality disorders. New York: Guilford Press. [dt. (1993). Kognitive Therapie der Persönlichkeitsstörungen. Weinheim: Beltz].

Becker, C. W. & Krug, R. S. (1964). A circumplex model for social behavior in children. Child Development, 35, 371–396.

Becker, P. (1982). Psychologie der seelischen Gesundheit. Band 1: Theorien, Modelle, Diagnostik. Göttingen: Hogrefe.

Becker, P. (1989). Der Trierer Persönlichkeitsfragebogen TPF. Göttingen: Hogrefe.

Becker, P. (1995). Seelische Gesundheit und Verhaltenskontrolle. Göttingen: Hogrefe.

Becker, P. (1996). Persönlichkeit. In K. Hahlweg & A. Ehlers (Hrsg.), Enzyklopädie der Psychologie: Klinische Psychologie, Band 1 (S. 465–534). Göttingen: Hogrefe.

Becker, P. (1999). Beyond the Big Five. Personality and Individual Differences, 26, 511–530.

Beisel, S. & Schweiger, U. (1998). Kognitives Inventar für die Borderline-Persönlichkeitsstörung. Prien / Klinik Roseneck: Unveröffentlichtes Manuskript.

Bender, D. S. (2005). Therapeutic alliance. In J. M. Oldham, A. E. Skodol & D. S. Bender (Eds.), Textbook of personality disorders (pp. 405–430). Washington, DC: The American Psychiatric Publishing, Inc.

Bender, D. S., Morey, L. C. & Skodol, A. E. (2011). Toward a model for assessing level of personality functioning in DSM-5, Part I: A review of theory and methods. Journal of Personality Assessment, 93, 332–346.

Benjamin, L. S. (1974). Structural analysis of social behavior. Psychological Review, 81, 392–425.

Benjamin, L. S. (1983). Intrex Questionnaires. Madison: Intrex Interpersonal Institute. [(1987). Intrex short form questionnaires. Madison: Intrex Interpersonal Institute].

Benjamin, L. S. (1986). Adding social and intrapsychic descriptors to Axis I of DSM-III. In T. Millon & G. L. Klerman (Eds.), Contemporary directions in psychopathology. Toward the DSM-IV (pp. 599–638). New York: The Guilford Press.

Benjamin, L. S. (1987). Use of the SASB dimensional model to develop treatment plans for personality disorders. I: Narcissism. Journal of Personality Disorders, 1, 43–70.

Benjamin, L. S. (1992). An interpersonal approach to the diagnosis of borderline personality disorder. In J. F. Clarkin, E. Marziali & H. Munroe-Blum (Eds.), Borderline personality disorder. Clinical and empirical perspectives (pp. 161–198). New York: Guilford.

Benjamin, L. S. (1995). Interpersonal diagnosis and treatment of personality disorders (2nd ed.). New York: Guilford [dt. (2001). Die Interpersonelle Diagnose und Behandlung von Persönlichkeitsstörungen. München: CIP-Medien].

Benjamin, L. S. (1996). Ein interpersoneller Behandlungsansatz für Persönlichkeitsstörungen. In B. Schmitz, Th. Fydrich & K. Limbacher (Hrsg.), Persönlichkeitsstörungen: Diagnostik und Psychotherapie (S. 136–148). Weinheim: Beltz.

Bennett, A. J., Lesch, K. P., Heils, A. et al. (2002). Early experience and serotonin transporter gene variation interact to influence primate CNS function. Molecular Psychiatry, 7 (1), 118–122.

Berbalk, H. H. & Young, J. E. (2008). Schematherapie. In J. Margraf & S. Schneider (Hrsg.), Lehrbuch der Verhaltenstherapie (Bd. 1; 3. Aufl.; S. 646–668). Heidelberg: Springer.

Bermpohl, F., Pascual-Leone, A., Amedi, A. et al. (2006). Attentional modulation of emotional stimulus processing: an fMRI study using emotional expectancy. Human Brain Mapping, 27 (8), 662–677.

Berrios, G. E. (1993). Personality disorders: A conceptual history. In P. Tyrer & G. Stein (Eds.), Personality disorders reviewed (pp. 17–41). London: Gaskell – Royal College of Psychiatrists.

Bernstein, D. P., Useda, D. & Siever, L. J. (1993). Paranoid personality disorder: Review of the literature and recommendations for DSM-IV. Journal of Personality Disorders, 7, 53–62.

Bernstein, D. P., Useda, D. & Siever, L. J. (1996). Paranoid personality disorder. In T. A. Widiger, A. J. Frances, H. A. Pincus, R. Ross, M. B. First & W. W. Davis (Eds.), DSM-IV Sourcebook (pp. 665–675). Washington, DC: American Psychiatric Press.

Bertsch, K., Gamer, M., Schmidt, B., Schmidinger, I., Walther, S., Kaestel, T., Schnell, K., Büchel, C., Domes, G. & Herpertz, S. C. (2013). Oxytocin and reduction of social threat hypersensitivity in women with Borderline personality disorder. American Journal of Psychiatry, 170, 1169–1177.

Beyer, F., Munte, T. F., Erdmann, C. & Kramer, U. M. (2013). Emotional reactivity to threat modulates activity in mentalizing network during aggression. Social Cognition and Affective Neuroscience, 9, 1552–1560.

Birnbaum, K. (1909). Über psychopathische Persönlichkeiten. Eine psychopathologische Studie. In L. Loewenfeld (Hrsg.), Grenzfragen des Nerven- und Seelenlebens (Heft 64). Wiesbaden: C. F. Bergmann.

Bishop, S. J., Duncan, J. & Lawrence, A. D. (2004). State anxiety modulation of the amygdala response to unattended threat-related stimuli. Journal of Neuroscience, 24 (46), 10 364–10 368.

Bishop, S. J., Jenkins, R. & Lawrence, A. D. (2007). Neural processing of fearful faces: Effects of anxiety are gated by perceptual capacity limitations. Cerebral Cortex, 17, 1595–1603.

Black, D. W. & Blum, N. S. (2015). Antisocial personality disorder and other antisocial behavior. In: J. M Oldham, A. E. Skodol & D. S. Bender (Eds.), Textbook of personality disorders (2nd ed.; pp. 429–454). Washington, DC: The American Psychiatric Publishing, Inc.

Blair, R. J. (2008). Fine cuts of empathy and the amygdala: Dissociable deficits in psychopathy and autism. Quarterly Journal of Experimental Psychology, 61 (1), 157–170.

Blaker, K. H. & Tupin, J. P. (1991). Hysteria and hysterical structures: Developmental and social theories. In M. J. Horowitz (Ed.), Hysterical personality style and the histrionic personality disorder (pp. 15–66). Northvale, NJ: Jason Aronson.

Blanck, G. & Blanck, R. (1974). Ego-psychology: Theory and practice. New York: Columbia University Press [dt. (1981). Angewandte Ich-Psychologie (2. Aufl.). Stuttgart: Klett-Cotta].

Blashfield, R. K. & Davis, R. T. (1993). Dependent and histrionic personality disorders. In P. B. Sutker & H. E. Adams (Eds.), Comprehensive handbook of psychopathology (2nd ed.; pp. 395–409). New York: Plenum Press.

Blashfield, R. K., Reynolds, S. M. & Stennett, B. (2012). The death of histrionic personality disorder. In T. A. Widiger (Ed.), The Oxford handbook of personality disorders (pp. 603–627). Oxford University Press.

Bleuler, E. (1911). Dementia praecox oder Gruppe der Schizophrenien. Leipzig: Deutike.

Bleuler, E. (1922). Die Probleme der Schizoidie und der Syntonie. Zeitschrift für die gesamte Neurologie und Psychiatrie, 78, 375.

Bleuler, E. (1937). Lehrbuch der Psychiatrie (6. Aufl.). Berlin: Springer [12. Aufl. (1972), neubearbeitet von M. Bleuler (Hrsg.). Berlin: Springer].

Bohman, M., Cloninger, C. R., Sigvardsson, S. & Knorring, A. v. (1982). Predisposition to criminality in Swedish adoptees: I. Genetic and environmental heterogeneity. Archives of General Psychiatry, 39, 1233–1241.

Bohus, M. (2002). Borderline-Störungen [Fortschritte der Psychotherapie, 14]. Göttingen: Hogrefe.

Bohus, M. (2014). Cognitive behavioral therapy I: Basics and principles. In J. M Oldham, A. E. Skodol & D. S. Bender (Eds.), Textbook of personality disorders (2nd ed.; pp. 241–260). Washington, DC: The American Psychiatric Publishing, Inc.

Bohus, M. & Bathruff, H. (2000). Dialektisch-Behaviorale Therapie der Borderline-Störung im stationären Setting. Psychotherapie im Dialog, (Heft 4 / 2000), 55–66.

Bohus, M. & Wolf-Arehult, M. (2012). Interaktives Skillstraining für Borderline-Patienten: Das Therapeutenmanual. Stuttgart: Schattauer.

Bohus, M., Haaf, B., Stiglmayr, C., Pohl, U., Böhme, R. & Linehan, M. (2000). Evaluation of inpatient dialectical-behavioral therapy for Borderline personality disorder – a prospective study. Behaviour Research and Therapy, 38, 875–887.

Bohus, M., Limberger, M. F., Frank, U., Chapman, A. L., Kühler, T. & Stieglitz, R. D. (2007). Psychometric properties of the Borderline Symptom List (BSL). Psychopathology, 40, 126–132.

Bohus, M., Kleindienst, N., Limberger, M. F., Stieglitz, R. D., Domsalla, M., Chapman, A. L., Steil, R., Philipsen, A. & Wolf, M. (2009). The short version of the Borderline Symptom List (BSL-23): Development and initial data on psychometric properties. Psychopathology, 42, 32–9.

Bohus, M., Stieglitz, R. D., Fiedler, P., Hecht, H., Herpertz, S. C., Müller-Isberner, R & Berger, M. (2015). Persönlichkeitsstörungen. In M. Berger (Hrsg.), Psychische Erkrankungen. Klinik und Therapie (5. Aufl.; S. 605–668). München: Urban & Fischer.

Bommert, H. (1977). Grundlagen der Gesprächspsychotherapie. Stuttgart: Kohlhammer.

Borkenau, P. (1990). Traits as ideal-based and goal-derived social categories. Journal of Personality and Social Psychology, 58, 381–396.

Borkenau, P. (1992). Der Trierer Persönlichkeitsfragebogen (TPF). Diagnostica, 38, 176–183.

Borkenau, P. & Ostendorf, F. (1989). Untersuchungen zum Fünf-Faktoren-Modell der Persönlichkeit und seiner diagnostischen Erfassung. Zeitschrift für Differentielle und Diagnostische Psychologie, 10, 239–251.

Borkenau, P. & Ostendorf, F. (1991). Ein Fragebogen zur Erfassung fünf robuster Persönlichkeitsfaktoren. Diagnostica, 37, 29–41.

Borkenau, P. & Ostendorf, F. (1994). NEO-Fünf-Faktoren Inventar (NEO-FFI) nach Costa & McCrae. Göttingen: Hogrefe.

Bornstein, R. F. (1992). The dependent personality: Developmental, social, and clinical perspectives. Psychological Bulletin, 112, 3–23.

Bornstein, R. F. (1993). The dependent personality. New York: Guilford.

Bornstein, R. F. (1994). Construct validity of the Interpersonal Dependency Inventory: 1977–1992. Journal of Personality Disorders, 8, 64–76.

Bornstein, R. F. (2001). A meta-analysis of the dependency-eating disorders relationship: Strength, specificity, and temporal stability. Journal of Psychopathology and Behavioral Assessment, 23, 151–162.

Bornstein, R. F. (2005). The dependent patient: A practitioner's guide. Washington, DC: American Psychological Association.

Bornstein, R. F. (2012). Dependent personality disorder. In T. A. Widiger (Ed.), The Oxford handbook of personality disorders (pp. 505–526). Oxford University Press.

Bornstein, R. F. & Gold, S. H. (2008). Comorbidity of personality disorders and somatization disorder: A meta-analytic review. Journal of Psychopathology and Behavioral Assessment, 30, 154–161.

Bornstein, R. F. & Huprich, S. K. (2011). Beyond dysfunction and threshold-based classification: A multidimensional model of personality disorder diagnosis. Journal of Personality Disorders, 25, 331–337.

Bossert-Zaudig, S., Mavrogiorgou, P., Niedermeier, N., Zaudig, M. et al. (Hrsg.). (2002). Die

Zwangsstörung. Diagnostik und Therapie. Stuttgart: Schattauer.

Bradley, B., Westen, D., Mercer, K. B. et al. (2011). Association between childhood maltreatment and adult emotional dysregulation in a low-income, urban, African American sample: Moderation by oxytocin receptor gene. Developmental Psychopathology, 23 (2), 439–452.

Braff, D. L. (1981). Impaired speed of information processing in nonmedicated schizotypal patients. Schizophrenia Bulletin, 7, 499–508.

Brantley, P. J. & Sutker, P. B. (1984). Antisocial behavior disorders. In H. E. Adams & P. B. Sutker (Eds.), Comprehensive handbook of psychopathology (pp. 439–478). New York: Plenum Press.

Braun, Ch. v. (1985). Nicht ich. Logik, Lüge, Libido. Frankfurt a. M.: Verlag Neue Kritik [3. Aufl. (1990)].

Bremer, J. (1951). A social psychiatric investigation of a small community in northern Norway. Acta Psychiatrica et Neurologica, Suppl. 62, 1–166.

Britton, J. C., Lissek, S., Grillon, C., Norcross, M. A., & Pine, D. S. (2011). Development of anxiety: The role of threat appraisal and fear learning. Depression and Anxiety, 28 (1), 5–17.

Bronisch, T. (1992). Diagnostik von Persönlichkeitsstörungen nach den Kriterien aktueller internationaler Klassifikationssysteme. Verhaltenstherapie, 2, 140–150.

Bronisch, T. (1996a). Langzeitverläufe von Borderline-Persönlichkeitsstörungen. Psychotherapie in Psychiatrie, Psychotherapeutischer Medizin und Klinischer Psychologie, 1, 27–30.

Bronisch, T. (1996b). The typology of personality disorders – diagnostic problems and the relevance for suicidal behaviour. Crisis 17, 55–59.

Bronisch, T. & Frank, M. (2014). Narzissmus – Depression – Suizidalität. Zeitschrift für Psychotherapie in Psychiatrie, Psychotherapeutischer Medizin und Klinischer Psychologie, 19 (1), 137–150.

Bronisch, T. & Mombour, W. (1998). The modern assessment of personality disorders. Part 2: Reliability and validity of personality disorders. Psychopathology, 31, 293–301.

Bronisch, T., Bohus, M., Dose, M., Reddemann, L. & Unckel, C. (2000). Krisenintervention bei Persönlichkeitsstörungen. Stuttgart: Pfeiffer bei Klett-Cotta.

Brown, G. W. & Harris, T. O. (1978). Social origins of depression: A study of psychiatric disorders in women. London: Tavistock.

Brown, P. & Levinson, S. (1987). Politeness: Some universals in language usage. Cambridge: Cambridge University Press.

Brown, T. & Wallace, P. (1980). Physiological Psychology. New York: Academic Press.

Brückl, T. M., Wittchen, H.-U., Höfler, M., Pfister, H., Schneider, S. & Lieb, R. (2007). Childhood separation anxiety and the risk of subsequent psychopathology: Results from a community study. Psychotherapy & Psychosomatics, 76, 47–56.

Bryer, J. B., Nelson, B. A., Miller, J. B. & Krol, P. K. (1987). Childhood sexual and physical abuse in adult psychiatric illness. American Journal of Psychiatry, 144, 1426–1430.

Buikhuisen, W. & Mednick, S. A. (Eds.). (1988). Explaining criminal behaviour: Interdisciplinary approaches. Leiden (NL): E. J. Brill.

Büntig, W. E. (1982). Das Werk von Wilhelm Reich und seinen Nachfolgern. In D. Eicke (Hrsg.), Tiefenpsychologie, Band 3: Die Nachfolger Freuds (S. 254–297). Weinheim: Beltz [Kindlers »Psychologie des 20. Jahrhunderts«].

Burgess, A. W. & Holmstrom, L. L. (1974). The rape trauma syndrome. American Journal of Psychiatry, 131, 981–986.

Buss, D. M. (1991). Evolutionary personality psychology. Annual Review of Psychology, 42, 459–491.

Cadoret, R. J. (1978). Psychopathology in adopted-away offspring of biological parents with antisocial behavior. Archives of General Psychiatry, 35, 176–184.

Cadoret, R. J. & Cain, C. (1980). Sex differences in predictions of antisocial behavior. Archives of General Psychiatry, 37, 1171–1175.

Cadoret, R. J. & Cain, C. (1981). Environmental and genetic factors in predicting adolescent antisocial behaviors in adoptees. Psychiatric Journal of the University of Ottawa, 6, 220–225.

Cadoret, R. J., O'Gorman, T. W., Troughton, E. & Heywood, E. (1985). Alcoholism and antisocial personality: Interrelationships, genetic and environmental factors. Archives of General Psychiatry, 42, 161–167.

Cannon, D. S., Clark, L. A., Leeka, J. K. & Keefe, C. R. (1993). A reanalysis of the Tridimensional Personality Questionnaire (TPQ) and its relation to Cloninger's Type 2 alcoholism. Psychological Assessment, 5, 62–66.

Cappe, R. F. & Alden, L. E. (1986). A comparison of treatment strategies for clients functionally impaired by extreme shyness and social avoidance. Journal of Consulting and Clinical Psychology, 54, 796–801.

Carr, A. C., Goldstein, E. G., Howard, F. & Kernberg, O. F. (1979). Psychological tests and borderline patients. Journal of Personality Assessment, 43, 582–590.

Carr, A. T. (1974). Compulsive neurosis: A review of the literature. Psychological Bulletin, 81, 311–318.

Carson, R. C. & Sanislow, C. A. (1993). The schizophrenias. In P.B. Sutker & H.E. Adams (Eds.), Comprehensive handbook of psychopathology (2nd. ed.; pp. 295–336). New York: Plenum Press.

Caspar, F. (1996). Beziehungen und Probleme verstehen. Eine Einführung in die psychotherapeutische Plananalyse (2. Aufl.). Bern: Huber.

Caspi, A., McClay, J., Moffitt, T. E. et al. (2002). Role of genotype in the cycle of violence in maltreated children. Science, 297, 851–854.

Cattell, R. B. (1965). The scientific analysis of personality. London: Penguin.

Chambless, D. L., Fydrich, T. & Rodebaugh, T. L. (2008). Generalized social phobia and avoidant personality disorder: Meaningful distinction or useless duplication. Depression and Anxiety, 25, 8–19.

Chen, H., Cohen, P., Crawford, T. N. et al. (2006). Relative impact of young adult personality disorders on subsequent quality of live: Findings of a community-based longitudinal study. Journal of Personality Disorders, 20, 510–523.

Chess, S. & Thomas, A. (1990). The New York longitudinal study: the young adult periods. Canadian Journal of Psychiatry, 44, 557–561.

Chodoff, P. (1989). Histrionic personality disorder. In American Psychiatric Association (Ed.), Treatments of psychiatric disorders (Vol. 3; pp. 2727–2736). Washington, DC: American Psychiatric Association.

Cicchetti, D. & Olsen, K. (1990). Borderline disorders in childhood. In M. Lewis & S. Miller (Eds.), Handbook of developmental psychopathology (pp. 355–370). New York: Plenum.

Ciompi, L. (1982). Affektlogik – Über die Struktur der Psyche und ihre Entwicklung. Ein Beitrag zur Schizophrenie-Forschung. Stuttgart: Klett-Cotta.

Clark, D. M. & Wells, A. (1995). A cognitive model of social phobia. In R. G. Heimberg, M. R. Liebowitz, D. A. Hope & F. R. Schneier (Eds.), Social phobia: Diagnosis, assessment, treatment (pp. 69–93). New York: Guilford.

Clark, L. A. (1990). Toward a consensual set of symptom clusters for assessment of personality disorders. In J. N. Butcher & C. D. Spielberger (Eds.), Advances in personality assessment (Vol. 8; pp. 243–266). Hillsdale, NJ: Erlbaum.

Clark, L. A. (2009). Stability and change in personality disorder. Current Directions in Psychological Science, 18 (1), 27–31.

Clark, L. A., Livesley, W. J. & Morey, L. (1997). Personality disorder assessment: The challange of construct validity. Journal of Personality Disorders, 11, 205–231.

Clark, L. A., Vorhies, L. & McEwen, J. L. (1993). Personality disorder symptomatology from the five-factor model perspective. In P. T. Costa & T. A.Widiger (Eds.), Personality disorders and the five-factor model of personality (pp. 95–116). Washington, DC: American Psychological Association.

Clark, L. A., Simms, L. J., Wu, K. D. & Casillas, A. (2014). Schedule for Nonadaptive and Adaptive Personality – second edition (SNAP-2). Minneapolis: University of Minnesota Press.

Clarkin, J. F., Marziali, E. & Munroe-Blum, H. (Eds.). (1992a). Borderline personality disorder. Clinical and empirical perspectives. New York: Guilford.

Clarkin, J. F., Koenigsberg, H., Yeomans, F., Selzer, M., Kernberg, P. & Kernberg, O. F. (1992b). Psychodynamic psychotherapy of the borderline patient. In J. F. Clarkin, E. Marziali, & H. Munroe-Blum (Eds.), Borderline personality disorder. Clinical and empirical perspectives (pp. 268–287). New York: Guilford.

Clarkin, J. F., Foelsch, P. A., Levy, K. N., Hull, J. W., Delaney, J. C. & Kernberg, O. F. (2001). The development of a psychodynamic treatment for patients with borderline personality disorder: a preliminary study of behavioral change. Journal of Personality Disorders, 15, 487–495.

Clarkin, J. F., Levy, K. N., Lenzenweger, M. F. & Kernberg, O. F. (2007). »Evaluating three treatments for borderline personality disorder: a multiwave study.« American Journal of Psychiatry, 164 (6), 922–928.

Clarkin, J. F., Yeomans, F. E. & Kernberg O. F. (1999) Psychotherapy for borderline personality. Wiley, New York [dt: (2001). Psychotherapie der Borderline-Persönlichkeit: Manual zur Transference-Focused Psychotherapy (TFP). Stuttgart: Schattauer].

Clarkin, J. F., Yeomans, F. E. & Kernberg O. F. (2008). Psychotherapie der Borderline-Persönlichkeit: Manual zur Transference-Focused Psychotherapy (TFP; 2. Aufl.). Stuttgart: Schattauer.

Cleckley, H. (1941). The mask of sanity: An attempt to clarify some issues about the so called psychopathic personality. St. Louis: Mosby [5th ed. (1976)].

Cloitre, M., Stolbach, B. C., Herman, J. L., van der Kolk, B., Pynoos, R., Wang, J. & Petkova, E. (2009). A developmental approach to complex PTSD: childhood and adult cumulative trauma as predictors of symptom complexity. Journal of Traumatic Stress, 22 (5), 399–408.

Cloninger, C. R. (1987a). A systematic method for the clinical description and classification of personality variants. Archives of General Psychiatry, 44, 573–588.

Cloninger, C. R. (1987b). Neurogenetic adaptive mechanisms in alcoholism. Science, 236, 410–416.

Cloninger, C. R. (1987c). A systematic method for clinical description and classification of personality variants. Archives of General Psychiatry, 44, 573–588.

Cloninger, C. R., Reich, T. & Guze, S. B. (1975). The multifactorial model of disease transmission: III. Familial relationships between sociopathy and hysteria (Briquets syndrome). British Journal of Psychiatry, 127, 23–32.

Cloninger, C. R., Sigvardsson, S., Bohman, M. & Knorring, A. v. (1982). Predisposition to petty criminality in Swedish adoptees: II. Cross-fostering analysis of gene-environment interaction. Archives of General Psychiatry, 39, 1242–1247.

Cloninger, C. R., Przybeck, T. R. & Svrakic, D. M. (1991). The Tridimensional Personality Questionnaire: US normative data. Psychological Reports, 69, 1047–1057.

Cloninger, C. R., Svrakic, D. M. & Przybeck, T. R. (1993). A psychobiological model of temperament and character. Archives of General Psychiatry, 50, 975–990.

Coccaro, E. F. (1993). Psychopharmacologic studies in patients with personality disorders: Review and perspective. Journal of Personality Disorder, 7 (Supplement, Spring 1993), 181–192.

Coccaro, E. F. (1998). Impulsive aggression: a behavior in search of clinical definition. Harvard Review of Psychiatry, 5 (6), 336–339.

Coccaro, E. F., Astill, J. L., Herbert, J. L. & Schut, A. G. (1990). Fluoxetine treatment of impulsive aggression in DSM-III-R personality disorder patients. Journal of Clincial Psychopharmacology, 10, 373–375.

Cohen, P. & Crawford, T. (2005). Developmental issues. In J. M. Oldham, A. E. Skodol & D. S. Bender (Eds.), Textbook of personality disorders (pp. 171–186). Washington, DC: The American Psychiatric Publishing, Inc.

Cohen, P. & Crawford, T. (2005). Developmental issues. In J. M. Oldham, A. E. Skodol & D. S. Bender (Eds.), Textbook of personality disorders (pp. 171–186). Washington, DC: The American Psychiatric Publishing, Inc.

Cohen, P., Crawford, T. N., Johnson, J. G. et al. (2005). The children in the community study of developmental course of personality disorders. Journal of Personality Disorders, 19, 466–486.

Coid, J., Yang, M., Tyrer, P. et al. (2006). Prevalences and correlates of personality disorders in depressed outpatients. Journal of Personality Disorders, 13, 67–74.

Coleman, M. J., Levy, D. L., Lenzenweger, M. F. & Holzman, P. S. (1996). Thought disorder, perceptual aberrations, and schizotypy. Journal of Abnormal Psychology, 105, 469–473.

Conte, H. R. & Plutchik, R. (1981). A circumplex model for interpersonal personal traits. Journal of Personality and Social Psychology, 40, 701–711.

Cook, E. W., Davis, T. L. & Hawk, L. W. (1992). Fearfulness and startle potentiation during aversive visual stimuli. Psychophysiology, 29, 633–645.

Cooke, D. J., Michie, C., Hart, S. D. & Hare, R. D. (1999). Evaluating the screening version of the Hare Psychopathy Checklist – Revised (PCL: SV): An item response theory analysis. Psychological Assessment, 11, 3–13.

Coolidge, F. L. & Mervin, M. M. (1992). Reliability and validity of the Coolidge Axis II Inventory: A new inventory for the assessment of personality disorders. Journal of Personality Assessment, 59, 223–238.

Cooper, A. M. (1988). Further developments of diagnosis of narcissistic personality disorder. In

E. Ronningstam (Ed.), Disorders of narcissism: Diagnostic, clinical, and empirical implications (pp. 53–74). Washington, DC: American Psychiatric Press.

Cooper, A. M. & Ronningstam, E. (1992). Narcissistic personality disorder. In A. Tasman & M. B. Riba (Eds.), Review of psychiatry – Vol. 11 (pp. 80–97). Washington, DC: American Psychiatric Press.

Cornblatt, B. A. & Erlenmeyer-Kimling, L. (1985). Global attentional deviance as a marker of risk for schizophrenia: Specifity and predictive validity. Journal of Abnormal Psychology, 94, 470–486.

Costa, P. T. & McCrae, R. R. (1985). The NEO Personality Inventory. Manual Form S and Form R. Odessa, FL: Psychological Assessment Ressources.

Costa, P. T. & McCrae, R. R. (1989). NEO PI/FFI manual supplement. Odessa, FL: Psychological Assessment Ressources.

Costa, P. T. & McCrae, R. R. (1990). Personality disorders and the five-factor model. Journal of Personality Disorders, 4, 362–371.

Costa, P. T. & McCrae, R. R. (1992). Revised NEO Personality Inventory (NEO PI-R) and NEO Five Factor Inventory Professional Manual. Odessa, FL: Psychological Assessment Ressources.

Costa, P. T. & McCrae, R. R. (1993). Set like plaster? Evidence for the stability of adult personality. In T. F. Heatherton & J. L. Weinberger (Eds.), Can personality change? (pp. 21–40). Washington, DC: American Psychological Association.

Costa, P. T. & Widiger, T. A. (Eds.). (1993). Personality disorders and the five-factor model of personality. Washington, DC: American Psychological Association.

Coursey, D. (1984). The dynamics of obsessive-compulsive disorder. In T. R. Insel (Ed.), New findings in obsessive-compulsive disorder (pp. 104–121). Washington, DC: American Psychiatric Association.

Cowdry, R. W. & Gardner, D. L. (1988). Pharmacotherapy of borderline personality disorder: Alprazolam, carbamazepine, trofluoperazine, and tranycypromine. Archives of General Psychiatry, 45, 802–803.

Crawford, M. J., Koldobsky, N., Mulder, R. T. & Tyrer, P. (2011). Classifying personality disorder according to severity. Journal of Personality Disorders, 25, 321–330.

Crawford, T. N., Cohen, P. & Johnson, J. G. (2005). Self-reported personality disorders in the children in the community sample: convergent and prospective validity in late adolescence and adulthood. Journal of Personality Disorders, 19, 30–52.

Crego, C., Gore, W. L., Rojas, S. L. & Widiger, T. A. (2015). The discriminant (and convergent) validity of the Personality Inventory for DSM-5. Personality Disorders: Theory, Research, and Treatment, 6 (April 20, 2015) [Epub ahead of print].

Cupach, W. R. & Spitzberg, B. H. (1998). Obsessive relational intrusion and stalking. In B. H. Spitzberg & W. R. Cupach (Eds.), The dark side of close relationships (pp. 233–263). Hillsdale, NJ: Lawrence Erlbaum Associates.

Dahl, A. (1986). Some aspects of the DSM-III personality disorders illustrated by a consecutive sample of hospitalized patients. Acta Psychiatrica Scandinavia, 73, 61–66.

Damasio, A. R. (1996). The somatic marker hypothesis and the possible functions of the prefrontal cortex. Philosophical transactions of the Royal Society of London. Series B, Biological sciences, 351 (1346), 1413–1420.

Dammann, G. (2000) Psychoanalytische Therapie bei Persönlichkeitsstörungen, In W. Senf & M. Broda (Hrsg.), Praxis der Psychotherapie. Ein integratives Lehrbuch: Psychoanalyse, Verhaltenstherapie, Systemische Therapie (2. Aufl.; S. 395–406). Stuttgart: Thieme.

Dammann, G. & Fiedler, P. (2005). Psychotherapie von Persönlichkeitsstörungen. Perspektiven integrativer Psychotherapie. In W. Senf & M. Broda (Hrsg.), Praxis der Psychotherapie. Ein integratives Lehrbuch (3. Aufl.; S. 462–482). Stuttgart: Thieme.

Dammann, G., Clarkin, J. F. & Kächele, H. (2000). Psychotherapieforschung und Borderline-Störung: Resultate und Probleme. In O. F. Kernberg, B. Dulz & R. Sachsse (Hrsg.), Handbuch der Borderline-Störungen (S. 701–730). Stuttgart. Schattauer.

Daros, A. R., Zakzanis, K. K. & Ruocco, A. C. (2013). Facial emotion recognition in borderline personality disorder. Psychological Medicine, 43(9), 1953–1963.

Decety, J., Skelly, L. R. & Kiehl, K. A. (2013). Brain response to empathy-eliciting scenarios involving pain in incarcerated individuals with psychopathy. JAMA Psychiatry, 70 (6), 638–645.

DeFruyt, F. & DeClercq, B. (2012). Childhood antecedents of personality disorders. In T. A. Widiger

(Ed.), The Oxford handbook of personality disorders (pp. 166–185). Oxford University Press.

Deneke, F. W. (1996). Psychoanalytische Therapie bei narzißtischen Störungen. In W. Senf & M. Broda (Hrsg.), Praxis der Psychotherapie. Ein integratives Lehrbuch für Psychoanalyse und Verhaltenstherapie (S. 306–314). Stuttgart: Thieme.

Deneke, F. W. (1999). Neurobiologische Aspekte von Strukturbildungs- und Regulationsprozessen speziell bei Borderline-Patienten und unter Berücksichtigung sexuell-traumatischer Erfahrungen. PTT – Persönlichkeitsstörungen. Theorie und Therapie, 3, 119–131.

Deneke, F. W. & Hilgenstock, B. (1989). Das Narzissmusinventar. Göttingen: Hogrefe.

DeWall, C. N., Masten, C. L., Powell, C. et al. (2012). Do neural responses to rejection depend on attachment style? An fMRI study. Social Cognitive & Affective Neuroscience, 7 (2), 184–192.

Deyoung, C. G. (2013). The neuromodulator of exploration: A unifying theory of the role of dopamine in personality. Frontiers in Human Neuroscience, 7, 762.

DGPPN Deutsche Gesellschaft für Psychiatrie, Psychotherapie und Nervenheilkunde (Hrsg.). (2009). S2-Behandlungsleitlinien Persönlichkeitsstörungen. Federführung: S.C. Herpertz. Heidelberg: Steinkopff-Verlag.

Di Blasi, C., Piga, D., Brioschi, P. et al. (2005). LAMA2 gene analysis in congenital muscular dystrophy: new mutations, prenatal diagnosis, and founder effect. Archives of Neurology, 62 (10), 1582–1586.

Digman, J. (1993). Historical antecedents of the five-factor-model. In P. T. Costa & T. A. Widiger (Eds.), Personality disorders and the five-factor model of personality (pp. 13–18). Washington, DC: American Psychological Association.

Digman, J. & Takemoto-Chock, N. K. (1981). Factors in the natural language of personality: Reanalysis and comparison of six major studies. Multivariate Behavioral Research, 18, 149–170.

Dilling, H., Mombour, W. & Schmidt, M. H. (Hrsg). (2015). Weltgesundheitsorganisation. Internationale Klassifikation psychischer Störungen. ICD-10 Kapitel V (F) Klinisch diagnostische Leitlinien (10. Aufl.). Bern: Hogrefe.

Distel, M. A., Middeldorp, C. M., Trull, T. J. et al. (2011). Life events and borderline personality features: the influence of gene-environment interaction and gene-environment correlation. Psychological Medicine, 41 (4), 849–860.

Dittmann, V., Ermer, A. & Stieglitz, R. D. (2001). Diagnostik von Persönlichkeitsstörungen. In R. D. Stieglitz, U. Baumann & H. J. Freyberger (Hrsg.), Psychodiagnostik in Klinischer Psychologie, Psychiatrie, Psychotherapie (S. 448–460). Stuttgart: Thieme.

Doering, S., Horz, S., Rentrop, M., Fischer-Kern, M., Schuster, M., Benecke, C., Buchheim, A., Martius, P. & Buchheim, P. (2010). Transference-focused psychotherapy vs. treatment by community psychotherapists for borderline personality disorder: Randomised controlled trial. British Journal of Psychiatry, 196 (5), 389–395.

Doering, S. & Sachse, R. (2008). Psychotherapie bei Cluster-B-Persönlichkeitsstörungen: Die histrionische und die narzisstische Persönlichkeitsstörung, In S. C. Herpertz, F. Caspar & Ch. Mundt (Hrsg.), Störungsorientierte Psychotherapie (S. 448–463). München: Elsevier.

Dolan, B. & Coid, J. (1993). Psychopathic and antisocial personality disorders. Treatment and research issues. London: Gaskell – The Royal College of Psychiatrists.

Domes, G., Schulze, L. & Herpertz, S. C. (2009). Emotion recognition in borderline personality disorder – a review of the literature. Journal of Personality Disorders, 23 (1), 6–19.

Donegan, N. H., Sanislow, C. A., Blumberg, H. P. et al. (2003). Amygdala hyperreactivity in borderline personality disorder: implications for emotional dysregulation. Biological Psychiatry, 54 (11), 1284–1293.

Dose, M. (2000). Juristische Aspekte. In T. Bronisch, M. Bohus, M. Dose, L. Reddemann & C. Unckel (2000), Krisenintervention bei Persönlichkeitsstörungen (S. 193–210). Stuttgart: Pfeiffer bei Klett-Cotta.

Dreessen, L., Hildebrand, M. & Arntz, A. (1998). Patient-informant concordance on the Structured Clinical Interview for DSM-III-R Personality Disorders (SCID-II). Journal of Personality Disorders, 12, 149–161.

Driessen, M., Beblo, T., Mertens, M. et al. (2004). Posttraumatic stress disorder and fMRI activation patterns of traumatic memory in patients with borderline personality disorder. Biological Psychiatry, 55 (6), 603–611.

Dührssen, A. (1973). Analytische Psychotherapie in Theorie, Praxis und Ergebnissen. Göttingen: Vandenhoeck & Ruprecht.

Duke, A. A., Begue, L., Bell, R. & Eisenlohr-Moul, T. (2013). Revisiting the serotonin-aggression relation in humans: a meta-analysis. Psychological Bulletin, 139 (5), 1148–1172.

Dulz, B. & Makowski, C. (1999). Zur Pharmakotherapie und Pharmakaforschung bei Borderline-Patienten. PTT – Persönlichkeitsstörungen: Theorie und Therapie, 3, 98–110.

Dumas, J. E. & Wahler, R. G. (1985). Indiscriminate mothering as a contextual factor in aggressive-oppositional child behavior: »Damned if you do, damned if you don't.« Journal of Abnormal Child Psychology, 13, 1–17.

Dupré, E. (1925). La doctrine des constitutions. In E. Dupré (Ed.), Pathologie de l'imagination et de l'emotivé (pp. 484–501). Paris: Payot.

Dusen, K. T. van, Mednick, S. A., Gabrielli, W. F. & Hutchings, B. (1983). Social class and crime in an adoption cohort. Journal of Criminal Law and Criminology, 74, 249–269.

Dyce, J. A. & O'Connor, B. P. (1998). Personality disorders and the five-factor model: A test of facet-level predictions. Journal of Personality Disorders, 12, 31–45.

Dziobek, I., Preissler, S., Grozdanovic, Z. et al. (2011). Neuronal correlates of altered empathy and social cognition in borderline personality disorder. Neuroimage, 57 (2), 539–548.

Ebner-Priemer, U. W., Badeck, S., Beckmann, C. et al. (2005). Affective dysregulation and dissociative experience in female patients with borderline personality disorder: a startle response study. Journal of Psychiatry Research, 39 (1), 85–92.

Ecker, W. (2001). Verhaltenstherapie bei Zwängen. Lengerich: Pabst.

Ecker, W. (2002). Die Behandlung von Zwängen. Bern: Huber.

Ecker, W. (2015). Die Krankheit des Zweifelns. Wege zur Überwindung von Zwangsgedanken und Zwangshandlungen (2. Aufl.). München: CIP-Medien.

Eckert, J. & Biermann-Ratjen, E. M. (2007). Gesprächspsychotherapeutische Behandlung der Borderline-Persönlichkeitsstörung. In G. Dammann & P. Janssen (Hrsg.), Psychotherapie der Borderline-Störungen (S. 164–176). Stuttgart: Thieme.

Eckert, J. & Kriz, J. (2012). Humanistische Psychotherapieverfahren. In W. Senf & M. Broda (Hrsg.), Praxis der Psychotherapie. Ein integratives Lehrbuch (5. Aufl.; S. 256–278). Stuttgart: Thieme.

Eikenaes, I., Hummelen, B., Abrahamsen, G., Andrea, H. & Wilberg, T. (2013). Personality functioning in patients with avoidant personality disorder and social phobia. Journal of Personality Disorders, 27, 746 – 763.

Eisenbarth, H. & Alpers, G. W. (2015). Diagnostik psychopathischer Persönlichkeitszüge bei Straftätern. Interne Konsistenz und differenzielle Validität der deutschen Version des PPI-R im Maßregel- und Strafvollzug. Zeitschrift für Klinische Psychologie und Psychotherapie, 44 (1), 1–16.

Eisenberger, N. I., Lieberman, M. D. & Williams, K. D. (2003). Does rejection hurt? An FMRI study of social exclusion. Science, 302, 290–292.

England, K. J., Spitzberg, B. H. & Zornmeier, M. M. (1996). Flirtation and conversational competence in cross-sex platonic and romantic relationships. Communication Reports, 9, 105–118.

Erikson, E. H. (1946). Ego development and historical change. Psychoanalytic study of the Child (Vol. 2; pp. 359–396). New York: International Universities Press [dt.: Ich-Entwicklung und geschichtlicher Wandel. In E. H. Erikson (1981) Identität und Lebenszyklus (S. 11–54). Frankfurt a. M.: Suhrkamp].

Erikson, E. H. (1950). Growth and crisis in the health personality (zus. mit J. M. Erikson). In M. J. E. Senn (Ed.), Symposon on the healthy personality (pp. 91–146). New York: Josua Macy [Überarbeitete deutsche Fassung: Wachstum und Krisen der gesunden Persönlichkeit. In E. H. Erikson (1981), Identität und Lebenszyklus (S. 55–122). Frankfurt a. M.: Suhrkamp].

Eron, L. D. & Huesmann, L. R. (1990). The stability of aggressive behavior – even unto the third generation. In M. Lewis & S. Miller (Eds.), Handbook of developmental psychopathology (pp. 147–156). New York: Plenum.

Esquirol, E. (1839). Des maladies mentales considérées sous les rapports médical, hygiénique et médico-legal. Paris: Baillière [Zugrunde gelegt die in Buchform vorliegende deutsche Übersetzung des 1. Kapitels: Von den Geisteskrankheiten (1968). Bern: Huber].

Essen-Möller, E. (1956). Individual traits and morbidity in a Swedish rural population. Acta Psychiatrica et Neurologica Scandinavia, Suppl. 100, 1–160.

Etkin, A., Kelemenhagen, K. C., Dudman, J. T., Rogan, M. T., Hen, R., Kandel, E. R. & Hirsch, J. (2004). Individual differences in trait anxiety predict the response of the basolateral amygdala to unconsciously processed fearful faces. Neuron, 44, 1043–1055.

Etkin, A., Egner, T. & Kalisch, R. (2011). Emotional processing in anterior cingulate and medial prefrontal cortex. Trends in Cognitive Science, 15, 85–93.

Euler, S. & Schultz-Venrath, U. (2014). Mentalisierungsbsierte Therapie (MBT). Mentalisierung als Grundlage wirksamer Psychotherapien. Psychotherapie im Dialog, 15 (3/2014), 40–43.

Eysenck, H. J. (1959). Charakterologie, Schichtentheorie und Psychoanalyse: eine Kritik. In H. von Bracken & H. P. David (Hrsg.), Perspektiven der Persönlichkeitstheorie (S. 248–256). Bern: Huber.

Eysenck, H. J. (1970). The structure of human personality (3rd ed.). London: Methuen.

Eysenck, H. J. (1977). Crime and personality. London: Routledge & Kegan Paul.

Eysenck, H. J. (1980a). Typologie. In W. Arnold, H. J. Eysenck & R. Meili (Hrsg.), Lexikon der Psychologie (Band 3; S. 2374–2379). Freiburg i. Br.: Herder.

Eysenck, H. J. (1980b). Psychopathie. In U. Baumann, H. Berbalck & G. Seidenstücker (Hrsg.), Klinische Psychologie – Trends in Forschung und Praxis, Band 3 (S. 323–360). Bern: Huber.

Eysenck, H. J. & Eysenck, S. B. G. (1978). Psychopathy, personality and genetics. In R. D. Hare & D. Schalling (Eds.), Psychopathic behaviour: Approaches to research (pp. 197–223). New York: Wiley.

Eysenck, H. J. & Eysenck, M. W. (1985). Personality and individual differences. A natural science approach. New York: Plenum Press [dt. 2. Aufl. (1987). Persönlichkeit und Individualität. Ein naturwissenschaftliches Paradigma. Weinheim: Beltz].

Fahrenberg, J., Hampel, R. & Selg, H. (2010). Das Freiburger Persönlichkeitsinventar FPI (8. Aufl.). Göttingen: Hogrefe.

Farrington, D. P. & West, D. J. (1990). The Cambridge study in delinquent development: A longterm follow-up of 411 London males. In H. J. Kerner & G. Kaiser (Eds.), Criminality: Personality, behaviour, life history. Berlin, New York: Springer.

Feldman, P. (1993). The psychology of crime. Cambridge: Cambridge University Press.

Felmlee, D. H. (1998). Fatal attraction. In B. H. Spitzberg & W. R. Cupach (Eds.), The dark side of close relationships (pp. 3–31). Hillsdale, NJ: Lawrence Erlbaum Associates.

Fenichel, O. (1945). Psychoanalytische Neurosenlehre, Band II. Freiburg: Walter, Olten.

Ferenczi, S. (1999). Ohne Sympathie keine Heilung. Das Tagebuch von 1932. Frankfurt a. M.: Fischer.

Feuchtersleben, E. Fr. v. (1845). Lehrbuch der ärztlichen Seelenkunde. Als Skizze zu Vorträgen bearbeitet. Wien: Carl Gerold.

Fiedler, P. (Hrsg.). (1981). Psychotherapieziel Selbstbehandlung. Grundlagen kooperativer Psychotherapie. Weinheim: edition psychologie im VCH-Verlag.

Fiedler, P. (1999a). Salutogenese und Pathogenese in der Persönlichkeitsentwicklung. In R. Oerter, C. v. Hagen, G. Röper & G. Noam (Hrsg.), Klinische Entwicklungspsychologie (S. 314–334). Weinheim: Beltz.

Fiedler, P. (1999b). Persönlichkeit versus Persönlichkeitsstörung: Verpasst die Differentielle Psychologie einen wichtigen Zug? In W. Hacker & M. Rinck (Hrsg.), Zukunft gestalten. Bericht über den 41. Kongreß der Deutschen Gesellschaft für Psychologie (S. 204–215). Lengerich: Pabst.

Fiedler, P. (2000). Beratung in der Psychotherapie? Ein Beitrag zur Diskussion am Beispiel der Behandlung einer narzisstischen Persönlichkeitsstörung. Beratung aktuell, 1, 52–68.

Fiedler, P. (2003a). Integrative Psychotherapie bei Persönlichkeitsstörungen (2. Aufl.). Göttingen: Hogrefe.

Fiedler, P. (2003b). Komplexe Traumatisierung und Persönlichkeitsstörungen. In G. H. Seidler, P. Laszig, R. Micka & B. V. Nolting (Hrsg.), Aktuelle Entwicklungen in der Psychotraumatologie. Theorie, Krankheitsbilder, Therapie (S. 55–78). Gießen: Psychosozial-Verlag.

Fiedler, P. (2004a). Sexuelle Orientierung und sexuelle Abweichung. Heterosexualität, Homosexualität, Transgenderismus und Paraphilien, sexueller Missbrauch, sexuelle Gewalt. Weinheim: Beltz.

Fiedler, P. (2004b). Ressourcenorientierte Psychotherapie bei Persönlichkeitsstörungen. Psychotherapeutenjournal, 3 (Heft 1), 4–12.

Fiedler, P. (2005a). Verhaltenstherapie in Gruppen. Psychologische Psychotherapie in der Praxis (2. Aufl.). Weinheim: Beltz.

Fiedler, P. (2005b). Persönlichkeitsstörungen: Intervention. In M. Perrez & U. Baumann (Hrsg.), Lehrbuch Klinische Psychologie – Psychotherapie (erstmals für 3. Aufl.; S. 1034–1045). Bern: Huber.

Fiedler, P. (2006a). Persönlichkeitsstörungen. In H. U. Wittchen & J. Hoyer (Hrsg.), Klinische Psychologie und Psychotherapie (S. 927–945). Heidelberg: Springer.

Fiedler, P. (2006b). Cluster-C Persönlichkeitsstörungen. In B. Strauß, F. Caspar & F. Hohagen (Hrsg.), Lehrbuch der Psychotherapie (Teilband 1: S. 439–464). Göttingen: Hogrefe.

Fiedler, P. (2006c). Psychotherapie in der Entwicklung. Verhaltenstherapie und psychosoziale Praxis, 38, 269–282.

Fiedler, P. (2006d). Stalking. Opfer, Täter, Prävention, Behandlung. Weinheim: Beltz.

Fiedler, P. (2007). Persönlichkeitsstörungen (6. Aufl.). Weinheim: Beltz.

Fiedler, P. (2007a). Artifizielle (vorgetäuschte) Störungen. In J. Margraf & S. Schneider (Hrsg.), Lehrbuch der Verhaltenstherapie (neu für die 3. Aufl.; Band 2; im Druck). Heidelberg: Springer.

Fiedler, P. (2007b). Verhaltenstherapeutische Beratung. In J. Margraf & S. Schneider (Hrsg.), Lehrbuch der Verhaltenstherapie (neu für die 3. Aufl.; Band 1; im Druck). Heidelberg: Springer.

Fiedler, P (2007c). Zwang und anankastische Persönlichkeitsstörung aus verhaltenstherapeutischer Sicht. Persönlichkeitsstörungen. Theorie und Therapie, 11, 75–86.

Fiedler, P. (2008). Dissoziative Störungen und Konversion. Trauma und Traumabehandlung (3. Aufl.). Weinheim: Beltz.

Fiedler, P. (2008a). Störungen der Impulskontrolle. In J. Margraf & S. Schneider (Hrsg.), Lehrbuch der Verhaltenstherapie (neu für die 3. Aufl.; Bd. 2; S. 497–506). Heidelberg: Springer.

Fiedler, P. (2009). Verhaltenstherapeutische Beratung. In J. Margraf & S. Schneider (Hrsg.), Lehrbuch der Verhaltenstherapie (Bd. 1; 3. Aufl.; S. 743–754). Heidelberg: Springer.

Fiedler, P. (2009a). Psychotherapie und Emotionen. In V. Brandstätter & J. H. Otto (Hrsg.), Handbuch der Allgemeinen Psychologie – Motivation und Emotion (Reihe: Handbuch der Psychologie; S. 731–740). Göttingen: Hogrefe.

Fiedler, P. (2010). Verhaltenstherapie mon amour. Mythos – Fiktion – Wirklichkeit. Stuttgart: Schattauer.

Fiedler, P. (2012). Wie stellt sich Aggression bei einzelnen Persönlichkeitsstörungen dar? Persönlichkeitsstörungen – Theorie und Therapie, 16 (4), 241–247.

Fiedler, P. (2013a). Dissoziative Störungen (2. Aufl.). Göttingen: Hogrefe.

Fiedler, P. (2013b). Kulturabhängige dissoziative Störungen. In U. Wolfradt, G. Heim & P. Fiedler (Hrsg.), Dissoziation und Kultur. Pierre Janets Beiträge zur modernen Psychiatrie und Psychologie, Band 3 (S. 41–55). Lengerich: Pabst.

Fiedler, P. (2013c). Persönlichkeit und Depression – Überlegungen zur differenziellen Indikation und Behandlung. In Th. Fuchs & M. Berger (Hrsg.), Affektive Störungen. Klinik – Therapie – Perspektiven (S. 37–47). Stuttgart: Schattauer.

Fiedler, P. (2014a). Integrative Behandlung von Persönlichkeitsstörungen. Beispiele und Perspektiven. Psychotherapie im Dialog, 15 (3), 90–93.

Fiedler, P. (2014b). Eine neue Welle in der Psychotherapie kommt ins Rollen – aber Achtung: nicht nur mit der Schematherapie. Verhaltenstherapie und Verhaltensmedizin, 35, 257–269.

Fiedler, P. & Mundt, Ch. (1996). Dissoziative Störungen, vorgetäuschte Störungen und Störungen der Impulskontrolle. In K. Hahlweg & A. Ehlers (Hrsg.), Psychische Störungen und ihre Behandlung. (Enzyklopädie der Psychologie: Klinische Psychologie; Band 2; S. 355–436). Göttingen: Hogrefe.

Fiedler, P. & Renneberg, B. (2007). Ressourcenorientierte Therapie der Borderline-Persönlichkeitsstörung. In G. Dammann & P. Janssen (Hrsg.), Psychotherapie der Borderline-Störungen (S.155–163). Stuttgart: Thieme.

Fiedler, P. & Standop, R. (1994). Stottern. Diagnose, Ätiologie, Behandlung (4. Aufl.). Weinheim: Beltz.

Fiedler, P., Vogt, L., Rogge, K.-E. & Schulte, D. (1994). Die prognostische Relevanz der Autonomie-Entwicklung von Patienten in der verhaltenstherapeutischen Phobienbehandlung: eine Prozeßanalyse mittels SASB. Zeitschrift für Klinische Psychologie, 23, 202–212.

Figley, C. (1978). Stress disorders among Vietnam Veterans: Theory, research, and treatment implications. New York: Brunner / Mazal.

Finger, E. C., Marsh, A. A., Blair, K. S. et al. (2011). Disrupted reinforcement signaling in the orbitofrontal cortex and caudate in youths with conduct disorder or oppositional defiant disorder and a high level of psychopathic traits. American Journal of Psychiatry, 168 (2), 152–162.

Finzen, A. (1988). Der Patientensuizid. Bonn: Psychiatrie-Verlag.

First, M. B., Spitzer, R. L., Gibbon, M., Williams, J. B. W. & Benjamin, L. (1995). The Structured Clinical Interview for DSM-III-R Personality Disorders (SCID-II). Washington: American Psychiatric Press.

Fiske, D. W. (1949). Consistency of factorial structures of personality ratings from different sources. Journal of Abnormal and Social Psychology, 44, 329–344.

Fleming, B. (1996). Kognitiv-verhaltenstherapeutische Behandlung der histrionischen Persönlichkeitsstörung. In B. Schmitz, Th. Fydrich & K. Limbacher (Hrsg.), Persönlichkeitsstörungen: Diagnostik und Psychotherapie (S. 219–243). Weinheim: Beltz.

Fonagy, P. (2003). Towards a developmental understanding of violence. British Journal of Psychiatry, 183, 190–192.

Fonagy, P. & Bateman, A. W. (2005). Attachment theory and mentalization-oriented model of Borderline personality disorder. In J. M. Oldham, A. E., Skodol & D. S. Bender (Eds.), Textbook of personality disorders (pp. 187–208). Washington DC: American Psychiatric Publishing, Inc.

Fonagy, P. & Roth, A. (2004). Ein Überblick über die Ergebnisforschung anhand nosologischer Indikationen. Psychotherapeutenjournal, 3 (3), 205–219 / (4) 301–315.

Fonagy, P., Gergely, G., Jurist, E. et al. (2002). Affect regulation, mentalization, and the development of the self. New York: Other Press.

Ford, M. R. & Widiger, T. A. (1989). Sex bias in the diagnosis of histrionic and antisocial personality disorder. Journal of Consulting and Clinical Psychology, 57, 301–305.

Fossati, A., Madeddu, F. & Maffei, C. (1999). Borderline personality disorder and childhood sexual abuse: A meta-analytic study. Journal of Personality Disorders, 13, 268–280.

Fossati, A., Maffei, C., Bagnato, M., Donati, D., Donini, M., Fiorilli, M., Novella, L. & Ansoldi, M. (1998). Criterion validity of the Personality Diagnostic Questionnaire-4+ (PDQ-4+) in a mixed psychiatric sample. Journal of Personality Disorders, 12, 172–178.

Fowler, J. C. & Hart, J. M. (2014). Cognitive-behavioral therapie II: Specific strategies for personality disorders. In J. M Oldham, A. E. Skodol & D. S. Bender (Eds.), Textbook of personality disorders (2nd ed.; pp. 261–280). Washington, DC: The American Psychiatric Publishing, Inc.

Fowles, D. C. (1988) Psychophysiology and psychopathology: A motivational approach. Psychophysiology, 25, 373–391.

Frances, A. J (1980). The DSM-III personality disorder section: A commentary. American Journal of Psychiatry 137, 1050–1054.

Frances, A. J. & Katz, S. E. (1986). Treating a young woman with a mix of affective and personality disorders. Hospital and Community Psychiatry, 37, 331–333.

Frances, A. J. & Widiger, T. A. (1989). Avoidant personality disorder. In American Psychiatric Association (Ed.), Treatments of psychiatric disorders (Vol. 3; pp. 2759–2762). Washington, DC: American Psychiatric Association.

Freeman, P. S. & Gunderson, J. G. (1989). Treatment of personality disorders. Psychiatric Annals, 19, 147–153.

Freud, A. (1936). Das Ich und die Abwehrmechanismen. London: Mayo [dt. (1945). München: Kindler].

Freud, S. (1896). Zur Ätiologie der Hysterie. Wiener klinische Rundschau, 10 (22), 379–381; (24), 413–415; (25) 432–433; (26), 450–452 [In: Freud, S. (1952). Gesammelte Werke (Band 1; S. 425–459). Frankfurt a. M.: Fischer].

Freud, S. (1905a). Bruchstück einer Hysterie-Analyse. Monatsschrift für Psychiatrie und Neurologie, 18 (4), 285–310; (5), 408–467 [In: Freud, S. (1952). Gesammelte Werke (Band 5; S. 163–286). Frankfurt a. M.: Fischer].

Freud, S. (1905b). Drei Abhandlungen zur Sexualtheorie. Wien: Deuticke [(1960), Gesammelte Werke (Band 5, 29–145). Frankfurt a. M.: S. Fischer].

Freud, S. (1908). Charakter und Analerotik. Psychiatrisch-neurologische Wochenschrift, 9 (52), 465–467 [(1960), Gesammelte Werke (Band 10; S. 203–209). Frankfurt a. M.: S. Fischer].

Freud (1911 / 1922). Psychoanalytische Bemerkungen über einen autobiographisch beschriebenen Fall von Paranoia [(1960). Gesammelte Werke (Band 8, S. 239–320). Frankfurt a. M.: S. Fischer].

Freud, S. (1913). Zur Disposition der Zwangsneurose. Internationale Zeitschrift für ärztliche Psychoanalyse, 1, 525–532 [(1960), Gesammelte Werke (Band 8, 442–452). Frankfurt a. M.: S. Fischer].

Freud, S. (1914). Zur Einführung des Narzißmus. Jahrbuch der Psychoanalyse, 6, 1–24 [(1960). Gesammelte Werke (Band 10, 138–170). Frankfurt a. M.: S. Fischer].

Freud, S. (1916/1917). Vorlesungen zur Einführung in die Psychoanalyse. Leipzig: Heller [(1960). Gesammelte Werke (Band 11). Frankfurt a. M.: S. Fischer].

Freud, S. (1924). Der Realitätsverlust bei Neurose und Psychose. Internationale Zeitschrift für Psychoanalyse, 10, 374–379 [(1960). Gesammelte Werke (Band 13; S. 363–368). Frankfurt a. M.: S. Fischer].

Freud, S. (1931). Über libidinöse Typen. Internationale Zeitschrift für Psychoanalyse, 17, 313–316 [(1960). Gesammelte Werke (Band 14, 509–513). Frankfurt a. M.: S. Fischer].

Freud, S. (1933). Neue Folge der Vorlesungen zur Einführung in die Psychoanalyse. Wien: Internationaler Psychoanalytischer Verlag [(1960). Gesammelte Werke. Band 15. Frankfurt a. M.: S. Fischer].

Freud, S. (1941). A disturbance on memory on the Acropolis. International Journal of Psychoanalysis, 22, 93–101 [Freud, S. (1936). Brief an Romain Rolland (Eine Erinnerungslücke auf der Akropolis). Gesammelte Werke (1950; Band 16; S. 250–257). Frankfurt a. M.: Fischer].

Freud, S. (1969). Vorlesungen zur Einführung in die Psychoanalyse Und Neue Folge. Studienausgabe, Band 1. Frankfurt a. M.: S. Fischer.

Frick, C., Lang, S., Kotchoubey, B. et al. (2012). Hypersensitivity in borderline personality disorder during mindreading. PLoS One (Public Library of Science), 7 (8), e41650.

Fromm, E. (1941). Escape of freedom. New York: Holt, Rinehart & Winston [dt. (1983). Die Furcht vor der Freiheit. Stuttgart: Deutsche Verlags-Anstalt].

Fromm, E. (1959). Sigmund Freud's mission. New York: Harper [dt. (1981). Sigmund Freud. Seine Persönlichkeit und seine Wirkung. Frankfurt a. M.: Ullstein].

Fromm, E. (1961). Marx's concept of man. New York: Frederick Ungar [dt. (1982). Das Menschenbild bei Marx. Frankfurt a. M.: Ullstein].

Frosch, J. P. (1983). The treatment of antisocial and borderline personality disorders. Hospital and Community Psychiatry, 34, 243–248.

Fulker, D. W., Eysenck, S. G. B. & Zuckerman, M. (1980). A genetic and environmental analysis of sensation seeking. Journal of Research in Personality, 14, 105–127.

Fuller, A. K. & Blashfield, R. K. (1989). Masochistic personality disorder: A prototype analysis of diagnosis and sex bias. Journal of Nervous and Mental Disease, 177, 168–172.

Fydrich, T. (2009). Soziale Phobie. In J. Margraf (Hrsg.), Lehrbuch der Verhaltenstherapie (Band 2; 3. Aufl.; S. 45–64). Berlin: Springer.

Fydrich, T., Schmitz, B., Dietrich, D., Heinicke, S. & König, J. (1996a). Prävalenz und Komorbidität von Persönlichkeitsstörungen. In B. Schmitz, Th. Fydrich & K. Limbacher (Hrsg.), Persönlichkeitsstörungen: Diagnostik und Psychotherapie (S. 56–90). Weinheim: Beltz.

Fydrich, T., Schmitz, B., Hennch, Ch. & Bodem, M. (1996b). Zuverlässigkeit und Gültigkeit diagnostischer Verfahren zur Erfassung von Persönlichkeitsstörungen. In B. Schmitz, Th. Fydrich & K. Limbacher (Hrsg.), Persönlichkeitsstörungen: Diagnostik und Psychotherapie (S. 91–116). Weinheim: Beltz.

Fydrich, T., Renneberg, B., Schmitz, B. & Wittchen, H. U. (1997). Strukturiertes Klinisches Interview für DSM-IV, Achse II (Persönlichkeitsstörungen) – SKID-II. Göttingen: Hogrefe.

Fydrich, T., Schmitz, B. & Bodem, M. (1995). Fragebogen zu kognitiven Schemata (FKS). Heidelberg: Psychologisches Institut der Universität.

Gabbard, G. O. (1989). Two subtypes of narcissistic personality disorder. Bulletin of the Menninger Clinic, 53, 527–532.

Galione, J. N. & Oltmanns, T. F. (2013). The relationship between borderline personality disorder and major depression in later life: acute versus temperamental symptoms. American Journal of Geriatric Psychiatry, 21, 747–756.

Gao, Y., Raine, A., Venables, P. H., Dawson, M. E. & Mednick S. A. (2010). Association of poor childhood fear conditioning and adult crime. American Journal of Psychiatry, 167, 56–60.

Gasiet, S. (1981). Menschliche Bedürfnisse. Eine theoretische Synthese. Frankfurt: Campus.

Gay, P. (1987). Freud: A life for our time. New York: Norton [dt. (1989). Freud: Eine Biographie für unsere Zeit. Frankfurt a. M.: Fischer].

Gendreau, P. & Goggin, C. (1996). Principles of effective programming. Forum on Correctional Research, 8, 38 ff.

Gendreau, P., Little, T. & Goggin, C. (1996). A meta-analysis of adult offender recidivism: What works! Criminology, 34, 575–607.

Gerstley, L., McLellan, A. T., Alterman, A. I., Woody, G. E., Luborsky, L. & Prout, M. (1989). Ability to form an alliance with the therapist: A possible marker of prognosis for patients with antisocial personality disorder. American Journal of Psychiatry, 146, 508–512.

Giernalczyk, T. (2005). Psychodynamische Therapie bei Borderline-Störungen. In Th. Giernalczyk (Hrsg.), Zur Therapie von Persönlichkeitsstörungen (2. Aufl., S. 79–88). Tübingen: dgvt-Verlag.

Giesen-Bloo, J., van Dyck, R., Spinhoven, P., van Tilburg, W., Dirksen, C., van Asselt, T., Kremers, I., Nadort, M. & Arntz, A. (2006). Outpatient psychotherapy for borderline personality disorder: randomized trial of schema-focused therapy vs transference-focused psychotherapy. Archives of General Psychiatry, 63(6), 649–658.

Girolamo, G. de & Reich, J. H. (1993). Personality disorders. Genf: World Health Organization Publications [Epidemiology of Mental Health Disorders and Psychosocial Problems].

Glatzel, J. (1977). Das psychisch Abnorme. Kritische Ansätze zu einer Psychopathologie. München: Urban & Schwarzenberg.

Glueck, S. & Glueck, E. (1959). Predicting delinquency and crime. Cambridge, MA: Harvard University Press [dt. (1963). Jugendliche Rechtsbrecher. Wege zur Vorbereitung. Stuttgart: Enke].

Goffman, E. (1959). The moral career of the mental patient. Psychiatry, 22, 123–142 [Auszugsweise dt. (1972). Die moralische Karriere der psychisch gestörten Patienten. In H. Keupp (Hrsg.), Der Krankheitsmythos in der Psychopathologie (S. 122–135). München: Urban & Schwarzenberg].

Goffman, E. (1961). Asylums. Essays on the social situation of mental patients and other immats. New York [dt. (1972). Asyle. Über die soziale Situation psychiatrischer Patienten und anderer Insassen. Frankfurt: edition suhrkamp].

Goldberg, S. C., Schulz, S. C., Schulz, P. M., Resnick, R. J., Hamer, R. M. & Friedel, R. O. (1986). Borderline and schizotypal personality disorders treated with low-dose thiothixine versus placebo. Archives of General Psychiatry, 43, 680–686.

Goldberg, L. R. (1993). The structure of phenotypic personality traits. American Psychologist, 48, 26–34.

Goldberg, R. L., Mann, L. S., Wise, T. N. & Segall, E. A. (1985). Parental qualities as perceived by borderline personality disorder. Hillside Journal of Clinical Psychiatry, 7, 134–140.

Goldman, S. J., D'Angelo, E. J., DeMaso, D. R. & Mezzacappa, E. (1992). Physical and sexual abuse histories among children with borderline personality disorder. American Journal of Psychiatry, 149, 1723–1726.

Grawe, K. & Braun, U. (1994). Qualitätskontrolle in der Psychotherapiepraxis. Zeitschrift für Klinische Psychologie, 23, 242–267.

Grawe, K., Donati, R. & Bernauer, F. (1994). Psychotherapie im Wandel. Von der Konfession zur Profession. Göttingen: Hogrefe.

Greenberg, R. P. & Bornstein, R. F. (1988a). The dependent personality disorder: I. Risk for physical disorders. Journal of Personality Disorders, 2, 126–135.

Greenberg, R. P. & Bornstein, R. F. (1988b). The dependent personality: II. Risk for psychological disorders. Journal of Personality Disorders, 2, 136–143.

Gregory, S., Fytche, D., Simmons, A. et al. (2012). The antisocial brain: Psychopathy matters. Archives of General Psychiatry, 69 (9), 962–972.

Grilo, C. M. (2004). Factor structure of DSM-IV criteria for obsessive-compulsive personality disorder in patients with binge eating disorder. Acta Psychiatrica Scandinavia, 109, 64–69.

Grilo, C. M., Sanislow, C. A., Gunderson, J. G. et al. (2004). Two-year stability and change of schizotypal, borderline, avoidant, and obsessive-compulsive personality disorders. Journal of Consulting and Clinical Psychology, 72, 767–775.

Grilo, C. M., McGlashan, T. H. & Skodol, A. E. (2014). Course and outcome. In J. M Oldham, A. E. Skodol & D. S. Bender (Eds.), Textbook of personality disorders (2nd ed.; pp. 165–186). Washington, DC: The American Psychiatric Publishing, Inc.

Gross, J. J. (2002). Emotion regulation: Affective, cognitive, and social consequences. Psychophysiology, 39 (3), 281– 291.

Groopman, L. C. & Cooper, A. M. (1995). Narcissistic personality disorder. In G. O. Gabbard (Ed.), Treatments of psychiatric disorders (2nd ed.; Vol. 2; pp. 2327–2344). Washington, DC: American Psychiatric Association.

Gruhle, H. W. (1922). Psychologie des Abnormen. München.

Gruhle, H. W. (1956). Psychopathie. In W. Weygandt (Hrsg.), Lehrbuch der Nerven- und Geisteskrankheiten (2. Aufl.; S. 664–686). Halle: Marhold.

Guilford, J. P. (1975). Factors and factors of personality. Psychological Bulletin, 82, 802–814.

Gunderson, J. G. (1992). Diagnostic controversies. In A. Tasman & M. B. Riba (Eds.), Review of Psychiatry – Vol. 11 (pp. 9–24). Washington, DC: American Psychiatric Press.

Gunderson, J. G. & Kolb, J. E. (1978). Discriminating features of borderline patients. American Journal of Psychiatry, 135, 792–796.

Gunderson, J. G. & Singer, M. T. (1975). Defining borderline patients: An overview. American Journal of Psychiatry, 132, 1–10.

Gunderson, J. G. & Zanarini, M. C. (1987). Current overview of the borderline diagnosis. Journal of Clinical Psychiatry, 48, 5–11.

Gunderson, J. G., Kolb, J. E. & Austin, V. (1981). The diagnostic interview for borderlines. American Journal of Psychiatry, 138, 896–903.

Gunderson, J. G., Siever, L. J. & Spaulding, E. (1983). The search for a schizotype: Crossing the border again. Archives of General Psychiatry, 40, 15–22.

Gunderson, J. G., Ronningstam, E. & Bodkin, A. (1990). The diagnostic interview for narcissistic patients. Archives of General Psychiatry, 47, 676–680.

Gunderson, J. G., Shea, M. T., Skodol, A. E. et al. (2000). The Collaborative Longitudinal Personality Disorders Study, I: development, aims, designs and sample characteristics. Journal of Personality Disorders, 14, 300–315.

Gunderson, J. G., Bender, D., Sanislow, C. et al. (2003). Plausibility and possible determinants of sudden »remissions« in borderline patients. Psychiatry, 66, 111–118.

Gunderson, J. G., Links, P. S. & Reich, J. H. (1991a). Competing models of personality disorders. Journal of Personality Disorders, 5, 60–68.

Gunderson, J. G., Ronningstam, E. & Smith, L. E. (1991b). Narcissistic personality disorder: A review of data on DSM-III-R descriptions. Journal of Personality Disorders, 5, 167–177.

Gunderson, J. G., Gratz, K. L., Neuhaus, E. C. & Smith, G. W. (2005). Levels of care in treatment. In J. M. Oldham, A. E. Skodol & D. S. Bender (Eds.), Textbook of personality disorders (pp. 239–256). Washington, DC: The American Psychiatric Publishing, Inc.

Gunderson, J. G., Stout, R. L., McGlashan, T. H., Shea, M. T., Morey, L. C., Grilo, C. M., Zanarini, M. C., Yen, S., Markowitz, J. C., Sanislow, C., Ansell, E., Pinto, A. & Skodol, A. E. (2011). Ten-year course of borderline personality disorder: psychopathology and functioning from the Collaborative Longitudinal Personality Disorders Study. Archives of General Psychiatry, 68, 827–837.

Gunia, H. (2014). Psychotherapie von Menschen mit Borderline-Persönlichkeitsstörungen in einem ambulanten Netzwerk. Psychotherapie im Dialog, 15 (3/2014), 60–63.

Gunia, H., Friedrich, J. & Huppertz, M. (2005). Evaluation eines ambulanten DBT-Netzwerks – Erste Ergebnisse. In R. Merod (Hrsg.), Behandlung von Persönlichkeitsstörungen. Ein schulübergreifendes Handbuch (S. 523–547). Tübingen: dgvt-Verlag.

Häfner, H. (1961). Psychopathen. Daseinsanalytische Untersuchungen zur Struktur und Verlaufsgestalt von Psychopathien. Berlin: Springer.

Hamburger, M. E., Lilienfeld, S. O. & Hogben, M. (1996). Psychopathy, gender, and gender roles: Implications for antisocial and histrionic personality disorders. Journal of Personality Disorders, 10, 41–55.

Hamilton, S., Rothbart, M. & Dawes, R. (1986). Sex bias diagnosed in DSM-III. Sex Roles, 15, 269–274.

Hanson, R. K. & Bussière, M. T. (1998). Predicting relapse: A meta-analysis of sexual offender recidivism studies. Journal of Consulting and Clinical Psychology, 66, 348–362.

Hare, R. D. (1980). A research scale for the assessment of psychopathy in criminal populations. Personality and Individual Differences, 1, 111–119.

Hare, R. D. (1983). Diagnosis of antisocial personality disorders in two prison populations. American Journal of Psychiatry, 140, 887–890.

Hare, R. D. (1985). A comparison of procedures for the assessment of psychopathy. Journal of Consulting and Clinical Psychology, 53, 7–16.

Hare, R. D. (1991). The Hare Psychopathy Checklist – Revised Manual. North Tonawanda, NY: Multi-Health Systems [(2005). 2nd Edition].

Hare, R. D. & Cox, D. N. (1978). Clinical and empirical conceptions of psychopathy. In R. D. Hare & D. Schalling (Eds.), Psychopathic behavior: Approaches to research (pp. 1–22). New York: Wiley.

Hariri, A. R., Drabant, E. M., Munoz, K. E. et al. (2005). A susceptibility gene for affective disorders and the response of the human amygdala. Archives of General Psychiatry, 62 (2), 146–152.

Harris, G. T. & Rice, M. E. (1997). Mentally disordered offenders: What research says about effective service. In C. D. Webster & M. A. Jackson (Eds.), Impulsivity: Theory, assessment, and treatment (pp. 361–393). New York: Guilford Press.

Hart, S. D. & Hare, R. D. (1989). Discriminant validity of the Psychopathic Checklist in a forensic psychiatric population. Psychological Assessment: A Journal of Consulting and Clinical Psychology, 1, 211–218.

Hartmann, H. (1939). Ego-psychology and the problem of adaption. New York: International Universities Press [dt. (1970). Ich-Psychologie und Anpassungsproblem (2. Aufl.). Stuttgart: Klett].

Hartmann, H. (1950). Comments on the psychoanalytic theory of the ego. In H. Hartmann (1964). Essays on ego psychology. New York: International Universities Press [dt. (1964/1965). Bemerkungen zur psychoanalytischen Theorie des Ichs. Psyche, 18, 330–353].

Hartmann, H. (1964). Essays on Ego-Psychology. New York: International Universities Press [dt. (1972). Ich-Psychologie. Studie zur psychoanalytischen Theorie. Stuttgart: Klett.]

Haslam, N., Holland, E. & Kuppens, P. (2012). Categories versus dimensions in personality and psychopathology: A quantitative review of taxometric research. Psychological Medicine, 42, 903–920.

Hassel, S., McKinnon, M. C., Cusi, A. M. & Macqueen, G. M. (2011) An overview of psychological and neurobiological mechanisms by which early negative experiences increase risk of mood disorders. Journal of the Canadian Academy of Child and Adolescent Psychiatry, 20, 277–288.

Heatherton, T. F. & Weinberger, J. L. (Eds.). (1993). Can personality change? Washington, DC: American Psychological Association.

Hehlmann, W. (1967). Geschichte der Psychologie (2. Aufl.). Stuttgart: Alfred Kröner.

Heidenreich, T. & Michalak, J. (2005). Achtsamkeit und Akzeptanz. Tübingen: dgvt-Verlag.

Heinz, A., Braus, D. F., Smolka, M. N. et al. (2005). Amygdala-prefrontal coupling depends on a genetic variation of the serotonin transporter. Nature Neuroscience, 8 (1), 20–21.

Helson, R. & Stewart, A. (1993). Personality change in adulthood. In T. F. Heatherton & J. L. Weinberger (Eds.), Can personality change? (pp. 201–226). Washington, DC: American Psychological Association.

Henderson, D. (1939). Psychopathic states. New York: Norton.

Hengartner, M. P., Ajdacic-Gross, V., Rodgers, S., Muller, M. & Rossler, W. (2013). »Childhood adversity in association with personality disorder dimensions: new findings in an old debate.« European Psychiatry, 28 (8), 476–482.

Herman, J. L., Perry, J. C. & Kolk, B. A. v. d. (1989). Childhood trauma in borderline personality disorder. American Journal of Psychiatry, 146, 490–495.

Herpertz, S. (2015). Ätiologie und Behandlung der Persönlichkeitsstörungen: Eine neurobiologische Perspektive. In U. Voderholzer & F. Hohagen (Hrsg.), Therapie psychischer Störungen. State of the Art (10. Aufl.; S. 338–347). München: Urban & Fischer.

Herpertz, S. C. & Bertsch, K. (2015). A new perspective on the pathophysiology of Borderline Personality Disorder: A model of the role of oxytocin. American Journal of Psychiatry, 172 (9), 840–851.

Herpertz, S. C. & Buchheim, A. (2011). Zur Differenzialtypologie aggressiver Persönlichkeiten. Persönlichkeitsstörungen: Theorie und Therapie, 15, 17–23.

Herpertz, S. C. & Herpertz-Dahlmann, B. (2003). Temperament und Persönlichkeit. In B. Herpertz-Dahlmann, M. Schulte-Markwort & A. Warnke (Hrsg.), Entwicklungspsychiatrie (S. 151–162). Stuttgart: Schattauer.

Herpertz, S. C. & Matzke, B. (2012). Borderline Persönlichkeitsstörung. In S. C. Herpertz, K. Schnell & P. Falkai (Hrsg.), Psychotherapie in der Psychiatrie (S. 257–290). Stuttgart: Kohlhammer.

Herpertz, S. C. & Sass, H. (1999). Personality disorders and the law, with a German perspective. Current Opinion in Psychiatry, 12, 689–693.

Herpertz, S. C. & Saß, H. (2000). »Die Hysterie« – ein Frauenleiden? Zur Geschlechterverteilung bei histrionischer Persönlichkeitsstörung. Persönlichkeitsstörungen – Theorie und Therapie PTT, 3, 151–176.

Herpertz, S. C. & Wenning, B. (2003). Histrionische Persönlichkeitsstörung. In S. C. Herpertz & H. Saß (Hrsg.), Persönlichkeitsstörungen (S. 102–109). Stuttgart: Thieme.

Herpertz, S. C., Gretzer, A., Steinmeyer, E. M. et al. (1997). Affective instability and impulsivity in personality disorder. Results of an experimental study. Journal of Affective Disorders, 44 (1), 31–37.

Herpertz, S. C., Habermeyer, V. & Bronisch, T. (2011). Persönlichkeitsstörungen. In H. J. Möller, T. Laux & H. P. Kapfhammer (Hrsg.), Psychiatrie und Psychotherapie (4. Aufl.). Berlin: Springer.

Herpertz, S. C., Dietrich, T. M., Wenning, B. et al. (2001). Evidence of abnormal amygdala functioning in borderline personality disorder: A functional MRI study. Biological Psychiatry, 50 (4), 292–298.

Herpertz, S. C., Wenning, B., Mueller, B., Qunaibi, M., Sass, H. & Herpertz-Dahlmann, B. (2001). Psychophysiological responses in ADHD children with and without conduct disorder – implications for adult antisocial behavior. Journal of the American Academy of Child and Adolescence Psychiatry, 40, 1222–1230.

Herpertz, S. C., Mueller, B., Wenning, B., Qunaibi, M., Lichterfeld, C., Konrad, K. & Herpertz-Dahlmann, B. (2005). Response to emotional stimuli in boys with conduct disorder. American Journal of Psychiatry, 162, 1100–1107.

Herpertz, S. C., Zanarini, M., Schulz, C. S., Siever, L., Lieb, K. & Möller, H. J. [WFSBP Task Force on Personality Disorders] (2007). World Federation of Societies of Biological Psychiatry (WFSBP) guidelines for biological treatment of personality disorders. World Journal of Biological Psychiatry, 8, 212–244.

Hilsenroth, M. J., Handler, L. & Blais, M. A. (1996). Assessment of narcissistic personality disorder: A multi-method review. Clinical Psychology Review, 16, 655–683.

Hirschfeld, R. M., Shea, M. T. & Weise, R. (1991). Dependent personality disorder: Perspectives for DSM-IV. Journal of Personality Disorders, 5, 135–149.

Hirschfeld, R. M. A., Klerman, G. L., Gough, H. G., Barrett, J., Korchin, S. J. & Chodoff, P. (1977). A measure of interpersonal dependency. Journal of Personality Assessment, 41, 610–618.

Hoch, P. & Catell, J. (1959). The diagnosis of pseudoneurotic schizophrenia. Psychiatric Quarterly, 33, 17–43.

Hoch, P. & Catell, J. (1962). The course and outcome of pseudoneurotic schizophrenias. American Journal of Psychiatry, 119, 106–115.

Hoch, P. & Polatin, P. (1949). Pseudoneurotic forms of schizophrenia. Psychiatry Quarterly, 23, 248–276.

Hocke, V. & Schmidtke, A. (2005). Konzept zur Vernetzung stationärer und ambulanter Verhaltenstherapie bei Persönlichkeitsstörungen. In Th. Giernalczyk (Hrsg.), Zur Therapie von Persönlichkeitsstörungen (2. Aufl., S. 19–26). Tübingen: dgvt-Verlag.

Hodgins, S. (1996). Biological factors implicated in the development of criminal behaviours. In: R. Linden (Ed.), Criminology: A canadian perspective (3 rd ed.). Harcourt: Brace & Company.

Hodgins, S., Kratzer, L. & McNeil, T. F. (2003). Obstetrical complications, parenting, and risk of criminal behavior. Archives of General Psychiatry, 58, 746–752.

Hoerst, M., Weber-Fahr, W., Tunc-Skarka, N., Ruf, M., Bohus, M., Schmahl, C. & Ende, G. (2010). Correlation of glutamate levels in the anterior cingulate cortex with self-reported impulsivity in patients with borderline personality disorder and healthy controls. Archives of General Psychiatry, 67 (9), 946–954.

Hoffmann, K. (2011). Stationäre Behandlungskonzepte. Persönlichkeitsstörungen: Theorie und Therapie, 15, 45–52.

Hoffmann, N. & Hofman, B. (2010). Zwanghafte Persönlichkeitsstörung und Zwangserkrankungen: Therapie und Selbsthilfe. Heidelberg: Springer.

Hoffmann, S. O. (1984). Charakter und Neurose. Ansätze zu einer psychoanalytischen Charakterologie. Frankfurt a. M.: Suhrkamp.

Hoffmann, S. O. (1986). Psychoneurosen und Charakterneurosen. In K. P. Kisker, H. Lauter, J. E. Meier, C. Müller & E. Strömgren (Hrsg.), Psychiatrie der Gegenwart, Band 1: Neurosen, Psychosomatische Erkrankungen, Psychotherapie (3. Aufl.; S. 29–62). Berlin: Springer.

Hoffmann, S. O. (1990). Charakterneurose und Borderline-Persönlichkeitsstörung. In P. L. Janssen (Hrsg.), Psychoanalytische Therapie der Borderlinestörungen (S. 17–25). Berlin: Springer.

Hoffmann, S. O. & Eckhardt-Henn, A. (2000). Von der Hysterie zur histrionischen Persönlichkeitsstörung: ein historischer und konzeptueller Überblick. PTT – Persönlichkeitsstörungen: Theorie und Therapie, 4, 128–137.

Höflich, A., Rasting, M., Mach, J., Pless, S., Danckworth, S., Reimer, Ch. & Beutel, M. E. (2007). Die deutsche Version der Shedler-Westen Assessment Procedure (SWAP-200) zur dimensionalen Erfassung von Persönlichkeitsmerkmalen. A German version of the Shedler-Westen Assessment Procedure (SWAP-200) for the dimensional assessment of personality disorders. Psychosocial Medicine, 4, (online Doc 02).

Hogland, P. (2003). Long-term effects of brief dynamic psychotherapy. Psychotherapy Research, 13, 271–292.

Homburger, A. (1929). Versuch einer Typologie der psychopathischen Konstitution. Nervenarzt, 2, 134–136.

Hopwood, C. J. & Thomas, K. M. (2012). Paranoid and schizoid personality disorders. In T. A. Widiger (Ed.), The Oxford handbook of personality disorders (pp. 582–602). Oxford University Press.

Horney, K. (1937). The neurotic personality of our time. New York: Norton [dt. (1964). Der neurotische Mensch in unserer Zeit. München: Kindler TB].

Horney, K. (1942). Self-analysis. New York: Norton [dt. (1974). Selbstanalyse. München: Kindler].

Horney, K. (1945). Our inner conflicts. New York: Norton [dt. (1984). Unsere inneren Konflikte. Frankfurt a. M.: Fischer TB].

Horowitz, L. M. (1979). On the cognitive structure of interpersonal problems treated in psychotherapy. Journal of Consulting and Clinical Psychology, 47, 5–15.

Horowitz, L. M., Rosenberg, S. E., Baer, B. A., Ureno, G. & Villasenor, V. S. (1988). Inventory of Interpersonal Problems: Psychometric properties and clinical applications. Journal of Consulting and Clinical Psychology, 58, 622–628 [dt. Manual: Horowitz, L. M., Strauss, B. & Kordy, H. (1994).

Inventar zur Erfassung interpersoneller Probleme (IIP-D). Göttingen: Hogrefe.]

Horowitz, L. M., Rosenberg, S. E. & Bartholomew, K. (1993). Interpersonal problems, attachment styles, and outcome in brief dynamic psychotherapy. Journal of Consulting and Clinical Psychology, 61, 549–560 [dt. (1993). Interpersonale Probleme in der Psychotherapie. Gruppenpsychotherapie und Gruppendynamik, 29, 170–197].

Horowitz, L. M., Strauß, B. & Kordy, H. (2000). Inventar zur Erfassung Interpersonaler Probleme – Deutsche Version (IIP-D; 2. Aufl.). Göttingen: Beltz Test / Testzentrale.

Horowitz, M. J. (1980). Personality styles and brief psychotherapy. New York: Basic Books.

Horowitz, M. J. (Ed.). (1991a). Hysterical personality style and the histrionic personality disorder. Northvale, NJ: Jason Aronson.

Horowitz, M. J. (1991b). Core traits of hysterical or histrionic personality disorders. In M. J. Horowitz (Ed.), Hysterical personality style and the histrionic personality disorder (pp. 1–14). Northvale, NJ: Jason Aronson.

Horowitz, M. J. & Zilberg, N. (1983). Regressive alterations in the self-concept. American Journal of Psychiatry, 140, 284–289.

Horz, S., Zanarini, M. C., Frankenburg, F. R. et al. (2010). Ten-year use of mental health services by patients with borderline personality disorder and with other axis II disorders. Psychiatric Services, 61(6), 612–616.

Hull, J. W., Clarkin, J. F. & Kakuma, T. (1993). Treatment response of borderline inpatients. A growth curve analysis. Journal of Nervous and Mental Disease, 181, 503–509.

Hyler, S. E. (1994). Personality Diagnostic Questionnaire – 4 (PDQ-4). New York: New York State Psychiatric Institute.

Hyler, S. E., Rieder, R. O. & Spitzer, R. L. (1983). Personality Diagnostic Questionnaire (PDQ[-R]). New York: New York State Psychiatric Institute. [PDQ-R: rev. for DSM-III-R (1987)].

Iezzi, A. & Adams, H. E. (1993). Somatoform and factious disorders. In P. B. Sutker & H. E. Adams (Eds.), Comprehensive handbook of psychopathology (2nd. ed.; pp. 167–201). New York: Plenum Press.

Insel, T. R. (1982). Obsessive-compulsive disorder – five clinical questions and a suggested approach. Comprehensive Psychiatry, 23, 241–251.

Izurieta Hidalgo, N., Oelkers-Ax, R., Nagy, K., Mancke, F., Bohus, M., Herpertz, S. C. & Bertsch, K. (2015). Time course of facial emotion processing in Borderline Personality Disorder – an ERP study. Journal of Psychiatry and Neuroscience, 40 (4), 140–215.

Jaffe, J., Beebe, B., Feldstein, S., Crown, C.L. & Jasnow, M. D. (2001). Rhythms of dialogue in infancy: coordinated timing in development. Monographs of the Society for Research in Child Development, 66 (2), i–viii, 1–132.

Jensen, M., Sadre Chirazi-Stark, M. & Hoffmann, G. (2015). Diagnoseübergreifende Psychoedukation bei Persönlichkeitsstörungen. Persönlichkeitsstörungen: Theorie und Therapie, 19, 249–259.

Jervis, G. (1975). Manuale critico di psichiatria. Milano: Giangicomo Feltrinelli [dt. (1978). Kritisches Handbuch der Psychiatrie (2. Aufl.). Frankfurt a. M.: Syndikat].

Joffe, R. T., Swinson, R. P. & Regan, J. J. (1988). Personality features of obsessive-compulsive disorder. American Journal of Psychiatry, 145, 1127–1129.

Joffe, W. G. & Sandler, J. (1967). Über einige begriffliche Probleme im Zusammenhang mit dem Studium narzißtischer Störungen. Psyche, 21, 152–165.

Johnson, J. G., Cohen, P., Brown, J., Smailes, E. M. & Bernstein, D. P. (1999). Childhood maltreatment increases risk for personality disorders during early adulthood. Archives of General Psychiatry, 56 (7), 600–606.

Johnson, J. G., Smailes, E. M., Phil, M., Cohen, P., Brown, J. & Bernstein, D. P. (2000). Associations between four types of childhood neglect and personality disorder symptoms during adolescence and early adulthood: Findings of a community-based longitudinal study. Journal of Personality Disorders, 14, 171–187.

Johnson, J. G., Bromley, E. & McGeoch, P. G. (2005). Role of childhood experiences in the development of maladaptive and adaptive personality traits. In J. M. Oldham, A. E. Skodol & D. S. Bender (Eds.), Textbook of personality disorders (pp. 209–222). Washington, DC: The American Psychiatric Publishing, Inc.

Johnson, J. G., Cohen, P., Kasen, S. et al. (2008). Cumulative prevalence of personality disorders between adolescence and adulthood. Acta Psychiatrica Scandinavia, 118, 410–413.

Jovev, M., McKenzie, T., Whittle, S., Simmons, J. G., Allen, N. B. & Chanen, A. M (2013). »Temperament and Maltreatment in the Emergence of Borderline and Antisocial Personality Pathology during Early Adolescence.« Journal of the Canadian Academy of Child and Adolescent Psychiatry, 22 (3), 220–229.

Jung, C. G. (1913). Zur Frage psychologischer Typen. Archives de Psychologie, 13 (52) [Wiederabdruck (1960). Gesammelte Werke. Band 6. Olten: Walter].

Jung C. G. (1921). Psychologische Typen. Zürich: Rascher [Wiederabdruck (1960). Gesammelte Werke. Band 6. Olten: Walter].

Jung, C. G. (1928). Die Beziehungen zwischen dem Ich und dem Unbewußten. Darmstadt: Reichl [Zu Grunde gelegt wurde die 2. Aufl. (1934). Zürich: Rascher. Überarb. Wiederabdruck (1964). Gesammelte Werke. Band 7. Olten: Walter].

Jung, C. G. (1935). Analytical psychology. Its theory and practice [dt. (1975). Über die Grundlagen analytischer Psychologie. Die Tavistock Lectures 1935. Frankfurt a. M.: Fischer].

Juni, S. & Semel, S. R. (1982). Person perception as a function of orality and anality. Journal of Social Psychology, 118, 99–103.

Jurkuvic, G. J. & Prentice, N. M. (1977). Relation of moral and cognitive development to dimensions of juvenile delinquency. Journal of Abnormal Psychology, 86, 414–420.

Kabat-Zinn, J. (2005). Full catastrophe living. Using the wisdom of your body and mind to face stress, pain, and illness. New York: Delta.

Kaess, M., Hille, M., Parzer, P., Maser-Gluth, C., Resch, F. & Brunner, R. (2012). Alterations in the neuroendocrinological stress response to acute psychosocial stress in adolescents engaging in non-suicidal self-injury. Psychoneuroendocrinology, 37 (1), 157–161.

Kahn, E. (1928). Die psychopathischen Persönlichkeiten. In O. Bumke (Hrsg.), Handbuch der Geisteskrankheiten. Spezieller Teil 1, Bd. 4 (S. 227–487). Berlin: Springer.

Kalus, O., Bernstein, D. P. & Siever, L. J. (1996). Schizoid personality disorder. In T. A. Widiger, A. J. Frances, H. A. Pincus, R. Ross, M. B. First & W. W.

Davis (Eds.), DSM-IV Sourcebook (pp. 675–684). Washington, DC: American Psychiatric Press.

Kämmerer, A. (2001). Somatoforme und dissoziative Störungen. In A. Franke & A. Kämmerer (Hrsg.), Klinische Psychologie der Frau. Ein Lehrbuch (S. 282–322). Göttingen: Hogrefe.

Kanfer, F. H., Reinecker, H. & Schmelzer, D. (1991). Selbstmanagement-Therapie. Berlin: Springer.

Kant, I. (1798). Anthropologie in pragmatischer Hinsicht [in (1964). Theorie. Werkausgaben (Band XII). Frankfurt: Suhrkamp].

Kapfhammer, H. P. & Hippius, H. (1998). Special feature: Pharmacotherapy in personality disorders. Journal of Personality Disorders, 12, 277–288.

Kaplan, M. (1983). A woman's view on DSM-III. American Psychologist, 38, 786–792.

Kass, F., Skodol, A. E., Charles, E., Spitzer, R. L. & Williams, J. B. W. (1985). Scaled ratings of DSM-III personality disorders. American Journal of Psychiatry, 142, 627–630.

Kass, F., Spitzer, R. L. & Williams, J. B. W. (1983). An empirical study of the issue of sex bias in the diagnostic criteria of DSM-III axis II personality disorders. American Psychologist, 38, 799–801.

Katschnig, H. (2000). Appellative, manipulative und dissoziale Lebensstrategien – ein sozialpsychiatrisches Modell extrovertierten Verhaltens. In H. Katschnig, U. Demal, G. Lenz & P. Berger (Hrsg.), Die extrovertierten Persönlichkeitsstörungen (S. 152–157). Wien: Facultas Universitätsverlag.

Kazdin, A. E. (2004). Evidence-based treatments: Challenges and priorities for practice and research. Child and Adolescent Psychiatric Clinics of North America, 13, 923–940.

Kendler, K. S., Lieberman, J. A. & Walsh, D. (1989). Structured Interview for Schizotypy (SIS): A preliminary report. Schizophrenia Bulletin, 15, 559–571.

Kendler, K. S., Masterson, C. C. & Davis, K. L. (1985). Psychiatric illness in first-degree relatives of patients with paranoid psychosis, schizophrenia and medical illness. British Journal of Psychiatry, 147, 524–531.

Kernberg, O. F. (1967). Borderline personality organization. Journal of the American Psychoanalytic Association, 15, 641–685.

Kernberg, O. F. (1968). The treatment of patients with borderline personality organization. International Journal of Psychoanalysis, 49, 600–619.

Kernberg, O. F. (1975). Borderline conditions and pathological nacissism. New York: Aronson [dt. (1980). Borderline-Störungen und pathologischer Narzißmus (4. Aufl.). Frankfurt a. M.: Suhrkamp].

Kernberg, O. F (1976). Object relation theory and clinical psychoanalysis. New York: Aronson [dt. (1981). Objektbeziehungen und Praxis der Psychoanalyse. Stuttgart: Klett-Cotta].

Kernberg, O. F. (1977). The structural diagnosis of borderline personality organization. In P. Hartocollis (Ed.), Borderline personality disorders (pp. 87–121). New York: International Universities Press.

Kernberg, O. F. (1983). Clinical aspects of narcissism. Paper presented at Grand Rounds, Cornell University Medical Center, Westchester Division.

Kernberg, O. F. (1984). Severe personality disorders. New Haven: Yale University Press [dt. (1991). Schwere Persönlichkeitsstörungen. Theorie. Diagnose, Behandlungsstrategien (3. Aufl.). Stuttgart: Klett-Cotta].

Kernberg, O. F., Selzer, M. A., Koenigsberg, H. W., Carr, A. C. & Appelbaum, A. H. (1989). Psychodynamic Psychotherapy of Borderline Patients. New York: Basic Books [dt. (1993). Psychodynamische Therapie bei Borderline-Patienten. Bern: Huber].

Kety, S. S. (1985). Schizotypical personality disorder: An operational definition of Bleuler's latent schizophrenia? Schizophrenia Bulletin, 11, 590–594.

Kety, S. S., Rosenthal, D., Wender, P. H. & Schulsinger, F. (1971). Mental illness in the biological and adoptive families of adopted schizophrenics. American Journal of Psychiatry, 128, 302–306.

Kety, S. S., Rosenthal, D., Wender, P. H. Schulsinger, F. & Jacobson, B. (1976). Mental illness in the biological and adoptive families of adopted individuals who have become schizophrenics. Behavior Genetics, 6, 219–225.

Keupp, H. (Hrsg.). (1972). Der Krankheitsmythos in der Psychopathologie. Darstellung einer Kontroverse. München: Urban & Schwarzenberg.

Keupp, H. (Hrsg.). (1979). Normalität und Abweichung. Fortsetzung einer notwendigen Kontroverse. München: Urban & Schwarzenberg.

Khan, M. (1971). Infantile neurosis as a false-self organization. Psychoanalytic Quarterly, 40, 245–263 [dt. (1977). Das falsche Selbst – eine infantile Neurose. In M. Khan, Selbsterfahrung in der Therapie (S. 274–292). München: Kindler].

Khan, M. M. R. (1983). The hidden selves. New York: International Universities Press.

Kim, Y. R., Tyrer, P., Lee, H. S., Kim, S. G., Hwang, S. T., Lee, G. Y. & Mulder, R. (2015). Preliminary field trial of a putative research algorithm for diagnosing ICD-11 personality disorders in psychiatric patients: 2. Proposed trait domains. Personality and Mental Health, 9 (4), 298–307. doi: 10.1002/pmh.1305 [07.09.2015].

Kiesler, D. J. (1982). Interpersonal theory for personality and psychotherapy. In J. C. Anchin & D. J. Kiesler (Eds.), Handbook of interpersonal psychotherapy (pp. 3–24). New York: Pergamon.

Kiesler, D. J. (1983). The 1982 interpersonal circle: A taxonomy for complementarity in human transactions. Psychological Review, 90, 185–214.

Kiesler, D. J. (1986). The 1982 interpersonal circle: An analysis of DSM-III personality disorders. In T. Millon & G. L. Klerman (Eds.), Contemporary directions in psychopathology. Toward the DSM-IV (pp. 571–597). New York: The Guilford Press.

Kilzieh, N. & Cloninger, C. R. (1993). Psychophysiological antecedents of personality. Journal of Personality Disorders, 7 (Supplement, Spring 1993), 100–117.

Kim-Cohen, J., Caspi, A., Taylor, A., Williams, B., Newcombe, R., Craig, I. W. & Moffitt, T. E. (2006). MAOA, maltreatment, and gene-environment interaction predicting children's mental health: New evidence and a meta-analysis. Molecular Psychiatry, 11, 903–913.

King-Casas, B., Tomlin, D., Anen, C., Camerer, C. F., Quartz, S. R. & Montague, P. R. (2005). Getting to know you: Reputation and trust in a two-person economic exchange. Science, 308 (5718), 78–83.

Klein, D. N. (1990). Depressive personality: Reliability, validity, and relation to dysthymia. Journal of Abnormal Psychology, 99, 412–421.

Klein, D. N., Riso, L. P., Donaldson, S. K. et al. (1995). Family study of early onset dysthymia: mood and personality disorders in relatives of outpatients with dysthymia and episodic major depressive and normal controls. Archives of General Psychiatry, 52, 487–496.

Klerman, G. L., Weissman, M. M., Rounsaville, B. J. & Chevron, E. S. (1984). Interpersonal psychotherapy of depression. New York: Basic Books [dt. in E. Schramm (Hrsg.). (2010). Interpresonelle Psychotherapie (3. Aufl.). Stuttgart: Schattauer].

Klages, L. (1926). Die Grundlagen der Charakterkunde. Leipzig: Barth.

Klein, D. N., Riso, L. P., Donaldson, S. K. et al. (1995). Family study of early onset dysthymia: mood and personality disorders in relatives of outpatients with dysthymia and episodic major depressive and normal controls. Archives of General Psychiatry, 52, 487–496.

Klein, M. H., Benjamin, L. S., Rosenfeld, R., Treece, C., Justed, J. & Greist, J. H. (1993a). The Wisconsin Personality Disorders Inventory: Development, reliability, and validity. Journal of Personality Disorders, 7 (4), 285–303.

Klerman, G. L. (1986). Historical perspectives on contemporary schools of psychopathology. In T. Millon & G. L. Klerman (Eds.), Contemporary directions in psychopathology. Toward the DSM-IV (pp. 3–28). New York: Guilford.

Klerman, G. L., Weissman, M. M., Rounsaville, B. J. & Chevron, E. S. (1984). Interpersonal psychotherapy of depression. New York: Basic Books.

Knight, R. P. (1953). Borderline states. Bulletin of the Menninger Clinics, 1, 1–12.

Knutson, B. & Cooper, J. C. (2005). Functional magnetic resonance imaging of reward prediction. Current Opinion of Neurology, 18 (4), 411–417.

Koch, J. L. A. (1891–1893). Die psychopathischen Minderwertigkeiten (Bd. 1–3). Ravensburg: Maier.

Koenigs, M. (2012). The role of prefrontal cortex in psychopathy. Review of Neuroscience, 23 (3), 253–262.

Koenigsberg, H. W., Buchsbaum, M. S., Buchsbaum, B. R. et al. (2001). Functional MRI of visuospatial working memory in schizotypal personality disorder: A region-of-interest analysis. Psychological Medicine, 35, 1019–1030.

Kohut, H. (1971). The analysis of the self. A systematic approach to the psychoanalytic treatment of narcissistic personality disorders. New York: International Universities Press [dt. (1973). Narzißmus. Eine Theorie der Behandlung narzißtischer Persönlichkeitsstörungen (2. Aufl.). Frankfurt a. M.: Suhrkamp].

Kohut, H. (1977). The restoration of the self. New York: International Universities Press [dt. (1979). Die Heilung des Selbst. Frankfurt a. M.: Suhrkamp].

Kolb, J. E. & Gunderson, J. G. (1980). Diagnosing borderline patients with a semistructured interview. Archives of General Psychiatry, 37, 37–41.

Koons, C. R., Robins, C. J., Tweed, J. L., Lynch, T. R., Gonzales, A. M., Morse, J. Q., Bishop, G. K., Butterfield, M. I. & Bastian, L. A. (2001). Efficacy of dialectical behavior therapy in women veterans with borderline personality disorder. Behavior Therapy, 32, 371–390.

Kraepelin, E. (1903–1904). Psychiatrie. Ein Lehrbuch für Studierende und Ärzte (7. Aufl.). Leipzig: Barth [5. Auflage (1896): 8. Aufl. (1909–1915). Leipzig: Barth].

Kraus, A. (1977). Sozialverhalten und Psychose Manisch-Depressiver. Stuttgart: Enke.

Kraus, A. (1991a). Neuere psychopathologische Konzepte zur Persönlichkeit Manisch-Depressiver. In Ch. Mundt, P. Fiedler, H. Lang und A. Kraus (Hrsg.), Depressionskonzepte heute: Psychopathologie oder Pathopsychologie? (S. 42–54). Berlin: Springer.

Kraus, A. (1991b). Methodological problems with the classification of personality disorders: The significance of existential types. Journal of Personality Disorders, 5, 82–92.

Kraus, A. (1991c). Modes d'existence des hystériques et des mélancoliques. In P. Fédida & J. Schotte (Eds.), Psychiatrie et existence (pp. 263–280). Grenoble: Millon.

Krause-Utz, A., Oei, N. Y., Niedtfeld, I., Bohus, M., Spinhoven, P., Schmahl, C. & Elzinga, B. M. (2012). Influence of emotional distraction on working memory performance in borderline personality disorder. Psychological Medicine, 42 (10), 2181–2192.

Kretschmer, E. (1921). Körperbau und Charakter. Berlin: Springer [25. Aufl. (1967). Berlin: Springer].

Kröger, C. & Kosfelder, J. (2011). Skala zur Erfassung der Impulsivität und emotionalen Dysregulation der Borderline- Persönlichkeitsstörung (IES-27). Göttingen: Hogrefe.

Krueger, R. F. (2013). Personality disorders are the vanguard of the post-DSM-5.0 era. Personality Disorders: Theory, Research, and Treatment, 4, 355–362.

Krueger, R. F. & Markon, K. E. (2014). The role of DSM-5 personality trait model in moving toward a quantitative and empirically based approach to classifying psychopathology. Annual Review of Clinical Psychology, 10, 477–501.

Krueger, R. F., Derringer, J., Markon, K. E., Watson, D. & Skodol, A. E. (2012). Initial construction of a maladaptive personality trait model and inventory for DSM-5. Psychological Medicine, 42, 1879–1890.

Kuhl, J. (2001). Motivation und Persönlichkeit: Interaktionen psychischer Systeme. Göttingen: Hogrefe.

Kuhl, J. & Kaschel, R. (2004). Entfremdung als Krankheitsursache: Selbstregulation und integrative Kompetenz. Psychologische Rundschau, 55, 61–71.

Kuhl, J. & Kazén, M. (1997). Persönlichkeits-Stil und Störungs-Inventar (PSSI). Göttingen: Hogrefe [(2009): 2., überarbeitete und neu normierte Auflage].

Kwapil, T. R. & Barrantes-Vidal, N. (2012). Schizotypal personality disorder: An integrative review. In T. A. Widiger (Ed.), The Oxford handbook of personality disorders (pp. 437–477). Oxford University Press.

Lachmann, F. M. (2014). Psychotherapie und Selbstpsychologie – die Behandlung von pathologischem Narzissmus. Zeitschrift für Psychotherapie in Psychiatrie, Psychotherapeutischer Medizin und Klinischer Psychologie, 19 (1), 26–42.

Lammers, C. H. (2014). Die therapeutische Beziehungsgestaltung mit narzisstisch gestörten Patienten – Beifahrer in einem Porsche. Zeitschrift für Psychotherapie in Psychiatrie, Psychotherapeutischer Medizin und Klinischer Psychologie 19 (1), 52–72.

Lang, H. (1996). Falldarstellung einer ambulanten psychoanalytischen Behandlung einer Patientin mit narzißtischer Persönlichkeitsstörung. In B. Schmitz, Th. Fydrich & K. Limbacher (Hrsg.). (1996), Persönlichkeitsstörungen: Diagnostik und Psychotherapie (S. 259–266). Weinheim: Beltz.

Lang, P. J., Bradley, M. M. & Cuthbart B. N. (1997). Motivated attention: Affect, activation, and action. In P. Lang, R. Simons & M. Balaban (Eds.), Attention and orienting: Sensory and motivations processes. Mahwah, NJ: Lawrence Erlbaum.

Langner, T. S. & Michael, S. T. (1963). Life stress and mental health. The midtown Manhattan study. New York: Glencoe.

Lanius, R. A., Vermetten, E., Loewenstein, R. J., Brand, B., Schmahl, C., Bremner, J. D. & Spiegel, D. (2010). Emotion modulation in PTSD: Clinical and neurobiological evidence for a dissociative subtype. American Journal of Psychiatry, 167 (6), 640–647.

Laporte, L. & Guttman, H. (1996). Traumatic childhood experiences as risk factors for borderline and other personality disorders. Journal of Personality Disorders, 10, 247–259.

Larson, C. L., Baskin-Sommers, A. R., Stout, D. M. et al. (2013). The interplay of attention and emotion: Top-down attention modulates amygdala activation in psychopathy. Cognitive, Affective & Behavioral Neuroscience, 13 (4), 757–770.

Lazare, A., Klerman, G. L. & Armor, D. J. (1966). Oral, obsessive, and hysterical personality patterns: An investigation of psychoanalytic concepts by means of factor analysis. Archives of General Psychiatry, 14, 624–630.

Lazare, A., Klerman, G. L. & Armor, D. J. (1970). Oral, obsessive, and hysterical personality patterns: A replication of factor analysis in an independent sample. Journal of Psychiatric Research, 7, 275–290.

Leahy, R. L. & McGinn, L. K. (2012). Cognitive therapy for personality disorders. In T. A. Widiger (Ed.), The Oxford handbook of personality disorders (pp. 727–750). Oxford University Press.

Leary, T. (1957). Interpersonal diagnosis of personality. New York: Roland.

Leichsenring, F. (1997). Borderline-Persönlichkeits-Inventar (BPI). Göttingen: Hogrefe.

Lemche, E., Giampietro, V. P., Surguladze, S. A. et al. (2006). Human attachment security is mediated by the amygdala: Evidence from combined fMRI and psychophysiological measures. Human Brain Mapping, 27 (8), 623–635.

Lentz, V., Robinson, J. & Bolton, J. M. (2010). Childhood adversity, mental disorder comorbidity, and suicidal behavior in schizotypal personality disorder. Journal of Nervous and Mental Disease. 198, 795–801.

Lenzenweger, M. F. (1999). Stability and change in personality disorder features: the Longitudinal Study of Personality Disorders. Archives of General Psychiatry, 56 (11), 1009–1015.

Lenzenweger, M. F., Lane, M. C., Loranger, A. W. et al. (2007). DSM-IV personality disorders in the national comorbidity survey replication. Biological Psychiatry, 62, 553–564.

LePoire, B. A., Hallett, J. S. & Giles, H. (1998). Co-dependence: The paradoxical nature of the functional-afflicted relationship. In B. H. Spitzberg & W. R. Cupach (Eds.), The dark side of close relationships (pp. 153–176). Hillsdale, NJ: Lawrence Erlbaum Associates.

Lersch, P. (1938). Der Aufbau des Charakters. München: Barth [ab (1951). Der Aufbau der Person (4. Aufl.)].

Levitt, J. J., McCarley, R. W., Dickey, C. C. et al. (2002). MRI study of caudate nucleus volume and its cognitive correlates in neuroleptic-naive patients with schizotypal personality disorder. American Journal of Psychiatry, 159 (7), 1190–1197.

Lewis, A. (1974). Psychopathic personality: A most elusive category. Psychological Medicine, 4, 133–140.

Lewis, C. E., Rice, J. & Helzer, J. E. (1983). Diagnostic interactions: Alcoholism and antisocial personality. Journal of Nervous and Mental Disease, 171, 105–113.

Lewis, C. E., Robins, L. N. & Rice, J. (1985). Association of alcoholism and antisocial personality in urban men. Journal of Nervous and Mental Disease, 173, 166–174.

Lewis, M. (1990a). Models of developmental psychopathology. In M. Lewis & S. Miller (Eds.), Handbook of developmental psychopathology (pp. 15–27). New York: Plenum.

Lewis, M. (1990b). Challenges to the study of developmental psychopathology. In M. Lewis & S. Miller (Eds.), Handbook of developmental psychopathology (pp. 29–40). New York: Plenum.

Lewis, M. & Miller, S. (Eds.). (1990). Handbook of developmental psychopathology. New York: Plenum Press.

Lieb, H. (1998). »Persönlichkeitsstörung«. Zur Kritik eines widersinnigen Konzeptes. Tübingen: dgvt-Verlag.

Lieb, K., Zanarini, M. C., Schmahl, C., Linehan, M. M. & Bohus, M. (2004). Borderline personality disorder. Lancet, 364 (9432), 453–461.

Lieb, K., Rexhausen, J. E., Kahl, K. G., Schweiger, U., Philipsen, A., Hellhammer, D. H. & Bohus, M. (2004). Increased diurnal salivary cortisol in women with borderline personality disorder. Journal of Psychiatry Research, 38 (6), 559–565.

Liebowitz, M. R., Gorman, J. M., Fyer, A. J. & Klein, D. F. (1985). Social phobia: Review of a neglected anxiety disorder. Archives of General Psychiatry, 43, 729–736.

Liebowitz, M. R., Stone, M. H. & Turkat, I. D. (1986). Treatment of personality disorders. In A. J. Frances & R. E. Hales (Eds.), American Psychiatric Association annual review – Vol. 5 (pp. 356–393). Washington: American Psychiatric Press.

Lietaer, G., Rombauts, J. & Balen, R.v. (Eds.). (1990). Client-centered and experiential psychotherapy in the nineties. Louvain/Leuven (B): Leuven University Press.

Lilenfeld, L., Kaye, W., Greeno, C. et al. (1998). A controlled family study of anorexia nervosa and bulimia nervosa. Archives of General Psychiatry, 55, 603–610.

Lilienfeld, S. O. (1994). Conceptual problems in the assessment of psychopathy. Clinical Psychological Review, 14, 17–38.

Lilienfeld, S. O. & Andrews, B. P. (1996). Development and preliminary validation of a self-report measure of psychopathic personality traits in noncriminal populations. Journal of Personality Assessment, 60, 488–524.

Lilienfeld, S. O. & Widows, M. R. (2005). Psychopathic Personality Inventory Revised [PPI-R]. Professional Manual. Lutz, FL: Psychological Assessment Resources.

Lilienfeld, S. O., VanValkenburg, C., Larntz, K. & Akiskal, H. S. (1986). The relationship of histrionic personality disorder to antisocial personality and somatization disorder. American Journal of Psychiatry, 143, 718–722.

Lindal, E. & Stefansson, J. G. (2009). The prevalence of personality disorders in the greater-Reykjavik area. Laeknabladid, 95, 179–184.

Lindsay, K. A., Sankis, L. M. & Widiger, T. (2000). Gender bias in self-report personality disorder inventories. Journal of Personality Disorders, 14, 218–232.

Linehan, M. (1989a). Dialektische Verhaltenstherapie bei Borderline-Störungen. Praxis der Klinischen Verhaltensmedizin und Rehabilitation, 2, 220–227.

Linehan, M. (1989b). Cognitive and behavior therapy for borderline personality disorders. In A. Tasman, R. Hales & A. Frances (Eds.), Review of psychiatry – Vol. 8 (pp. 84–102). Washington: American Psychiatric Press.

Linehan, M. (1993a). Cognitive behavioral treatment of borderline personality disorder. New York: Guilford [dt. (1996). Dialektisch-Behaviorale Therapie der Borderline-Persönlichkeitsstörungen. München: CIP-Medien].

Linehan, M. (1993b). Skills training manual for treating borderline personality disorder. New York: Guilford [dt. (1996). Trainingsmanual zur Dialek-

tisch-Behavioralen Therapie der Borderline-Persönlichkeitsstörungen. München: CIP-Medien].

Linehan, M. M., Armstrong, H. E., Suarez, A., Allmon, D. & Heard, H. L. (1991). »Cognitive-behavioral treatment of chronically parasuicidal borderline patients.« Archives of General Psychiatry, 48 (12), 1060–1064.

Linehan, M. M., Comtois, K. A., Murray, A. M., Brown, M. Z., Gallop, R. J., Heard, H. L., Korslund, K. E., Tutek, D. A., Reynolds, S. K. & Lindenboim, N. (2006). Two-year randomized controlled trial and follow-up of dialectical behavior therapy vs therapy by experts for suicidal behaviors and borderline personality disorder. Archives of General Psychiatry, 63 (7), 757–766.

Links, P. S. (1992). Family environment and family psychopathology in the etiology of Borderline personality disorder. In J. F. Clarkin, E. Marziali & H. Munroe-Blum (Eds.), Borderline personality disorder. Clinical and empirical perspectives (pp. 45–66). New York: Guilford.

Links, P. S., Steiner, M., Boiago, I. & Irwin, D. (1990). Lithium therapy for borderline patients: Preliminary findings. Journal of Personality Disorders, 4, 173–181.

Links, P. S., Ansari, J. Y., Fazalullasha, F. & Shah, R. (2012). The relationship of personality disorders and Axis I clinical disorders. In T. A. Widiger (Ed.), The Oxford handbook of personality disorders (pp. 237–259). Oxford University Press.

Links, P. S., Kolla, N. J., Guimond, T. et al. (2013). Prospective risk factors for suicide attempts in a treated sample of patients with borderline personality disorder. Canadian Journal of Psychiatry, 58, 99–106.

Links, P. S., Soloff, P. H. & Schiavone, F. L. (2014). Assessing and managing suicide risk. In J. M Oldham, A. E. Skodol & D. S. Bender (Eds.), Textbook of personality disorders (2nd ed.; pp. 385–406). Washington, DC: The American Psychiatric Publishing, Inc.

Lion, J. R. (1970). The role of depression in the treatment of aggressive personality disorder. American Journal of Psychiatry, 129, 347–349.

Lipsey, M. W. & Wilson, D. B. (1998). Effective interventions with serious juvenile offenders: A synthesis of research. In R. Loeber & D. P. Farrington (Eds.), Serious and violent juvenile offenders: Risk factors and successful interventions (pp. 313–345). Thousand Oaks, CA: Sage.

Lipsey, M. W., Wilson, D. B. & Cothern, L. (2000). Effective intervention for serious juvenile offenders. Washington, DC: U.S. Department of Justice, Office of Justice Programs, Office of Juvenile Justice and Delinquency Prevention.

Livesley, W. J. (1998). Suggestions for a framework for an empirical based classification of personality disorder. Canadian Journal of Psychiatry, 43, 137–147.

Livesley, W. J. (2003). Practical management of personality disorders. New York: Guilford.

Livesley, W. J. (2013). The DSM-5 Personality Disorder proposal and future directions in diagnostic classification of Personality Disorders. Psychopathology, 46, 207–216.

Livesley, W. J. & Jackson, D. N. (1986). The internal consistency and factorial structure of behavior judged to be associated with DSM-III personality disorders. American Journal of Psychiatry, 143, 1473–1474.

Livesley, W. J. & West, M. (1986). The DSM-III distinction between schizoid and avoidant personality disorders. Canadian Journal of Psychiatry, 31, 59 – 62.

Livesley, W. J., Jang, K. L. & Vernon, P. A. (1998). Phenotypic and genetic structure of traits delineating personality disorders. Archives of General Psychiatry, 55, 941–948.

Lofgren, D. P., Bemporad, J., King, J., Lindem, K. & O'Driscoll, G. (1991). A prospective follow-up study of so-called borderline children. American Journal of Psychiatry, 148, 1541–1547.

Lombroso, C. (1876). L'uomo delinquente. Mailand: Hoepli.

Loranger, A. W. (1988). Personality Disorder Examination (PDE). Manual. Yonkers, NY: DV Communications.

Loranger, A. W. (1992). Are current self-reports and interview measures adequate for epidemiological studies of personality disorders? Journal of Personality Disorders, 6 (4), 313–325.

Loranger, A. W. (1999). International Personality Disorder Examination Manual (IPDE). Odessa, FL: Psychological Assessment Ressources [deutschsprachige Version: Mombour et al., 1996].

Loranger, A. W., Lenzenweger, M. F., Gartner, A. F., Susman, V. L., Herzig, J., Zammit, G. K., Gartner, J. D., Abrams, R. C. & Young, R. C. (1991). Trait-state artifacts and the diagnosis of personality dis-

orders. Archives of General Psychiatry, 48, 720–727.

Loranger, A. W., Sartorius, N., Andreoli, A., Berger, P., Buchheim, P., Channabasavana, S. M., Coid, B., Dahl, A., Diekstra, R. W. F., Ferguson, B., Jacobsberg, L. B., Mombour, W., Pull, C., Ono, Y. & Regier, D. A. (1994). The International Personality Disorder Examination: IPDE. The WHO/ADAMHA international pilot study of personality disorders. Archives of General Psychiatry, 51, 215–224.

Lösel, F. (1995). Increasing consensus in the evaluation of offender rehabilitation? Lessons from recent research synthesis. Psychology, Crime, and Law, 2, 19–39.

Lösel, F. (1998). Evaluationen der Straftäterbehandlung: Was wir wissen und noch erforschen müssen. In R. Müller-Isberner & S. Gonzalez Cabeza (Hrsg.), Forensische Psychiatrie. Bad Godesberg: Forum.

Lösel, F. (2001). Evaluating the effectiveness of correctional programs: Bridging the gap between research and practice. In G. A. Bernfeld, D. P. Farrington & A. W. Leschied (Eds.), Offender rehabilitation in practice (pp. 67–92). Chichester, UK: Wiley.

Lykken, D. T. (1982). Fearlessness: Its carefree charm and deadly risks. Psychology Today, 16, 20–28 [dt. (1983). Furchtlosigkeit: Der Stoff, aus dem die Helden (und Psychopathen) sind. Psychologie heute, 10 (Heft 8), 37–43].

Lykken, D. T. (1995). The antisocial personalities. Hilsdale, NJ: Erlbaum.

Lynch, T. R. & Cuper, P. F. (2012). Dialectical behavior therapy of Borderline and other personality disorders. In T.A. Widiger (Ed.), The Oxford handbook of personality disorders (pp. 785–793). Oxford University Press.

Lyons-Ruth, K., Bureau, J. F., Holmes, B., Easterbrooks, A. & Brooks, N. H. (2013). Borderline symptoms and suicidality/self-injury in late adolescence: prospectively observed relationship correlates in infancy and childhood. Psychiatry Research, 206 (2–3), 273–281.

MacIntosh, J., Wuest, J., Ford-Gilboe, M. & Varcoe, C. (2015). Cumulative Effects of Multiple Forms of Violence and Abuse on Women. Violence and Victims, 30 (3), 502–521.

Magnan, M., & Legrain, M. (1895). Les dégénérés (état mental et syndromes épisodiques). Paris: Rueff.

Maher, B. A. & Spitzer, M. (1993) Delusions. In P. B. Sutker & H. E. Adams (Eds.), Comprehensive handbook of psychopathology (2nd. ed.; pp. 263–294). New York: Plenum Press.

Mahler, M. S., Pine, F. & Bergman, A. (1975). The psychological birth of human infant. New York: Basic Books [dt. (1975/1993). Die psychische Geburt des Menschen. Frankfurt a. M.: Fischer/TB].

Maier, W., Lichtermann, D., Klinger, T., Heun, R. & Hallmayer, J. (1992). Prevalences of personality disorders (DSM-III-R) in the community. Journal of Personality Disorders, 6, 187–196.

Maiwald, G. & Fiedler, P. (1981). Die therapeutische Funktion kooperativer Sprachformen. In P. Fiedler (Hrsg.), Psychotherapieziel Selbstbehandlung. Grundlagen kooperativer Psychotherapie (S. 97–132). Weinheim: edition psychologie im VCH-Verlag.

Maletzky, B. M. (1993). Factors associated with success and failure in the behavioral and cognitive treatment of sexual offenders. Annals of Sex Research, 6, 241–258.

Mancke, F., Herpertz, S. C. & Bertsch, K. (2015). Aggression in borderline personality disorder – an integrative model for future research. Personality Disorder: Theory, Research, and Treatment, 6.

Markowitz, J. C. (2012). Interpersonal psychotherapy for personality disorders. In T. A. Widiger (Ed.), The Oxford handbook of personality disorders (pp. 751–766). Oxford University Press.

Markowitz, J. C., Bleiberg, K. L., Pessin, H. & Skodol, A. E. (2007). Adapting interpersonal psychotherapy for borderline personality disorder. Journal of Mental Health, 16, 103–116.

Markowitz, J. C., Skodol, A. E. & Bleiberg, K. (2006). Interpersonal psychotherapy for borderline personlity disorder: Possible mechanisms of change. Journal of Clinical Psychology, 62, 431–444.

Marneros, A. (unter Mitwirkung einer Autorengruppe) (2004a). Das neue Handbuch der Bipolaren und Depressiven Erkrankungen. Stuttgart: Thieme.

Marneros, A. (2004b). Persönlichkeit und Temperament. In A. Marneros (unter Mitwirkung einer Autorengruppe), Das neue Handbuch der Bipolaren und Depressiven Erkrankungen (S. 429–444). Stuttgart: Thieme.

Marneros, A. (2007). Affekttaten und Impulstaten. Forensische Beurteilung von Affektdelikten. Stuttgart: Schattauer.

Marneros, A., Rössner, D., Haring, A. & Brieger, P. (Hrsg.). (2000). Psychiatrie und Justiz. München: Zuckschwerdt Verlag.

Marshall, L. A. & Cooke, D. J. (1999). The childhood experience of psychopaths: A retrospective study of familial and social factors. Journal of Personality Disorders, 13, 211–225.

Marshall, W. L., Anderson, D. & Fernandez, Y. M. (1999). Cognitive behavioral treatment of sexual offenders. Chichester, UK: Wiley.

Marziali, E. (1992). The etiology of borderline personality disorder: Developmental factors. In J. F. Clarkin, E. Marziali & H. Munroe-Blum (Eds.), Borderline personality disorder. Clinical and empirical perspectives (pp. 27–44). New York: Guilford.

Masterson, J. F. (1988). The search for the real self. New York: The Free Press [dt. (1993). Die Sehnsucht nach dem wahren Selbst. Stuttgart: Klett-Cotta].

Matzke, B., Herpertz, S. C., Berger, C., Fleischer, M. & Domes, G. (2014). Facial reactions to emotional expressions in borderline personality disorder: A facial EMG study. Psychopathology, 47, 101–110.

Maudsley, H. (1874). Responsebility in metal disease. London: King.

Mavissakalian, M. & Hamman, M. S. (1988). Correlates of DSM-III personality disorder and agoraphobia. Comprehensive Psychiatry, 29, 535–544.

McAdams, D. P. (1993). The stories we live by. Personal myths and the making of the self. New York: William Morrow.

McCord, W. M. & McCord, J. (1964). The psychopath. An essay on the criminal mind (2nd ed.). Princeton: Van Norstrand.

McCrae, R. R. & Costa, P. T. (1990). Personality in adulthood. New York: Guilford.

McCloskey, M. S., Phan, K. L. & Coccaro, E. F. (2005). Neuroimaging and personality disorders. Current Psychiatry Reports, 7 (1), 65–72.

McCullough, P. K. & Maltsberger, J. T. (1995). Obsessive-compulsive personality disorder. In G. O. Gabbard (Ed.), Treatments of psychiatric disorders (2nd ed.; Vol. 2; pp. 2367–2376). Washington, DC: American Psychiatric Association.

McDermuth, W. & Zimmerman, M. (2005). Assessment instruments and standardized evaluation. In

J. M. Oldham, A. E. Skodol & D. S. Bender (Eds.), Textbook of personality disorders (pp. 89–102). Washington, DC: The American Psychiatric Publishing, Inc.

McGlashan, T. H. (1992). The longitudinal profile of borderline personality disorder. Contribution from the Chestnut Lodge follow-up study. In D. Silver & M. Rosenbluth (Eds.), Handbook of borderline disorders (pp. 53–83). Madison: International Universities Press.

McGlashan, T. H. & Fenton, W. S. (1990). Diagnostic efficiency of DSM-III borderline personality disorder and schizotypical disorder. In Oldham, J. M. (Ed.), Personality disorders: New perspectives on diagnostic validity (pp. 121–143). Washington, DC: American Psychiatric Press.

McGlashan, T. H., Grilo, C. M., Skodol, A. E., Gunderson, J. G. et al. (2000). The Collaborative Longitudinal Personality Disorder Study: Baselin Axis I/II and II/II diagnostic co-occurrence. ActaPsychiatrica Scandinavia, 102, 256–264.

McGlashan, T. H., Grilo, C. M., Sanislow, C. A., Ralevski, E. et al. (2005). Two-year prevalence and stability of individual criteria for schizotypal, borderline, avoidant, and obsessive-compulsive personality disorder. American Journal of Psychoatry, 162, 883–889.

McLemore, C. W. & Brokaw, D. W. (1987). Personality disorders as dysfunctional interpersonal behavior. Journal of Personality Disorders, 1, 270–285.

McQuaid, R. J., McInnis, O. A., Stead, J. D., Matheson, K. & Anisman, H. (2013). A paradoxical association of an oxytocin receptor gene polymorphism: early-life adversity and vulnerability to depression. Frontiers in Neuroscience, 7, 128.

Mednick, S. A., Gabrielli, W. F. & Hutchings, B. (1983). Genetic influence in criminal behavior: Evidence from adoption cohort. In K. T. van Dusen & S. A. Mednick (Eds.), Prospective studies of crime and delinquency (pp. 39–56). Boston: Cluver-Nijhoff.

Meehl, P. E. (1962). Schizotaxia, schizotypy, schizophrenia. American Psychologist, 17, 827–838.

Meehl, P. E. (1990). Toward an integrated theory of schizotaxia, schizotypy, and schizophrenia. Journal of Personality Disorders, 4, 1–99.

Meffert, H., Gazzola, V., den Boer, J. A., Bartels, A. A. & Keysers, C. (2013). Reduced spontaneous but relatively normal deliberate vicarious representations in psychopathy. Brain, 136, 2550–2562.

Meissner, W. W. (1979). The paranoid process. New York: Aronson.

Meloy, J. R. (1995). Antisocial personality disorder. In G. O. Gabbard (Ed.), Treatments of psychiatric disorders (2nd ed.; Vol. 2; pp. 2273–2290). Washington, DC: American Psychiatric Association.

Mentzos, S. (1982). Neurotische Konfliktverarbeitung. Einführung in die psychoanalytische Neurosenlehre unter Berücksichtigung neuer Perspektiven. München: Kindler [seit 1984: Frankfurt a. M.: Fischer].

Merikangas, K. R. & Weissman, M. M. (1986). Epidemiology of DSM-III Axis II personality disorders. In A. J. Frances & R. E. Hales (Eds.), American Psychiatric Association Annual Review – Vol. 5 (pp. 258–278). Washington, DC: American Psychiatric Press.

Merod, R. (Hrsg.). (2005a). Behandlung von Persönlichkeitsstörungen. Ein schulübergreifendes Handbuch. Tübingen: dgvt-Verlag.

Merod, R. (2005b). Paranoide Persönlichkeitsstörung. In R. Merod (Hrsg.), Behandlung von Persönlichkeitsstörungen. Ein schulübergreifendes Handbuch (S. 289–308). Tübingen: dgvt-Verlag.

Mertens, W. (1992). Psychoanalyse (6. Aufl.). Stuttgart: Kohlhammer.

Métraux, A. (1985). Historische Bedingtheit der verstehenden Persönlichkeitsforschung. In T. Herrmann & E.-D. Lantermann (Hrsg.), Persönlichkeitspsychologie. Ein Handbuch in Schlüsselbegriffen (S. 19–26). München: Urban & Schwarzenberg.

Metzger, W. (1982). Adler als Autor: Zur Geschichte seiner wesentlichen Veröffentlichungen. In D. Eicke (Hrsg.), Tiefenpsychologie. Band 4. Individualpsychologie und Analytische Psychologie (S. 25–41). Weinheim: Beltz [Kindlers »Psychologie des 20. Jahrhunderts«].

Meyer, A. (1906). The relation of emotional and intellectual functions in paranoia and in obsessions. Psychological Bulletin, 3, 255–274.

Meyer-Lindenberg, A., Buckholtz, J. W., Kolachana, B. et al. (2006). Neural mechanisms of genetic risk for impulsivity and violence in humans. Proceedings of the National Academy of Science, 103 (16), 6269–6274.

Meyer-Lindenberg, A., Nichols, T., Callicott, J. H. et al. (2006). Impact of complex genetic variation in COMT on human brain function. Molecular Psychiatry, 11 (9), 867–877.

Mier, D., Lis, S., Esslinger, C., Sauer, C. et al. (2013). Neuronal correlates of social cognition in borderline personality disorder. Social Cognition and Affective Neuroscience, 8 (5), 531–537.

Miller, A. (1979). Das Drama des begabten Kindes und die Suche nach dem wahren Selbst. Frankfurt a. M.: Fischer.

Miller, J. D., Few, L. R. & Widiger, T. A. (2012). Assessment of personality disorders and related traits: Bridging DSM-IV-TR and DSM-5. In T. A. Widiger (Ed.), The Oxford handbook of personality disorders (pp. 108–142). Oxford University Press.

Miller, J. D., Widiger, T. A. & Campbell, W. K. (2010). Narcissistic personality disorder and the DSM-V. Journal of Abnormal Psychology, 119, 640–649.

Millon, T. (1981). Disorders of Personality: DSM-III, Axis II. New York: Wiley.

Millon, T. (1983). Millon Clinical Multiaxial Inventory Manual (3 rd ed.). Minneapolis, MN: National Computer Systems.

Millon, T. (1987). Manual for the MCMI-II. Minneapolis, MN: National Computer Systems.

Millon, T. (1990). Toward a new personology. An evolutionary model. New York: Wiley.

Millon, T. (1996a). Disorders of personality. DSM-IV and beyond (2nd ed.). New York: Wiley.

Millon, T. & Everly, G. S. (1985). Personality and its disorders: A biosocial learning approach. New York: Wiley.

Millon, T. & Grossman, S. D. (2005). Sociocultural factors. In J. M. Oldham, A. E. Skodol & D. S. Bender (Eds.), Textbook of personality disorders (pp. 223–235). Washington, DC: The American Psychiatric Publishing, Inc.

Millon, T., Davis, R. & Millon, C. (1997). Manual for the MCMI-III. Mineapolis, MN: National Computer Systems.

Mills, R., Scott, J., Alati, R., O'Callaghan, M., Najman, J. M. & Strathearn, L. (2013). Child maltreatment and adolescent mental health problems in a large birth cohort. Child Abuse & Neglect, 37 (5), 292–302.

Minzenberg, M. J., Fan, J., New, A. S. et al. (2007). Fronto-limbic dysfunction in response to facial emotion in borderline personality disorder: an event-related fMRI study. Psychiatry Research, 155 (3), 231–243.

Mombour, W., Zaudig, M., Berger, P., Gutierrez, K., Berner, W., Cranach, M. v., Giglhuber, O. & Bose, M. v. (1996). International Personality Disorder Examination (IPDE). Bern / Göttingen: Huber / Hogrefe.

Morel, B. A. (1857). Traité des dégénérescenses physiques, intellectuelles et morales de l'espèce humaine et des causes qui produisent ces variétés maladives. Paris: Baillière.

Morey, L. C. (1988). Personality disorders in DSM-III and DSM-III-R: Convergence, coverage, and internal consistency. American Journal of Psychiatry, 145, 573–577.

Morey, L. C. & Meyer, J. K. (2012). Course of personality disorders. In T. A. Widiger (Ed.), The Oxford handbook of personality disorders (pp. 275–298). Oxford University Press.

Morey, L. C. & Ochoa, E. S. (1989). An investigation of adherence to diagnostic criteria: Clinical diagnosis of the DSM-III personality disorders. Journal of Personality Disorders, 3, 180–192.

Morey, L. C. & Zanarini, M. C. (2000). Borderline personality: traits and disorder. Journal of Abnormal Psychology, 109, 733–737.

Morey, L. C., Berghuis, H., Bender, D. S., Verheul, R., Krueger, R. F. & Skodol, A. E. (2011). Toward a model for assessing level of personality functioning in DSM-5, Part II: empirical articulation of a core dimension of personality pathology. Journal of Personality Assessment, 93, 347–353.

Morey, L. C., Hopwood, C. J., Markowitz, J. C. et al. (2012). Comparison of alternative models for personality disorders, II: 6-, 8-, and 10-year follow-up. Psychological Medicine, 42, 1705–1713.

Morton, T. L., Alexander, J. F. & Altman, I. (1976). Communication and relationship definition. In G. R. Miller (Ed.), Explorations in interpersonal communication (pp. 105–125). Beverly Hills, CA: Sage Publications.

Motzkin, J. C., Newman, J. P., Kiehl, K. A. & Koenigs, M. (2011). Reduced prefrontal connectivity in psychopathy. Journal of Neuroscience, 31 (48), 17 348–17 357.

Mulder, R. T., Newton-Howes, G., Crawford, M. J. & Tyrer, P. (2011). The central domains of personality pathology in psychiatric patients. Journal of Personlity Disorders, 25, 364–377.

Müller, Ch. (1981). Psychische Erkrankungen und ihr Verlauf sowie ihre Beeinflussung durch das Alter. Bern: Huber.

Müller-Isberner, R. (1998). Ein differenziertes Behandlungskonzept für den psychiatrischen Maßregelvollzug. Organisationsfragen und methodische Aspekte. In E. Wagner & W. Werdenich (Hrsg.), Forensische Psychotherapie. Psychotherapie im Zwangskontext von Justiz, Medizin und sozialer Kontrolle. Wien: Facultas Universitätsverlag.

Müller-Isberner, R. (2000). Die antisoziale Persönlichkeitsstörung aus kognitiv-behavioraler Sicht. In H. Katschnig, U. Demal, G. Lenz & P. Berger (Hrsg.), Die extrovertierten Persönlichkeitsstörungen (S. 124–143). Wien: Facultas Universitätsverlag.

Mundt, Ch. & Fiedler, P. (1996). Konzepte psychosozialer Vulnerabilität für affektive Erkrankungen. In H.-J. Möller & A. Deister (Hrsg.), Vulnerabilität für affektive und schizophrene Erkrankungen (S. 1–9). Wien: Springer.

Mundt, C., Backenstrass, M., Kronmüller, K. T., Fiedler, P., Kraus, A. & Stangelini, G. (1997). Personality and endogenous / major depression: An empirical approach to Typus melancholicus: 2. Validation of Typus melancholicus core-properties by personality inventory scales. Psychopathology, 30 (3), 130–139.

Nater, U. M., Bohus, M., Abbruzzese, E. et al. (2010). Increased psychological and attenuated cortisol and alpha-amylase responses to acute psychosocial stress in female patients with borderline personality disorder. Psychoneuroendocrinology, 35 (10), 1565–1572.

Nestad, G., Romanowski, A. T., Merchant, A., Foldstein, M. F., Gruenberg, E. M. & McHugh, P. R. (1990). An epidemiological study of histrionic personality disorder. Psychological Medicine, 20, 413–422.

New, A. S., Hazlett, E. A., Buchsbaum, M. S. et al. (2007). Amygdala-prefrontal disconnection in borderline personality disorder. Neuropsychopharmacology, 32 (7), 1629–1640.

Niedtfeld, I., Kirsch, P., Schulze, L., Herpertz, S. C., Bohus, M., & Schmahl, C. (2012). Functional connectivity of pain-mediated affect regulation in Borderline personality disorder. PLoS One (Public Library of Science), 7 (3), e33 293.

Niedtfeld, I., Schulze, L., Kirsch, P., Herpertz, S. C., Bohus, M. & Schmahl, C. (2010). Affect regulation and pain in borderline personality disorder: a possible link to the understanding of self-injury. Biological Psychiatry, 68 (4), 383–391.

Nielsen, J. & Nielsen, J. A. (1977). A census study of mental illness in Samsø. Psychological Medicine, 7, 491–503.

Nigg, J. T. & Goldsmith, H. H. (1994). Genetics of personality disorders: Perspectives from personality and psychopathology research. Psychological Bulletin, 115, 346–380.

Nissen, G. (2000). Persönlichkeitsstörungen bei Kindern und Jugendlichen. In G. Nissen (Hrsg.), Persönlichkeitsstörungen. Ursachen – Erkennung – Behandlung (S. 39–48). Stuttgart: Kohlhammer.

Norden, M. J. (1989). Fluoxetine in borderline personality disorder. Progress in Neuro-Psychopharmacology and Biological Psychiatry, 13, 885–893.

Norman, W. T. (1963). Toward an adequate taxonomy of personality attributes. Replicated factor structure in peer nomination personality ratings. Journal of Abnormal and Social Psychology, 4, 681–691.

Norris, M. (1984). Integration of special patients into the community. London: Gower.

Oberkirch, A. (1983). Personal writings in psychotherapy. American Journal of Psychotherapy, 37, 265–272.

Ochsner, K. N. & Gross, J. J. (2005). The cognitive control of emotion. Trends in Cognitive Science, 9 (5), 242–249.

Ochsner, K. N., Knierim, K., Ludlow, D. H., Hanelin, J., Ramachandran, T., Glover, G. & Mackey, S. C. (2004). Reflecting upon feelings: an fMRI study of neural systems supporting the attribution of emotion to self and other. Journal of Cognitive Neuroscience, 16 (10), 1746–1772.

O'Donohue, W. T., Fowler, K. A. & Lilienfeld, S. O. (2007). Personality disorders. Toward the DSM-V. Los Angeles: SAGE Publications.

Oerter, R., Hagen, C. v., Röper, G. & Noam, G. (Hrsg.). (1999). Klinische Entwicklungspsychologie. Weinheim: Beltz.

Offer, D. & Sabshin, M. (Eds.). (1991). The diversity of normal behavior. Further contributions to normatology. New York: Basic Books.

Ogata, S. N., Silk, K. R., Goodrich, S., Lohr, N. E., Westen, D. & Hill, E. M. (1990). Childhood sexual and physical abuse in adult patients with borderline personality disorder. American Journal of Psychiatry, 147, 1008–1013.

Ogrodniczuk, J. S. & Piper, W. E. (1999). Use of transference interpretations in dynamically oriented individual psychotherapy for patients with personality disorders. Journal of Personality Disorders, 13, 297–311.

Ogrodniczuk, J. S., Uliaszek, A. A., Lebow, J. L. & Piper, W. E. (2015). Group, family, and couples therapies. In J. M Oldham, A. E. Skodol & D. S. Bender (Eds.), Textbook of personality disorders (2nd ed.; pp. 281–302). Washington, DC: The American Psychiatric Publishing, Inc.

Offer, D. & Sabshin, M. (Eds.). (1991). The diversity of normal behavior. Further contributions to normatology. New York: Basic Books.

Oldham, J. M. (2005). Personality disorders: Recent history and future directions. In J. M Oldham, A. E. Skodol & D. S. Bender (Eds.), Textbook of personality disorders (pp. 3–16). Washington, DC: The American Psychiatric Publishing, Inc.

Oldham, J. M. & Morris, L. B. (1995). Ihr Persönlichkeitsprofil. Warum Sie genau so denken, lieben und sich verhalten, wie Sie es tun. München: Kabel Verlag [Original: (1995). New Personality Self-Portrait. Why You Think, Work, Love and Act the Way You Do. New York: Bantam].

Oldham, J. M. & Skodol, A. E. (1996). Persönlichkeitsstörungen. In F. I. Kass, J. M. Oldham, H. Pardes, L. B. Morris & H. U. Wittchen (Hrsg.), Das große Handbuch der seelischen Gesundheit (S. 202–211). Weinheim: Beltz.

Oldham, J. M. & Skodol, A. E. (2013). Personality and personality disorders and the passage of time. American Journal of Geriatric Psychiatry, 21, 709–712.

Olsavsky, A. K., Brotman, M. A., Rutenberg, J. G. et al. (2012). Amygdala hyperactivation during face emotion processing in unaffected youth at risk for bipolar disorder. Journal of the American Academic of Child & Adolescence Psychiatry, 51 (3), 294–303.

Ostendorf, F. (1990). Sprache und Persönlichkeitsstruktur. Zur Validität des Fünf-Faktoren-Modells der Persönlichkeit. Regensburg: Roderer.

Ostendorf, F. & Angleitner, A. (2004). NEO-PI-R: NEO-Persönlichkeitsinventar nach Costa und McCrea, revidierte Fassung. Göttingen: Hogrefe.

Ottoson, H., Bodlund, O., Ekselius, L., Grann, M., v. Knorring, L., Kullgren, G., Lindström, E. & Söderberg, S. (1998). DSM-IV und ICD-10 personality disorders: A comparison of a self-report questionnaire (DIP-Q) with structured interview. European Psychiatry, 13, 246–253.

Overholser, J. C. (1987). Facilitating autonomy in passive-dependent persons: An integrative model. Journal of Contemporary Psychotherapy, 17, 250–269.

Paddock, J. R. & Nowicki, S. (1986). An examination of the Leary circumplex through Interpersonal Check List. Journal of Research in Personality, 20, 107–144.

Palmer, T. (1992). The reemergence of correctional intervention. Newbury Park: Sage.

Paris, J. (2005). Borderline personality disorder. Canadian Medical Association Journal, 172 (12), 1579–1583.

Paris, J. & Frank, H. (1989). Perceptions of paternal bonding in borderline patients. American Journal of Psychiatry, 146, 1498–1499.

Paris, J. & Zweig-Frank, H. (2001). A twenty-seven year follow-up of borderline patients. Comprehensive Psychiatry, 42, 482–487.

Parker, G., Roy, K., Wilhelm, K., Mitchell, P., Austin, M. P. & Hadzi-Pavlovic, D. (1999). An exploration of links between early parenting experience and personality disorder type and disordered personality functioning. Journal of Personality Disorders, 13, 361–374.

Parnas, J., Schulsinger, F. & Mednick, S. A. (1990). The Copenhagen high-risk study: Major psychopathological and etiological findings. In E. R. Straube & K. Hahlweg (Eds.), Schizophrenia. Concepts, vulnerability, and intervention (pp. 45–56). Berlin: Springer.

Parnas, J., Schulsinger, F., Schulsinger, H., Mednick, S. A. & Teasdale, T. W. (1982). Behavioral precursers of schizophrenia spectrum. A prospective study. Archives of General Psychiatry, 39, 658–664.

Passamonti, L., Fairchild, G., Goodyer, I. M. et al. (2010). Neural abnormalities in early-onset and adolescence-onset conduct disorder. Archives of General Psychiatry, 67 (7), 729–738.

Patrick, C. J., Cuthbert, B. N. & Lang, P. J. (1994). Emotion in the criminal psychopath, fear image processing. Journal of Abnormal Psychology, 103, 523–534.

Patridge, G. E. (1930). Current conceptions of psychopathic personality. American Journal of Psychiatry, 10, 53–99.

Pecher, W. (2011). Sozialtherapeutische Behandlung von Gefangenen mit antisozialer Persönlichkeit. Persönlichkeitsstörungen. Theorie und Therapie, 15, 64–71.

Perrez, M. (1979). Ist die Psychoanalyse eine Wissenschaft? (2. Aufl.). Bern: Huber.

Perry, D. G., Perry, L. C. & Boldizar, J. P. (1990). Learning of aggression. In M. Lewis & S. Miller (Eds.), Handbook of developmental psychopathology (pp. 135–146). New York: Plenum.

Perry, J. C. (1989). Dependent personality disorder. In American Psychiatric Association (Ed.), Treatments of psychiatric disorders (Vol. 3; pp. 2762–2770). Washington, DC: American Psychiatric Association.

Perry, J. C. (1993). Longitudinal studies of personality disorders. Journal of Personality Disorders, 7 (Supplement, Spring 1993), 63–85.

Perry, J. C. (1995). Dependent personality disorder. In G. O. Gabbard (Ed.), Treatments of psychiatric disorders (2nd ed.; Vol. 2; pp. 2355–2366). Washington, DC: American Psychiatric Association.

Perry, J. C., Fowler, J. C., Bailey, A. et al. (2009). Improvement an recovery from suicidal and self-destructive phenomena in treatment-refractory disorders. Journal of Nervous and Mental Disease, 197, 28–34.

Pessoa, L., McKenna, M., Gutierrez, E. & Ungerleider, L. G. (2002). Neural processing of emotional faces requires attention. Proceedings of the National Academy of Science, 99 (17), 11458–11463.

Petermann, F. & Wiedebusch, S. (1993). Aggression und Delinquenz. In H. C. Steinhausen & M. von Aster (Hrsg.), Handbuch Verhaltenstherapie und Verhaltensmedizin bei Kindern und Jugendlichen (S. 319–349). Weinheim: Beltz.

Peters, E. R., Pickering, A. D. & Hemsley, D. R. (1994). »Cognitive inhibition« and positive symptomatology in schizotypy. British Journal of Clinical Psychology, 33, 33–48.

Petrilowitsch, N. (Hrsg.). (1967). Zur Psychologie der Persönlichkeit. Darmstadt: Wissenschaftliche Buchgesellschaft.

Pezawas, L., Meyer-Lindenberg, A., Drabant, E. M. et al. (2005). 5-HTTLPR polymorphism impacts human cingulate-amygdala interactions: A genetic susceptibility mechanism for depression. Nature Neuroscience, 8 (6), 828–834.

Pfohl, B. (1991). Histrionic personality disorder: A review of available data and recommendations for DSM-IV. Journal of Personality Disorders, 5, 150–160.

Pfohl, B. (1996). Histrionic personality disorder. In T. A. Widiger, A. J. Frances, H. A. Pincus, R. Ross, M. B. First & W. W. Davis (Eds.), DSM-IV Sourcebook (pp. 733–744). Washington, DC: American Psychiatric Press.

Pfohl, B., Stangl, D. & Zimmerman, M. (1982). The Structured Interview for DSM-III Personality Disorders (SIDP). Iowa-City: University of Iowa, Dep. of Psychiatry [SIDP-R: rev. for DSM-III-R (1989)].

Pfohl, B., Blum, N. & Zimmerman, M. (1997). The Structured Interview for DSM-IV Personality (SIDP-IV). Washington, DC: American Psychiatric Press.

Pfohl, B., Coryell, W., Zimmerman, M. & Stangl, D. (1986). DSM-III personality disorders: Diagnostic overlap and internal consistency of individual DSM-III criteria. Comprehensive Psychiatry, 27, 21–34.

Pfohl, B., Black, D. W., Noyes, R., Coryell, W. H. & Barrash, J. (1991). Axis I and axis II comorbidity findings: Implications for validitiy. In J. M. Oldham (Ed.), Personality disorders: New perspectives on diagnostic validity (pp. 145–161). Washington, DC: American Psychiatric Press.

Pfuhl, E. H. & Henry, S. (1993). The deviance process (3 rd. ed.). New York: Aldine de Gruyter.

Phan, K. L., Magalhaes, A., Ziemlewicz, T. J., Fitzgerald, D. A., Green, C. & Smith, W. (2005). Neural correlates of telling lies: a functional magnetic resonance imaging study at 4 Tesla. Academic Radiology, 12 (2), 164–172.

Piaget, J. (1956). The general problems of the psychobiological development of the child. In J. M. Tanner & B. Inhelder (Eds.), Discussions on child development (Vol. 4). New York: International Universities Press.

Pichot, P. (1990). The diagnosis and classification of mental disorders in the French–speaking countries: Background, current values and comparison with other classifications. In N. Sartorius, A. Jablensky, D. A. Regier, J. D. Burke & R. M. A. Hirschfeld (Eds.), Sources and traditions of classification in psychiatry (pp. 7–57). Göttingen: Hogrefe & Huber.

Pick, D. (1989). Faces of degeneration. A European disorder, c.1848–c.1918. Cambridge: Cambridge University Press.

Pietrik, C., Elbert, T., Weierstall, R., Mueller, R. & Rockstroh, B. (2013). Childhood adversities in relation to psychiatric disorders. Psychiatry Research, 206 (1) 103–110.

Pilkonis, P. A. (1984). Avoidant and schizoid personality disorders. In H. E. Adams & P. B. Sutker (Eds.), Comprehensive handbook of psychopathology (pp. 479–494). New York: Plenum Press.

Pilkonis, P. A. & Frank, E. (1988). Personality pathology in recurrent depression: Nature, prevalence, and relationship to treatment response. American Journal of Psychiatry, 145, 435–441.

Pilkonis, P. A., Heape, C. L., Ruddy, J. et al. (1991). Validity in the diagnosis of personality disorders: The use of the LEAD standard. Psychological Assessment, 3, 46–54.

Pilkonis, P. A., Yookyung, K., Proietti, J. M. & Barkham, M. (1996). Scales for personality disorders developed from the Inventory of Interpersonal Problems. Journal of Personality Disorders, 10, 355–369.

Pincus, A. L. (2005). A contemporary integrative interpersonal theory of personality disorders. In M. F. Lenzweger & J. F. Clarkin (Eds.), Major theories of personality disorder (pp. 282–331). New York, NY: Guilford Press.

Pinel, P. (1809). Traité medico-philosophique sur l'aliénation mentale (2. edn). Paris: Brosson.

Plomin, R., Nitz, K. & Rowe, D. C. (1990). Behavioral genetics and aggressive behavior in childhood. In M. Lewis & S. Miller (Eds.), Handbook of developmental psychopathology (pp. 119–133). New York: Plenum.

Pollak, J. M. (1979). Obsessive-compulsive personality: A review. Psychological Bulletin, 86, 225–241.

Pope, H. G., Jonas, J. M., Hudson, J. I., Cohen, B. M. & Gunderson, J. G. (1983). The validity of DSM-III borderline personality disorder: A phenomenologic, family history, treatment response, and long-term follow-up study. Archives of General Psychiatry, 40, 23–30.

Poyurovsky, M. & Koran, L. (2005). Obsessive-compulsive disorder (OCD) with schizotypy vs. schizophrenia with OCD: Diagnostic dilemmas and therapeutic implications. Journal of Psychiatric Research, 39, 399–408.

Prehn, K., Schlagenhauf, F., Schulze, L., Berger, C., Vohs, K., Fleischer, M. & Herpertz, S. C. (2013). Neural correlates of risk taking in violent criminal offenders characterized by emotional hypo- and hyper-reactivity. Society for Neuroscience, 8 (2), 136–147.

Prichard, J. C. (1835). A treatise on insanity and other disorders affecting the mind. London: Sherwood, Gilbert & Piper.

Prossin, A. R., Love, T. M., Koeppe, R. A. et al. (2010). Dysregulation of regional endogenous opioid function in borderline personality disorder. American Journal of Psychiatry, 167 (8), 925–933.

Pütterich, H. (1985). Diagnostisches Interview für das Borderlinesyndrom von J. G. Gunderson. Weinheim: Beltz [1990; 2. Aufl.; Göttingen: Hogrefe].

Quilty, L. C., Ayearst, L., Chmielewski, M., Pollok, B. G. & Bagby, R. M. (2013). The psychometric properties of the personality inventory for DSM-5 in an APA DSM-5 field trial sample. Assessment, 20, 362–369.

Quint, H. (1970). Über die Zwangsneurose. Göttingen: Vandenhoeck & Ruprecht.

Rado, S. (1953). Dynamics and classification of disordered behavior. American Journal of Psychiatry, 110, 406–416.

Rado, S. (1956). Schizotypal organization: Preliminary report on a clinical study of schizophrenia. In S. Rado & G. E. Daniels (Eds.), Changing concepts of psychoanalytic medicine (pp. 225–236). New York: Grune & Stratton.

Raine, A. (1991). The SPQ: A Scale for the assessment of schizotypical personality based on DSM-III-R criteria. Schizophrenia Bulletin, 17, 555–564.

Raine, A. & Benishay, D. (1995). The SPQ-B: A brief screening instrument for schizotypical personality disorder. Journal of Personality Disorders, 9, 346–355.

Raine, A., Venables, P. H. & Williams, M. (1995). High autonomic arousal and electrodermal orienting at age 15 years as protective factors against criminal behavior at age 29 years. American Journal of Psychiatry, 152, 1595–1600.

Rapaport, D. (1958). The theory of ego autonomy: A generalization. Bulletin of the Menninger Clinic, 22, 13–35.

Rapaport, D. (1960). The structure of psychoanalytic theory: A systematizing attempt. New York: International Universities Press [dt. (1973). Die Struktur der psychoanalytischen Theorie (3. Aufl.). Stuttgart: Klett].

Raskin, R. N. & Terry, H. (1988). A principal-components analysis of the narcissistic personality inventory and further evidence of its construct validity. Journal of Personality and Social Psychology, 54, 890–902.

Rauchfleisch, U. (2011). Antisoziale Persönlichkeiten – eine ungeliebte Patientengruppe. Persönlichkeitsstörungen. Theorie und Therapie, 15, 35–43.

Reck, C. & Mundt, C. (2002). Psychodynamische Therapieansätze bei depressiven Störungen. Pathogenesemodelle und empirische Grundlagen. Nervenarzt, 73 (7), 613–619.

Reich, J. H. (1987). Instruments measuring DSM-III and DSM-III-R personality disorders. Journal of Personality Disorders, 1, 220–240.

Reich, J. H. (2000). The relationship of social phobia to avoidant personality disorder: A proposal to reclassify avoidant personality disorder based on clinical empirical findings. European Psychiatry, 15, 151–159.

Reich, J. H. & Vasile, R. G. (1993). Effect of personality disorders on treatment outcome of axis I conditions: An update. Journal of Nervous and Mental Disease, 181, 475–484.

Reich, J. H., Noyes, R. & Troughton, E. (1987). Dependent personality disorder associated with phobic avoidance in patients with panic disorder. American Journal of Psychiatry, 144, 323–326.

Reich, W. (1925). Der triebhafte Charakter [In W. Reich (1977). Frühe Schriften I (S. 246–340). Köln: Kiepenheuer & Witsch].

Reich, W. (1933). Charakteranalyse. Techniken und Grundlagen. Berlin: Selbstverlag [Wiederaufl. (1971). Köln: Kiepenheuer & Witsch.]

Reif, A., Rösler, M., Freitag, C. M., Schneider, M., Eujen, A., Kissling, C., Wenzler, D., Jacob, C. P., Retz-Junginger, P., Thome, J., Lesch, K. P. & Retz, W. (2007). Nature and nurture predispose to violent behavior: Serotonergic genes and adverse childhood environment. European Archives of Psychiatry & Clinical Neuroscience, 257, 309–317.

Reinecker, H. (1991). Zwänge. Diagnose, Theorien und Behandlung. Bern: Huber.

Reinecker, H. (1993). Spezifische und soziale Phobien. In H. Reinecker (Hrsg.), Lehrbuch der Klinischen Psychologie: Modelle psychischer Störungen (2. Aufl.; S. 91–116). Göttingen: Hogrefe.

Renneberg, B. (1996). Verhaltenstherapeutische Gruppentherapie bei Persönlichkeitsstörungen. In B. Schmitz, Th. Fydrich & K. Limbacher (Hrsg.), Persönlichkeitsstörungen: Diagnostik und Psychotherapie (S. 344–358). Weinheim: Beltz.

Renneberg, B. (2001). Borderline-Persönlichkeitsstörungen. In A. Franke & A. Kämmerer (2001). Klinische Psychologie der Frau. Ein Lehrbuch (S. 397–422). Göttingen: Hogrefe.

Renneberg, B. (2008). Psychotherapie bei Cluster-C-Persönlichkeitsstörungen: Die ängstlich-vermeidende, die dependente und die zwanghafte Persönlichkeitsstörung. In S. C. Herpertz, F. Caspar & Ch. Mundt (Hrsg.), Störungsorientierte Psychotherapie (S. 490–499). München: Elsevier.

Renneberg, B. & Fiedler, P. (2001). Ressourcenorientierte Therapie der Borderline-Persönlichkeitsstörung: kognitive und interpersonelle Ansätze. In G. Dammann & P. Janssen (Hrsg.), Psychotherapie der Borderline-Störungen (S.125–135). Stuttgart: Thieme.

Renneberg, B. & Fydrich, T. (1999). Verhaltenstherapeutische Therapiekonzepte in der Gruppenbehandlung der selbstunsicheren Persönlichkeitsstörung. In H. Saß & S. Herpertz (Hrsg.), Psychotherapie von Persönlichkeitsstörungen. Beiträge zu einem schulenübergreifenden Vorgehen (S. 159–170). Stuttgart: Thieme.

Renneberg, B., Chambless, D. L., Dowdall, D. J., Fauerbach, J. A. & Gracely, E. J. (1992). The Structured Clinical Interview for DSM-III-R, Axis II and the Millon Clinical Multiaxial Inventory: A concurrent validity study of personality disorders among anxious outpatients. Journal of Personality Disorders, 6, 117–124.

Renneberg, B., Theobald, E., Nobs, M. & Weisbrod, M. (2005a). Autobiographical memory in borderline personality disorder and depression. Cognitive Therapy and Research, 29, 343–358.

Renneberg, B., Schmidt-Ratjens, C., Hippin, R., Backenstrass, M. & Fydrich, T. (2005b). Cognitive characteristics of patients with borderline personality disorder: Development and validation of a self-report inventory. Journal of Behavior Therapy and Experimental Psychiatry, 36, 173–182.

Renneberg, B., Schmitz, B., Doering, S. et al. (2010). Behandlungsleitlinie Persönlichkeitsstörungen. Psychotherapeut, 55, 339–354.

Resch, F. (1999). Entwicklungspsycho(patho)logie und Gesellschaft. PTT – Persönlichkeitsstörungen: Theorie und Therapie, 3, 173–184.

Resch, F. (2012). Perspektiven der Kindheit und Jugend. In P. Fiedler (Hrsg.), Die Zukunft der Psychotherapie. Wann ist endlich Schluss mit der Konkurrenz (S. 93–115). Heidelberg: Springer.

Rieder, R. O. (1979). Borderline schizophrenia: Evidence of its validity. Schizophrenia Bulletin, 6, 39–46.

Riemann, F. (1961). Grundformen der Angst. Eine tiefenpsychologische Studie. München: Reinhard.

Rienzi, R. M. & Scrams, D. J. (1991). Gender stereotypes of paranoid, compulsive, dependent, and histrionic personality disorder. Psychological Report, 69, 976–978.

Ro, E., Stringer, D. & Clark, L. E. (2012). The Schedule for Nonadaptive and Adaptive Personality: A useful tool for diagnosis and classification of personality disorders. In T. A. Widiger (Ed.), The Oxford handbook of personality disorders (pp. 58–81). Oxford University Press.

Roberts, B. W. & DelVecchio, W. F. (2000). The rank-order consistency of personality traits from childhood to old age; a quantitative review of longitudinal studies. Psychological Bulletin, 126, 3–25.

Roberts, B. W., Walton, K. & Viechtbauer, W. (2006). Patterns of mean-level change in personality traits across the life course: A meta-analysis of longitudinal studies. Psychological Bulletin, 132, 1–25.

Robins, C. J. & Chapman, A. L. (2004). Dialectical behavior therapy: current status, recent developments, and future directions. Journal of Personality Disorders, 18, 73–89.

Robins, L. N. (1966). Deviant children grown up: A sociological and psychiatric study of sociopathic personality. Baltimore: Williams & Wilkins.

Robins, L. N. (1978). Study of childhood predictors of adult antisocial behaviour: Replication from longitudinal studies. Psychological Medicine, 8, 811–816.

Robins, L. N., Tipp, J. & Przybeck, T. (1991). Antisocial personality. In L. N. Robins & D. A. Regier (Eds.), Psychiatric disorders in America (pp. 258–290). New York: Free Press.

Rock, K. S. (1998). Investigating the positive and negative sides of personal relationships: Through a lens darkly. In B. H. Spitzberg & W. R. Cupach (Eds.), The dark side of close relationships

(pp. 369–393). Hillsdale, NJ: Lawrence Erlbaum Associates.

Rohde-Dachser, C. (1986). Borderlinestörungen. In K. P. Kisker, H. Lauter, J. E. Meier, C. Müller & E. Strömgren (Hrsg.), Psychiatrie der Gegenwart, Band 1: Neurosen, Psychosomatische Erkrankungen, Psychotherapie (3. Aufl.; S. 125–150). Berlin: Springer.

Roediger, E. (2011). Praxis der Schematherapie. Lehrbuch zu Grundlagen, Modell und Anwendung. Stuttgart: Schattauer.

Roessler, W., Hengartner, M. P., Ajdacic-Gross, V. et al. (2014). Impact of childhood adversity on the onset and course of subclinical psychosis symptoms – Results from a 30-year prospective community study. Schizophrenia Research, 29, 1–14.

Rohde-Dachser, C. (1986). Borderlinestörungen. In K. P. Kisker, H. Lauter, J. E. Meier, C. Müller & E. Strömgren (Hrsg.), Psychiatrie der Gegenwart, Band 1: Neurosen, Psychosomatische Erkrankungen, Psychotherapie (3. Aufl.; S. 125–150). Berlin: Springer.

Rohde-Dachser, C. (1989). Das Borderline-Syndrom (4. Aufl.). Bern: Huber.

Rohde-Dachser, C. (1996). Psychoanalytische Therapie bei Borderline-Störungen. In W. Senf & M. Broda (Hrsg.), Praxis der Psychotherapie. Ein integratives Lehrbuch für Psychoanalyse und Verhaltenstherapie (S. 297–301). Stuttgart: Thieme.

Rohde-Dachser, Ch. (2004). Das Borderline-Syndrom (7. Aufl.). Bern: Huber.

Rohracher, H. (1965). Kleine Charakterkunde (11. Aufl.). Wien: Urban & Schwarzenberg.

Romney, D. M. & Brynner, J. M. (1989). Evaluation of a circumplex model of DSM-III personality disorders. Journal of Research in Personality, 23, 525–538.

Ronningstam, E. (2011). Narcissistic personality disorder in DSM-V. In support of retaining a significant diagnosis. Journal of Personality Disorders, 25, 248–259.

Ronningstam, E. (2012). Narcissistic Personality Disorder: The diagnostic process. In T. A. Widiger (Ed.), The Oxford handbook of personality disorders (pp. 527–548). Oxford: University Press.

Rosenhan, D. L. (1973). On being sane in insane places. Science, 179, 250–258.

Rosenthal, D. (1975). The concept of subschizophrenic disorders. In R. R. Fieve, D. Rosenthal & H. Brill

(Eds.), Genetic research in psychiatry. Baltimore: Johns Hopkins University Press.

Ross, R., Frances, A. J. & Widiger, T. A. (1995). Gender issues in DSM-IV. In J. M. Oldham & M. B. Riba (Eds.), Review of psychiatry (Vol. 14; pp. 205–226). Washington: American Psychiatric Press.

Ross, R. R. & Ross, B. (1995). Thinking straight. Ottawa: The Cognitive Centre.

Ross, T., Malanin, A. & Pfäfflin, F. (2004). Stressbelastung, Persönlichkeitsstörungen und Migration. Verhaltenstherapie und Verhaltensmedizin, 25 (3), 345–366.

Rossi, R., Pievani, M., Lorenzi, M. et al. (2013). Structural brain features of borderline personality and bipolar disorders. Psychiatry Research, 213 (2), 83–91.

Roth, L. H. (1987). Clinical treatment of the violent person. New York: Guilford Press.

Rothacker, E. (1938). Die Schichten der Persönlichkeit [8. Aufl. (1969). Bonn: Bouvier].

Rothbart, M. K. & Bates, J. E. (1998). Temperament. In W. E. Damon (Ed.), Handbook of child psychology (Vol. 3; 5th ed., pp. 105–176). New York: Wiley.

Rubin, K. H. (1993). The Waterloo Longitudinal Project: Correlates and consequences of social withdrawal from childhood to adolescence. In K. H. Rubin & J. B. Asendorpf (Eds.), Social withdrawal, inhibition, and shyness in childhood (pp. 291–314). Hillsdale, NJ: Erlbaum.

Rubin, K. H. & Asendorpf, J. B. (Eds.). (1993). Social withdrawal, inhibition, and shyness in childhood. Hillsdale, NJ: Erlbaum.

Rudolf, G. (1987). Krankheiten im Grenzbereich von Neurose und Psychose. Ein Beitrag zur Psychopathologie des Ich-Erlebens und der zwischenmenschlichen Beziehungen. Weinheim: Deutscher Studien Verlag.

Rudolf, G. (1996). Der psychoanalytische Ansatz in der Behandlung von Patienten mit Persönlichkeitsstörung. In B. Schmitz, Th. Fydrich & K. Limbacher (Hrsg.), Persönlichkeitsstörungen: Diagnostik und Psychotherapie (S. 117–135). Weinheim: Beltz.

Rudolf, G. (1999). Psychotherapeutische Medizin. Ein einführendes Lehrbuch auf psychodynamischer Grundlage (4. Aufl.). Stuttgart: Thieme.

Rudolf, G. (2006). Strukturbezogene Psychotherapie. Leitfaden zur psychodynamischen Therapie struktureller Störungen (2. Aufl.). Stuttgart: Schattauer.

Rudolf, G. (2012). Psychotherapeutische Entwicklungen: Das Beispiel der Strukturbezogenen Psychotherapie. In P. Fiedler (Hrsg.), Die Zukunft der Psychotherapie. Wann ist endlich Schluss mit der Konkurrenz (S. 135–147). Heidelberg: Springer.

Ruiter, C. de & Greeven, P. G. J. (2000). Personality disorders in a Dutch forensic psychiatric sample: Convergence of interview and self-report measures. Journal of Personality Disorders, 14, 162–170.

Ruocco, A. C., Amirthavasagam, S. & Zakzanis, K. K. (2012). Amygdala and hippocampal volume reductions as candidate endophenotypes for borderline personality disorder: A meta-analysis of magnetic resonance imaging studies. Psychiatry Research, 201 (3), 245–252.

Rusch, N., Weber, M., Il'Yasov, K. A. et al. (2007). Inferior frontal white matter microstructure and patterns of psychopathology in women with borderline personality disorder and comorbid attention-deficit hyperactivity disorder. Neuroimage, 35 (2), 738–747.

Rush, B. (1812). Medical inquiries and observations upon the diseases of the mind. Philadelphia: Richardson [wiederaufgelegt (1962). New York: Hafner Press].

Russell, G. A. (1985). Narcissism and the narcissistic personality disorder: A comparison of the theories of Kernberg and Kohut. British Journal of Medical Psychology, 58, 137–148.

Sachse, R. (1992). Zielorientierte Gesprächspsychotherapie. Hogrefe: Göttingen.

Sachse, R. (2001). Psychologische Psychotherapie der Persönlichkeitsstörungen (3. Aufl.). Göttingen: Hogrefe.

Sachse, R. (2004). Persönlichkeitsstörungen. Leitfaden für die psychologische Psychotherapie. Göttingen: Hogrefe.

Sachse, R. (2014). Klärungsorientierte Verhaltenstherapie des Narzissmus. Zeitschrift für Psychotherapie in Psychiatrie, Psychotherapeutischer Medizin und Klinischer Psychologie, 19 (1), 43–51.

Sachse, R., Breil, J., Sachse, M. & Fasbender, J. (2013). Klärungsorientierte Psychotherapie der dependenten Persönlichkeitsstörung. Göttingen: Hogrefe.

Sachse, R., Fasbender, J. & Sachse, M. (2014). Klärungsorientierte Psychotherapie der selbstunsicheren Persönlichkeitsstörung. Göttingen: Hogrefe.

Sachse, R., Kiszkenow-Bäker, S. & Schirm, S. (2015). Klärungsorientierte Psychotherapie der zwanghaften Persönlichkeitsstörung. Göttingen: Hogrefe.

Sachse, R., Sachse, M. & Fasbender, J. (2011). Klärungsorientierte Psychotherapie von Persönlichkeitsstörungen: Grundlagen und Konzepte. Göttingen: Hogrefe.

Safran, J. D. (1984). Some implications of Sullivan's interpersonal theory for cognitive therapy. In M. A. Reda & M. J. Mahoney (Eds.), Cognitive psychotherapies: Recent developments in theory and practice (pp. 251–272). Cambridge: Ballinger.

Salzman, L. (1960). Paranoid state-theory and therapy. Archives of General Psychiatry, 2, 679–693.

Salzman, L. (1973). The obsessive personality. New York: Jason Aronson.

Salzman, L. (1980). Treatment of the obsessive personality. New York: Jason Aronson.

Salzman, L. (1989). Compulsive personality disorder. In American Psychiatric Association (Ed.), Treatments of psychiatric disorders (Vol. 3; pp. 2771–2782). Washington, DC: American Psychiatric Association.

Samuels, J. & Costa, P. T. (2012). Obsessive-Compulsive Personality Disorder. In T. A. Widiger (Ed.), The Oxford handbook of personality disorders (pp. 566–581). Oxford: University Press.

Samuels, J., Eaton, W. W., Bienvenu, O. J. et al. (2002). Prevalence and correlates of personality disorders in a community sample. British Journal of Psychiatry, 180, 536–542.

Sanislow, C. A., Little, T. D., Ansell, E. B., Grilo, C. M. et al. (2009). Ten-year stability and latent structure of the DSM-IV schizotypal, borderline, avoidant, and obsessive-compulsive personality disorders. Journal of Abnormal Psychology, 118, 507–519.

Sanislow, C. A., da Cruz, K. L., Gianoli, M. O. & Reagan, E. M. (2012). Avoidant Personality Disorder, traits, and type. In T. A. Widiger (Ed.), The Oxford handbook of personality disorders (pp. 549–565). Oxford: University Press.

Sartorius, N. (1990). Sources and traditions of psychiatric classification: Introduction. In N. Sartorius, A. Jablensky, D. A. Regier, J. D. Burke & R. M. A. Hirschfeld (Eds.), Sources and traditions of classification in psychiatry (pp. 1–6). Göttingen: Hogrefe & Huber.

Saß, H. (1987). Psychopathie, Soziopathie, Dissozialität. Zur Differentialtypologie der Persönlichkeitsstörungen. Berlin: Springer.

Saß, H. (1988). Angst und Angstfreiheit bei Persönlichkeitsstörungen. In H. Hippius (Hrsg.), Angst: Leitsymptom psychiatrischer Krankheiten (S. 87–93). Berlin: Springer.

Saß, H. & Koehler, K. (1982a). Diagnostische Kriterien für die Borderline-Schizophrenie auf der Basis des SSDBS. Archiv für Psychiatrie und Nervenkrankheiten, 232, 53–62.

Saß, H. & Koehler, K. (1982b). Borderline-Syndrome, Neurosen und Persönlichkeitsstörungen. Nervenarzt, 53, 519–523.

Saß, H., Houben, I. & Herpertz, S. C. (1999). Zur Diagnostik von Persönlichkeitsstörungen. In H. Saß & S. C. Herpertz (Hrsg.), Psychotherapie von Persönlichkeitsstörungen. Beiträge zu einem schulenübergreifenden Vorgehen (S. 1–15). Stuttgart: Thieme.

Saß, H., Houben, I., Herpertz, S. & Steinmeyer, E. M. (1996). Kategorialer versus dimensionaler Ansatz in der Diagnostik von Persönlichkeitsstörungen. In B. Schmitz, Th. Fydrich & K. Limbacher (Hrsg.), Persönlichkeitsstörungen: Diagnostik und Psychotherapie (S. 42–55). Weinheim: Beltz.

Saß, H., Steinmeyer, E. M., Ebel, H. & Herpertz, S. (1995). Untersuchungen zur Kategorisierung und Dimensionierung von Persönlichkeitsstörungen. Zeitschrift für Klinische Psychologie, 24, 239–251.

Sauer-Zavala, S., Bentley, K. H. & Wilner, J. G. (2015). Transdiagnostic treatment of borderline personality disorder and comorbid disorders: A clinical replication series. Journal of Personality Disorders, 24, 1–17.

Scarpa, A. & Raine, A. (2004). The psychophysiology of child misconduct. Pediatric Annals, 33, 296–304.

Scarpa, A., Luscher, K. A., Smalley, K. J., Pilkonis, P. A., Yookyung, K. & Williams, W. C. (1999). Screening for personality disorders in a nonclinical population. Journal of Personality Disorders, 13, 345–360.

Schaefer, E. S. (1959). A circumplex model for maternal behavior. Journal of Abnormal and Social Psychology, 59, 226–235.

Scharfetter, Ch. (1976). Allgemeine Psychopathologie. Stuttgart: Thieme.

Schepank, H., Hilpert, H., Hönmann, H., Janta, B., Parekh, H., Riedel, P., Schiessl, N., Stork, H., Tress, W. & Weinhold-Metzner, M. (1984). Das Mannheimer Kohortenprojekt – Die Prävalenz psychogener Erkrankungen in der Stadt. Zeitschrift für psychosomatische Medizin, 30, 43–61.

Scheurer, H. (1993). Persönlichkeit und Kriminalität. Eine theoretische und empirische Analyse. Regensburg: Roderer.

Schlesinger, A. B. & Silk, K. R. (2015). Collaborative treatment. In J. M. Oldham, A. E. Skodol & D. S. Bender (Eds.), Textbook of personality disorders (2nd ed.; pp. 345–368). Washington, DC: The American Psychiatric Publishing, Inc.

Schmahl, C. & Herpertz, S. C. (2013.). Clinical Promise of Translational Research in Borderline Personality Disorder. In J. M. Oldham, A. E. Skodol & D. S. Bender (Eds.), Textbook of personality disorders (2nd ed.; pp. 489–510). Washington, DC: The American Psychiatric Publishing, Inc.

Schmahl, C. G., Elzinga, B. M., Ebner, U. W. et al. (2004). Psychophysiological reactivity to traumatic and abandonment scripts in borderline personality and posttraumatic stress disorders: a preliminary report. Psychiatry Research, 126 (1), 33–42.

Schmidt-Atzert, L. & Amelang, M. (2012). Psychologische Diagnostik (5. Aufl.). Heidelberg: Springer.

Schmidtke, A. (2005). Selbstverletzungen, Persönlichkeitsstörung und Komorbidität Jugendlicher: Was muss wie behandelt werden? Vortrag auf dem Symposium: Selbstverletzung und Persönlichkeitsstörungen im Jugendalter. Frankfurt a. M.: Klinik für Psychiatrie und Psychotherapie des Kindes- und Jugendalters.

Schmitz, B., Schuhler, P., Handke-Raubach, A. & Jung, A. (2001). Kognitive Verhaltenstherapie bei Persönlichkeitsstörungen und unflexiblen Persönlichkeitsstörungen. Lengerich: Pabst.

Schneider, K. (1923). Die psychopathischen Persönlichkeiten. Leipzig: Franz Deutike [2. wesentlich veränderte Auflage (1928); bis: 9. Auflage (1950). Wien: Deuticke].

Schneider, S. (2000). Verhaltenstherapie bei Trennungsängsten und Phobien im Kindesalter. Verhaltenstherapie, 10, 101–109.

Schneider, S. & Nündel, B. (2002). Familial transmission of panic disorder: The role of separation anxiety disorder and cognitive factors. European Neuropsychopharmacology, 12, 149–150.

Schneider, W. & Lindenberger, U. (Hrsg.). (2012). Entwicklungspsychologie (7. Aufl.; vormals Oerter & Montada). Weinheim: Beltz.

Schnell, K., Dietrich, T., Schnitker, R., Daumann, J. & Herpertz, S. C. (2007). Processing of autobiographical memory retrieval cues in borderline personality disorder. Journal of Affective Disorder, 97, 253–259.

Schroeder, M. L., Wormworth, J. A. & Livesley, W. J. (1993). Dimensions of personality disorders and the five-factor model of personality. In P. T. Costa & T. A. Widiger (Eds.), Personality disorders and the five-factor model of personality (pp. 117–127). Washington, DC: American Psychological Association.

Schuch, B. (2000). Die narzisstische Persönlichkeitsstörung aus kognitiv-behavioraler Sicht. In H. Katschnig, E. Demal, G. Lenz & P. Berger (Hrsg.), Die extrovertierten Persönlichkeitsstörungen (S. 100–114). Wien: Facultas Universitätsverlag.

Schulte, D. (1996). Therapieplanung. Göttingen: Hogrefe.

Schulte, D. & Wittchen, H. U. (1988). Wert und Nutzen klassifikatorischer Diagnostik für die Psychotherapie. Diagnostica, 34, 85–98.

Schulte, W. & Tölle, R. (1977). Psychiatrie (4. Aufl.). Berlin: Springer.

Schultz, J. H. (1928). Die konstitutionelle Nervosität. In O. Bumke (Hrsg.), Handbuch der Geisteskrankheiten. (Band 5; S. 28–111). Berlin: Springer.

Schultz-Hencke, H. (1927). Einführung in die Psychoanalyse. Jena: G. Fischer [unveränderter Nachdruck (1972). Göttingen: Vandenhoeck & Ruprecht].

Schultz-Hencke, H. (1931). Schicksal und Neurose. Versuch einer Neurosenlehre vom Bewußtsein her. Jena: G. Fischer.

Schultz-Hencke, H. (1940). Der gehemmte Mensch. Stuttgart: Thieme [Zu Grunde gelegt wurde die 2. Aufl. (1946)].

Schultz-Hencke, H. (1951). Lehrbuch der analytischen Psychotherapie. Stuttgart: Thieme.

Schulze, L., Domes, G., Kruger, A., Berger, C., Fleischer, M., Prehn, K. & Herpertz, S. C. (2011). Neuronal correlates of cognitive reappraisal in borderline patients with affective instability. Biological Psychiatry, 69 (6), 564–573.

Schuster, J. P., Hoertel, N., LeStrat, Y. et al. (2013). Personality disorders in older adults: findings from the national epidemiologic survey on alcohol and related conditions. American Journal of Geriatric Psychiatry, 21, 757–768.

Scott, K. M., Smith, D. R. & Ellis, P. M. (2010). »Prospectively ascertained child maltreatment and its association with DSM-IV mental disorders in young adults.« Archives of General Psychiatry, 67 (7), 712–719.

Segal, D. L., Hersen, M., van Hasselt, V. B., Silberman, C. S. & Roth, L. (1996). Diagnosis and assessment of personality disorders in older adults: A critical review. Journal of Personality Disorders, 10, 384–399.

Seipel, K. H. (1996). Falldarstellung einer ambulant kognitiv-verhaltenstherapeutischen Behandlung eines Patienten mit narzißtischer Persönlichkeitsstörung. In B. Schmitz, Th. Fydrich & K. Limbacher (Hrsg.), Persönlichkeitsstörungen: Diagnostik und Psychotherapie (S. 244–258). Weinheim: Beltz.

Seivewright, H., Tyrer, P. & Johnson, T. (2002). Change in personality status in neurotic disorders. Lancet, 359, 2253–2254.

Senf, W. & Jezussek, I. (1996). Stationäre psychoanalytische Behandlung von Patienten mit Persönlichkeitsstörungen. In B. Schmitz, Th. Fydrich & K. Limbacher (Hrsg.), Persönlichkeitsstörungen: Diagnostik und Psychotherapie (S. 267–277). Weinheim: Beltz.

Shackman, A. J., Salomons, T. V., Slagter, H. A. et al. (2011). The integration of negative affect, pain and cognitive control in the cingulate cortex. Nature Reviews Neuroscience, 12 (3), 154–167.

Shapiro, D. (1965). Neurotic styles. New York: Basic Books [dt. (1991). Neurotische Stile. Göttingen: Vandenhoeck & Ruprecht].

Shapiro, D. (1981). Autonomy and the rigid character. New York: Basic Books.

Shea, M. T. (1996a). Wirksamkeit von Psychotherapie bei Persönlichkeitsstörungen. In B. Schmitz, Th. Fydrich & K. Limbacher (Hrsg.), Persönlichkeitsstörungen: Diagnostik und Psychotherapie (S. 359–375). Weinheim: Beltz PV.

Shea, M. T. & Yen, S. (2003). Stability as distinction between axis I and axis II disorders. Journal of Personality Disorders, 17, 373–386.

Shea, M. T., Stout, R., Gunderson, J. et al. (2002). Short-term diagnostic stability of schizotypal, borderline, avoidant, or obsessive-compulsive personality disorders. American Journal of Psychiatry, 159, 2036–2041.

Shea, T. M., Pilkonis, P. A., Beckham, E., Collins, J. F., Elkin, I., Sotzky, S. M. & Docherty, J. P. (1990). Personality disorders and treatment outcome in the NIMH Treatment of Depression Collaborative Research Program. American Journal of Psychiatry, 147, 711–718.

Shea, M. T., Widiger, T. A. & Klein, M. H. (1992). Comorbidity of personality disorders and depression: Implications for treatment. Journal of Consulting and Clinical Psychology, 60, 857–868.

Shea, M. T., Zlonick, C. & Weisberg, R. B. (1999). Commonality and specificity of personality disorder profiles in subjects with trauma histories. Journal of Personality Disorders, 13, 199–210.

Shearer, S. L., Peters, C. P., Quaytman, M. S. & Ogdon, R. L. (1990). Frequency and correlates of childhood sexual and physical abuse histories of borderline patients. American Journal of Psychiatry, 147, 214–216.

Shedler, J. & Westen, D. (1998). Refining the measurement of Axis II: A Q-Sort procedure for assessing personality pathology. Assessment, 5, 335–355.

Sher, K. J. & Trull, T. J. (1994). Personality and disinhibitory psychopathology: Alcoholism and antisocial personality disorder. Journal of Abnormal Psychology, 103, 92–102.

Siever, L. J. (1992). Schizophrenia spectrum personality disorders. In A. Tasman & M. B. Riba (Eds.), Review of Psychiatry – Vol. 11 (pp. 25–42). Washington, DC: American Psychiatric Press.

Siever, L. J. & Davis, K. L. (1991). A psychobiological perspective on the personality disorders. American Journal of Psychiatry, 148, 1647–1658.

Siever, L. J. & Davis, K. L. (2004). The pathophysiology of schizophrenia disorders: perspectives from the spectrum. American Journal of Psychiatry, 161 (3), 398–413.

Siever, L. J. & Gunderson, J. G. (1983). The search for a schizotypal personality: Historical origins and current status. Comprehensive Psychiatry, 24, 199–212.

Siever, L. J., Bernstein, D. P. & Silverman, J. M. (1991). Schizotypal personality disorder: A review of its current status. Journal of Personality Disorders, 5, 178–193.

Siever, L. J., Bernstein, D. P. & Silverman, J. M. (1996). Schizotypal personality disorder. In T. A. Widiger, A. J. Frances, H. A. Pincus, R. Ross, M. B. First & W. W. Davis (Eds.), DSM-IV Sourcebook (pp. 685–702). Washington, DC: American Psychiatric Press.

Siever, L. J., Keefe, R., Bernstein, D. P., Coccaro, E. F., Zemishlany, Z., Peterson, A. E., Davidson, M.,

Mahon, T., Horvarth, T. & Mohs, R. (1990). Eye tracking impairment in clinically identified patients with schizotypal personality disorder. American Journal of Psychiatry, 147, 740–745.

Sigmund, D. (1994). Die Phänomenologie der hysterischen Persönlichkeitsstörung. Nervenarzt, 65, 18–25.

Silbersweig, D., Clarkin, J. F., Goldstein, M. et al. (2007). Failure of frontolimbic inhibitory function in the context of negative emotion in borderline personality disorder. American Journal of Psychiatry, 164 (12), 1832–1841.

Sillars, A. L. (1998). (Mis)Understanding. In B. H. Spitzberg & W. R. Cupach (Eds.), The dark side of close relationships (pp. 73–102). Hillsdale, NJ: Lawrence Erlbaum Associates.

Silverman, M. H., Frankenburg, F. R., Reich, D. B. et al. (2012). The course of anxiety disorders other than PTSD in patients with borderline personality disorder and axis II comparison subjects: a 10-year follow-up study. Journal of Personality Disorders, 26, 804–814.

Sipos, V. & Schweiger, U. (2005). Stationäres Konzept zur Behandlung von Borderline-Persönlichkeitsstörung mit hoher Komorbidität. In R. Merod (Hrsg.), Behandlung von Persönlichkeitsstörungen. Ein schulübergreifendes Handbuch (S. 503–522). Tübingen: dgvt-Verlag.

Skodol, A. E. (2005). Manifestations, clinical diagnosis, and comorbidity. In J. M Oldham, A. E. Skodol & D. S. Bender (Eds.), Textbook of personality disorders (pp. 57–87). Washington, DC: The American Psychiatric Publishing, Inc.

Skodol, A. E. (2012). Diagnosis and DSM-5: Work in progress. In T. A. Widiger (Ed.), The Oxford handbook of personality disorders (pp. 35–57). Oxford University Press.

Skodol, A. E. (2014). Manifestations, assessment, and differential diagnosis. In J. M Oldham, A. E. Skodol & D. S. Bender (Eds.), Textbook of personality disorders (2nd ed.; pp. 131–164). Washington, DC: The American Psychiatric Publishing, Inc.

Skodol, A. E., Rosnick, L., Kellman, H. D., Oldham, J. M. & Hyler, S. (1988). Validating structured DSM-III-R personality disorder assessment with longitudinal data. American Journal of Psychiatry, 145, 1297–1299.

Skodol, A. E., Stout, R. L., McGlashan, T. H. et al. (1999). Co-occurrence of mood and personality disorders: A report from the Collaborative Longitudinal Personality Disorder Study (CLPS). Depression and Anxiety, 10, 175–182.

Skodol, A. E., Gunderson, J. G., McGlashan T. H., Dyck, I. R., Stout, R. L., Bender, D. S., Grilo, C. M., Shea, M. T., Zanarini, M. C., Morey, L. C., Sanislow, C. A. & Oldham, J. M. (2002). Functional impairment in patients with schizotypal, borderline, avoidant, or obsessive-compulsive personality disorder. American Journal of Psychiatry, 159, 276–283.

Skodol, A. E., Gunderson, J. G., Shea, M. T. et al. (2005). The Collaborative Longitudinal Personality Disorders Study (CLPS): overview and implications. Journal of Personality Diorders, 19, 487–504.

Skodol, A. E., Johnson, J. G., Cohen, P. et al. (2007). Personality disorder and impaired functioning from adolescence to adulthood. British Journal of Psychiatry, 190, 415–420.

Slade, P. D. (1974). Psychometric studies of obsessional illness and obsessional personality. In H. R. Beech (Ed.), Obsessional states (pp. 95–112). London: Methuen.

Slavney, P. R. & Chase, G. A. (1985). Clinical judgement of self-dramatization: A test of the sexist hypothesis. British Journal of Psychiatry, 146, 614–617.

Smolka, M. N., Schumann, G., Wrase, J. et al. (2005). Catechol-O-methyltransferase val158met genotype affects processing of emotional stimuli in the amygdala and prefrontal cortex. Journal of Neuroscience, 25 (4), 836–842.

Sobin, C., Blundell, M., Weiler, F. et al. (2000). Evidence of schizotypy subtype in OCD. Journal of Psychiatric Research, 34, 15–24.

Soldz, S., Budman, S., Demby, A. & Merry, J. (1993). Representation of personality disorders in circumplex and five-factor space: Exploration with a clinical sample. Psychological Assessment, 5, 41–52.

Soler, J., Pascual, J. C., Tiana, T., Cebria, A., Barrachina, J., Campins, M. J., Gich, I., Alvarez, E. & Perez, V. (2009). Dialectical behaviour therapy skills training compared to standard group therapy in borderline personality disorder: A 3-month randomised controlled clinical trial. Behavior Research and Therapy, 47(5), 353–358.

Soloff, P. H., George, A., Nathan, R. S., Schulz, P. M. & Perel, J. M. (1986). Paradoxical effects of amitriptyline in borderline patients. American Journal of Psychiatry, 143, 1603–1605.

Soloff, P. H., George, A., Nathan, R. S., Schulz, P. M., Cornelius, J. R., Herring, J. & Perel, J. M. (1989). Amitriptyline versus haloperidol in borderlines: Final outcomes and predictors of response. Journal of Clinical Psychopharmacology, 9, 238–246.

Sperry, L. (2003). Handbook of diagnosis and treatment of DSM-IV-TR personality disorders. New York: Brunner-Routledge.

Spitzberg, B. H. & Cupach, W. R. (2001). Paradoxes of pursuit: Toward a relational model of stalking-related phenomena. In J. A. Davis (Ed.), Stalking crimes and victim protection. Prevention, intervention, threat assessment, and case management (pp. 97–136). Boca Raton, FL: CRC Press LLC.

Spitzer, R. L. (1983). Psychiatric diagnosis: Are clinicians still necessary? Comprehensive Psychiatry, 24, 399–411.

Spitzer, R. L. & Endicott, J. (1979). Justification for separating schizotypical and borderline personality disorders. Schizophrenia Bulletin, 5, 95–100.

Spitzer, R. L., Endicott, J. & Gibbons, M. (1979). Crossing the border into borderline personality and borderline schizophrenia. Archives of General Psychiatry, 36, 17–24.

Spitzer, R. L., Endicott, J., Fleiss, J. L. & Cohen, J. (1970). The Psychiatric Status Schedule: A technique for evaluating psychopathology and impairement in role functioning. Archives of General Psychiatry, 23, 41–55.

Spitzer, R. L., Williams, J. B. W., Kass, F. & Davies, M. (1989). National field trial of the DSM-III-R diagnostic criteria for self-defeating personality disorder. American Journal of Psychiatry, 146, 1561–1567.

Stangier, U. & Fydrich, Th. (Hrsg.). (2002). Soziale Phobie und Soziale Angststörung. Psychologische Grundlagen, Diagnostik und Therapie. Göttingen: Hogrefe.

Stangier, U., Heidenreich, Th. & Peitz, M. (2003). Soziale Phobien. Ein kognitiv-verhaltenstherapeutisches Behandlungsmanual. Weinheim: Beltz.

Stangier, U., Clark, D. M. & Ehlers, A. (2006). Soziale Phobie. Göttingen: Hogrefe.

Stangl, D., Pfohl, B., Zimmerman, M., Bowers, W. & Corenthal, C. (1985). A Structured Interview for the DSM-III Personality Disorders. A preliminary report. Archives of General Psychiatry, 42, 591–596.

Stanley, B., Sher, L., Wilson, S., Ekman, R., Huang, Y. Y. & Mann, J. J. (2010). Non-suicidal self-injurious behavior, endogenous opioids and mono-amine neurotransmitters. Journal of Affective Disorders, 124 (1–2), 134–140.

Starcevic, V., Uhlenhut, E. H. & Fallon, S. (1995). The Tridimensional Personality Questionnaire as an instrument for screening personality disorders: Use in patients with generalized anxiety disorder. Journal of Personality Disorders, 9, 247–253.

Stein, D. J., Hollander, E. & Skodol, A. E. (1993). Anxiety disorders and personality disorders: A review. Journal of Personality Disorders, 7, 87–104.

Stein, G. (1993). Drug treatment of personality disorders. In P. Tyrer & G. Stein (Eds.), Personality disorders reviewed (pp. 225–261). London: Gaskell – The Royal College of Psychiatrists.

Steinert, T., Steib, M. L., Uhlmann, C. & Tschöke, S. (2014). Stationäre Krisenintervention bei Borderline-Persönlichkeitsstörungen. Göttingen: Hogrefe.

Steinhausen, H.-C. & von Aster, M. (1993). Handbuch Verhaltenstherapie und Verhaltensmedizin bei Kindern und Jugendlichen. Weinheim: Beltz.

Stengel, E. (1959). Classification of mental disorders. Bulletin of the World Health Organization, 21, 601–663.

Stern, A. (1938). Psychoanalytic investigation of and therapy in the borderline group of neurosis. Psychoanalytic Quarterly, 7, 467–489.

Stevenson, J., Meares, R. & Comerford, A. (2003). Diminished impulsivity in older patients with borderline personality disorder. American Journal of Psychiatry, 160, 165–166.

Stewart, L., Stermac, L. & Webster, C. (Eds.). (1995). Clinical criminology: Toward effective correctional treatment. Toronto: Correctional Service of Canada.

Stoffers, J., Völlm, B. A., Rücker, G., Timmer, A., Huband, N. & Lieb, K. (2010) Pharmacological interventions for borderline personality disorder. Cochrane Database Syst Rev., 16 (6), CD005653.

Stone, M. H. (1989). Schizoid personality disorder. In American Psychiatric Association (Ed.), Treatments of psychiatric disorders (Vol. 3; pp. 2712–2718). Washington, DC: APA.

Stone, M. H. (1990). The fate of borderline patients: Successful outcome and psychiatric practice. New York: Guilford.

Stone, M. H. (1992a). Borderline personality disorder: Course of illness. In J. F. Clarkin, E. Marziali & H. Munroe-Blum (Eds.), Borderline personality disorder. Clinical and empirical perspectives (pp. 67–86). New York: Guilford.

Stone, M. H. (1992b). Treatment of severe personality disorders. In A. Tasman & M. B. Riba (Eds.), Review of psychiatry, Vol. 11 (pp. 98–115). Washington, DC: American Psychiatric Press.

Stone, M. H. (2014). Vielfalt narzisstischer Persönlichkeiten. Zeitschrift für Psychotherapie in Psychiatrie, Psychotherapeutischer Medizin und Klinischer Psychologie, 19 (1), 6–25.

Stopa, L. & Clark, D. M. (1993). Cognitive processes in social phobia. Behaviour Research and Therapy, 31, 255–267.

Strathearn, L. (2011). Maternal neglect: Oxytocin, dopamine and the neurobiology of attachment. Journal of Neuroendocrinology, 23, 1054–1065.

Strack, S. (1987). Development and validation of an adjective checklist to assess the Millon personality types in a normal population. Journal of Personality Assessment, 51, 572–587.

Strupp, H. H. & Binder, J. L. (1984). Psychotherapy in a new key: A guide to time-limited dynamic psychotherapy. New York: Basic Books [dt. (1991). Kurzpsychotherapie. Stuttgart: Klett-Cotta].

Stuart, S., Pfohl, B., Battaglia, M., Bellodi, L., Grove, W. & Cadoret, R. (1998). The cooccurrence of DSM-III-R personality disorders. Journal of Personality Disorders, 12 (4), 302–315.

Sullivan, H. S. (1940). Conceptions of modern psychiatry. New York: Norton.

Sullivan, H. S. (1953). The interpersonal theory of psychiatry. New York: Norton [dt. (1980). Die interpersonelle Theorie der Psychiatrie. Frankfurt a. M.: Fischer].

Süllwold, F. (1990). Zur Struktur der hypochondrischen und der hysteroiden Persönlichkeit. Zeitschrift für experimentelle und angewandte Psychologie, 37, 642–659.

Süllwold, F. (1994). Das Hypochondrie-Hysterie-Inventar (HHI). Konzept, Theorie, Konstruktion, meßtheoretische Qualitätskriterien, Normen und Anwendungsmöglichkeiten [Arbeiten aus dem Psychologischen Institut, 1994 / 6]. Frankfurt a. M.: Johann Wolfgang Goethe-Universität.

Süllwold, L. (1978). Zwangsstörungen. In U. Baumann, H. Berbalk & G. Seidenstücker (Hrsg.), Klinische Psychologie I: Trends in Forschung und Praxis. Bern: Huber.

Süllwold, L. (1983). Schizophrenie. Stuttgart: Kohlhammer.

Sulz, S. (2000). Histrionische Persönlichkeitsstörung aus kognitiv-behavioraler Sicht. In H. Katschnig, U. Demal, G. Lenz & P. Berger (Hrsg.), Die extrovertierten Persönlichkeitsstörungen (S. 37–53). Wien: Facultas Universitätsverlag.

Sund, A. (1973). Prognosis of psychiatric disorders in young Norwegian men. British Journal of Psychiatry, 122, 125.

Sutherland, S. M. & Frances, A. (1995). Avoidant personality disorder. In G. O. Gabbard (Ed.), Treatments of psychiatric disorders (2nd ed.; Vol. 2; pp. 2345–2354). Washington, DC: American Psychiatric Association.

Sutker, P. B. & Allain, A. N. (1983). Behavior and personality assessment in men labeled adaptive sociopaths. Journal of Behavior Assessment, 5, 65–79.

Sutker, P. B., Bugg, F. & West, J. A. (1993). Antisocial personality disorder. In P. B. Sutker & H. E. Adams (Eds.), Comprehensive handbook of psychopathology (2nd. ed.; pp. 337–369). New York: Plenum Press.

Swildens, H. (1991). Prozeßorientierte Gesprächspsychotherapie. Einführung in eine differenzielle Anwendung des klientenzentrierten Ansatzes bei der Behandlung psychischer Erkrankungen. Köln: GwG-Verlag.

Szasz, T. S. (1960). The myth of mental illness. American Psychologist, 15, 113–118 [dt. (1972). Der Mythos von der seelischen Krankheit. In H. Keupp (Hrsg.), Der Krankheitsmythos in der Psychopathologie (S. 44–56). München: Urban & Schwarzenberg.].

Szasz, T. S. (1961). The myth of mental illness. Foundations of a theory of personal conduct. New York: Harper & Row [dt. (1972). Geisteskrankheit – ein moderner Mythos. Olten: Walter].

Szasz, T. S. (1993). A lexicon of lunacy. Metaphoric malady, moral responsibility, and psychiatry. New Brunswick NJ: Transaction Publishers.

Takahashi, T., Wood, S. J., Yung, A. R. et al. (2010). Superior temporal gyrus volume in antipsychotic-naive people at risk of psychosis. British Journal of Psychiatry, 196 (3), 206–211.

Teicher, M. H. & Samson, J. A. (2013). »Childhood maltreatment and psychopathology: A case for ecophenotypic variants as clinically and neurobiologically distinct subtypes.« American Journal of Psychiatry, 170 (10), 1114–1133.

Tellenbach, H. (1961). Melancholie (4. Aufl.). Berlin: Springer-Verlag.

Tennent, G. & Way, C. (1984). The English Special Hospital: A 12–17 year follow-up study. Medicine Science and the Law, 24, 81–91.

Tenney, N. H., Schotte, C. K. W., Denys, A. J. P., van Megen, J. G. M. & Westenberg, G. M. (2003). Assessment of DSM-IV personality disorders in obsessive-compulsive disorder: Comparison of clinical diagnosis, self-report questionnaire and semistructured interview. Journal of Personality Disorders, 17, 550–562.

Thomae, H. (1968). Das Individuum und seine Welt. Eine Persönlichkeitstheorie. Göttingen: Hogrefe.

Thomae, H. (1970). Persönlichkeit. Eine dynamische Interpretation. (5. Aufl.). Bonn: Bouvier.

Thomas, K. M., Yalch, M. M., Krueger, R. F., Wright, A. G., Markon, K. E. & Hopwood, C. J. (2013). The convergent structure of DSM-5 personality trait facets and five-factor model trait domains. Assessment, 20 (3), 308–311.

Thompson, L. W., Gallagher, D. & Czirr, R. (1988). Personality disorder and outcome in the treatment of late-life depression. Journal of Geriatric Psychiatry, 21, 133–146.

Thompson-Pope, K. & Turkat, I. D. (1993). Schizotypal, schizoid, paranoid, and avoidant personality disorders. In P. B. Sutker & H. E. Adams (Eds.), Comprehensive handbook of psychopathology (2nd. ed.; pp. 411–434). New York: Plenum Press.

Thornton, D. (1997). Is relapse prevention really necessary? Paper, Conference of the Association for the Treatment of Sexual Abusers. Arlington, VA (zitiert in Marshall et al., 1999).

Trautmann, R. D. (2004). Verhaltenstherapie bei Persönlichkeitsstörungen und problematischen Persönlichkeitsstilen. Stuttgart: Pfeiffer bei Klett-Cotta.

Tölle, R. (1966). Katamnestische Untersuchungen zur Biographie abnormer Persönlichkeiten. Berlin: Springer.

Torgersen, S. (1980). The oral, obsessive, and hysterical personality syndromes: A study of heredity and environmental factors by means of the twin method. Archives of General Psychiatry, 37, 1272–1277.

Torgersen, S. (2005). Epidemiology. In J. M. Oldham, A. E. Skodol & D. S. Bender (Eds.), Textbook of personality disorders (pp. 129–141). Washington, DC: The American Psychiatric Publishing, Inc.

Torgersen, S. (2012). Epidemiology. In T. A. Widiger (Ed.), The Oxford handbook of personality disorders (pp. 186–205). Oxford University Press.

Torgersen, S. (2014). Prevalence, sociodemographics, and functional impairment. In In J. M. Oldham, A. E. Skodol & D. S. Bender (Eds.), Textbook of personality disorders (2nd ed.; pp. 109–129). Washington, DC: The American Psychiatric Publishing, Inc.

Torgersen, S., Lygren, S., Oien, P. A. et al. (2000). A twin study of personality disorders. Comprehensive Psychiatry, 41, 416–425.

Torgersen, S., Kringlen, E. & Cramer, V. (2001). The prevalence of personality disorders in a community sample. Archives of General Psychiatry, 58, 590–596.

Trautmann, R. D. (2004). Verhaltenstherapie bei Persönlichkeitsstörungen und problematischen Persönlichkeitsstilen. Stuttgart: Pfeiffer bei Klett-Cotta.

Trull, T. J. (1990). DSM-III-R personality disorders and the five-factor model of personality: An empirical comparison. Journal of Abnormal Psychology, 101, 553–560.

Trull, T. J. & Widiger, T. A. (1997). Structured Interview for the Five-Factor Model of Personality. Odessa, FL: Psychological Assessment Ressources.

Trull, T. J., Scheiderer, E. M. & Tomko, R. L. (2012). Axis II comorbidity. In T. A. Widiger (Ed.), The Oxford handbook of personality disorders (pp. 219–236). Oxford University Press.

Tscheulin, D. (Hrsg.). (1983). Beziehung und Technik in der klientenzentrierten Therapie. Weinheim: Beltz.

Tupes, E. C. & Christal, R. E. (1961). Recurrent personality factors based on trait ratings. USAF Technical Report ASD-TR-61-97.

Turkat, I. D. (1985). Paranoid personality disorder. In I. D. Turkat (Ed.), Behavioral case formulations. New York: Plenum.

Turkat, I. D. (1990). The personality disorders. A psychological approach to clinical management. New York: Pergamon Press [dt. (1996). Die Persönlichkeitsstörungen. Ein Leitfaden für die klinische Praxis. Bern: Huber].

Turkat, I. D. & Maisto, S. A. (1985). Personality disorders: Application of the experimental method to the formulation and modification of personality disorders. In D. H. Barlow (Ed.), Clinical handbook of psychological disorders. A step-by-step treatment manual (pp. 502–570). New York: Guilford.

Turner, R. M. (2000). Naturalistic evaluation of dialectical behavior therapy-oriented treatment for borderline personality disorder. Cognitive and Behavioral Practice, 7(4), 413–419.

Tyrer, P. (2005). Medical setting. In J. M. Oldham, A. E. Skodol & D. S. Bender (Eds.), Textbook of personality disorders (pp. 607–621). Washington, DC: The American Psychiatric Publishing, Inc.

Tyrer, P. (2013). The classification of personality disorders in ICD-11. Criminal Behaviour and Mental Health, 23, 1–5.

Tyrer, P., Gunderson, J., Lyons, M. & Tohen, M. (1997). Extent of comorbidity between mental state and personality disorders. Journal of Personality Disorders, 11, 242–259.

Tyrer, P., Crawford, M., Mulder, R., Blashfield, R., Farnam, A., Fossati, A., Kim, Y.R., Koldobsky, N., Lecic-Tosevski, D., Ndetei, D., Swales, M., Clark, L. A. & Reed, G. M. (2011). The rationale for the reclassification of personality disorder in the 11th revision of the International Classification of Diseases (ICD-11). Personality and Mental Health, 5, 246–259.

Urry, H. L., van Reekum, C. M., Johnstone, T. et al. (2006). Amygdala and ventromedial prefrontal cortex are inversely coupled during regulation of negative affect and predict the diurnal pattern of cortisol secretion among older adults. Journal of Neuroscience, 26 (16), 4415–4425.

Vaillant, G. E. & Perry, J. C. (1988). Persönlichkeitsstörungen. In A. M. Freedman, H. I. Kaplan, B. J. Sadock & U. H. Peters (Hrsg.), Psychosomatische Störungen (Psychiatrie in Praxis und Klinik. Band 4. S. 113–157). Stuttgart: Thieme.

Van den Berg, P. J. & Helstone, F. S. (1975). Oral, obsessive, and hysterical personality patterns: A Dutch replication. Journal of Psychiatric Research, 12, 319–327.

Van den Bosch, L. M., Koeter, M. W., Stijnen, T., Verheul, R. & Van den Brink, W. (2005). Sustained efficacy of dialectical behaviour therapy for borderline personality disorder. Behavior Research and Therapy, 43 (9), 1231–1241.

Van der Kolk, B. (1999). Das Trauma in der Borderline-Persönlichkeit. Persönlichkeitsstörungen. Theorie und Therapie, 3, 21–29.

Van Elst, L. T., Thiel, T., Hesslinger, B., Lieb, K., Bohus, M., Hennig, J. & Ebert, D. (2001). Subtle prefrontal neuropathology in a pilot magnetic resonance spectroscopy study in patients with borderline personality disorder. Journal of Neuropsychiatry and Clinical Neuroscience, 13 (4), 511–514.

Van Harmelen, A. L., van Tol, M. J., Demenescu, L. R., van der Wee, N. J., Veltman, D. J., Aleman, A., van Buchem, M. A., Spinhoven, P., Penninx, B. W. & Elzinga, B. M. (2013). Enhanced amygdala reactivity to emotional faces in adults reporting childhood emotional maltreatment. Social Cognitive and Affective Neuroscience, 8, 362–369.

Vogelgesang, M. (1996). Ein Modell kognitiv-behavioraler Gruppentherapie bei dependenten Persönlichkeitsstörungen. Verhaltensmodifikation und Verhaltensmedizin, 17, 233–249.

Vogelgesang, M. (2005). Die abhängige / dependente Persönlichkeitsstörung. In R. Merod (Hrsg.), Behandlung von Persönlichkeitsstörungen. Ein schulübergreifendes Handbuch (S. 653–665). Tübingen: dgvt-Verlag.

Vrticka, P. & Vuilleumier, P. (2012). Neuroscience of human social interactions and adult attachment style. Frontiers in Human Neuroscience, 6, 212.

Vrticka, P., Andersson, F., Grandjean, D., Sander, D. & Vuilleumier, P. (2008). Individual attachment style modulates human amygdala and striatum activation during social appraisal. PLoS One (Public Library of Science), 3 (8), e2868.

Vrticka, P., Sander, D. & Vuilleumier, P. (2012). Lateralized interactive social content and valence processing within the human amygdala. Frontiers in Human Neuroscience, 6, 358.

Vrticka, P., Simioni, S., Fornari, E. et al. (2013). Neural substrates of social emotion regulation: a FMRI study on imitation and expressive suppression to dynamic facial signals. Frontiers in Psychology, 4, 95.

Walker, N. & McCabe, M. (1973). Crime and insanity in England. Vol. 2: New solutions and new problems. Edinburgh: University Press.

Wamboldt, F. S. & Reiss, D. (1991). Task performance and social construction of meaning: Juxtaposing normality with contemporary family research. In D. Offer & M. Sabshin (Eds.), The diversity of normal behavior. Further contributions to normatology (pp. 164–206). New York: Basic Books.

Warner, R. (1978). The diagnosis of antisocial and hysterical personality disorders. An example of sex bias. Journal of Nervous and Mental Disease, 166, 839–845.

Watzlawick, P., Beavin, J. H. & Jackson, D. D. (1972). Menschliche Kommunikation. Formen, Störungen, Paradoxien. Bern: Huber.

Weitbrecht, H. J. (1963). Psychiatrie im Grundriß. Berlin: Springer.

Wellek, A. (1950). Die Polarität im Aufbau des Charakters. System der Konkreten Charakterkunde. Bern: Francke [3., neu bearbeitete und wesentlich erweiterte Aufl. (1966)].

Wellek, A. (1959). Der phänomenologische und experimentelle Zugang zu Psychologie und Charakterkunde. In H. von Bracken & H. P. David (Hrsg.), Perspektiven der Persönlichkeitstheorie (S. 219–229). Bern: Huber.

Westen, D. & Shedler, J. (1999). Revising and Assessing Axis II. Part I: Developing a clinical and empirical valid assessment method. American Journal of Psychiatry, 156, 258–272. Part II: Toward an empirically based and clinically useful classification of personality disorders. American Journal of Psychiatry, 156, 273–285.

Westen, D., Ludolph, P., Misle, B., Ruffins, S. & Block, J. (1990). Physical and sexual abuse in adolescent girls with borderline personality disorder. American Journal of Orthopsychiatry, 60, 55–66.

Westen, D., DeFife, J. A., Bradley, B. & Hilsenroth, M. J. (2010). Prototype personality diagnosis in clinical practice: A viable alternative for DSM-5 and ICD-11. Professional Psychology, Research and Practice, 41, 482–487.

WHO – Weltgesundheitsorganisation (Hrsg.). (1980). Diagnoseschlüssel und Glossar psychiatrischer Krankheiten. Deutsche Ausgabe der internationalen Klassifikation der Krankheiten der WHO: ICD (= International Classification of Diseases), 9. Revision, Kapitel V (Hrsg.: Degkwitz, R., Helmchen, H., Kockott, G., Mombour, W.). Berlin: Springer.

WHO – Weltgesundheitsorganisation (1991 / 1993). Internationale Klassifikation psychischer Störungen. ICD-10 Kapitel V (F). Klinisch-diagnostische Leitlinien (1. / 2. Aufl.; Hrsg.: H. Dilling, W. Mombour, M.H. Schmidt & E. Schulte-Markwort). Bern: Huber.

WHO – Weltgesundheitsorganisation (2015). Internationale Klassifikation psychischer Störungen. ICD-10 Kapitel V (F). Klinisch-diagnostische Leitlinien (10. Aufl.; Hrsg.: H. Dilling, W. Mombour, M.H. Schmidt). Bern: Hogrefe.

Widiger, T. A. (1992). Generalized social phobia versus avoidant personality disorder: A commentary on three studies. Journal of Abnormal Psychology, 101, 340–343.

Widiger, T. A. (1998). Four out or five ain't bad. Archives of General Psychiatry, 55, 865–866.

Widiger, T. A. (2011). A shaky future for personality disorders. Personality Disorders: Theory, Research, and Treatment, 2, 54–67.

Widiger, T. A. & Corbitt, E. M. (1993). Antisocial personality disorder: Proposals for DSM-IV. Journal of Personality Disorders, 7, 63–77.

Widiger, T. A. & Corbitt, E. M. (1996). Antisocial personality disorder. In T. A. Widiger, A. J. Frances, H. A. Pincus, R. Ross, M. B. First & W. W. Davis (Eds.), DSM-IV Sourcebook (pp. 703–716). Washington, DC: American Psychiatric Press.

Widiger, T. A. & Costa, P. T. (1994). Personality and personality disorders. Journal of Abnormal Psychology, 103, 78–91.

Widiger, T. A. & Frances, A. (1985). The DSM-III personality disorders. Perspectives from psychology. Archives of General Psychiatry, 42, 615–623.

Widiger, T. A. & Trull, T. J. (1993). Borderline and narcissistic personality disorders. In P. B. Sutker & H. E. Adams (Eds.), Comprehensive handbook of psychopathology (2nd. ed.; pp. 371–394). New York: Plenum Press.

Widiger, T. A., Frances, A., Warner, L. & Blum, C. (1986). Diagnosis criteria for the borderline and schizotypal personality disorders. Journal of Abnormal Psychology, 95, 43–51.

Widiger, T. A., Trull, T. J., Hurt, S. W., Clarkin, J. & Frances, A. (1987). A multidimensional scaling of the DSM-III personality disorders. Archives of General Psychiatry, 44, 557–563.

Widiger, T. A., Frances, A. J., Spitzer, R. L. & Williams, J. B. W. (1988). The DSM-III-R personality disorders: An overview. American Journal of Psychiatry, 145, 786–795.

Widiger, T. A., Miele, G. M. & Tilly, S. M. (1992). Alternative perspectives on the diagnosis of borderline personality disorder. In J. F. Clarkin, E. Marziali & H. Munroe-Blum (Eds.), Borderline personality disorder. Clinical and empirical perspectives (pp. 89–115). New York: Guilford.

Widiger, T. A., Trull, J. T., Clarkin, J. F., Sanderson, C. & Costa, P. T. (1993). A description of the DSM-III-R and DSM-IV personality disorders with the five-factor model of personality. In P. T. Costa & T. A. Widiger (Eds.), Personality disorders and the five-factor model of personality (pp. 41–56). Washington, DC: American Psychological Association.

Widiger, T. A., Mangine, S., Corbitt, E. M. et al. (1995). Personality Disorder Interview-IV: A semistructured interview for the assessment of personality disorders, professional manual. Odessa, FL: Psychological Assessment Resources.

Wiggins, J. S. (1979). A psychological taxonomy of trait-descriptive terms: The interpersonal domain. Journal of Personality and Social Psychology, 33, 409–420.

Wiggins, J. S. & Broughton, R. (1985). The interpersonal circle: A structural model for the integration of personality research. In R. Hogan & W.H. Jones (Eds.), Perspectives in personality, Vol. 1 (pp. 1–47). Greenwich, CT: JAI-Press.

Wiggins, J. S. & Pincus, A. L. (1989). Conception of personality disorders and dimensions of personality. Psychological Assessment: Journal of Consulting and Clinical Psychology, 1, 305–316.

Wiggins, J. S. & Pincus, A. L. (1992). Personality: Structure and assessment. Annual Review of Psychology, 43, 473–504.

Wiggins, J. S. & Pincus, A. L. (1993). Personality structure and the structure of personality disorders. In P. T. Costa & T. A. Widiger (Eds.), Personality disorders and the five-factor model of personality (pp. 73–94). Washington, DC: American Psychological Association.

Wing, J. K., Cooper, J. E. & Sartorius, N. (1974). Description and classification of psychiatric symptoms (Present State Examination). Cambridge: Cambridge University Press [dt. (1982). Die Erfassung und Klassifikation psychiatrischer Symptome. Beschreibung und Glossar des PSE. Weinheim: Beltz].

Winnicott, D. W. (1965). Ego distortion in terms of true and false self. In D. W. Winnicott (Ed.), The maturational processes and the facilitating environment (S. 140–152). New York: International Universities Press [dt. (1974). Reifungsprozesse und fördernde Umwelt. München: Kindler].

Wittchen, H. U., Schramm, E., Zaudig, M. & Unland, H. (1993). Strukturiertes Klinisches Interview

für DSM-III-R; Achse II (Persönlichkeitsstörungen) – SKID-II. Weinheim: Beltz.

Wöller, W. & Kruse, J. (2001). Deutende Interventionstechniken bei Patienten mit schweren Persönlichkeitsstörungen. Psychotherapeut, 46, 326–331.

Woods, S., Addington, J., Cadenhead, K. et al. (2009). Validity of the prodromal risk syndrome for first psychosis: Findings from the North American Prodrome Longitudinal Study. Schizophrenia Bulletin, 35, 894–908.

Woody, G. E., McLellan, T., Luborsky, L. & O'Brian, C. P. (1985). Sociopathy and psychotherapy outcome. Archives of General Psychiatry, 42, 1081–1086.

Wright, I. C., Rabe-Hesketh, S., Woodruff, P. W. et al. (2000). Meta-analysis of regional brain volumes in schizophrenia. American Journal of Psychiatry, 157 (1), 16–25.

Wundt, W. (1873 / 1903). Grundzüge der physiologischen Psychologie (Band 3). Leipzig: Engelmann [zu Grunde gelegt: 5. Aufl. (1903)].

Yalom, I. D. (2010). Theorie und Praxis der Gruppenpsychotherapie (9. Aufl.). München: Pfeiffer bei Klett-Cotta.

Yang, J., McCrea, R. R., Costa, P. T. et al. (2000). The cross-cultural generalizability of Axis-II constructs: An evaluation of two personality disorder assessment instruments in the People's Republic of China. Journal of Personality Disorders, 14, 249–263.

Yeomans, F. E., Clarkin, J. F. & Levy, K. N. (2014). Psychodynamic psychotherapies and psychoanalysis. In J. M Oldham, A. E. Skodol & D. S. Bender (Eds.), Textbook of personality disorders (2nd Ed.; pp. 217–240). Washington, DC: The American Psychiatric Publishing, Inc.

Yookyung, K. & Pilkonis, P. A. (1999). Selecting the most informative items in the IIP Scales for personality disorders: An application of item response theory. Journal of Personality Disorders, 13, 157–174.

Young, J. E & Flanagan, C. (1998). Schema-focused therapy for narcissistic patients. In E. Ronningstam (Ed.), Disorders of narcissism: Diagnostic, clinical, and empirical implications (pp. 239–268). Washington, DC: American Psychiatric Press.

Young, J. E. & Klosko, J. S. (2005). Schema Therapy. In J. M. Oldham, A. E., Skodol & D. S. Bender

(Eds.), Textbook of personality disorders (pp. 289–306). Washington DC: American Psychiatric Publishing, Inc.

Young, J. E., Klosko, J. S. & Weishaar, M. E. (2003). Schema Therapy: A practitioner's guide. New York: Guilford [dt. (2005). Schematherapie – ein praxisorientiertes Handbuch. Paderborn: Junfermann].

Zaider, T., Johnson, J. & Cockell, S. (2000). Psychiatric comorbidity associated with eating disorder symptomatology among adolescents in the community. International Journal of Eating Disorders, 28, 58–67.

Zarbock, G. (2014). Die Axiome des schematherapeutischen Modells im Überblick. Verhaltenstherapie und Verhaltensmedizin, 35, 202–207.

Zanarini, M. C. (2000). Childhood experiences associated with the development of borderline personality disorder. Psychiatric Clinic of North America, 23, 89–101.

Zanarini, M. C., Frankenburg, F. R., Chauncey, D. & Gunderson, J. G. (1987). The Diagnostic Interview for Personality Disorders: Interrater and test-retest reliability. Comprehensive Psychiatry, 28, 467–480.

Zanarini, M. C., Gunderson, J. G., Marino, M. F., Schwartz, E. O. & Frankenburg, F. R. (1989a). Childhood experiences of borderline patients. Comprehensive Psychiatry, 30, 18–25.

Zanarini, M. C., Gunderson, J. G., Frankenberg, F. R. et al. (1989b). The Revised Diagnostic Interview for Borderlines: discriminating borderline personality disorder from other Axis II disorders. Journal of Personality Disorders, 3, 10–18.

Zanarini, M. C., Frankenburg, F. R., Hennen, J. et al. (2003). The longitudinal course of borderline psychopathology: 6-year prospective follow-up of the phenomenology of borderline personality disorder. American Journal of Psychiatry, 160, 274–283.

Zanarini, M. C., Vujanovic, A. A., Parachini, E. A. et al. (2003). Zanarini Rating Scale for Borderline Personality Disorder« (ZAN-BPD): A continuous measure of DSM-IV borderline psychopathology. Journal of Personality Disorders, 17, 233–242.

Zanarini, M. C., Frankenburg, F. R., Hennen, J. et al. (2005). Psychosocial functioning of borderline patients and Axis II comparison subjects followed prospectively for six years. Journal of Personality Disorders, 19, 19–29.

Zanarini, M. C., Frankenburg, F. R., Hennen, J. et al. (2006). Prediction of the 10-years course of borderline personality disorder. American Journal of Psychiatry, 163, 827–832.

Zanarini, M. C., Frankenburg, F. R., Reich, D. B., Silk, K. R., Hudson, J. I. & McSweeney, L. B. (2007). The subsyndromal phenomenology of borderline personality disorder: a 10-year follow-up study. American Journal of Psychiatry, 164, 929–935.

Zanarini, M. C., Frankenburg, F. R., Reich, D. B. et al. (2012). Attainment and stability of sustained symptomatic remission and recovery among patients borderline personality disorder and axis II comparison subjects: a 16-year prospective follow-up study. American Journal of Psychiatry, 169, 476–483.

Zander, E. & Zander, W. (1982). Die Neo-Psychoanalyse von Harald Schultz-Hencke. In D. Eicke (Hrsg.), Tiefenpsychologie. Band 3. Die Nachfolger Freuds (S. 297–345). Weinheim: Beltz [Kindlers »Psychologie des 20. Jahrhunderts«].

Zaworka, W. & Hand, I. (1980). Phänomenologie (Dimensionalität) der Zwangssymptomatik. Experimentelle Diagnostik der Zwangsneurose. I. Archiv für Psychiatrie und Nervenkrankheiten, 228, 257–273.

Zaworka, W. & Hand, I. (1981). Die »Anankastische Persönlichkeit« – Fakt oder Fiktion? Experimentelle Diagnostik der Zwangsneurose. Zeitschrift für Differentielle und Diagnostische Psychologie, 2, 31–54.

Zaudig, M. & Fiedler, P. (Hrsg.). (2007). Zwänge und Persönlichkeitsstörungen [Themenheft: Persönlichkeitsstörungen – Theorie und Therapie, 11 (Heft 1)]. Stuttgart: Schattauer.

Zaudig, M. & Niedermeier, N. (2002). Diagnose und Differentialdiagnose der Zwangsstörungen. In S. Bossert-Zaudig, P. Mavrogiorgou, N. Niedermeier & M. Zaudig (Hrsg.), Die Zwangsstörung. Diagnostik und Therapie (S. 13–32). Stuttgart: Schattauer.

Zerssen, D. v. (1988). Der »Typus manicus« als Gegenstück zum »Typus melancholicus« in der prämorbiden Persönlichkeitsstruktur affektpsychotischer Patienten. In W. Janzarik (Hrsg.), Persönlichkeit und Psychose (S. 150–171). Stuttgart: Enke.

Zerssen, D. v. (1991). Zur prämorbiden Persönlichkeit des Melancholikers. In Ch. Mundt, P. Fiedler, H. Lang & A. Kraus (Hrsg.), Depressionskonzepte heute: Psychopathologie oder Pathopsychologie? (S. 76–94). Berlin: Springer.

Zerssen, D. v. (1993). Normal and abnormal variants of premorbid personality in functional mental disorders. Conceptual and methodological issues. Journal of Personality Disorders, 7, 116–136.

Zerssen, D. v. (2000). Variants of premorbid personality and personality disorder: A taxonomic model of their relationships. European Archives of Psychiatry and Clinical Neuroscience, 250, 234–248.

Zerssen, D. v. & Petermann, F. (2012). Münchener Persönlichkeitstest (MPT). Göttingen: Hogrefe.

Zerssen, D. v., Pfister, H. & Koeller, D.-M. (1988). The Munich Personality Test (MPT) – a short questionnaire for self-rating and relatives' rating of personality traits: Formal properties and clinical potential. European Archives of Psychiatry and Neurological Sciences, 238, 73–93.

Zetsche, T. (2015). Entwicklung von Persönlichkeit und Persönlichkeitsstörungen über die Lebensspanne. Persönlichkeitsstörungen – Theorie und Therapie, 19, 82–93.

Zimmerman, M. (1994). Diagnosing personality disorders. A review of issues and research methods. Archives of General Psychiatry, 51, 225–245.

Zimmerman, M. & Coryell, W. (1989). DSM-III personality disorder diagnosis in a nonpatient sample. Archives of General Psychiatry, 46, 682–689.

Zimmerman, M. & Coryell, W. (1990). Diagnosing personality disorders in the community. A comparison of self-report and interview measures. Archives of General Psychiatry, 47, 527–531.

Zimmerman, M., Rothschild, L. & Chelminski, I. (2005). The prevalence of DSM-IV personality disorders in psychiatric outpatiens. American Journal of Psychiatry, 162, 1911–1918.

Zimmermann, J. (2014). Paradigmenwechsel in der Klassifikation von Persönlichkeitsstörungen. Die neuen Modelle in DSM-5 und ICD-11. Psychotherapie im Dialog, 15 (3), 16–20.

Zimmermann, J., Benecke, C., Hörz, S. et al. (2012). Validierung einer deutschsprachigen 16-Item-Version des Inventars der Persönlichkeitsorganisation (IPO-16). Diagnostica, 59, 3–16.

Zimmermann, J., Benecke, C., Bender, D. S., Skodol, A. E., Schauenburg, H., Cierpka, M. & Leising, D. (2014). Assessing DSM-5 level of personality functioning from videotaped clinical interviews: A pilot study with untrained and clinically inexperienced students. Journal of Personality Assessment, 96(4), 397–409.

Zubin, J. & Spring, B. (1977). Vulnerability – a new view of schizophrenia. Journal of Abnormal Psychology, 86, 103–126.

Zuckerman, M. (1979). Sensation seeking: Beyond the optimal level of arousal. London: Wiley.

Personenverzeichnis

Abel TM   439
Abraham K   86f., 89, 456
Abrams RC   221
Achenbach TM   483
Adams HE   445
Adler A   100ff.
Adler G   398, 400
Akhtar S   355, 392
Alden LE   125, 335, 345
Aldridge-Morris R   269
Alexander F   87f.
Allen JG   251, 255, 368, 400, 450
Alnaes R   423
Alpers GW   191
Amad A   179
Amelang M   35, 133, 139, 144, 148, 301, 310f.
Anchin JC   101, 117, 239
Anderluh M   383
Andresen B   188
Andrews BP   191
Angleitner A   131, 144f., 160
Angyal A   384
Arntz A   368, 370
Aronson TA   238, 366
Asendorpf JB   35, 133, 334, 336f.
Aster Mv   483
Auchincloss EL   81

Baille AJ   335
Balaratnasingam S   413
Ball JS   363
Barnow S   209
Barrantes-Vidal N   411ff.
Bartholomew K   155
Basten MM   364
Bastine R   65, 149, 154
Bateman AW   228, 253, 255, 483
Bates JE   168
Bathruff H   370
Battegay R   438
Battle CL   363
Baumann U   144
Baxter LA   266
Beauregard M   167

Beck AT   187, 241, 368, 384, 387, 398, 400f., 416, 428, 439, 449, 452, 464
Becker CW   121
Becker P   144f., 147, 153, 159, 202, 206
Beisel S   187
Bender DS   186, 292, 372
Benishay D   191
Benjamin LS   122, 125, 127, 156, 189, 194, 203, 239f., 338, 371, 428, 466, 471
Bennett AJ   181
Berbalk HH   258
Bermpohl F   174
Bernstein DP   419, 422f.
Berrios GE   54
Bertsch K   171, 173, 175f., 178
Beyer F   171
Biermann-Ratjen EM   243
Binder JL   239
Birnbaum K   60
Bishop SJ   169, 336
Black DW   244
Blair RJ   178
Blaker KH   449
Blanck G   94
Blanck R   94
Blashfield RK   443, 445f., 448, 451, 460
Bleuler E   59, 424, 431
Blum NS   244
Bohman M   311
Bohus M   190, 241f., 244, 319, 327, 337, 369ff., 385, 426, 439, 452, 455
Bommert H   154
Borkenau P   131, 139f., 144f., 148
Bornstein RF   191, 456, 458, 460f., 464, 466, 471
Bossert-Zaudig S   385
Bradley B   181
Braff DL   406
Brantley PJ   311

Braun Cv   442
Braun U   123
Bremer J   208
Britton JC   169
Brokaw DW   124, 194
Bronisch T   184, 191f., 218, 244f., 247, 396
Broughton R   122
Brown GW   148
Brown P   268
Brown T   150
Brückl TM   464
Bryer JB   362
Brynner JM   124
Buchheim A   309
Buchheim P   365
Buikhuisen W   301
Büntig WE   89, 100
Burgess AW   363
Buss DM   144
Bussière MT   327

Cadoret RJ   308, 311, 313
Cain C   311
Cannon DS   146
Cappe RF   345
Capreol MJ   125, 335
Carr AC   349
Carr AT   384
Carson RC   419
Caspi A   181
Catell J   403
Cattell RB   133, 138
Chambless DL   333f.
Chapman AL   370
Chase GA   446
Chelminski I   199
Chen H   217
Chodoff P   452
Christal RE   139
Cicchetti D   483
Ciompi L   357
Clark DM   336, 343
Clark LA   144, 189, 192, 471
Clarkin JF   239, 364ff.

Cleckley H 63, 300
Cloitre M 364
Cloninger CR 48, 146f., 159,
    308, 311, 448, 472
Coccaro EF 175, 249f.
Cohen P 216f., 483
Coid J 209, 316ff.
Coleman MJ 406
Conte HR 122
Cook EW 336
Cooke DJ 191, 316
Cooper AM 392, 396, 400
Cooper JC 167
Cooper JE 67
Corbitt EM 303f.
Cornblatt BA 406
Coryell W 192, 209, 397, 446
Costa PT 138ff., 142, 378, 382f.,
    471, 480
Coursey D 378
Cowdry RW 249
Cox DN 312
Crawford MJ 473, 482
Crawford T 483
Crawford TN 216f.
Crego C 188
Cupach WR 264, 266

Dahl A 395, 397, 460
Damasio AR 178
Dammann G 237f., 247, 364f.,
    367
Daros AR 176
Davis KL 165, 172, 414
Davis RT 451, 460
Decety J 179
DeClercq B 483
DeFruyt F 483
Degkwitz R 67
DelVecchio WF 222
Deneke FW 375, 400
DeWall CN 170
Deyoung CG 172
Di Blasi C 180
Digman J 138f.
Dilling H 68, 307, 331, 354, 381,
    411, 422, 435, 445, 459
Distel MA 176
Dittmann V 184, 192, 194
Doering S 365, 452

Dolan B 316ff.
Domes G 171, 176
Donegan NH 173
Dose M 245
Dreessen L 195
Driessen M 174
Dührssen A 107
Duke AA 171
Dulz B 249
Dumas JE 314
Dupré E 55
Dusen KT 310
Dyce JA 143
Dziobek I 176

Ebner-Priemer UW 172
Ecker W 378, 385, 412
Eckert J 154, 243
Eckhardt-Henn A 449, 452
Eikenaes I 333f.
Eisenbarth H 191
Eisenberger NI 180
Endicott J 355, 432
England KJ 264
Erikson E 100, 109, 150
Erlenmeyer-Kimling L 406
Eron LD 483
Esquirol E 55, 377
Essen-Möller E 208
Etkin A 336
Euler S 255
Everly GS 149
Eysenck HJ 46, 59, 133f., 136f.,
    148, 300, 310, 313ff., 471
Eysenck MW 136f., 314f.
Eysenck SGB 137, 310

Fahrenberg J 145
Farrington DP 314
Feldman P 319
Felmlee DH 265f.
Fenichel O 87, 89, 377
Fenton TS 406
Feuchtersleben E Fr v 56
Figley C 363
Finger EC 179
Finzen A 218
First M 184
Fiske DW 139
Flanagan C 392

Fleming B 452
Fonagy P 173, 228, 253, 255, 260,
    372f., 400, 450, 483
Ford MR 193, 446
Fossati A 186, 363
Fowler JC 241
Fowles DC 336
Frances AJ 124, 301, 338, 346,
    406, 446
Frank E 461
Frank H 362
Frank M 396
Freeman A 241
Freeman PS 385f., 427, 439, 466
Freud A 89
Freud S 80ff., 84ff., 89ff., 94,
    100f., 109, 113, 377, 383, 425
Frick C 176
Fromm E 100, 105, 111f., 115,
    120
Frosch JP 318
Fulker DW 313
Fuller AK 446
Fydrich T 39, 71, 184, 187, 191,
    241, 306, 329, 340, 343, 436

Gabbard GO 392
Galen 58
Galione JN 222
Gao Y 312
Gardner DL 249
Gasiet S 152
Gay P 81, 100, 106
Gendreau P 319
Gerstley L 318
Giernalczyk T 365
Giesen-Bloo J 367, 370
Girolamo Gd 211
Glatzel J 25
Glueck E 301
Glueck S 301
Goffman E 66
Goggin C 319
Gold SH 461
Goldberg LR 139f.
Goldberg RL 362
Goldberg SC 249
Goldman SJ 362
Goldsmith HH 310, 413
Grawe K 123, 297, 346

Greenberg RP   464
Greeven PGJ   192
Gregory S   178
Grilo CM   213, 215, 219, 383
Groopman LC   400
Gross JJ   167f.
Grossman SD   214
Gruhle HW   60
Guilford JP   138
Gunderson JG   75, 185, 190, 201, 219ff., 349ff., 356, 385f., 392, 397, 406, 414, 427, 439, 466
Guttman H   363

Häfner H   269
Hamburger ME   308
Hamilton S   193, 446
Hamman MS   446, 461
Hand I   378
Hanson RK   327
Hare RD   191, 303, 312
Hariri AR   179
Harris G   320
Harris TO   148
Hart JM   241
Hart SD   303
Hartmann H   92f.
Haslam N   291
Hassel S   248
Heatherton TF   481
Hehlmann W   132
Heidenreich T   369
Heinz A   180
Helson R   481
Helstone FS   457
Henderson D   62
Hengartner MP   363
Henry S   479
Herman JL   362
Hilsenroth MJ   190
Hippius H   249f.
Hippokrates   58
Hirschfeld RMA   191, 460
Hoch P   349, 403
Hodgins S   313
Hoerst M   173
Hoffmann K   326
Hoffmann N   385, 387, 412
Hoffmann SO   99, 378, 384, 449, 452

Höflich A   185
Hofman B   412
Hofmann B   385, 387
Hogland P   318, 367
Holmstrom LL   363
Homburger A   60, 132
Hopwood CJ   419, 424, 433, 437
Horney K   92, 100, 105, 337
Horowitz LM   122f., 155f., 189, 203, 335
Horowitz MJ   385, 444, 449f., 452
Horowitz SV   221
Huesmann LR   483
Hull JW   371
Huprich SK   471
Hyler SE   38, 143, 186, 216

Iezzi A   445
Insel TR   382
Izurieta Hidalgo N   171, 176

Jackson DN   124
Jaffe J   168
Janca A   413
Jaspers K   22, 25
Jensen M   416
Jervis G   54, 117f., 337f.
Jezussek I   247
Joffe RT   382
Joffe WG   94
Johnson JG   209, 216, 362f., 483
Jovev M   363
Jung CG   92, 100, 103f., 134
Juni S   386
Jurkuvic GJ   316

Kabat-Zinn J   260
Kaess M   175
Kahn E   60, 132
Kalus O   433
Kämmerer A   442
Kanfer FH   154
Kant I   57f., 134
Kapfhammer HP   249f.
Kaplan M   193, 448, 458
Kaschel R   270
Kass F   396, 423, 445, 458
Katschnig H   269
Katz SE   446

Kazdin AE   247
Kazén M   39, 43, 187
Kendell RE   64
Kendler KS   191, 406, 426
Kernberg OF   96, 238, 319, 349, 357, 359, 365f., 390, 392, 398f., 404
Kety SS   404, 406, 432
Keupp H   65f.
Khan M   437, 463
Kiesler DJ   101, 117, 122, 239
Kilzieh N   146
Kim-Cohen J   313
King-Casas B   167
Klages L   131
Klein DN   209
Klein MH   188
Klerman GL   65, 68, 119
Klosko JS   254, 258
Knight RP   349, 404
Knutson B   167
Koch JLA   56
Koehler K   406
Koenigs M   178
Koenigsberg HW   414
Kohut H   94, 390, 397, 399f.
Kolb JE   349, 351
Koons CR   370
Koran L   412
Kosfelder J   190
Kraepelin E   57, 373f., 420, 424
Kraus A   383, 450, 463
Krause-Utz A   172
Kretschmer E   57ff., 329, 420, 431
Kriz J   154
Kröger C   190
Krueger RF   188, 471f.
Krug RS   121
Kruse J   238, 366
Kuhl J   39, 43, 133, 187, 270
Kwapil TR   411ff.

L'Abate L   242
Lachmann FM   400
Lammers CH   400
Lampe LA   335
Lang H   400
Lang PJ   312
Langner TS   208
Lanius RA   172

Laporte L   363
Larson CL   178, 312
Lazare A   456f.
Leahy RL   241
Leary T   120f.
Legrain M   55
Leichsenring F   190
Lemche E   170
Lentz V   413
Lenzenweger MF   209
LePoire BA   265
Lersch P   132
Levinson S   268
Levitt JJ   172
Lewis A   63
Lewis CE   308
Lewis M   483
Lieb H   30, 37, 479
Lieb K   175
Liebowitz MR   333, 386, 427, 452, 455
Lietaer G   243
Lilenfeld L   383
Lilienfeld SO   191, 304, 307f., 448
Lindal E   209
Lindenberger U   35
Lindsay KA   193, 200, 396
Linehan M   367, 370
Linehan MM   241, 359ff., 368, 375
Links PS   196, 218, 244, 250, 308, 362f.
Lion JR   318
Lipsey MW   319
Livesley WJ   77, 124, 186, 228, 292, 335, 471
Lofgren DP   483
Lombroso C   55
Loranger AW   39, 185, 211f., 295
Lösel F   319f.
Lykken DT   304, 307
Lyons-Ruth K   362

MacIntosh J   363
Magnan M   55
Maher B   419
Mahler MS   358
Maier W   209
Maisto SA   386, 400
Maiwald G   271, 284

Makowski C   249
Maletzky BM   327
Maltsberger JT   385
Mancke F   171
Markon KE   188
Markowitz JC   239f., 244
Marneros A   310, 383, 396, 463
Marshall LA   316
Marshall WL   318, 323
Marx K   113
Marziali E   362
Masterson JF   463
Matzke B   176, 241
Maudsley H   62
Mavissakalian M   446, 461
McAdams DP   269
McCabe M   317
McCloskey MS   178
McCord J   301
McCord WM   301
McCrae RR   138, 140, 142, 471, 480
McCullough PK   385
McDermuth W   184, 192
McGinn LK   241
McGlashan TH   215, 334, 354, 382, 406
McLemore CW   124, 194
McQuaid RJ   181
Mednick SA   301, 310
Meehl PE   403
Meffert H   179, 312
Meissner WW   427
Meloy JR   318
Mentzos S   99, 378, 384, 425, 437, 449
Merikangas KR   208
Merod R   428
Mertens W   83, 91, 94, 463
Métraux A   133
Metzger W   101
Meyer A   424
Meyer JK   215, 219
Meyer-Lindenberg A   169, 180, 313
Micale MS   442
Michael ST   208
Michalak J   369
Michels R   81
Mier D   176

Milan MA   242
Miller A   284, 463f.
Miller JD   184, 192, 393
Miller S   483
Millon T   143, 149, 152, 155, 159, 187, 202f., 206, 214, 301, 315, 329, 335, 398, 426, 438, 472
Mills R   364
Minzenberg MJ   174
Mombour W   39, 185, 192, 307, 331, 354, 381, 411, 422, 435, 445, 459
Morel BA   55f., 62
Morey LC   75f., 142, 186, 215, 219, 308, 392, 397, 445ff., 460
Morris LB   26, 29f., 38
Morton TL   264
Motzkin JC   178
Mulder RT   474
Müller C   215, 220
Müller-Isberner R   319ff.
Mundt C   168
Mundt Ch   355, 462

Nater UM   175
Nestad G   446
New AS   174
Niedermeier N   378, 382
Niedtfeld I   173f.
Nielsen J   208
Nielsen JA   208
Nigg JT   310, 413
Nissen G   483
Norden MJ   250
Norman WT   139
Norris M   317
Nowicki S   122
Nündel B   464

O'Connor BP   143
O'Donohue WT   355
Oberkirch A   439
Ochoa ES   392, 446
Ochsner KN   167
Oerter R   36, 483
Offer D   145, 479
Ogata SN   362
Ogrodniczuk JS   238, 367
Oldham JM   26, 29f., 38, 54, 222
Olsavsky AK   170

Olsen K   483
Oltmanns TF   222
Ostendorf F   138ff., 144f., 160
Ottoson H   192
Overholser JC   466

Paddock JR   122
Palmer T   317
Paris J   218, 222, 362f.
Parker G   362
Parnas J   425, 432
Passamonti L   179
Patrick CJ   312
Patridge GE   63, 300
Pecher W   320
Perrez M   79
Perry DG   483
Perry JC   24, 218, 330, 426, 466
Pessoa L   169
Petermann F   483
Peters ER   406
Petrilowitsch N   131f.
Pezawas L   169, 180
Pfohl B   143, 185, 196, 382f., 447
Pfuhl EH   479
Phan KL   167
Piaget J   150
Pichot P   67
Pick D   55
Pietrik C   364
Pilkonis PA   124f., 189, 194, 331,
    461
Pincus AL   140, 142, 144, 291
Pinel P   54
Piper WE   238, 367
Plomin R   483
Plutchik R   122
Polatin P   349, 403
Pollak JM   383
Pope HG   308
Poyurovsky M   412
Prehn K   174
Prentice NM   316
Prichard JC   62
Prossin AR   175
Pütterich H   190, 349

Quilty LC   188
Quint H   378

Rado S   403
Raine A   191, 312
Rapaport D   97, 150
Raskin RN   190
Rauchfleisch U   318
Reck C   168
Reich JH   184, 187, 192, 211, 227,
    333, 461
Reich W   88f., 98
Reid WH   319
Reif A   313
Reinecker H   329, 338, 378, 382
Reiss D   480
Renneberg B   187, 241, 340, 343,
    345, 361, 368, 371, 375, 466, 475
Resch F   36, 150, 168, 483
Rice M   320
Rieder RO   432
Riemann F   107, 119
Rienzi RM   193
Ro E   189
Roberts BW   222, 481ff.
Robins CJ   370
Robins LN   301, 303, 311, 313f.
Rock KS   267
Roediger E   258f.
Roessler W   172
Rohde-Dachser C   244, 297, 349,
    357ff., 364f., 415f., 418
Rohracher H   59, 135
Romney DM   124
Ronningstam E   391ff., 396f.
Rosenhan DL   66
Rosenthal D   404, 432
Ross B   319
Ross R   193, 319
Ross T   214
Rossi R   173
Roth A   372f.
Roth LH   319
Rothacker E   132
Rothbart MK   168
Rothschild L   199
Rubin KH   336f.
Rudolf G   91f., 95, 107, 156, 204,
    251, 253, 256ff., 318, 368, 396f.,
    400
Ruiter C de   192
Ruocco A.C   173
Rusch N   173

Rush B   63
Russell GA   400

Sabshin M   145, 479
Sachse R   231, 243f., 346, 388,
    401, 452
Safran JD   119, 153
Salzman L   384ff., 427
Samson JA   364
Samuels J   209, 378, 382f.
Sandler J   94
Sanislow CA   329f., 333, 335, 419
Sartorius N   66f.
Saß H   43, 46, 48, 54, 62, 193, 299,
    301, 307, 309, 406, 442, 446
Sauer-Zavala S   228
Scarpa A   189, 312
Schaefer ES   121
Scharfetter Ch   377
Schepank H   208
Scheurer H   313, 315
Schmahl C   174, 176
Schmidt MH   307, 331, 354, 381,
    411, 422, 435, 445, 459
Schmidt-Atzert L   144
Schmidtke A   372
Schmitz B   32, 339, 387, 440, 466
Schneider K   56, 60ff., 300, 329,
    377, 420
Schneider S   464
Schneider W   35
Schnell K   173f.
Schroeder ML   144
Schuch B   401
Schulte D   38
Schulte W   420
Schultz JH   60, 132
Schultz-Hencke H   100, 106ff.,
    119
Schultz-Venrath U   255
Schulze L   174, 248
Schuster JP   222
Schweiger U   187, 371
Scott KM   364
Scrams DJ   193
Segal DJ   221
Seipel KH   401
Seivewright H   221
Semel SR   386
Senf W   247

Shackman AJ   178

Shapiro D   97f., 269, 318, 384, 425, 444, 449f.

Shea MT   213, 219, 227, 363, 461

Shearer SL   362

Shedler J   185

Sher KJ   308

Siever LJ   165, 172, 406, 414, 419, 440

Sigmund D   444

Silbersweig D   174

Sillars AL   265

Silverman FH   196

Singer MT   349, 356

Sipos V   371

Skodol AE   74, 184, 192, 194, 213, 215ff., 222, 382, 393, 395, 424, 433, 437, 448, 462, 472, 476

Slade PD   378

Slavney PR   446

Smolka MN   180

Sobin C   412

Soldz S   124, 143f.

Soler J   370

Soloff PH   249f.

Sperry L   234

Spitzberg BH   264, 266

Spitzer M   419

Spitzer RL   66, 194, 355, 405f., 432, 460

Spring B   148

Standop R   411

Stangier U   329, 338

Stangl D   143

Stanley B   175

Starcevic V   146

Stefansson JG   209

Stein DJ   382

Stein G   249

Steinert T   373

Steinhausen HC   483

Stern A   348

Stevenson J   222

Stewart A   481

Stewart L   319

Stoffers J   249

Stone MH   239, 367, 386, 393, 427, 438f.

Stopa L   336, 343

Strack S   142

Strathearn L   170

Strupp HH   239

Stuart S   197f.

Sullivan HS   92, 100, 105, 113, 115f., 119f., 122, 153, 155, 206, 239, 265, 287, 337, 384, 414

Süllwold F   191, 443

Süllwold L   378, 405, 414

Sulz S   452

Sund A   215, 220

Sutherland SM   346

Sutker PB   304, 311, 315

Swildens H   243

Szasz TS   65

Takahashi T   172

Takemoto-Chock NK   139

Teicher MH   364

Tellenbach H   51, 383, 462

Tennent G   317

Tenney NH   378, 382

Terry H   190

Thomae H   36

Thomas KM   188, 419, 424, 433, 437

Thompson LW   461

Thompson-Pope K   331, 413, 416, 419, 423, 439

Thornton D   327

Tölle R   215, 220, 420

Torgersen S   166, 209, 211ff., 395, 423, 457

Trautmann RD   241, 344, 369, 388, 400f., 416, 452, 466

Trull TJ   140, 143, 197f., 308, 392

Tscheulin D   243

Tupes EC   139

Tupin JP   449

Turkat ID   242, 331, 386, 400f., 413, 416, 419, 423, 428, 439

Turner RM   370

Tyrer P   77, 196, 473ff.

Urry HL   168

Vaillant GE   24, 330, 426

Van den Berg PJ   457

Van den Bosch LM   370

Van der Kolk B   361

Van Elst LT   173

Van Harmelen AL   248

Vasile RG   227

Vogelgesang M   241

Vogelsang M   466

Vrticka P   170, 176, 248

Vuilleumier P   170

Wahler RG   314

Walker N   317

Wallace P   150

Wamboldt FS   480

Warner R   193

Watzlawick P   272

Way C   317

Weinberger JL   481

Weissman MM   208

Weitbrecht HJ   377

Wellek A   132f.

Wells A   336

Wenning B   452

West DJ   314

West M   335

Westen D   185, 362, 471

Widiger TA   124, 139f., 142, 144, 185, 193, 303f., 308, 330, 334, 338, 351, 392f., 396, 445f., 460, 471

Widows MR   191

Wiedebusch S   483

Wiggins JS   122, 140, 142, 144

Wilmot WW   266

Wilson DB   319

Wing JK   67

Winnicott DW   463

Wittchen HU   38, 191

Wolf-Arehult M   241

Wolff S   483

Wöller W   238, 366

Woods S   411

Woody GE   318

Wright IC   172, 414

Wundt W   134

Yalom ID   440

Yang J   185

Yen S   461

Yeomans FE   238

Yookyung K   125

Young JE   251, 254, 258, 392

Zaider T   383
Zanarini MC   75f., 185, 190, 213, 216f., 356, 362f., 395
Zander E   106
Zander W   106
Zarbock G   258
Zaudig M   378, 382, 385

Zaworka W   378
Zerssen Dv   140f., 383, 463
Zetsche T   221
Zielinski W   148
Zilberg N   444
Zimmerman M   184f., 192, 197, 199, 209, 397, 445f.

Zimmermann J   186, 188, 291f., 470, 472, 474f.
Zubin J   66, 148
Zuckerman M   313
Zweig-Frank H   218, 222

Sachwortverzeichnis

A

Abwehr   81, 84, 96 ff.
– als Sicherheitsoperation   116
Adoleszenz   110, 155
Affektive Störungen   201, 356, 446
Affektregulation   168, 173
Aggressiv-sadistische Persönlichkeit   121
Aggressive Persönlichkeit   354
Agoraphobie   423, 464
Alkoholmissbrauch   308
Alloplastisches Handeln   84 f., 88, 90, 92
AMDP-System   67
Amygdala   169, 173 ff., 178, 180
Anal-zwanghafte Persönlichkeit   86
Analytische Psychologie   103
Anankastische Persönlichkeit   377
Angst   115, 138, 168
Angstfreie Persönlichkeit   307
Ängstlich-vermeidende Persönlichkeit *Siehe* Selbstunsichere Persönlichkeit
Ängstliche Persönlichkeit   49
Ängstlicher Bindungsstil   169
Ängstlichkeit   169, 180
Angstvermeidende Persönlichkeit   115
Antipsychiatrie   65
Antisoziale Persönlichkeit   46, 62 f., 88, 137, 299
– Diagnostik   301 f., 305, 308
– Prävalenz / Verlauf   308
Antisozialisation   316
Antrieb   132
Antriebskontrolle   136
Archetypen   103
Ärger   171
Artungseigenarten   132
Asperger-Syndrom   411, 435 f.
Asthenische Persönlichkeit   61

Aufmerksamkeitsstörungen   249, 309
Ausbeuterische Persönlichkeit   112
Ausgleichende Persönlichkeit   105
Authentizität   269
Autismus   411, 436
Autonomie   110, 118, 147, 155, 158, 204, 359
– primäre   92
– sekundäre   92
– sozial bezogen   161 f.
– vs. Bindung   118, 266
Autoplastisches Handeln   84, 88, 90, 92

B

Bedrohung   176
Bedürfnisspannung   84
Beharrlichkeit   147
Behindernde Persönlichkeit   459
Behinderung
– Persönlichkeitsänderungen   423
Belastung   72
Belohnungsabhängige Persönlichkeit   146
Belohnungsabhängigkeit   146
Beziehung   155, 204, 206, 264
– Beziehungsparadox   268
– diskrepante Beziehungserwartungen   264
– Intimität und Distanz   267
– kulturelle Rituale   264
– sozial bezogene Autonomie   266
Bindung   155, 157, 159, 204
– vs. Autonomie   118, 266
Bindungsstil   169
Borderline-Persönlichkeit   47, 70, 96, 127, 142, 267, 348, 357, 390, 404, 424, 463
– als affektive Störung   356
– Behandlung   249, 364

– Diagnostik   308, 351, 353 f., 356, 397, 404, 411, 447, 460
– Prävalenz   355, 460
– vs. schizotype Persönlichkeit   406
Borderline-Persönlichkeits-Inventar (BPI)   190
Borderline-Schizophrenie   404, 432

C

Catechol-O-Methyltransferase-Gen   180
Charakter   81, 85
– als Schicksal   269
– Charakteranalyse   88
– Charakterkunde   60, 131
– Charakterneurose   89, 99
Cholerisches Temperament   58, 134
Chronisch adoleszente Persönlichkeit   110, 114
Circumplex-Modell   121 ff., 125
Clint-Eastwood-Syndrom   458
Compliance   32
Composite International Diagnostic Interview (CIDI)   184
Conduct Disorder   302
Coolidge Axis II Inventory (CATI)   189
Coping   234, 341

D

Degenerationslehre   55
Delinquente nato   55
Delinquenz   316
– neurotische   316
– psychopathische   316
– subkulturelle   316
Dependente Persönlichkeit   50, 105, 121, 124, 128, 142, 267, 456
– Ätiologie   463
– Behandlung   465
– Diagnostik   383, 458 ff.
– Geschlechtsbias   458

– Prävalenz 460
Depersonalisation 414
Depression 308, 460
– und narzisstische Persönlichkeit 396
Depressive Persönlichkeit 57, 60, 90, 108
Desorganisierter Bindungsstil 169
Deutsche Charakterkunde 60, 131
Diagnostic Interview for DSM-IV Personality Disorders (DIPD) 185
Diagnostic Interview for Narcissistic Patients 190, 392
Diagnostik 184
– Beurteilungsfehler 291, 396, 446
– Differenzialdiagnostik 204
– dimensional 38, 292, 473
– multiaxial 72
– Verfahren und Inventare 184
– wiederholte 233
Diagnostisches Interview für Borderline-Patienten (DIB) 190, 349
Dialektisch-Behaviorale Therapie 174
Dialektische Behaviorale Therapie, DBT 369
Diathese 150
Diathese-Stress-Modell 137f., 426
Differenzielle Indikation 226
Diffusion Tensor Imaging (DTI) 173
Dimensionale Klassifikation 134, 143, 146, 191
Disposition 137
Dissoziale Persönlichkeit 46, 61, 110, 114, 125, 128, 142, 267, 299, 309, 355
– Alkohol- und Drogenmissbrauch 311
– Ätiologie 310
– Diagnostik 301, 307f., 397
– Mangel an Angst 307, 313, 315
– Prävalenz / Verlauf 308
– Therapie 316

– Vererbung 311
Dissoziation 172
Dissoziative Störungen 446
Doctrine des constitutions 55
Dopamin-D4-Rezeptor-Gen 180
Dopaminerges System 172
Drama des begabten Kindes 464
Drogenmissbrauch 245, 308
DSM, allgemein 65, 70, 72
DSM-5 69, 114, 290, 302, 305, 330, 333, 353, 379f., 391, 394, 407ff., 421, 434, 444, 458
DSM-I 63, 65, 114, 300
DSM-II 114, 300
DSM-III 68, 114, 301
DSM-III-R 290
DSM-IV 114, 419
DSM-IV-TR 290, 407
Dysphorie 309, 360
Dysthonie 59
Dysthyme Störung 138

E
Ecophänotyp 364
EEG-Studien 312
Ehrgeizbesessene Persönlichkeit 114
Emotional instabile Persönlichkeit 353f., 405
Emotionsregulation 168
Emotionsstörung 414, 476
Endorphine 175
Entwicklungspsychologie 150, 483
Entwicklungsstörungen 411, 436
Epidemiologie 208
Erfahrungsoffene Selbstsicherheit 161f.
Erotischer Charakter 85
Erotomanie 55
Erregbare Persönlichkeit 57
Es-Haftigkeit
– vs. Ich-Haftigkeit 132
Esoterische Persönlichkeit 141
Existenzielle Orientierung 159
Expansiv-paranoide Persönlichkeit 422
Expansive Persönlichkeit 420

Explosible Persönlichkeit 61, 354
Externalisierende Persönlichkeit 106
Extraversion 104, 132, 134ff., 142, 172
Extravertierte Persönlichkeit 104
Eysenck Personality Inventory (EPI) 137, 139
Eysenck Personality Questionnaire (EPQ) 137

F
Faktorenanalyse 136
Falsches Selbst 463
Fanatische Persönlichkeit 60, 420
Fassade 269
Fixierung 81, 84
Fluktuation 296
Förmliche Persönlichkeit 121
Fragebogen zu Gedanken und Gefühlen (FGG) bei Borderline-Persönlichkeitsstörungen 187
Fragebogen zu kognitiven Schemata (FKS) 187
Freiburger Persönlichkeitsinventar (FPI) 145
Freiburger Persönlichkeitsinventar (FPI-R) 139
Frühkindlicher Autismus 411, 436
Führend-selbstherrliche Persönlichkeit 121
Fünf-Faktoren-Modell der Persönlichkeit 138f., 142, 160
Funktionsniveau 73

G
Geborgenheit 118
Gefügig-abhängige Persönlichkeit 121
Gefühlsstörung 414, 476
Geltungsbedürftige Persönlichkeit 61
Gemeinschaftsgefühl 102
Gemütlose Persönlichkeit 61
Gen-Umwelt-Interaktion 180
Genital-hysterischer Charakter 86

Geschlechtsbias 193, 355, 396, 442, 445, 458
Gesellschaftsfeindliche Persönlichkeit 57
Gesprächspsychotherapie 242
Gesundheit 109, 147, 159
Gewalt 229, 245, 363
Gewohnheitsstörungen 70, 201
Grundangst 105
Grundrechte des Menschen 32, 42
Gruppentherapie 339, 369, 440

H

Habituation 369
Haltlose Persönlichkeit 57
Hemmung 107, 132
Histrionische Persönlichkeit 48, 121, 124, 128, 142, 267, 442, 463
– Ätiologie 449
– Behandlung 228, 451
– Diagnostik 308, 397, 444 f., 447, 460
– Geschlechtsbias 445
– Prävalenz 445, 460
– und dissoziale Persönlichkeit 308, 449
Homosexualität 70
Hortende Persönlichkeit 112
Hyperaktivitätsstörungen 309
Hypermentalisierung 176
Hypernomie 451
Hypernormale Persönlichkeit 121
Hyperthyme Persönlichkeit 60
Hypochondrie-Hysterie-Inventar (HHI) 191, 443
Hypothalamus-Hypophysen-Achse 175
Hysterie 85, 104, 442
– hysterische Neurose 442
– hysterische Persönlichkeit 90
– hysterischer Charakter 442

I

ICD, allgemein 64
ICD-10 68 ff., 290
ICD-11 473
ICD-6 64
ICD-8 67

ICD-9 67, 301
Ich-Dystonie 90
Ich-Funktionen 92
Ich-Syntonie 24, 70, 89 f.
Identität 110
Identitätsgestörte Persönlichkeit 110
Impulsive Aggressivität 171, 180
Impulsivität 180
Impulskontrolle 136, 245
Impulskontrollstörungen 55, 70, 153, 354, 371, 477
Inadäquate Persönlichkeit 114, 404
Indikation
– adaptive 228
– differenzielle 226
– selektive 227
– störungsspezifische 226
– verfahrensspezifische 226, 246
Individualpsychologie 101
Individuation 103, 118
Infantile Persönlichkeit 445
Inkorporation 115
Innerlich verarmte Persönlichkeit 105, 110
Instabile Persönlichkeit 353, 405
Insula 176
Integrative Psychotherapie 253
Intellektualisierung 90
Intentional gestörte Persönlichkeit 107
Intentionalität 107
Intentionsstörung 384
Interaktion
– alltägliche Beziehungen 264
– Beziehungsparadox 268
– diskrepante Beziehungserwartungen 264
– Intimität und Distanz 267
– kulturelle Rituale 264
– sozial bezogene Autonomie 266
Interaktionsstörung 25
Intermittierend explosible Störung 354
International Personality Disorder Examination (IPDE) 185, 211
Interpersonal Dependency Inventory (IDI) 191

Interpersonelle Angst 116
Interpersonelle Psychotherapie 100, 119, 239
Interpersonelle Theorie 120, 123
Intimität 110, 267
Introjekt 90, 115, 127
Introversion 104, 132, 134 ff., 142
– und Konditionierbarkeit 138
Introvertierte Persönlichkeit 104, 136
Inventar Klinischer Persönlichkeitsakzentuierungen (IKP) 188
Inventar zur Erfassung interpersoneller Probleme (IIP) 156, 204
Inventory of Interpersonal Problems – Personality Disorder Screening (IIP-PD) 189
Inventory of Interpersonal Problems (IIP-C) 123, 189
Isolation 110, 141
Isolierung (als Abwehr) 90

J

Jugend 116

K

Katamnese-Studien 215
Klassifikation 54, 69
– Kritik 133
Kleinkindalter 159
Kleptomanie 55
Klinische Entwicklungspsychologie 150
Kognitive Stile 97
Kognitive Therapie 339, 368, 387, 400, 416, 428, 439
Kognitives Inventar für die Borderline-Persönlichkeitsstörung (KIB) 187
Komorbidität 61, 70, 184, 195, 197
– bei Persönlichkeitsstörungen 197, 204
– bei psychischen Störungen 195 f.
– empirische 195
– konzeptuelle 201

– Polaritäten-Modell 202
– Verlaufsprädiktion 229
Kompetenz 270, 307, 478
– Analyse 232
– Intimität 267
– Perspektivübernahme 266
– sozial bezogene Autonomie
  266
Kompetenzepidemiologie 480
Konditionierbare Persönlichkeit
  136
Konditionierbarkeit 136, 138
Konfliktabwehr 88
Konfliktmanagement 387, 428
Konformismus 112
Konkurrierend-narzisstische Per-
  sönlichkeit 121
Konkurrierende Persönlichkeit
  121
Konnektivitätsanalysen 175
Konstitution 57, 137
Kontext 36, 163
Konversionsstörung 446
Kooperativ-förmliche Persönlich-
  keit 121
Kooperativität 147
Krankheiten 72
– körperliche 72
– organische 72
Kreativer Psychopath 62
Kriminalität 245, 316
Krise 72, 109 f.
Kriterienüberlappung 183
Kritische Lebensereignisse 72
Kultur 66, 70, 214

L

Labeling 66, 68
Labilität 136, 168
Lebensereignisse 72
Lebenskrisen 109
Lebensstil 102, 269
Lebensstrategie 269
Lebenszeitdiagnose 70
Libidinöse Typen 85
Libidotheorie 81
Liebesfähigkeit 147
Longitudinal Expert Evaluation
  Using All Data (LEAD) 195
Lügner und Schwindler 57

M

Macht beanspruchende Persön-
  lichkeit 103
Magnetresonanztomografie, funk-
  tionelle (fMRT) 173
Manie sans délire 55, 63
Mask of Sanity 63
Masochistische Persönlichkeit
  121
Maudsley Medical Questionnaire
  (MPQ) 137
Maudsley Personality Inventory
  (MPI) 137
Medikamentöse Behandlung
  249
Melancholisches Temperament
  58, 134
Mental alienation 62
Mentalisierung 170 f.
Mentalisierungsgestützte Psycho-
  therapie 251, 255, 271, 275,
  368
Merkantile Persönlichkeit 112
Metakommunikation 30, 229
Millon Clinical Multiaxial Inven-
  tory (MCMI) 143, 187
Minderwertigkeitsgefühle 102,
  110
Minderwertigkeitsgefühls-behaf-
  tete Persönlichkeit 102, 110
Missbrauch 363, 369
Misstrauische Persönlichkeit
  109, 121
MMPI scales for DSM-III per-
  sonality disorders (MMPI-PD)
  143
Modelllernen 342
Monoamino-Oxydase-A-Gen
  180
Monomanie 55
Moral alienation of mind 63
Moral insanity 62
Motiv 229
– Analyse 229, 232
– Motiv-Handlungs-Passung
  232, 234
Münchener Persönlichkeitstest
  (MPT) 141

N

Narcissistic Personality Inventory
  190
Narzissmus 90, 390
– als Selbstwertgefühl 94
– Bedeutungsfacetten 94
– primärer 93
– primärer vs. sekundärer 95
Narzisstische Persönlichkeit 49,
  85, 91, 94, 96, 121, 124, 128, 142,
  267, 390, 424, 463
– Behandlung 399
– Diagnostik 356, 383, 391, 394,
  396, 447
Negativistische Persönlichkeit
  114
Nekrophile Persönlichkeit 112
NEO Personality Inventory
  (NEO-PI / FFI) 140
Neoanalyse 100
Neurasthenische Persönlichkeit
  108
Neuroleptika 250
Neurosendynamik 82
Neurotische Stile 97
Neurotischer Charakter 88
Neurotizismus 105, 136, 142
– und Angst 138
Neurotransmitter 146
Neutralisierung 84
Nicht integrierte Persönlichkeit
  113
Normatologie 145, 480 f.
Nosologie 54

O

Objekt-Beziehung 91, 93, 95 f.,
  127, 357
– Objekt-Beziehungs-Theorie
  92, 357, 390
– Objektbesetzung 85, 91
– Objektbeziehungsdyaden 366
– Objektkonstanz 93
– Objektrepräsentanzen 93, 96
– Übertragungsneurose 85
Ödipuskomplex 84
Offenheit 142, 146, 481
Operationale Psychodynamische
  Diagnostik (OPD 186, 202,
  204

Oral-dependente Persönlichkeit 86, 456
Oxytocin 175
– Oxytocin-Rezeptor-Gen 181

P
Paranoide Persönlichkeit 44, 90, 124, 129, 142, 267, 419
– Ätiologie 425, 429
– Behandlung 228, 427
– Diagnostik 383, 397, 413, 420 ff., 435, 460
– Konzeptentwicklung 420
– Prävalenz 423
Paranoide Störung 419
Passiv-aggressive Persönlichkeit 424
Passiv-dependente Persönlichkeit 456
Pathogenese 36
Patientenschulung 417
Personality Adjective Checklist (PACL) 143
Personality Disorder Interview-IV (PDI-IV) 185
Personality Disorders Examination (PDE) 185
Personality Disorders Questionnaire (PDQ[-R]) 143
Personality Disorders Questionnaire-4 (PDQ-4) 186
Personifizierung des Selbst 115
Persönliche Stile *Siehe* Persönlichkeitsstil
Persönlichkeit 34
– als Kompetenz 307, 478
– als Schicksal 269
– Definition 87, 115
– Diagnostik 39
– im Alter 111
– keine Persönlichkeitsstörung 41, 43
– Kompetenz 41
– Persönlichkeitsstörung 38
– Verarmung 105
– Wandelbarkeit 136, 481
Persönlichkeits-Stil und Störungs-Inventar (PSSI) 187
Persönlichkeitsänderungen 70, 233, 423, 481

– bei Behinderungen 423
– im Alter 221
Persönlichkeitsentwicklung 35 f.
Persönlichkeitsprofil 26, 29, 39
Persönlichkeitsstil 23, 29, 39
Persönlichkeitsstörung 23, 34, 84, 470
– als Kompetenz 43, 98, 478 f.
– biologische Faktoren 150
– Definition 38, 68, 136
– Diagnose-Voraussetzung 41
– Diagnostik allgemein 233
– Fremddiagnose 27
– im Alter 216, 221
– merkmalsspezifiziert 74
– Selbstdiagnose 27
– Tolerierbarkeit 478
– Zeitstabilität 480
Persönlichkeitsstörung, Merkmalsspezifiziert 295
Persönlichkeitsstörungs-Skalen des MMPI (MMPI-PD) 143
Personperspektivierung 291
personzentrierte Verantwortungszuweisung
– im therapeutischen Dreisatz 276
Personzentrierte Verantwortungszuweisung 271, 280
– Kontraindikationen 285
– therapeutische Wirkung 282
– Ziele 275
Perversion of moral faculties 63
Phlegmatisches Temperament 58, 134
Phobie 308, 446, 460
Polarität 132
Polaritäten-Modell 202
Positivierung 32, 243
Prädisposition 150
Präfronto-limbische Konnektivität 169, 174
Präfronto-limbische Netzwerkstörung 173
Präfronto-limbisches Netzwerk 180
Prämorbide Persönlichkeit 138
– Schizophrenie 403
Prävalenz der Persönlichkeitsstörungen 209, 211

Present State Examination (PSE) 67
Problemanalyse 231 f.
– als Kompetenzanalyse 232
Prognose 201, 481
Projektion 90, 106, 425, 427
Pseudocompliance 438
Pseudoneurotische Schizophrenie 349, 403
Pseudoquerulanten 57, 420
Psychiatric Status Schedule 66
Psychiatrie 54
Psychoanalyse 80
– kognitive Theorie i. d. P. 97
– Metatheorie 79
– Strukturtheorie 82, 89
– Tiefenhermeneutik 79
– topografischer Ansatz 81
Psychologische Therapie für Täter 320 f.
Psychopathie 62, 91, 137, 299, 470
– Begriffsgeschichte 56
– primär vs. sekundär 314
Psychopathy Checklist – Revised (PCL-R) 191
Psychopathy Checklist (PCL) 303
Psychopharmakabehandlung 249
Psychophysiologische Korrelate 312
Psychosoziale Belastung 72
Psychosoziales Konfliktmanagement 387, 428
Psychotherapie
– bei komorbiden Störungen 228
– einsichtsorientierte 247
– empirische Forschung 339
– Fokusbildung 234
– Gesprächspsychotherapie 242
– integrative Perspektiven 253
– Interpersonelle Psychotherapie 239
– Komorbidität 228
– Machtgefälle 271, 274
– mentalisierungsgestützt 251, 255, 271, 275, 368
– psychoedukative 247

– Schematherapie   251, 258
– strukturbezogen   251, 256, 368
– therapeutische Krise   263
– therapeutischer Dreisatz   271, 275
– übertragungsfokussiert   238, 240, 297, 365 f.
– Verhaltenstherapie   241
– Zwangsbehandlung   246
Psychotizismus   136, 300
– und Psychopathie   138
Pubertät   116
Pyromanie   55

Q
Querulatorische Persönlichkeit   420
Questionnaire of Thoughts and Feelings (QTF), Borderline-Personality-Disorder-Assessment   187

R
Reaktanz   287
Reaktionsbildung   90
Realitätswahrnehmung   476
Rebellische Persönlichkeit   121
Reframing   233
Regression   81, 84
Reizbare Persönlichkeit   57, 354
Ressourcenaktivierung   243
Ressourcenorientierung   229, 234
Rezeptive Persönlichkeit   112
Rigide Persönlichkeit   141
Rolle   235, 269
– Rollentheorie   269
Rollenfluktuation   375

S
Salutogenese   36
Sanguinisches Temperament   58, 134
Scale of Cognitive Schemas in Personality Disorders   187
Schamhaft-zweifelnde Persönlichkeit   110
Schedule for Normal and Abnormal Personality (SNAP)   187, 189

Schedules for Clinical Assessment in Neuropsychiatry (SCAN)   184
Scheinbare Kompetenz   375
Schematherapie   251, 258
Schichten-Modell
– der Persönlichkeit   132
Schichtzugehörigkeit   36
Schizoide Persönlichkeit   44, 107, 124, 129, 141 f., 267, 329, 431
– Ätiologie   438
– Behandlung   228, 438
– Diagnostik   333, 413, 433 ff.
– Prävalenz   433
– und Schizophrenie   438
Schizophrenie   91, 138, 201
– Differenzialdiagnostik   411
– High-Risk-Studien   404, 432
– latente   431
– paranoide   423
– pseudoneurotische   349, 403
– residualer Typus   411
– Schizophrenia simplex   409
– Spektrum   404, 432
Schizothym-schizoide Persönlichkeit   59
Schizothyme Persönlichkeit   58, 431
Schizotypal Personality Questionnaire (SPQ)   191
Schizotype Organisation   403
Schizotype Persönlichkeit   45, 125, 129, 142, 403, 424
– Ätiologie   413
– Behandlung   228, 249, 415
– Diagnostik   356, 397, 408 f., 411, 435, 460
– vs. emotional instabil / Borderline   405
Schizotype Störung in der ICD-10   411
Schmerz   159, 174, 179
Schüchternheit   336
Schuldfähigkeit   62, 309 f.
Schuldgefühle   88, 110
Schuldgefühlsbehaftete Persönlichkeit   110
Selbst   92, 106, 127
– Selbstverwirklichung   105
– Personifizierung   115

– Selbst-System   115, 269
– Selbstaktualisierung   147, 203, 482
– Selbstbehandlungskompetenz   247
– Selbstbezogenheit   147
– Selbstentfremdung   269
– Selbstkontrolle   202, 232
– Selbstkonzept   463
– Selbstmanagement   343
– Selbstrepräsentanzen   93, 96
– Selbstschutz   96, 229
– Selbstsicherheit   481
– Selbsttäuschung   269
– Selbsttranszendenz   147, 481
– Selbstvertrauen   109
– Selbstverwirklichung   103
– Selbstwahrnehmung   477
– Selbstwertgefühl   147, 463, 482
– Selbstwirksamkeit   481 f.
Selbstherrliche Persönlichkeit   121
Selbstidealisierende Persönlichkeit   106
Selbstschädigende Persönlichkeit   459
Selbstsicherheit
– erfahrungsoffen   161 f.
Selbstunsichere Persönlichkeit   49, 60, 106, 125, 129, 142, 329, 377, 424
– Ätiologie   336
– Behandlung   228, 338
– Diagnostik   330 f., 333, 383, 413, 435, 460
– Prävalenz   460
Selbstverletzendes Verhalten   372
Selbstverletzungsverhalten   174 f.
Selbstversunkene Persönlichkeit   114
Selektive Indikation   227
Selektive Unaufmerksamkeit   116
Semantisches Differenzial   121
Sensation Seeking Scale   313
Sensitiv-paranoide Persönlichkeit   422
Sensitive Persönlichkeit   330
Serotonin   175
Serotonin-Transporter-Gen   179

Sexueller Missbrauch 360, 363, 369

Shedler-Westen Assessment Procedure (SWAP-200) 185

Sicherheitsoperation 116, 153, 287, 414

Sinnsetzung 229f., 233, 270

Skala zur Erfassung der Impulsivität und emotionalen Dysregulation der Borderline-Persönlichkeitsstörung (IES-27) 190

Social-Skills-Training 321, 339

Somatic Marker Hypothese 178

Somatoforme Störungen 308, 451

Sozial bezogene Autonomie 161f., 266, 321

Sozial isolierte Persönlichkeit 110

Sozial-kognitive Funktionen 175, 179

Soziale Angst 116

Soziopathie 63, 299f., 470

Spaltung 96, 357, 359, 365, 375

Sprachentwicklungsstörungen 411

Stabilität 136

Stagnierende Persönlichkeit 110

Stigmatisierung 22, 37, 65, 442

Stimmungslabile Persönlichkeit 61

Stimmungsstörungen 356

Störung des Sozialverhaltens in Kindheit und Jugend 302

Störungen der Impulskontrolle Siehe Impulskontrollstörungen

Störungsperspektive 68

Störungsspezifische Indikation 226

Strebungseigenarten 132

Streitsüchtige Persönlichkeit 57, 420

Structural Analysis of Social Behavior (SASB) 125

Structured Clinical Interview for DSM-IV Disorders, Axis II (SCID-II) 184

Structured Interview for DSM-III(-R) Personality Disorders (SIDP[-R]) 143

Structured Interview for DSM-IV Personality Disorders (SIDP-IV) 185

Structured Interview for Schizotypy (SIS) 191, 406

Structured Interview for the Five-Factor Model of Personality 140

Struktur 202, 206

Struktur-Analyse sozialer Beziehungen (SASB) 156, 204

Strukturbezogene Psychotherapie 251, 256, 368

Strukturelles Interview für Borderline-Patienten (SIB) 349

Strukturiertes Interview zum Fünf-Faktoren-Modell der Persönlichkeit 140

Strukturiertes Klinisches Interview für DSM-IV, Achse II (SKID-II) 184

Sublimierung 84

Sucht 308, 423
– Persönlichkeitsänderungen 423

Suizidalität 46f., 49, 245, 350, 455f.

Symbiose 118

Symptombildung 80, 82, 84, 96ff.

Symptomneurose 88, 99

T

Täter
– Einübung von Empathie 323
– Rückfallprävention 324
– therapeutische Beziehung 326

Temperament 59, 134, 146

Theory of mind 170, 176

Therapeut-Patient-Beziehung 254, 257, 261, 263

Training sozialer Fertigkeiten 321, 339, 346, 466
– Modelllernen 342

Transference Focused Psychotherapy (TFP) 366

Transparenz 32
– in der Psychotherapie 271
– Zieltransparenz 271

Trauer 361

Tridimensional Personality Questionnaire (TPQ) 146, 159

Triebabwehr 89

Triebdynamik 82

Triebmensch 57

Trierer Persönlichkeitsfragebogen (TPF) 147, 153, 159, 202

Trizyklische Antidepressiva 250

Typus 133f., 136

Typus melancholicus 51, 383, 463

U

Über-Ich-Isolierung 91

Überlappung 61

Übertragung 91, 256f.

Übertragungsfokussierte Psychotherapie 238, 240, 297, 365f.

Übertragungsneurose 91

Unabhängige Persönlichkeit 458

Unterwürfige Persönlichkeit 103

Unverbesserliche Persönlichkeit 114

Unwandelbare Persönlichkeit 134

Unzurechnungsfähigkeit 309f.

V

Validierung
– der Persönlichkeitsstörung 233

Ventrales Striatum 170

Ventromedialer präfrontaler Cortex 169, 178

Verantwortlich-hypernormale Persönlichkeit 121

Verbindlichkeit 274
– in der Psychotherapie 271

Verdrängung 90

Vererbung 146, 150, 311, 413

Verfahrensspezifische Indikation 226

Verhaltenskontrolle 147

Verhaltenstherapie 119, 241, 297, 319, 339, 360, 368, 387, 398, 400, 416, 426, 428, 438f., 452, 464

Verläufe der Persönlichkeitsstörungen 481

Verletzungsvermeidende Persönlichkeit 146

Verlorenes Selbst   463
Vermeidend-selbstunsichere Per-
   sönlichkeit
– Diagnostik   330, 333
Vermeidende Persönlichkeit   49
Vermeidender Bindungsstil   169
Verschrobene Persönlichkeit   57
Versöhnliche Persönlichkeit   105
Verträglichkeit   142
Vertragswürdigkeit   269
Verwöhnung   107
Verzweifelt-angeekelte Persön-
   lichkeit   111
Visköses Temperament   58
Vorgetäuschte Störungen   446
Vulnerabilität   137, 357
– Vulnerabilitäts-Stress-Modell
   149

W
Wahnhafte Störung   419, 423
Widerspruchsermöglichung   273
– in der Psychotherapie   271
Widerstand   82, 91, 256 f., 271,
   287, 396
Willenlose Persönlichkeit   61
Wisconsin Personality Inventory
   (WISPI)   189
Wohlbefinden   159

Z
Zanarini Rating Scale for Border-
   line Personality Disorder
   (ZAN-BPD)   190
Zeitstabilität   295
Zieltransparenz   271, 273
Zurechnungsfähigkeit   309 f.

Zurückweisung   176, 180
Zwanghafte Persönlichkeit   51,
   60, 81, 85, 90, 105, 108, 128, 142,
   267, 377
– Ätiologie   384
– Behandlung   228, 385
– Diagnostik   379 ff., 397
– Konzeptentwicklung   377
Zwangsneurose   81
Zwangsstörung   81, 377, 382
Zwangsunterbringung   246
Zyklothym-zykloide Persönlich-
   keit   59
Zyklothyme Persönlichkeit   57 f.

Schematherapie – eine Einführung für Praktiker

Gitta Jacob • Arnoud Arntz
Schematherapie in der Praxis
2., überarb. Aufl. 2015
225 Seiten. Gebunden.
ISBN 978-3-621-28224-6

Dieses Buch ist auch als E-Book
erhältlich:
ISBN 978-3-621-28274-1

Die Schematherapie ist eine sinnvolle Ergänzung zur Verhaltenstherapie. Schemata werden als überdauernde Eigenschaften verstanden, die sich bereits in der Kindheit ausbilden. Die Autoren legen den Schwerpunkt des Buches auf das Moduskonzept.

Ein Modus (z. B. das verletzte Kind) ist der aktuelle Zustand des Patienten, mit dem man in der Therapie leichter arbeiten kann und der deshalb im Vordergrund der therapeutischen Arbeit steht. Es wird gezeigt, welche Modusklassen es gibt und wie das Modus-Fallkonzept erarbeitet wird. Die schematherapeutischen Interventionen wie z. B. Stuhldialoge werden modusspezifisch vorgestellt. Fallbeispiele unterschiedlicher Patiententypen veranschaulichen das therapeutische Vorgehen. Typische Fragen werden am Ende jedes Kapitels beantwortet.

Aus dem Inhalt
Teil I Fallkonzeptualisierung:
Grundlagen • Das Moduskonzept • Vermittlung des Moduskonzeptes an den Patienten

Teil II Behandlung:
Übersicht über die Behandlung • Überwinden von Bewältigungsmodi • Umgang mit verletzbaren Kindmodi • Umgang mit wütenden und impulsiven Kindmodi • Interventionen bei dysfunktionalen Elternmodi • Stärkung des gesunden Erwachsenenmodus

Verlagsgruppe Beltz • Postfach 100154 • 69441 Weinheim • www.beltz.de

Borderline und Mutter sein

Der Alltag von Menschen mit Borderline-Persönlichkeitsstörung ist von häufigen Krisen und extremen Stimmungsschwankungen geprägt. Unter Stress reagieren die Betroffenen oft impulsiv und selbstschädigend. Kommt die Verantwortung für die Entwicklung eines Kindes hinzu, stellt dies eine ganz besondere Herausforderung für die betroffenen Mütter dar. Bei ihren Kindern besteht ein erhöhtes Risiko, selbst psychische Probleme zu entwickeln.

Das Trainingsprogramm »Borderline und Mutter sein« wendet sich an alle Berufsgruppen, die mit diesen Frauen arbeiten. Es liefert Hintergrundwissen und konkrete Anleitungen für die praktische Arbeit mit betroffenen Müttern. Das Training kann im Gruppen- und Einzelsetting eingesetzt werden.

Sigrid Buck-Horstkotte
Babette Renneberg
Charlotte Rosenbach
Mütter mit Borderline-Persönlichkeitsstörung
Das Trainingsmanual »Borderline und Mutter sein«.
2015. 188 Seiten. Gebunden.
ISBN 978-3-621-28260-4

Dieses Buch ist auch als E-Book erhältlich:
ISBN 978-3-621-28023-5

Module
Borderline und Mutterschaft – Risiken und Chancen für Mutter und Kind • Achtsamkeit • Kindliche Grundbedürfnisse • Stress und Stressbewältigung • (Tages-)Struktur und Flexibilität • Umgang mit Konflikten • Umgang mit Gefühlen • Bedeutung des Körpers in der Kindererziehung • Grundannahmen und Werte in der Kindererziehung • Selbstfürsorge für Mütter

Alle Arbeitsmaterialien auch zum Download im E-Book inside.

Verlagsgruppe Beltz • Postfach 100154 • 69441 Weinheim • www.beltz.de